Bukowski · Wind vor dem Eisgang

Wladimir Bukowski

Wind vor dem Eisgang

Ullstein

Wenn man einen Taucher aus großer Tiefe plötzlich an die Wasseroberfläche zieht, kann das den sicheren Tod für ihn bedeuten, auf jeden Fall aber gerät er in jenen lebensgefährlichen Zustand, bei dem das Blut in den Adern zu kochen scheint und alles in seinem Inneren buchstäblich zu bersten droht. Ähnlich erging es mir an einem dunklen Dezembermorgen in Wladimir.

Ein gewöhnlicher Gefängnistag brach an, einer in der endlosen Reihe gleichförmiger Gefängnistage. Um sechs Uhr, wie üblich, schritt der Wärter die Zellen entlang, schlug mit dem Schlüsselbund gegen die Türen und schrie mit bellender Stimme: »Auf-stehen!« Die Gefangenen begannen sich in der grauen Dämmerung zu regen, krochen widerwillig aus ihrem Schlafzeug, warfen zerwühlte Decken, Mäntel und Jacken von sich: Hau ab mit deinem »Aufstehen«!

Dann fing der Lautsprecher an zu grölen. Dröhnend feierlich, wie bei der Parade auf dem Roten Platz, ertönte die Hymne der Sowjetunion. Hol ihn die Pest, haben gestern abend wieder vergessen abzuschalten. »Hier spricht Moskau! Guten Morgen, Genossen! Wir beginnen die Morgengymnastik mit dem Treten auf der Stelle.« Zum Teufel, sofort ausschalten! Jeder Tag in diesem Land beginnt mit dem Treten auf der Stelle.

Ein dämmergrauer Wintermorgen bricht auch in der Freiheit ziemlich jämmerlich an, aber wieviel ekelhafter ist diese Tageszeit im Gefängnis. Du willst nicht mehr leben. Dieser Tag, der vor dir liegt, ist wie ein Fluch. Nicht ohne Grund heißt es in einem alten Häftlingslied:

> Erwachst du am Morgen, dann schläft noch die Stadt.
> Das Gefängnis schläft nicht – ist längst schon erwacht.
> Und dein armes Herz, es brennt,
> wie von glühender Flamme versengt.

Vom verschneiten Hof, von der Küche her, dringt das Gepolter der mit Eßkübeln beladenen »Knastkutsche« herüber – das Frühstück wird in die Gefängnisblocks gebracht. Man hört, wie sie die Kübel unten abladen und scheppernd durch die Stockwerke schleifen. Essenklappen fallen, Schüsseln und Becher klirren. Es gibt Hafergrütze. Sie ist dünn, aber doch wenigstens heiß. Irgendwo ist man sich in die Haare geraten, flucht – wahrscheinlich hat jemand zu wenig bekommen? Eßnäpfe hämmern gegen Türen. Zu spät! Die dort toben, haben verschlafen. Das Frühstück wälzt sich wie Schlachtenlärm durch den Gang zum anderen Ende hin. Wer wird jetzt prüfen, ob die nun ihre Grütze bekommen haben oder nicht? Und wer kann etwas beweisen? Hätten eben den Napf hinhalten müssen, solange die Klappe noch geöffnet war.

Für gewöhnlich wiederholte ich morgens nach dem Frühstück die Englischvokabeln, die ich am Vortag notiert hatte. Ich tat das zweimal täglich, am Morgen und dann abends, vor dem Abläuten. Das ersetzte bei mir die Gymnastik, das »Treten auf der Stelle«, und rüttelte mein schläfriges Gehirn wach. Später am Tag nahm ich mir Schwierigeres vor. Eben hatte ich nach meinen Vokabeln gegriffen und mich mit untergeschlagenen Beinen auf meiner Pritsche niedergelassen, als sich die Essenklappe abermals öffnete: »Zelle zehn! Fertigmachen mit Sachen!« Das hatte gerade noch gefehlt, ein verdammter Tag würde das werden: Mach dich fertig, schlepp herum, richte dich am neuen Platz ein – für meine Sprachübungen ein verlorener Tag. Und wohin überhaupt? Nie sagen diese Teufel etwas, eine ewige Geheimniskrämerei.

»He, Natschalnik, Natschalnik? Soll der Matratzenbezug mit? Und die Matratze? Und das Eßgeschirr?« versuchen wir etwas herauszubekommen. Mit Matratze heißt: irgendwohin im gleichen Block; ohne Matratze: in einen anderen. Aber in welchen? Sagen sie: mit Matratzenbezug – kommst du in den ersten oder dritten Trakt, denn im zweiten gibt es neue Bezüge, auch neues Geschirr.

»Nehmt alles mit«, sagt der Blockaufseher vage und läßt uns im ungewissen. Leute, wohin kommen wir? Vielleicht in den Arrest? Oder zur Arbeit in den ersten Block? Das hieße, wir müßten wieder die Arbeit verweigern, und sie würden uns verschärften Strafvollzug aufbrummen und die Rationen kürzen. Oder will man uns nur filzen? Da sei Gott vor, das wäre das Schlimmste. Meine Bücher sind für den Fall einer Durchsuchung über die ganze Zelle verteilt, dazu noch verschiedene verbotene Kleinigkeiten: ein Messer, ein paar Rasierklingen, eine selbstgebastelte Ahle, so etwas wird sofort beschlagnahmt.

Alle beginnen zu rotieren. Jeder hat seine eigenen Befürchtungen: Am besten in die Jacke damit, in der Watte verstecken, vielleicht finden sie es dort nicht, in den Stiefeln ginge es auch, aber halt, neuerdings röntgen sie ja die Stiefel. Die Menschen werden nicht geröntgt, dafür, bitte sehr, die Stiefel. Mein Gott – die Stiefel! Ich habe sie ja zur Reparatur gegeben!

»Natschalnik! Ruf wegen meiner Stiefel an, sie sind in der Reparatur. Ohne Stiefel rühre ich mich nicht vom Fleck!«

Zwei Monate habe ich um diese Reparatur gekämpft, habe Beschwerden geschrieben, gefordert. Endlich haben sie die Stiefel angenommen – und nun das! Wenn ich sie bloß wieder hätte, auf die Reparatur pfeife ich, es ist ohnehin alles zum Teufel. Gut, daß wir wenigstens gefrühstückt haben – mittags werden wir vielleicht schon am neuen Platz sein. Nur, wohin wird man uns jagen? Grauenhaft, wieviel Plunder sich bei mir angesammelt hat, ein ganzer Matratzenbezug voll. Was kann ein Mensch, so fragt man sich, im Gefängnis schon besitzen. Dabei merkst du kaum, wie das Zeug anwächst. Die Jungs, die in die Lager zurückkehren, erleichtern ihr Gepäck ein wenig und vererben ihre unschätzbaren Reichtümer den Zurückbleibenden. Es gilt als Sünde, aus dem Gefängnis mitzunehmen, was man mit so viel Mühe trotz aller Durchsuchungen gerettet hat. Jede an sich überflüssige Sache ist im Gefängnis immer noch eine Kostbarkeit. Zum Beispiel drei ausländische Rasierklingen – mit einer einzigen von ihnen läßt sich der Kalfaktor überreden, dich im Arrest eine Woche lang mit heißer Suppe aufzuwärmen, und das sind drei Wochen Leben für irgendeinen von uns, vielleicht für mich. Auch Schreibhefte sind eine Kostbarkeit – sieh zu, wo du sie herkriegst. Ich überschlage: drei Kugelschreiber, Kugelschreiberminen, und vor allem – Bücher. Gott bewahre uns vor dem Filzen! Alle diese Reichtümer hatten sich bei mir in gefährlicher Menge angehäuft, und ich fand keinen Weg, sie jemandem anzuvertrauen, der länger als ich im Gefängnis bleiben würde. Ich konnte sie unter meinen Zellengenossen verteilen, und wenn wir nicht in die gleiche Zelle kamen, hatte ich eben Pech gehabt.

Es sah freilich danach aus, als würde man uns gemeinsam in eine andere Zelle verlegen, und so rafften wir alles zusammen – die Seife, unsere Lumpen und allerlei Fädchen. Am neuen Ort würde jedes Stück davon nützlich sein, vor allem, wenn vor uns Kriminelle in der Zelle gesessen haben sollten. Wo die rausgingen, sah es wie nach einem Pogrom aus: Alles verdreckt und zerschlagen, zwei Tage lang muß man ausbessern und scheuern; dabei findet man für gewöhnlich weder Lappen noch Seife vor.

Endlich hatten wir wohl alles beisammen. »Fertig?« rief der Natschalnik hinter der Tür. »Fertig!«

Die Tür öffnete sich, und dann wies der Blockaufseher mit dem Finger auf mich und sagte kurz: »Mitkommen.« Mein Gott, wohin geht es jetzt? Es konnte nur die Arrestzelle sein. Während ich mich in Gedanken an mehrere Varianten und Möglichkeiten klammerte, fragte ich nur: »Soll ich die Matratze mitnehmen?« »Lassen Sie sie im Gang.« Also doch in den Arrest. Aber wofür denn? Ich hatte doch nichts getan. Ich werde in den Hungerstreik treten!

Wir steigen die Treppe hinunter, in den ersten Stock, biegen nicht zur Ausgangstür, sondern in den Gang ab – also doch zum Karzer. Nein, wir gehen daran vorbei, weiter den Gang entlang. Also zum Filzen, es geht zum Filzraum. Verdammte Pest, jetzt nehmen sie mir alles ab. Wie kann ich sie ablenken? Ich spreche aus, was mir als erstes durch den Kopf geht: »Natschalnik, meine Stiefel, meine Stiefel sind in der Reparatur!« – »Schon angefordert.« Angefordert? Warum fordern sie die Stiefel an, wenn es nur ums Filzen geht? Werde ich etwa verschickt?

Wir betreten den Durchsuchungsraum. Die Brigade Petuchow steht schon bereit, sie lauern wie die Schakale. Gleich werden sie alles kassieren. »So, legen Sie die Sachen hierher, und ziehen Sie sich aus.« Sie untersuchen alles, wie es sich gehört, tasten jede Naht ab. In der Wattejacke ist eine Klinge versteckt, Gottseidank, sie finden sie nicht – also eine Woche Leben für irgend jemanden. »Ziehen Sie sich an!«

Man führt mich auf den Gang hinaus und steckt mich in eine Durchgangszelle. Zum Teufel, also doch Verschickung! Wie werde ich mich mit meinem ganzen Zeug durchschleppen? Ich kann mich selbst kaum bewegen. Man wird mir alles abnehmen – in jedem Etappengefängnis wird gefilzt. Ich bin wie vor den Kopf geschlagen. Wohin mit diesem Zeug? Und ich Idiot habe den Scheuerlappen und die Seife mitgenommen. Die Stiefel! Sie werden meine Stiefel verschlampen, und dann such sie mal! »Natschalnik, meine Stiefel sind in der Schusterei!« – »Schon angefordert.«

Ich muß wenigstens den Jungs Bescheid geben. Aber wie? Meine Durchgangszelle ist die letzte auf dem Gang, und über mir ist niemand. Ein Klo gibt es nicht, und ich habe verdammt nochmal auch keinen Becher. Also schreibe ich mit meinem Bleistiftstummel auf englisch an die Wand: »Werde verschickt, unbekannt wohin.« Name und Datum. Aber das genügt natürlich nicht – wann wird man es schon bemerken? Man müßte es irgenwie mit Rufen versuchen. Vielleicht komme ich vor dem Transport noch in die Badestube? Aber schon öffnet sich die Tür. – So schnell? Ins Bad also?! Nein, wir schlagen die Richtung zum Ausgang ein, biegen um die Ecke, gehen über den Hof zur Wache. Die letzte Gelegenheit zum Rufen. Zelle 15 liegt direkt über mir. Ich brülle aus vollem Halse los, daß Kisseljew erschrocken beiseite springt.

»Zelle 15, Je-g-o-o-o-r, ich komme auf den Transport! Man holt mich zum Transport! Zelle 15!« Jetzt erst fassen sie sich und stoßen mich durch die Tür der Wache: »Ruhig, was brüllst du so? Willst wohl in den Arrest?« Was heißt Arrest... Gib nicht so an, Natschalnik, wie willst du mich auf dem Transport in den Arrest stecken?

Im großen Raum des Wachgebäudes, war es nun das »Rote Zimmer« für ihre Schulungsabende, oder war es der Umkleideraum der Wachposten – mußte ich auf einem Stuhl Platz nehmen: »Setzen Sie sich!« Dann erschien unser Erziehungsoffizier, Hauptmann Dojnikow. Er war irgendwie verändert, wirkte feierlichbetrübt. Ich frage ihn leise, daß niemand es hört: »Bürger Natschalnik, wohin komme ich?« Er will nicht mit der Sprache heraus, blickt zur Seite: »Ich weiß es nicht, ich weiß es wirklich nicht. Ein Transport.« »Hören Sie doch auf, mir was vorzumachen, spielen Sie nicht den Geheimnisvollen! – »Wohin komme ich?« »Wahrhaftig, ich weiß es nicht. Es geht mich auch nichts an. Man sagte mir, ein Transport. Nach Moskau wahrscheinlich.« Der Kerl weiß genau Bescheid, man sieht es ihm an. »Und meine Sachen?« – »Sind schon im Wagen.« Unglaublich! Wer hat denn meine Sachen geschleppt, doch nicht ein Wachposten? Ja und die Stiefel! »Veranlassen Sie, daß man mir meine Stiefel bringt, sie sind zur Reparatur.« »Man wird sie bringen.« »Was heißt hier – wird sie bringen, ich bin doch bereits in der Wache, gleich geht's los!«

Und plötzlich sagte er ganz leise: »Sie werden Ihre Stiefel nicht mehr brauchen.« Was bedeutet das? Wieso soll ich meine Stiefel nicht mehr brauchen? Und flüsternd fragte ich: »Woher wissen Sie, daß ich meine Stiefel nicht mehr brauchen werde, wenn Sie doch nicht wissen, wohin es geht?« Er wurde verlegen.

Ich hätte das nicht sagen sollen, es war ja klar, daß mir etwas Ungewöhnliches bevorstand. Wer wegtransportiert wird, den bringt man nicht vorher zur Wache. Die Gefängniswagen fahren stets in den Hof, und dort wird man verladen. Außerdem, sie haben meine Sachen getragen, und meine Stiefel soll ich nicht mehr benötigen. Komme ich etwa frei, will man mich entlassen? Oder vielleicht das glatte Gegenteil? Dann allerdings brauche ich auch keine Stiefel mehr.

»Nun also, leben Sie wohl, behalten Sie uns in guter Erinnerung«, sagt der Hauptmann. Man führt mich direkt zum Ausgang, öffnet die Tür. Ich komme nicht dazu, mich umzusehen, um mich herum stehen Leute in Zivil. Aha, das KGB! Alles klar, ich komme nicht frei. »Hierher bitte, in den Wagen.« Direkt neben dem Tor stehen ein Kleinbus und einige PKW's. Der Schnee ist zertrampelt, schmutzig. Wo ist der »Rabe«? Nein, sie setzen mich in den Kleinbus – oh Wunder! Auf dem Rücksitz liegt mein Sack, im Matratzenbezug des Gefängnisses. Die Fenster sind dicht verhängt, um mich herum KGB-Leute in Zivil. Man ermahnt mich: Während der Fahrt nicht die Vorhänge berühren und nicht aus dem Fenster sehen! Vorn, zwischen mir und dem Fahrer, sind die Vorhänge ebenfalls dicht zugezogen, unten aber nicht befestigt, sie hängen lose herab, und das heißt, daß sie unterwegs hin und her schaukeln werden – ich werde also einiges wahrnehmen können. Man wartet noch auf irgendeinen Vorgesetzten – er nimmt vorn beim Fahrer Platz, schlägt die Tür zu. Die Vorhänge bewegen sich ein wenig – wir starten. Der Wagen setzt zurück, wendet noch einmal, und los geht's.

Hoffentlich haben die Jungs mich gehört. Sie hätten mich hören müssen, ich habe laut genug gebrüllt. Wohin bringt man mich? Nach Moskau? Dojnikow sagte – nach Moskau. Aber vielleicht hat er gelogen. Wohin können sie mich noch bringen? Und warum im Kleinbus und nicht im »Raben«, in dem sie sonst die Häftlinge transportieren? Warum brauche ich keine Stiefel mehr? Aber natürlich, was hindert sie schon. Sie bringen mich in ein Wäldchen hinter der Stadt, und beim Fluchtversuch ...

Der Kleinbus fuhr mit hoher Geschwindigkeit. Die Vorhänge vor mir bewegten sich und gaben einen Spalt frei. Zu meinem Erstaunen sah ich vor uns einen PKW der Miliz mit Blaulicht auf dem Dach. Im Auto saßen zwei Offiziere. Einer von ihnen hielt seinen Polizeistab aus dem Fenster und scheuchte alle vor uns fahrenden Wagen zur Seite. Ist der vielleicht rein zufällig vor uns? Nein: Fünf Minuten später gerieten die vorderen Vorhänge wieder in Bewegung, und noch immer war da der PKW mit dem Blaulicht. Als ich mich vorsichtig umblickte, bemerkte ich auch auf den hinteren Vorhängen das rhythmische Aufleuchten von Blaulicht – also auch hinter uns fuhr ein PKW der Miliz. Wir rasten mit unvermindert hohem Tempo dahin. Ich bekam es sogar ein wenig mit der Angst zu tun. Wir könnten schließlich ins Schleudern geraten, immerhin war es Winter und die Straßen glatt. Und wieder teilten sich in einer Kurve die Vorhänge, und nach wie vor war da dieser PKW der Miliz. Auch hinter uns blinkte unablässig das Blaulicht. Weiß Gott – ein Wunder! So fahren nur Regierungsmitglieder. Noch nie wurde ich so transportiert. Wohin bringen sie mich nur?

Meine Tschekisten unterhielten sich miteinander und sahen selten zu mir herüber. Nur die beiden, die links und rechts von mir saßen, waren ganz Wachsamkeit. Und so sehr ich auch in ihren Gesichtern forschte und durch den Spalt im Vorhang die Straße beobachtete – es ergab sich nichts Neues für mich. Nun, meinetwegen, wenn in den Wald, dann eben in den Wald, und wenn nach Moskau, dann eben nach Moskau. Was kann ich schon tun? Es hatte keinen Sinn, weiter darüber nachzudenken – was kommt, kommt halt.

Von meiner Haftzeit im Gefängnis lag nur noch wenig vor mir. Noch etwa fünf Monate, dann würde ich für ungefähr zehn Monate ins Lager Nr. 35 ins Gebiet von Perm zurückkehren, wo ich mich bereits heimisch fühlte. So eine Rückkehr ist fast wie ein Festtag, als käme man nach Haus. Ich malte mir aus, wen von den Jungs ich noch antreffen und wer bereits entlassen sein würde. Neuzugänge aus dem Lager brachten von dort spärliche Nachrichten mit – was sich im Lager so tat, welche neuen Vorschriften es gab, wie sich die Lagerleitung zusammensetzt. Danach, ab März 1978, stand mir noch eine Verbannung bevor. Diese unglückseligen fünf Jahre Verbannung berührten mich mehr als die ganze Haftzeit, sie erschienen mir als unnötige Zugabe, bedeuteten weder Gefängnis noch Freiheit. Alles hängt davon ab, wohin man dich schickt, welche Arbeit man dir zuteilt, wie die Vorgesetzten sind. Es kann noch schlimmer sein als das Lager. Man wußte, daß die Gefangenen aus den Permer Lagern zur Verbannung ins Gebiet von Tomsk geschickt werden, und man wußte, was das heißt: unwegsames Gelände, Sümpfe, trostlose Öde, das Gesetz der Taiga und der Bär darin der Herrscher. Von Wladimir aus kam man in die Komi-Republik. Das war zwar auch kein Honiglecken – bestenfalls Sümpfe und von Stürmen verwüstetes Gelände – aber man war doch näher an Moskau dran und immerhin in Europa.

Ich überlegte deshalb, wie ich es irgendwie hinbiegen könnte, daß man mich aus dem Lager noch einmal nach Wladimir zurückbrachte. Meine Hoffnung war allerdings gering, Gerüchte besagten, daß nach einer neuen Verordnung alle, die weniger als ein Jahr vor sich hatten, nicht mehr ins Gefängnis zurückgeschickt würden. Die Umerziehung sollte am Ort, mit eigenen Kräften, durchgeführt werden.

Die noch vor mir liegenden fünf Gefängnismonate hatte ich mir schon im voraus eingeteilt – wann ich welches Buch lesen würde. Im Lager kommt man nicht mehr zum Lesen, man hat zu tun, um überhaupt irgendwie über die Runden zu kommen. In der Verbannung geht es ebenfalls nicht. Wo findest du schon die Muße, dich mit etwas zu beschäftigen, wenn nicht im Gefängnis – dort ist es dir auch um die Zeit nicht leid, sie ist sowieso verloren.

Wie ich es auch drehe und wende, es läuft wohl darauf hinaus, daß ich, abgesehen von dem Gefängnis hier, in Wladimir, keine andere Universität mehr werde besuchen können. Auch wenn man mir keine neue Haftzeit aufbrummen sollte, werde ich erst 1983 aus der Verbannung zurückkehren, mit einundvierzig: Das ist kein Alter, um noch ein Studium zu beginnen. Und außerdem, auch als freier Mann hatte ich nichts Gutes zu erwarten. Nur der Neuling, der zum ersten Mal sitzt, wartet auf die Freiheit, zählt die Tage. Sie erscheint ihm als etwas Helles, Sonnenüberstrahltes, Unerreichbares. Ich aber saß nun schon zum vierten Mal und wußte, daß es keine größere Enttäuschung im Leben gibt als die Entlassung aus dem Gefängnis. Es war mir nie gelungen, mich in dieser verfluchten Freiheit länger als ein Jahr zu halten, und es würde mir auch künftig nicht gelingen, denn die Gründe, denen ich meinen ersten Aufenthalt im Gefängnis verdankte, brachten mich auch das zweite und das dritte Mal dorthin. Sie sind unveränderlich, diese Gründe, genauso, wie das sowjetische Leben unveränderlich ist – so sehr man sich selbst auch ändern mag. Niemals wird man dir gestatten, du selbst zu sein, und du selbst wirst nie bereit sein, zu lügen und zu heucheln, und einen dritten Weg gibt es nicht.

Jedes Mal, wenn ich wieder freikam, dachte ich nur an eins – wie ich möglichst viel tun könnte, um später, im Gefängnis, mich nachts nicht quälen zu müssen. Ich wollte nicht immer wieder im Gedächtnis die ungenutzten Gelegenheiten durchdenken, mir nicht Vorwürfe machen, mich nicht anklagen müssen, wollte nicht wegen meiner Unentschlossenheit vor Wut aufstöhnen. Diese schlaflosen Nächte waren das Qualvollste in meinem Leben, und deshalb waren die kurzen Zeitspannen in der Freiheit für mich keineswegs ein normales Leben. Es war vielmehr ein fieberhaftes Getriebensein, ein ewiges Warten auf die Verhaftung, und immer wieder KGB-Agenten, deren Atem du im Nacken spürst, und Menschen, Menschen, unentwegt Menschen, und du hattest nicht einmal die Zeit, sie dir richtig anzusehen. Trafst du mit jemandem, der dich nicht verriet, ein Mal zusammen, hieltest du ihn schon für einen guten Bekannten, beim zweiten Mal bereits für einen zuverlässigen Kameraden und beim dritten für einen engen Freund, als hättest du das halbe Leben an seiner Seite verbracht.

Denn beim ersten Zusammentreffen mit einem Menschen siehst du in ihm unweigerlich den künftigen Belastungszeugen in deinem zukünftigen Prozeß. Unweigerlich überlegst du: Beim wievielten Verhör wird er weich werden, beim ersten oder beim zweiten? Welche seiner Schwächen wird das KGB auszunutzen versuchen? Ist er ängstlich – wird man ihn einschüchtern. Ist er stolz – wird man ihn erniedrigen. Liebt er seine Kinder – wird man ihm androhen, sie in ein Heim zu stecken. Und du blickst ihm prüfend in die Augen: Wird er schlappmachen oder nicht, wenn sie ihm das Irrenhaus in Aussicht stellen? Nur selten bleibt einer standhaft. Darum belaste das Bewußtsein deines Nächsten nicht unnötig mit Informationen, bringe ihn nicht in die Lage, sich später mit Gewissenskonflikten herumplagen zu müssen. Du bist ein Aussätziger, du hast kein Recht auf ein menschliches Leben, jeder, der mit dir in Berührung kommt, riskiert, angesteckt zu werden, und wenn du jemanden wirklich liebst, dann meide ihn, geh ihm aus dem Weg, tu, als hättest du ihn nicht erkannt, nicht bemerkt, sonst entlädt sich schon morgen über seinem Haupt die ganze Macht des Staates.

Und darum mußt du, fünfundzwanzig Stunden in einen Tag pressend, die Woche zum Monat machend, ein Maximum an Möglichem, ja sogar Unmöglichem tun, denn schon morgen bist du wieder in einer Zelle von Lefortowo, und dann wirst du lange Zeit nichts mehr tun können – vielleicht für immer. Und nachts wirst du in Gedanken überschlagen, was du versäumt hast, was du besser und wirkungsvoller hättest tun können, wirst dir mangelndes Bemühen vorwerfen. Jahrzehntelang konnten die Menschen tatsächlich überhaupt nichts tun – konnten nicht einmal denen ins Gesicht spucken, die sie umbrachten. Millionen gingen zugrunde und träumten davon, sich für ihre Leiden irgendwie zu rächen. Du dagegen hattest die Möglichkeit, was dich drängte, in die Welt hinauszuschreien, hattest Freunde, denen du vertrauen konntest, hattest Zeit – und was hast du bewirkt? Die vorwurfsvoll fragenden Blicke Millionen toter Augen werden dir die Seele versengen.

In Sibirien erzählte man mir von einer besonderen Art der Bärenjagd. Man versteckt einen Köder, meist angefaultes Fleisch, nahe einer Bärenfährte auf einer Fichte. Am Ast darüber befestigt man ein Seil, an dem freischwingend ein schwerer Klotz hängt und dem Bären den Weg zum Köder versperrt. Der Bär, den Köder witternd, klettert den Stamm hinauf und trifft auf den Klotz. Seiner Natur entsprechend, versucht er nicht, den Klotz zu umgehen, sondern stößt ihn zur Seite, um weiterklettern zu können. Der Klotz schwingt natürlich zurück und trifft den Bären in die Flanke, so daß der wütend wird und ihn noch heftiger aus dem Weg stößt; doch um so kräftiger ist der nächste Pendelschlag. So steigert sich das, bis schließlich der Bär mit solcher Wucht getroffen wird, daß er betäubt vom Baum stürzt. Ein ähnliches Verhältnis wie zwischen Bär und Klotz herrschte zwischen mir und den Behörden: Je länger sie mich einsperrten, um so mehr versuchte ich nach meiner Entlassung zu tun, und je mehr ich tat, um so höher fiel das nächste Strafmaß aus. Doch die Zeiten änderten sich, meine Möglichkeiten wuchsen, und man konnte sich fragen, wer hier der Bär und wer der Klotz war und wie die Sache ausgehen würde. Ich jedenfalls war nicht bereit nachzugeben.

Angesichts dieser Umstände sah es sehr danach aus, als wären nicht nur die fünf noch vor mir liegenden Monate, sondern mein ganzes Leben festgelegt: zehn Monate im Lager, fünf Jahre in der Verbannung – dann, bestenfalls, ein Jahr fieberhaftes Tun in sogenannter Freiheit und danach zehn Jahre Gefängnis und abermals fünf Jahre Verbannung. Dann wäre ich wohl bereits siebenundfünfzig Jahre alt? Nun, vielleicht reichte meine Zeit noch für einen weiteren Turnus, aber dann würde ich ganz sicher im Gefängnis sterben. Nein, ich sehnte mich nicht nach der Freiheit, zählte nicht die Tage und Monate. Ich erinnerte mich an jenen in eine Flasche eingeschlossenen Geist aus »Tausendundeine-Nacht«. Die ersten fünf Millionen Jahre schwor er, den, der ihn befreit, mit Gold zu überschütten, die nächsten fünf Millionen Jahre jedoch – den zu vernichten, der ihn aus der Flasche läßt. Ich verstand die Gefühle dieses Flaschengeistes.

Es gab noch einen zweiten Grund, der mich zwang, die Gefängniszeit genau einzuteilen und jede Minute mit Studien auszufüllen: das Gefängnis selbst.

Wer sich nicht Disziplin auferlegt, sich nicht auf eine bestimmte Beschäftigung konzentriert, läuft Gefahr, den Verstand, oder zumindest die Kontrolle über sich zu verlieren. Die vollständige Isolierung, das fehlende Tageslicht, die Monotonie des Tagesablaufs, der ständige Hunger, die Kälte, lassen den Menschen in einen seltsamen, halb träumerischen, halb dämmrigen Zustand verfallen. Stundenlang, tagelang starrt er mit Augen, die nichts sehen, auf das Foto seiner Frau, seiner Kinder, blättert in den Seiten eines Buches, ohne etwas zu verstehen, ohne sich an das Gelesene erinnern zu können, oder fängt plötzlich mit seinem Nachbarn einen endlosen, sinnlosen Streit über ein völlig belangloses Thema an, verbeißt sich in immer gleiche Argumente, ohne dem anderen auch nur zuzuhören und auf dessen Meinung einzugehen. Er ist nicht mehr fähig, sich auf etwas zu konzentrieren, dem Gang eines Gesprächs zu folgen.

Seltsames vollzieht sich auch mit der Zeit. Einerseits vergeht sie überraschend schnell. Dieser primitive Alltag mit seinem gewöhnlichen, sich ewig wiederholenden Geschehen – Wecken, Frühstück, »Spaziergang«, Mittagessen, Abendessen, Abläuten, Wecken, Frühstück, »Spaziergang«, Mittagessen, Abendessen, Abläuten – verschwimmt zu einem gelblichbraunen Brei, der nicht die mindeste Erinnerung zurückläßt, nichts, woran sich das Bewußtsein festhalten könnte. Und abends, wenn du dich schlafen legst, vermagst du dich ums Verrecken nicht erinnern, was du an diesem Tag getan hast, was es zum Frühstück gab oder zum Mittagessen. Ja, die Tage selbst lassen sich nicht mehr voneinander unterscheiden, schwinden völlig aus deinem Gedächtnis und plötzlich, als bekämst du einen Stoß, bemerkst du: Was denn, schon wieder Baden? – Und das heißt, sieben, oder sogar zehn Tage sind verstrichen. So lebst du in dem Gefühl, daß jeder Tag Badetag ist. Und auf der anderen Seite scheint diese gleiche Zeit unheimlich zu schleichen: Dir ist, als wäre ein Jahr vergangen – aber nein, es ist noch immer derselbe Monat, der sich hinzieht und kein Ende nimmt.

Dabei reagierst du furchtbar gereizt, wenn irgend etwas diese Monotonie deines Tages stört. Etwa wenn man dich plötzlich, sagen wir mit Beginn eines neuen Monats, nicht mehr nach dem Frühstück, sondern nach dem Mittagessen zum »Spaziergang« führt. Was macht das schon für einen Unterschied, sollte man normalerweise meinen, doch im Gefängnis bringt dich so etwas zur Raserei, läßt dich fast verrückt werden. Oder du hast Streit gehabt mit dem Natschalnik, oder der Erziehungsoffizier hat dich zu sich gerufen und du hast dich mit ihm angelegt – schon kannst du nicht mehr lesen, nicht schlafen, an nichts anderes mehr denken. Die Zeilen tanzen vor deinen Augen, deine Gedanken springen, es schüttelt dich durch und durch. Was ist denn schon Ungewöhnliches passiert? Solche Streitereien, solche Auseinandersetzungen mit den Aufsehern oder den für deine Umerziehung zuständigen Offizieren hast du doch so oft erlebt, du wüßtest nicht einmal mehr zu sagen, wie oft. Und doch wirst du Tage, Nächte lang dein Gehirn martern mit dem, was er gesagt hat, was du geantwortet hast, was du hättest sagen können, aber nicht sagtest, weil es dir nicht gleich einfiel. Und auf welche Weise du ihn hättest festnageln oder zurechtweisen können, wie du ihm schärfer oder überzeugender hättest antworten können. Wie eine schadhafte Schallplatte dreht und dreht sich dieses Gespräch in deinem Kopf, und du hast nicht die Kraft, dem ein Ende zu setzen. Oder du bekommst von zu Hause eine jener bunten Postkarten und stierst und stierst darauf wie ein Idiot und bist so beeindruckt von so viel ungewohnten Farben, daß du dich nicht davon losreißen kannst.

Man kann nicht sagen, daß uns der Hunger sehr quälte – es war kein stechender Hunger, sondern ein stetes, chronisches Nicht-Sattwerden. Sehr bald empfindet man ihn nicht mehr so heftig, es bleibt nur irgend etwas ständig Nagendes, wie ein dumpfer Zahnschmerz. Du verlierst sogar das Gefühl, daß es Hunger ist, und erst nach einigen Monaten bemerkst du plötzlich, daß es dir unangenehm ist, auf der Bank zu sitzen, daß es dir wehtut und daß dich nachts, wie immer du dich auch hinlegst, irgend etwas drückt. Du hast deine Matratze schon ein paarmal durchgeschüttelt, hast dich auf die andere Seite gedreht, und dennoch liegst du unbequem, und erst da wirst du gewahr, daß deine Knochen hervorstehen. Doch was macht dir das schon. Du kannst dich auch nicht mehr mit einem Ruck von der Pritsche erheben – Schwindel befällt dich.

Was dich aber quält, ist das Gefühl des Persönlichkeitsverlustes – als schleife man dich mit dem Gesicht über das Pflaster, bis nichts mehr von deinen Zügen übrigbleibt. Deine Seele mit allen ihren Windungen, ihren geheimen Winkeln und Prägungen wird wie mit einem riesigen Bügeleisen platt und glatt gequetscht, wie eine Pappmanschette. Das Gefängnis verwischt alles. Deshalb ist jeder bemüht, sich irgendwie hervorzutun, seine Individualität zu beweisen, sich über die anderen zu erheben, besser zu erscheinen als sie. Unter den Kriminellen gibt es ständig Prügeleien in den Zellen, einen ewigen Kampf um die Führung, selbst vor Totschlag schreckt man nicht zurück. Bei uns gibt es das natürlich nicht, doch nach vier, fünf Monaten Zusammensein mit immer den gleichen Leuten in einer Zelle überkommt dich Ekel, so sehr sind sie für dich durchschaubar geworden, und du für sie auch. In jedem beliebigen Augenblick weißt du, was dieser oder jener jetzt tut, woran er denkt, wonach er dich gleich fragen wird. Die meiste Zeit aber wird in der Zelle überhaupt nicht gesprochen, weil jeder von jedem bereits alles weiß. Und du staunst, wie inhaltslos der Mensch eigentlich ist, weil ihr einander schon nach einem halben Jahr nichts mehr zu fragen habt.

Als besonders lästig empfindest du bestimmte unbewußte Gewohnheiten deiner

Zellengenossen, etwa wenn einer sich ständig schneuzt oder mit dem Fuß auf den Boden klopft. Schon nach wenigen Monaten empfindest du es als unerträglich und bist bereit, ihn umzubringen. Und doch, verlegt man dich in eine andere Zelle oder kommst du in den Arrest und ihr seht euch nach einiger Zeit wieder, dann fühlt ihr euch wie nahe Verwandte. Sofort überhäuft ihr euch mit Fragen, Berichten, Neuigkeiten und Erinnerungen – ein Festtag, der eine ganze Woche anhält. Es gibt natürlich auch eine absolute, psychologisch bedingte Antipathie, die es fast unmöglich macht, auch nur zwei Tage zusammen in einer Zelle zu leben – dabei wird man es jahrelang ertragen müssen. Überhaupt kann man die Menschheit aufteilen in solche, mit denen man es in einer Zelle aushalten würde, und solche, mit denen es nicht ginge. Doch niemand fragt nach deinem Einverständnis. Darum ist es notwendig, äußerste Geduld für seine Zellengenossen aufzubringen und gleichzeitig seine eigenen schlechten Angewohnheiten und Marotten zu unterdrücken. Du mußt dich an alle anpassen, mit allen verständigen, denn sonst wird das Zusammenleben zur Hölle.

Multipliziert man nun all diese Schwierigkeiten mit den Jahren, dann potenzieren sie sich, und zählt man noch die Zeit hinzu, die man bis dahin in anderen Lagern und Untersuchungsgefängnissen gesessen hat, dann wird verständlich, warum man sich jede Minute kontinuierlich mit einer Sache beschäftigen muß – am besten mit dem Studium irgendeiner komplizierten, verworrenen Materie, die äußerste Aufmerksamkeit verlangt. Als Folge des ständigen künstlichen Lichts beginnen die Augenlider zu brennen und sich zu entzünden. Dutzende von Malen liest du ein und denselben Satz, aber du kannst und kannst ihn nicht verstehen. Mit ungeheuren Anstrengungen bewältigst du schließlich eine Seite, doch kaum hast du umgeblättert, erinnerst du dich an nichts mehr. Also blättere zurück, lies zwanzigmal, dreißigmal dasselbe, versage dir das Rauchen, bis du das Kapitel geschafft hast, versage dir auch, über irgend etwas nachzudenken, zu träumen oder abzuschweifen, versage dir sogar den Gang zum Klo, denn für dich gibt es nichts Wichtigeres auf der Welt, als das zu Ende zu bringen, was du dir für heute vorgenommen hast. Und wenn du dich morgen an nichts mehr erinnerst, nimm dir das Buch wieder vor und lies es von neuem. Wenn du es schließlich ausgelesen hast, kannst du dir einen freien Tag gönnen, aber nur einen einzigen, denn bereits am zweiten Tag beginnt das Gedächtnis wieder nachzulassen, die Aufmerksamkeit zerfließt, und du versinkst, gehst langsam unter wie ein Ertrinkender – tiefer, tiefer, bis es in deinen Ohren zu rauschen beginnt und farbige Kreise sich vor deinen Augen drehen. Und es ist ungewiß, ob du je wieder auftauchen wirst.

Besonders deutlich wird dies im Karzer, in der Isolation: keine Bücher, keine Zeitungen, kein Papier, keinen Bleistift. Kein »Spaziergang«, auch kein Bad. Essen gibt es nur jeden zweiten Tag, ein Fenster existiert praktisch nicht, das Lämpchen ist irgendwo in der Wand verborgen, ganz oben, und erhellt gerade noch die Decke. Ein Wandvorsprung ist dein Tisch, ein anderer dein Stuhl, doch länger als zehn Minuten kannst du darauf nicht sitzen. Anstelle eines Bettes bekommst du zur Nacht eine

Holzplatte. Warme Kleidung steht dir nicht zu. In der Ecke ein Kübel oder auch nur ein Loch im Fußboden, aus dem den ganzen Tag über modernder Gestank dringt. Mit anderen Worten, du steckst in einem Betonschlauch. Auch Rauchen ist verboten. Und der Dreck ist hundertjährig. An den Wänden blutiger Auswurf – auch Schwindsüchtige kommen in den Arrest. Und hier beginnt dein Absinken bis auf den Grund, bis in den Schlamm. Deshalb heißt es im Gefängnis: in den Arrest runter – aus dem Arrest auftauchen.

Die ersten drei Tage schlurfst du noch in der Zelle herum und suchst, denn vielleicht ist es einem vor dir gelungen, etwas Machorka einzuschmuggeln und die Reste zu verstecken, vielleicht hat er auch ein paar Kippen irgendwo verstaut. Du prüfst alle Löcher und Ritzen. Noch gibt es für dich Tag und Nacht. Tags läufst du hin und her, nachts versuchst du zu schlafen. Doch die Kälte und der Hunger fordern ihren Tribut. Zehn bis fünfzehn Minuten liegst du im Halbschlaf, dann springst du auf und läufst vierzig Minuten herum, um dich zu erwärmen. Dann wieder fünfzehn Minuten Halbschlaf – nachts an die Holzplatte gepreßt, am Tage zusammengekauert, direkt auf dem Boden, mit dem Rücken an die Wand gelehnt –, bis du abermals aufspringst und eine halbe Stunde herumläufst.

Nach und nach geht das Gefühl für die Wirklichkeit gänzlich verloren. Die Bewegungen werden mechanisch, der Körper erstarrt und verwandelt sich immer mehr in irgendeinen seelenlosen Gegenstand. Dreimal täglich gibt es heißes Wasser, und dieses Wasser bereitet dir einen unaussprechlichen Genuß, es taut buchstäblich alles in deinem Innern auf, und für kurze Zeit kehrt Leben in dich zurück. Alles in dir wird von Wohlgefühl erfüllt – vielleicht zwanzig Minuten lang. Zweimal täglich, vor dem Austreten, bekommst du einen Fetzen altes Zeitungspapier, und diesen Fetzen liest du vom ersten bis zum letzten Buchstaben, und das mehrere Male. Im Gedächtnis gehst du alle Bücher durch, die du gelesen hast, erinnerst dich aller Bekannten und aller Lieder, die du je gehörst hast. Du addierst oder multiplizierst Zahlen; Bruchstücke von irgendwelchen Melodien und Gesprächen fallen dir ein. Die Zeit steht völlig still. Du versinkst in eine Art Dämmerzustand, springst plötzlich auf und rennst von einer Wand zur anderen, um dann wieder vor dich hinzudämmern – aber das macht den Tag nicht abwechslungsreicher. Allmählich beginnen die Flecken an der Wand zu irgendwelchen Gesichtern zusammenzulaufen, so als wäre die Zelle mit den Porträts der Häftlinge geschmückt, die vor dir hier gesessen haben – eine Ahnengalerie.

Stundenlang kannst du diese Porträts betrachten, sie befragen, dich mit ihnen streiten, überwerfen und wieder vertragen. Nach einiger Zeit verlieren auch sie ihren Reiz. Du weißt alles über sie, so als hättest du mit ihnen dein halbes Leben in einer Zelle gesessen. Einige von ihnen ärgern dich, mit anderen ist noch ein kurzer Wortwechsel möglich. Es gibt auch solche, die man sich von Anfang an vom Halse halten muß, sonst werden sie zu aufdringlich. Sie erzählen dir langweilig und monoton unbedeutende Einzelheiten aus ihrem unbedeutenden Leben. Wenn sie bemerken, daß du ihnen nicht zuhörst, werden sie lügen und ihr Leben aufputzen. Sie geben sich beflissen und geschäftig bis zum Erbrechen. Andere wieder schweigen verstockt, blicken dich finster an. Vor denen nimm dich in acht – kaum schläfst du, stehlen sie dir vielleicht deine Ration. Es gibt auch freundliche, umgängliche Leute darunter, zumeist jüngere, mit denen sich sogar scherzen läßt. Sie sind nachgiebig, lassen den Kopf nie hängen und würden sich für ihre Kameraden vierteilen lassen. Sie sitzen überwiegend wegen Rowdytums, Bandenvergewaltigung oder Bandendiebstahl. In der Ecke über dem Kübel hockt ein alter Meisterdieb. Er beginnt sofort zu intrigieren, hetzt die verschiedenen Grüppchen gegeneinander und alle zusammen gegen dich. Er flüstert mit ihnen in der Ecke, wirft ihnen vielsagende Blicke zu. Wichtigtuerisch und autoritär, ohne sich direkt an jemanden zu wenden, schlachtet er alte Geschichten aus, berichtet von Etappengefängnissen, Lagern, Morden. Er ist eindeutig darauf aus, in der Zelle Konflikte zu provozieren und die Zügel in die Hand zu nehmen. Er weiß genau, wer was darf und wer nicht. Um einen ernsten Zusammenstoß mit ihm kommst du nicht herum, und es ist besser, es möglichst bald hinter dich zu bringen, solange er seine Grüppchen noch nicht zusammengeschmiedet hat, seine Autorität noch nicht gefestigt ist. Aber auch all das versinkt wieder, verwischt sich, und läßt dich allein zurück mit der Endlosigkeit, mit dem Nicht-Sein.

Es ist schwer zu bestimmen, wo du selbst endest und wo diese Endlosigkeit beginnt. Dein Körper – das bist bereits nicht mehr du, deine Gedanken gehören nicht mehr dir, sie kommen und gehen von selbst, unterliegen nicht deinen Wünschen. Ja, hast du denn überhaupt noch Wünsche? Ich bin fest überzeugt, daß der Tod nicht kosmische Leere ist, nicht seliges Nichts. Nein, das wäre zu einfach, zu beruhigend. Der Tod – das ist quälende Wiederholung, unerträgliches Einerlei. Und so kommt es über dich, etwas Aufdringliches, Einförmiges – nicht ganz Tagtraum, nicht ganz Phantasieren im Halbschlaf.

In der ersten Phase vollzieht sich alles inmitten dröhnender Maschinen, die monoton ihre Hebelarme bewegen. Riesige Messer senken sich klirrend und pfeifend von allen Seiten herab. Zahnräder drehen sich und gigantische Eisenfäuste fahren krachend hernieder. Jeden Augenblick kannst du halbiert, erschlagen oder von den riesigen Zahnrädern erfaßt werden. Du bist in ständiger Bewegung, springst zur Seite, weichst zurück, bückst dich und versuchst, diesem metallischen, brüllenden Maschinendschungel zu entkommen. Hier herrscht keinerlei Rhythmus, keinerlei Gesetz. Es ist das totale Chaos, du mußt erfühlen, in welche Richtung du zu springen hast, um nicht zermalmt zu werden. Nicht eine Sekunde lang darfst du verharren, denn wo du eben noch standest, saust tonnenschwer ein stählerner Hammer hernieder, und alles bebt und zittert von diesem Schlag. Und hinter dir, über dir, neben dir pfeift, zischt und heult es schon wieder heran. Jahrtausende vergehen so, und das ist erst der Anfang.

Die zweite Phase füllt eine würdelose Zeremonie. In einem riesigen Gebäude durch zahllose Säle, Gänge, Korridore bewegt sich ein endloser Menschenstrom, herrscht tierisches Gedränge, strebt jeder rücksichtslos nach vorn, dorthin, wo das Mysterium sich enthüllt. Ein übernatürliches Licht umfließt diesen Zug sich vorwärtsstoßender Menschen, dem etwas Widerliches, schmachvoll Erniedrigendes anhaftet: Es ist ein Haufen nackter verkrüppelter Menschen jeden Alters, und du bist mitten unter ihnen. All dies geschieht unter den Klängen einer monotonen, sich stets wiederholenden Melodie – nicht ganz Choral, nicht ganz Beschwörung –, der sich alle eure Bewegungen unterordnen. So vergehen weitere tausend Jahre.

In der dritten Phase bist du an einem Ort – halb Zimmer, halb Schachbrett –, und um dich halb Menschen, halb Schachfiguren, alle miteinander verknüpft durch geheimnisvolle Bande. Von jedem deiner Worte, deiner kleinsten Bewegungen hängt das Tun der anderen ab, das zurückwirkt auf dich, auf jeden, auf alle. Aus diesem Grunde muß jeder der Anwesenden ständig die schwierigsten Berechnungen und Überlegungen anstellen und dabei alle erdenklichen Reaktionen der anderen berücksichtigen. Diese Berechnungen nehmen kein Ende, ebenso wie auch die möglichen Verhaltenskombinationen ohne Ende sind. Ihr alle seid angespannt, konzentriert euch, ihr rechnet, stellt Vermutungen an, genehmigt etwas, dementiert, überprüft, kombiniert. Und das bis in alle Ewigkeit, denn ihr seid unlösbar durch das Geflecht eurer gegenseitigen Beziehungen miteinander verstrickt. Dabei versucht jeder, vollkommen unbeschwert zu erscheinen.

An diesem Punkt springst du auf und beginnst von einer Ecke in die andere zu laufen, vorwärts-rückwärts, hin-und-zurück, weil dein ganzer Körper geschwollen und steif ist. So läufst und läufst du, bis das Einerlei der Wände und deiner eigenen Bewegungen dich wieder in die erste Phase zurückführt, in die Abteilung der Maschinen mit ihren Messern, Hämmern, Rädern und Hebeln. So vergehen ganze Zeitalter, und alles wird widerlich: Alles, was in dir ist und alles, was um dich ist – all das ist im voraus bekannt, durchtränkt von deinen Ansichten und Überlegungen. Du wirst dir selbst zum Ekel, doch du kannst dir nicht entfliehen. Diese quälende Leere hinterläßt im Bewußtsein eine offene Wunde, die lange nicht heilen will, und erst sehr viel später wird sie zu einer Narbe in deiner Seele. In der Erinnerung bleibt nichts von dieser Zeit zurück, nur ein schwarzes Loch.

Einmal hatte ich ein märchenhaftes Glück, ich fand ein halbes Päckchen Machorka, sorgfältig in einer Wandspalte versteckt – ein halbes Päckchen feuchten Machorka. Hätte ich ihn nur nicht gefunden, diesen verfluchten Machorka! Denn einerseits wußte ich nicht, wo ich Streichhölzer hernehmen sollte, andererseits hatte ich das unerträgliche Verlangen zu rauchen. Hundertmal durchsuchte ich die ganze Zelle, fand aber keine Streichhölzer. Es gab nur eine Möglichkeit, zu Feuer zu kommen: die Wand bis zur Decke hochkriechen und dann einen Fetzen meiner Kleidung irgendwie durch das Gitter vor der Nische schieben, in der die Lampe brannte. Wenn er die Glühbirne berührte, müßte er eigentlich nach einigen Minuten zu glimmen anfangen. Doch wie an einer drei Meter hohen Wand ohne jegliche Stütze hinaufkriechen, noch dazu, wenn man ausgehungert und entkräftet ist? Einigen Flecken und Kratzern nach zu urteilen, hatten es meine Vorgänger geschafft, und das machte mein Verlangen zu rauchen unerträglich. Die Hälfte der folgenden Nacht verbrachte ich damit, mit den Fingernägeln einen Span vom Schlafbrett zu lösen, der lang genug war, um durchs Gitter die Birne zu erreichen. Am nächsten Morgen begann mein Sturm auf die Wand – an sich ein völlig idiotisches Unternehmen: an einer gänzlich nackten Wand hochzuspringen, sei es mit Anlauf, sei es aus dem Stand, sich mit den Fingernägeln in sie zu verkrallen und buchstäblich zu stöhnen vor Ohnmacht und Hilflosigkeit. Vielleicht waren meine Vorgänger größer von Wuchs, stärker oder besser trainiert, vielleicht waren sie Alpinisten? Doch mich konnte nun nichts mehr abhalten, ich vermochte an nichts anderes zu denken, ich wurde zum Tier, geriet in Raserei. Ich schwor mir: Entweder erreiche ich mein Ziel, oder ich zerschlage mir den Kopf an dieser Wand.

Der erste Tag verlief erfolglos. In der Nacht stellte ich dann das Schlafbrett an die Wand, kroch daran zur Decke hoch und holte mir vom Lämpchen Feuer. Doch das befriedigte mich keineswegs, vielmehr wurde ich dadurch nur noch gereizter, und am Morgen begann der Ansturm von neuem. So verging wieder ein Tag, und wieder eine Nacht, und abermals ein Tag und eine dritte Nacht. Ich hörte auf zu existieren. In mir war nur noch der Wunsch, die Wand hochzukriechen. Meine Fingernägel brachen ab, die Finger waren geschwollen und bluteten, und nachts war ich so erschöpft, daß ich es nicht einmal mit dem Brett beim ersten Anlauf schaffte. Ich rutschte ab, fiel, stand auf und kroch wieder zur Lampe hoch, so wie sich Insekten zum Licht drängen. Ich spürte nichts mehr, keinen Schmerz, keine Kälte, keinen Hunger, es gab nur noch diesen Wunsch, losgelöst von mir: An dieser verfluchten Wand hochkriechen, zu diesem teuflischen Lämpchen vordringen. Ich wußte nicht einmal mehr, wozu das nötig war. Und als ich schließlich am vierten Tag, nach unglaublichen Anstrengungen, Stößen und Sprüngen, plötzlich oben an der Decke hing und mich krampfhaft in das Gitter der Nische verkrallte, bemerkte ich, daß mir der Span mit dem Stoffetzen längst aus den Zähnen gefallen war und unter mir auf dem Boden lag. So hing ich an dem verfluchten Gitter, zehn Zentimeter vom Lämpchen entfernt – und weinte.

Natürlich erinnerte ich mich nicht mehr, dank welcher Abfolge von Bewegungen ich schließlich die Lampe erreicht hatte. Wichtig war nur, das Ziel war erreichbar, war für mich, bei meinem Wuchs, meinen Kräften und alpinistischen Fähigkeiten, erreichbar. Darum widmete ich der Erstürmung noch zwei Tage. Ja, und am Ende des fünften Tages errang ich den Sieg, den vollständigen und endgültigen Sieg, und es hat in meinem Leben keinen größeren Erfolg, keinen größeren Sieg gegeben, keinen, auf den ich so stolz sein konnte wie auf diesen. Jeden folgenden Tag, und zwar dreimal täglich, erklomm ich diese Wand, um ein kleines Stengelchen Machorka rauchen zu können. Und es wurde für mich schließlich zu einem selbstverständlichen Unternehmen, daß dadurch nicht einmal mehr die Monotonie meines Alltags unterbrochen wurde – das übliche, langsame Versinken in ein quälendes, sich eintönig wiederholendes Nichts.

Dies alles wissend, versuchte ich immer eine kleine Bleistiftmine mit in die Arrestzelle zu schmuggeln, die ich für gewöhnlich im Mund versteckte. Und wenn es mir gelang, zeichnete ich wärend der ganzen Arrestzeit auf Zeitungsfetzen oder einfach auf Wände und Fußböden Burgen. Ich beschränkte mich dabei nicht auf die Wiedergabe einer Frontalansicht, sondern stellte mir die Aufgabe, den Bau in allen seinen Teilen erstehen zu lassen: Fundamente, Fußböden, Wände, Treppen, geheime Gänge, spitzgiebelige Dächer und Türmchen. Ich bearbeitete jeden Stein, legte Parkett oder steinerne Fliesen, ich möblierte die Säle, hängte Gobelins und Gemälde auf, entzündete Kerzen in den Leuchtern und blakende Pechfackeln in den endlosen Wandelgängen. Ich deckte Tische und lud Gäste ein, lauschte mit ihnen der Musik, trank Wein aus Pokalen und rauchte nachher Pfeife zu einer Tasse Kaffee. Wir stiegen die Treppen hinauf, schlenderten von einem Saal in den anderen, blickten von der offenen Terrasse auf den See hinab, begaben uns in den Stall zu den Pferden und gingen in den Garten, der ebenfalls angelegt und bepflanzt werden mußte. Über eine Freitreppe kehrten wir in die Bibliothek zurück und dort nahm ich, nachdem der Kamin angezündet war, in einem weichen Sessel Platz. Ich durchblätterte alte Bücher in abgewetzten Ledereinbänden mit schweren Bronzebeschlägen. Ich wußte sogar, was in diesen Büchern geschrieben stand. Ich konnte sie lesen.

Dies beschäftigte mich während der ganzen Zeit im Karzer, ja, es blieben noch viele ungelöste Fragen bis zum nächsten Mal übrig – immerhin brauchte ich für bestimmte Entscheidungen manchmal mehrere Tage: Welches Gemälde in den Empfangsraum gehörte, welche Schränke in die Bibliothek, was für ein Tisch in den Speisesaal. Noch heute könnte ich diese Burg in allen ihren Einzelheiten nachzeichnen. Irgendwann werde ich sie finden . . . oder bauen.

Ja, irgendwann werde ich meine Freunde einladen, wir werden zusammen auf der Zugbrücke den Burggraben überqueren, wir werden die Säle betreten und uns zu Tisch setzen. Die Kerzen werden brennen, die Musik wird erklingen, und die Sonne wird langsam hinter dem See untergehen. In dieser Burg habe ich hundert Jahre gelebt und jeden Stein mit meinen eigenen Händen behauen. Ich habe sie erbaut, während ich in Wladimir in verschärfter Haft saß. Sie rettete mich vor der Apathie – vor der stumpfen, traurigen Gleichgültigkeit allem Lebenden gegenüber, rettete mir das Leben. Weil man nicht verstummen darf, weil man nicht das Recht hat, gleichgültig zu sein. Denn gerade in einer solchen Situation wird man auf Herz und Nieren geprüft. Und nur im Sport gestatten es dir die Schiedsrichter und deine Gegner, vorher deine beste Form zu finden – solche Rekorde sind nichts wert. Wirklich schwere Prüfungen werden dir zumeist jedoch gerade dann auferlegt, wenn du krank oder müde bist, wenn du eine Atempause ganz besonders nötig hättest. Dann packt man dich und bricht dir das Rückgrat! Genau in einem solchen Augenblick, unvorbereitet, holt dich der KGB-Mann, dieser Rattenfänger, oder der Erziehungsoffizier aus dem Keller zu einem Gespräch.

Oh nein, man schlägt dir nicht direkt ins Gesicht eine Zusammenarbeit vor. Sie tasten dich genauestens ab, prüfen, ob du schon reif bist. Noch nicht? Nun gut, geh also zurück in deinen Keller, werde reif – wir haben hundert Jahre Zeit.

Diese Dummköpfe! Sie wissen nicht, daß ich zu meinen Freunden zurückkehre, zu unseren unterbrochenen Gesprächen am Kamin. Woher sollten sie auch ahnen, daß ich mich, mit meinen Freunden auf der Burgmauer stehend und von oben hinabblikkend, viel mehr mit dem Problem der Einrichtung der Stallungen beschäftige als mit ihren dummen Fragen? Was können sie schon ausrichten gegen die dicken steinernen Mauern, gegen die Türme mit ihren Zinnen und Schießscharten? So lache ich also nur über sie, kehre zu meinen Gästen zurück und ziehe hinter mir die schwere Eichentür zu.

Ausgerechnet in einem solchen Augenblick, wenn dir alles egal ist, wenn das Bewußtsein schweigt und du nur noch trübsinnig die Tage zählst, wird jemandem in der benachbarten Arrestzelle schlecht, er wird ohnmächtig und stürzt hin. Du müßtest an die Tür trommeln, Krach schlagen und nach dem Arzt rufen. Aber wegen dieses Trommelns und Krachschlagens verlängert der aufgebrachte Bürger Natschalnik ganz gewiß deine Arrestzeit. Darum halte den Mund, steck deinen Kopf zwischen die Knie und rede dir ein, daß du geschlafen und nichts gehört hast. Was geht es dich auch an. Du kennst ihn nicht, er kennt dich nicht, ihr werdet euch nie begegnen. Du hättest es tatsächlich nicht zu hören brauchen. Doch kann sich der Bewohner einer Burg so etwas erlauben?

Ich lege das Buch beiseite, nehme ein Licht und gehe zum Tor, um einen Wanderer einzulassen, der vom Unwetter überrascht wurde. Was kümmert es mich, wer er ist? Selbst wenn er ein Räuber wäre, darf er sich doch an meinem Herd aufwärmen, findet er bei mir für die Nacht ein Dach über dem Kopf. Soll der Sturm hinter den Toren meiner Burg wüten – das Dach vermag er nicht abzuheben, die dicken Wände nicht zum Einsturz zu bringen, mein Kaminfeuer nicht auszublasen. Was vermag er schon? Nichts als in meinem Kamin zu wimmern und zu heulen.

Das Gefängnis als gesellschaftliche Einrichtung ist dem Menschen seit undenklichen Zeiten bekannt, ja, man kann durchaus behaupten, daß mit der Entstehung der Gesellschaft sofort auch das Gefängnis da war. Und offenbar blüht seit jener Zeit auch das Genre der Gefängnisliteratur. Tagebücher, Aufzeichnungen, Notizen, Erinnerungen. Dabei handelt es sich keineswegs darum, daß ehemalige Gefängnisinsassen besonders redselig wären. Ganz im Gegenteil. Der aus dem Gefängnis

Entlassene neigt eher dazu, Gespräche und Gesellschaft zu fliehen, er zieht es statt dessen vor, irgendwo still in der Einsamkeit zu sitzen und bewegungslos auf einen Punkt zu starren. Seine Mitmenschen aber lassen ihm keine Ruhe, stellen ihm haufenweise Fragen, meist recht läppische, verlangen immer wieder neue Berichte, und der Ehemalige spürt, daß er kein ruhiges Leben haben wird, bevor er nicht seine Gefängniserinnerungen niedergeschrieben hat. Im Verlauf der Geschichte haben dutzende Millionen von Menschen im Gefängnis gesessen und Tausende von ihnen haben ihre Eindrücke zu Papier gebracht. Doch das hat die Gier der Menschheit nicht gestillt, hat dieses durch das Gefängnis ewig neu geweckte Interesse nicht befriedigt. Denn seit uralten Zeiten sind die Menschen gewöhnt, Beschreibungen vom Schrecklichsten auf dieser Welt zu lesen – Tod, Wahnsinn und Gefängnis. Das Grauen zieht an und lockt, die Angst gilt immer dem Unbekannten. Kaum kehrt einer aus dieser anderen Welt zurück, setzt man ihm auch schon mit quälenden Fragen zu!

Drei Dinge, die sich unabhängig von unseren Wünschen vollziehen, sind nach dem Willen der Vorsehung irgendwie miteinander verbunden. Wahnsinn ist geistiger Tod, geistiges Gefängnis, das Gefängnis wiederum ist ein Ebenbild des Todes und führt den Menschen häufig in den Tod oder Wahnsinn. Ein Mensch, der ins Gefängnis gekommen ist, wird wie ein Toter beweint, und man gedenkt seiner wie eines Entschlafenen – allerdings im Laufe der Zeit immer seltener und seltener, so als gäbe es ihn tatsächlich nicht mehr. Diese drei Ängste, die dem Menschen innewohnen, werden von der Gesellschaft benutzt, um jene zu bestrafen, die sich gegen sie auflehnen, genauer gesagt, um den übrigen Angst einzujagen, denn wer spricht heutzutage noch ernsthaft von Strafe?

Es ist verständlich, daß sich jedes Mitglied der Gesellschaft lebhaft dafür interessiert, womit man es lediglich einschüchtert und was man ihm tatsächlich antun kann. Und so hat sich diese abschreckende Bedeutung des Gefängnisses tief im Bewußtsein der Menschen festgesetzt. Alle, vom Gesetzgeber bis zum Aufseher, halten es für eine Selbstverständlichkeit, daß es im Gefängnis schlimm und qualvoll sein muß. Man soll keinen Boden unter den Füßen, kein Dach über dem Kopf haben. Keine Luft, kein Licht, keine Wärme, keine Speise – das ist kein Kurort, kein Elternhaus! Andernfalls würde man die Häftlinge nicht wieder loswerden, sie würden nicht mehr hinauswollen! Ganz besonders regt sich die Gesellschaft auf, wenn der Häftling dort anfängt, von seinen Rechten oder von Menschenwürde zu reden. Bitte, stellen Sie sich doch einmal vor, wie es aussähe, wenn die Sünder in der Hölle anfingen, auf ihre Rechte zu pochen?

Dabei geriet irgendwie in Vergessenheit, daß es die ursprüngliche Absicht war, nicht die Häftlinge, sondern die noch in Freiheit Befindlichen einzuschüchtern, also die Gesellschaft selbst. Und daraus folgt, daß sich die Gesellschaft um so mehr selbst einschüchtert, je mehr sie die Häftlinge drangsaliert. Und darum giert sie so nach dieser Angst. Natürlich haben auch die Bewohner des Gefängnisses, so wie jede geordnete Gesellschaft, ihr eigenes, inneres Gefängnis – den Arrest und darüber hinaus noch die verschiedensten Abstufungen des Strafvollzugs: Weniger streng, streng, besonders streng. Denn selbst im Gefängnis darf dem Menschen nicht egal sein, was mit ihm geschieht. Es muß immer noch etwas geben, was man ihm wegnehmen kann, was er nicht verlieren will. Denn ein Mensch, der nichts mehr zu verlieren hat, ist für die Gesellschaft eine tödliche Gefahr und für alle ehrlichen Menschen eine ungeheure Versuchung – natürlich, solange er noch kein Leichnam ist. Und damit die übrige Menschheit nicht neidisch wird, damit die rechtschaffenen Seelen nicht der Verlockung erliegen, sind der Strafvollzug und seine zusätzlichen Strafen so berechnet, daß das letzte Stadium, in dem der Mensch tatsächlich nichts mehr zu verlieren hat, fast dem Tod gleichkommt. Darum beurteilt der erfahrene Häftling ein Gefängnis nicht nach der Fassade oder nach den Gemeinschaftszellen, sondern nach dem Arrest. So gesehen wäre es auch richtiger, ein Land nach seinen Gefängnissen und nicht nach seinen Errungenschaften zu beurteilen.

Jahrhundertelang blieb die innere Einrichtung der Gefängnisse fast unverändert, und ein Außenstehender, der während einer Besichtigung beispielsweise die Peter-Pauls-Festung betritt, kann nicht verstehen, was an diesem Gefängnis Besonderes ist. Eine Pritsche wie andere auch, Wände wie andere auch. Nun gut, vor den Fenstern sind Gitter. Dafür ist es schließlich ein Gefängnis, man soll nicht weglaufen können. Es ist sogar gestattet, Bücher zu lesen – was will man noch mehr. Und schon gar nicht vermag der Außenstehende zu beurteilen, was Strafvollzug heißt.

Was macht es eigentlich für einen Unterschied, ob der tägliche Spaziergang eine ganze oder eine halbe Stunde dauert, ob du 450 Gramm Brot täglich oder nur 400 bekommst, 75 Gramm Fisch oder 60? Man muß schon Buchhalter sein oder Koch, um diese vielen Zahlen zusammenzählen zu können. Für den Außenstehenden ist nur von Interesse, ob die Häftlinge an all dem starben oder nicht. Ach so, sie starben nicht – also braucht man nicht darüber zu reden! Meistens werden Außenstehende vor allem von den dicken Wänden und kellerartigen Gewölben beeindruckt. Düster, schrecklich! So sieht es also aus, das Gefängnis ... Und wieviel Gefängniserinnerungen sie auch gelesen haben mögen, nie werden sie die Bedeutung jener scheinbaren Lappalien, jener Nichtigkeiten begreifen.

Da steht beispielsweise eine aus Metallstäben zusammengeschweißte Pritsche. Darauf liegt eine Matratze – das sieht ganz normal aus. Doch es stellt sich heraus, daß Häftlinge, die auf diesen Betten schlafen mußten, sogar in den Hungerstreik traten und forderten, die Abstände zwischen den Metallstangen unter der Matratze zu verkleinern. Irgendwie seltsam – nun stehen diese Pritschen schon etwa zwanzig Jahre da, und niemand hat bislang die Abstände bemängelt. Waren die Häftlinge verrückt geworden, paßte ihnen das Essen nicht mehr, oder wollten sie sich nur aufspielen? Ein pedantischer Archivbeamter wird vielleicht eines Tages in den Gefängnisakten finden, daß etwa zur gleichen Zeit der Gefängnisdirektor anordnete, den Häftlingen alle alten Zeitungen und Journale wegzunehmen. Eine ganz vernünftige Anordnung – warum sollten auch die Gefangenen ihre Zellen mit allerlei

Makulatur vollstopfen dürfen. Lobenswert. Doch selbst dieser Archivar vermag keinen Zusammenhang zwischen diesen beiden Ereignissen zu entdecken. Nur der Gefangene selbst kennt ihn: In diesen Betten konnte man nur schlafen, wenn man einen Haufen Zeitschriften und Zeitungen unter die Matratzen schob. Kaum nahm man sie weg, verwandelte sich die Pritsche augenblicklich in ein Folterinstrument. Schon in der ersten Nacht hängt die Matratze in den Zwischenräumen durch und man liegt auf den Eisenstäben.

Oder ein anderes Beispiel: Für die Arrestzelle ist ein Hocker oder sonst irgendeine Sitzgelegenheit vorgeschrieben, und tatsächlich besitzt jede dieser Zellen eine solche Sitzgelegenheit – einen Wandvorsprung, auf den du dich setzen und den ganzen Tag sitzenbleiben kannst. Doch kaum macht man diesen Vorsprung eine Idee höher, und eine Idee schmaler als notwendig, schon erreichen deine Füße nicht mehr den Boden, oder du kannst nicht richtig darauf sitzen. Alles in allem, so scheint es, handelt es sich nur um wenige Zentimeter, um Nichtigkeiten ...

Und dann diese 50 Gramm Brot oder 15 Gramm Fisch – was sind das doch für Kleinigkeiten, geradezu peinlich, darüber zu sprechen. Der Mensch vergißt dabei, daß irgendwann einmal eine Flaumfeder einem Kamel das Rückgrat gebrochen hat. Er vergißt, daß der Unterschied zwischen Leben und Tod so winzig klein, so nichtig ist. Man muß nur die Temperatur des Körpers um wenige Grade verändern – und schon hat man eine Leiche vor sich. Und seit es Gefängnisse, diese gesellschaftlichen Institutionen gibt, gibt es auch diesen Kampf, wogt diese große Schlacht zwischen den Gefangenen und der Gesellschaft hin und her. Es geht um das Gramm, um den Zentimeter, um Grade und Minuten. Der Erfolg wechselt. Mal sind die Häftlinge im Angriff, und die Gesellschaft weicht zurück. Hier gewinnen die Häftlinge 50 Gramm, dort 5 Zentimeter, hier 5 Grad – und siehe da, es bedeutet das Leben! Doch die Gesellschaft kann das Leben im Gefängnis nicht zulassen. Im Gefängnis muß es grauenhaft und unheimlich sein, ist es doch ein Gefängnis und kein Kurort. Schon greift die Gesellschaft wieder an: Hier 50 Gramm weg, dort 10 Zentimeter, hier 5 Grad – und die Gefangenen liegen fast darnieder. Sie werden gequält, zu Boden gedrückt und bis aufs Blut ausgesogen. Es kommt zu Kannibalismus, Wahnsinn, Selbstmorden, Totschlag und Fluchtversuchen.

Viele Jahre habe ich diesen stummen und für Außenstehende unverständlichen Krieg beobachtet. Er hat seine eigenen Gesetze, seine großen Daten, Schlachten, Siege und Niederlagen, seine Helden und Heerführer. Die Front in diesem Kriege ist wie bei anderen Kriegen ständig in Bewegung. Sie weicht oder steht, je nach Bereitschaft der Häftlinge, wegen eines Gramms, eines Zentimeters, eines Grades oder einer Minute bis zum Äußersten zu gehen. Denn kaum läßt ihre Verteidigung nach, stürmen sofort die Eskadronen mit den roten Schulterstücken oder blauen Kragenspiegeln[1] mit Siegesgeheul vor. Sie durchbrechen die Front, nehmen dich in die Zange, greifen von hinten an – und wehe den Besiegten. Über den Sieger jedoch wird nie zu Gericht gesessen.

Der nächsten Häftlingsgeneration gelingt es dann nie, die verlorenen Stellungen zurückzuerobern – sie akzeptiert die neue Situation als etwas Normales, Althergebrachtes, Selbstverständliches. Siege erringen können die Häftlinge in ihren Schlachten viele Male, verlieren aber nur einmal. Darum haben Häftlinge, die in den Hungerstreik treten und ihn, ohne etwas zu erreichen, wieder beenden, nicht nur ihren Krieg verloren, sondern gleichzeitig auch das Leben vieler kommender Generationen von Häftlingen verschlechtert. Auch aus diesem Grunde darfst du dich nicht der Gleichgültigkeit hingeben, nicht in Erstarrung verfallen. Die Gleichgültigkeit wird dir ins Ohr flüstern: Hauptsache überleben! Denk an den heutigen Tag, und wenn du ihn überstanden hast – Gottseidank. Und schon dröhnen die Hufe, ertönt das Horn, und die Eskadronen der anderen greifen an.

So saß ich also im Gefängnis von Wladimir und las. Außer mit meinem Hauptfach, der Biologie, beschäftigte ich mich noch mit Englisch. Die meisten Politischen lernen irgendeine Sprache: Die Juden in der Regel Hebräisch, die übrigen Englisch, Deutsch oder Spanisch. Die Methode ist sehr einfach: Lies mit Hilfe des Wörterbuchs soviel Bücher wie möglich, schreibe alle unbekannten Wörter heraus und wiederhole sie dann unentwegt. Gewöhnlich werden die Wörter, weil das praktisch ist, auf ein Stück Papier geschrieben: Auf der einen Seite die fremde Vokabel, auf der Rückseite ihre russische Bedeutung. Die Kärtchen können dann bequem entsprechend der einen oder der anderen Seite sortiert werden. Damit sie nicht durcheinandergeraten oder verlorengehen, kam es bei uns in Mode, aus leeren Streichholzschachteln kleine Karteikästen zusammenzukleben. Diese Kästchen waren äußerst bequem, sie bestanden aus herausziehbaren Schubladen in fünf bis sechs Reihen. Auf diese Weise konnte man, bei voller Konzentration, im Laufe eines Monats zwei- oder sogar dreitausend Vokabeln lernen. Die Gefängnisleitung hatte sich an unsere Kästchen schon derart gewöhnt, daß man sie uns selbst beim Filzen nicht wegnahm. Mit Büchern allerdings, besonders mit Wörterbüchern, war es viel schwieriger.

Von zu Hause durfte man sich keine Bücher schicken lassen, und die Gefängnisbibliothek war kümmerlich bestückt. Allerdings durfte man sich Bücher per Nachnahme vom Buchhandel kommen lassen. Doch war nicht jedes Buch zugelassen, vor allem nicht ausländische, nicht einmal Wörterbücher aus Prag oder Warschau. Deshalb war natürlich jeder bemüht, sich illegal Bücher zu beschaffen.

Ich hatte diesbezüglich Glück. Ich saß damals in Untersuchungshaft im Gefängnis von Lefortowo, und meine Mutter gab jeden Monat zusammen mit ihrem Päckchen stets drei, vier Bücher für mich ab, darunter neben sowjetischen auch einige in England oder in den Vereinigten Staaten erschienene Bücher. Die Gefängnisleitung von Lefortowo händigte sie mir natürlich nicht aus, sondern deponierte sie im Magazin. Man rechnete damit, daß ich davon nichts erfahren und bei einer Verlegung nicht auf ihrer Aushändigung bestehen würde. So sammelten sich im Magazin etwa dreißig Bücher an. Als ich aus Lefortowo nach Wladimir verlegt wurde, war es Nacht und von den höheren Chargen niemand anwesend. Selbstverständlich begann ich Krach zu schlagen, verlangte meine Bücher und drohte, dem Transportoffizier zu melden, daß das Gefängnis meine Sachen nicht herausgerückt habe. Die Transportoffiziere aber unterstehen weder dem Gefängnis noch dem KGB, mehr noch, wie alle Offiziere des MWD hegen sie dem KGB gegenüber keineswegs freundliche Gefühle. Daher, so rechnete ich mir aus, war es durchaus möglich, daß der Transportoffizier stur bleiben und sich weigern würde, mich überhaupt mitzunehmen, solange ich, wie es so schön heißt, »materielle Forderungen an das Gefängnis habe«. Das befürchteten offenbar auch die Aufseher von Lefortowo. Natürlich beschimpfte mich der diensthabende Offizier der Ordnung halber eine halbe Stunde lang und versuchte, mich in die Enge zu treiben. Doch schließlich kannte man mich auch schon gut genug, saß ich doch bereits zum dritten Mal dort. Sie sahen ein, daß ich keine Ruhe geben würde, und rückten die Bücher heraus. So brachte ich einen ganzen Sack voller Bücher nach Wladimir mit; ich konnte ihn kaum tragen.

Mit diesen Büchern gab es später ständigen Ärger: Mal nahm man sie mir weg, wie es hieß, zur Kontrolle, und ich bekam sie nicht zurück, oder umgekehrt, man erklärte, daß es niemanden gäbe, der sie kontrollieren könnte, und darum dürfte man sie mir gar nicht erst aushändigen; dann wieder wurde eine oberste Grenze eingeführt – man beließ mir fünf, die übrigen nahm man mir ab. Und jedes Mal mußte ich wegen dieser Bücher Beschwerden schreiben oder in Hungerstreik treten. Einmal, in einem Lager, habe ich sie sogar aus dem Magazin geklaut und dafür andere hingestellt. Mit einem Wort, ein Drama. Übrigens ist es interessant, daß sich nie jemand diese Bücher richtig angesehen hat, außerdem schien niemand zu wissen, daß es keine sowjetischen Bücher waren, sonst hätten mir auch keinerlei Hungerstreiks geholfen. Es war nur der Büchersack, der die Gefängnisleitung reizte. »Wir sind hier keine Universität, studieren können Sie nach ihrer Entlassung.« Und damit basta.

Wie dem auch sei, jeder von uns besaß einen Sack voller Bücher, die in der Regel von einer Häftlingsgeneration zur anderen vererbt wurden und gewissermaßen Gemeineigentum waren. Und so hatten wir mit der Gefängnisleitung unseren ständigen Bücherkrieg, wie ja auch der Kampf um andere Fragen des Strafvollzugs kein Ende nahm. Die Bücher mußten so versteckt werden, daß sie der Leitung nicht unter die Augen kamen, vor allem nicht beim Filzen. Das war keineswegs eine leichte Aufgabe – immerhin ist ein Buch keine Nähnadel, wo soll man es verstecken? Aber so schwierig es auch sein mag, irgendwie findet man in der Zelle immer einen Platz. Doch es gab nichts Schlimmeres, als wenn sich plötzlich die Essenklappe in der Tür öffnete und der Aufseher sagte: »Fertigmachen mit Sachen.« Das konnte buchstäblich alles bedeuten: Verlegung in eine andere Zelle, Verlegung in einen anderen Block, Arrest oder Abtransport. In jedem Fall bedeutete es Leibesvisitation. Wohin nur mit ihnen, diesen verdammten Büchern?

Es half, wenn man den Einband, das Titelblatt und vielleicht auch das Vorwort entfernte. Dann konnte man behaupten, es sei überhaupt kein Buch, sondern Toilettenpapier. Auf diese Weise ließen sich ein oder zwei Bücher durchbringen. Außerdem hatten wir gelernt, den Stempel der Bibliothek nachzumachen: Wie denn, das ist doch gar nicht mein Buch, das stammt aus der Bibliothek. Doch irgendwann kamen sie auch dahinter. Riß man den Einbanddeckel ab und klebte an seine Stelle sorgfältig den Umschlag einer Literaturzeitschrift, so konnte man es etwa für ein Exemplar des »Oktjabr« oder des »Nowyj Mir« ausgeben. Doch bald wurden Zeitschriften ebenfalls konfisziert. Das Sicherste war immer noch, das Buch so schnell wie möglich durchzulesen und soviel wie möglich in ein Heft abzuschreiben. Solche Exzerpte galten dann bereits als legaler Besitz des Häftlings und konnten weitervererbt werden. Allerdings sammelte das KGB diese Hefte häufig ein, um zu prüfen, ob wir nicht vielleicht antisowjetische Romane oder Tagebücher schrieben. Kurz und gut, es gab einen hundertjährigen Bücherkrieg.

Die Gefängnisleitung merkte sehr bald, daß wir, im Unterschied zu den Kriminellen, wesentlich mehr unter dem Verlust von Büchern, unter Besuchs- und Schreibverboten litten als unter der Kürzung von Lebensmittelrationen oder unter anderen verschärften Haftbedingungen. Darum legte sie auf die verschiedensten Einschränkungen im geistig-psychischen Bereich besonderes Gewicht. Natürlich blieb der Schlag gegen den Magen, wie die Kriminellen zu sagen pflegen, immer noch das beliebteste Mittel der Erzieher, und auch damit geizten sie nicht. Aber auch wir hatten unsere Waffen: Beschwerden, Hungerstreiks, Hartnäckigkeit und Einfallsreichtum. Das Wichtigste aber, ohne das uns kein Einfallsreichtum gerettet hätte, waren Einigkeit und Publizität.

Fürwahr eine erstaunliche Erscheinung: Noch vor rund dreißig Jahren trieb man dutzende Millionen von politischen Häftlingen auf die Großbaustellen des Kommunismus, wobei Hunderttausende von ihnen an Skorbut und Dystrophie starben – und die ganze damalige Welt war außer sich vor Begeisterung, pries das sowjetische Gesellschaftssystem. Nicht, daß es an Informationen gefehlt hätte, man wollte einfach nicht wissen, wollte nicht wahrhaben. Die Menschheit wünschte sich einen schönen Traum von Glück und Gerechtigkeit irgendwo auf der Welt. Und selbst die seriösesten westlichen Beobachter bestaunten die Größe der sowjetischen Errungenschaften, die Ausmaße des Aufbaues, den Enthusiasmus der Sowjetmenschen – über die Gefangenen aber kein Wort.

Jetzt hingegen gab es von uns politischen Häftlingen im ganzen Land kaum mehr als zwanzigtausend, etwa ebenso viele, wie früher allein in Norilsk in einem einzigen Winter starben. Doch jetzt spüren die Menschen im Westen, daß auch ihr Schicksal, ihr ganz persönliches Schicksal zum Teil im Gefängnis von Wladimir entschieden wird. Die westliche Presse hat begonnen, uns eine gewisse Aufmerksamkeit zu widmen, sie beschäftigt sich sogar mit unserem Kampf um bessere Haftbedingungen, um alle diese Gramme, Grade und Zentimeter. Plötzlich interessiert sich die Menschheit dafür, ob es Gefängnisse mit »menschlichem Antlitz« gibt! Für uns kam das gerade zur rechten Zeit – Gefängnisse gab es bei uns schon seit langem, am menschlichen Antlitz hingegen mangelte es erheblich. Hin und wieder war die Frist des gerade fälligen Hungerstreiks noch nicht abgelaufen, als die Aufseher auch schon heimlich Einzelheiten einer Sendung der BBC oder von Radio Liberty über eben diesen Hungerstreik berichteten – dieser Radiokrieg faszinierte sogar sie.

Beunruhigt waren auch die Kremlführer, denen es schwere Sorgen bereitete, daß die Fassade ihres großen Hauses an Glanz verlor. Ach, so etwas kommt immer zur Unzeit! Ausgerechnet in diesem Augenblick, in dem die Proletarier aller Länder endlich bereit waren, sich zu vereinigen und den ewigen Traum der Menschheit zu verwirklichen, gerade in diesem Augenblick, in dem die Anstrengungen aller Völker auf den Kampf gegen die Diktatur in Chile oder gegen die Apartheid in Südafrika gerichtet werden müssen, tauchen plötzlich irgendwelche Häftlinge auf, irgendwelche Hungerstreiks, Gefängnisrationen, Gramme und Grade. Das lenkt die Werktätigen ab, hilft dem Weltimperialismus und schiebt die lichte Zukunft weiter hinaus.

Auf der anderen Seite hatte sich auch die allgemeine Stimmung innerhalb der Staatsmaschinerie selbst geändert. Es gab nicht mehr den revolutionären Elan und Eifer. Er war in den dreißiger und vierziger Jahren im Kugelhagel Stalinscher Erschießungskommandos untergegangen. Der Apparat verknöcherte zunehmend, die Apathie der Beamten, die Furcht vor Verantwortung, die Furcht vor den Vorgesetzten und eine solide bürokratische Gleichgültigkeit breiteten sich immer mehr aus. Alles wurde überwuchert von Gesetzen, Verordnungen und Instruktionen, und es war nicht immer klar, wie man sie zu interpretieren hatte. Das Beste war natürlich, es nach oben zu melden und auf Richtlinien zu warten. Oben wiederum beeilte man sich nicht damit, Weisungen zu erteilen, man zog es statt dessen vor, die Beamten wegen irgendeiner Nachlässigkeit zu bestrafen, immer neue Verordnungen und Instruktionen zu erlassen, die wiederum irgendwie interpretiert werden mußten, damit ihre ewigen Widersprüche entschärft werden konnten. Und so rauchte auch dem Gefängnisdirektor der Kopf.

Ihm war klar, daß jede Instruktion zum Nachteil der Häftlinge ausgelegt werden mußte, doch bis zu welchem Punkt? Überspannst du den Bogen ein wenig, setzt sie stärker unter Druck – schon gibt es einen Hungerstreik, und wieder heult es aus London, München oder Washington. Und das bedeutet, daß in drei bis vier Wochen eine Kommission aus Moskau auftaucht. »Was ist los, Genossen? Seid wohl auf eine Provokation des Weltimperialismus hereingefallen!« Natürlich findet man dann auch irgendwelche Mängel und Unzulänglichkeiten, nimmt sie zu Protokoll, weist darauf hin, prangert sie an oder setzt sogar einen Schuldigen ab – hat doch jeder Beamte einen Haufen Feinde, die nur darauf warten, auf seinem Stuhl Platz nehmen zu können, ihm den Bissen aus dem Rachen zu reißen. Aus diesem Grunde hören auch die Offiziere und Direktoren der Gefängnisse Westsender, drehen nachts an ihren Empfängern, fragen einander frühmorgens: War gestern was? Es war – also rechne mit einer Kommission. Und die alten Kerkermeister seufzen: Ihr seid wirklich außer Rand und Band geraten. Ja, vor zwanzig Jahren ...

Doch auch wir sind längst nicht mehr jene Lämmer, die damals stumm, ohne Widerstand starben. Wir haben die große Wahrheit erkannt, daß weder aus Gewehren oder Panzern, noch aus Atombomben Macht geboren wird, daß nicht sie die Macht stützen. Macht beruht allein auf Unterwürfigkeit, auf der Bereitschaft, sich zu unterwerfen, und darum verringert jeder in der Sowjetunion, der es ablehnt, sich der Gewalt zu beugen, diese Gewalt genau um ein zweihundertfünfzigmillionstel Teil. Wir haben aktiv an der Menschenrechtsbewegung teilgenommen, wir gingen durch die übliche Schule der Lager, wir wissen, welch vernichtende Wirkung das Sich-nicht-Unterwerfen des Menschen hat. Und all das wissen auch die Herrschenden. Seit langem schon haben sie bei ihren Berechnungen alle kommunistischen Dogmen über Bord geworfen. Sie brauchen nicht mehr den Glauben der Menschen an eine lichte Zukunft – sie brauchen nur Unterwürfigkeit. Und wenn man uns in den Lagern hungern oder in den Arrestzellen verfaulen läßt, dann nicht um uns zum Glauben an den Kommunismus zu bekehren, sondern um uns zur Unterwürfigkeit, zumindest aber zur Kompromißbereitschaft zu zwingen.

Aus allen Lagern des Landes hatte man uns ins Gefängnis von Wladimir zusammengetrieben – uns, die Aufsässigsten, die Halsstarrigsten, Hungerstreikler, Arbeitsverweigerer, Beschwerdeschreiber. Hier gab es fast keine Zufälligen, und die wenigen von ihnen, die zwischen uns geraten waren, reihten sich ganz von selbst in unsere Verteidigungslinie ein.

In den Nachbarzellen saßen Häftlinge unter besonderen Haftbedingungen, wenn auch nach denselben Paragraphen wie wir verurteilt. Die meisten von ihnen waren allerdings Zufällige – vor allem Kriminelle, die beim Falschspielen ertappt worden waren, oder sich ihren Mitgefangenen gegenüber in anderer Weise etwas hatten zuschulden kommen lassen. Um nun der Vergeltung am Ort zu entgehen, verteilten sie in ihrem Lager Flugblätter oder brachten sich antisowjetische Tätowierungen an – worauf man ihre Strafzeit verlängerte und sie einem besonderen Strafvollzug unterwarf, wie es für »politische Wiederholungstäter« üblich ist. Natürlich blieben sie ihrem Wesen nach Kriminelle. Und erstaunlich: Ihre besonderen Haftbedingungen unterschieden sich in nichts von den Haftbedingungen in den Lagern Stalins. Die gleichen Vorgesetzten, die gleichen Aufseher verhielten sich ihnen gegenüber ganz anders als uns gegenüber: Sie wurden geschlagen, erniedrigt, sie prügelten sich untereinander um ein Stück Brot, sie denunzierten einander – von was für einer Verteidigungsfront konnte da noch die Rede sein!

Bis 1975 wurden wir, die Politischen, nicht zur Arbeit getrieben. Die Gefängnisleitung hielt es für unzweckmäßig. Man wußte aus den Erfahrungen der vergangenen

Jahre, daß die Mehrzahl ohnehin nicht zur Arbeit gehen würde, und wer es doch tat, der erfüllte nicht die Norm. Es war für das Gefängnis einfach unrentabel, Arbeitsräume einzurichten, Meister von draußen zu holen und einen zusätzlichen Produktionsplan für uns aufzustellen, ohne eine entsprechende Leistung von uns zu erhalten. Im Frühjahr 1975 jedoch, vielleicht in Erwartung der Konferenz von Helsinki, verfügte Moskau anders: Man befahl, uns zur Arbeit zu zwingen.

Zwangsarbeit ist schon an und für sich für den Menschen etwas Erniedrigendes. Im Gefängnis jedoch, wo sechzig Prozent des Verdienstes von der Gefängnisleitung für ihre Sicherheitsmaßnahmen einbehalten und von der verbliebenen Summe auch noch die Kosten für Ernährung, Bekleidung und Unterhalt abgezogen werden, wo die Arbeit als Mittel der Umerziehung gilt, wo die Arbeitszeit an sechs Tagen der Woche acht Stunden täglich beträgt, wobei die Normen künstlich überhöht werden, um so die Arbeit unerträglich zu gestalten – unter solchen Bedingungen wird die Arbeit für einen Menschen mit Selbstachtung unannehmbar.

Natürlich weigerten wir uns. Und es begann ein langer Belagerungskrieg. Als böswillige Arbeitsverweigerer wurden wir alle wiederholt den verschiedensten Strafen unterzogen: Allein unter sogenannten verschärften Haftbedingungen mußte ich anderthalb Jahre sitzen (und das in einem Zeitraum von knapp zwei Jahren!). Andere wiederum bekamen häufig Arrest, mancher saß dort sechzig oder gar fünfundsiebzig Tage. Man unterband unseren Briefwechsel mit den Verwandten, verbot Besuche und die Übergabe von Lebensmittelpaketen. Der Krieg wurde erbarmungslos geführt, bis zur völligen Erschöpfung. Jeder wußte, daß er nicht aufgeben durfte. Deshalb griffen wir nicht nur zu den üblichen Verteidigungsmaßnahmen, wie Hungerstreik oder illegales Hinausschmuggeln von Informationen über Willkürakte im Gefängnis, sondern wandten noch ein anderes unerwartetes Mittel an: Wir überschütteten die offiziellen Instanzen mit einer Lawine von Beschwerden.

Man muß das sowjetische bürokratische System kennen, um zu verstehen, was für eine Wirkung das hatte. Nach den in der Sowjetunion geltenden Gesetzen hat jeder Gefangene das Recht, an jede beliebige staatliche oder gesellschaftliche Institution oder offizielle Persönlichkeit Beschwerden zu richten. Die Beschwerde muß vom Gefängnis spätestens drei Tage nach ihrer Abgabe weitergeleitet werden. In diesem Zeitraum muß die Gefängnisleitung dazu ein erklärendes Begleitschreiben verfassen, einen Auszug aus der Personalakte des Beschwerdeführers anfertigen und beides der Beschwerde beifügen. Die Instanz, an die die Beschwerde gerichtet ist, muß sie in ihrem Eingangsjournal registrieren und ist verpflichtet, im Laufe von drei Monaten dazu Stellung zu nehmen. Sollte sie für die in der Beschwerde behandelte Frage nicht zuständig sein, schickt sie die Eingabe an die zuständige Stelle weiter. Eine neue Beschwerde löst wiederum einen gesonderten Vorgang aus. Es gibt mehrere Gesetze und Verordnungen, die die Behandlung von Beschwerden regeln. In der Praxis erzielt eine einzelne Beschwerde niemals Wirkung, sie wird an die »zuständige Person« weitergeleitet, das heißt, an den, über den man sich beschwert hat. Der aber hält die Beschwerde natürlich für unbegründet. Meistens werden die Beschwerden überhaupt von niemandem gelesen, sondern gleich auf dem Instanzenweg nach unten weitergegeben. Diese Praxis hat dazu geführt, daß die Leute an die Wirksamkeit von Beschwerden nicht mehr glauben. Eine Krähe hackt der anderen kein Auge aus, heißt es bei den Häftlingen.

Beachtet man bestimmte Regeln, so sind Beschwerden jedoch ausgesprochen wirkungsvoll, sogar im Gefängnis. Man muß nur:

- die Gesetze und Regeln für die Bearbeitung der Beschwerden kennen;
- alle Gesetze und Vorschriften kennen, die für den Strafvollzug im Gefängnis gelten;
- die Beschwerde äußerst kurz, präzise, höchstens eine Seite lang, abfassen, denn sonst wird sie von niemandem gelesen. In der Beschwerde sollte nur die Tatsache der Verletzung eines Gesetzes oder einer Vorschrift festgehalten werden, dazu das Datum des Vorfalles, die Namen der Schuldigen und ein Hinweis auf das Gesetz oder die Vorschriften, die verletzt wurden;
- mit großen und deutlichen Buchstaben schreiben und an der Seite einen Rand freilassen;
- wenn man erreichen will, daß die Beschwerde von einer hohen Instanz geprüft wird, muß man sich über den Leiter der unmittelbar nachgeordneten Instanz beschweren. Das heißt, wenn die Hauptverwaltung des MWD antworten soll, muß man sich nicht über den Direktor des Gefängnisses beschweren, sondern über den Chef der Gebietsverwaltung des MWD. Dabei muß man sich langsam auf der Stufenleiter der Beamtenhierarchie hinaufbewegen, indem man sich stets bei der höheren Stufe über die Antwort der unmittelbar niedrigeren Instanz beschwert;
- niemals in einer Beschwerde zwei verschiedene Fragen anschneiden;
- die Beschwerde eingeschrieben abschicken;
- und das Wichtigste – die Beschwerden in ungeheurer Menge abfassen und an die allerinkompetentesten Stellen richten.

Auf dem Höhepunkt unseres Kampfes schrieb jeder von uns zehn bis dreißig Beschwerden täglich. Dreißig Beschwerden an einem Tag abzufassen, ist schwierig, darum teilten wir meistens die Themen untereinander auf, wobei jeder nur auf seine Themen einging und sie dann den anderen zum Abschreiben gab. Wenn also in einer Zelle fünf Mann sitzen und jeder sechs Themen übernimmt, dann kommen somit auf jeden Beteiligten dreißig Beschwerden, wovon jeder lediglich sechs selbst verfassen muß. Dreißig Seiten fertigen Text abzuschreiben, und das noch in großer Schrift, erfordert etwa anderthalb bis zwei Stunden Arbeit.

Adressieren sollte man die Beschwerden am besten nicht an bestimmte Beamte, sondern an die ausgefallensten Personen und Organisationen. Beispielsweise an alle Abgeordneten des Obersten Sowjets, an alle Abgeordneten der Republiks-, Gebiets- und Stadtsowjets, an alle Zeitungen und Zeitschriften, an alle Kosmonauten, Schriftsteller, Künstler, Schauspieler, Ballerinen, an alle Sekretäre des ZK, an

Generale, Admiräle und Bestarbeiter, Schafhirten, Rentierzüchter, Melkerinnen, Sportler und so weiter und so fort. In der Sowjetunion sind nämlich alle einigermaßen bekannten Leute Amtspersonen.

Weiter geschieht nun folgendes: Die Gefängniskanzlei wird mit Beschwerden überhäuft und kann sie in der dreitägigen Frist nicht weiterleiten, da sie zu jeder Beschwerde die oben erwähnten Begleitschreiben verfassen muß. Wird die Frist nicht eingehalten, gibt es unbedingt einen Verweis, und es gehen auch Prämien verloren. In den heißesten Tagen unseres Kampfes wurden auf Befehl des Gefängnisdirektors der Kanzlei alles nur Erdenkliche zugeteilt: Bibliothekare, freie Buchhalter, Zensoren, Politoffiziere und Operative Bevollmächtigte. Und mehr noch – da in unmittelbarer Nachbarschaft des Gefängnisses eine Schule des MWD lag, wurden auch die dortigen Lehrgangsteilnehmer zur Hilfeleistung in die Kanzlei des Gefängnisses abkommandiert.

Die Absende- und Antwortdaten müssen in einem besonderen Heft registriert werden, wobei peinlich genau auf die Einhaltung der Absende- und Antwortfristen zu achten ist. Alle diese Beschwerden durchlaufen nun einen komplizierten Weg, man registriert sie in jeder Instanz und legt Akten über sie an. Am Ende ergießen sie sich auf die Tische von zwei Behörden: die örtliche Staatsanwaltschaft und die örtliche MWD-Verwaltung. Beide Behörden können ebenfalls nicht rechtzeitig antworten, halten ebenfalls die Fristen nicht ein, bekommen dafür ebenfalls Verweise und verlieren ebenfalls ihre Prämien. Die bürokratische Maschinerie arbeitet mit Volldampf, die Häftlinge aber wälzen den Papierwall von Instanz zu Instanz und säen Panik in den Reihen des Gegners. Beamte bleiben Beamte, sie bekriegen sich gegenseitig unentwegt, und sehr oft werden Beschwerden in ihren Händen zu Waffen im internen Behördenkrieg. So geht es mehrere Monate lang. Schließlich tritt der allermächtigste Faktor des sowjetischen Lebens in Aktion, die Statistik.

Irgendeiner höheren Instanz wird zusammen mit anderen Ziffern, Tabellen, Berichten und Meldungen vom Aufbau des Kommunismus auch mitgeteilt, daß über das Gefängnis von Wladimir, oder sogar über den gesamten Regierungsbezirk, im Berichtszeitraum 75 000 Beschwerden eingegangen sind. Niemand hat diese Beschwerden gelesen, aber die Zahl ist unerhört. Sie verpfuscht auf einen Schlag die ganze Statistik, irgendwelche Erfolgsziffern des sozialistischen Wettbewerbs irgendwelcher Kollektive, Behörden oder sogar des Gebiets. Das geht alle an: Das gesamte Gebiet rutscht aus seiner Spitzenposition in die Gruppe der Rückständigen, es verliert irgendwelche Wanderpokale, Wimpel und Rote Fahnen. Die Werktätigen sind unzufrieden, im Parteikomitee des Gebiets bricht Panik aus, und eine hohe Kommission macht sich eilig auf den Weg in das Gefängnis.

Diese Kommission hilft den Betroffenen nicht direkt, bestenfalls entscheidet sie einige unwesentliche Punkte der Beschwerden. In jedem Fall soll sie aber eine Reihe von Mängeln und Unterlassungen in der Arbeit der Gefängnisleitung aufspüren. Zu diesem Zweck hat man sie geschickt, hat ihr Reise- und Tagegelder ausgezahlt. Die ganze Leitung wird durcheinandergewirbelt. Der eine wird abgesetzt, ein anderer degradiert, wieder ein anderer erhält einen Verweis – worauf die Kommission nach oben über die ergriffenen Maßnahmen berichtet und befriedigt nach Hause fährt. Da die Beschwerden auch an die verschiedensten Melkerinnen, Abgeordneten, Ballerinen und Rentierzüchter gesandt wurden, so muß darüber hinaus all denen geantwortet werden, muß man auch sie informieren, sie beruhigen, sie von den Entscheidungen der Kommission und den ergriffenen Maßnahmen unterrichten.

Die Häftlinge aber schreiben und schreiben, verderben die Statistik auch des neuen Berichtszeitraumes, erwirken eine neue Kommission, und das geht Jahr für Jahr so weiter. Zählt man die Kommissionen und Verweise hinzu, die eine Folge des Informationsflusses ins Ausland sind, alle Direktiven, Zirkulare, Befehle und Gegenbefehle, Beschwerden der Verwandten, Pressekampagnen und Petitionen des Auslandes, dann versteht man, was unsere Gefängnisleitung durchzustehen hatte, während sie mit uns um die Arbeitsfrage rang. Welcher Gefängnisdirektor, welcher Staatsanwalt, welcher Gebietsparteisekretär wünscht sich ein solches Leben? Und wenn es nur von ihnen abhängig gewesen wäre, hätten wir die Blockade längst durchbrochen. Doch es gab einen Befehl aus Moskau.

Du lieber Gott, was haben sie nicht alles mit unseren Beschwerden angestellt: Sie wurden sackweise konfisziert, man stahl sie, gab uns kein Papier, verkaufte uns keine Umschläge und Marken, verbot eingeschriebene Sendungen (um sie leichter stehlen zu können), man erließ einen Sonderbefehl und verbot uns überhaupt, ganz gleich an wen, Beschwerden zu schreiben – es sei denn an die Staatsanwaltschaft oder das MWD. Man steckte Beschwerdeschreiber auch in die Arrestzelle. Und die Antworten – was haben wir für Antworten bekommen! Es war geradezu phantastisch! Die völlig verwirrten Beamten, die es nicht einmal schafften, unsere Beschwerden durchzulesen, antworteten zum falschen Zeitpunkt, brachten die Adressaten und Beschwerden durcheinander, sie verbogen und verdrehten ihre unglückseligen Gesetze so sehr, daß man sie selbst ins Gefängnis hätte bringen können. Beispielsweise antwortete mir ein vom Papiersturm völlig verwirrter Oberst der örtlichen MWD-Verwaltung, daß ein Parteitag der KPdSU keine gesellschaftliche Organisation sei und man sich deshalb nicht mit Beschwerden an ihn wenden dürfe. Natürlich folgte darauf ein gegen ihn gezielter Beschwerdesturm, in dessen Wirbel der Oberst verschwand.

Die Gerichte von Wladimir aber, fuchsteufelswild geworden über die Menge von Klagen und die Forderungen der Gefängnisleitung nach Strafverfolgung, antworteten uns zum Beispiel, daß die Offiziere des MWD nicht den sowjetischen Gerichten unterstünden. Schließlich pfiff man auf alles und ließ uns anstelle von Antworten einfach Bescheinigungen etwa folgenden Inhalts zukommen: »Im Laufe des vergangenen Monats erhielten wir von Ihnen 187 Beschwerden und haben sie abgelehnt.« Unterschrift. Das ganze bürokratische System der Sowjetunion schien in diesen Krieg hineingezogen. Es gab keine Behörde oder Einrichtung des Gebiets und sogar der Republik, von der wir nicht eine Antwort erhalten hätten. Es geschah auch, daß zwei Instanzen einander diametral zuwiderlaufende Antworten gaben, worauf wir sie gegeneinander hetzten. Zum Schluß bezogen wir auch die Kriminellen in dieses Spiel ein, und die Beschwerdeseuche breitete sich so über das ganze Gefängnis aus, in dem insgesamt 1200 Menschen saßen.

Ich glaube, wenn dies alles sich noch etwas mehr in die Länge gezogen und das ganze Gefängnis mitgemacht hätte, dann wäre die sowjetische bürokratische Maschinerie buchstäblich aus den Fugen geraten: Alle Behörden der Sowjetunion hätten ihre Arbeit einstellen und nur noch Antworten an uns schreiben müssen. Doch sie gaben auf. Nach zwei Jahren des Kampfes wurde die Belagerung aufgehoben. Unser Gefängnisdirektor wurde abgesetzt und in Pension geschickt, in der Verwaltung wurden irgendwelche Umbesetzungen vorgenommen, und es wurde still. Moskau nahm seinen Befehl zurück. Unser armer Oberst Sawjalkin! Er hatte umsonst gelitten und fiel als Opfer der Behördenwillkür. Im Grunde genommen war er kein böser Mensch, er war lediglich ein Vollzugsbeamter. Er begriff nicht ganz, worum es ging, gegen die unzähligen Kommissionen und widersprüchlichen Befehle aber, die sich über sein Haupt ergossen, verteidigte er sich recht originell – er stellte sich dumm, spielte den einfältigen Befehlsempfänger, der nur alles zum besten wenden will, wobei unglückseligerweise jedoch stets das Gegenteil herauskommt! Man putzte ihn herunter, rügte ihn, stellte ihn bloß – er nahm das alles mit der Miene eines unschuldigen, aber vom Pech verfolgten Menschen hin.

Der Sieg war uns nicht leicht zugefallen. Wir waren am Ende, waren abgemagert, bei jedem zeigte sich irgendeine Krankheit, beim einen ein Geschwür, beim anderen Tuberkulose. Im Gefängnis hat es schon ein gesunder Mensch nicht leicht, ein Kranker aber ist ganz übel dran. Mit der Krankheit beginnen die Erpressungsversuche: Bist du gefügig, kurieren wir dich, geben dir Diätverpflegung, überführen dich in ein Krankenhaus. Bei Magengeschwüren und Lebererkrankungen kann man all diese angefaulten Strömlinge und den verrotteten Sauerkohl unmöglich essen, doch gerade daraus besteht zu sechzig Prozent deine Nahrung, was also tun? Hast du Tuberkulose, oder sagen wir mal, Hungerschmerzen bei Magengeschwüren, stecken dich die KGB-Leute besonders gern in die Arrestzelle. Und ausgerechnet an einem Hungertag, wenn dir keine Verpflegung zusteht, werden sie dich vorladen. Die Tuberkulösen haben es irgendwie noch leichter, sie verspüren wenigstens keine Schmerzen.

Im übrigen, richtig behandelt wird hier ohnehin keiner. Die Schwere der Krankheit wird etwas gemildert, die Behandlung bleibt oberflächlich: Der Tod wird verhindert. Infolgedessen werden alle Krankheiten in der Regel chronisch, und dann wird man sie nicht mehr los, man ist sein ganzes Leben lang auf Medikamente angewiesen. Und das gilt als völlig normal. »Was denn, sind Sie hergekommen, um sich kurieren zu lassen? Wir haben Sie nicht ins Gefängnis eingeladen. Sie hätten sich nicht einbuchten lassen sollen«, sagen die Ärzte. Übrigens unterscheidet sich das Krankenhaus durch nichts von einer gewöhnlichen Zelle. Dieselben Betonfußböden, dieselben Verschläge vor den Fenstern, kein Licht, keine Luft, nur die Verpflegung ist besser. Nicht einmal Klobecken gibt es, zweimal am Tage wird man zur Toilette geführt. Ein solches Krankenhaus wünscht sich niemand.

Überhaupt gilt die medizinische Hilfe hier als Belohnung für gute Führung. In der Nachbarzelle, bei den Kriminellen, sitzt ein Epileptiker. Jeden Tag klopfen die Häftlinge an die Tür, verlangen einen Arzt. Wieso einen Arzt! Nach vier Stunden guckt vielleicht ein Sanitäter durch die Essenklappe: »Was, der Epileptiker? Der stirbt nicht, hören Sie auf mit dem Rufen«, und schlägt die Klappe zu. Als in unserer Zelle Gunnars Rode[2] umkippte, rannten wir die halbe Nacht lang gegen die Tür an, brüllten aus dem Fenster, rissen eine Bank vom Fußboden los und benutzten sie als Sturmbock gegen die Tür, schlugen die Essenklappe heraus, daß die Tür erzitterte. Es fehlte nicht viel, und sie wäre aus dem Rahmen geflogen. Anschließend bekamen wir alle Arrest, aber Rode wurde immerhin ins Krankenhaus geschafft. Ein anderes Mal sperrte man Suslenskij in die Arrestzelle, er war jedoch herzleidend und bekam im Arrest immer nach zwei bis drei Tagen einen Anfall. So auch dieses Mal. Darauf donnerten alle gegen die Türen, der ganze Block, alle Zellen, einschließlich der Kriminellen. Es gab einen Lärm wie bei einer Kanonade. Der ganze Block bebte. Kein Wunder bei sechsundsechzig Zellen – ungefähr zweihundert Menschen schlugen mit allem nur Verfügbaren gegen die Zellentüren. Als Ergebnis wurde Suslenskij auf einer Bahre in eine andere Arrestzelle getragen, in einen anderen Block – und damit hatte es sich.

Wie gesagt, der Sieg war uns also nicht leicht zugefallen. Doch für wie viele Häftlingsgenerationen hatten wir dadurch das Recht erwirkt, im Gefängnis nicht arbeiten zu müssen? Wer weiß es? Und wir hatten auch andere Verbesserungen durchgesetzt. Die Hauptsache aber war, daß die Gefängnisleitung uns jetzt fürchtete wie das Feuer! Als der neue Direktor uns wieder mit den Büchern zu schikanieren versuchte, mußten wir nur für wenige Tage in den Hungerstreik treten, und schon gab er nach. Nicht einmal mit dem Finger wagt man uns jetzt anzurühren. Von den Kriminellen aber wurde fast jeden Abend einer in die Toilette geschleppt und dort verprügelt. Oder aber man fesselte sie und trat sie mit den Stiefeln. Fast jeden Abend Schreien und Stöhnen. Besonders berüchtigt war Major Kisseljew. Ewig betrunken, mit weißlich-trüben, nichts sehenden Augen, wurde er geradezu krank, wenn er während seiner Schicht nicht irgend jemanden verprügeln konnte. Um uns hingegen machte er einen Bogen, wagte kaum zu atmen, damit wir den Schnapsgeruch nicht spürten.

Über ihn vor allem fielen wir her, als Ende 1974 während seiner Schicht ein Krimineller, der Wilde genannt, im Arrest umgebracht wurde. Niemand kannte den Familiennamen dieses unglücklichen Wilden, und wir wußten nicht so recht, wie wir diesen Vorfall in unseren Beschwerden beschreiben sollten. So schrieben wir einfach »ein Krimineller, der Wilde genannt«. Man schlug ihn lange, offenbar die ganze Nacht, denn die ganze Nacht lang hörte man seine Schreie aus dem Arrest. Mehrfach während dieser Nacht riefen wir nach dem Blockaufseher und fragten ihn, was los sei. »Wer weiß, wer da ist«, antwortete der, »wahrscheinlich ein Verrückter, und so heult er eben.« Am Morgen erfuhren wir von den Kriminellen, was passiert war. Von nun an war zwei Jahre lang eines unserer ständigen Beschwerdethemen dieser Wilde – wir verlangten, daß Kisseljew vor Gericht gestellt werde. Wir schrieben dazu anderthalbtausend Beschwerden. Ein Gerichtsverfahren erreichten wir natürlich nicht, die Staatsanwaltschaft antwortete stereotyp: »Eine Beteiligung der Administration am Tode des verurteilten Gawrilin konnte nicht festgestellt werden.« Erst dadurch erfuhren wir seinen Familiennamen.

Kisseljew, immerhin, wurde friedlicher, und auf jeden Fall hatte er Angst vor uns. Dabei haßte er uns und versuchte immer wieder, über uns Meldung zu erstatten, damit wir bestraft würden. Seine ganze Schicht glich ihm aufs Haar, als hätte man sie ausgesucht – allein schon dieser »Einundvierziger«! Dieser kleine Blockaufseher, Hauptfeldwebel Sarafanow, tat stets im ersten Block in der Schicht Kisseljews Dienst, seinen Beinamen hatte er von den Häftlingen vor vielen Jahren dafür erhalten, daß er es fertigbrachte, während einer Schicht einundvierzig Meldungen zu schreiben. Wie er das schaffte, ist unbegreiflich, zumal er halber Analphabet war. Ein besonders bösartiges Tier! Er und ein Blockaufseher mit dem Beinamen Zigeuner, ebenfalls aus der Schicht Kisseljews, machten uns am meisten zu schaffen. Sie begegneten uns mit offenem Haß. Der Zigeuner war allerdings offenherziger, direkter. Ohne sich zu genieren, schrie er uns an: »Schade, Hitler hat euch nicht alle in seinen Öfen verbrannt!« Er nahm an, daß wir alle Juden seien. Nun, auch wir blieben ihm nichts schuldig.

Die übrigen Aufseher, vor allem die jüngeren, benahmen sich uns gegenüber nicht schlecht, gelegentlich zeigten sie sogar deutliches Mitgefühl. Wie wir haßten sie den KGB-Hauptmann Oburow, der als Operativer Bevollmächtigter des Gefängnisses für uns zuständig war, und wie die Kriminellen nannten sie ihn Admiral Canaris. Äußerlich hatte Oburow tatsächlich etwas Ähnlichkeit mit Canaris, doch er war, glaube ich, um einiges dümmer als der deutsche Abwehrchef. Er schickte uns ständig Suppenträger, Kalfaktoren und andere Kriminelle aus dem Küchenbetrieb, die sich erboten, für uns irgendeine Notiz oder einen Brief aus dem Gefängnis herauszuschmuggeln. Dafür besorgte er ihnen heimlich Tee, der im Gefängnis verboten war. Diese Kalfaktoren erzählten uns natürlich davon, weil dieser Weg ihnen als der einfachste erschien, und baten uns, für sie fingierte Kassiber anzufertigen. Für uns war dieser Handel ebenfalls günstig, denn als Gegenleistung waren die Suppenträger bereit, den unsrigen im Arrest etwas Machorka und manchmal auch Brot zuzustekken. So versorgten wir also Oburow regelmäßig mit Kassibern oder mit Petitionen an die UNO, die er höheren Orts als Beweis für seine Nützlichkeit vorlegen konnte. Den auf diese Weise verdienten Tee verkauften die Suppenträger ihrerseits an die professionellen Gauner – und somit waren alle zufriedengestellt.

Vor einigen Jahren, so erzählt man sich, war Oburow noch kühner und unverschämter. Er ließ einen nach dem anderen zu sich kommen, schlug ihm Zusammenarbeit und Spitzeldienste vor. Dem einen versprach er zur Belohnung Lebensmittel, dem anderen Schnaps, dem dritten vorzeitige Entlassung. Schließlich hing es den Leuten zum Halse raus, und als Oburow den ehemaligen Priester Boris Borissowitsch Saliwako zu sich kommen ließ und ihm für Spitzeldienste gesichertes Einkommen nach seiner Entlassung versprach, war das Maß voll. Es dauerte zwar einige Zeit, bis zwischen den verschiedenen Zellen und Blocks eine Absprache zustandekam, aber dann, an einem bestimmten Tage, traten alle wie ein Mann in den Hungerstreik und forderten die Beendigung dieser unverschämten Anwerbeversuche und die Absetzung Oburows. Völlig unerwartet löste dieser Hungerstreik bei der Gefängnisleitung und sogar bei der Staatsanwaltschaft Jubel aus. Unverzüglich erschienen der Gefängnisdirektor und der Staatsanwalt und erkundigten sich, ihre Freude kaum verbergend, ob Oburow die Anwerbung tatsächlich so grob betrieben habe. Von da an trat Oburow nicht mehr offen in Erscheinung, wagte kaum noch jemanden anzuwerben, rief nur noch selten jemanden zu sich, sondern strich nur irgendwo um uns herum. Die Kriminellen erzählten uns, daß sie ihn mehrmals dabei beobachtet hätten, wie er stundenlang an unseren Zellentüren stand und lauschte.

Überhaupt muß gesagt werden, daß sich die Einstellung der Kriminellen uns gegenüber völlig gewandelt hatte. Es hieß, daß sie noch vor zwanzig Jahren unsereinen nur als Faschisten bezeichnet und während des Transports oder in den Etappengefängnissen ausgeraubt und in den Lagern unterdrückt hatten. Jetzt waren dieselben Kriminellen freiwillig bereit, mir während des Transports die Büchersäcke tragen zu helfen, sie teilten ihren Tabak oder ihre Zigaretten und selbst ihre Lebensmittel mit mir. Sie wollten wissen, wofür wir sitzen, wofür wir kämpfen, lasen mit Interesse mein Urteil und konnten nur eins nicht fassen: daß wir alles umsonst tun, nicht für Geld. Sie waren im höchsten Maße erstaunt darüber, daß Menschen für nichts und wieder nichts, bewußt und selbstlos ins Gefängnis gingen. Im Gefängnis von Wladimir unterhielten wir die besten nachbarlichen Beziehungen zu ihnen. Ständig wandten sie sich mit Fragen an uns, baten um Rat oder auch um Hilfe. Wir waren die obersten Richter bei all ihren Streitigkeiten, halfen ihnen, Beschwerden zu schreiben, erklärten ihnen die Gesetze und wurden von ihnen, selbstverständlich, immer wieder über politische Probleme befragt.

Ob sie es wollen oder nicht, aber im Gefängnis lesen sogar Kriminelle die Zeitungen, hören örtliche Rundfunkstationen und denken, vielleicht zum ersten Mal, darüber nach, warum das Leben in der Sowjetunion so erbärmlich ist. Die überwältigende Mehrheit von ihnen ist vollkommen antisowjetisch eingestellt; und das Wort »Kommunist« gilt fast als Schimpfname. Wegen ihrer sozialen Isolierung und ihrer Unbildung sind sie allerdings nicht fähig, für ihre Rechte einzutreten, ja glauben meistens auch gar nicht an irgendwelche Rechte eines Häftlings. Die Gefängnisleitung ihrerseits zieht aus den Streitereien der Kriminellen Nutzen und hetzt sie gegeneinander auf. Will der Gefängnisdirektor einen von ihnen erledigen, verlegt er ihn in eine Zelle, in der dessen Todfeinde sitzen. Dort wird der eine oder andere ihn schon totschlagen, und der Mörder kann dann auch gleich zum Tode durch Erschießen verurteilt werden.

So wußte man beispielsweise, daß unser neuer Gefängnisdirektor, Oberstleutnant Ugodin, einen gewissen Tichonow in eine Zelle zu seinen Feinden verlegen ließ. Dort wurde er dann langsam zu Tode geprügelt, fast zwei Tage traten sie mit Stiefeln auf ihm herum. Er brüllte, daß man es im ganzen Block hörte, aber niemand schritt ein. Ugodin, so wurde berichtet, stand häufig an der Tür, blickte durch den Spion, hörte, wie Tichonow schrie, und entfernte sich befriedigt. Häftlinge der Nachbarzelle, die gerade durch den Korridor zum Spaziergang geführt wurden, hatten ihn dabei ertappt. Aus der gegenüberliegenden Zelle konnte man es zudem durch einen Spalt beobachten. Erst am dritten Tage gingen die Aufseher in die Zelle, um die Leiche herauszuholen. Die schuldigen Kriminellen wurden später alle zum Tode durch Erschießen verurteilt, Ugodin blieb natürlich ungeschoren.

Man teilte uns das sofort mit, und wir schrieben an den Generalstaatsanwalt. Die Antwort kam, wie üblich, von der örtlichen Staatsanwaltschaft: »Eine Beteiligung von Dienstpersonen an der Ermordung Tichonows konnte bei der Untersuchung nicht festgestellt werden.« So verlief die Angelegenheit im Sande.

In unserem ständigen Kampf um die Verbesserung der Haftbedingungen mußten wir unsere Handlungen aufeinander abstimmen und Informationen austauschen und waren daher gezwungen, zuverlässige Kommunikationswege zwischen den über das ganze Gefängnis verstreuten sogenannten politischen Zellen zu finden. Dabei erwiesen sich unsere Kriminellen als außerordentlich nützlich. Für sie, insbesondere für die Taschendiebe, gab es im ganzen Gefängnis Kanäle, über die sie ihre Anweisungen zirkulieren ließen. Von Fenster zu Fenster, auf dem Hof, durch die einzelnen Stockwerke und Blocks, überall spannten sie ihre unsichtbaren Fäden, und an dieses Netz schlossen wir uns an.

Ich muß bekennen, daß die Diebe in unserem Fall sich als äußerst ehrlich erwiesen. Die Kassiber gerieten nie in die Hände der Aufseher und kamen genauso zugeklebt und zugenäht an, wie wir sie abgeschickt hatten. Dementsprechend mußten wir uns auch an der Beförderung ihrer Post beteiligen und regten uns dabei mehr auf als bei unserer eigenen. Es wäre peinlich gewesen, die Nachbarn hereinfallen zu lassen, die selbstlos in den Arrest gingen oder ganze Kassiber einfach verschluckten, sie aber nie in die Hände der Aufseher fallen ließen.

Überhaupt war erstaunlich, wie viele Kommunikationsmittel es bei der völligen Isolation und unter verschärften Haftbedingungen im Gefängnis gab: Jeder beliebige

Punkt konnte mit jedem beliebigen anderen verbunden werden. Und dies, obwohl strenge Strafen darauf standen – wegen »interzellarer Kommunikation«, wie es offiziell hieß.

Ich erinnere mich, wie ich das erste Mal ins Gefängnis kam, von nichts eine Ahnung besaß und gleich nach dem Filzen in eine dunkle, dreckige und kalte Durchgangszelle gesteckt wurde. Anstelle des Klobeckens gab es so etwas wie einen Thron, einen fünfzig Zentimeter hohen Aufbau mit kleinen Stufen und in der Mitte einfach ein Loch. Der Gestank war fürchterlich. Über dem Loch gab es einen Wasserhahn, anstelle einer Spülung. Ich setzte mich einigermaßen verwirrt auf die Pritsche. Jetzt wirst du wirklich drei Jahre so sitzen müssen, dachte ich. Plötzlich höre ich: »Hm!« Entweder schien es mir nur so, oder aber es räusperte sich wirklich jemand direkt hinter meinem Ohr. Ich drehe mich um – niemand. Plötzlich wieder: »Hm! Landsmann!« Was zum Teufel ist los? Für alle Fälle antworte ich: »Was ist los?« »Geh näher an das Klo 'ran, Landsmann, ich höre dich schlecht!« Das war meine erste Bekanntschaft mit dem Gefängnistelefon.

In anderen Zellen, in denen es richtige Klobecken gibt, wird das Wasser mit einem Lappen oder Besen aus dem Abflußknie entfernt, und dann kann man wie durch ein richtiges Telefon sprechen. Vor allem gegen Abend hört man Rufe, die von einem Zellenfenster zum anderen gehen, etwa: »Einunddreißig! Einunddreißig! Auspumpen!« Oder ganz direkt: »Einunddreißig, ans Telefon!«

Allerdings sind bei weitem nicht alle Zellen über dieses System zu erreichen. Gewöhnlich kann man nur nach oben oder nach unten »telefonieren«, und nur in seltenen Fällen mit der gegenüberliegenden Zelle – das hängt vom Verlauf der Kanalisation ab. Außerdem gibt es nicht in allen Zellen Klobecken. Aber es gibt noch andere Mittel. Durch alle Zellen zieht sich die Zentralheizung. Wenn man nun einen Aluminiumbecher, wie ihn jeder im Gefängnis bekommt, mit dem Boden fest ans Heizungsrohr drückt, den Mund fest auf die Öffnung des Bechers preßt und in den Becher hineinschreit, dann verbreitet sich der Ton durch die Rohre gut vernehmbar nach allen Seiten. In der anderen Zelle muß man ebenfalls den Becher an das Rohr drücken und dabei das Ohr an die offene Seite halten. Allerdings ist diese Leitung äußerst überlastet, den ganzen Tag dröhnen irgendwelche Stimmen durch die Rohre. Das schafft gewisse Unbequemlichkeiten. Erstens muß man warten, bis man dran ist, denn zwei auf einmal können nicht sprechen. Zweitens ist die Verständigung über mehrere Zellen hinweg schlecht, man muß also um eine Übermittlung von Zelle zu Zelle bitten, eine Art Stafette schaffen. Drittens schließlich ist es nicht ratsam, jede Nachricht offen weiterzugeben. Für solche Fälle gibt es die Post.

Meistens werden die Briefe »zu Pferde« transportiert, ebenso auch größere Gegenstände, wie Lebensmittel, Bücher und ähnliches. Man trennt ein paar Socken auf und dreht das Garn zu einer soliden Schnur zusammen. Am Ende der Schnur wird das Paket befestigt. Anschließend muß man den geeigneten Augenblick abpassen und dann das Paket durch einen Spalt des Fensterverschlags – und der ist für gewöhnlich höchstens einen Finger breit – entweder seitwärts schleudern oder hinablassen. In der anderen Zelle wird das »Pferd« eingefangen, indem man durch den Spalt einen »Arm« schiebt, das heißt, irgendeinen Stock mit einem Haken am Ende oder auch nur eine zusammengerollte Zeitung. Nachdem man das »Pferd« auf diese Weise in Empfang genommen hat, zieht man die Schnur in die Zelle und befestigt an ihrem Ende das, was man selbst zurückzubefördern hat. Und so reisen die Sendungen im Gefängnis von Fenster zu Fenster. Natürlich, wenn man dabei von den Aufsehern erwischt wird, sind einem fünfzehn Tage Arrest sicher.

Eine andere Möglichkeit bietet der sogenannte Spaziergang. Hinter dem fröhlichen Wort »Spaziergang« verbirgt sich in Wirklichkeit eine äußerst langweilige Prozedur. Die Zeiten sind längst vorbei, in denen die Häftlinge sittsam paarweise auf dem allgemeinen Gefängnishof spazieren geführt wurden. Heute sind die kleinen Spazierhöfe eine Art Betonkäfig, kaum größer als eine Zelle. Ihre Wände sind mit einem grobkörnigen Zementputz, dem »Pelz«, bedeckt, damit sie nicht beschrieben werden können. Die Türen sind ebenso wie die Zellentüren mit Eisenblech beschlagen und haben einen Spion. Die Wände sind über drei Meter hoch, an Stelle der Decken sind Gitter eingezogen. Zum Spaziergang wird man zellenweise geführt, so daß er keine Abwechslung bietet. Derartige Spazierhöfe gibt es zehn bis zwölf, je fünf bis sechs zu beiden Seiten eines Ganges. Oberhalb des Ganges befindet sich eine Plattform für den Aufseher, auf der er hin und hergehend die Höfe rechts und links von ihm überblicken kann. Kaum dreht er sich um, versucht man Kassiber oder kleine Päckchen von einem Hof in den anderen zu werfen. Eine Zelle, die dabei ertappt wird, verliert gewöhnlich das Recht auf den Spaziergang.

Später versuchte die Gefängnisleitung, auch diese Kommunikation zu unterbinden, indem sie über dem Gitter noch ein feinmaschiges Netz anbringen ließ, so daß im Winter, bei starkem Schneefall, nicht einmal der Schnee hindurch kam, sondern auf dem Netz liegen blieb. Aber auch das half nichts. Die Häftlinge lernten es irgendwie, das Netz anzuheben und ihre Post durch den entstandenen Spalt in den anderen Hof zu schieben. Stellenweise wurde auch versucht, das Netz zu zerreißen, um dann, auf den Schultern eines anderen stehend, die Hand durch das Loch zu stecken und so das Gewünschte in den Nachbarhof hinüberzuwerfen. An diesem das ganze Gefängnis umspannenden Kommunikationssystem beteiligten wir uns und waren somit auch verpflichtet, als Glied in der Kette zu dienen. Was mußten wir nicht alles auf Bitten unserer Nachbarn von einem Hof in den anderen hinüberwerfen! Mal einen Beutel mit Machorka, der kaum durch die Ritze unter dem Netz hindurchpaßte, ein anderes Mal fünfzehn Stück Seife, wobei man bei jedem genau den Augenblick erwischen mußte, in dem der Wärter abgelenkt war. Einmal hatten wir eben den Hof betreten und noch kaum festgestellt, wer unsere Nachbarn zur Linken und zur Rechten waren (die übliche Prozedur), als auch schon von rechts mit viel Mühe ein dickes Buch und nach ihm ein zweites zu uns durchgequetscht wurde. Es waren die Memoiren von Shukow. Den einen Band konnten wir weiter schieben, der andere blieb stecken. Weder wir, noch die Nachbarn, vermochten ihn durch den Spalt zu zwängen. So fiel er den Aufsehern in die Hände. Für die Übermittlung von Kassibern ist dieser Weg nichtsdestotrotz äußerst günstig.

Das primitivste Mittel, so mag es scheinen, bestand darin, Notizen an Wänden zu hinterlassen. Aber auch das war sehr effektiv. In winziger Bleistiftschrift notiert man überall, wo man nur hinkommt – im Bad, auf dem Spazierhof, in den Durchgangszellen – seinen Namen oder die Namensliste der Zelle, gelegentlich auch eine kurze Nachricht. Die Praxis hat bewiesen, daß solche Nachrichten im Laufe einer Woche den gewünschten Adressaten erreichen. Wir schrieben meist in Englisch, damit die Aufseher nichts mitbekamen. Natürlich argwöhnten sie, daß ein Politischer der Schreiber sei. Überhaupt entwickelte sich die englische Sprache bei uns sehr schnell zu einer Art Chiffre oder Jargon – auf englisch konnte man auch von Fenster zu Fenster schreien oder sich durch die Heizungsrohre unterhalten, ohne daß ein Unbefugter etwas verstand.

So saß ich hier bereits zweieinhalb Jahre, außerdem hatte ich in der Zeit von 1972 bis 1973, also vor meiner Verschickung ins Lager, ein weiteres Jahr hier verbracht. Die letzten drei Monate waren ziemlich ruhig verlaufen – man wurde nicht mehr zur Arbeit getrieben, und es wurden auch keine verschärften Haftbedingungen mehr verhängt. Diese Ruhe erschien mir verdächtig, und das um so mehr, als wir, die Politischen, fast sämlich Zelle neben Zelle in der zweiten Etage des vierten Blocks zusammengezogen wurden. Bislang hatte man immer versucht, uns in möglichst weit auseinanderliegenden Zellen unterzubringen, um damit eine Kommunikation zu erschweren. Jetzt aber, als stünde eine Absicht dahinter, legte man uns alle zusammen. Drei Mann in Zelle 21, acht in der fünfzehnten, zwei in der zwölften, vier in der zehnten, zu der auch ich gehörte. Vier von uns hatten außerdem noch in der siebzehnten gesessen, doch dann mußten zwei von ihnen zurück ins Lager, und die beiden anderen in die Verbannung, und die Zelle wurde aufgelöst. Zehn Mann saßen außerdem im ersten Block, aber auch sie brauchten nicht zu arbeiten. Von der Gefängnisleitung hörten wir, daß gegen Ende des Jahres alle in unseren Block verlegt werden würden. Es war schwer zu sagen, ob die Leitung etwas im Schilde führte oder ob man im Gegenteil beschlossen hatte, uns in Ruhe zu lassen. Abgesehen von den üblichen Anschlägen auf unsere Bücher, gab es keinerlei Anzeichen für die Vorbereitung eines Angriffs. Allerdings wurde fast allen das Recht auf Briefverkehr genommen, und das ist immer ein schlechtes Zeichen.

Schon zu Ende des vergangenen Jahres hatte die Gefängnisleitung damit begonnen, alle unsere Briefe zu beschlagnahmen. Baten wir um eine Begründung dieser Maßnahme, so hieß es, man schulde uns keine Erklärung, wir sollten neue Briefe schreiben. Und schrieb man dann einen neuen, wurde auch dieser konfisziert. So zog sich dieses Spiel hin. Ich hatte fast schon ein Jahr lang nicht einen einzigen Brief nach Hause schicken können. Dabei war unklar, wen sie damit bestrafen wollten, meine Mutter oder mich. Ähnlich sah es auch bei den anderen aus, der eine hatte ein halbes Jahr, der andere acht Monate lang keinen Briefkontakt mehr gehabt. So war man gezwungen, illegale Kanäle zu benutzen.

Nachrichten von draußen kamen nur schwer durch und waren überwiegend unerfreulichen Inhalts: Die einen waren verhaftet worden, andere ins Ausland vertrieben, die einen kamen nach Osten, die anderen in den Westen – und alle waren meine Freunde, Menschen, die ich seit vielen Jahren kannte. So leid einem die Verhafteten auch taten, es blieb doch die Hoffnung, sie einmal irgendwann wiederzusehen. Sie verschwanden ja nicht für alle Zeiten. Die aber, die man in den Westen vertrieben hatte, waren für dich buchstäblich gestorben – du würdest sie nie mehr wiedersehen. Moskau war leer geworden, und irgendwie dachte man seltener und seltener an die Freiheit; besonders hart war zu hören, daß jemand aus deinem Bekanntenkreise sich losgesagt oder Reuebekenntnisse abgelegt hatte – da mußte man geradezu einen Teil seines eigenen Lebens für immer vergessen. Lange Zeit noch spukten in deinem Kopf Episoden, Bruchstücke von Gesprächen mit ihm herum, und du konntest sie auf keine Weise verdrängen, so als seist du am Verrat mitschuldig.

Irgendwann früher war ich ein sehr umgänglicher Mensch, hatte mich Menschen leicht angeschlossen und sie schon nach wenigen Tagen für meine Freunde gehalten. Doch die Zeit nahm mir einen nach dem anderen, und allmählich begann ich, neuen Bekanntschaften aus dem Wege zu gehen. Ich wollte nicht mehr diesen Schmerz erdulden, diesen krampfartigen Schmerz, der dich überfällt, wenn ein Mensch, auf den du dich verlassen, den du geliebt hast, dich plötzlich kleinmütig verrät und du ihn für immer aus deinem Gedächtnis streichen mußt. Es ist so schwer, sich einzugestehen müssen, daß wieder ein dir vertrauter Mensch zerbrochen wurde. Alte Häftlinge, die beim Wachgebäude herumstehen, wenn ein neuer Schub ins Lager geführt wird, sagen fast untrüglich voraus: Der da wird zum Spitzel, jener zum Päderasten, der wird in den Abfällen wühlen, aber der dort ist in Ordnung. Mit der Zeit fing auch ich unwillkürlich an, alle Menschen in Gedanken mit dem Häftlingsmaß zu messen, und dadurch verminderte sich die Zahl meiner Freunde ohnehin. Nach und nach blieb nur ein Kreis mir besonders teurer Menschen übrig. Sie waren mein einziger Reichtum, alles, was ich in diesen Jahren erworben hatte. Und wenn einer von ihnen zerbrach, war es eine um so größere Qual. Wir waren dann noch weniger geworden in meiner Burg, ein weiterer Platz am Kamin blieb leer, unser Gespräch erstarrte, die Musik verstummte, die Kerzen verlöschten. Auf der Erde wurde es dunkel.

Jetzt fuhren diese mir teuren Menschen für immer in den Westen, verschwanden buchstäblich im Nichts. Dumpf drang die Kunde von ihnen zu uns, hauptsächlich aus sowjetischen Zeitungen – wie Stimmen aus einer anderen Welt. Nun erinnerte sich die sowjetische Presse auch meiner. Fast sechs Jahre hatte sie geschwiegen, hatte Charakter bewiesen, und nun eine ganze Seite in der »Literaturka«, ein Interview mit Sucharjew, dem ersten Stellvertreter des Justizministers der UdSSR. Im Jahr 1972, gleich nach meinem Prozeß, war in einer Moskauer Zeitung ein kleiner Artikel mit der Überschrift »Biographie der Schändlichkeiten« erschienen. Bei aller für die sowjetische Propaganda typischen Verlogenheit und der Fülle von Beschimpfungen ging dieser Artikel doch nicht über das Urteil hinaus, das heißt, er fügte selbst keine Lügen hinzu. Nun jedoch redete der stellvertretende Justizminister einen Unsinn, der auch nicht im entferntesten meinem Urteil entsprach. Nach seinen Worten hatte ich mich fast der Zusammenarbeit mit Hitler und der Anstiftung zum bewaffneten Aufstand schuldig gemacht. Es war unterhaltsam, diese in Millionenauflagen gedruckten und bis in die letzte Ecke des Landes verschickten Worte zu lesen und gleichzeitig den mit dem Siegel eines sowjetischen Gerichts versehenen Urteilsspruch in der Hand zu halten. Für wen sollte dieser offensichtliche Unsinn bestimmt sein? Was kann heutzutage, wo fast jedermann westliche Rundfunksender hört und sogar die Wachtposten auf dem Transport mich erkennen, ein derartiger Blödsinn noch nutzen?

Selbstverständlich versuchte ich ganz legal zu protestieren: Ich schrieb Briefe an den Redakteur der »Literaturnaja Gaseta«, an den Generalstaatsanwalt und den Minister der Justiz, doch das Gefängnis beschlagnahmte alles. Keine einzige diesbezügliche Beschwerde ließ man mich abschicken, nicht einmal eine offizielle Verleumdungsklage ans Gericht. Ich hätte gern wenigstens eine einzige, sei es auch die allerläppischste, doch offizielle Antwort erhalten. Das Erheiternde an dieser Situation war, daß nach den sowjetischen Gesetzen jedes Gerichtsurteil, sofern es nicht aufgehoben wird, für alle offiziellen Personen und Organisationen verbindlich ist. Mich interessierte es, wie sie sich herauswinden würden, und deshalb schrieb ich in einem sehr ruhigen, gemäßigten Ton, enthielt mich jeglicher Polemik oder Bewertungen und stellte lediglich fest, daß die Presseveröffentlichung mit dem Urteil unvereinbar sei. Doch das Gefängnis ließ nichts passieren. So machen sie es immer: Die einen lügen, daß man es im ganzen Lande hört, und die anderen halten denen den Mund zu, die die Lügner entlarven könnten – eine typisch kommunistische Arbeitsteilung.

Ich wurde zum Erziehungsoffizier gerufen, und der begann, mich zu überreden: »Hören Sie doch damit auf, schreiben Sie nicht mehr, was haben Sie davon? Das ist doch alles Unsinn, unwesentlich.« »Wieso denn das?« sagte ich, »ein Urteil, ergangen im Namen der Russischen Föderation, ist doch für alle verbindlich. Sie halten mich auf Grund dieses Urteils im Gefängnis, und plötzlich soll es nicht mehr zutreffend sein.« »Nun ja«, erwiderte er, »beachten Sie es nicht, Zeitungen lügen immer, es lohnt sich doch nicht, nervös zu werden.« »Aber das schreibt doch der stellvertretende Justizminister! Vielleicht weiß er genauer, weswegen man mich verurteilt hat, vielleicht ist mein altes Urteil geprüft und revidiert worden? Und ich sitze hier und weiß von nichts.« »Nein, nein, das Urteil ist schon richtig, regen Sie sich nicht auf, man hätte es Ihnen sonst gesagt.«

Unser Erziehungsoffizier, Hauptmann Dojnikow, ist kein schlechter Mensch, von sich aus begeht er keine Gemeinheiten. Im Grunde genommen hat er auch keine großen Verpflichtungen, denn niemand erwartet ernsthaft von ihm, daß er uns umerzieht. Jeder weiß, daß das eine nicht zu bewältigende Aufgabe ist. Von Zeit zu Zeit muß er mit uns ein Gespräch führen. Mit einem anderen wären wir auch nicht bereit gewesen zu sprechen. Im Laufe der letzten Zeit wurden die Erziehungsoffiziere drei- oder viermal ausgewechselt.

Anfangs waren sie alle froh, eine so leichte Arbeit bekommen zu haben: Die Politischen waren ruhig, flüchten nicht, prügelten sich nicht, spielten nicht Karten, sie saßen nur still da und lasen Bücher. Keine Arbeit – ein Sanatoriumsaufenthalt! Doch schon nach drei Monaten wollten sie weg von uns und waren bereit, zu x-beliebigen Räubern und Halsabschneidern zu gehen. Einerseits setzten übergeordnete Stellen sie unter Druck, forderten von ihnen Belastungsmaterial, verlangten, daß sie die Schrauben anziehen. Und wenn wir Widerstand leisteten, war letztlich immer der Erziehungsoffizier der Schuldige, und auf sein Haupt prasselten die Verweise nieder. Außerdem blieben auch wir selbst ihm nichts schuldig; allein schon unsere Beschwerden konnten ihn zum Wahnsinn treiben. Darüber hinaus verstanden es diese Erziehungsoffiziere einfach nicht, einen Zugang zu uns zu finden, sie konnten sich nicht auf uns einstellen. Sie waren an Kriminelle gewöhnt, an deren Psyche. Bei denen wurde der eine mit einem derben Fluch belegt, bekam der andere eins in die Fresse – und schon herrschte Ordnung. Bei uns dagegen hätten sie sich etwas Besonderes einfallen lassen müssen, aber dafür fehlte den Erziehungsoffizieren jegliches Gespür. Schließlich wurde uns dieser Dojnikow zugeteilt.

In der Gefängnisverwaltung galt er als besonders begriffsstutzig, als der Dümmste und Hilfloseste. Seine Uniform hing an ihm, wie an einem Kleiderständer. Er war kein Redner und auch nicht sonderlich schriftgewandt. Man warf ihn uns zum Fraß vor und rechnete damit, daß er in drei bis vier Monaten dank seiner Unfähigkeit um seine Pensionierung nachsuchen würde. Doch völlig unerwartet lebte er sich bei uns ein. Wir waren mit ihm vollkommen zufrieden und schrieben keine Beschwerden über ihn. Seine ungelenke, magere Gestalt in der lächerlichen, speckigen Uniform erregte höchstens unser Mitleid.

Er sprach unzusammenhängend, sprang ständig von einem Gegenstand zum anderen, redete ungereimtes Zeug. Dabei plauderte er vieles aus, was für uns wichtig war. Auch er hatte begriffen, daß wir ihn duldeten, und darum sprach er, wenn er einen von uns zu sich rief, über alles und jedes: Über den Fischfang, über Fußball – eine geschlagene Stunde konnte er Unsinn reden. Bisweilen schob er pflichtschuldigst und eilfertig irgendeinen Satz über die Politik der Partei ein, um dann wieder zu seinem endlosen Mischmasch zurückzukehren, als beeile er sich, eine Taktlosigkeit auszubügeln. So schwatzte er ein Stündchen vor sich hin und schrieb in seinem Bericht, daß er ein Erziehungsgespräch geführt habe. Bei näherem Hinsehen war er keineswegs dumm, gelegentlich sogar erstaunlich geschickt. Seine ganze zur Schau getragene Begriffsstutzigkeit hatte sich im Laufe seines Lebens, wie das Streifenkleid beim Zebra, als Resultat eines natürlichen Anpassunsprozesses herausgebildet. Und außerdem mußte er seine brutalen Aufgaben irgendwie mit seinem keineswegs brutalen Charakter unter einen Hut bringen.

Erstaunlich, wie dies alles bei einem russischen Menschen friedlich miteinander zu vereinen ist. Ich habe selten unter den Aufsehern Sadisten getroffen, selbst Leute mit bösem Charakter gibt es unter ihnen eigentlich nicht häufig. Meistens sind es gewöhnliche russische Bauern, die aus dem Kolchos in die Stadt geflohen sind. Befiehlt man so einem Dojnikow, uns zu erschießen, so wird er es tun. Er bemüht sich natürlich darum, daß man ihn wegen seiner Begriffsstutzigkeit mit so einer Sache erst gar nicht beauftragt. Er bemüht sich auch, uns irgendwie gefällig zu sein, damit wir ihm sein Verhalten nicht übelnehmen. Doch erschießen würde er uns!

Es ist mir geradezu peinlich einzugestehen, wie oft es ihm gelang, uns zur Zurückziehung von Beschwerden zu bewegen. Er kommt in die Zelle mit einer dieser Beschwerden in der Hand, steht in seiner Jämmerlichkeit da und beginnt sein endloses, dummes Geschwätz. Und die ganze Figur bittet: Nehmt eure Beschwerde zurück, sie führt doch zu nichts. Was ist denn plötzlich los, Beschwerden über Beschwerden? Ihr solltet sie wirklich zurücknehmen, das Leben ist auch so schon beschissen genug. Und weiß der Teufel, obwohl wir in unserem Kampfe dem Tode näher sind als dem Leben, obwohl man uns fast zerquetscht und zu Tode geschunden hat, nehmen wir ihm diese Beschwerden wieder ab. Die Hand erhebt sich nicht, sie ist kraftlos – Dojnikow tut uns leid . . .

Ich erinnere mich, daß im Serbskij-Institut, in der Untersuchungsabteilung, Bäuerinnen als Sanitäterinnen beschäftigt wurden, einfache Frauen vom Lande, fast alle gläubig, mit unterm Hemd verstecktem Kreuzchen. Diese Frauen hatten Mitleid mit uns, besonders mit den Mageren und Ausgemergelten, die man aus dem Lager oder aus dem Gefängnis brachte. Heimlich gaben sie uns was zu essen, steckten uns unbemerkt mal einen Apfel unter das Kissen, mal billiges Konfekt, mal Tomaten. Es war interessant zu beobachten, wie sie mit den wirklich Geistesgestörten umgingen, die nichts mehr begriffen, sondern nur noch auf einen Punkt starrten oder sinnlos vor sich hin murmelten. Wie ihren Kühen riefen sie den Kranken ohne jede Bosheit zu: »Los, mach schon, hörst du nicht, los! Wohin rennst du? Los, mein Lieber!« Es schien, als wollten sie ihnen gleich mit einer Gerte Beine machen. Und doch, diese gleichen Frauen, denunzierten uns erbarmungslos. Jede Kleinigkeit, jedes Wort schnappten sie auf und meldeten es den Schwestern, und die vermerkten es im Tagebuch. Es kam beispielsweise vor, daß Fluchtversuche vorbereitet wurden oder daß jemand zu simulieren versuchte, vor allem, wenn ihm die Todesstrafe drohte –

die Weiber merkten alles und erstatteten sofort Meldung. Manchmal fragte man sie: »Warum tut Ihr das? Ihr seid doch gläubig?« »Was denken Sie denn«, sagten sie, »das ist doch unsere Arbeit.« Und mit so einer streite dich nun. Vielleicht ist auch Breschnew kein schlechter Mensch, er hat nur eine so üble Arbeit zu verrichten – als Generalsekretär.

Es ist merkwürdig, es gibt die vielfältigsten Publikationen über den Sozialismus – politische, wirtschaftswissenschaftliche, soziologische, statistische und so weiter, doch niemand ist auf den Gedanken gekommen, über das Thema »Die menschliche Seele im Sozialismus« zu schreiben. Aber ohne einen derartigen Wegweiser durch das Labyrinth der sowjetischen Seele sind alle übrigen Bücher einfach wertlos. Mehr noch, sie verunklären den Gegenstand, anstatt ihn zu erklären. Wie schwierig ist es doch, dieses verteufelte Rußland als Außenstehender zu begreifen! Rätselhaftes Land, rätselhafte russische Seele!

Urteilt man nach seinen Zeitungen, Büchern und Filmen, und wonach sollte man das sowjetische Leben sonst beurteilen, sind alle mit allem zufrieden. Gewiß, sie haben keine politischen Freiheiten, kein Mehrparteiensystem, aber sie sind froh – Partei und Staat sind eins! Sie haben zwar Wahlen, aber es sind eigentlich keine Wahlen, der Teufel mag wissen, was das ist – ein Kandidat, und zu wählen gibt's da nichts. Aber 99,9 % beteiligen sich an den Wahlen, und 99,899 % stimmen mit Ja. Sie haben zwar einen niedrigen Lebensstandard, es herrscht, so sagt man, Mangel an Lebensmitteln, aber es wird nicht gestreikt! Man hört, daß Menschen in Lagern und Gefängnissen völlig schuldlos leiden oder daß kaum jemand ins Ausland reisen darf, doch in allen Fabriken und Dörfern gibt es Versammlungen mit immer dem gleichen Resultat: Einmütig billigen wir die Politik von Partei und Regierung! Die Fürsorge der Partei beantworten wir mit einer neuen Erhöhung der Arbeitsproduktivität! Einträchtig wird abgestimmt, alle Arme recken sich hoch – was zum Teufel bedeutet das? Ausländische Korrespondenten kommen angereist, nehmen an den Versammlungen teil und sehen: Tatsächlich, alle billigen die Politik der Partei, niemand enthält sich auch nur der Stimme.

Man sagt, das Land sei wirtschaftlich rückständig, Handarbeit und so weiter, doch sie haben den ersten Sputnik, den ersten Menschen in den Weltraum geschickt, haben die Vereinigten Staaten überflügelt. Mehr noch, sie besitzen eine mächtige Rüstungsindustrie, eine, vor der die ganze Welt in Schrecken zittert. Wie kommt das? Es werden wissenschaftliche Erfindungen gemacht, und was für welche! Und das Bolschoi Theater, das Ballett! Was sind sie? Sklaven? Unfreie Menschen?

Gewiß, ihre Literatur ist, sagen wir mal, langweilig – alles dreht sich um die Produktion, um Pläne, um Versammlungen. Doch man liest sie, die Bücher werden verkauft, und das bedeutet, sie gefallen den Leuten. Es gibt bei ihnen einzelne Mängel – das geben sie selbst zu, und sie kritisieren sie auch. Irgendwann früher gab es irgendwelche ungerechtfertigten Repressionen, doch jetzt gibt es sie nicht mehr – sie haben Ordnung geschafft, die Fehler verurteilt und die Unschuldigen freigelassen. Und ins Ausland dürfen sie immerhin auch reisen. Da sind die Touristen, die Sportler, die Künstler und verschiedene Delegationen – und sie alle sind zufrieden und kehren wieder zurück. Gewiß, es kommt vor, daß der eine oder andere davonläuft, nicht zurückkehrt. Aber vielleicht ging es nur diesen schlecht, die anderen jedenfalls scheinen zufrieden zu sein?

Frage doch einen x-beliebigen sowjetischen Menschen auf der Straße, ob es ihm gut geht oder schlecht? Und jeder wird antworten, wie vorgedruckt: »Gut! Besser als euch im Westen.« Und vielleicht geht es ihnen tatsächlich besser? Die Ausbildung ist kostenlos, die medizinische Betreuung ebenfalls, das Wohnen ist billig, Arbeitslosigkeit gibt es nicht, auch keine Inflation. Vielleicht lügt die westliche Propaganda, und das Leben der Russen ist wirklich herrlich?

Oder eine andere Erklärung: Für sie ist dieses Leben vielleicht wirklich besser als unseres, es sind einfach andere Menschen, und ihnen entspricht nun einmal dieses Leben, sie brauchen unsere Segnungen und Freiheiten nicht.

Völlige Verwirrung stiften erst die Dissidenten. Wenn wirklich alles so schlecht ist, wie sie behaupten, wenn Rechtlosigkeit und Willkür herrschen, warum leben sie dann alle noch und einige von ihnen sogar in Freiheit? Das heißt doch wohl, daß es irgendeine Freiheit und irgendwelche Rechte gibt? Oder ist das alles nur von den sowjetischen Behörden zum eigenen Nutzen in Szene gesetzt? Oder vielleicht vom CIA erfunden? Und wieviele dieser Dissidenten gibt es denn überhaupt? Doch lediglich zehn Leute haben irgendeines ihrer Protestschreiben unterzeichnet. Was ist das schon in einem Lande von 250 Millionen.

Und schließlich, wenn es ihnen allen wirklich schlecht geht, warum gibt es dann keine Aufstände, keine Massenproteste, Demonstrationen, Streiks? Und einen Massenterror gibt es doch auch nicht mehr. Nun ja, zehn oder fünfzehn Menschen im Jahr werden eingesperrt – längst nicht so viele wie in Chile oder Südkorea. Und da sind noch viele, viele Verlegenheitsfragen, auf die es keine Antwort gibt ...

Und der kritisch denkende westliche Beobachter kommt nach einer aus seiner Sicht gründlichen Untersuchung der Frage zu zwei Schlüssen. Ist er linker Provenienz, so ist die Sowjetunion für ihn ein herrliches Land, und herrlich und äußerst fortschrittlich ist auch ihr Gesellschaftssystem. Die Menschen sind glücklich und bauen, ungeachtet einzelner Mängel, an einer lichten Zukunft. Die bürgerliche Propaganda aber klammert sich natürlich an diese einzelnen Mängel und entstellt und verleumdet das eigentlich strahlende Wesen dieses Staates. Ist der Beobachter nicht linker Provenienz, dann sind die Russen eben besondere Menschen: Was wir als schlecht empfinden, gefällt ihnen offenbar gut; sie sind halt solche Fanatiker, sind so wild darauf aus, ihren Sozialismus aufzubauen, daß sie bereit sind, auf die uns gewohnten Bequemlichkeiten und Lebensformen zu verzichten. Und in beiden Fällen kommt man zum selben Schluß: Man soll sie nicht stören, man darf diesen

Menschen nicht verbieten zu leiden, wenn es ihnen so gefällt, es geht nicht an, Menschen gegen ihren Willen zu retten. Die Russen sind nun einmal so!

Ja, es ist schwer, dieses Land von außen her zu begreifen, es ist sogar fast unmöglich, doch ist es von innen her viel leichter? Das heißt, ist es für »Russen« (für den Westen sind wir alle Russen, vom Moldauer bis zum Tschuktschen), die ihr ganzes Leben lang dort leben, leichter, diese Vorgänge zu verstehen und zu bewerten?

Er wird also geboren, dieser zukünftige Sowjetmensch, dieser Mensch neuen Typus. Und in seinem ersten Lebensabschnitt kann man ihn keineswegs als Dissidenten bezeichnen. Er fordert keine besonderen Freiheiten, liest keine verbotenen Bücher, will nicht ins Ausland und protestiert auch nicht gegen Ort und Zeit seiner Geburt. Allerdings weiß er auch noch nicht, wieviel er dem sowjetischen Staat und der Mutterpartei bereits schuldig ist: Er würde jetzt nicht friedlich in der Wiege liegen und an der Flasche saugen, gäbe es nicht ihre unermüdliche Fürsorge. Doch schon sehr bald wird die Schuld eingetrieben.

Seine Eltern geben ihn, da sie beide arbeiten, zuerst in eine Krippe und danach in einen Kindergarten, und wenn die ersten Worte, die er lernt, Mama und Papa lauten, dann folgt unweigerlich als nächstes der Name Lenin. Und er wird, wenn er nach Hause kommt, seine Eltern an freien Tagen mit seinen Fähigkeiten in Erstaunen setzen, indem er deklamiert:

Tag des siebenten November,
Roter Tag im Kalender!
Schaust du aus dem Fenster raus,
Rot die Straße, rot das Haus!

Später, in der Schule, weitet sich sein Horizont noch mehr. Nach und nach erfährt er, daß es Gott nicht gibt und nie gab, daß die ganze Geschichte der Menschheit ein Übergang von der Finsternis zum Licht ist, von der Ungerechtigkeit und Unterdrükkung zur Freiheit und zum Sozialismus, daß die Menschen zu allen Zeiten davon geträumt haben, in einem Lande wie dem unseren zu leben, und daß sie dafür jahrtausendelang Aufstände, Opfer, Qualen und Tod auf sich genommen haben. Daß alle großen Menschen der Vergangenheit eben diese Gesellschaft erstrebten, sogar dann, wenn sie es selbst nicht immer begriffen; wir aber haben diese Gesellschaft endlich aufgebaut. Wer, zum Beispiel, war Leo Tolstoi? Ein Spiegel der russischen Revolution. Und jetzt ist die Welt in zwei Hälften geteilt: Auf der einen Seite, bei uns, die Kräfte des Lichts, des Glücks und des Fortschritts, auf der anderen – die Reaktion, der Kapitalismus, der Imperialismus. Und die träumen nur davon, unser Glück zu zerstören und uns zu versklaven, wie sie die Völker in ihren eigenen Ländern versklavt haben. Und damit das nicht geschieht, muß man fleißig lernen und später begeistert arbeiten.

Je weiter, um so ausführlicher und gründlicher muß man sich diese Vorstellungen Tag für Tag aneignen – zunächst in der Schule, dann in der Hochschule, dann in der Armee und schließlich am Arbeitsplatz. Und zwar ganz unverhüllt – in Form des Unterrichts in Geschichte der UdSSR, Geschichte der KPdSU, in Politökonomie, in wissenschaftlichem Sozialismus, wissenschaftlichem Atheismus, über die Grundlagen des Marxismus-Leninismus, des dialektischen Materialismus und so weiter und so fort. Dann aber auch verhüllt, fast im Flüsterton, als schleichende Hypnose – im Kino und in Büchern, auf Gemälden und in Skulpturen, im Rundfunk und im Fernsehen, in Zeitungen, bei Vorträgen, in Lehrbüchern der Mathematik, Physik und Logik und der Fremdsprachen, auf Plakaten und Anschlägen und selbst in Büchern, die aus anderen Sprachen übersetzt wurden.

Und wenn Sie, nehmen wir mal an, aus Ihren Lehrbüchern der französischen, deutschen oder englischen Sprache einen Text übersetzen, so handelt er bestimmt über die schlechte Lage der Arbeiter in Frankreich, Westdeutschland, England oder in den USA. Und umgekehrt über das gute Leben unter der Sonne des Sozialismus. Oder es sind Episoden aus dem Leben großer Revolutionäre der Vergangenheit. Wenn Sie ein Lehrbuch der Logik öffnen, dann finden Sie als Beispiel für objektive Wahrheit den Satz: »Der Marxismus-Leninismus ist die alles besiegende Lehre.«

Oder Zeitungsmeldungen und Wochenschauen. Man teilt Ihnen mit oder zeigt Ihnen: Die Eröffnung eines neuen Kurorts in Bulgarien; ein Taifun über Japan; die Arbeiter im Ural haben den Plan übererfüllt; viele Tausende streiken in Frankreich; reiche Ernte wird in der Ukraine eingebracht; eine ungeheuerliche Statistik der Autounfälle in Amerika; Einweihung eines neuen Wohnviertels in Taschkent; eine Studentendemonstration in Italien wird auseinandergetrieben... Und es wird klar, daß es dort nur Naturkatastrophen, Unfälle, Demonstrationen, Streiks, Polizeiknüppel, Elendsviertel und ständiges Absinken des Lebensstandards gibt, bei uns dagegen lauter neue Kurorte, Fabriken, Ernten, endlose Felder, frohes Lachen, Einzugsfeiern und wachsender Wohlstand. Dort: Die finsteren Kräfte der Reaktion und des Imperialismus unterdrücken die Werktätigen und drohen uns mit Krieg. Hier: Die lichten Kräfte des Fortschritts und des Sozialismus bauen an einer glänzenden Zukunft und kämpfen für einen dauerhaften Frieden. Und die Kräfte des Friedens, des Sozialismus und des Fortschritts werden unweigerlich siegen. Und all dies jeden Tag, jede Stunde, in Tausenden von Zeitungen, Zeitschriften, Büchern, Filmen, Konzerten, Rundfunksendungen, Liedern, Versen, Opern, Balletts und Bildern. Und darüber hinaus nichts, nichts dem Entgegenstehendes. Und selbst, wenn Sie in der Eisenbahn sitzen und zerstreut auf die vorbeihuschende Landschaft schauen, nimmt Ihr unbewußter Blick und Ihr Gehirn die entlang der Bahnstrecke aus Steinchen und zerkleinerten Ziegeln zusammengesetzten Losungen wahr: »Der Welt den Frieden!« »Lenin lebt!« »Vorwärts, für den Sieg des Kommunismus!«

Mit acht oder neun Jahren wird man fast genötigt, den Pionieren beizutreten, und mit vierzehn oder fünfzehn Jahren dem Komsomol, das heißt, den politischen

Jugendorganisationen mit entsprechender Disziplin. Das bedeutet eine aktive Beteiligung an der ideologischen Arbeit – man wird nicht mehr bloß selbst belehrt, sondern klärt andere über die alles besiegende Lehre auf und verlangt von ihnen im Namen der lichten Zukunft eine Erhöhung der Leistung oder der Arbeitsproduktivität. Stehen wir doch alle in unbegleichbarer Schuld der Partei und der Regierung – wegen ihrer Fürsorge.

Was sollen die Eltern tun? Sollen sie von Anfang an versuchen, ihren Kindern klar zu machen, daß man sie betrügt? Das wäre gefährlich. Die Kinder erzählen es ihren Freunden und diese ihren Eltern, ihren Lehrern. Und wozu soll man den Kindern raten? Offen ihre wahre Meinung zu sagen? oder zu schweigen, ihre Ansichten zu verbergen und zu lügen, ein Doppelleben zu führen? Und werden die Kinder ihnen glauben oder dem, was Schule und Propaganda sie lehren? Und außerdem wird auch hier diese Ideologie nicht nur in direkter Form vermittelt, man findet sie in allen Unterrichtsfächern: Geschichte, Literatur, Botanik, Geographie und so weiter. Der Schüler aber ist verpflichtet, das zu lernen, was im Lehrbuch steht, und entsprechend zu antworten. Also resignieren die Eltern: Hol's der Teufel, wenn er groß wird, wird er es selbst begreifen.

Früher oder später begreift er tatsächlich, denn im Leben fast eines jeden Bewohners der Sowjetunion gibt es diesen Augenblick der Erleuchtung. Man erzählt folgenden Witz: Die Erzieherin in einem Kindergarten klärt die Kinder auf. An der Wand hat sie eine Weltkarte aufgehängt und erzählt: »Dies hier, Kinder, sind die Vereinigten Staaten von Amerika. Dort leben die Menschen sehr schlecht. Sie haben kein Geld, und darum kaufen sie ihren Kindern keine Bonbons und kein Eis und gehen mit ihnen auch nicht ins Kino. Das aber, Kinder, ist die Sowjetunion. Hier sind alle Menschen glücklich, leben gut und kaufen ihren Kindern jeden Tag Bonbons und Eis und gehen mit ihnen ins Kino.« Plötzlich fängt ein kleines Mädchen an zu weinen. »Warum weinst du, Tanja?« fragt die Erzieherin. »Ich möchte in die Sowjetunion!« schluchzt das Kind.

Doch das sind nur vorübergehende Anwandlungen, Mißverständnisse. Für gewöhnlich sind die Menschen über eine lange Zeit stolz und froh, in einem so fabelhaften, einmaligen Lande zu leben. Ist es nicht ein großes Glück, gerade hier und jetzt geboren zu sein? Nur lumpige dreitausend Kilometer weiter westlich oder fünfzig Jahre früher, und wieviel Unglück, Leid und Unterdrückung hätte man erdulden müssen. Eins allerdings ist etwas beunruhigend: Warum wird davon so viel Aufhebens gemacht? Wir wissen es doch schon, haben es bereits vernommen – froh und glücklich, das beste, das erste, das fortschrittlichste Land. Wir sind dessen stets eingedenk, vielen Dank, wie soll man so etwas vergessen. Sollte es wirklich jemanden geben, der das noch nicht begriffen hat?

Erst allmählich beginnt man zu erkennen, daß im Leben nicht alles so glatt läuft, wie es die Zeitungen behaupten. Alle, mit Ausnahme der obersten Führung, leben von Zahltag zu Zahltag. Und schon einige Tage vor der Lohnzahlung weiß man nicht, wie man mit seinem Geld auskommen soll, und versucht, sich etwas zu pumpen. Um sich Kleidung zu kaufen, Möbel oder gar einen Fernsehapparat, da muß man sich schon drehen und winden, muß sparen oder schwarz dazuverdienen. Zudem gibt es immer irgendwelche Engpässe, mal fehlt Fleisch, mal ist die Butter verschwunden, mal sind die Kartoffeln mißraten. Überall Schlangen, man nimmt es kaum noch zur Kenntnis, steht nur stundenlang an.

Dann wieder regt man sich furchtbar über Schlamperei und unrationelles Wirtschaften auf. Zum Beispiel hat man unter deinem Fenster einen Haufen Balken oder Ziegel aufgestapelt. Hat sie herangefahren, sie eilig abgeladen – und nun liegt das Zeug ein Jahr oder noch länger herum, bis es zu verrotten beginnt. Niemand braucht es. Ein andermal wird die Straße aufgerissen – kein Durchgang, keine Durchfahrt. Ein halbes Jahr lang wird irgend etwas repariert, man sagt, es wäre die Wasserleitung. Und tatsächlich, aus dem Hahn läuft kein Wasser mehr. Schließlich ist die Reparatur beendet, die Straße wird zugeschüttet. Man schafft Asphalt heran, und Frauen walzen ihn aus, meistens von Hand. Kaum ist der Asphalt erkaltet, sieh mal einer an, kommen sie und reißen die Straße von neuem auf – drei bis vier Monate lang wieder kein Durchgang, keine Durchfahrt. Diesmal, heißt es, wird die Gasleitung repariert – und tatsächlich, es gibt kein Gas mehr. Nun, fragt man sich, hätte man diese Reparatur nicht vornehmen können, solange die Straße aufgegraben war? Oder ein anderes Malheur: Das Dach des Hauses ist undicht – wirklich ein Unglück, denn es ist fast unmöglich, eine Instandsetzung zu erzwingen. Ganze Delegationen von Hausbewohnern machen sich auf – zum Kreissowjet, zum Stadtsowjet und zu Abgeordneten, man schreibt Beschwerden, stellt Petitionen zusammen, und es kommen auch irgendwelche Kommissionen angereist. Das Dach wird untersucht und man stellt fest, daß es tatsächlich leck ist. Doch es gibt kein Geld für die Instandsetzung – ist im Plan nicht vorgesehen. So geht es manchmal jahrelang. Derweilen sammeln die Hausbewohner alte Waschtröge, Schüsseln und Eimer, stellen sie auf dem Dachboden unter die undichte Stelle und blicken jeden Morgen ängstlich zum Himmel – wird es regnen oder nicht?

Ein scheinbar ganz unwichtiges Erlebnis aus meiner Kindheit hat sich meinem Gedächtnis für immer eingeprägt. Nicht weit von unserem Hause gab es einen Laden, zu dem ich häufig laufen mußte, um Brot oder Zucker zu holen. Er lag auf der anderen Straßenseite, etwa zweihundert Meter von einer Kreuzung entfernt, an der ein Fußgängerüberweg markiert war. Die meisten Leute mußten, um die Verkehrsregeln nicht zu verletzen, zweihundert Meter bis zur Kreuzung gehen und dann, auf der anderen Straßenseite, nochmal zweihundert Meter zurück zum Laden. Selbstverständlich versuchten alle, den Umweg zu vermeiden und die Straße in der Höhe des Ladens zu überqueren. Und genau dort wartete auf sie, im Hinterhalt versteckt, ein Milizionär und bestrafte sie unnachsichtig. Er sicherte dem Staat damit recht gute Einnahmen, denn selbst die Gefahr, bestraft zu werden oder unter ein Auto zu geraten, konnte die Menschen nicht dazu bringen, die vierhundert Meter Umweg zu machen. Nicht nur wir, die Kinder, sondern auch die Erwachsenen, sogar alte Weiber in Filzstiefeln und mit Kunststofftaschen in der Hand, rannten, während der Milizionär pfiff, über die Straße. Was wäre einfacher gewesen, als den Leuten den Übergang, der für sie bequemer war, zu gestatten. Nein, jahrzehntelang, so erinnere ich mich, stand dort ein Milizionär und kassierte den Tribut.

Schwer zu sagen, was die Behörden dazu bewog – der finanzielle Vorteil oder der Wunsch, ihre Autorität zu wahren. Auf jeden Fall ist diese Geschichte sehr typisch. Die von den Behörden festgesetzten Regelungen sind mir als stets widernatürlich in Erinnerung, sie widersprechen dem gesunden Menschenverstand und werden nur unter Strafandrohung durchgesetzt. Man kann nicht sagen, daß dies die Psyche der Menschen verändert oder ihnen Gehorchen beigebracht hätte, aber alle wurden vor dem Staat schuldig und konnten also bestraft werden. Dahinter stand auch eine typische Philosophie der Ordnung und der Staatsgewalt. Angenommen, man läßt die Leute tun, was sie wollen – was käme dabei heraus? Im Staat würde es keine Ordnung mehr geben!

Alle diese Kleinigkeiten überschatten natürlich, da sie sich häufen, das Glück des sowjetischen Menschen, seinen Glauben an die lichte Zukunft. Doch der tausendfache Chor der Zeitungen und Zeitschriften, Filme und Rundfunksendungen, Lektoren und Aufklärer steht schon bereit, ihm alles zu erläutern:

»Warum gleich alles verallgemeinern, Genossen! Ja, wir haben einzelne Mängel und zeitweilige Schwierigkeiten. Die örtlichen Behörden arbeiten oft noch nicht exakt genug, wir kritisieren, korrigieren sie. Man darf nicht vergessen, daß wir sozusagen auf unbegangenen Pfaden voranschreiten, als erste eine neue Gesellschaft aufbauen, keiner kann uns beraten, und gelegentlich irren wir auch. Aber sehen Sie doch, wieviel schon erreicht worden ist, wieviel im Vergleich zum Jahr 1913 getan wurde! Gewiß, hier und da müssen wir im Hinblick auf die Errichtung der zukünftigen allerfortschrittlichsten Gesellschaft auch bestimmte Opfer in Kauf nehmen. Wenn wir es jetzt auch nicht immer leicht haben, so werden uns doch unsere Kinder später dankbar sein. Was für Fehler wir im einzelnen auch machen mögen, im ganzen gehen wir doch den richtigen Weg, und unsere Ideen sind leuchtend. Man darf auch die kapitalistische Einkreisung nicht vergessen, die uns schadet und weiter schaden wird. Die Kapitalisten warten nur darauf, daß wir schwach werden und an unserer Wahrheit zu zweifeln beginnen. Der Feind schläft nicht! Um erfolgreich gegen ihn zu kämpfen, muß man auch Opfer bringen« (und so weiter und so fort).

Was entgegnet man darauf? Nun, es läßt sich in der Tat nicht behaupten, daß der Kommunismus eine schlechte Sache sei, nur weil mein Dach undicht ist, oder daß man die Revolution nicht hätte machen sollen, nur weil es zur Zeit nicht genug Fleisch gibt.

Aber die Jahre vergehen, sie fügen sich zu Jahrzehnten, und allmählich weiß der sowjetische Mensch, daß die zeitweiligen Schwierigkeiten das Beständigste in seinem Leben sind. Na und, wenn in meinem Kreis oder Regierungsbezirk, an meinem

Arbeitsplatz Mißwirtschaft, Unordnung und Betrug herrschen, dann beweist das noch nicht, daß es überall schlecht ist, und niemals besser werden wird. Seht doch, wir schicken Menschen ins Weltall, unser Ballett gastiert im Ausland mit großem Erfolg, wir bauen riesige Fabriken und Staudämme, und das heißt, wir sind nicht überall miserabel, in manchem sind auch wir hervorragend. Und auf alle Fälle ist es bei uns nicht so schlecht, wie dort, im Westen. Bei denen gibt es fast jeden Monat einen Streik. Es muß doch den Leuten schon sehr schlecht gehen, wenn sie sich zu so etwas entschließen. Und Arbeitslosigkeit haben wir auch nicht, wir sterben auch nicht vor Hunger.

So vergehen die Jahre, nichts ändert sich, und es tauchen allmählich Zweifel auf: Erbauen wir wirklich diesen Kommunismus? Vielleicht haben wir noch nicht einmal angefangen? Immerhin gab es von 1917–1922, das ist klar, keine Sowjetherrschaft, da war Bürgerkrieg. Dann bis 1930 die NEP-Periode, bekanntlich ein Rückzieher. Darauf bis 1953 den Personenkult Stalins, also ebenfalls keine Sowjetherrschaft. Danach bis 1964, machte Chruschtschow, wie sich erwies, nicht alles richtig – man besann sich gerade noch rechtzeitig und setzte ihn ab. Das heißt also, erst 1965 begann das richtige Leben? Aber man muß abwarten – vielleicht setzt man auch den Jetzigen ab oder erklärt nach seinem Tode, daß alles falsch war.

Dieser unbeständige und unsichere Zustand wird sehr bald von der Überzeugung abgelöst, daß alles nur verlogene Propaganda ist. So schwierig es auch sein mag, Informationen zu erhalten, so sind wir doch nicht völlig isoliert. Dabei stellt man fest, daß es in anderen Regierungsbezirken und Kreisen keineswegs besser und gelegentlich sogar schlechter ist als bei uns, daß in den übrigen Bereichen der Wirtschaft das gleiche Chaos herrscht, daß das ganze Kosmos-Theater ein reines Windei ist und daß die riesigen Fabriken und Staudämme von Häftlingen für einen Brocken Brot erbaut wurden. Lediglich in bezug auf das Ballett kommt man zu keinen Schlüssen – wieso degeneriert es nicht? Ach, zum Teufel mit diesem Ballett, es ist für uns nicht lebenswichtig.

Darüber hinaus sickert durch, daß auch im Westen nicht alles so ist, wie man es uns vorgesungen hat. Die Arbeitslosen zum Beispiel, stellt sich heraus, bekommen Geld, wenn sie nicht arbeiten. Eine phantastische Vorstellung – bei uns würde man sie nach Sibirien verschicken, aber dort bekommen sie Geld. Jeder hat ein Auto. Im Laden gibt es alle Sorten von Wurst und überhaupt keine Schlangen – ein Paradies, ein Märchen! Und damit ist der Glaube an die lichte Zukunft gestorben.

Einer meiner Bekannten führte, es war noch in den fünfziger Jahren, ein amüsantes Experiment durch. Er stand in einem Laden nach Milch an. Die Schlange war ungeheuer lang, die Verkäufer arbeiteten langsam und träge. Wie üblich begann man zu murren – daß nicht genug für alle vorhanden wäre und daß die Abfertigung zu langsam voranginge. Als der Volkszorn gerade eine Pause einlegte, erklärte mein Bekannter laut und vernehmlich: »Verdammte Schweinerei! Einen halben Tag muß man Schlange stehen, genau wie in Amerika!« Und schon ergoß sich der Unmut des

Volkes über ihn: »Wie kommen Sie darauf, Bürger, wieso Amerika? Sowas ist nur bei uns möglich!« Und noch lange blickte man ihn vorwurfsvoll und mitleidig an.

Und es kommt noch dicker. So stellt sich beispielsweise heraus, daß, während unsereiner überall auf zeitweilige Schwierigkeiten stößt, bei denen dort in den Gebiets- und Stadtkomitees, genau wie im Kreml selbst, längst schon der Kommunismus herrscht. Heimlich verteilen sie untereinander Kaviar, Wurst und die verschiedensten Importwaren. Sie haben sich Villen gebaut, sie mit Zäunen umgeben, haben Wachen aufgestellt, damit niemand sehen kann, daß sie sich mit Kaviar mästen. Wir aber sind ihnen gleichgültig, wir können ruhig verrecken.

Und das ist noch der längste Weg zur Einsicht, zum Erwachen, zudem noch der eines besonders gutgestellten Menschen. Meist geht alles schneller vor sich. Früher oder später stößt man auf eine so schreiende Ungerechtigkeit oder Lüge, daß man nicht mehr schweigen kann. Der Anstoß kann beliebiger Art sein, er muß nur zu einer direkten Konfrontation mit den Machthabern führen. Besonders nützlich ist es, wenn der Werktätige mit seiner Arbeiter- und Bauernmacht als Bittsteller oder Beschwerdeführer zu tun hat; sei es, daß er sich polizeilich anmelden will, daß sein Dach undicht ist, daß an seiner Arbeitsstelle Schlamperei herrscht oder daß er eine Wohnung braucht. Am wirksamsten ist natürlich, wenn einer seiner Angehörigen für nichts und wieder nichts ins Gefängnis wandert. Dann beginnt der Werktätige die Wahrheit zu ergründen, Beschwerden oder Petitionen zu schreiben und Sprechstunden zu besuchen. Umgekehrt gehen bei ihm Antworten ein, von denen eine frecher ist als die andere, oder er erhält überhaupt keine Antwort.

»Wieso denn das? In meinem Arbeiter- und Bauernstaat?« erregt sich der Werktätige. Also schreibt er an die »Prawda« und also auch an das ZK. Und wieder nichts. Und in den Sprechstunden, wenn er überhaupt so weit vordringt, glotzt ihn ein bebrillter Klotz an, schmatzt mit den Lippen – und wieder nichts! Der Werktätige ist außer sich! An wen schreibt er nicht alles: An das Komitee sowjetischer Frauen und an den Tierschutzverein, an die Kosmonauten und sogar an die UNO. Und je länger er schreibt, um so wütender wird er. Er schreibt Dinge über die Sowjetmacht, die ihn selbst erstaunen, von denen er nicht weiß, woher er sie hat. Was erst, wenn er Teilnehmer des Großen Vaterländischen Krieges ist oder sonstige Verdienste aufweisen kann.

Die Häftlinge aber verfielen sogar darauf, ins Mausoleum, an Lenin, eine Beschwerde zu schicken! Ihr sagt doch, daß er ewig lebt – soll er sich also damit auseinandersetzen. Und bitte schön, die Kommandantur des Kreml teilt gewissenhaft mit, daß die Beschwerde zuständigkeitshalber weitergeleitet wurde. Die eigentliche Antwort kommt dann meistens von der Staatsanwaltschaft des Kreises; die übliche Antwort; daß alles gesetzmäßig sei und kein Grund zur Beschwerde bestünde.

Überhaupt fließen alle Beschwerden letztlich bei dem bebrillten Klotz zusammen, über dessen Gefühllosigkeit man sich beschwert hat. Man erhält eine äußerst beruhigende Antwort – wir sind voller Mitgefühl, verstehen alles, können aber tatsächlich nicht helfen. Und dem Werktätigen geht ein Licht auf. Erstaunlich, wie schnell er sich all dessen erinnert, was man ihn in der Schule gelehrt hat, der ganzen Geschichte der Sowjetunion, ihrer Literatur und Geographie. Er erinnert sich der Propaganda, die ihm von der Wiege an eingebläut wurde – einzelne Mängel, vorübergehende Schwierigkeiten, lichte Zukunft, kapitalistische Einkreisung, Spiegel der russischen Revolution – und sogar der Kindergartenverse über Lenin.

Die Propaganda aber, sich selbst treu, trommelt weiter, so als wäre nichts geschehen: Über den Taifun in Japan und den Kurort in Bulgarien, über die Ernte im Neuland, und den Streik in England, über lichte Fernen, über die Kräfte des Friedens und des Fortschritts. Und so Tag und Nacht, von allen Seiten. So wird der Werktätige zum Teufel. Rund um ihn herum gibt es Menschen, Millionen von Menschen, die Pläne erfüllen, Arbeitsverpflichtungen auf sich nehmen, auf die Fürsorge der Partei mit einer Erhöhung der Arbeitsproduktivität antworten – *und sie alle wissen nichts.* Sobald sie es erfahren, sobald ich sie aufkläre, werden sie Halt machen, alles wird sich ändern, alles wird anders werden. He, Leute! Halt! Gebt mir die Mikrophone! Laßt mich an die Mikrophone! – *Hier spricht Moskau und alle Rundfunksender der Sowjetunion!*

Was heißt hier Moskau! Die ganze Welt soll es hören, der ganze Planet!

In diesem Zustand vollzieht der Werktätige einige Standardhandlungen. Er versucht auf einer Versammlung eine entlarvende Rede zu halten, Flugblätter zu verteilen, über Ausländer an die UNO oder an den Präsidenten der USA eine Botschaft zu schicken. Und das mindeste ist noch, daß er sich in seinem Bekanntenkreis ausführlich und offen äußert. Ein ungewöhnliches Gefühl von Freiheit und Allmacht verläßt ihn nicht mehr. Das einfache menschliche Wort erscheint ihm plötzlich als kraftvolle Waffe, mit der man Berge versetzen und Flußläufe ändern kann. Doch der Werktätige muß feststellen, daß keiner danach lechzt, ihm zuzuhören. Im Gegenteil, um ihn herum bildet sich ein gewisses Vakuum, oder genauer gesagt, eine stickige Atmosphäre. Auf Versammlungen erhält er nicht das Wort, Bekannte blicken zur Seite, versuchen das Gespräch ins Scherzhafte zu lenken und erinnern sich plötzlich irgendwelcher dringender Geschäfte. Seine Frau schwimmt schon frühmorgens in Tränen, schilt ihn einen Egoisten, einen Egozentriker, der ihr Leben zerstört. Unerwartet reist aus Kaluga die Schwiegermutter an, von der man fünf Jahre lang nichts gehört hat und überredet ihre Tochter energisch, zu ihr zu ziehen.

Am Arbeitsplatz, gegen Mittag, wird er dann aus irgendeinem Grunde dringend in die Personalabteilung bestellt. Ein höflicher aber energischer Mann von etwa vierzig, in gutem grauen Anzug, sorgfältig gekämmt, mit Namen Nikolaj Iwanytsch oder Wladimir Iwanytsch, oder, im äußersten Fall, Sergej Petrowitsch, schlägt ihm vor, mit ihm eine kleine Fahrt zu machen, nicht weit, zu seiner Dienststelle. Nein, nein, er braucht nichts mitzunehmen, er braucht auch seine Frau nicht anzurufen oder vorher nach Hause zu fahren, es dauert nicht lange. Er braucht sich nicht einmal umzuziehen. Darauf führt ihn Nikolaj Iwanytsch, Wladimir Fjodorytsch oder meinetwegen auch Pjotr Sergejewitsch zu seinem Wagen, und sie fahren tatsächlich nicht sehr weit. In einem äußerlich ganz gewöhnlichen Haus mit mehreren Wohnungen steigen sie die Treppe hinauf, passieren eine Tür, hinter der ein Korridor mit weiteren Türen liegt. Hinter einer von ihnen sitzt an einem Tisch ein etwa fünfzigjähriger Mann, grauhaarig, in grauem Anzug, mit Namen Nikolaj Petrowitsch oder Sergej Iwanytsch oder, im schlimmsten Fall, Wladimir Fjodorowitsch.

»Nehmen Sie Platz«, sagt er höflich, »wie geht es Ihnen, was macht die Arbeit?« Hinter der Fensterscheibe spürt man den heißen Atem eines Sommertages oder umgekehrt, den klirrenden Frost des Winters, oder man sieht die bunten Farben des Herbstes. Es wäre schön, wenn man jetzt irgendwo durch einen Wald spazieren gehen könnte, irgendwohin weit weg, wo von der Zivilisation nichts zu spüren ist. Der Werktätige beginnt nun seine Erkenntnisse darzulegen, zwar noch mit einem gewissen Engagement, doch schon nicht mehr ganz so feurig. Er versucht sich selbst anzuspornen, aber irgendwie spürt er nichts mehr von der Welttragödie, vom Brodeln der Leidenschaften und vom Drang zum Mikrophon. Wie von selbst werden seine Ausdrücke und Schlußfolgerungen etwas milder, ihm drängen sich gefälligere Formulierungen und harmlosere Epitheta auf. Wladimir Nikolajitsch, Sergej Petrowitsch oder vielleicht Iwan Iwanytsch hört schweigend zu, väterlich dabei gelegentlich mit dem Kopf nickend, vermerkt etwas in seinem Notizblock und fragt, eine Pause im verworrenen Bericht nutzend: »Wem haben Sie noch davon erzählt?« So-o-o-o . . . Und wer war dabei noch zugegen? So-so. Und den Brief an die UNO haben Sie wem gezeigt? Und Sie waren sogar bereit, ins Ausland zu fliehen? So-so-so! Wie stellen Sie sich das vor? Das Vaterland hat für Sie gesorgt, hat keine Mühen gescheut, hat Sie ernährt und aufgezogen, hat Ihnen nichts vorenthalten – und Sie? Und das zu einer Zeit, wo unsere Feinde nur darauf warten, uns Schaden zuzufügen! Gut, und wenn Sie nun ins Ausland gekommen wären? Die Gegenspionage hätte Sie dort auszufragen begonnen – wo haben Sie gearbeitet, wo haben Sie in der Armee gedient, bei welcher Einheit, was für Waffen hatten Sie . . .«

Diese Vorstellung treibt dem Werktätigen den Schweiß auf die Stirn – bloß das nicht! Da zieht Wladimir Iwanytsch, alias Nikolaj Petrowitsch, alias Sergej Michalytsch aus seinem Schreibtisch einen recht umfangreichen Aktenordner hervor, öffnet ihn, und der Werktätige sieht zu seinem Schrecken, daß alle seine Beschwerden, Proteste und Erklärungen, darunter auch die an die UNO, bereits abgelegt sind, und zwar versehen mit irgendwelchen Bemerkungen in blauer Schrift.

Du lieber Himmel, was braucht denn der Mensch schon? Nun, es gibt kein Fleisch – dann kann man Kartoffeln kaufen, schließlich auch Kefir. Das Dach leckt, so stell doch einen Eimer darunter und damit hat sich's. Nun, irgendwo ist irgendwas nicht so, wie es sein sollte, vielleicht wird etwas auch falsch gemacht, doch kann man denn alles Schlechte in der Welt verbessern? Der Lohn ist zu niedrig? So kann man doch abends oder sonst irgendwie einiges hinzuverdienen. Und daß gelogen wird – überall wird gelogen, es wird immer gelogen, man hat zu allen Zeiten gelogen. Bin ich dafür verantwortlich, kann ich irgend etwas daran ändern?

Das Telefon läutet, und Wladimir Nikolaitsch, oder weiß der Teufel wer, nimmt den Hörer ab: »Ja?« und plötzlich strafft er sich, richtet sich im Sessel auf. »Ja, Genosse General. Ja, bei mir. Wir sind gerade im Gespräch. Ich glaube, zunächst nicht, Genosse General. Nein, ich glaube, es lohnt sich nicht. Nun, der Mann ist am Arbeitsplatz müde geworden, das kommt vor. Gewiß! Ja! Zu Befehl! Jawohl!«

»Nun gut, unterschreiben Sie hier und hier. Und auch noch hier. Sie können jetzt gehen . . . nach Hause. Sollte es nötig sein, werden wir Sie rufen. Auf Wiedersehen.« Und wenn er noch nicht allzuviel hat anrichten können, dann wird er nicht verhaftet, nein. Wollte man sie alle festsetzen, müßte man das halbe Land verhaften, und das ist jetzt nicht erforderlich – es genügt, wenn man zur Abschreckung der anderen je einen von zehntausend, denen ein Licht aufgegangen ist, einsperrt, den größten Draufgänger. Früher, da war das anders. Man hatte noch nicht einmal den Mund aufgemacht, schon war man unterwegs ins Lager. Jetzt herrschen andere Zeiten. Keiner verlangt, daß du diese Staatsmacht liebst oder an sie glaubst, es genügt, daß du sie fürchtest, daß du unterwürfig bist, daß du den Plan erfüllst, daß du auf Versammlungen deine Hand hebst, einmütig etwas billigst oder zornig verurteilst . . . Und so läuft unser Werktätiger in leichtem Galopp durch die winterlichen, sommerlichen oder herbstlichen Straßen nach Hause zu seiner Frau und der Schwiegermutter aus Kaluga. Es war, als hätte sich gerade eben vor ihm eine dicke, schwere Tür geöffnet und modrige Kellerluft wäre ihm entgegengeschlagen, faulig und hoffnungslos, doch Gott sei Dank, er ist noch einmal davongekommen. Nach ein, zwei Wochen wird eine allgemeine Versammlung der Werktätigen einberufen, es werden der Parteiorganisator, der Komsomolorganisator und der Vertreter des örtlichen Parteikomitees reden, und sie alle werden ihn zornig verurteilen, werden ihn brandmarken, und der alte Meister Petrowitsch wird erklären, daß für solche wie er seiner Meinung nach kein Platz im Arbeitskollektiv sei. Er selbst wird auch ans Rednerpult gehen, wird bereuen und Besserung geloben. Irgendwo am Rande sitzt unbemerkt Nikolaj Iwanytsch oder Petrowitsch oder Sergejitsch. Nein, nein, er will nicht ins Präsidium gewählt werden, er wird auch nicht reden, er möchte nur dabei sein und sich die Reden der Genossen anhören. Schließlich, nachdem genug Reden gehalten worden sind, verbürgt sich die Versammlung für ihren Werktätigen, für ihren verirrten Kollegen, verspricht, ihn kollektiv auf den rechten Weg zurückzubringen, stimmt ab und löst sich zufrieden auf. Und abends, irgendwo in einer Kneipe, sagt der alte Meister Petrowitsch, der am Tag den Mund besonders voll genommen hatte, unserem Werktätigen bei einem Glas Bier:

»Ja, mein Lieber, mit dem Kopf kommst du nicht durch die Wand!«

Schau um dich. Werktätiger, schau deinen Kollegen aufmerksam in die Augen, sieh dir die Menschenmengen an, die sich durch die Straßen wälzen, die Menschen im Kino, im Stadion oder im Sportpalast, und du wirst sehen: Die überwiegende Mehrheit weiß bereits alles über Kopf und Wand. Nun, was kannst du ihnen neues sagen? Jeder von ihnen hat diesen Kampf der Erleuchtung bereits durchgemacht oder wird ihn noch durchmachen. Sie zucken, zucken und beruhigen sich – und durch nichts kannst du sie hinfort aus dem Gleichgewicht bringen. Was kannst du ihnen schon in einem kurzen Flugblatt sagen oder selbst über alle Rundfunksender der Sowjetunion? Sie wissen doch längst Bescheid, erinnern sich noch der schlimmen Zeit, als Nacht für Nacht die Gefängniswagen durch die Straßen fuhren und ihren Tribut eintrieben. Sie erinnern sich auch an den Krieg. Was für eine riesige Kraft, sollte man meinen, kam da in Bewegung – und konnte doch die Wand nicht einrennen. Sie schweigen, weil sie Bescheid wissen und nicht, weil sie nicht wissen. Kann man ihnen daraus einen Vorwurf machen?

Ich erinnere mich, wie ich in Sibirien in der Nähe von Tschita während einer Expedition auf einem unserer Halteplätze im Wald drei Ameisen einfing und sie in meinen Becher warf – ich wollte beobachten, um wieviel die Ameisen klüger sind als die Menschen. Selbstverständlich versuchten sie herauszukriechen, doch ich schob sie auf den Boden zurück. Sie versuchten es von neuem, und ich schob sie wieder zurück. Insgesamt unternahmen sie etwa 180 Versuche, und alle natürlich erfolglos. Dann beruhigten sie sich am Boden, krochen zusammen und bildeten einen Kreis. Worüber mochten sie nachdenken oder reden? Ich beobachtete sie lange – sie unternahmen keinen Versuch mehr davonzulaufen. Der Becher mit den Ameisen stand etwa drei Tage lang im Gras. Mehrfach gab es Nieselregen, die Sonne ging auf und unter, aber sie saßen im Kreis und bewegten nur ihre Fühler – vielleicht erzählten sie sich Witze.

Was blieb ihnen auch übrig? Sie hatten bereits alles begriffen, sie brauchten nichts mehr. Auch sie wollten wohl ihre Welt auf Familie und Wohnung beschränken, wollten mit ihren bescheidenen Ameisenfreuden leben, an einem warmen Frühlingstag in die Sonne kriechen und »sich eine Flasche zu dritt leisten«. Man muß den Augenblick genießen, solange er sonnig ist, solange es sich hinter irgendeinem Bierkiosk so gemütlich auf den Fässern sitzen läßt, jede Minute aus sechzig seligen Sekunden besteht und das Leeren der Flasche jede Sekunde dehnt. Doch man läßt den Menschen nicht in Ruhe, läßt ihn nicht in seiner kleinen Welt leben. Überall erreicht ihn die Propaganda, die allgegenwärtige gellende Stimme übertönt das Frühlingsgezwitscher. Wie das Echo der Berge dringt sie von allen Seiten auf den Menschen ein und erweckt ein merkwürdiges Wesen zum Leben, das unter uns herumwandert – den politischen Witz. Und wenn der Sowjetmensch in einem stillen Winkel sein Glas trinkt, vermag er diesen Augenblick nicht zu genießen. Was sich den ganzen Tag über in ihm aufgestaut hat, will nun aus ihm heraus. Der Witz blickt ihm über die Schulter wie ein ewiger »vierter Mann«. Und während er zum Wodka ein

Stück Schmelzkäse kaut, sagt er: »Wißt Ihr, wie man zu Überfluß kommt? Schließ den Kühlschrank an die Antenne an – und er ist immer voll.«

Ob der sowjetische Mensch es will oder nicht, in seinem Inneren findet ein ständiger Dialog mit der sowjetischen Propaganda statt.

Schaltet er, von der Arbeit kommend, sein Fernsehgerät ein, erscheint auf dem Schirm Breschnew, schaltet er auf das Zweite Programm um – wieder Breschnew. Auf das Dritte – dasselbe. Auf das Vierte, das Bildungsprogramm.

In der Vorstellung des sowjetischen Menschen verbindet sich dieses ewige, hysterische Propagandageschrei mit einer gemeinen Fresse, die seine Gedanken zerfleddert und auseinandertreibt. Die Fresse sehen wir, aber wir können weder reinschlagen, noch sie anspucken. Und der Mensch versucht, ihr wenigstens zu antworten: »Sieh dich doch um, das, wovon du sprichst, gibt es doch überhaupt nicht!« Die Fresse aber schreit unverändert weiter. Und du kannst sie nicht loswerden, soviel du auch am Knopf drehst, es sei denn, du schaltest das Gerät aus.

In der psychiatrischen Sonderklinik in Leningrad hatten wir einen Kranken, der den ganzen Tag lang Streitgespräche mit der Propaganda führte. Auf seinem Bett sitzend, empörte er sich: »Na bitte, schon wieder geht es los! Dieser Schwachsinn, verfluchtes Pack! Elektrifizierung, Industrialisierung, Chemisierung. Eine Chi-mä-ri-sierung ist das alles!« Er geriet nach und nach völlig außer sich, bis er schließlich brüllte: »Verdammter Schwachsinn! Verfluchtes Pack, pfui!«

Einmal, in einem Augenblick innerer Ruhe, erzählte er mir seine unwahrscheinliche Geschichte. Er gestand, daß er diese Streitgespräche mit der Propaganda schon seit zwanzig Jahren führte (er war damals etwa fünfzig Jahre alt), zuerst allerdings nur in Gedanken. Irgendwann aber langte es ihm, und auf einer Versammlung brach alles aus ihm heraus. Darauf sperrte man ihn ein. Er erzählte weiter:

»Ich sitze in meiner Zelle und streite mich, wie gewöhnlich. Mit denen draußen kann man sich ja nicht streiten, die werden nur noch frecher, machen dir das Leben zur Hölle. Wir stritten die halbe Nacht lang, es ging verdammt hoch her. Nikita hatte gerade offiziell erklärt, es gäbe bei uns keine politischen Häftlinge. Ich war selbst mit meinen gröbsten Flüchen am Ende, er aber saß da, mit unbewegtem Gesicht und leierte nur seine Platte herunter. Am Morgen war ich völlig heiser. Das Frühstück kam, die Klappe wurde geöffnet, man reichte das Essen herein. Nur eine Ration! Als ob sie nicht sahen, daß wir zwei sind. Ich klopfe an die Tür, schlage Lärm. Der Gefängnisdirektor kommt. ›Ihren Namen?‹ fragt er. Ich nenne ihn. ›Und der Andere?‹ Der Gauner neben mir nennt ebenfalls meinen Namen. ›Ich verstehe nicht‹, sagt der Gefängnisdirektor, ›nach meiner Liste sitzt hier nur einer mit diesem Namen, eine zweite Ration steht Ihnen nicht zu.‹ Wie sehr ich auch Lärm schlug, nach dem Staatsanwalt verlangte und sogar an Chruschtschow schrieb – alles umsonst. Der andere aber drängt sich immer als erster zur Essenklappe und schnappt sich meine Ration, auch den Zucker. So mußte ich ihn ernähren, auch die Suppe und den Brei löffelten wir aus einer Schüssel und stritten uns immer wieder darum, ob es bei uns politische Häftlinge gibt oder nicht. Eine freche Schnauze! Wir sitzen zusammen in einem Gefängnis, schlafen zusammen auf der gleichen Pritsche, decken uns mit einer Wattejacke zu, er aber leiert immer nur sein Zeug herunter. Dieses verfluchte Gesindel! Man brachte uns zum psychiatrischen Gutachter, uns beide. Der Professor, ein kluger Mann mit Brille, übrigens ein Jude, fragt: ›Ihr Name? und der Ihre?‹ Wir antworten im Chor. ›Aha‹, sagt er verständnisvoll. ›Eine Verdoppelung der Persönlichkeit, das kommt vor. Hat das schon vor längerer Zeit bei Ihnen angefangen?‹ Man sieht, ein mitfühlender Mensch. Wir erzählen ihm von der Verpflegung. Er nickt wieder mit dem Kopf, schreibt zwei Rationen aus, und auch für jeden eine eigene Pritsche. ›Regen Sie sich nicht so auf‹, sagt er, ›das scheint Ihnen beiden nur so, man wird Sie behandeln – das geht vorbei.‹ Danach fragte er uns nach unseren Ansichten. Der andere brachte sein übliches Zeug vor, der Professor nickte und machte sich nicht einmal Notizen. Ich aber öffne kaum meinen Mund, da zieht er schon die Stirn kraus und kritzelt drauflos. Meinem Begleiter, dem Scheusal, verschrieb er lediglich irgendwelche belanglosen Tabletten, mir dagegen Spritzen – so ein Blödsinn! Durch irgendein Wunder erfuhr man im Ausland von uns. Es gab großes Geschrei, die Sowjetmacht, sagen sie, hält zwei Freiheitskämpfer, zwei Brüder, im Kerker gefangen. Sogar Louis Aragon, hieß es, habe einen Artikel in der »Humanité« geschrieben, und auch der »Daily Worker« bekundete sein Bedauern – zu Unrecht, las man dort, verletzten die Moskauer Genossen die Leninschen Normen. Was dachten sich darauf die Unsrigen aus, diese Schweine? Sie entließen diesen verfluchten Gauner – ihn, aber nicht mich. Jetzt sitzt er in Paris, dieser Kerl, und trauert unseren Birken nach. Abends hört er Radio Moskau, geht in die Botschaft und bittet zurückkehren zu dürfen. Er schreibt auch an die sowjetischen Zeitungen: »Ich möchte nicht mehr im verfaulten Westen leben.« Drucken tun sie ihn zwar, aber zurück lassen sie ihn nicht. Man führt ihn unseren Touristen vor: »Seht, wie einem zumute ist, der ohne die sowjetische Heimat leben muß.« Er säuft Hochprozentigen und ruft dann verkatert Aragon an: »Du glatzköpfiger Teufel, hast mich hierher gelockt! Eure Metro ist dreckig, und ich habe kein Geld mehr, um mir etwas gegen meinen Kater zu kaufen. Säße ich doch im heimatlichen Gefängnis bei Wasser und Brot!« Aragon gibt ihm sofort einen Scheck, damit er seinen Kater kuriert. Mich aber haben sie vergessen. Verfluchtes Pack! So ein Schwachsinn . . .« Und er begann von neuem.

So wälzen sie sich, diese sowjetischen Menschen, über die Zebrastreifen in die Metro, über die Boulevards, schweigend, vorbei an den Zeitungskiosken, erhaschen mit den Blicken die Schlagzeile einer Zeitung und grinsen mit zusammengebissenen Zähnen. Alle schweigen, jeder führt ein Selbstgespräch. Im Laufe ihres Lebens hat sich eine solche Erbitterung in ihnen angehäuft, daß sie nichts an dieser ganzen Welt gutheißen können.

Ein alter vernünftiger Mann schleppt sich über den Arbat-Platz zum »Praga«, um ein paar Lebensmittel einzukaufen, ein ruhiger alter Mann, der niemandem zu nahe tritt. »Aha«, denkt er, »die Sonne scheint, die gute alte Sonne ist durchgebrochen, jetzt werden sie wieder sagen: eine Errungenschaft des Sozialismus.« Er haßt diesen Himmel, diesen sowjetischen Himmel. Die Blätter sind grün – sie sehen aus wie auf einem Plakat zum 1. Mai. Da hängt eine Zeitung, eine frische Zeitung. Nun, was haben sie da wieder zusammengelogen? Und obwohl er weiß, daß sie gelogen haben, und es ihn ekelt, das zu lesen, bleibt er stehen und liest, um seine Seele zu verbittern. »Aha, die Ernte! Wieder eine nie dagewesene – wieder in Rekordzeit. Und das bedeutet, wieder Kanada um Brot bitten. Studenten auf den Kolchosfeldern! Nun ja, das übliche: Kolchosbauern, helft den Studenten, die staatlichen Kornkrippen zu füllen! Streik in Frankreich. Macht nichts, streikt nur weiter, ihr werdet euch schon kaputtstreiken, werdet sehen, wohin die Streiks euch führen. Eine Studentendemonstration wird auseinandergetrieben. Her mit ihnen, mit diesen Studenten, zum Kartoffeleinsatz! Sie würden sich das Demonstrieren schnell abgewöhnen.« Einzig und allein der Genosse Pinochet erfreut sein Herz: »Da habt Ihr wohl geheult, ihr Täubchen, als die Eurigen unter Druck gesetzt wurden? Drück nur weiter, mein Lieber. Du bist die einzige Hoffnung, wäre es nur überall so.« Ja, so ist er beschaffen dieser sowjetische Mensch, daß er nicht an so etwas vorbeigehen kann – er muß sich abkapseln, muß seine Seele wie mit einem Narkotikum vergiften.

Dieser gleiche alte Mann hat sein ganzes Leben bis zu seiner Pensionierung bei eben dieser Zeitung gearbeitet, hat sein ganzes Leben lang über diese einmaligen Ernten geschrieben. Oder vielleicht hat er auch nicht geschrieben, vielleicht war er Setzer oder Drucker, Meister in einer Fabrik oder Lehrer an einer Schule. Warum eigentlich ist es kein Verbrechen, Stacheldraht herzustellen, wohl aber ein Verbrechen, als Aufseher tätig zu sein? So oder anders, alle sind an den Verbrechen der Mächtigen beteiligt, alle arbeiten sie in den Staatsbetrieben und stärken das System, indem sie Werte für dieses System schaffen. Sie alle heben ihre Hände in den Versammlungen, geben bei den Wahlen ihre Stimme ab, und, was das Wichtigste ist, sie protestieren nicht. Was du auch hervorbringst, alles wird als Errungenschaft des Systems ausgegeben. Eine wissenschaftliche Erfindung, eine neue Symphonie, ein Sieg bei den Olympischen Spielen – alles ist ein neuer Sieg des Sozialismus, ein Beweis für seine Fortschrittlichkeit. Warum sollte es sträflich sein, an der sowjetischen Propaganda mitzuarbeiten, nicht aber eine Erfindung zu machen, zu komponieren, Hockey zu spielen oder den Plan der Fabrik überzuerfüllen?

Warum soll man nicht Mitglied der Partei oder des Komsomol sein? Da geschieht nichts Außergewöhnliches, von einem einfachen Mitglied wird nichts Besonderes verlangt, man hat nur seine Beiträge zu bezahlen. Darüber hinaus fragt dich keiner nach deiner Meinung. Schickt man dich zur Arbeit ins KGB oder zur Miliz, was macht es für einen Unterschied? Wenn nicht ich, dann ein anderer. Arbeit ist Arbeit, Befehle müssen ausgeführt werden. Bei uns ist doch jeder ein Beamter, jeder ein Bediensteter des Staates. Und die Menschen dort sind nicht schlechter als andere, sie haben nur eine solche Arbeit. Nun ja, aber jene, die Befehle erteilen, jene, die ganz oben sitzen? Auch sie sind nur Beamte, Sklaven des Systems, Sklaven des inneren Kampfes um die Macht. Und sollte man jetzt in Moskau einen Prozeß ähnlich dem von Nürnberg durchführen, würde kein Richter oder Staatsanwalt Schuldige finden. Von oben bis unten glaubt niemand mehr an die marxistischen Dogmen, doch man läßt sich weiter von ihnen leiten, stützt sich auf sie und schlägt sie sich gegenseitig um die Ohren – das ist ein Beweis für Loyalität, ist die Brotkarte.

Wie schafft es diese geheimnisvolle Seele, dies alles in sich zu vereinen – das eine denken, das andere sagen und ein drittes tun? Politische Witze allein helfen da nicht, sogar die Ameisen müssen sich eine ganze Theorie zusammenbasteln, um ihre Ergebenheit vor sich selbst zu rechtfertigen:

Mit dem Kopf kommt man nicht durch die Wand.

Was kann ich als einzelner schon ausrichten? Ja, wenn alle . . . dann . . .

Wenn ich es nicht tue, dann ein anderer. Aber ich bin besser, ich richte weniger Unheil an.

Um des Wesentlichen willen muß man Kompromisse schließen, Zugeständnisse machen und dies und das opfern. (Auch die russische Kirche glaubte, daß sie um ihrer Existenz willen Zugeständnisse machen müsse. Sie nahmen freilich kein Ende, und jetzt werden sogar Priester vom KGB ernannt, und vom Altar läßt man die Sowjetmacht hochleben. Auch der Schriftsteller, der sein für die Leser notwendiges Werk gedruckt sehen will, erklärt sich bereit, dort eine Zeile zu streichen, hier einen Absatz hinzuzufügen, den Schluß abzuändern, die Hauptperson zu entfernen, den Titel zu revidieren – und siehe da, das Wesentliche ist nicht mehr da! Macht nichts, tröstet er sich, auf Seite so und so findet sich eine Anspielung, und der negative Held spricht fast ganz offen *alles* aus – gewiß, später wird er umerzogen und redet ganz anders.

»Man muß Rußland dienen, die Kommunisten verschwinden früher oder später ganz von selbst« (diese Ansicht ist vor allem unter Wissenschaftlern und Militärs sehr verbreitet).

»Man muß dem Ewigen dienen, unvergängliche Werte der Wissenschaft und Kultur schaffen, der Kleinkrieg der Proteste hält einen davon nur ab.«

»Keinesfalls offen protestieren, das ist eine Provokation, erregt nur den Zorn der Behörden und löst einen Schlag gegen Unschuldige aus.«

»Offene Proteste spielen lediglich den Anhängern des harten Kurses im Politbüro in die Hände und erschweren es den ›Tauben‹, die Liberalisierung voranzutreiben.«

»Offene Proteste stellen die Erfolge der Liberalisierung in Frage, die man mit Hilfe der großen Politik und der Geheimdiplomatie erreichen könnte.«

»Durch Proteste in Bagatellfragen verrät man sich nur. Man darf die Maske nicht fallenlassen. Wenn der entscheidende Augenblick kommt, dann ja! Aber bis dahin muß man sich tarnen. Nur nicht jetzt, jetzt ist dafür der ungünstigste Zeitpunkt: Die Frau liegt in den Wehen, die Kinder sind krank, zuerst muß man noch seine Dissertation verteidigen, der Sohn kommt auf die Hochschule . . .« (und so fort bis zum Lebensende).

»Je schlimmer, um so besser. Man muß bewußt alle Albernheiten des Systems ins Absurde steigern, bis das Faß überläuft und das Volk begreift, was vor sich geht.«

»Rußland ist ein Land der Sklaven. Die Russen haben noch nie eine Demokratie gehabt und werden auch nie eine haben. Sie sind dazu nicht fähig, man soll es gar nicht erst versuchen. Mit unserem Volk darf man nicht anders umgehen!«

»Die Bevölkerung schweigt. Was für ein Recht zu sprechen hat dieses Häuflein der Unzufriedenen? Wen vertreten sie, wessen Ansicht drücken sie aus?« Ich hörte sogar folgende Überlegung: »Eure Proteste verwirren nur die Weltöffentlichkeit. Die Leute im Westen werden glauben, daß es bei uns doch möglich ist, offen zu reden oder irgend etwas zu verändern – folglich spielt ihr der sowjetischen Propaganda in die Hände.«

»Man muß ruhig Karriere machen, bis nach oben vordringen und von da aus versuchen, etwas zu verändern – von unten her kann man nichts tun.«

»Man muß das Vertrauen der die Führer beratenden Personen erringen, sie in der Stille umstimmen und umerziehen – nur so kann man auf den Kurs des Staatsschiffes Einfluß nehmen.«

»Ihr protestiert, aber ich werde es nicht tun – irgendwer muß doch als Zeuge am Leben bleiben« (das hörte ich im Lager vor einem Hungerstreik).

»Wenn ihr wenigstens den Marxismus durch eine neue Theorie ersetzen könntet, um die Leute zu begeistern – auf Ablehnung allein läßt sich nichts aufbauen.«

»Der Kommunismus wurde Rußland als Strafe für seine Sünden auferlegt, und es ist eine Sünde, sich der Strafe Gottes zu widersetzen.«

Und so finden sie alle eine Rechtfertigung – angefangen bei den Mitgliedern des Politbüro, den Akademiemitgliedern und Schriftstellern bis zu den Arbeitern und Kolchosbauern. Dabei sind die Leute davon überzeugt, daß dies ihre wahren Ansichten seien. Nur selten gibt jemand zu, daß es sich um Ausreden oder Rechtfertigungen handelt. Und fast nie wird jemand offen und ehrlich eingestehen, daß er einfach Angst vor Repressalien hat. In meinem ganzen Leben hat mir nur ein einziger Mensch gesagt, daß er mit dem kommunistischen Staat zufrieden ist, denn er ermögliche es ihm, Geld zu verdienen, indem er seinen demagogischen Unsinn in Zeitungen drucken lasse. »In einem normalen Staat«, erklärte der Betreffende, »hätte man mich nie und nimmer an eine Zeitung herangelassen! Was hätte ich gemacht? LKW's beladen?«

Im Grunde genommen sind es nur die sogenannten wahrhaft Rechtgläubigen, die Sektierer, die sich von der orthodoxen Kirche losgesagt haben, die dieses Terrorsystem nicht unterstützen und den sowjetischen Staat nicht anerkennen, weil sie glauben, daß er Teufelswerk sei. Doch ihrer gibt es nur wenige, und sie sitzen alle im Gefängnis, weil sie sich weigern, für den Staat zu arbeiten. Sie lesen keine Zeitungen, hören kein Radio, fassen keine offiziellen Schreiben ab, und beim Anblick von Beamten, darunter auch des Untersuchungsrichters, schlagen sie das Kreuz – weiche, Satan! In der Freiheit leben sie von dem, was sie sich bei Privatpersonen erarbeiten.

Nun, vielleicht leben auch noch die Landstreicher, die sich von Almosen ernähren, außerhalb des sowjetischen Systems (in den Lagern allerdings arbeiten auch sie). Alle anderen, ob sie es wollen oder nicht, bauen den Kommunismus auf. Dem Staat kann es egal sein, mit welchen Theorien sie ihre Beteiligung an diesem Aufbau rechtfertigen, was sie denken und was sie fühlen. Solange sie sich nicht widersetzen, nicht protestieren und ihre Ablehnung nicht öffentlich bekunden, ist der sowjetische Staat mit ihnen zufrieden. Liebe wird von keinem verlangt, alles ist ebenso einfach wie zynisch: Willst du eine neue Wohnung – beteilige dich aktiv an Versammlungen; willst du zwanzig, dreißig Rubel mehr verdienen, in eine leitende Stellung aufsteigen – tritt in die Partei ein. Willst du gewisse Privilegien nicht verlieren, keine Unannehmlichkeiten haben – hebe auf den Versammlungen deine Hand, arbeite, und schweige. Alle machen es so, wer will schon gegen den Wind spucken? Das ist es, worauf dieser Staat ruht, der fortfährt, Menschen in den Gefängnissen zu quälen, seine Bürger in Schrecken zu halten, andere Völker zu versklaven und die ganze Welt zu bedrohen.

Was kann man da von einem Hauptmann Dojnikow erwarten? Einmal sagte er mir: »Wenn Sie frei sind, werden Sie voller Haß an mich zurückdenken, nicht wahr?« – »Warum?« fragte ich, und er: »Wieso denn nicht – ein Kerkermeister, der Sie im Gefängnis gehalten hat, hungern ließ und Ihre Briefe nicht aushändigte?«

Nein, während dieser elf Jahre, die ich fast ausschließlich in Lagern und Gefängnissen zubrachte, habe ich nicht gelernt, die Aufseher zu hassen, schon gar nicht jene, die von sich aus nichts Böses taten. Trotz allem, man beneidet seine Aufseher nicht. Den größten Teil ihrer Zeit leben sie selbst im Gefängnis, sind selbst Häftlinge. Spazier einer mal den ganzen Tag lang den Gang auf und ab, und das auch noch während der Nachtschicht – es ist zum Aufheulen. Ständig wüste Flüche, Grobheiten, Haß. Was einem die Häftlinge im Laufe eines Tages durch die Essenklappe an den Kopf werfen, reicht für ein ganzes Leben – man wird zum Tier. Einige Aufseher haben sich so an die Flüche gewöhnt, daß sie sich unwohl fühlen, wenn sie aus einer der Zellen nicht entsprechend eingedeckt werden. Sie gehen auf und ab, suchen direkt die Auseinandersetzung, fordern die Beschimpfungen heraus – ein klägliches Schauspiel. Ein Hauptfeldwebel, schon etwas älteren Jahrgangs, war durch die Langeweile der Nachtschicht so heruntergekommen, daß er miaute, bellte und wie ein Esel schrie – er konnte nicht damit fertig werden, daß die Gefangenen schliefen, während er nicht schlafen durfte. Ein anderer lief den Gang entlang und brüllte: »Wer ist hier der Chef, he? Ich frage, wer ist hier der Chef?« »Du bist der Chef, also soll dich auch . . .«, riefen die Häftlinge aus den Zellen. »Na also . . . He?« Und zwei, drei Minuten später wieder: »Wer ist hier der Chef, ich frage euch, wer ist hier der Chef?«

Die jungen Aufseher dagegen brachten uns zumindest Interesse, wenn nicht gar Sympathie entgegen. Beim Filzen betrachteten sie neugierig unsere Bücher, blätterten sie durch und fragten heimlich, was denn das für ein Buch sei und wovon es handle. Nach dem Artikel von Sucharew in der »Literaturnaja Gaseta«[3] lasen sie während der üblichen Durchsuchung aufmerksam mein Urteil durch und ließen es hinter dem Rücken des Offiziers grinsend von Hand zu Hand gehen. Ich hätte viel darum gegeben, wenn der stellvertretende Justizminister dieses Grinsen hätte sehen können.

Warum sollte man sie hassen? Wenn schon jemanden hassen, dann diejenigen, die sich oben um die Portefeuilles raufen und dabei alles in der Welt vergessen, und jene, die von hohen Tribünen im Namen des Volkes Reden halten, oder all die, die für guten Lohn die oben in Versen und Prosa lobpreisen, und schließlich die, auf deren Befehl das Land nun schon seit sechzig Jahren mit Blut überschwemmt wird. Doch auch sie vermochte ich nicht zu hassen. Ich konnte sie nur verachten, ebenso wie ihre Gesellschaft, ihre Ideologie und ihre Rechtfertigungen, ihre Sklaven- und Sklavenhalterpsyche. Ich verachtete den sowjetischen Menschen. Nicht, wie er auf Plakaten und in der sowjetischen Literatur erscheint, sondern wie er tatsächlich ist, jenen Menschen, der weder Ehre, noch Stolz, noch persönliches Verantwortungsbewußtsein besitzt, der zwar einen Bären mit dem Jagdspieß angreift, dem aber vor Angst der Schweiß ausbricht, wenn er an einem Milizionär vorbeigeht. Der seinen eigenen Vater verrät und verkauft, nur damit sein Chef nicht mit der Faust auf den Tisch schlägt. Die Tragödie besteht darin, daß dieser sowjetische Mensch in jedem von uns sitzt, und solange wir ihn nicht in uns überwinden, wird sich an unserem Leben nichts ändern. Er war es auch, der mich im Gefängnis festhielt. Und deshalb, angesichts dieser Tatsache, glaubte ich auch, daß ich noch lange, vielleicht bis an mein Lebensende, würde sitzen müssen.

Wohin bringen sie mich nur? Der Tschekist zu meiner Linken war eingenickt, schnarchte sogar. Plötzlich, wie durch einen Stoß, wachte er auf und blickte erschrokken um sich. Wir fuhren immer noch mit rasender Geschwindigkeit – vor uns ein Polizeiwagen, hinter uns ein Polizeiwagen, und noch immer blinkte ihr Blaulicht, doch ich spürte, daß wir uns einer Stadt näherten. Wahrscheinlich Moskau. Wir bogen ab, dann folgte eine Kurve nach der anderen, die Geschwindigkeit verringerte sich. Ja, offensichtlich sind wir in Moskau. Wohin jetzt? Nach Lefortowo? Tatsächlich, schon nach zwanzig Minuten passierten wir das vertraute Tor des Lefortowo-Gefängnisses.

Die Ankunft in einem dir bekannten Gefängnis ist so, als kehrtest du nach Hause zurück. Ich stieg aus dem Wagen, und man führte mich in einen Verschlag – also wieder Filzen. »Und meine Sachen?« – »Machen Sie sich keine Sorgen.« Oberstleutnant Stepanow, mein alter Freund, kommt mir entgegen und lacht wie der Teufel. »Wie war die Fahrt, gut?« Alles schien jetzt mehr oder weniger klar zu sein, und ich beruhigte mich. Höchstwahrscheinlich hatte man mich wieder hergebracht, um mich zu überreden, meine Ansichten aufzugeben und mich mit der Sowjetmacht zu versöhnen. Vielleicht würden sie mich sogar in Moskau herumführen. So haben sie auch Rode im vergangenen Winter nach Riga gebracht. Sie fuhren mit ihm kreuz und quer durch die Stadt, fuhren ihn sogar zu seiner Mutter und versuchten die ganze Zeit, ihn zu überreden: »Sehen Sie doch, wie schön das Leben überall ist. Während Sie fünfzehn Jahre saßen, ist das Leben bei uns weitergegangen, der Sozialismus wurde aufgebaut, und alle sind zufrieden. Schreiben Sie ein Gnadengesuch, und man wird Sie entlassen.« Doch da hatten sie den Falschen erwischt. Rode ließ sich herumfahren, sah seine Mutter wieder, schaute sich sein Riga an und blieb standhaft: »Bringen Sie mich nach Wladimir zurück.« So brachten sie ihn denn, ohne etwas erreicht zu haben, wieder zurück.

Aber vielleicht haben sie mich auch zur Untersuchung hergebracht. Möglich, daß wieder einer der Unsrigen in Moskau verhaftet wurde, und man nun versucht, die Fäden bis zu mir zu spannen. So war ich bereits im Falle von Chaustow[4], im Fall Superfin[5], im Fall Jakir[6] und im Fall Ossipow[7] vernommen worden. Aber eigentlich waren die Tschekisten längst davon überzeugt, daß es bei mir nichts zu holen gab und hatten aufgehört, mich herumzuschleppen. Meistens war es umgekehrt, ein Untersuchungsrichter des KGB kam zu mir ins Gefängnis, stellte pro forma einige Fragen, erfuhr selbstverständlich nichts und reiste wieder ab. Sie hatten sich so an das Spiel gewöhnt, daß der Untersuchungsrichter beim letzten Mal, im Fall Superfin, sein Verhör mit den Worten begann: »Nun ja, Sie werden natürlich nichts sagen, wir brauchen das auch nicht, es ist nur der Form wegen. Wir werden ein Protokoll anfertigen und uns dann verabschieden.« Nur, wer kennt sich bei ihnen schon aus, vielleicht versuchen sie es doch wieder – sie haben eine Teufelsgeduld. Im übrigen, was verliere ich denn dabei? Ich werde mich hier ein wenig sattessen, mich erholen, mich über die Tschekisten amüsieren, vielleicht sogar ein Wiedersehen herausschinden – und dann zurück in mein Wladimir. Allerdings, mit meinem Englisch werde ich mich hier nicht beschäftigen können. Ich werde eine Pause einlegen müssen.

Inzwischen hatte das übliche Filzen begonnen, man zog mich aus, tastete meine Sachen ab.

»Nun, was ist los? Seid Ihr bald fertig? Wie lange soll ich hier noch nackt herumstehen?«

»Gleich, gleich.« Aber man bringt mir ganz andere, neue Sachen. Irgendeinen schwarzen Anzug, dazu Stiefel, ein seidenes Hemd. Was ist das nun wieder für eine Teufelei?

»Und meine eigenen?« frage ich. »Geben Sie mir meine Sachen zurück!« errege ich mich, vor allem wegen meiner Wattejacke, in der die Rasierklingen stecken. Außerdem bin ich daran gewöhnt, unter der Wattejacke zu schlafen. Wozu brauche ich ihren Plunder?

»Später, später«, sagen sie. »Ihre Sachen werden desinfiziert, die Gefängnisordnung verlangt es nun mal.«

»Was für eine Desinfektion, was für eine Gefängnisordnung? Zum Teufel, was willst du mir da einreden? Ich saß schon in diesem Gefängnis, als du noch zur Schule gingst. Ja, die Vorschriften von Lefortowo kenne ich, aber eine Desinfektion hat es hier nie gegeben!«

Irgendwas stimmt nicht, ich wittere Unrat. Auch sein Lächeln – es ist aalglatt, fast schmeichlerisch. Ich muß wieder an das Wäldchen und den Fluchtversuch denken: »Die Stiefel werden Sie nicht mehr brauchen . . .« Ich schlage Krach, schreie:

»Das fremde Zeug will ich nicht, geben Sie mir meins zurück. Was für eine Desinfektion, ich komme aus einem anderen Gefängnis und nicht von draußen. Wir leben dort nicht in Quarantäne und werden regelmäßig untersucht.«

Sie wurden unruhig, die Teufel, und liefen davon. Offiziere kamen angerannt. Also, wir haben jetzt eine neue Regelung, die Desinfizierung muß unbedingt sein, es geht nicht ohne Desinfizierung. Begeben Sie sich in die Badestube. Wie sehr ich auch tobte – es war umsonst. Salzt euch doch ein. Natürlich werdet ihr schießen, wenn man's euch befiehlt.

»Und wo bleiben meine Sachen?«

»Regen Sie sich nicht auf, Sie bekommen sie morgen.«

»Darf ich Zahnbürste, Zahnpulver, Seife und Machorka mitnehmen?«

»Jawohl, dürfen Sie.«

Danach wurde ich in eine Zelle geführt. Die Zivilkleidung war mir irgendwie unbequem. Sechs Jahre hatte ich so etwas nicht mehr getragen, ich war es nicht mehr gewöhnt und fühlte mich unbehaglich. Es war bereits Abendbrotzeit. So geht es einem immer bei diesen Verlegungen, sie vergessen, einem das Essen zu bringen, und dann heißt es einfach: Zu spät. Alles Fordern ist vergeblich. Es war die Zelle Nr. 40. Ich hatte schon früher darin gesessen. Die Blockaufseher waren mir alle bekannt, die Wärter ebenfalls. Es war wirklich, als wäre ich heimgekehrt. Sie lachten:

»Hat man dich wieder hergebracht?«

In der Zelle sitzen zwei Mann, beides Untersuchungshäftlinge. Auch das ist merkwürdig. Als Strafgefangener darf man mich eigentlich nicht mit Untersuchungshäftlingen zusammenlegen. Das heißt also, ich bin wieder in Untersuchungshaft. Sie rauchen Zigaretten, bieten mir eine an. Ich habe schon lange keine Zigaretten mehr geraucht und lehne ab – ich bin an Machorka gewöhnt. Wir machen uns bekannt, unterhalten uns ein wenig. Ich schweige meistens, wer kennt sie schon, was sind das für Leute? Zu guten Leuten setzt man mich nicht. Einer trägt einen goldenen Ring am Finger – seltsam. Er bemerkt meinen Blick, erklärt, daß sie ihn nicht abbekamen, der Ring ginge nicht vom Finger. Und das ist noch seltsamer – als ob ich die Tschekisten nicht kenne? Die reißen ihn mitsamt dem Finger ab! Na, egal.

Ich frage sie, ob die Sachen jetzt tatsächlich desinfiziert werden, immerhin war ich über drei Jahre nicht mehr hier, die Vorschriften könnten sich geändert haben.

»Wurden eure Sachen auch desinfiziert?«

»Ja«, sagen sie.

»Was haben sie euch denn statt dessen gegeben?«

»Auch einen Anzug, aber nicht so einen wie deinen, einen einfacheren. Toll, was für einen schicken du bekommen hast. Knöpf mal die Jacke auf. Sieh mal an, ein französischer!« Und tatsächlich, im Futter ist der Eiffelturm abgebildet. Meine Nachbarn begannen, mich neugierig zu mustern: Was bist du für ein hohes Tier, warum haben sie dir so einen Anzug gegeben? Irgendwie schlugen wir den Abend tot. Für mich waren sie freie Leute, sie saßen erst zwei Monate, es gab manches zu fragen. Licht aus! Wir legten uns schlafen. Meine Kumpane wälzten sich ein paarmal hin und her und schliefen dann ein. Ich aber fand keinen Schlaf.

Mit mir geschah etwas Merkwürdiges. Meine Gefängniserfahrung sagte mir: So etwas gibt es nicht, kann es nicht geben, man stellt dir eine Falle. Vielleicht würden sie mich in Moskau spazieren führen und mich dabei photographieren, um dann sagen zu können: Seht mal, er sitzt gar nicht, sondern spaziert in einem neuen Anzug auf der Gorki-Straße herum. Vielleicht würde man mich sogar westlichen Korrespondenten von weitem zeigen – seht mal, er lebt! Vielleicht hat irgend jemand im Ausland ein Treffen mit mir durchgesetzt? Was stellte ich nicht alles für Vermutungen an! Das Gefängnis von Lefortowo war für mich voller Erinnerungen. Ich hatte hier schon viermal gesessen. 1963, 1967, 1971 und 1973, alles in allem mehr als zweieinhalb Jahre. Zu verschiedenen Zeiten, unter verschiedenen Regimen und verschiedenen Herrschern. Ein Untersuchungsgefängnis besitzt eine erstaunliche Eigenschaft – es preßt aus dem gerade von draußen Reingekommenen Erinnerungen heraus. Einmal scheint dir, du wärest eben über den Arbat oder den Twerskoj Boulevard gegangen, dann wieder ist dir, als hättest du dich gerade mit einem Freund getroffen.

Allmählich gehen die Erinnerungen weiter zurück, und du beginnst, in den Bildern deiner Kindheit zu blättern. Und wie im Fegefeuer, wo die Sünder für ihre Taten büßen, steigt aus der Erinnerung auch das Unangenehme auf, das du vergessen wolltest und woran du jahrelang nicht mehr gedacht hast – so aufdringlich, daß du mit den Zähnen knirschst. Buchstäblich der ganze Bodensatz hebt sich und schwebt an die Oberfläche des Bewußtseins, es ist ein quälender und lange anhaltender Prozeß. Du hast Gewissensbisse, schämst dich, willst dich davon befreien, willst diese Gespenster vertreiben, doch alles umsonst. Wie oft ich auch nach Lefortowo kam, unweigerlich mußte ich an meine Kindheit denken und damit an den Hof, in dem ich aufwuchs, und an die Hexe.

Allgemein habe ich an meine Kindheit keine sehr genauen Erinnerungen. Sie sind undeutlich wie ein alter Film, als wäre es überhaupt nicht mein Leben. Irgendwelche Bilder, Fetzen. Das meiste über meine Kindheit weiß ich aus Erzählungen von Verwandten.

Ich wurde in der Zeit der Evakuierung geboren, im Ural, in der Baschkirischen Autonomen Sowjetrepublik, wohin man unsere ganze Familie beim Vormarsch der

Deutschen aus Moskau ausgesiedelt hatte. Das Städtchen, in dem ich geboren wurde, hat mir in meinem Leben viel Scherereien bereitet, obwohl ich später nie mehr dort gewesen bin. Erstens wurde sein Name immer wieder falsch verstanden, und ich mußte ihn ständig den Beamten vorbuchstabieren: Be-le-bej. Nicht Pelepej, auch nicht Belidej, sondern Belebej – der Teufel soll sie alle holen, die kennen sich in der Geographie nicht aus. Aber trotz allen Buchstabierens verstanden sie ihn falsch. In meinem letzten Paß stand wieder Belebelj, obwohl ich mir die größte Mühe gegeben hatte.

Außerdem brauchte ich nur dieses unglückselige Belebej zu erwähnen und diese Baschkirische ASR, schon kam der forschend-fragende Blick, wie beim Funkzeichen eines unbekannten Flugzeugs: Bist du ein Unsriger oder ein Fremder? Bist du Baschkire oder Russe? Mein ganzes Leben lang mußte ich erläutern, daß ich nicht Baschkire, sondern Russe bin, daß ich einfach während der Evakuierung geboren wurde, und im übrigen immer in Moskau gelebt habe, nicht anders als meine Eltern. Denn es ist den Leuten nicht ganz gleichgültig, ob du Baschkire bist oder Russe, und es ist auch dir selbst nicht egal, wofür man dich hält. Du beeilst dich also, zu erläutern, und das ist eben ärgerlich. Hätte man denn nicht einfach in Moskau zur Welt kommen können? Das wäre eine unmißverständliche klare Sache gewesen, und niemand hätte Fragen gestellt. Gewöhnlich vergißt du so etwas wieder, aber Gefängnisse sind nun mal so, daß sie dir gerade das Peinliche zurückrufen, alles, dessen man sich schämen muß. »So, so«, fragt dich das Gefängnis, »hast du nicht stets behauptet, alle seien für dich gleich, ob Russen oder Baschkiren?« Und dich trifft das, als hättest du sämtliche Baschkiren in die Gaskammer geschickt.

Natürlich erfuhr ich später, daß ich auf dem Zenit des Krieges geboren wurde, als Millionen von Menschen einander umbrachten wegen der Frage, welche Art Konzentrationslager künftig die Welt überziehen sollten – braune oder rote. Ich selbst habe an jene Zeit überhaupt keine Erinnerung. Meine frühesten Eindrücke verbinden sich mit der Siegesfeier in Moskau. Irgend jemand hatte mich auf den Arm genommen, mich zum Fenster getragen und gesagt: »Sieh hin, merk es dir für dein ganzes Leben. Das ist der Siegessalut.« Weil man es mir sagte, habe ich es mir offenbar auch gemerkt. Das Salutschießen selbst – farbige Punkte, wie du sie siehst, wenn du die Augen fest zusammenkneifst.

Man hat mir erzählt, daß ich in einem Koffer aufwuchs, denn während des Krieges ließ sich weder eine Wiege noch ein Kinderbett auftreiben. Ich soll auch verhältnismäßig spät, erst mit zweieinhalb Jahren, zu sprechen angefangen haben. Meine Eltern waren besorgt, ich könnte womöglich stumm sein, aber ein ihnen bekannter Arzt beruhigte sie, es läge nur an der unzureichenden Ernährung, vor allem am Zuckermangel. Wo sie dann später Zucker für mich ergatterten, weiß ich nicht. Zu lesen begann ich dagegen sehr früh, mit fünf Jahren, in erster Linie anhand von Zeitungen. Besonders gefielen mir darin die Karikaturen. Ich zeichnete sie mit Vergnügen ab und entzifferte dann die Unterschriften.

Der lange, dürre, ungeschickte Onkel Sam mit dem Zylinder, den gestreiften Hosen und dem Spitzbart, und der dickliche John Bull in Stulpenstifeln und Frack fehlten damals in kaum einer Zeitung. Was passierte nicht alles mit ihnen: Mal plumpsten sie in eine Pfütze, mal wurden sie mit einem Fußtritt in den Hintern von irgendwelchen kräftigen Kerlen hinausgeworfen, und manchmal prügelten sie sich sogar untereinander. Wenn ein übermäßig dicker Kapitalist im schwarzen Zylinder und mit einer Zigarre zwischen den Zähnen auftauchte, dann hielt er unbedingt einen riesigen Sack in den Händen, auf dem eine Eins mit vielen Nullen stand, je mehr Nullen, um so besser. Manchmal quollen Münzen aus einem Loch des Sackes oder Geldscheine. Und wenn der britische Löwe erschien, hatte man nie vergessen, ihm hinten ein Pflaster oder einen Stiefelabdruck aufzumalen. Die Abenteuer dieser Figuren gefielen mir so gut, daß ich anfing, selbst neue Notlagen für sie auszudenken. Meine Eltern waren davon offenbar nicht sehr begeistert, um mich abzulenken, gaben sie mir alte deutsche Bücher von meinem Großvater. All das brachte mir das Gefängnis dienstfertig und heimtückisch ins Gedächtnis.

Wir wohnten nicht weit vom Puschkinplatz in einem alten, außen verputzten zweistöckigen Holzhaus, wie sie für Moskau einst typisch waren. In unserer Straße standen drei davon nebeneinander. Ich war noch Kind, als eine Kommission kam und feststellte, daß sie nicht mehr bewohnbar wären. An die Ecke jedes dieser Häuser pinselten sie mit blauer Ölfarbe die Buchstaben A.H., was bedeutete: Abbruch-Haus. Nichtsdestotrotz standen sie noch 1970 und waren die ganze Zeit über bewohnt.

In unserer Wohnung im ersten Stock lebten vier Familien, eine davon war mit uns verwandt. Küche, Flur, Badezimmer und Toilette wurden gemeinsam benutzt. Dabei hieß es, wir hätten noch großes Glück, denn es gab Wohnungen, die mit zehn bis zwölf Familien belegt waren, andere hausten sogar, nur durch Vorhänge oder Sperrholzplatten voneinander getrennt, in Baracken. Unsere Nachbarn waren außerdem verhältnismäßig ruhige Leute.

Während des Krieges wurden fast alle Bewohner Moskaus in den tiefsten Osten evakuiert, dafür ließen sich die aus dem Frontgebiet vertriebenen Familien in Moskau nieder und zogen in die geräumten Häuser. Nach dem Krieg, als die alten Bewohner zurückkehrten, war Moskau überfüllt. Keiner wollte die Stadt verlassen, schon weil die Lebensmittelversorgung hier besser war als in der Provinz. Die Menschen hausten in Kellern, Schuppen, Baracken, und in fast allen Wohnungen waren mehrere Familien zusammengepfercht. Herrschte schon vor dem Krieg in den Gemeinschaftswohnungen drückende Enge, so war es nun noch schlimmer geworden, und es blieb so bis in die sechziger Jahre hinein, selbst heute wird noch mehr als ein Drittel des Moskauer Wohnraums als Gemeinschaftswohnungen genutzt.

Das Leben in derart überbelegten Wohnungen führte zu endlosen Streitereien,

Intrigen und Prügeleien. Niemand vermochte auch nur die geringste Einzelheit seines Lebens vor den anderen zu verbergen. Jeder wußte, was der Nachbar im Topf hatte. Ein unvorsichtig in der Küche hingeworfenes Wort konnte in diesem Küchenkrieg politische Denunziationen auslösen, besonders dann, wenn damit die Hoffnung verbunden war, das eventuell frei werdende Zimmer zu bekommen. Am schwersten hatten es die gebildeteren, nach alter Art erzogenen alteingesessenen Moskauer. Sie waren außerstande, sich auf die Ebene der Küchenintrigen, des täglichen Kampfes um Lebensraum herabzulassen, sie hatten es einfach nicht gelernt. Ihre Erziehung verpflichtete sie zum Nachgeben, zur Verträglichkeit und Höflichkeit, der Alltag dagegen – zur Selbstverteidigung. Dieses Problem ist offenbar zu einem der Hauptprobleme unseres Jahrhunderts geworden. Bildung und Höflichkeit erwiesen sich beim Zusammenstoß mit Frechheit, Gemeinheit und roher Gewalt als nicht konkurrenzfähig. Was also tun? Zu den gleichen Mitteln greifen? Doch das bedeutet, das eigene Wesen so verändern, daß man sich in nichts von der anderen Seite unterscheidet. Sich selbst treu bleiben? Das wiederum hieße, sich der physischen Vernichtung ausliefern.

Steht die westliche Gesellschaft, bei ihrem Versuch, sich dem Kommunismus und Terrorismus im Inneren zu widersetzen, nicht vor dem gleichen Problem? Meine Großmutter, die sicher die universale Bedeutung dieses Konflikts nicht erkannte, genierte sich jedenfalls in die Küche zu gehen, wenn die Nachbarn dort die uns gestohlenen Laken zum Trocknen aufgehängt hatten. Nicht selten verschwand auch von uns unvorsichtigerweise stehengelassenes Geschirr. Zum Glück gab es, offensichtlich dank unserer Nachgiebigkeit, keine Skandale oder gar Prügeleien, was sich von den übrigen Häusern in der Gegend nicht sagen ließ. Mal jagte im Hof ein Mann, betrunken und in der Hand ein Messer, hinter seiner Frau her, mal prügelte man sich in einer Nachbarwohnung, wobei klirrend Geschirr zerbrach, dann wieder bekamen sich irgendwo Frauen in die Wolle und belegten sich stundenlang ausgiebig mit den unflätigsten Flüchen. Szenen dieser Art gehörten zum Alltag.

Wir lebten zu fünft in zwei Zimmern. Meine Eltern arbeiteten, sie waren den größten Teil des Tages nicht anwesend, meine Schwester war in der Schule, nur meine Großmutter und ich blieben zu Hause. Wir gingen gemeinsam Petroleum kaufen (Gas gab es noch nicht, das Essen wurde auf dem Petroleumkocher zubereitet); standen zusammen in kilometerlangen Schlangen nach Mehl an. Bei so einer Schlange mußte man mehrere Tage lang anstehen, und damit die Reihenfolge nicht durcheinandergeriet, wurde mit Tintenstift eine Nummer in die Handfläche geschrieben. Morgens und abends rief man sie zur Kontrolle auf. Gewöhnlich standen ganze Familien Schlange, mitsamt den Kindern, da sich die Menge des Mehls nach der Anzahl der erschienenen Personen richtete. Abends las mir meine Großmutter aus Büchern vor, meistens Puschkin, Schukowskij[8] oder Nekrassow[9], auch Märchen von Andersen oder den Brüdern Grimm. Sie war schon sehr alt und schlief häufig beim Lesen ein. Dann rutschte ihr die Brille von der Nase, und sie begann zu schnarchen.

Aber ich zupfte sie jedesmal am Arm: »Großmutter, wie geht es weiter? Großmutter, schlaf doch nicht!«

Manchmal unternahmen meine Großmutter und ich weite Spaziergänge. Wir gingen langsam den Fluß entlang, über den Roten Platz, in den Alexander-Garten und um den Kreml herum. Über das Kopfsteinpflaster des Roten Platzes donnerten LKW's, grün und verstaubt. Die Großmutter erklärte mir, das sei die Tarnfarbe. Der Kreml erhob sich als geheimnisvolle Festung; es war verboten, ihn zu betreten. Hinter der Mauer lockten seine Kuppeln und Türme. Meine Großmutter erzählte mir allerlei Geschichten – von den Tataren, von Iwan dem Schrecklichen, vom Zaren der Glocken und vom Zaren der Kanonen. Sie erzählte von den Zaren, von den Bojaren und von den Glocken des Kreml, wie früher jeden Morgen sich ihr Geläut über Moskau ausbreitete und das festlich gekleidete Volk in den Kreml strömte. Wenn wir am Spasskij-Turm vorbeikamen, sprach sie stets den Vers:

»Wer vermag den Zaren der Glocken zu heben,
Wer den Zaren der Kanonen zu wenden,
Wer ist so hochmütig, die Mütze
vor dem heiligen Tor des Kreml nicht zu ziehn?«

Ich stellte mir diesen Hochmütigen immer so vor: Er stand vor dem Spasskij-Tor, hatte die Arme in die Seiten gestemmt und blickte nach oben, den Kopf weit nach hinten gebogen, daß ihm die Mütze fast herunterrutschte. Ein verwegener Bursche!

Sonst verbrachte ich fast den ganzen Tag auf dem Hof. Dort, inmitten der üblichen Skandale, Schimpfereien und Messerstechereien, lebten wir, die Kleinen, unser eigenes Leben und achteten kaum auf unsere Umgebung. Unsere Welt, das waren Böden, Keller und Treppenhäuser. Natürlich spielten wir ständig Krieg, wobei auf der einen Seite die *Unsrigen* standen, auf der anderen unbedingt die *Deutschen.* Da niemand die Rolle der Deutschen übernehmen wollte, hielt jede Seite sich für die Unsrigen und die anderen für die Deutschen. Unser Hof war reich an Schuppen, Anbauten und Winkeln, die sich gut als Versteck eigneten.

Die älteren Jungen fingen Tauben ein, auch fremde, tauschten sie untereinander und tranken in ihren Taubenschlägen heimlich Wodka. Abends sammelten sie sich in Gruppen vor der Haustür, manchmal mit Gitarren. Fast alle stahlen, sie lebten in einer durch und durch kriminellen Atmosphäre. Soweit ich es beurteilen kann, entsprach das in jenen Jahren dem allgemeinen Klima in Moskau.

Das Idol der Jungen war ein bärenstarker, ewig betrunkener Mann namens Jurka, ein ehemaliger Ringer, Anstifter aller Prügeleien. Er liebte es im Unterhemd oder mit nacktem Oberkörper im Hof zu erscheinen, damit alle seine gewaltigen Muskeln bewundern konnten. Dann begab er sich in die nahe Stehbierhalle, betrank sich dort und zettelte eine Prügelei an, aus der er stets als Sieger hervorging. Stundenlang lungerte er vor der Haustür herum und belästigte Passanten. Über seine Kraft und seine Taten kursierten Legenden unter uns.

Die zänkischsten und kopfstärksten Familien wohnten im Keller. Zwischen ihnen kam es häufig zu regelrechten Schlachten, wobei gelegentlich der ganze Hof für die eine oder andere Seite Partei ergriff und sich an der Prügelei beteiligte. Bei schönem Wetter schleppten sich die alten Weiber in die Sonne, Kinder krochen im Staub herum, Wäsche trocknete auf den Leinen, und ganz hinten im Hof wohnte im Souterrain in einem Zimmer für sich allein – die Hexe. Es war eine richtige, alte, abstoßende Hexe, mit einer behaarten Warze auf der Backe und einer Nase wie ein Haken. Man erzählte sich, daß sie mit niemandem verkehre, nicht einmal in die Küche käme, sondern in ihrem Zimmer einen Petroleumkocher habe. Sie benutzte auch nicht das elektrische Licht, sondern saß stets bei einer Petroleumlampe. Es hieß, sie blättere nachts in irgendwelchen alten Zauberbüchern, die außer ihr niemand zu lesen verstand, und dabei zaubere sie irgend etwas.

Tatsächlich konnten wir abends, wenn wir an ihr Fenster heranschlichen, durch die matten Scheiben sehen, wie sie bei Petroleumlicht über diesen unheimlichen Büchern saß. Draußen zeigte sie sich selten, wenn sie aber in ihrem unvermeidlichen, schäbigen Pelzmantel und ihrem altmodischen Hut erschien, so rief das jedesmal allgemeine Erregung hervor. Im Winter bewarfen wir sie mit Schnee oder auch mit Eisstückchen, liefen hinter ihr her und schrien wie verrückt: »Hexe! Hexe! Hexe!« Gewöhnlich blieb sie schon an der Tür stehen, wandte uns ihre Hakennase zu und sagte mit weinerlicher Stimme: »Kinder, wie böse seid ihr doch, Kinder! Was habe ich euch getan?« Und damit rief sie natürlich bei uns noch mehr Haß hervor.

Doch an einem Sommerabend rannten die alten Weiber aufgeregt im Hof umher: »Die Hexe stirbt, die Hexe stirbt!« Alle Furcht überwindend, brachen sie gemeinsam die Tür auf und stürzten, einander vorwärts stoßend, in ihr Zimmer.

»Sie ist gestorben, die Hexe ist schon tot.«

Ich konnte vor lauter Rücken nicht sehen und fing an, die Wände und die Decke zu betrachten. Es roch wie auf dem Dachboden, nach Staub und Schimmel. An einer Wand hing eine große Photographie unter Glas: Ein junger Offizier mit flottem Schnurrbart und ein verlegen lächelndes Mädchen in weißem Brautkleid.

An diesem Abend wollte sich die Erregung auf dem Hof lange nicht legen. Man stand in Gruppen herum und sprach über die Hexe. Ein uraltes Weiblein erzählte: »Sie war ein gebildetes Fräulein. Soll zehn Sprachen gekonnt haben. Gleich 1918 ist ihr Bräutigam in den Süden zu den Weißen geflohen. Er war Offizier und kehrte nie zurück. Er wurde getötet, hieß es. Aber sie hat das nie geglaubt, hat immer nur gewartet.« In anderen Gruppen ging es hauptsächlich darum, daß jetzt ja ein Zimmer freiwerde und wer es bekommen würde.

Immer, wenn ich ins Lefortowo-Gefängnis kam, mußte ich an die Geschichte mit der Hexe denken. Die Erinnerung daran quälte mich, und ich fand nichts, keinerlei Rechtfertigung, die mir helfen konnte. Ich sah sie vor mir, als lebe sie noch, wie sie in ihrem schäbigen Pelz in der Tür stand, sich zu uns umwandte und mit weinerlicher Stimme sagte: »Kinder, wie böse seid ihr doch, Kinder!«

Unsere Schule befand sich am Ende der Straße, auf einer Anhöhe – ein graues, vierstöckiges, kasernenartiges Gebäude. Ihr bloßer Anblick weckte in mir unüberwindliche Langeweile, wie denn überhaupt unser ganzes Unterrichtssystem Ekel vor dem Lernen hervorruft. Die für die gesamte Sowjetunion einheitlichen Lehrpläne werden vom Bildungsministerium aufgestellt und sind auf ein äußerst mittelmäßiges, wenn nicht gar niedrigeres Niveau zugeschnitten. Für wirklich schwache Schüler gleichwohl noch zu schwer, sind sie für die Begabten derart reizlos und eintönig, daß sie weder Interesse provozieren noch zum Arbeiten einladen. Jegliche Initiative und eigenständige Interpretation sind ausgeschlossen, vom Schüler wird lediglich verlangt, daß er Wort für Wort wiederholt, was im Lehrbuch steht. Um das zu schaffen, genügt ein einigermaßen intaktes Gedächtnis.

Die Schulzeit dauert vom siebenten bis zum siebzehnten Lebensjahr, das heißt zehn Jahre, danach folgen noch etwa fünf Jahre Hochschulbesuch. Fünfzehn Jahre lang kann man also z. B. in der Sowjetunion eine Fremdsprache lernen (meist wird Englisch gewählt), aber niemand beherrscht sie danach aktiv, wenn er sich nicht zusätzlich damit beschäftigt hat. Es reicht für einige Dutzend sinnloser Sätze, doch sich darin auszudrücken, vermag er nicht. Im Gedächtnis bleibt eine trübe Vorstellung von englischer Grammatik hängen, und auch sie verschwindet bald, weil man die Sprache nirgendwo anwenden kann. In späteren Jahren erlebte ich, wie Erwachsene, obwohl ihnen das Erlernen einer Sprache nicht so leicht fällt wie Kindern, im Gefängnis oder im Lager während eines einzigen Jahres sich in einer Sprache vollkommen ausreichende Kenntnisse aneigneten. In der Schule dagegen wird nur sinnlose Zeit verschwendet.

Besonders verhaßt waren mir die geisteswissenschaftlichen Fächer: Geschichte, Literatur, ja sogar Geographie. Sie waren so von Ideologie durchtränkt, daß von ihrem eigentlichen Gegenstand nichts übrigblieb. Nicht, daß ich gegen diese Ideologie ernsthafte Bedenken gehabt hätte, keineswegs, aber sie ließ den Unterrichtsstoff tödlich langweilig werden. Was ist denn noch an der Geschichte interessant, wenn sie sich lediglich als ununterbrochener Klassenkampf und stufenweiser Übergang zum Sozialismus darstellt? Man brauchte sich nur noch die Daten irgendwelcher Schlachten, Aufstände und berühmter Revolutionäre zu merken.

Und die Literatur? Als Erwachsener las ich im Gefängnis, um mich zu beschäftigen, noch einmal Tolstois Werke durch und entdeckte plötzlich, daß sie ungemein interessant waren. Während meiner Schulzeit dagegen hatte ich in Aufsätzen über Tolstoi immer wieder nichts als die positiven und negativen »Charaktere« zu analysieren und haßte ihn dafür inbrünstig. Alle diese sowjetischen geisteswissenschaftlichen Kenntnisse eignete ich mir mechanisch an, gab sie mechanisch von mir und vergaß sie ebenso mechanisch wie die Mehrheit meiner Altersgenossen. Davon abgesehen, lernte ich stets gut, besonders in meinen Lieblingsfächern – Mathematik und Chemie. Verpönt waren bei uns vor allem Zeichnen, Sport und Gesang. Instinktiv spürten wir alle, daß für diese Fächer besondere Fähigkeiten, Neigungen oder zumindest eine besondere Einstimmung nötig war. Einfach zu singen oder zu springen, nur weil der Lehrplan es so vorsah, das war uns tödlich zuwider.

Selbständigkeit des Kindes ist in der Sowjetunion nicht gefragt. Es hat das, und nur das zu tun, was man ihm sagt. Lebhaftigkeit, Ausgelassenheit, also die natürlichen Eigenschaften eines normal entwickelten Kindes, versucht die sowjetische Schule mit Stumpf und Stiel auszurotten. Sie bedient sich dabei sturer Verweise und Strafen und hetzt die Eltern gegen die eigenen Kinder auf. Niemand darf er selbst bleiben, alle sollen umgemodelt, umerzogen werden, wie in einer Anstalt für minderjährige Verbrecher. Das ruft den verzweifelten Widerstand der jungen Geschöpfe hervor, einen Protest eigener Art gegen die Nichtanerkennung ihrer Persönlichkeit. Und da alles über den Lehrer läuft, zieht er in seiner isolierten Stellung als Aufseher den natürlichen Haß der Kinder auf sich. So entstehen Beziehungen wie in Pomjalowskijs Roman »Das Seminar«, wo sich Lehrer und Schüler als Todfeinde gegenüberstehen und die Klasse den Lehrer in die Enge treibt, während der wiederum bemüht ist, sie zu bestrafen und zu erniedrigen, wo immer sich eine Gelegenheit dazu bietet.

Man muß hinzufügen, daß der Beruf des Lehrers, wie im übrigen auch der des Arztes, bei uns zu den schlechtest bezahlten gehört. Deshalb werden vor allem Leute Lehrer, die keine andere Arbeitsmöglichkeit fanden, oder auch Versager und Menschen, bei denen es zu einem qualifizierteren Beruf nicht reichte. Daneben freilich auch naive junge Mädchen, denen diese Tätigkeit idyllisch erscheint. Doch sie laufen meist schon nach kurzer Zeit davon, verjagt von den Schülern, die ihre Schwäche wittern, und von der Verwaltung, der es lediglich auf formale Arbeitsergebnisse und die blinde Ausführung der Direktiven ankommt. Mit anderen Worten, die Schule ist bei uns nichts anderes als ein gewöhnlicher sowjetischer Produktionszweig, mit den dazugehörigen verschiedenen Wettbewerben auf Kreisebene und entsprechenden Wimpeln.

Um der Wahrheit willen muß gesagt werden, daß es immerhin auch einige wirklich engagierte Pädagogen gibt, begabte, ehrlich bemühte Menschen, doch es sind so wenige, daß das am allgemeinen Bild praktisch nichts ändert. Sogar die Schüler spüren, daß es sich bei diesen Fällen um Ausnahmen handelt und verhalten sich sofort gänzlich anders. Für diese Lehrer ist das Leben in der Regel eine einzige Quälerei – sie befinden sich in einem ewigen Konflikt mit der Verwaltung, versuchen unablässig auf ihre Weise, entgegen dem Schema zu unterrichten, die Direktiven und Anordnungen zu ignorieren und erhalten dafür natürlich ständig Verweise. Nichtsdestotrotz aber verbringen gerade diese Lehrer den ganzen Tag von morgens bis abends in ihrer Schule. Die instinktive Liebe der Kinder zu ihnen ist nur zu verständlich. In ihrem Unterricht stellt sich keine Langeweile ein, und vor allem – sie sind selbst Unterdrückte und nicht Unterdrücker. Freilich, das durchschnittliche intellektuelle Niveau der Lehrer in der UdSSR ist häufig niedriger als das der Schüler.

Ich schäme mich, wenn ich daran denke, was wir seinerzeit mit unseren Lehrern alles angestellt haben. Wir hatten zum Beispiel eine Geschichtslehrerin, die den

Spitznamen Walroß trug. Seit vielen Schülergenerationen wurde sie so genannt, weil sie einen buschigen Schnurrbart besaß. Sie war offenbar kein schlechter Mensch, unglücklicherweise jedoch auf einem Ohr taub – was blieb da noch vom Geschichtsunterricht übrig! Während der ganzen Stunde beschäftigten wir uns mit der Aufgabe, in Nähe ihres tauben Ohrs eine Zündkapsel zur Explosion zu bringen. Gewöhnlich spießten wir die Kapsel auf einen Federhalter und katapultierten sie an ihrer »tauben« Seite auf den Fußboden. Es gab einen ziemlichen Knall, sie aber zuckte nicht einmal mit dem Schnurrbart, was uns ungemein erheiterte. Eine andere unglückliche Lehrerin, die Naturkunde unterrichtete, erzählte uns, daß sie einmal auf einer Expedition war und daß dabei alle Teilnehmer von einer Milbe mit Encephalitis infiziert worden waren. »Die Encephalitis«, erklärte sie uns, »ist eine Krankheit, bei der man entweder stirbt oder verrückt wird. Alle Expeditionsteilnehmer starben, nur ich, wie ihr seht, kam durch, blieb am Leben.« Ihre Stunden ähnelten oft einer Schlacht, wir schlugen uns, schrien oder spielten. Es war die lustigste Zeit im Stundenplan.

Völlig idiotisch waren die Gesangsstunden. Eine Frau mit einer Geige betrat das Klassenzimmer und forderte uns mit klangvoller Stimme auf, ein Liedchen zu singen. Sie redete uns gut zu und behauptete, daß wir gar nicht wüßten, wie musikalisch wir wären. Dann sang sie, während der Geigenbogen unter ihrem Halse hin- und herfuhr, dreimal das Lied vor. Es war eine Qual für sie wie für uns. Versuch einer mal, bar jeglicher Musikalität, vor einer ganzen Klasse zu singen: Alle warten ungeduldig auf seine Blamage, er zögert, gerät ins Schwitzen, wird rot, aber singen kann er immer noch nicht – gleich wird man ihn auslachen – wütend zischt er durch die Zähne: »Ich werde nicht singen.« Gewöhnlich endeten derartige Versuche damit, daß wir anfingen aus voller Kehle und in allen Tonarten zu muhen, zu pfeifen, zu heulen und zu grunzen. Sie ließ die Geige sinken und hielt sich die Ohren zu – es tat ihr weh, so musikfremde Laute hören zu müssen. Auf unser Katzenkonzert hin liefen die Lehrer aus den Nachbarklassen herbei und führten die arme, in Tränen aufgelöste Frau hinaus.

Unsere alte Russisch-Lehrerin behandelten wir auf ganz spezielle Weise. Sie war bereits hoch in den Jahren, hörte nicht mehr sehr gut, war sentimental und liebte die Vögel. Kaum hatte die Stunde begonnen, fing daher einer von uns an, genau, wie ein Vogel zu pfeifen. »Ach«, sagte sie gerührt, »Kinder, es ist bald Frühling, die Vögel singen schon.« Was für ein Frühling, die dumme Alte, draußen war Dezember! Doch das war nur der Anfang. Sofort erklärte einer, während andere weiterzwitscherten: »Aber ich werde mir ein Katapult machen und auf sie schießen.« Das war das Ende der Russischstunde, und es begann eine Vorlesung über Vögel – wie nützlich sie seien und wie schlimm es wäre, sie zu töten. Erstaunlicherweise wurden wir dieser täglichen Vogellektionen nicht überdrüssig. Hauptsache, die Stunde verging, keiner wurde abgefragt, die Hausarbeiten wurden nicht überprüft.

Die Masse der Lehrer waren jedoch grausame seelenlose Maschinen, die uns erbarmungslos unterdrückten. Das beste Beispiel dafür bot der Direktor selbst, ein kräftiger, zweimeterlanger Kerl. Er schlug sogar die Jungen aus der obersten Klasse, Sechzehn-Siebzehnjährige, vor der ganzen Klasse ins Gesicht, die jüngeren schleppte er in sein Zimmer und verpaßte ihnen dort unbarmherzig einen Denkzettel. Und niemand wehrte sich. Selbst kräftige Burschen nahmen vor versammelter Mannschaft seine Ohrfeigen hin. Ich glaube, unsere Klasse war die einzige, die sich das nicht bieten ließ. Als er wieder einmal einen aus unserer Klasse schlug, gingen wir, fünfzehn Mann hoch, nach dem Unterricht, als sonst kaum noch jemand im Schulgebäude war, zu ihm. Die meisten von uns waren vierzehn Jahre alt, einige sogar älter, und Angst kannten wir nicht. Unser Auftreten war recht eindrucksvoll. Als er versuchte, die Miliz anzurufen, legten wir mit einem Griff das Telefon lahm und erklärten ihm, daß wir auch ihn mühelos lahmlegen würden, sollte er je wieder einen von uns anrühren. Angesichts der damaligen Verhältnisse in Moskau fiel es ihm nicht schwer, uns zu glauben. Er gab klein bei und machte von da an einen Bogen um uns.

Wohl der einzige, der bei allen Jungen Achtung genoß, war der Englisch-Lehrer. Er war nicht groß von Wuchs, hatte eine Narbe auf der Stirn und besaß eine bewundernswerte Fähigkeit, Furcht einzuflößen. Er trug schlechte Kleidung und litt offenbar große materielle Not. Überhaupt war etwas Tragisches an ihm. Es hieß, er sei an der Front verwundet worden, vielleicht sogar in Gefangenschaft geraten. Auf jeden Fall war sein Sehvermögen auf merkwürdige Weise beeinträchtigt – er sah entweder nur, was unmittelbar vor seinen Augen war, mußte die Zeilen buchstäblich unter seine Nase halten, oder aber auf sehr weite Entfernung, zum Beispiel das äußerste Ende der Klasse. Was dazwischen lag, nahm er nicht wahr, das hatten wir mehrfach erprobt. Und doch wagte niemand, seine Schwäche auszunutzen. Er betrat die Klasse zielstrebig, so als ramme er sie mit der Schulter, und öffnete bereits im Gehen das Klassenbuch: »Whom shall I ask, whom shall I ask, whom shall I ask at first?« sagte er unheilverkündend und fuhr dabei mit seiner Nase über das Klassenbuch. Sofort trat Grabesstille ein. »Du liebes Mamachen, bloß nicht mich!« betete jeder für sich. Und obwohl er niemanden zu schlagen pflegte, machten doch alle ihre Hausaufgaben ordentlich, auch die Faulsten, ja selbst die Sitzenbleiber. Irgendwie war etwas Geheimnisvolles um ihn, und das machte ihn für uns furchterregend.

Später, als ich eine andere Schule besuchte, erfuhr ich seine Adresse und besuchte ihn einige Male privat. Er lebte tatsächlich in sehr ärmlichen Verhältnissen, doch das enttäuschte mich keineswegs – im Gegenteil, ich spürte in ihm den ungewöhnlichen Menschen und fühlte mich zu ihm hingezogen. Unerwartet für mich war seine Art, mich wie seinesgleichen zu behandeln, obwohl ich damals fünfzehn Jahre alt war und er fünfundvierzig. Ich war um so überraschter, als ich ja wußte, wie unnahbar und eben furchterregend er im Klassenzimmer wirkte. Einmal traf ich ihn beim Radiohören an. Er schaltete augenblicklich das Gerät ab, und mir war klar, daß er nicht Radio Moskau gehört hatte. Aber wir sprachen nicht darüber. Ein anderes Mal bat er mich, ihm ein Foto zu reproduzieren. Ich beschäftigte mich damals mit Photographie, besaß jedoch nur einen ganz billigen Apparat, der sich kaum für Reproduktionszwecke eignete. Ich mühte mich einen ganzen Monat damit ab, verbesserte meinen Apparat, informierte mich in einem Lehrbuch für höhere Klassen über die Gesetze der Optik, berechnete die Linsen, zerbrach einen Verschluß, überdrehte das Objektiv und lieferte ihm am Ende eine bessere Aufnahme als jedes Atelier. Es wäre mir nicht mal der Gedanke gekommen, seine Bitte unerfüllt zu lassen.

Später verlor ich ihn aus den Augen. Es vergingen viele Jahre, das KGB sammelte bereits Material gegen mich, und ich wußte davon, als er sich völlig unerwartet bei mir meldete – er hatte mich über einen meiner früheren Schulkameraden aufgespürt. Wir trafen uns auf der Straße, und er erzählte mir, daß Leute vom KGB in die Schule gekommen wären, um Informationen über mich einzuholen. »Ich weiß nicht, worum es geht, und es interessiert mich auch nicht«, sagte er, »ich wollte dich nur warnen, damit du Bescheid weißt.« Darauf trennten wir uns, und ich habe ihn nie mehr wiedergesehen – was ich bedaure, denn er war offensichtlich wirklich ein ungewöhnlicher Mensch.

An zwei Ereignisse aus meiner Schulzeit erinnere ich mich jetzt wohl am häufigsten, an zwei für mich besonders beschämende Ereignisse. Das eine steht in Zusammenhang mit meiner Zugehörigkeit zu den Jungen Pionieren.

Fast unsere ganze Klasse gehörte den Pionieren an, wir waren alle etwa acht Jahre alt, und niemand fragte nach unserem Einverständnis. Man teilte uns lediglich mit, daß an dem und dem Tag die Aufnahme in den Pionierverband stattfindet und daß nur die Würdigsten aufgenommen werden. Am festgesetzten Tag führte man uns in das Museum der Revolution, das sich Gottseidank direkt um die Ecke, in der Gorki-Straße, befand. In einem der Säle befahl man uns anzutreten, dann wurde eine Fahne hereingetragen, und jeder von uns mußte vor der Fahne schwören: »Ich, junger Pionier, schwöre feierlich im Angesicht meiner Kameraden, daß ich unerschütterlich für die Sache Lenins und Stalins, für den Sieg des Kommunismus einstehen werde«, und so weiter. Darauf schlang man jedem von uns das rote Tuch um den Hals, eine Trommel wurde gerührt, Hörner geblasen, und der Vorsprecher in dieser Zeremonie, der neben der Fahne stand, verkündete: »Junge Pioniere! Zum Kampf für die Sache Lenins und Stalins seid bereit!« »Immer bereit!« antworteten wir im Chor, und damit war die Angelegenheit beendet.

Im Grunde genommen hatte ich nichts dagegen, Pionier zu sein. Es war schließlich das übliche: Man erreicht ein entsprechendes Alter und wird Pionier, später dann Komsomolze und endlich auch Mitglied der Partei. Ich sah, daß es allen so erging, es war ungefähr so, als würde man vor einer Klasse in die andere versetzt. Im weiteren Verlauf wurde jedoch alles schlimmer. Regelmäßig wurden für die Pioniere Versammlungen und irgendwelche Appelle angesetzt. Während die glücklichen Nicht-Pioniere in dieser Zeit nach Hause gehen, herumspazieren und sich amüsieren konnten, mußten wir auf Versammlungen schwitzen und irgendwelche äußerst langweiligen Fragen des Leistungsstandes und des Benehmens diskutieren, mußten an politischen Schulungsabenden teilnehmen und so weiter. Die Lehrer und Erzieher wiederum machten einem bei jeder Gelegenheit Vorwürfe: Du bist doch Pionier, du mußt besser gehorchen, du darfst dies oder das nicht tun. Obendrein erhielten wir auch noch ehrenamtliche Aufträge: Eine Wandzeitung herauszugeben, Berichte zu verfassen, Zurückgebliebene anzuspornen, und vor allem – uns gegenseitig und andere zu erziehen und die schlechten und disziplinlosen Schüler zu bearbeiten. Das heißt, ohne daß wir es selbst bemerkten, standen wir in der traditionellen Feindschaft zwischen Schülern und Lehrern plötzlich auf der Seite der Lehrer, was unnatürlich und irgendwie schändlich war. Vom Standpunkt der Klasse gesehen, war es sogar Verrat.

Es war eine Art Persönlichkeitsspaltung: Auf der einen Seite hänselten wir, zusammen mit der ganzen Klasse, die Lehrer und bemühten uns, ihnen in den Stunden Streiche zu spielen, auf der anderen Seite mußten wir in den Versammlungen jene, die sich daran beteiligt hatten, verurteilen und öffentlich anklagen. Einige von uns wurden so zu regelrechten Denunzianten und zogen den Haß aller auf sich. Die meisten jedoch logen, gaben vor, nicht zu wissen und nichts gesehen zu haben.

Ich selbst empfand all das in besonderem Maße, denn als bester Schüler war ich zum Vorsitzenden der Pioniere unserer Klasse ernannt worden. Ich mußte diese verdammten Versammlungen leiten, hatte dafür zu sorgen, daß alle übrigen Pioniere ihre Aufträge ausführten, mußte an den Sitzungen der Pioniergruppenleitung unserer Schule teilnehmen und dergleichen mehr. Ich war es, dem die Lehrer sagten, über wen auf der Versammlung gesprochen werden sollte, wen ich für den Ausschluß oder irgendeine andere Strafe vorschlagen sollte. Außerdem mußte ich mich an der persönlichen Umerziehung der schlechten Schüler und der Störenfriede beteiligen.

Irgendwann wurde ich wieder einmal von unserer Lehrerin zu einem dieser üblichen Umerziehungsgespräche gerufen. Wie gewöhnlich zogen wir uns zu dritt während der Pause in eine Ecke zurück, und ich hatte nun in Gegenwart der Lehrerin einem Klassenkameraden, der sich etwas hatte zuschulden kommen lassen, die Leviten zu lesen. Ich fing mit den in solchen Fällen üblichen und mir bereits zum Halse heraushängenden Phrasen an, daß er Schande über uns alle bringe, daß er sich bessern müsse, um damit dem ganzen Lande zu helfen, den Kommunismus aufzubauen. Aber dann kam mir ein unerwarteter Gedanke: Dieser Junge hieß Uljanow, er trug also Lenins Namen; und ich begann ihm vorzuwerfen, daß er den Namen des Führers besudele, daß er als Träger eines solchen Namens verpflichtet sei, so zu lernen, wie Lenin gelernt hatte, und fügte noch hinzu, wie ungehalten Lenin wahrscheinlich wäre, wenn er von seinem Betragen wüßte. Offenbar hatte ich sehr beredt, überzeugend und sogar kränkend gesprochen, denn plötzlich errötete er, verzog sein Gesicht und fing an zu weinen.

»Du Schwein!« sagte er, »du ekelhafter Kerl!« Dann stand er auf und ging.

Die Lehrerin war von diesem Erfolg begeistert und lobte mich, ich aber fühlte mich auf einmal tatsächlich wie ein Schwein. Ich hatte überhaupt nicht das Gefühl, von dem Jungen beleidigt worden zu sein, und war ihm nicht im geringsten böse. Es war mir zur Gewohnheit geworden, ganz schematisch die Worte herunterzuhaspeln, die man von mir verlangte, und alle, an die ich sie bislang gerichtet hatte, gingen davon aus, daß ich es nicht so meinte, und hatten das ganze nur möglichst schnell hinter sich bringen wollen. Keiner war je gekränkt, und mit allen stand ich auf freundschaftlichem Fuße. Im Gegenteil, man achtete mich sogar, denn ich denunzierte niemanden, sondern tat immer so, als hätte ich nichts bemerkt. Auch mich hatte nie jemand denunziert. In diesem Fall aber hatte ich den Jungen tatsächlich verletzt, und das erschütterte mich.

Plötzlich begriff ich, daß ich diese blödsinnige Rolle nicht mehr spielen wollte, nicht mehr spielen konnte. Wozu auch? Zu wessen Nutzen? Warum sollte ich eine Waffe in ihren Händen sein? Und ich weigerte mich, weiterzumachen. Man versuchte mich zu überreden, man bearbeitete mich, man verurteilte mich, doch ich blieb dabei. Ich nannte auch keinen Grund für meine Weigerung; den wahren Grund zu nennen, das ging ohnehin nicht. Von da an trug ich auch das Pioniertuch nicht mehr, das taten viele: Sie trugen es in der Tasche, und wenn Ältere sie zur Rede stellten, banden sie es sich verstohlen, im Klo zum Beispiel, um. Man konnte sich ja damit herausreden, daß es schmutzig sei und daß die Eltern noch keine Zeit gehabt hätten, es zu waschen.

Ich war damals zehn Jahre alt, und mit vierzehn, als man daran ging, alle in den Komsomol aufzunehmen, trat ich nicht ein. »Was ist mit dir los, glaubst du etwa an Gott?« fragte man mich neugierig, aber ich gab wieder keine Erklärung ab. Man setzte mir lange zu, denn ich war ein guter Schüler, und es war üblich, solche Schüler in den Komsomol aufzunehmen. Doch sie erreichten nichts und gaben es auf. »Du wirst sehen«, sagten mehrere Jungen, »es wird schwer für dich werden, auf die Hochschule zu kommen!«

Etwa in diese Zeit fiel ein anderes, nicht weniger beschämendes Ereignis. Im Jahre 1952 lief die Kampagne gegen die sogenannte Schädlingsgruppe der Ärzte[10] auf vollen Touren, und gleichzeitig damit begann die Jagd auf die Juden. Man sprach viel davon, daß alle Juden ausgewiesen werden würden, denn sie wären Volksfeinde und wollten Stalin töten. Allüberall wuchs der Haß gegen die Juden. Für uns war Stalin mehr als ein Gott, er war eine Realität, an der man nicht zweifeln durfte, er dachte für uns, er hatte uns gerettet und uns eine glückliche Kindheit beschert. Auf der Skala menschlicher Werte konnte es nichts Höheres geben. Alles Gute entsprang seinem Willen, alles, was wir an Schlechtem erlebten, hatte natürlich nichts mit ihm zu tun. Welche größere Niedertracht konnte es geben, als Stalin zu töten.

Ich litt schwer unter dem Geschehen. Mehrere Male hatte ich einen wirren Traum; es war, als säße ich in einem riesigen Saal voller Menschen: Die Anwesenden applaudieren, schreien, und auf der Tribüne steht Stalin. Seine Rede wird vom Applaus unterbrochen. Er greift zur Wasserkaraffe, füllt das Glas und will trinken.

Und nur ich allein weiß, daß das Wasser vergiftet ist, kann aber nichts unternehmen. Ich rufe: »Trink nicht, trink nicht!« Aber meine Stimme geht in den Ovationen und den Schreien unter. Ich will zur Tribüne laufen, kann mich aber nicht durch die Menge hindurchzwängen.

Die Angst, Stalin könnte getötet werden, verfolgte mich wie ein Alptraum, ich wurde buchstäblich krank davon.

In unserer Schule gab es nur zwei Juden. Der eine, Jossif, war ein ziemlich unangenehmer Bursche – devot und aufdringlich zugleich und dabei noch unverfroren. Ich mochte ihn nicht; wir waren keine Freunde. Von dem anderen wußte keiner außer mir, daß er Jude war, er trug einen ukrainischen Namen und war mein Nachbar, wir gingen meistens zusammen zur Schule. Ich kannte auch seine Eltern. Wir waren nicht direkt befreundet, unsere Beziehungen beschränkten sich auf den gemeinsamen Schulweg. Jetzt quälte mich die Frage: Wollten seine Eltern womöglich auch Stalin umbringen?

Schließlich, eines Morgens, lief das Faß des Volkszornes über, und man fing an, jenen Jossif zu verprügeln. Das geschah in der Pause auf dem Schulhof. Bemerkenswert war, daß ihn gerade diejenigen seiner Freunde zu schlagen begannen, mit denen er am meisten Umgang hatte, an denen er am meisten hing. Es rotteten sich viele zusammen, und jeder war darauf aus, ihm einen Stoß oder Schlag zu versetzen. Es bedurfte keinerlei Erklärung oder Aufforderung, alle begriffen, daß man ihn schlagen konnte, ohne dafür bestraft zu werden. Anstatt nach den ersten Schlägen zu verschwinden, schleppte sich der unglückliche Jossif ins Schulgebäude und war bemüht, mit seinem ganzen Benehmen auszudrücken, daß er keinem böse, vielmehr allen wohlgesonnen sei. Aus diesem Grunde schlug man auch in der nächsten Pause auf ihn ein, und auch in der übernächsten, er aber fuhr fort, sich mit einem traurigen Lächeln an seine Freunde zu klammern. Und je mehr man ihn schlug, um so mehr lud er scheinbar dazu ein, weiterzumachen.

Offensichtlich konnte er sich nicht mit dem Gedanken abfinden, daß er keine Freunde mehr besaß, daß er allein gegen alle stand. Er wollte sich immer noch mit allen gut stellen, war bereit, sich zu erniedrigen und den Rücken krumm zu machen, Prügel und Spott zu erdulden – bloß allein sein wollte er nicht. Nach jeder Pause schleppte er sich blutüberströmt und mit geschwollenen Lippen ins Klassenzimmer und versuchte mit irgend jemandem ein Gespräch anzufangen, so als wäre nichts geschehen. Er glaubte, daß alles erledigt und vorbei sei und daß nun alles wieder so sein würde wie früher. Doch schon während der nächsten Pause begann das Ganze von vorn. Die Lehrer sagten nur streng: »Geh in die Toilette, wasch dich«. Sie stellten keinerlei Fragen.

Ich schlug ihn nicht. Mit seinem jämmerlichen, devoten Lächeln auf den zerschlagenen Lippen war er mir so zuwider, daß ich einfach Angst davor hatte, in seine Nähe zu geraten. Ich wartete nur sehnsüchtig darauf, daß es ein Ende nehmen würde. Wenn er doch endlich darauf käme, zu verschwinden – oder wenn sie ihn totschlagen würden! Dabei begriff ich sehr wohl, daß dieser Jossif nichts mit Stalin zu tun hatte, daß er weder zu einem Morde fähig war, noch überhaupt je an so etwas denken würde. Warum wurde er dann aber geschlagen, und warum setzte niemand dem ein Ende? Warum versuchte *ich* nicht einzuschreiten? Schlimmer noch, vom nächsten Morgen an hörte ich auf, zusammen mit meinem Nachbarn zur Schule zu gehen. Ich war bemüht, mich etwas zu verspäten, und hielt, aus der Tür tretend, nach seinem Rücken Ausschau. Schämte ich mich, oder ekelte mich das alles an? Ich weiß es nicht mehr.

Der Tod Stalins erschütterte unser Leben von Grund auf. Der Unterricht in der Schule wurde praktisch eingestellt, die Lehrer schluchzten laut, und alle liefen mit geschwollenen Augen herum. Im Rundfunk wurden unablässig Trauermärsche gespielt, und man spürte irgendwie, daß es keinen Herrscher mehr gab.

Jemand schrie mit tränenerstickter Stimme aus dem Fenster einer Augenklinik: »Stalin ist tot – und ich lebe!«

Auf dem Hof gab es keinen Krach, keine Prügeleien mehr, und die Leute meinten ganz offen: »Für wen wird man jetzt in den Tod gehen? Doch nicht für Malenkow? Nein, für Malenkow wird das Volk nicht in den Tod gehen!«

Riesige, ungeordnete Menschenmengen wälzten sich durch die Straßen zum Säulensaal, in dem man Stalin aufgebahrt hatte, und etwas Unheimliches lag über dieser unermeßlichen, schweigenden, düsteren Masse. Die Behörden konnten sich nicht entschließen, den Strom zurückzuhalten, sie versperrten lediglich einige Seitenstraßen mit Autobussen und LKW's. Die Menge aber strömte ohne Unterlaß weiter. Über Dächer und Hausböden gelang es uns, bis zum Hotel »National« vorzudringen, von dessen Dach ich nun auf das Meer von Köpfen blickte, das in Wellen hin und her wogte, vorwärts drängte und zurückebbte. Plötzlich schwankte in einer Nebenstraße unter dem Druck der andrängenden Massen ein Autobus und stürzte um, legte sich wie ein Elefant auf die Seite. Dieses Dahinziehen der Menschen dauerte mehrere Tage, und Tausende kamen in dem täglichen Gedränge um. Die Gorki-Straße war noch lange danach von Knöpfen, Taschen, Galoschen und Papier übersät. Sogar den Löwen am Tor des Museums der Revolution hatten sie eine Galosche in den Rachen gesteckt.

Am Tage der Beerdigung heulten die Fabriksirenen wie verrückt, die Autos hupten, die Lokomotiven pfiffen – es war etwas Unabänderliches, Schreckliches geschehen. Wie würden wir jetzt leben? Geliebter Vater, wem hast du uns ausgeliefert?

Doch es vergingen fast zwei Jahre, und wir lebten immer noch so, jedenfalls nicht schlechter, und allein das war schon eine Blasphemie. Das Leben blieb nicht stehen. Die Erwachsenen gingen weiter zur Arbeit, und wir gingen zur Schule. Die Zeitungen erschienen, der Rundfunk setzte sein Programm fort, und auf dem Hof blieb alles beim alten – die gleichen Skandale und Prügeleien. An Stalin dachte man immer seltener und seltener. Ich konnte es kaum fassen: Immerhin war doch der Gott gestorben, ohne den eigentlich nichts geschehen durfte ...

Gleichzeitig kamen, wie niedrig hängende Wolken, beharrliche Gerüchte auf, über Erschießungen und Foltern, über Millionen von Menschen, die in Lagern gequält wurden. Man befreite die sogenannten Schädlings-Ärzte, erschoß Berija als Volksfeind, doch die Gerüchte hielten sich wie ein dumpfes Gemurmel:

»Der größte Volksfeind, das war Stalin!«

Es war erstaunlich, wie schnell die Leute das glaubten, die gleichen Leute, die sich vor zwei Jahren bei seiner Beerdigung fast hatten totquetschen lassen und damals bereit waren, für ihn zu sterben. Es zeigte sich, daß sie das schon lange wußten, nur hatte niemand es aussprechen wollen. Schließlich wurde es auf einem Parteitag bekanntgegeben, und all die Zeitungen und Rundfunksender, Bücher und Zeitschriften, Filme und Lehrbücher, die bis dahin Stalins Genius gepriesen hatten, machten sich jetzt daran, seine »Fehler« und »Entartungen« anzuprangern. Alle, die viele Jahre lang hauptberuflich damit beschäftigt waren, ihn zu rühmen, behaupteten jetzt, nichts von jenem anderen Stalin gewußt zu haben. Vielleicht hatten sie wirklich nichts gewußt, vielleicht aber auch aus Furcht geschwiegen.

Ich glaubte denen nicht, die angeblich nichts gewußt hatten, denn für mein Gefühl fanden sie sich mit der neuen Lage etwas zu leicht ab. Wie konnte man denn den Tod von Millionen von Menschen, den Tod der eigenen Nachbarn und Freunde nicht bemerkt haben?

Ich glaubte auch jenen nicht, die angeblich Angst gehabt hatten, denn für ihre Angst hatten sie etwas zu hohe Ämter erhalten. Vor Angst kann man schweigen, weglaufen oder sich verstecken, kann man denen gegenüber, die man fürchtet, sogar Zustimmung heucheln. Wer aber hat sie gezwungen, Oden und Lobgesänge zu verfassen, sich nach Generalsepauletten oder ZK-Sitzen zu drängen? Aus Angst bekommt man auch keine Stalinpreise und baut sich keine Datschen. Es wurde erzählt, daß jemand während des Parteitages Chruschtschow einen Zettel nach vorn geschickt habe auf dem stand: »Wo waren Sie damals?« Und Chruschtschow habe, nachdem er den Zettel gelesen hatte, gefragt: »Wer hat das geschrieben? Stehen Sie auf!« Natürlich stand niemand auf. »Na bitte«, sagte Chruschtschow, »ich war dort, wo Sie jetzt sind.« Vielen gefiel diese Antwort, viele hielten sie für überzeugend – ich verachtete sie beide – sowohl Chruschtschow als auch den Schreiber des Zettels. Diesen beiden, die die Wahrheit kannten, mangelte es an Mut, offen darüber zu reden. Aber alle beide hätten auch nicht dort sein müssen, wo Mut gefordert wurde. Niemand zwang sie, in diesem Saal in unmittelbarer Nähe der Macht zu sitzen.

Und wie kam es, daß sich die Menschen immer noch fürchteten, aufzustehen? Wie war es möglich, daß ein Mann oder auch zehn, die Macht ergriffen und alle anderen in Furcht und Unkenntnis hielten? Und wann hatte all das begonnen? Chruschtschow glaubte, er hätte alles erklärt und alle Fragen beantwortet. Angeblich hatte man jetzt Klarheit gewonnen, hatte die Unschuldigen freigelassen, der Toten gedacht, und so ein Weiterleben möglich gemacht. Für uns jedoch, insbesondere für meine Generation, fing das Fragen jetzt erst an. Für uns, die wir die Vorkriegszeit nicht erlebt hatten und von den kommunistischen Dogmen noch nicht durchtränkt waren, waren die Grundlagen unseres Lebens schlechthin in Frage gestellt.

Immerhin hatte man uns einzutrichtern vermocht, daß der Kommunismus die fortschrittlichste Lehre sei und Stalin die Verkörperung dieser Lehre. Plötzlich jedoch erwies sich Stalin als Mörder und Tyrann, als Ungeheuer, nicht besser als Hitler. Was aber waren das dann für fortschrittliche Ideen, die einen Stalin hervorgebracht hatten? Was war das für eine Partei, die – wenn sie schon einen Stalin hervorgebracht hatte – nicht mehr in der Lage war, ihn aufzuhalten? Furcht oder Unwissen – spielte das denn eine Rolle? Selbst jetzt, nachdem alles aufgedeckt war, fürchteten sie sich immer noch, aufzustehen. Eine erste, besonders naheliegende Schlußfolgerung bot sich von selbst an: Ein System, das auf einer Einparteienherrschaft aufgebaut ist, wird unausweichlich immer wieder Stalins hervorbringen und nicht in der Lage sein, sie zu beseitigen. Ebenso wird es auch alle Versuche zunichte machen, eine Opposition, eine Alternative zu schaffen.

In jener Zeit war viel von innerparteilicher Demokratie die Rede, doch für uns klang nichts davon überzeugend. Warum nur Demokratie innerhalb der Partei? Waren alle anderen etwa keine Menschen? Die Partei wird doch nicht von uns gewählt, sie wählt sich selbst. Und das heißt, daß dieselben Leute, die Stalin hervorgebracht und unterstützt hatten, sich nun erneut daranmachten, mittels der innerparteilichen Demokratie eine höhere Gerechtigkeit zusammenzuzimmern. Sie werden wieder im Namen des Volkes sprechen, das sie nicht gewählt hat. Dieselben Schufte, die uns dreißig Jahre lang über Stalin belogen haben, werden uns auch über die innerparteiliche Demokratie belügen. Doch wer wird daran glauben? Denn es hatte sich nichts, absolut nichts geändert, und wenn jetzt vorübergehend einmal nicht Millionen von Menschen ermordet wurden – wo war die Garantie, daß es nicht morgen doch wieder geschehen würde? Das System war das gleiche geblieben und die Menschen waren die gleichen geblieben, niemand war bestraft worden, niemand hatte man vor Gericht gestellt.

Und wen wollte man auch vor Gericht stellen? Schuldig waren alle – sowohl die, die selbst gemordet hatten, als auch die, die den Befehl dazu gaben, und jene, die das Morden guthießen, ja sogar die, die dazu geschwiegen hatten. Jeder in diesem widersinnigen Staat hatte die Rolle gespielt, die man ihm zugewiesen, für die er bezahlt worden war – in einem großen blutigen Drama. Zum Beispiel auch meine eigenen Eltern – bescheidene, ruhige, ehrliche Leute. Aber sie sind Journalisten und haben mitgewebt an jener Propaganda, die mich so schändlich betrogen hat und die dazu bestimmt war, die Morde zu rechtfertigen oder zu verschweigen. Ein größerer Essay meines Vaters hatte Stalin gefallen, der daraufhin anordnete, ihn in den Schriftstellerverband aufzunehmen – damit war er zum Schriftsteller geworden. Das war noch gar nicht so lange her, fast erst gestern. Alle freuten sich damals und beglückwünschten meinen Vater. Der Essay wurde im Rundfunk gesendet, in der »Prawda« gedruckt und als Buch herausgegeben. Worüber aber freute man sich eigentlich? Er hatte seine Gehilfenrolle gespielt, und der Oberhenker hatte ihn belohnt. Was ging es mich an, womit sie ihr Mitmachen rechtfertigten? Vielleicht sogar damit, daß sie dabei schließlich auch an mich dachten.

Und ich, war ich besser? Ich habe nicht nur ihr Brot gegessen, ich bin auch noch Pionier gewesen, hatte mich an der Arbeit dieser schrecklichen Maschinerie beteiligt, deren Produkte entweder Leichen oder Henker waren. Konnte ich mich erleichtert fühlen, weil ich damals nichts begriff? Bedeutet es eine Erleichterung, wenn man erfährt, daß man zufällig, ohne Absicht, zum Mittäter eines Mordes geworden war? Ich mußte an Jossif denken, für den ich nicht eingetreten war, und an jenen Schüler Uljanow, den ich mit dem Hinweis auf Lenin, seinen Namensvetter, gepeinigt hatte. So wäre ich wahrscheinlich von Stufe zu Stufe geschritten, von den Pionieren zum Komsomol, vom Komsomol in die Partei, wie von einer Klasse in die nächsthöhere. Nach vierzig Jahren hätte ich vielleicht von einer Tribüne den Volksmassen leutselig zugewinkt oder einen Haftbefehl unterzeichnet. Und im Alter hätten mich dann meine Kinder gefragt: »Wo warst du? Warum hast du geschwiegen? Wie konntest du das alles zulassen?« Und mein Brot wäre ihnen im Halse stecken geblieben.

Wer war es, der uns alle zu Verbrechern gemacht hatte? Ich dürstete nach der Wahrheit und begann verständlicherweise alles zu lesen, was mir in die Finger kam. Einer der ersten, auf den ich bei meinem Herumtappen im dunkeln stieß, war Wladimir Iljitsch Lenin. Ach, unser teurer Lenin, wie viele hatte er ins Dunkel geführt, wie vielen hatte er die Rechtfertigung für ihre Verbrechen geliefert. Mir dagegen brachte er die Erleuchtung. Tatsächlich, in meiner hoffnungslosen Finsternis ging mir das Licht Iljitschs auf.

Vor vielen Jahren pflegte ich häufig eine bekannte Familie zu besuchen, zu der außer den Eltern und ihrer kleinen Tochter auch noch eine Großmutter gehörte. Es waren gute, stille Menschen, man unterhielt sich vor allem über Literatur und Malerei. Einmal jedoch traf ich sie unvermutet bei einem heftigen Streit an. Die ganze Familie, einschließlich der alten Großmutter, stritt sich über Lenin. Jeder hatte seine eigene Meinung darüber, was Lenin gewollt, woran er geglaubt und welche Grundsätze er vertreten hatte. Doch was mich am meisten erstaunte – sie alle zitierten Lenin, und jedes Zitat wurde durch ein anderes widerlegt. Eine derartige Schriftkenntnis hatte ich bei ihnen nicht erwartet. Sie liebten Lenin nicht, denn es war eine gläubige Familie, und nie zuvor hatte ich bemerkt, daß die Ansichten Iljitschs sie interessierten. Am nächsten Tage besuchte ich sie wieder – und traf sie erneut bei ihrem Streit um Lenin an. Zum Teufel, hatte sie der Affe gebissen? Und so ging es zwei Wochen lang.

Ich begann schon ungeduldig zu werden: Welches Thema ich auch anschnitt, sie kamen immer wieder auf Lenin zurück. Ich hatte mein stilles Refugium verloren, in dem ich mich geistig entspannen konnte. Wie ein Satan, so schien mir, setzt sich dieser Lenin in den Menschen fest, damit sie sich zerstreiten!

Schließlich fand alles eine sehr erheiternde Erklärung. Es stellte sich heraus, daß sie im Klo, da es kein Toilettenpapier gab, eine vollständige Ausgabe der Werke Lenins deponiert hatten. Selbstverständlich bekam nun jeder von ihnen verschiedene Seiten dieser Ausgabe zu Gesicht, also unterschiedliche Artikel, manchmal sogar aus verschiedenen Zeitabschnitten, und natürlich konnten sie daraufhin nicht zu einer einheitlichen Ansicht darüber gelangen, was Lenin wirklich gelehrt hatte. Aber so ist Lenin tatsächlich, das ist seine Dialektik. Machen Sie die Probe, verteilen Sie seine Schriften unter verschiedenen Leuten und befragen Sie sie nach ihrer Ansicht – es wäre ein Wunder, wenn auch nur zwei von hundert miteinander übereinstimmten. So überrascht es also nicht, daß es auf der Welt Dutzende von marxistisch-leninistischen Parteien gibt – und jede von ihnen ist die Wahre! Er kannte einfach keine Prinzipien, außer dem einen: jede konkrete Entscheidung rückwirkend theoretisch zu untermauern. Diese Prinzipienlosigkeit ist es, die man als Leninsche Dialektik bezeichnet. Eine äußerst bequeme Philosophie für Spitzbuben, die aber niemanden vor der Vergeltung schützt.

Im antiken Griechenland, so wird berichtet, schuldete ein Schüler Heraklits, des ersten Dialektikers in der Geschichte der Philosophie, seinem Nachbarn eine größere Geldsumme, weigerte sich aber, sie zurückzuzahlen. Vor Gericht berief er sich auf seinen Lehrer und erklärte, daß inzwischen einige Zeit vergangen sei und daß er heute nicht mehr derjenige wäre, der sich damals das Geld geliehen hatte. Ja, und auch sein Gläubiger habe eine dialektische Veränderung durchgemacht, so daß noch zu fragen wäre, ob ihm heute überhaupt jemand etwas schuldig sei: Alles fließt, alles verändert sich. Der Richter, ebenfalls ein Anhänger des Heraklit, gab ihm recht. Darauf ergriff der ergrimmte Gläubiger einen Knüppel und schlug beide halbtot. Doch auch er mußte dann freigesprochen werden, da er mittlerweile wiederum ein ganz anderer war und die Geschädigten ebenfalls kaum noch denen glichen, die mit dem Knüppel geschlagen worden waren.

Dennoch, ich zog aus der Lektüre der Leninschen Schriften großen Nutzen. Sein Werk ist eine lebendige Geschichte der bolschewistischen Verbrechen, eben die Geschichte, die sie jetzt beharrlich zu verbergen suchen. Die vor zwanzig Jahren abgehefteten Exemplare der »Prawda« werden den Sowjetbürgern in den Bibliotheken nicht ausgehändigt, hier aber, in den Notizen und Bemerkungen Lenins – wie lebendig wird hier die Revolution, der Bürgerkrieg! Wer mit dem weiteren Verlauf der Ereignisse vertraut ist, vermag leicht zu erkennen, wo was begonnen hat.

Den Kern allen Übels entdeckte ich in der Leninschen Logik. Er sagt: »Man kann nicht in der Gesellschaft leben und gleichzeitig frei von der Gesellschaft sein.« Das klingt irgendwie plausibel: Alles in der Gesellschaft steht in einer Wechselbeziehung zueinander. Doch seine Schlußfolgerung ist, daß man dieses Nicht-Frei-Sein bewußt pflegen, kultivieren müsse, denn es sei unvermeidlich. Es müsse so etwas wie eine Gesamtbürgschaft aller für alle geschaffen werden – so wurden wir alle zu Verbrechern.

Und nach dem gleichen Muster: Der Staat, sagt er, ist stets Gewalt. Die Gewalt einer Klasse über die anderen, in größerem oder geringerem Ausmaß. Und das heißt, daß die Gewaltausübung, in unserem Fall, im Namen der Klasse des Proletariats, gerechtfertigt und notwendig ist. Es gibt keinen Grund, sich zu zieren. Da haben Sie die Rechtfertigung des Terrors.

Literatur und Kunst sind stets, so sagt er, klassenbezogen, sind stets eine Waffe der herrschenden Klasse, der herrschenden Kultur, und somit setzen wir durchaus die kulturellen Traditionen fort, wenn wir in unserem Arbeiterstaat lediglich eine proletarische Kunst zulassen. Da haben Sie auch die Zensur (unter Lenin als »vorübergehende Maßnahme« eingeführt) und ihr Kind, den Sozialistischen Realismus – den schon als Dauererscheinung.

Das Privateigentum – es wurde den Werktätigen gestohlen, also stiehl das Gestohlene! Wenn man sich streng an Lenin hält, erscheint dann nicht sogar das Morden gerechtfertigt? Der Mensch ist doch sterblich, warum also ihn nicht gleich umbringen, da er ohnehin sterben wird? Nicht zufällig hatte Lenin in Logik eine Zwei.

Und damit liegt seine ganze Taktik auf der Hand: Zuerst gemeinsam mit allen einen verspeisen, dann mit den Übriggebliebenen – den zweiten und darauf den dritten, bis schließlich nur noch ein schwacher Gegner übrigbleibt. Und wer ist der oberste Richter? Wer weiß als einziger, was im Interesse des Volkes liegt? Er allein – alle anderen sind Verräter. Warum beschweren wir uns eigentlich über Stalin? Er war lediglich ein gehorsamer Schüler. Und sehen Sie doch, wie emsig sie einander verspeist haben. Heute Henker, morgen Opfer. So ging es bis zu Stalin, den man dann postum verspeiste. Lesen Sie also, meine Herren, die Klassiker des Marxismus-Leninismus! Lesen Sie sie wenigstens im Klo, wenn Ihnen sonst die Zeit dafür zu schade ist. Es ist sehr erleuchtend.

Nach Lenin nahm ich mir die russischen Denker des 19. Jahrhunderts vor, und dabei entdeckte ich eine amüsante Eigenheit: Sie alle liebten es, auf ihren Gutshöfen oder in ihren Stadtwohnungen sitzend, sich über das Volk auszulassen, darüber, was für unerforschte Kräfte in ihm gärten, wie dieses Volk einmal aufwachen und alles entscheiden, wie es die endgültige Wahrheit aussprechen und eine echte Kultur schaffen werde. Es versteht sich, daß sie nicht wissen konnten, was zu Beginn des kommenden Jahrhunderts geschehen und wie sich das Volk verhalten würde – sie urteilten vor allem nach ihren Kutschern und Hausmeistern. So wurde der Begriff »proletarische Kultur« geboren, und darunter verstand man irgend etwas Höheres.

Für uns aber, die wir auf den Gemeinschaftshöfen und in den Gemeinschaftsquartieren inmitten dieses Proletariats aufgewachsen waren, die wir als Gleichgestellte und nicht als seine Herren mit diesem Proletariat lebten, für uns klang der Ausdruck *proletarische Kultur* reichlich sonderbar. Für uns war sie kein mystisches Geheimnis, sondern bedeutete Trunksucht, Prügeleien, Messerstechereien, Ziehharmonika, üble Flüche und das Kauen von Sonnenblumenkernen. Kein einziger wirklicher Proletarier hätte das als Kultur bezeichnet, denn ein typischer Wesenszug dieses Proletariats war sein Haß auf die Kultur, ein unerklärlicher Neid. Die Kultur – das war eine Hexe, die man mit Steinwürfen verfolgte. »Igitt, feine Leute!« zischten die Nachbarn gehässig. Und von Kindheit an wußte ich, daß es nichts Verächtlicheres gab, als ein Intellektueller zu sein. Es war schon verdächtig, einen Hut oder eine Brille zu tragen. Und was erstaunlich ist – kein Talentierter, der sich von unten emporgearbeitet hatte, drängte sich danach, den Sozialismus zu verkünden und den Acker zu pflügen – während Graf Tolstoi physisch arbeiten mußte, um seine innere Ruhe zu finden.

Mit großem Interesse las ich weiter – ich las alle Sozial-Utopisten, deren ich habhaft werden konnte. Und ich war grenzenlos erstaunt, denn alle ihre Utopien waren bei uns tatsächlich verwirklicht: Das heißt, sie waren so in Realität umgesetzt, wie das unter Menschen möglich ist. Wir hatten uns als die emsigsten und konsequentesten Vollstrecker ihrer Utopien erwiesen. Man beachte – alle diese Theorien setzen Menschen besonderer Art voraus. Menschen, die an einem idealen Staat Gefallen finden, ehrliche und objektive Menschen, die sich um das Gemeinwohl sorgen – interessant, wo bei ihnen all die Bösewichte geblieben sind? Zu diesem Zweck muß der neue Staat von allen äußeren Einflüssen abgeschirmt werden – da haben Sie den Eisernen Vorhang.

In jeder utopischen Lehre entsteht der Staat nach dem Willen irgendeines Weisen, so eines Väterchens Lenin, der dem Volk gute Gesetze gibt. Und die Menschen sind freudig bereit, diese Gesetze zu akzeptieren. Gestern wollten sie es noch nicht, heute aber freuen sie sich einmütig darüber – mit einem Wort, gestern war es noch zu früh dazu, morgen würde es zu spät sein. Sollte jedoch ein Teil des Volkes nicht einverstanden sein – bedeutet das dann Bürgerkrieg?

Die Bewohner des utopischen Staates müssen alle ihre bisherigen Gewohnheiten, Traditionen und Gesetze, ihre gesamte bisherige Geschichte vollständig vergessen – das bedeutet also Zensur, Indizierung von Büchern und ähnliches. Um der Objektivität und Gerechtigkeit willen werden alle Segnungen des Lebens gleichmäßig von Beamten verteilt – da hat man die Bürokratie. Campanella schlägt in seinem »Sonnenstaat« sogar vor, die Auswahl der Ehepartner Beamten zu übertragen – wohl damit die Bestechlichen ihre Schäfchen ins Trockene bringen können!

Und schließlich die wichtigste These aller Utopisten: Sie gehen wie selbstverständlich davon aus, daß die Menschen, die unter den neuen Lebensbedingungen geboren werden und aufwachsen, ganz anders sein werden, genau so, wie man sie für dieses Gesellschaftssystem braucht. Und das ist ihr größter Fehler: Sie nehmen allen Ernstes an, daß der Mensch völlig leer, wie ein Gefäß, auf die Welt kommt, gefügig wie Wachs, und darum, so behaupten sie, werde es keine Verbrechen, keine Unzufriedenheit, keinen Neid und nichts Böses mehr geben.

Dieser erstaunliche, naive und unmenschliche Glaube aller Sozialisten an die Kraft der Erziehung machte unsere Schuljahre zur Qual und überzog unser Land mit Konzentrationslagern. Bei uns wird jedermann erzogen, ob groß oder klein, und alle müssen sich gegenseitig erziehen: also Versammlungen, Meetings, Besprechungen, Politunterricht, Aufsicht, Kontrollen, Kollektivmaßnahmen, freiwillige Wochenendarbeit und Sozialistischer Wettbewerb. Für diejenigen, die am schwersten zu erziehen sind, gibt es schwere physische Arbeit in Konzentrationslagern, die gleiche, nach der Tolstoi strebte. Wie sollte man den Sozialismus sonst aufbauen? All dies war mir, dem Fünfzehnjährigen, längst klar. Fragen Sie, selbst heute noch, irgendeinen westlichen Sozialisten, was man im Sozialismus mit »Ungeeigneten« anfangen soll? »Erziehen«, wird er antworten.

Auf dem Wege der Erziehung wurde bei uns sogar allen Ernstes versucht, aus Äpfeln Birnen zu machen. Auf diesem Glauben basierte fünfzig Jahre lang unsere Biologie. Es wird berichtet, ein englischer Sonderling habe zwanzig Jahre lang Ratten die Schwänze abgehackt und auf schwanzlosen Nachwuchs gewartet – schließlich dauerte es ihm zu lange, und er verzichtete darauf. Was lehrt uns dieser Engländer? Daß man den Sozialismus so nicht aufbauen kann. Ihm, dem Engländer, fehlte es an heiligem Eifer und an gesundem Glauben an die lichte Zukunft. Anders bei uns: Jahrzehntelang hackte man den Leuten die Köpfe ab, und schließlich wurden kopflose Menschen eines neuen Typus geboren. Hauptsache, man verliert nicht den Mut, geschieht doch alles um des allgemeinen Glücks willen.

Dieser Traum von allgemeiner, absoluter Gleichheit ist ungeheuerlich, schrecklich und unmenschlich. Kaum erfüllt er den Geist der Menschen, kommt es sofort zu Strömen von Blut, zu Bergen von Leichen, und man beginnt, die Buckligen geradezubiegen und die Langen zu stutzen. Ich erinnere mich daran, daß es im Rahmen einer psychiatrischen Untersuchung einen Test zum Nachweis von Schwachsinn gab. Der Patient sollte folgende Aufgabe lösen: »Stellen Sie sich ein Zugunglück vor. Bekanntlich wird bei einem solchen Unglück vor allem der letzte Wagen in Mitleidenschaft gezogen. Was muß man tun, um das zu vermeiden?« Man erwartet natürlich, daß der Schwachsinnige in der Regel vorschlägt, den letzten Waggon abzuhängen. Das klingt erheiternd, doch überlegen Sie sich bitte, ob die Ideen und die Praxis des Sozialismus viel klüger sind?

In der Gesellschaft, so sagen die Sozialisten, gibt es Reiche und Arme. Die Reichen werden noch reicher und die Armen noch ärmer – was kann man tun? Den letzten Wagen abhängen, die Vermögendsten vernichten, ihnen ihren Reichtum nehmen und diesen an die Armen verteilen. Und so beginnen sie Waggons abzuhängen. Doch jedesmal stellt sich heraus, daß immer noch ein Waggon der letzte ist, daß immer noch einer reicher und ein anderer ärmer ist, denn die Gesellschaft ist wie ein Magnet: Wieviel man auch von ihm abschneidet, es bleiben immer zwei Pole erhalten. Aber kann das etwa einen wahren Sozialisten entmutigen? Hauptsache, der Traum wird verwirklicht. Darum wird gleich am Anfang der wohlhabendste Teil der Gesellschaft vernichtet, und alle freuen sich darüber, denn für jeden fällt dabei ein bißchen was ab! Doch kaum ist die Beute aufgebraucht, sticht erneut die Ungleichheit ins Auge – wieder gibt es Reiche und Arme, der nächste Waggon wird abgehängt, darauf der übernächste, und so geht es ohne Ende weiter. Die vollkommene Gleichheit ist nicht zu erreichen. Denn seht, sobald ein Bauer zwei Pferde und eine Kuh hat, sitzt er schon im letzten Waggon und wird, um der lichten Ziele willen, »entkulakisiert«. Ist es also verwunderlich, daß sofort die Guillotine auftaucht, kaum daß ein Streben nach Gleichheit und Brüderlichkeit entsteht?

Es ist doch so leicht, so einfach und verlockend, wegzunehmen und zu teilen! Mit einer Handbewegung wird alles gleichgemacht, in einem Aufwasch werden alle Probleme gelöst. Ist es doch so verführerisch, ein für alle Mal der Armut und dem Verbrechen, der Trauer und dem Leid zu entfliehen. Man muß es nur wollen, muß nur diejenigen umerziehen, die das allgemeine Glück stören – und schon hat man das Paradies auf Erden: vollkommene Gerechtigkeit und den Menschen ein Wohlgefallen! Es fällt dem Menschen schwer, auf diesen Traum zu verzichten, auf diesen wundervollen Durchbruch, vor allem den Aufrichtigen und Ungestümen. Sie sind dann auch die ersten, die mit dem Köpfeabschlagen anfangen:

Fürchtet nicht Asche, fürchtet nicht Schmach,
Fürchtet nicht das Feuer der Hölle,
Aber fürchtet den, der da sagt:
»Ich weiß, was nottut!«
Der da sagt: »Dem, der mir folgt,
Winkt das Paradies auf Erden.«[11]

Sie sind aber auch die ersten, die auf dem Schafott oder im Gefängnis landen. Dieses System ist äußerst bequem für Schurken und Demagogen, die letzten Endes auch entscheiden werden, was gut und was böse ist.

Wir müssen lernen, das Recht selbst des geringsten und unsympathischsten Menschen zu achten, so zu leben, wie es ihm gefällt. Wir müssen ein für allemal den verbrecherischen Glauben aufgeben, daß man alle anderen nach seinen Vorstellungen umerziehen kann. Wir müssen begreifen, daß man ohne Zwang tatsächlich nur eine Gleichheit der Chancen schaffen kann, nicht aber eine Gleichheit der Ergebnisse. Erst auf dem Friedhof sind die Menschen vollkommen gleich, wer aber aus seinem Land einen gigantischen Friedhof machen will, der mag sich getrost bei den Sozialisten einschreiben. Denn der Mensch ist nun einmal so beschaffen, daß ihn fremde Erfahrungen, fremde Ratschläge nicht überzeugen, er muß alles am eigenen Leib erfahren. Mit Schrecken blicken wir heute auf die Entwicklung in Vietnam und Kambodscha, betrübt lauschen wir dem Gerede über den Eurokommunismus und den »Sozialismus mit menschlichem Antlitz«. Merkwürdig: Niemand spricht von einem Faschismus mit menschlichem Antlitz, warum eigentlich nicht?

Genau in diese Zeit fiel die Ungarische Revolution. Nach all den Enthüllungen, Verurteilungen und postumen Rehabilitierungen, nach all den Behauptungen, daß das Alte nicht wiederkehren könne – erneut Leichen, Panzer, brutale Gewalt, Lüge. Und damit ein neuer, überzeugender Beweis, daß sich nichts geändert hatte. Genau solche Jungen wie wir, Fünfzehn-, Sechzehnjährige, starben auf den Straßen von Budapest mit der Waffe in der Hand bei der Verteidigung ihrer Freiheit. Welche waren jetzt die Unsrigen, welche nicht? Das war schon kein Kino mehr, kein Kriegspielen, bei dem es immer die Unsrigen und die Deutschen gab und bei dem wir immer auf der richtigen Seite standen.

Jetzt aber standen auf der einen Seite die *Unsrigen,* Russen, die ungefragt zum Töten angehalten wurden. Und auf der anderen – ebenfalls die *Unsrigen,* denn ich hätte an ihrer Stelle genau das gleiche getan. Wie schlaff und träge hatte uns doch diese Moskauer Stille, dieses ruhige Alltagsleben gemacht! Ich stellte mir vor, daß jetzt gleich ein LKW, ein staubiger LKW mit Tarnanstrich vor unserem Hof bremsen würde. »Es ist soweit«, sagt man uns und beginnt über die Seitenwand nagelneue Maschinenpistolen zu verteilen. Dann stürmen wir in Windeseile über die Hausböden und Hinterhöfe, wo wir jeden Balken, jede Biegung kennen, dorthin, zum Zentrum, zu den Kremlsternen! Doch die staubigen Laster donnerten über das Kopfsteinpflaster an uns vorbei, unbeteiligte Fußgänger gingen ihres Weges, und irgendwo zankten sich träge einige alte Weiber. Wie im Totenreich. Quälend verstrich ein Tag nach dem anderen, bis alles zu Ende, bis Ungarn erwürgt war. Und es wurde klar, daß man nicht länger zögern durfte, daß etwas unternommen werden mußte. Aber was konnte man tun? Ich war zu allem bereit.

Und als dann Jungen aus meiner Schule vorsichtig mit mir über irgendeine Organisation zu sprechen begannen, freute ich mich so darüber, daß ich sie gar nicht erst ausreden ließ. Da ist es, dachte ich, es hat angefangen, endlich! Jetzt Maschinenpistolen her – und ans Werk! So wurde ich Mitglied einer illegalen Organisation. Zu meinem Bedauern war nicht einmal die Rede von Maschinenpistolen, solche Dinge wurden überhaupt nicht erwähnt, im Gegenteil, unsere Anführer, ältere Jungen, erklärten, daß die Organisation keine politischen Ziele verfolge. Doch das wurde so vieldeutig gesagt, mit einem so wissenden, verschwörerischen Blick, daß allen klar war: Man mußte einfach so sprechen für den Fall, daß sich plötzlich jemand verplappert oder ein Verhör nicht durchsteht oder daß man abgehört wird. Kurz und gut, zur Irreführung. Es verstand sich von selbst, daß wir nur auf ein Signal warteten, um loszuschlagen,. auf den bestimmten Augenblick, den irgend jemand da oben kannte, und dann . . .

Wenn einer unerwartet anfing, über Kommunisten zu sprechen, über Ungarn, dann wurde er sofort gestoppt: Warum darüber reden? Das hat mit uns nichts zu tun. Was ist los, willst du bei uns agitieren? Ein kluger Mensch muß alles auch so begreifen. Aufgrund einiger nachlässig und beiläufig hingeworfener Bemerkungen konnte man annehmen, daß wir viele waren, daß fast das ganze Land von unserem Netz überzogen war und nur auf das Signal wartete. In der Tat, bei einer Zusammenkunft im Walde, bei der neue Mitglieder aufgenommen wurden, etwa vierzig Kilometer von Moskau entfernt, sah ich ungefähr zwanzig Personen, wobei im Walde auch noch Wachtposten verteilt waren. Auf anderen Treffen bemerkte ich weitere, mir unbekannte Jungen, doch nach den geltenden Vorschriften sollten wir uns gegenseitig nicht kennen. Vorsichtshalber sollten wir in der Regel sogar andere Namen benutzen.

Im Grunde genommen taten wir nichts. Unsere ganze Tätigkeit bestand im Konspirieren und im Anwerben neuer Mitglieder. Es wurde keine illegale Literatur verteilt, und es galt nicht einmal als wünschenswert, sie zu beschaffen. Man war der Ansicht, daß wir ohnehin alles begriffen und daß es nicht notwendig sei, uns noch zu bekehren. Das hätte zudem auch das KGB auf unsere Spur bringen können. Vor allem wurde uns klar gemacht, daß alle Telefone und Wohnungen abgehört werden konnten und daß man über das Telefon nur chiffrierte, unverfänglich klingende Sätze benutzen solle. In den Wohnungen sollte am besten über derartiges überhaupt nicht gesprochen werden. Wir lernten es auch, Beschatter zu erkennen und sie abzuhängen. Zu diesem Zweck übernahm ein Mitglied der Organisation, das man nicht kannte, die Rolle des Beschatters. Es konnte sein, daß man davon im voraus nichts erfuhr, denn es wurde davon ausgegangen, daß man ohnehin immer auf der Hut war. Eine solche Beschattung nicht zu bemerken und dann später erzählt zu bekommen, was man am betreffenden Tage getan hatte und wo man gewesen war, galt als große Schande. Umgekehrt konnte man auch selbst den Auftrag erhalten, jemandem unbemerkt zu folgen. Sah der Beschatter, daß der Verfolgte ihn entdeckt hatte, so durfte er sich das nicht anmerken lassen, sondern mußte sein Opfer weiter im Auge behalten. Wurde man selbst beschattet und man bemerkte es, mußte man einen Weg finden, den Beschatter zu täuschen und ihm zu entkommen. Es wurden alle möglichen Methoden genauestens ausgearbeitet und erlernt.

Man brachte uns auch bei, wie wir uns bei einem Verhör zu verhalten hätten: Niemals irgend etwas zugeben, vor allem nicht die Mitgliedschaft in der Organisation; bei Gegenüberstellungen keine anderen Mitglieder erkennen; seine Ansichten verbergen und sich als normalen Sowjetmenschen ausgeben; Erstaunen, Befremden, Entrüstung vortäuschen und andere psychologische Mittel anwenden. Leider wurden uns die juristischen Aspekte eines Verhörs von niemandem erläutert. Überhaupt wurden Allwissenheit und Allmacht des KGB stark übertrieben dargestellt. Wir gingen auch davon aus, daß man unbedingt mit Folter, Schlägen und Einschüchterung rechnen müsse, daß man mit gefälschten schriftlichen Aussagen anderer Mitglieder konfrontiert werden würde und dergleichen mehr. Teilweise erwies sich das in der Folge auch als richtig, und das, was man mir beigebracht hatte, leistete mir gute Dienste. Zu jener Zeit jedoch beachtete uns niemand.

Neue Mitglieder anzuwerben, war längst nicht allen gestattet. Zuvor mußte man seine eigenen Fähigkeiten unter Beweis stellen. Politische Themen zur Sprache zu bringen, war strengstens verboten. Überhaupt wurde empfohlen, sich die Betreffenden zunächst über einen längeren Zeitraum genau anzusehen und sich ihnen dabei nicht besonders zu nähern. Das zukünftige Mitglied der Organisation sollte nicht aufgrund seiner Ansichten und Worte, sondern nach ganz anderen Kriterien ausgewählt werden. Der Betreffende durfte nicht schwatzhaft sein – eher verschlossen, dazu mutig und ein zuverlässiger Kamerad. Man mußte herausfinden, ob er irgendwelche Schwächen besaß, ob er mit Kriminellen zu tun hatte, ob er allzu vertrauensselig oder zu dumm war. Hatte man schließlich alles Erforderliche herausbekommen und sich davon überzeugt, daß er geeignet war, mußte man ihn mit einem der führenden Mitglieder bekannt machen, und erst wenn dieses die getroffene Wahl billigte, wurde jemand mit der Anwerbung beauftragt. Man besaß nur die Aufgabe, sie zusammenzuführen, danach hatte man von der Szene zu verschwinden.

Mittel der Anwerbung gab es viele, und sie alle wurden gründlich erarbeitet. Meist wandte man das Mittel an, mit dem wir fast alle angeworben worden waren. Formell, sozusagen den Worten nach, traten wir nicht in eine politische Organisation ein, sondern in eine Organisation gegenseitiger kameradschaftlicher Hilfe. Mir zum Beispiel erklärte man folgendes: Vorläufig wären wir alle noch in der Schule und hätten keine besonderen Probleme, später hingegen würden wir unter schwierigeren Bedingungen leben, bestimmte Hindernisse überwinden und uns durchsetzen müssen. Auf sich allein gestellt, wäre das sehr schwer, man brauche zuverlässige geheime Freunde, die einen, völlig unerwartet für alle anderen, unterstützen würden und die man im umgekehrten Fall auch selbst unterstützen würde. Wenn die Organisation groß genug geworden sei, wären wir sehr stark und könnten praktisch *alles* machen. Mehr wurde uns praktisch nicht gesagt. Ein durchaus harmloses Unterfangen, und wer nicht von sich aus begriff, worum es sich handelte, dem wurde auch nichts weiter erklärt. Er blieb im Glauben, daß er sich einer Organisation für gegenseitige Hilfe beim Aufbau von Berufskarrieren angeschlossen hatte.

Doch unsere Gedanken waren schon so sehr darauf ausgerichtet, und im Lande herrschte eine solche Atmosphäre, daß beim Wort »Organisation«, und dazu noch »geheim«, in den Augen des Gesprächspartners ein freudiges Licht aufblitzte und man sofort sah, daß er, wie auch du selbst, schon seit langem auf den LKW mit den Maschinenpistolen wartete. Selbstverständlich versuchte er sofort, sich bei dir nach dem Wahrscheinlichkeitsgrad einer solchen Möglichkeit zu erkundigen, und du erklärtest ihm mit wichtiger, vielsagender Miene, daß kluge Leute über solchen Unsinn nicht zu reden pflegen und daß die Organisation keine politischen Ziele verfolge. »Aha!« Er nickte darauf erfreut mit dem Kopf und beeilte sich klarzustellen, daß er ein kluger Mensch sei und begriffen habe, daß man darüber nicht reden dürfe. Auf der nächsten Zusammenkunft mußte man ihn dann empfehlen und den Versammelten unter einem anderen Namen vorstellen. Wenn niemand widersprach, wurde er Mitglied der Organisation und damit in die Arbeit einbezogen.

Nur ein einziges Mal stieß ich auf einen Menschen, der zwar allen Anforderungen zu genügen schien, aber die wirklichen Ziele der Organisation nicht begriff. Er war

Funkamateur und völlig davon besessen. Ich glaube, er hatte sogar von Ungarn nichts gehört und niemals darüber nachgedacht, in was für einem Lande er lebte. Den Gedanken der Selbsthilfe nahm er für bare Münze und bat mich ständig, ihm irgendwelche Radioteile zu besorgen – offenbar glaubte er, in einen geheimen Club von Funkamateuren eingetreten zu sein. Sobald ich mit ihm über etwas anderes zu sprechen suchte, blickte er mich durch seine Brille verständnislos an, bestritt nichts, war mit allem einverstanden, doch man spürte, daß er überhaupt nicht begriff, wovon die Rede war. Auf unser ganzes verschwörerisches Getue blickte er voller Verachtung wie ein erwachsener Hund auf die Balgerei seiner Jungen.

Natürlich berichtete ich von meinem Mißerfolg, doch die in unserer Organisation herrschende Atmosphäre der Doppeldeutigkeit und des Verschweigens machte es mir unmöglich zu erklären, womit ich nicht zufrieden war. »Im Gegenteil, alles ist völlig in Ordnung«, antwortete man mir, »er ist ein ernsthafter Junge, ein guter Spezialist, den Gedanken der gegenseitigen Hilfe begrüßt er, er ist bereit, Mitglied der Organisation zu werden, ist zuverlässig und nicht schwatzhaft – was will man mehr?« Er wurde aufgenommen, aber ich war vollkommen entmutigt. Ich stellte mir sein Erstaunen vor, wenn man uns morgen Maschinenpistolen aushändigen oder in die Lubjanka schleppen sollte. Im Grunde genommen wurde das Spiel aber so vorsichtig betrieben, daß sogar im Falle einer Verhaftung niemand von uns etwas hätte aussagen können, selbst wenn er es gewollt hätte. Äußerlich sah alles wie ein harmloses Spiel aus, und die Hoffnung auf Maschinenpistolen entsprang nur der persönlichen Phantasie eines jeden von uns. Beim besten Willen konnte keiner erklären, warum wir die Organisation für eine politische hielten. Denn laut ausgesprochen wurde nichts.

Mit der Zeit wuchs die Organisation. Wohin ich auch fuhr, in ein Pionierlager oder einfach auf eine Datscha in einen Moskauer Vorort, oder in eine andere Schule – stets sagte man mir vorher, wen von den Unsrigen ich dort antreffen würde, wie ich mich mit ihm in Verbindung setzen und was ich unternehmen sollte. Es gab einen ständigen geheimen Kontakt mit den Anführern, man suchte ständig nach neuen Kandidaten für die Mitgliedschaft und erwies sich auch eine gewisse gegenseitige Hilfe. Selbstverständlich durfte man sich einem Auftrag oder einer Hilfeleistung nicht entziehen, ebenso wie es auch verboten war, sich nach dem Sinn der erteilten Aufträge zu erkundigen. Fragen zu stellen, galt überhaupt als taktlos und minderte sofort die Achtung, die einem entgegengebracht wurde. Wissen mußte man nur soviel, wie nötig war, um den Auftrag auszuführen; anschließend sollte man sofort und vollständig alles vergessen, was man gemacht hatte. Es gab ein regelrechtes Kontrollsystem zur Verhinderung von Schwatzhaftigkeit. Selbst wenn die Anführer einen später mal fragen sollten, wie die Sache gelaufen sei, war es üblich, sich über die Frage zu wundern und sich an nichts zu erinnern. Bei alldem verstand es sich von selbst, daß die Eltern von unseren Aktivitäten nichts ahnten.

Wer mit einem Auftrag nicht zurechtgekommen war, lud Schande auf sich, und keinerlei Rechtfertigung half da. Wenn man sich auch nur fünf Minuten zu einem vereinbarten Treffen verspätete, galt dies als unaustilgbarer Schandfleck. Man ging davon aus, daß es für einen vollwertigen Menschen keine unerfüllbaren Aufgaben gab, und sollte man über etwas stolpern, war man selbst schuld. Auch die strenge Verwarnung, die wir seinerzeit unserem Schuldirektor wegen der Schläge ins Gesicht erteilt hatten, war eine Aktion der Organisation gewesen und galt als Hilfeleistung für unseren von ihm geschlagenen Klassenkameraden. Ein anderes Mal, als ich auf einer Datscha bei Moskau Ferien machte, überbrachte man mir, daß den Unsrigen, während sie im Fluß badeten, ihre Sachen gestohlen worden waren. Im Verdacht standen ortsansässige Jungen, die sich den ganzen Tag über in der Nähe gesonnt hatten. Ich kannte diese Jungen gut, war mit ihnen befreundet und konnte sie mühelos überreden, mir die gestohlenen Sachen auszuhändigen – wobei es sie natürlich überraschte, daß ich im Bilde war.

Einmal, als ich bei einem Training meine Beschatter abschütteln mußte, sprang ich schnell in einen Hauseingang. Meine Verfolger hatten nicht gemerkt, wohin ich verschwunden war, doch wenn sie angefangen hätten, die umliegenden Hauseingänge zu untersuchen, wäre ich sofort entdeckt worden. Da das für mich eine große Schande bedeutet hätte, überlegte ich fieberhaft, was zu tun sei. Als ich in den Hauseingang lief, hatte ich zufällig in einem Fenster der ersten Etage eine ganze Kollektion von Kakteen bemerkt. Ohne Zeit zu verlieren, läutete ich an der Tür. Es öffnete eine ältere Frau, und ich begann ihr zu erzählen, daß auch ich Kakteen sammle, daß mich das sehr interessiere und daß ich zufällig an ihrem Fenster einige mir unbekannte Arten bemerkt hätte. Wahrscheinlich wirkte ich so treuherzig, unschuldig und aufrichtig, daß sie mich sofort ins Zimmer führte, mir Tee anbot, einen ganzen Haufen von Kakteen schenkte und mich lange nicht weg ließ. Nur mit Mühe konnte ich mich von der redseligen Kakteenzüchterin losreißen und als ich auf die Straße trat, war schon niemand mehr zu sehen.

Mein Ansehen wuchs beständig, vor allem, weil ich sehr erfolgreich neue Mitglieder für die Organisation anzuwerben verstand. Ich besaß schon vorher einen Kreis von Gleichgesinnten, die ich jetzt nachzog, außerdem schonte ich meine Kräfte nicht und war bereit, alles für unseren Erfolg zu tun.

Natürlich dachten wir damals wenig darüber nach, was für eine Aufgabe wir uns gestellt hatten, und wir dachten merkwürdigerweise überhaupt nicht an die möglichen Folgen und Resultate. Wir gaben uns keine Mühe, die Kräfte des Gegners abzuschätzen oder uns auch nur vorzustellen, was wir im Falle eines Erfolges oder Mißerfolges tun würden. Es interessierte uns nicht, wie realistisch unser Vorhaben war. Wir hatten nicht vor, irgendeine neue Gesellschaftsordnung zu schaffen, wir wollten nur die Explosion, den Augenblick der äußersten Kraftanstrengung, der es endlich möglich machen würde, diesen ganzen Unrat zu vernichten, den Augenblick, in dem sich plötzlich an allen Ecken Moskaus die *Unsrigen* zu voller Größe erheben und unaufhaltsam zum Sturm auf alle diese Lubjankas, Parteikomitees und Ministerien antreten würden.

Merkwürdig: Wie berechnend und bis zum Zynismus raffiniert wir auch sein mochten, im wesentlichen verhielten wir uns doch völlig irrational und sorglos. Wie ließ sich das vereinbaren? Die Erklärung dafür ist ungeheuer einfach: Jeder sehnte sich insgeheim, vielleicht unbewußt, nach dem Tode. Nach dem ungeheuerlichen und gemeinen Betrug, der Abgründe menschlicher Niedertracht vor uns aufgetan hatte, verabscheuten wir alle, die älter waren als wir, die daran beteiligt gewesen waren. Als die Panzer mit dem Roten Stern, der Traum und Stolz unserer Kindheit, auf den Straßen von Budapest unsere Altersgenossen zermalmten, legte sich ein blutiger Nebel über unsere Augen. Nachdem die ganze Welt uns betrogen hatte, glaubten wir niemandem mehr. Wir wollten mitten in diesem Meer von Verrat Schulter an Schulter mit jenen sterben, denen wir grenzenlos vertraut, auf die wir uns verlassen hatten wie auf uns selbst. Unsere Eltern hatten sich als Denunzianten und Provokateure erwiesen, unsere Heerführer als Henker, und selbst unsere kindlichen Spiele und Phantasien waren von Betrug durchtränkt gewesen. Wir waren zynisch, weil all die schönen Worte zur feilen Münze des Betrugs geworden waren. Nur der Zynismus schien uns noch aufrichtig zu sein.

Ach, Romantik, blauer Dunst,
Verbranntes Herz von Danko[12].
Wieviel Wasser, wieviel Blut,
Floß in die Keller der Lubjanka.

Ach, Romantik, blauer Dunst,
In Ungarn sowjetische Panzer.
Wieviel Wasser, wieviel Blut,
Floß in die Keller der Lubjanka.

Ach, Romantik, blauer Dunst,
Unsere Seelen zerriß man wie Lumpen.
Wieviel Wasser, wieviel Blut,
Floß in die Keller der Lubjanka.[13]

Wir rauchten und fluchten unflätig, gaben Zoten über Frauen zum besten und tranken Wodka – und vor uns lag Leere. Wir, die Kinder sozialistischer Slums, bereiteten uns früh darauf vor, die Gleichgültigkeit zu töten und dann selbst zu sterben. Wer von uns spürte nicht unbewußt, daß es keinen Sieg geben konnte? Und wie sollte im Grunde genommen die Zukunft aussehen? Begriffe wie Freiheit, Gleichheit, Brüderlichkeit, Glück, Demokratie und Volk waren üble Phrasen aus dem Wortschatz niederträchtiger Führer und Roter Plakate. Wir zogen es vor, sie durch Schimpfworte zu ersetzen. Und ich bin davon überzeugt, daß wir unser Lied der

Hoffnungslosigkeit den Kremlruinen vorgesungen hätten, nur, wie man so sagt, Gott ließ es nicht zu. Und es stehe doch irgendwo in der Welt einer auf, der so nüchtern und so klug ist, daß er uns verurteilen dürfte! Ich bereue diese Zeit nicht und schäme mich nicht unserer Unvernunft. Für das ganze Leben blieb in mir eine Sehnsucht nach den Menschen zurück, die stets und ohne Fragen zu stellen zu mir halten würden.

Schließlich wurde ich dem Leiter unseres ganzen »Zweiges« vorgestellt. Einige Male trafen wir uns auf der Straße, danach besuchte ich ihn zu Hause. Wir unterhielten uns lange, eingehend, und ich versuchte immer wieder zum Wesentlichen vorzustoßen. Diese Begegnungen weckten in mir die ersten Zweifel: Was trieben wir eigentlich? Er war damals siebenundzwanzig Jahre alt, bereitete sich auf eine wissenschaftliche Laufbahn vor und glich in seinem Äußeren überhaupt nicht dem Führer einer Untergrundorganisation. Dabei handelte es sich nicht darum, daß er viel älter war als ich und folglich zur Generation jener Aussätzigen gehörte, die wir von ganzem Herzen verachteten. Doch allein schon sein Äußeres, seine schleppende, leicht lispelnde Redeweise, sein eindringlicher, vielsagender Blick durch die Brillengläser, seine ungelenke Gestalt, der vorne schon kahl werdende Schädel – mit einem Wort, alles an ihm machte mich mißtrauisch, weckte in mir ein Gefühl des Unbehagens, des Zweifels. Wozu hatte er das alles nötig, fragte ich mich und fand keine Antwort. Ich war fest davon überzeugt, daß ich ihn, wäre er mir für die Aufnahme in die Organisation vorgeschlagen worden, abgelehnt hätte.

»Die Gesellschaft«, erklärte er mir mit seiner leisen, farblosen Stimme, »ist wie ein Organismus: Er muß Muskeln haben, rohe Kraft, aber auch Nerven und ein Gehirn, Augen und Ohren.«

Er gab eindeutig zu verstehen, daß wir beide zum Gehirn gehörten, und ich hätte nun erschauern müssen vor Begeisterung und Dankbarkeit, zu den Auserwählten gezählt zu werden. Er konnte sehr beharrlich und überzeugend sein und vergaß nie den Stil geheimnisvoller Doppeldeutigkeit, der in unserer Organisation üblich war. Er verstand es äußerst geschickt, jeder direkten Frage auszuweichen, und ließ einen immer im unklaren hinsichtlich der tatsächlichen Bedeutung seiner Worte. Es war erstaunlich, wie gut er uns alle kannte, mit allen unseren Eigenheiten, Vorzügen und Fehlern, doch sein Wissen war irgendwie oberflächlich, ohne Gespür. Er hatte wohl auch kaum begriffen, daß er der absolute Herrscher über einige Dutzend Todgeweihter war. Unsere Bestrebungen waren ihm nur insoweit wichtig, als sie ihm das Regieren erleichterten. Mir schien, daß ihn außer seiner persönlichen Macht nichts interessierte. Schon gar nicht konnte ich ihn mir mit einer Maschinenpistole im Kugelhagel vorstellen oder bei einem Verhör des KGB.

Seinem jüngeren Bruder dagegen stand ich viel näher. Er war nur zwei Jahre älter als ich und wesentlich lebhafter und offenherziger. Ich spürte bei ihm den gleichen Impuls, der uns alle antrieb. Er liebte seinen älteren Bruder und idealisierte ihn.

Alle diese meine Beobachtungen und Eindrücke führten zu einem überraschenden Resultat: Ich erkannte plötzlich, daß über den beiden niemand mehr stand, daß sie die Leiter der gesamten Organisation und nicht nur unseres »Zweiges« waren. Ihre Andeutungen, daß es viele von uns gab, fast im ganzen Land, dienten lediglich als Lockmittel, was mich übrigens keineswegs enttäuschte; selbst nur einige Dutzend waren meiner Ansicht nach schon eine Kraft. Natürlich konnte nun keine Rede mehr sein von Sturm, von einem geheimnisvollen Signal, auf das wir alle warteten. Dennoch war die Sache nicht verloren, wir mußten nur Mittel finden, uns schneller auszubreiten, mußten mehr Leute heranziehen und versuchen, in offizielle Organisationen einzudringen. Die Taktik mußte geändert werden.

Vor allem aber hatte unsere Tatenlosigkeit keinen Sinn mehr. Ein Signal konnte nicht erfolgen, und das Warten darauf war nun beendet. Diese Tatenlosigkeit hatte sich ohnehin schon sehr nachteilig auf die Mitglieder der Organisation ausgewirkt. Es zeigte sich, daß es bedeutend leichter war, Leute zu gewinnen, als sie dann zu halten. Kaum war der erste Enthusiasmus verflogen und die konspirative Ausbildung abgeschlossen, als sich nach und nach auch schon Langeweile breitmachte. Denn kein Mensch kann im Zustand ständiger Erwartung leben. Auch die Werbung neuer Mitglieder im eigenen Bekanntenkreis stieß bald an ihre Grenzen: In der unmittelbaren Umgebung eines jeden von uns fand sich nur eine beschränkte Anzahl geeigneter Kandidaten. So kam es zur Stagnation, die Leute liefen in alle Richtungen auseinander. Jede Aktivität aber hätte zwangsläufig das KGB auf unsere Spur gebracht.

Es ergab sich ein unlösbarer Widerspruch: Eine schlagkräftige Massenorganisation konnten wir nur werden, wenn wir uns offen erklärt und auf einen Schlag alle unsere Anhänger und Gesinnungsgenossen im ganzen Lande um uns geschart hätten, doch damit wäre die Tätigkeit der Organisation auch beendet gewesen. Allein schon für die Beteiligung an einer antisowjetischen Organisation gab es zehn Jahre Lager. Es war überhaupt erstaunlich, daß wir so viele Jahre lang nicht aufgeflogen, daß die Leute vom KGB noch nicht auf uns gestoßen waren.

Doch nehmen wir einmal an, wir hätten uns irgendwie erklärt, nehmen wir an, wir hätten Tausende gefunden, die bereit gewesen wären, in unsere Organisation einzutreten, wie hätten wir herausfinden sollen, ob sie nicht vom KGB geschickt waren? Wo sollte das gegenseitige Vertrauen herkommen? Und auch wir selbst, wenn wir uns erklärt hätten, wären am ehesten noch für Provokateure gehalten worden.

Je mehr wir darüber nachdachten, um so geringer wurde unser Glaube an die Möglichkeit illegaler Arbeit. Es entstand eine merkwürdig Situation – unsere Mitgliedschaft in der Untergrundorganisation machte uns für die Regierung völlig ungefährlich. Man konnte tief in konspirative Machenschaften verstrickt sein, zur Tarnung beispielsweise in die Partei eintreten und dann sein ganzes Leben äußerst ruhig verbringen. Man würde arbeiten, Parteiversammlungen besuchen und damit faktisch die Regierung unterstützen. Um die Konspiration auf die Spitze zu treiben, konnte man auch noch in die Dienste des KGB treten! Andererseits bedurfte es nur der geringsten Aktivität oder Unvorsichtigkeit, und die gesamte Organisation würde im Gefängnis landen – ohne tatsächlich auch nur das Mindeste getan zu haben. Wenn aber ein Mensch wirklich etwas tun will, dann braucht er dafür keine Organisation, im Gegenteil, sie ist ihm nur hinderlich.

Erst viele Jahre später, als ich in den Lagern auf die verschiedensten Organisationen stieß, begriff ich, wie entscheidend die Frage gewesen war, vor der wir gestanden hatten, und war froh, all diese Zweifel bereits in meiner Jugend hinter mich gebracht zu haben.

In der Tat, während der ganzen fünfziger und sechziger Jahre schossen, wie Pilze nach dem Regen, Organisationen, Verbände, Gruppen und sogar Parteien verschiedenster Schattierungen aus dem Boden. Es war also durchaus verzeihlich, daß wir Halbwüchsigen damals glaubten, etwas zu bewirken, als wir uns mit Geheimnistuerei umgaben, mit unserem eigenen Schatten konspirierten und uns gegenseitig nur etwas vormachten, als wir den Anschein erweckten, daß überall die *Unsrigen* bereit stünden und der Tag X bald anbrechen würde. Wenn man dann später im Lager vierzigjährige Häftlinge traf, die für das gleiche zehn Jahre bekommen hatten, konnte man dazu nur mit den Schultern zucken. Immerhin hatten wir damals doch Verstand genug, um uns vorstellen zu können, daß es unmöglich war, das ganze Land in einer solchen Organisation zu erfassen.

Meistens gleicht sich die Logik aller Anfänger, und sie gehen alle vom gleichen Punkt aus, nämlich von der Geschichte der KPdSU. Aus Filmen und Büchern unserer Kindheit wußten wir, daß die Bolschewiki zuerst eine Partei aufbauten und später dann, beharrlich im Untergrund arbeitend, mit der Verbreitung der »Iskra« und »Prawda« begannen. So sammelten sie Gleichgesinnte um sich und vollendeten schließlich die Revolution. Dem weisen Sprichwort folgend, daß man vom Feinde lernen müsse, wurden wir ein weiteres Mal das Opfer seiner Propaganda.

Wir übersahen nämlich, daß die Bolschewiki unter freiheitlichen Bedingungen für eine Tyrannenherrschaft gearbeitet hatten und nicht umgekehrt, daß es damals eine beachtliche Pressefreiheit und die Freiheit der Emigration gab und daß alle bolschewistischen Führer in Zürich oder in Baden-Baden saßen. Und wir hatten übersehen, daß es nur eine Handvoll mit Geldmitteln gut ausgestatteter Berufsrevolutionäre war, daß die gesamte Geheimpolizei jener Tage in einem zweistöckigen Häuschen Platz fand, in dem heute nicht einmal eine Bezirksabteilung untergebracht werden könnte und daß dessen ungeachtet so gut wie jeden Tag einige Bolschewiki gefaßt wurden. Doch niemand gab ihnen für ihre Propaganda zehn Jahre Gefängnis, vielmehr wurden sie in ein Verbannungsgebiet geschickt, aus dem lediglich die müde Gewordenen nicht flohen.

Ihre wichtigsten propagandistischen Bücher – »Das Kapital« und andere »Klassiker« – wurden legal und frei in Rußland gedruckt und sogar in Gefängnisbibliotheken ausgeliehen. Ihre Blättchen aber, im Ausland gedruckt, konnten frei über die praktisch unbewachte Grenze nach Rußland eingeführt werden. Ihre Auflagen überstiegen nicht zwei- bis dreitausend Exemplare. Zum wievielten Male schon fallen wir auf die kommunistische Propaganda herein und vergessen, daß die Bolschewiki überhaupt keine Revolution gemacht haben, sondern ihre Tätigkeit erst nach der Februarrevolution richtig entfalteten – und das unter den Bedingungen völliger Freiheit, ja sogar mit deutschem Geld. Eine Geheimpolizeit hat es zudem unter der provisorischen Regierung überhaupt nicht gegeben.

Wie können erwachsene Menschen ernsthaft daran glauben, daß Revolutionen das Ergebnis der Arbeit irgendeiner Untergrundorganisation sind? In einem Lande, in dem Oppositionsparteien legal existierten, wo das private Unternehmertum blühte und es keine strengen Paßregelungen gab, war es wahrhaftig nicht schwer, im Untergrund zu arbeiten, insbesondere, wenn darauf keine Zwangsarbeit stand. Ist es etwa schwierig, in Frankreich oder England eine Untergrund-Partei zu bilden? Aber wozu, wenn man auch legal arbeiten kann?

Von dieser propagandistischen Verblendung verführt, haben sich die Menschen bei uns zwanzig Jahre lang herumgeschlagen und versucht, die mystische bolschewistische Revolution zu kopieren, ja, viele sind bis auf den heutigen Tag noch nicht ernüchtert. Es brauchen nur drei Gleichgesinnte zusammenzutreffen, und schon fangen sie an zu überlegen, wie sie ihre Partei nennen sollen. Dann verfassen sie eine Satzung, ein Programm und landen alle miteinander im Gefängnis.

Ich habe Parteien kennengelernt, die aus zwei, fünf oder zwölf Menschen bestanden. Die größte, die WSChSON, umfaßte etwa hundert Mitglieder. Sie schafften es gerade, ein törichtes Programm aufzustellen und Berdjajew zu lesen, und das nicht einmal alle (als ob nicht das halbe Land sowieso – und auch ohne Organisationen – Berdjajew las!). Die kleinste Partei, auf die ich stieß, bestand aus einem einzigen Menschen, namens Fjodorkow, und nannte sich UMV, Unmittelbare Macht des Volkes. So wurde er auch im Gefängnis von allen genannt – UMV, sogar von den Wärtern. Er war ein Uhrmacher aus Chabarowsk, fünfzig Jahre alt, klein, rundlich, behende, ein richtiges Uhrpendel. Anfangs stritt er immer mit uns, wollte die Vorzüge der unmittelbaren Macht des Volkes beweisen, dann paßte er sich an, beruhigte sich: UMV oder nicht UMV, hol euch der Teufel! Lange zerbrach man sich im KGB den Kopf, was mit ihm zu tun sei – einem einzelnen Menschen konnte man nicht wegen Gründung einer politischen Partei den Prozeß machen! Schließlich gaben sie es auf und sperrten ihn einfach ins Irrenhaus.

Wenn ich mich jetzt aller Parteien und Vereinigungen erinnere, die ich kennengelernt habe, stelle ich voller Stolz fest, daß wir mit unseren fünfzehn oder sechzehn Jahren nicht nur die größte, sondern auch die konspirativste Organisation auf die Beine gestellt hatten, daß wir länger als alle anderen existierten und auch nie aufgeflogen sind. Unser Geheimnis war sehr einfach: Wir nahmen nur Altersgenossen auf, und in diesem Alter ist noch niemand Agent des KGB, man ist aufrichtiger und sauberer. Und unser größtes Geheimnis: Wir taten garnichts – verfaßten kein Programm, schworen keine Eide, bewahrten keine Listen auf, führten keine Versammlungsprotokolle, gestatteten es uns nicht, über politische Themen zu sprechen, ja, wir hatten nicht einmal einen Namen. Und wenn die anderen illegalen Organisationen ebensolange existiert hätten wie wir und so wie wir an ihre natürlichen Grenzen gestoßen wären, dann hätten auch sie schließlich die Unmöglichkeit und Unnötigkeit der Illegalität begriffen. Sie wären sozusagen durch das Experiment zu diesem Schluß gekommen.

Wir hatten mehr Glück, wir machten diese gefährliche Etappe bereits im jugendlichen Alter durch. Und erst viel später, zu ganz anderen Zeiten, erschloß sich uns eine weitere, noch wichtigere Wahrheit: Zur Demokratie kommt man nicht auf illegalem Wege. Man darf nicht vom Feinde lernen, wenn man selbst nicht so sein will wie er. Der Untergrund gebiert nur Tyrannei, nur Bolschewiken jeder Couleur. Erst damals begriff ich, daß unser Anführer, der über unbeschränkte illegale Macht verfügte, mehr an seine persönliche Herrschaft als an das Geschick der Welt gedacht hatte. Doch zu jener Zeit wußte ich noch nicht, daß ich auf ein grundlegendes Gesetz gestoßen war, sondern dachte lediglich: »Wozu hat er das nötig?«

Dies alles war jedoch nur das Vorspiel, nicht mehr als ein Sich-Warmlaufen. Das eigentliche Stück hatte noch nicht begonnen. Ich kroch, um im Bild der sibirischen Bärenjagd zu bleiben, erst an der Kiefer hoch, und der bewußte Klotz hatte seinen ersten Schlag noch nicht vollführt. Jetzt allerdings, und unerwartet für mich selbst, stieß ich gegen ihn und das ohne jede Überlegung und Absicht.

Ich besuchte bereits die letzte, die zehnte Klasse, als ich mit anderen zusammen, so zum Zeitvertreib, ein literarisches Blatt herausgab. In diesem Schuljahr erhielten wir endlich, nach jahrelanger stumpfsinniger Beschäftigung mit den positiven und negativen Gestalten in den Werken der russischen Klassiker, einen knappen Überblick über die literarischen Strömungen zu Beginn des Jahrhunderts. Natürlich wurde uns erklärt, daß dies überhaupt keine Literatur sei, sondern eine für das Volk schädliche Wort-Equilibristik, die von der Partei zu Recht verurteilt worden war. Beiläufig trug man einige Beispiele für diese schädliche l'art pour l'art vor, die unsere Klasse jedoch ungewöhnlich erregte. Alle ahmten sie nach, begannen Parodien zu verfassen, wobei sie Themen aus dem Schulleben benutzten.

Wir waren so engagiert, daß wir selbst nicht einmal bemerkten, wie daraus eine Zeitschrift wurde. Einer besorgte eine Schreibmaschine, ein anderer bot sich als Illustrator an, und die übrigen betätigten sich als Autoren. Unsere zehnjährige Langeweile ergoß sich in reichlich giftige Persiflagen auf das Schulleben und zum Teil auf das sowjetische Leben überhaupt.

Im Laufe der letzten Jahre hatte es endlose Reformen im Schulsystem gegeben. Aber sie machten den Unterricht weder interessanter noch abwechslungsreicher, sondern fügten ihm lediglich weitere Albernheiten und Dummheiten hinzu, die sogar uns in die Augen stachen. Beispielsweise wurde irgendwo oben befunden, daß die Schule zu lebensfremd sei und daß die Schulabsolventen keine Anleitung zur Arbeit erhielten. Aus diesem Grunde wurde der Arbeitsunterricht eingeführt und später sogar ein Arbeitspraktikum. Ein Jahr lang sollten wir in einer Fabrik arbeiten, und im Sommer darauf schickte man uns auf einen Sowchos in der Umgebung von Moskau. Dies erweiterte tatsächlich unseren Horizont, allerdings keineswegs im Sinne der weisen Partei.

Während unserer Arbeit in einer Moskauer Omnibusfabrik lernten wir zum ersten Mal den typisch sowjetischen Betrieb kennen mit seiner Schönfärberei, seiner Betrügerei, seinen Zwängen. Vor allem konnten wir keinerlei Arbeitsenthusiasmus feststellen. Niemand übereilte sich bei der Arbeit, man saß meistens im Rauchzimmer herum und lief erst beim Auftauchen eines Meisters an den Arbeitsplatz. »Für so wenig Geld soll man sich auch noch beeilen?« sagten die fleißigen Arbeiter. »Die Arbeit ist kein Wolf, der in den Wald davonläuft!« Schon am frühen Morgen waren fast alle angetrunken oder verkatert, und im Laufe des Tages kletterte regelmäßig jemand über den Zaun, um Wodka zu holen.

In der gesamten Abteilung schuftete nur ein einziger, ein etwa vierzigjähriger Mann, der seine Werkbank nie verließ. Alle übrigen haßten ihn dafür aus vollem Herzen und tippten sich, mit einem Blick auf ihn, vielsagend an die Stirn. Sie brachten es sogar fertig, ihm schlimme Streiche zu spielen: Entweder beschädigten sie heimlich seine Werkbank oder stahlen ihm das Werkzeug. »Du willst wohl Bestarbeiter werden, was, willst die Norm hochschrauben?« sagten sie gehässig. Wir lernten, daß die Norm, wann immer sie auch nur einer übererfüllte, im nächsten Monat für alle heraufgesetzt wurde und daß man dann für das gleiche Geld doppelt so viel arbeiten mußte.

Wir eigneten uns den allgemeinen Arbeitsstil sehr schnell an und merkten uns das gängige Liedchen:

Das ist unser Sowjetwappen:
Hammer, Sichel auf 'nem Lappen.
Ob du schmiedest, ob du mähst,
Stets du in der Scheiße stehst.

Der Dreher, dem ich als Lehrling zugeteilt war, ein junger Kerl, kaum älter als ich, erfüllte seine Norm auf höchst originelle Weise. Wenn der Meister ihm seine Arbeit zugewiesen hatte, tat er, als ob er arbeite. Doch sobald der »Alte« nicht in der Nähe war, schlichen wir zum Lager für die fertiggestellten Stücke, einem großen Schuppen, an dessen Rückwand sich zwei Bretter leicht zur Seite schieben ließen. Wir krochen hinein, suchten im Dunkeln die Kisten, die wir brauchten und füllten uns die Taschen mit Fertigteilen. Dann kehrten wir auf Umwegen an unseren Arbeitsplatz zurück und verbrachten den Rest des Arbeitstages fast ausschließlich im Rauchzimmer. Ich glaube, daß nicht nur mein »Mentor« so schlau war.

Wir beide waren die Jüngsten in der Abteilung, und natürlich wurde immer einer von uns nach Wodka geschickt – während der andere an der Werkbank blieb und so tat, als erfülle er die Norm. Gegen Ende des Tages lebten alle auf, bewegten sich munterer und liefen ständig irgendwohin. Sie kehrten mit irgendwelchen Tüten und Schachteln zurück. Darauf kletterte wieder einer von uns mit seinem Ausbilder über den Zaun, und man übergab uns sorgfältig diese Tüten. Die Arbeiter selbst verließen das Gelände durch den Hauptausgang und sammelten dann ihre Beute wieder bei uns ein. Sie stahlen praktisch alles, was man nur irgendwie auf dem Trödelmarkt verhökern oder im eigenen Haushalt gebrauchen konnte. Einmal stahlen sie den ganzen Motor eines Autobusses, ein andermal eine Rolle Bezugstoff für Autobus-Sitze. Die verschiedenen Farben, Lacke und Motorteile waren nicht zu zählen. Dabei hingen im ganzen Fabriksgelände farbenprächtige Plakate und Losungen: »Abliefern! Einholen! Überholen!« Dazu Schaubilder mit steigenden Produktionskurven und lächelnde, blitzsaubere Arbeiter mit aufgekrempelten Ärmeln. Auf den Plakaten strebte das Land unaufhaltsam den Höhen des Kommunismus entgegen.

Die Einführung in die landwirtschaftliche Arbeit war nicht weniger aufschlußreich. Wir wurden abends in einen Sowchos nahe von Moskau gefahren, wo man uns eine Baracke als Unterkunft zuwies. Die Nacht verbrachten wir auf Pritschen. Schon in der frühen Dämmerung weckte uns ohrenbetäubendes, unflätiges Fluchen. Als wir aus der Baracke strömten, sahen wir zwei Dutzend Weiber, die mit Schaufeln völlig verfaulte Kartoffeln auf einen Lastwagen luden und Chruschtschow mit derben Flüchen belegten – einfach so, um sich die Arbeit zu erleichtern.

»Nikita, her mit ihm!« schrien sie. »Vergnügt sich mit Katja Furzewa[14], der Fettwanst, und Sorgen hat er auch keine, wir aber sehen unsere Kerle wochenlang nicht. Tag und Nacht müssen wir diese beschissenen Kartoffeln verladen, daß sie dieser und jener hole! Her mit ihm, mit diesem Chruschtschow!«

Diese selben Kartoffeln wurden aufs Feld geschafft und dort gesetzt. Was konnte daraus schon wachsen? Das jedoch interessierte niemanden. Die Männer erklärten uns, daß sie für jede Tonne gepflanzter Kartoffeln bezahlt würden und daß die Ernte sie nicht interessiere. Bald wurde es kälter, es regnete unaufhörlich, und man trieb uns zum Jäten in die Rüben. Diese Beschäftigung erschien uns völlig blödsinnig, und sie war es auch: Man schickte uns nur hin, um uns irgendwie zu beschäftigen; die Ergebnisse interessierten niemanden. Es versteht sich, daß auch der ganze Sowchos voller Plakate und Transparente hing, voller Schaubilder mit steigenden Produktionskurven, schweren Kühen und drallen Melkerinnen.

Der Schlamm war unpassierbar und nach Wodka mußte mit dem Traktor gefahren werden. Voller Staunen nahmen wir zur Kenntnis, daß die Arbeiter des Sowchos nicht kündigen und wegfahren konnten, man händigte ihnen einfach ihre Pässe nicht aus. Ohne Paß aber standen die Leute außerhalb des Gesetzes, jeder erstbeste Milizionär konnte sie in der Stadt festnehmen. Ohne Paß konnte man auch keine andere Arbeit annehmen. Die jungen Leute in unserem Alter warteten wie auf eine Erlösung darauf, zur Armee eingezogen zu werden. Nach dem Wehrdienst hatten sie eine Chance, nicht nach Hause zurückkehren zu müssen, sondern irgendwo in der Stadt Arbeit zu finden. Die jungen Mädchen wiederum träumten nur davon, einen

Städter heiraten und dann wegziehen zu können. Trunkenheit, Prügeleien und Messerstechereien waren an der Tagesordnung.

Alle diese Eindrücke fanden in unserer Zeitschrift keinen direkten Niederschlag, denn wir waren der Ansicht, daß dies alles mit Literatur nichts zu tun hatte. Indirekt jedoch, unfreiwillig, sprach unsere Einstellung zu diesem Leben aus jeder Zeile. Es gab auch zweideutige Scherze, Parodien und Spott über die abgedroschenen Phrasen der sowjetischen Propaganda, die in die Literatur Eingang gefunden hatten. Doch niemand von uns beabsichtigte, der Zeitschrift einen politischen Anstrich zu geben – es war für uns lediglich ein Zeitvertreib.

Als die Zeitschrift fertig war, riefen wir beide Abiturientenklassen nach dem Unterricht in einem leeren Schulzimmer zusammen und luden auch die beiden Lehrer ein, die Literatur und Geschichte unterrichteten. Einer von uns, der als guter Schauspieler galt, las die Zeitschrift unter allgemeinem Gelächter vor. Alle waren mit unserem Einfall sehr zufrieden. Als wir uns jedoch nach unseren Lehrern umsahen, stellten wir mit Erstaunen fest, daß sie gar nicht lachten. Sie machten lange Gesichter und sahen blaß aus. Buchstäblich mit zitternden Lippen versuchten sie uns davon zu überzeugen, daß die Zeitschrift mißlungen sei, die Scherze platt und alles miteinander – politisch falsch.

Als wir unsere Lehrer so erschrocken sahen, verstummten wir. Alle waren betreten und ängstlich, vor allem aber – wir begriffen nicht, was eigentlich geschehen war. Wir gingen in einer solchen Stimmung nach Hause, als sei jemand gestorben.

Damals besuchte ich bereits eine andere Schule. Zwei Jahre zuvor hatte mein Vater eine neue Wohnung erhalten, und wir waren in einen anderen Bezirk umgezogen, in die Kropotkin-Straße. In dieser Schule gab es viele Kinder hoher Parteifunktionäre, und sie galt als besonders gut. Die Schüler hatten offenbar zu Hause von der Zeitschrift berichtet, die Eltern waren beunruhigt, und bald braute sich ein Skandal zusammen. Fast täglich tauchten irgendwelche hohen Kommissionen in der Schule auf, wir wurden zu Untersuchungen und Gesprächen vorgeladen, und es war seltsam zu beobachten, wie unsere Lehrer, zu denen aufzuschauen wir gehalten waren, jetzt voller Schrecken, fast mit Entsetzen, auf uns blickten. Die ganze Schule schlich bedrückt umher. Flüsternd wurde davon gesprochen, daß der Fall irgendwo im Zentralkomitee untersucht werde.

Damals wurde mir zum erstenmal bewußt, was für ein Glück ich hatte, kein Komsomolze zu sein. Die anderen Jungen, die Komsomolzen, wurden durch Versammlungen gezerrt, man sprach über sie, zwang sie zu bereuen, sie erhielten Verweise – nur mich ließ man ungeschoren. Dennoch, ich weiß nicht warum, hielt die Führung ausgerechnet mich für den Initiator der Zeitschrift. Man sah in mir einen Bösewicht, der sich alles nur zu dem Zweck ausgedacht hatte, braven Leuten Unannehmlichkeiten zu bereiten. Zu Beginn wurde eine Elternversammlung einberufen, in der man meinen Eltern fast die Augen auskratzte. Darauf entschieden weise Parteifunktionäre: Das Kollektiv selbst, die Schüler, soll die Schuldigen verurteilen.

Es war dies eine typisch sowjetische Heuchelei – künstlich sollte der Eindruck einer öffentlichen Meinung erweckt, künstlich eine kollektive Verurteilung fabriziert werden.

Dabei hatten sie sich allerdings gründlich verrechnet, denn die sowjetische Heuchelei hatte sich unserer noch nicht bemächtigt. Jene Jungen, die erst vor einem Monat beim Lesen der Zeitschrift vergnügt gelacht und sich darüber gefreut hatten, schämten sich jetzt, ideologische Reden zu halten. Die Versammlung verurteilte uns nicht. Einige, von ihren Eltern belehrte Schüler traten behutsam auf und schlugen vor, die Frage der Autoren der Zeitschrift von der Zeitschrift selbst zu trennen. Sie erklärten sich damit einverstanden, das Blättchen als »politisch unreif« zu verurteilen, weigerten sich jedoch, uns, die Autoren, zu verurteilen. Doch selbst diese gemäßigte Richtung konnte sich nicht durchsetzen, denn im großen und ganzen spielten alle die Erstaunten: Was wäre denn besonderes geschehen, eine Zeitschrift wie andere auch, sie sei sehr gut, und man müsse sie auch weiter herausgeben. Schließlich wurde vorgeschlagen, daß auch wir, die Schuldigen, uns äußern sollten, doch wir weigerten uns zu bereuen. Das war nun schon ein vom Standpunkt der Partei unzulässiger Skandal. Die geplante kollektive Verurteilung war damit geplatzt, und die Behörden konnten das nicht auf sich beruhen lassen. Höheren Ortes wurde unsere Zeitschrift als ideologische Diversion eingestuft, und ich wurde zusammen mit dem Schuldirektor zu einem Gespräch in das Stadtparteikomitee von Moskau befohlen.

Nie in meinem Leben werde ich den Weg mit dem Direktor zum Stadtkomitee vergessen. Er war schon älter, weit über die Fünfzig hinaus, untersetzt und rundlich und hatte einen kahlen großen Schädel. In der Schule wurde er »Brötchen« genannt. In der Metro saßen wir nebeneinander wie zwei kleine Sünder, die zusammen etwas ausgefressen hatten und jetzt ihrer Bestrafung entgegensahen. Wir fühlten uns so sehr einander gleich, es bildete sich eine so intime Atmosphäre, daß er während der ganzen Fahrt traurig von dem Dorf erzählte, in dem er geboren und aufgewachsen war, von seinen Kindern und irgendwelchen häuslichen Sorgen; auch klagte er über seine Gesundheit. Er war kein schlechter Mensch, und er tat mir schrecklich leid. Über unsere ganze Angelegenheit und darüber, was uns erwartete, sprachen wir kein Wort – als hätten wir es vereinbart. Reden tat überhaupt nur er, er goß seinen Kummer aus und betrachtete mich dabei verstohlen mit seinen traurigen Augen. Und mir fiel nichts ein, womit ich ihn hätte trösten können. Tatsächlich, seinetwegen tat es mir zum ersten Mal leid, daß wir dieses verflixte Blättchen herausgebracht hatten. Ich sagte ihm, daß ich versuchen würde, alles auf mich zu nehmen und ihn irgendwie reinzuwaschen. Er aber nickte nur betrübt mit dem Kopf und klagte über seine Krankheiten.

Im Stadtkomitee der Partei wartete man bereits auf uns, und irgendwelche jungen Leute in schwarzen Anzügen und mit vorschriftsmäßigen Plakatgesichtern brachten uns in ein Zimmer. Dort blieb ich wartend zurück, den Direktor führte man durch eine große Tür weiter, in das Büro eines höheren Funktionärs. Dort blieb er lange, etwa vierzig Minuten, und als man dann auch mich hineinführte, saß er mit rotem Kopf vor einem Tisch und wischte sich den Schweiß von der Glatze.

Hinter dem riesigen, T-förmigen Tisch thronten ungefähr zwanzig Personen, Männer und Frauen, vor allem ältere. Alle sahen besorgt aus, hatten Papierstöße vor sich und schrieben irgend etwas. Bei meinem Erscheinen wandten sich alle mir zu und blickten mich streng und finster an. Seltsam, aber ich empfand weder Schrecken noch Angst, war nicht einmal nervös – vielmehr packte mich plötzlich heiterer Zorn. Diese gewichtigen Parteidamen, diese aufgedunsenen, ergrauten Parteiführer, die sich mit solcher Ernsthaftigkeit versammelt hatten, um unser Schülerblättchen unter die Lupe zu nehmen – sie waren der Unrat, jene blutigen Henker, die wir noch vor einem Jahr um den Preis unseres Lebens bereit waren zu vernichten! Sie waren es, die das ganze Land in Schrecken hielten, die die Panzer nach Budapest geschickt hatten und unsere Seelen verstümmelten!

Neugierig betrachtete ich ihre farblosen, ausdruckslosen Visagen. Ich suchte Grausamkeit, Herrschsucht, Selbstsicherheit und Willenskraft, fand aber nur Dummheit. Dummheit und Feigheit. Und dafür waren wir bereit gewesen zu sterben. Die da konnte man doch mit einem einzigen Wort zu Tode erschrecken. Wenn sie doch ein einziges Mal in ihrem Leben diese auf sie gemünzten derben Flüche hören könnten, mit denen sie jeden Tag von jedem alten Weibe in jedem Dorf belegt wurden ... Als ich sie mir ansah, muß ich mokant gegrinst haben, denn plötzlich gerieten sie alle in Bewegung, wurden unruhig, begannen alle auf einmal zu reden. Es gefiel ihnen nicht, wie ich dastand, daß ich die Hände nicht an der Hosennaht hielt und, natürlich, daß ich lächelte. Und überhaupt, wer hatte mich gelehrt, so etwas zu schreiben ... und dies da ... und jenes? Dabei ergriff das Oberschwein, das an der Stirnseite des Tisches saß, mit spitzen Fingern eine Ecke unserer schwergeprüften Zeitschrift und hob sie in die Höhe.

»Warum eigentlich muß es mich jemand gelehrt haben?« wunderte ich mich.

»Wie denn nicht!« Wieder geriet die Menagerie in Bewegung.

»Wie wären Sie denn sonst auf solche Gedanken gekommen? Sie haben doch noch nichts vom Leben gesehen.«

Aha, so ist das! Ihr scheuert das ganze Leben lang eure Hintern in euren Diensträumen durch, lest nichts außer Direktiven, geht nicht weiter als bis zum Klo, ich aber soll nichts gesehen, soll über nichts nachgedacht haben, und darum macht ihr euch jetzt daran, mich zu belehren. So also sieht das aus.

»Nein«, sagte ich, »ich habe sehr viel gesehen. Und kann mich an alles erinnern.«

Mein heiterer Zorn brach plötzlich nach außen durch, formte sich zu Worten, die nun auf ihre farblosen Visagen niederprasselten. Ich merkte selbst nicht, wie es passierte. Ich sprach über Stalin, über seine Beerdigung, darüber, wie alle geweint hatten, wie sie ihn dann später, kaum daß die Tränen getrocknet waren, verflucht und beschimpft hatten. Davon, daß ich ihnen nicht glaube – denen, die angeblich Angst gehabt und denen, die angeblich nichts gewußt hatten. Ich sprach mit ihnen so, als hielte ich die langersehnte Maschinenpistole in den Händen und erklärte ihnen ganz einfach, warum man sie alle erschießen müßte. Die einen versuchten, mich zu unterbrechen, andere wiederum machten sich Notizen, doch ich zwang sie alle, mir zuzuhören. Ich erzählte ihnen von der Leibeigenschaft auf dem Dorf, vom Alkoholismus, vom Stehlen und von den endlosen Lügen, die mich tödlich anwiderten, obwohl ich erst siebzehn Jahre alt war.

Als ich geendet hatte, schwiegen sie. Endlich sagte das Oberschwein, ohne mich dabei anzusehen:

»Sie haben ganz falsche Ideen. Sie sind politisch unreif und stehen unter schlechtem Einfluß.« Darauf geriet der ganze Tisch wieder in Bewegung: »Ja, ja, politisch unreif, ja, ja, unter schlechtem Einfluß!«

»Ich habe mit den Genossen beraten, und wir sind zu dem Schluß gekommen, daß Sie ein Läuterungsbad im Arbeitermilieu nötig haben, Sie sollten inmitten eines richtig guten Arbeiterkollektivs leben, damit man ihnen dort den Kopf durchlüftet.«

»Ja, ja, ein Läuterungsbad«, ließ sich der Tisch vernehmen.

»Es ist noch zu früh für Sie, zu studieren. Anstatt dies alles zu schreiben . . . das da«, und wieder hob er eine Ecke unseres Blättchens hoch, »hätten Sie sich dranmachen sollen und den Sieben-Jahr-Plan lesen. Sie können gehen.«

So schlug der Klotz zum ersten Mal zu und traf Meister Petz in die Flanke. Der Direktor wurde abgesetzt, mein Vater erhielt eine Parteirüge, die Schule wurde von irgendeinem Wettbewerb auf Bezirksebene ausgeschlossen, und ich sollte mein ganzes Leben in einem proletarischen Läuterungsbad schwitzen – also nach Wodka laufen, Fertigteile stehlen und immer wieder dieselbe Weisheit in mich hineinlöffeln: »Hammer, Sichel auf 'nem Lappen . . . ob du schmiedest, ob du mähst . . .«

Wenn man Berichte über Konzentrationslager hört oder liest, über Massen-Repressalien, über Millionen sinnlos vernichteter Leben, dann bleibt dies, bei aller Schärfe des Eindrucks, bei aller Aufrichtigkeit der Empörung, dennoch irgendwie im Abseits, im Abstrakten stecken. Es verändert dich selbst nicht, nicht deine Angewohnheiten, nicht deinen Gang und nicht deine Handschrift – eher schon gibt man sich philosophischen Betrachtungen hin über das viele Böse in der Welt und über die Schlechtigkeit der Menschen. Etwas anderes ist es, wenn der faule Klotz der Staatsmacht, und sei es auch nur leicht, deine Flanke gestreift hat. Das Schlimmste war, daß man mir verboten hatte zu studieren und daß ich in eine Fabrik mußte – nicht ins Gefängnis, nicht aufs Schafott, sondern in die Fabrik! Ich wußte ja noch nicht, wo ich hingehörte. Mit mir war etwas geschehen, und ich konnte nicht mehr derselbe Mensch sein, der ich vorher war.

Ich hatte kaum das Stadtkomitee der Partei verlassen, da wußte ich auch schon ganz sicher: Niemals und für nichts in der Welt werde ich in diese Fabrik gehen, in dieses proletarische Läuterungsbad steigen, und wenn sie mich totschlagen! Hatte ich nicht längst schon begriffen, in was für einem Staat ich lebte und was ich von ihm zu erwarten hatte? Dennoch war ich überrascht: Wo blieb mein Recht auf Bildung? Was gingen mich diese stumpfen Greise und alten Weiber im Stadtkomitee an? Wieso bestimmten sie, was ich zu tun hatte und was nicht, wie ich mein ganzes Leben verbringen und womit ich mich beschäftigen sollte? Bis jetzt war mir nicht klar gewesen, was ich nach dem Schulabschluß anfangen würde, ich hatte einfach nicht darüber nachgedacht. Jetzt aber, ich war noch nicht einmal zu Hause angekommen, hatte ich unwiderruflich beschlossen, eine Hochschule zu besuchen. Was immer auch kommen mochte, ich würde es tun! Ich war kein Gegenstand, ich war ein Mensch, und niemandem war gestattet, über mich zu verfügen.

Meine Schule mußte ich ohnehin verlassen, ich brauchte ihr nicht nachzutrauern, denn von ihr hätte ich die notwendige Beurteilung für den Besuch einer Hochschule nicht bekommen. Für das restliche halbe Jahr trat ich daher in eine Abendschule für Jungarbeiter ein. Man nahm dort an, daß ich ebenfalls arbeitete, irgendwo im Läuterungsbad des Kollektivs saß – ohne diese Voraussetzung durfte man keine Abendschule besuchen. Und als Beweis dafür hatte man eine Bescheinigung der Arbeitsstelle vorzulegen. Zu diesem Zweck bat ich einen Freund, sich eine Bescheinigung in seinem Betrieb ausstellen zu lassen, retuschierte seinen Namen weg und trug meinen dafür ein – nicht umsonst hatte ich in Chemie immer eine Eins gehabt. Niemand überprüfte die Richtigkeit der Bescheinigung. Sie war da, und damit war alles in Ordnung.

Danach mußte ich mir eine Beurteilung für die Hochschule besorgen. Glücklicherweise zeigte die Klassenlehrerin der Abendschule, die meinen Fall kannte, Verständnis für mich. Wer weiß, vielleicht hatte sie selbst oder einer ihrer Verwandten irgendwann unter dieser Staatsgewalt zu leiden gehabt, jedenfalls brauchte ich sie nicht erst lange zu überreden. In den Abendschulen sind die Beziehungen zwischen Schülern und Lehrern einfacher, menschlicher. Die Schüler sind oft älter als die Lehrer, haben mitunter schon Familie. Es gibt hier auch nicht den in Tageschulen üblichen Erziehungsrummel. Besagte Klassenlehrerin ging sehr einfach vor: Zusammen mit einem ganzen Stoß anderer Beurteilungen schob sie dem Direktor auch meine unter. Er hatte offenbar keine Zeit, den ganzen Papierhaufen im einzelnen durchzulesen und unterschrieb, ohne hinzusehen. Im Grunde genommen übernahm sie keine große Verantwortung: Niemand hatte ihr offiziell verboten, mir eine Beurteilung auszustellen.

Jetzt hing alles von mir selber ab, und während die anderen Schüler nach bestandenem Abschlußexamen durch Moskau spazierten und Lieder sangen, floh ich aus der Stadt. Ohne irgend jemanden in meine Pläne einzuweihen, nicht einmal meine Eltern, arbeitete ich wie ein Verrückter Tag und Nacht alle Lehrbücher durch. Als die Aufnahmeexamen für die Universität begannen, kannte ich sie auswendig, von A bis Z. Am letzten Tage, an dem es gerade noch möglich war, die Unterlagen einzureichen, kehrte ich heimlich nach Moskau zurück. Der Wettbewerb war enorm – sechzehn Anwärter kamen auf einen Platz. Auch die Nervenanspannung war unglaublich, nicht zuletzt wegen der Angst, jemand könnte mich erkennen und anzeigen.

In der Universität traf ich tatsächlich ein Mädchen aus meiner ehemaligen Schule. Wir bewarben uns für die gleiche Fakultät, waren also Konkurrenten, so daß ich bis zum letzten Augenblick fürchtete, angezeigt zu werden, und mehr an diese Gefahr dachte als an die Prüfungen selbst. Es mußten fünf Prüfungen abgelegt werden und immer, wenn ich eine hinter mich gebracht hatte, verschwand ich aus Moskau, um niemandem zu begegnen – wobei ich alle Regeln der Konspiration beachtete. Schließlich wurde die Liste der Aufgenommenen ausgehängt – ich war drauf. Jetzt konnte mir niemand etwas anhaben: Formal war ich bereits Student.

Doch das schien mir zu wenig – schließlich war nun ich an der Reihe, dem Klotz einen Stoß zu versetzen. »Wie ist das möglich?« überlegte ich mir, »so ein unglückseliges Schülerblättchen ohne jede Politik, und schon gerät die ganze Menagerie, fast bis zum Zentralkomitee hinauf, in Aufregung. Das heißt – sie haben Angst. Das heißt – so etwas bringt sie in Gefahr. Also ist es das, was jetzt getan werden muß.« Es ist eines, theoretisch zu wissen, daß es keine Pressefreiheit und keine Redefreiheit gibt, etwas anderes jedoch, sich in der Praxis davon zu überzeugen. Gibt es etwa eine Garantie dafür, daß die Stalinzeit nicht wiederkehrt, wenn man schon wegen eines kleinen Schülerblättchens Verweise erhält, vom Arbeitsplatz vertrieben wird und nicht studieren darf? Später wird man dann wieder behaupten, daß niemand etwas wußte und daß jeder Angst hatte. Und alles beginnt wieder von vorn.

Es war eine merkwürdige Zeit, und je weiter sie wegrückt, um so schwieriger wird es, sie richtig zu beurteilen. Heute spricht man vom »Chruschtschowschen Tauwetter«. Aber was bedeutete das in Wirklichkeit? Was hat Chruschtschow eigentlich getan? Nachdem er Stalin verurteilt und die Giftküche des Staates, die Küche der Menschenfresser ein wenig bloßgestellt hatte, erschrak er sofort selbst darüber und blies zum Rückzug. Es war ein Glück, daß gerade noch die Gefangenen freigelassen werden konnten – und auch dafür muß man, wie ich später erfuhr, nicht so sehr Chruschtschow als vielmehr Snegow dankbar sein.

Snegow, ein enger Freund Chruschtschows aus alten Zeiten, hatte selbst im Konzentrationslager gesessen und war von Chruschtschow unmittelbar nach dessen Machtübernahme befreit worden. Er war immer noch überzeugter Kommunist und blieb es auch, ungeachtet der Kehrseite des Sozialismus, die er erlebt hatte, des Lagers und des am eigenen Leibe erfahrenen Terrors. Das wundert mich nicht. Die Menschen der älteren Generation, vor allem jene, die sich der Zeit vor Stalin erinnern, identifizierten die Ideen des Kommunismus nicht so leicht wie wir mit der Person Stalins. Sie glaubten, daß alles herrlich geworden wäre, wenn Stalin nicht die lichten Leninschen Ideen verzerrt hätte. Sie begriffen nur schwer, wie sehr Stalin mit all seinen Greueltaten notwendig aus den Ideen Lenins, aus der Idee des Sozialismus selbst hervorgegangen war. Nicht zufällig erwies sich Stalin als machthungrig und unmenschlich, und nicht zufällig förderte und unterstützte die Partei gerade ihn.

Außerdem fiel es den Menschen der älteren Generation schwer, auch wenn sie die offenkundigen Verbrechen Stalins verurteilten, an der Richtigkeit der bolschewistischen Ideen zu zweifeln, für die sie gelebt und für die sie sich an der blutigen Abrechnung mit dem Klassenfeind beteiligt hatten. So tief vermochte ihre Ablehnung nicht zu gehen, denn irgendein psychologisches Gesetz der Selbsterhaltung zwang sie zu glauben, daß nicht sie, sondern allein Stalin die Schuld trug. Der Mensch, der sein Leben gelebt hat, kann am Ende einfach nicht zugeben, daß dieses ganze Leben, daß alles, woran er geglaubt hat, ein einziger Fehler war – mehr noch, ein Verbrechen.

Sogar uns, die wir die Entlarvung Stalins als Vierzehn-, Fünfzehnjährige erlebten, fiel das nicht leicht; wir behielten ein Trauma fürs ganze Leben. Die Leute aber, die zehn bis fünfzehn Jahre älter waren als wir, konnten damit schon gar nicht fertig werden, konnten keinen derartigen psychologischen Selbstmord begehen. Darum blieb auch in den fünfziger Jahren – die heute das Chruschtschowsche Tauwetter genannt werden –, der Kommunismus in seiner liberalen Variante für diese Menschen die herrschende Idee: Lenin war für sie nach wie vor die Autorität und der jugoslawische Sozialismus ein Vorbild für die richtige Umsetzung der richtigen Ideen. Ihr Aufbruch zu neuen Ufern ging nicht über Tito hinaus.

Snegow aber hatte sich, ungeachtet seines kommunistischen Glaubens, in den Lagern Denkweise und Ethik der Häftlinge zu eigen gemacht. Nachdem Chruschtschow ihn zu seinem Stellvertreter in der Rehabilitierungskommission ernannt hatte, begriff er, wie labil die entstandene Situation war und beeilte sich, während der wenigen Jahre seiner Amtszeit so viele Menschen wie möglich zu befreien. Er schaffte Übermenschliches, und als er schließlich abgesetzt wurde, gab es praktisch in den Lagern fast niemanden mehr – höchstens noch einige Zehntausend. In Snegows Amtszeit entstand auch das mildeste Lagerregime, das es jemals in der Geschichte der Sowjetunion gegeben hat, und bis zum heutigen Tage erinnern sich alte Häftlinge an diese Zeit wie an ein Märchen, wie an das Goldene Zeitalter. Da kursierten Legenden über Lagerkantinen, in denen man für Geld soviel essen konnte wie draußen in der Freiheit, Legenden, daß man nicht zur Arbeit gezwungen wurde, daß aber fast alle bereit waren, von sich aus zu arbeiten, weil es dafür Geld gab. Heute klingt so etwas völlig unglaubhaft.

Zu Beginn der sechziger Jahre war jedoch alles vorbei. Das Goldene Zeitalter hatte nur drei bis vier Jahre gedauert. Für Chruschtschow war es nur ein politisches Spiel, ein Kampf gegen seine Widersacher im ZK, die an den Stalinschen Verbrechen mehr als er beteiligt gewesen waren. Damals geriet die gesamte eingefahrene Propagandamaschinerie der Stalinzeit durcheinander. Niemand wußte, was morgen erlaubt sein würde, wie die Kritik am Personenkult zu verstehen war und wo ihre Grenzen lagen. Einige kritische Bücher schlüpften durch die Zensur und wurden gedruckt, doch auch dabei blieb man auf halbem Wege stehen: Es war zwar möglich, das Leben der Stalinära zu kritisieren, doch nicht das der nachfolgenden Zeit, und schon gar nicht die Grundlagen! Der Sekretär eines Kreiskomitees durfte als negative Erscheinung dargestellt werden, der Sekretär eines Gebietskomitees hingegen mußte unbedingt positiv geraten und am Ende des Buchs stets für die Chruschtschowsche Gerechtigkeit sorgen.

Die Macht des KGB blieb, wenn auch beschnitten, ungeheuer groß, und die politischen Verhaftungen hörten nicht auf, nur das Ausmaß verringerte sich. War das ein Verdienst Chruschtschows und seines »Tauwetters«? Ich halte diese Ansicht für falsch. Der politische Massenterror endete bereits unmittelbar nach dem Tod Stalins und lebte dann nicht wieder auf. Ob Stalin oder Chruschtschow: Der Massenterror war einfach unmöglich geworden – der Selbsterhaltungstrieb der führenden Clique hatte zu wirken begonnen. Zur unerbittlichen Logik des Terrors gehört, daß er ständig anwächst und sich dann, unkontrollierbar geworden, in der Regel gegen die Terroristen selbst wendet. In diesem Augenblick ist niemand mehr vor der Kugel sicher. Als die Kommunisten in den zwanziger und dreißiger Jahren alle politischen und Klassen-Feinde erschossen hatten, konnten sie den Terror auch nicht mehr aufhalten, er wurde zur Waffe des innerparteilichen Kampfes und der totalen Unterdrückung, er war für die Partei unerläßlich geworden, damit sie weiter leben und herrschen konnte. Plötzlich stellte sich dann heraus, daß zwei Drittel der Delegierten des XVII. Parteitages Feinde waren. Sie wurden erschossen, und gegen Ende der vierziger Jahre war praktisch bereits der ganze Bestand des Politbüro ausgewechselt worden.

Später traf ich mal einen Mann, dessen Geschichte die Mechanik dieses Prozesses gut illustriert. Der Fall ereignete sich im Jahre 1947. Dieser Mann, ein Oberst der Panzerwaffe, wurde aufgrund einer erlogenen Denunziation verhaftet und des Landesverrats angeklagt. Es gab keinerlei Beweise für seine Schuld, und niemand bemühte sich auch darum, welche zu finden. Alles, was die Untersuchungsbeamten von ihm wollten, waren neue Namen, neue Opfer. Er sollte lediglich gestehen, wer ihn für einen ausländischen Spionagedienst angeworben hatte, und dabei wurde er grausam gefoltert. Nun war er zwar bereit, jeden beliebigen Unsinn in bezug auf sich selbst zu unterschreiben, wollte aber nicht irgendwelche völlig unschuldigen Bekannten ausliefern. Schließlich, als er merkte, daß er die Folterungen nicht mehr lange ertragen würde und befürchten mußte, im Zustand der Bewußtlosigkeit eine erlogene Denunziation zu unterschreiben, tat er etwas, was ihn selbst überraschte.

Die Verhöre und Foltern wurden von drei Untersuchungsbeamten des MGB durchgeführt – einem höheren und zwei Gehilfen. Als er wieder einmal aufgefordert wurde, die Namen der Feinde zu nennen, die ihn angeworben hatten, zeigte er plötzlich mit dem Finger auf den höheren Untersuchungsbeamten: »Du!« sagte er.

»Du Schurke hast mich angeworben! Erinnerst du dich? Während des Manövers, bei Minsk, im Jahre '33, beim Birkenwäldchen!« »Er spinnt, er ist verrückt geworden, führt ihn ab!« sagte der höhere Untersuchungsbeamte. »Nein, nein, warum ihn abführen?« erklärten die beiden anderen. »Das ist doch sehr interessant, soll er weiterreden.« Diesen höheren Untersuchungsbeamten bekam er nie mehr zu Gesicht, man hatte ihn wohl erschossen. Einer der beiden Gehilfen nahm seinen Platz ein, der Fall wurde schnell zu Ende geführt, und mein Bekannter kam für fünfundzwanzig Jahre in ein Lager.

Es ist leicht einzusehen, daß, nachdem der Wahnsinn des Massenterrors durch den Tod Stalins ein Ende gefunden hatte, niemand ihn wieder aufleben lassen wollte. Jetzt, wo so viele Jahre vergangen waren, und sich aus naturbedingten Gründen sowohl der Apparat des Strafvollzugs wie auch die Regierungsspitze erneuert hatten, war es einfach unmöglich, zu jenen Zeiten zurückzukehren: Das System hatte sich verbürokratisiert, hatte Speck angesetzt, und zudem war es auch nicht mehr möglich, wieder eine solche Atmosphäre der allgemeinen Verdächtigung und ständigen Angst vor Spionen aufkommen zu lassen. So wie ein Kontinent in einem stufenweisen geologischen Prozeß entsteht, der mit Erdbeben und Lavaauswürfen beginnt, so erstarrte nach und nach auch dieses Gesellschaftssystem; es versteinerte und erreichte schließlich einen Zustand, in dem Veränderungen unmöglich geworden sind – und es will sie auch niemand. Das Volk will keine Revolution mehr und keinen Kampf, es spürt instinktiv, daß eine Revolution ihm nichts bringen würde als unendliches Leid, Blut, Hunger und neue Tyrannei. Und auch die Herrscher wollen keinen Terror und keine Erschütterungen mehr, die unausweichlich auch sie selbst vernichten würden. Darum möchte ich den Anfang dieses Prozesses nicht als Tauwetter bezeichnen, sondern eher als ein Erkalten, als ein Versteinern.

Und dennoch gab es dieses Tauwetter, dieses Auftauen gegen Ende der fünfziger und zu Beginn der sechziger Jahre – allerdings nicht bei Chruschtschow, und nicht von oben herab, sondern in den Köpfen der Menschen selbst, in ihrer Stimmung. Nachdem sie diesen Albtraum überstanden hatten, brauchten die Menschen eine Atempause, um über das Geschehene nachdenken zu können. Von diesem Prozeß wurde auch Chruschtschow selbst ergriffen und beeinflußt, und nicht umgekehrt. Nach dem Höhepunkt im Jahre 1956 beschäftigte sich Chruschtschow allerdings nur noch damit, diesem Prozeß, diesem Tauwetter entgegenzuwirken.

Das Schicksal dieses Menschen ist tragisch und lehrreich zugleich. Nach dem Schock, der uns allen durch die Entlarvung Stalins versetzt wurde, wird natürlich kein kommunistischer Führer jemals mehr vom Volk geliebt werden – er wird nichts als Spott und Hohn ernten. Doch sicherlich wird niemand einen so einmütigen und grimmigen Haß auf sich ziehen wie Chruschtschow. Alles an ihm brachte die Menschen auf: seine Unfähigkeit sich auszudrücken, seine für alle kommunistischen

Führer vor und nach ihm typische Unbildung, sein feistes, grinsendes Gesicht. Überall Mißernten und Mangel an Lebensmitteln – er aber grinst, findet es passend, sich zu vergnügen! Ebenso auch seine Reisen ins Ausland, seine fieberhaften und kleinkarierten Reformen – mit einem Wort, alle seine Unternehmungen riefen nur Zorn und Verachtung hervor. Das zu verstehen, ist nicht schwer. Vor ihm gab es den gleichen Hunger, die gleiche Unfreiheit, die gleiche Angst, die gleiche Auswegslosigkeit – doch es gab auch den Glauben an den schnauzbärtigen Gott, der alles überdeckte. Chruschtschow nahm uns diesen Glauben, und obwohl niemand an der Richtigkeit des von ihm Gesagten zweifelte, brachen nun die Bitterkeit und der Haß, die der Tod des Gottes hervorgerufen hatte, über Chruschtschow herein.

Mehr noch, nachdem er den Menschen ihre Illusionen geraubt hatte, gestattete er es ihnen, um sich zu schauen und die Realitäten ihres ganzen Lebens zu erkennen – und plötzlich war er an allem schuld, so als hätte es dieses ganze Leben vor ihm überhaupt nicht gegeben. Mit einem Mal war die Lebensuntauglichkeit des Systems ebenso offenkundig geworden wie die Inkompetenz der Führung. Was das Wichtigste war – am Kern der Sache änderte er nichts. Er rottete den Stalinismus nicht aus, brachte die Wirtschaft nicht in Ordnung und gewährte keine wirklichen Freiheiten, sondern versuchte stattdessen, den Menschen die gleichen Illusionen zu verkaufen, die gerade erst so anschaulich zerstört worden waren. Seine naiven Versprechungen in bezug auf die Errichtung des Kommunismus bis zum Jahre 1980 riefen nur Gelächter hervor. Ich glaube, er war der letzte kommunistische Führer, der tatsächlich an die Möglichkeit glaubte, den Kommunismus aufzubauen und dieses auch zu tun versuchte. Doch seinen Kommunismus brauchte niemand mehr, und niemand außer ihm selbst glaubte überhaupt noch an eine solche Möglichkeit. Der Betrug war für alle zu offensichtlich.

Zum Schluß war er nur noch eine schlechte Parodie auf Stalin. Da er das alte System nicht zerschlagen hatte, wurde er zu seinem Opfer, und nach und nach erhielten die Menschen anstatt des Personenkults des vergötterten Stalin den Personenkult des verhaßten Chruschtschow. Es war klar, daß das ganze System verfault war und ohne Kulte nicht mehr existieren konnte. Auch seine abenteuerliche Außenpolitik, die sich ihrem Wesen nach übrigens nur wenig sowohl von der vorangegangenen wie auch von der darauffolgenden unterschied, brachte ihm keine Anhänger ein: Die Doppelzüngigkeit und die Halbheiten seiner Politik schlossen einen möglichen Erfolg einfach aus. Einerseits die künstlich von ihm hervorgerufenen Krisen um Berlin und Kuba, die breitangelegten Aktivitäten zur Zersetzung der freien Welt und das klar erkennbare Streben nach Hegemonie, andererseits die demagogischen Friedensappelle und seine Aufrufe zur Abrüstung und zur Zusammenarbeit im Handel, an die zum Schluß nicht einmal mehr die naiven Menschen im Westen glaubten. So stand er, als er endlich abgesetzt wurde, völlig ohne Freunde da.

Erstaunlich, da hatte ein Mensch zehn Jahre lang regiert und nicht einen einzigen Freund gewonnen. Nur sehr wenige Menschen in Moskau, die in Chruschtschow eine

Garantie gegen die Wiederkehr des Stalinismus sahen, bedauerten ihn. Einige glaubten, daß sich in seiner Person der ewige Traum des russischen Volkes erfüllt hatte, auf dem Thron einen Hans im Glück zu haben, andere, Kundigere, meinten, man könne ihn eher schon mit Rasputin vergleichen.

Amüsant ist es immerhin, daß der Prozeß des inneren Auftauens der Menschen, der unter ihm begonnen hatte, scheinbar auch ihn selbst erfaßte. Menschen, die ihn nach seinem Sturz sahen, berichteten, daß er sich sehr verändert hatte, daß er schwer unter der allgemeinen Undankbarkeit litt und sich, kaum daß er nicht mehr an der Macht war, sehr schnell den Standpunkt der Bevölkerung zu eigen machte. Ich entsinne mich, wie wir uns 1970 bei Jakir zusammenfanden, um wieder einmal eine Bittschrift zur Verteidigung von Solschenizyn zu unterschreiben – im Zusammenhang mit der Verleihung des Nobelpreises an ihn. Wie üblich, saß Jakir am Telefon und rief ganz Moskau an, um Unterschriften seiner Bekannten zu sammeln. Da schlug jemand zum Spaß vor, auch Chruschtschow anzurufen, denn immerhin sei Solschenizyn auf seine Anordnung zum ersten Mal gedruckt worden. Gesagt, getan. Ans Telefon kam Nina Petrowna, und dann Nikita selbst.

»Haben Sie die Neuigkeit gehört?« fragte Jakir. »Welche?« »Welche schon, Solschenizyn hat den Nobelpreis bekommen!« »Aber natürlich, natürlich«, Nikita wurde lebhaft, »ich habe es gehört, selbstverständlich. Ich erfahre jetzt alle Neuigkeiten über den BBC.« »Wie beurteilen Sie das? Sie haben doch als erster gestattet, ihn zu drucken.« »Ja, ich erinnere mich, Twardowskij[15] sagte mir, daß es ein Werk von hohem künstlerischem Wert sei. Ich glaubte ihm.« Und nach einer Pause fügte er hinzu: »Nun ja, ohne Grund wird der Nobelpreis nicht verliehen.«

Gewiß, wir konnten uns nicht entschließen, ihn zu bitten, unsere Petition zu unterschreiben, aber ich glaube, daß wir, wäre er noch zehn Jahre als Privatmann am Leben geblieben, seine Unterschrift sicherlich bekommen hätten. Er bewegte sich eindeutig in dieser Richtung, und seine Memoiren waren gewiß nicht das Resultat einer zufälligen Laune.

Ob so oder anders, die Atmosphäre jener Jahre war jedenfalls frühlingshaft, war reich an Hoffnungen und Erwartungen: Das Jugendfestival in Moskau und die USA-Ausstellung – diese »ersten Schwalben« aus dem Westen in der Geschichte unseres Landes zerstörten die uns eingehämmerten Mythen gründlich. Es war lächerlich geworden, vom »verfaulenden Kapitalismus« zu sprechen. In bezug auf ihre Bedeutung kann man diese Ereignisse mit der Entlarvung Stalins vergleichen. Dazu kamen die unerwartete Annäherung an Jugoslawien und der beginnende Streit mit China, die ausländischen Touristen und die seltenen, immerhin aber nun erhältlichen Importwaren. Moskau verwandelte sich vor unseren Augen: An die Stelle der kriminellen Stadt meiner Kindheit mit ihren Elendsvierteln und ihren Banden von Halbstarken in Regenmänteln und Stiefeln war eine Stadt getreten, deren Bewohner sich in Buchläden drängten, die Säle füllten, in denen Dichterlesungen stattfanden, die das Theater »Sowremennik« stürmten, während aus den Fenstern der Häuser abends nicht mehr die Stimme Utjossows drang, sondern heimlich, unter der Hand gekaufte Jazzmusik und Rock'n Roll. Die Musik wurde von Rundfunkgeräten auf Röntgenfilmen mitgeschnitten, und diese »Platten« konnten dann millionenfach bei geschäftstüchtigen Leuten erworben werden. Hielt man so eine »Platte« gegen das Licht, sah man darauf die Abbildung eines Brustkastens, und so nannte man sie denn auch »Rock auf den Rippen«. Damals begannen die Halbwüchsigen auch, sich enge Hosen zuzulegen, so eng, daß es fast eine Heldentat war, sich in sie hineinzuzwängen. Und obwohl anfangs alle Streifen des Komsomol die Träger derartiger Hosen jagten, sie verprügelten und ihre Hosen mit Scheren aufschnitten, setzte sich diese Mode doch durch, und schon bald stolzierte der ganze Komsomol selbst darin einher.

Auf dem Sadowaja-Ring, wo der Trolleybus »B« verkehrte, ging ein Bettler seinem Gewerbe nach. Er betrat den Bus, zog sein Käppi und rief laut, ohne sich direkt an jemanden zu wenden: »Teurer Genosse Tito, du bist jetzt unser Freund und Bruder! Chruschtschow Nikita hat gesagt, daß du an nichts schuld bist. Unterstützt einen Vorkämpfer für die Verminderung der internationalen Spannung!« Natürlich gab man ihm reichlich.

In allen Moskauer Behörden und Büros waren die Schreibmaschinen bis zum äußersten ausgelastet: Für den eigenen Gebrauch oder für Freunde schrieb man Verse von Gumiljow[16], Mandelstam[17], der Achmatowa und von Pasternak. Man hatte das Gefühl, als begännen nun alle, vorsichtig ihre vom langen Sitzen steifgewordenen Glieder zu recken, Arme und Beine zu bewegen, und als würde davon ihr ganzer Körper prickeln, wie von tausend Nadeln gestochen. Nichts hielt sie mehr zurück, sie konnten plötzlich aufstehen, vermochten zu tun, was sie schon nicht mehr gewöhnt waren, was sie verlernt hatten: Auf zwei Beinen stehen.

Bei der Wiedergeburt unserer Kultur, nach fünfzig Jahren Herrschaft der Pest, durchlief sie die Entwicklungsetappen der Weltkultur: anfangs Folklore, Sagen, Märchen, weitergegeben von Mund zu Mund, von Generation zu Generation, dann die Lieder der Troubadours und fahrenden Spielleute, Verse und Gedichte, schließlich Prosa, ganze Romane, Traktate, philosophische Abhandlungen und publizistische Sammelwerke, Offene Briefe, Aufrufe und Journalismus – so erklomm der Samisdat in beschleunigtem Tempo Stufe um Stufe der Kulturgeschichte. In den siebziger Jahren tauchten sogar Samisdat-Filme auf.

Irgendwann einmal wird man bei uns, so glaube ich, dem politischen Witz ein Denkmal errichten. Diese erstaunliche Spielart der Volkskunst gibt es heutzutage fast nirgendwo auf der Welt, mit Ausnahme der sozialistischen Länder, wo Informationen und freie Presse fehlen und wo die verbotene und unterdrückte öffentliche Meinung in dieser ungewöhnlichen Form ihren Ausdruck findet. Notwendigerweise kurz, gedrängt und mit einem Maximum an Information angereichert, ist jeder sowjetische Witz ebensoviel wert wie ganze Bände philosophischer Arbeiten. Die Prägnanz des Witzes legt den völligen Unsinn der propagandistischen Schliche bloß. Der Witz überlebte die schwersten Zeiten, hielt durch, wuchs zu ganzen Serien an, und an ihm kann man die gesamte Geschichte der Sowjetmacht ablesen. Eine vollständige Sammlung der Witze herauszugeben, ist ebenso wichtig, wie eine wahrheitsgetreue Geschichte des Sozialismus zu schreiben.

In den Witzen findet man, was in den Druckerzeugnissen keine Spur hinterließ – die Meinung des Volkes. Auf jede Frage gibt es eine Antwort.

Wie, beispielsweise, bewertete das Volk die Enthüllung des Personenkults? Als Stalin aus dem Mausoleum getragen und an der Kremlmauer beerdigt wurde, tauchte auf seinem Grab ein Kranz mit folgender Inschrift auf: »Dem postum Unterdrückten von den postum Rehabilitierten.«

Einst war Lenin aus dem Mausoleum verschwunden. Man machte sich ans Suchen, filzte das ganze Mausoleum und fand einen Zettel: »Bin nach Zürich gefahren – will alles von neuem beginnen.«

Oder – wie die Nachkommen unsere Zeit bewerten? In zukünftigen Enzyklopädien heißt es: »Hitler – ein kleiner Tyrann der Stalinära. Chruschtschow – ein Literaturkritiker aus der Zeit Mao Tse-tungs.«

Und natürlich auch Witze über das KGB.

In Ägypten wird eine Mumie gefunden. Alle Ägyptologen der Welt versammeln sich, können aber nicht herausfinden, um welchen Pharao es sich handelt. Man lädt sowjetische Spezialisten ein. Sie kommen angereist – drei Ägyptologen in Zivil. »Lassen Sie uns, mit ihm allein«, sagen sie, und man läßt sie. Man wartet einen Tag, einen zweiten, einen dritten – nichts. Am vierten kommen sie heraus: »Ramses der Fünfundzwanzigste.« Alle sind überrascht: »Wie haben Sie das herausbekommen?« »Er hat gestanden, der Schurke.«

Während einer Parade auf dem Roten Platz fährt der Verteidigungsminister die Front der angetretenen Truppen ab: »Guten Morgen, Genossen Panzersoldaten!« »Gu . . . Mo . . . nosse . . . Marsch . . .!« antworten die Panzersoldaten lauthals. Er fährt weiter. »Guten Morgen, Genossen Artilleristen!« »Gu . . . Mo . . . nosse . . . Marsch . . .!« Zum Schluß fährt er auch an den Truppen des Staatssicherheitsdienstes vorbei. »Guten Morgen, Genossen Tschekisten!« »Guten Morgen, guten Morgen, Bürger Marschall«, antworten diese mit einem unguten Lächeln.

Oder der Kampf für den Frieden und die sowjetische Friedensliebe. In der ganzen Welt streitet man sich darüber und hat unzählige Untersuchungen darüber verfaßt, ob die Sowjetunion tatsächlich den Frieden wünscht oder ob sie es nur vorgibt. Für uns ist das bereits kein Problem mehr. Ein Jude kommt zum Rabbiner und fragt: »Rebbe, du bist ein weiser Mann, sag mir, wird es Krieg geben oder nicht?« »Krieg wird es nicht geben«, antwortet der Rebbe, »wohl aber einen solchen Kampf um den Frieden, daß kein Stein auf dem anderen bleibt.«

Und was sagen die Sowjetmenschen über den »verfaulenden Kapitalismus«? »Daß er verfault, ist klar, aber ein Duft ist das!« Und sie schnuppern genüßlich mit der Nase.

Und wenn man in den sowjetischen Zeitungen über die ständige Krise im Westen liest und davon, wie die kommunistischen und Arbeiterparteien keine Mühe scheuen, um diese armen Werktätigen der Sonne des Sozialismus entgegenzuführen? In einem jüdischen Städtchen ist der kleine Moische den ganzen Tag mit der Hauswirtschaft beschäftigt. Die Familie ist groß, die Eltern gehen zur Arbeit, die kleinen Schwesterchen und Brüderchen heulen, Geld ist keins da, und er ist so müde, daß er in der Schule hinter seinem Pult fast einschläft. Es ist Biologiestunde und der Lehrer fragt: »Moische, sag mal, wieviel Beine hat die Küchenschabe?« »Ihre Sorgen möcht ich haben, Herr Lehrer . . .«

Von diesen Witzen gibt es hunderttausende, und in jedem steckt ein ganzes Poem.

Und dann würde ich auch der Schreibmaschine ein Denkmal setzen. Sie machte eine völlig neue Form des Verlagswesens möglich – den Samisdat: Man schreibt selbst, redigiert selbst, man zensiert selbst, verlegt selbst, man verteilt selbst und sitzt auch selbst die Strafe dafür ab. Begonnen hat der Samisdat mit Versen und Gedichten indizierter, vergessener und unterdrückter Lyriker; alles, was nach den Vorstellungen der Zensur offiziell nicht gedruckt werden durfte, kam in den Samisdat. Heute zählt der Samisdat zwei Nobelpreisträger zu seinen Autoren.

Und wenn schon von Denkmälern die Rede ist, dann muß man auch dem Mann mit der Gitarre ein Denkmal setzen. Wo, in welchem Lande, werden miserable, von Amateuren hergestellte Tonbandaufnahmen von Liedern zur Gitarre im geheimen und unter der Gefahr, verhaftet zu werden, in Millionen von Exemplaren verbreitet?

Ich erinnere mich, wie ich gegen Ende der fünfziger Jahre zum erstenmal eine Stimme hörte, die zur Gitarre leise über die Moskauer Höfe, über meinen geliebten Arbat, sogar über den Krieg sang – aber so, wie noch nie jemand gesungen hatte. In diesen Liedern gab es nicht eine einzige falsche Note des offiziellen Patriotismus, und wir blickten erstaunt um uns, hatten plötzlich sogar Sehnsucht nach einer Heimat, die es nicht gab. In diesen Liedern war nichts Politisches, dafür aber soviel Aufrichtigkeit, soviel von unserer Trauer und unserem Schmerz, daß die Behörden es nicht dulden konnten. Die albernen und gehässigen Verfolgungen von Okudschawa[18] waren eigentlich die ersten Verfolgungen eines Dichters, die sich vor unseren Augen abspielten.

Etwas später tauchte Galitsch auf, dessen Lieder die Häftlinge in den Lagern bis zum heutigen Tage heimlich voneinander abschreiben. Die erste Frage, die jedem Neuankömmling im Lager gestellt wurde, lautete: »Welche neuen Lieder von Galitsch[19] hast du von draußen mitgebracht?«

Mit der Zeit traten immer mehr von diesen unscheinbaren Figuren mit Gitarre auf. Man stellte ihnen keine Säle für ihre Auftritte zur Verfügung, für jedes ihrer Lieder mußten sie mit einer Freiheitsstrafe rechnen, und darum konnten sich nur wenige

Glückspilze rühmen, einen von ihnen selbst gesehen zu haben. Ihre Vorgänger während der Morgenröte der Menschheit hatten es leichter: Niemand sperrte die fahrenden Spielleute ins Gefängnis, niemand schleppte Homer in ein Irrenhaus und beschuldigte ihn der Blindheit und Einseitigkeit. Für uns ist Galitsch kein Geringerer als Homer. Jedes seiner Lieder ist eine Odyssee, eine Reise durch die Labyrinthe der Seele des Sowjetmenschen.

Damals wurde unsere Kultur jedoch erst geboren. Niemand dachte daran, ihr einen Nobelpreis zu verleihen – es gab nichts außer dem Kerker. Ich, der ich zufällig im Dunkel auf sie gestoßen war, sah in ihr die einzige Möglichkeit zu leben, die einzige Alternative.

Im Sommer 1958 wurde das Majakowski-Denkmal enthüllt. Während der offiziellen Einweihungszeremonie lasen offizielle sowjetische Lyriker ihre Gedichte vor, nach Beendigung der Zeremonie aber begannen auch Leute aus dem Publikum ihre Verse vorzutragen. Diese unerwartete, nicht eingeplante Wende des Geschehens fand soviel Anklang, daß man verabredete, sich regelmäßig dort zu treffen. Anfangs sahen die Behörden darin keine besondere Gefahr; in einer Moskauer Zeitung erschien sogar ein Artikel über diese Treffen, verbunden mit Zeitangaben und der Aufforderung an alle Liebhaber der Dichtkunst, hinzugehen. Man versammelte sich fast jeden Abend, in der Hauptsache waren es Studenten. Man las Gedichte vergessener und unterdrückter Dichter vor, auch eigene, und manchmal entwickelte sich daraus eine Diskussion über Kunst und Literatur. Es entstand so etwas wie ein Klub unter freiem Himmel, ähnlich den Veranstaltungen im Hyde Park. Derart gefährliche Laien-Aktivitäten konnten die Behörden jedoch nicht länger zulassen, und so wurden diese Zusammenkünfte schon bald verboten.

Ich selbst war damals noch nicht auf dem Majakowski-Platz und wußte davon nur vom Hörensagen. Jetzt, nach der ganzen Affäre mit der Zeitschrift und den darauf folgenden Ereignissen, bedauerte ich es. Unter den Menschen, die sich dort versammelt hatten, hätte ich Gesinnungsgenossen finden können, und gemeinsam wäre es leichter gewesen, uns selbst und unsere Rechte auf Eigenständigkeit zu verteidigen. Doch das erniedrigende Gefühl der Unfreiheit, die Beleidigung, die darin lag, daß fremde Menschen über mein Schicksal verfügen wollten, brannte in mir und forderte aktiven Widerstand. So beschloß ich im September 1960, als ich bereits auf der Universität war, mit einem Freunde, der neben dem Majakowski-Platz wohnte, und mit einem anderen, der eine Schauspielschule besuchte, die Lesungen am Denkmal wieder aufzunehmen.

Unsere Rechnung war einfach: Alle, die sich früher hier versammelt hatten und die vom Verbot nicht allzu eingeschüchtert waren, würden sich nach zwei oder drei Lesungen bestimmt wieder einfinden. Und so geschah es auch.

Schon bald fanden die Lesungen wieder regelmäßig statt und zogen eine große

Zahl von Zuhörern an. Schnell lernten wir die »Alten« kennen und stellten erfreut fest, wie reich ihr Leben auch außerhalb der Lesungen pulsierte. Außer der Verbreitung von Gedichten jahrelang verbotener Autoren im Samisdat sammelten und veröffentlichten sie auch ihre eigenen Werke. Gerade erst war ihr Freund Alexander Ginsburg[20] verhaftet worden, weil er drei Nummern der poetischen Zeitschrift »Syntax« herausgebracht hatte, und nun bereiteten sie die Herausgabe neuer Sammelbände vor – »Phönix«, »Bumerang«, »Cocktail« und andere mit ebenso wunderlichen Namen. Darüber hinaus versuchten sie, offizielle sowjetische Vorträge und Diskussionsabende zu besuchen und sich dort zu Wort zu melden, Fragen zu stellen und wirkliche, auf das Wesentliche zielende Diskussionen zu entfachen. Sie hatten von früher her einen großen Bekanntenkreis, dem die verschiedensten Persönlichkeiten angehörten: Gelehrte, Schriftsteller, Maler. So erweiterte sich auch der Kreis meiner Bekannten ständig. Die Lesungen auf dem Majakowski-Platz zogen das Beste und Originellste aus dem ganzen Lande an. Das war genau das, was ich mir so lange gewünscht hatte.

Vor etwa hundert Jahren verschlangen unsere Altersgenossen sozialistische Broschüren, diskutierten bei ihren Zusammenkünften sozialistische Utopien, und wer damals Fourier oder Proudhon nicht kannte, wies sich als Ignorant aus. Bei uns wiederum galten die Verse von Gumiljow, Pasternak und Mandelstam als Parole, und so, wie die Schnüffler des zaristischen Rußland damals sozialistische Traktate studieren mußten, um in den Kreis der Jugendlichen eindringen zu können, so mußten jetzt die Agenten des KGB ungewollt zu Kennern der Poesie werden.

Es war die Zeit, in der die Freiheit des Schaffens, die Fragen der Kunst und Literatur zum zentralen Problem der Gesellschaft wurden. Als die größten Revolutionäre erwiesen sich die nonkonformistischen Künstler, die »formalistischen Dichter und andere. Das war nicht eine Folge unserer Initiative, sondern die Schuld der Behörden, die nicht bereit waren, die Rechte der Menschen auf die Freiheit des Schaffens anzuerkennen, und stattdessen jedermann ihren sozialistischen Realismus aufzuzwingen suchten. Eine paradoxe Erscheinung: Im Westen waren damals die Avantgardisten fast durchweg Kommunisten, bei uns dagegen galten sie als vogelfrei.

Der Kreis, der sich um uns scharte, war recht bunt. Es gab solche, die nur an der reinen Kunst interessiert waren; sie kämpften verzweifelt für das Recht einer l'art pour l'art. Das brachte all die, die sich immer für völlig unpolitisch gehalten hatten, mitten in das Gewühl des politischen Kampfes, ja an seine vorderste Front. Es gab auch solche wie mich, für die das Recht der Kunst auf Unabhängigkeit nur ein Anlaß war, lediglich einer von vielen Punkten des Nicht-Einverstanden-Seins. Sie machten vor allem deshalb mit, weil sie dabei im Zentrum der politischen Leidenschaften standen. Es gab auch noch andere, wie zum Beispiel den Autor der folgenden Verse, die mir aus jener Zeit im Gedächtnis geblieben sind:

Nein, es ist nicht unsere Sache,
Pistolen abzufeuern
In grüne Kolonnen.[21]
Wir sind Dichter,
Dies vor allem,
Und der Gegner
Ist mächtiger als wir.
Nein, nicht in uns erwacht die Vendée
In der brausenden, alles entscheidenden Stunde!
Unsere Waffe ist die Idee,
Nicht der Knüppel.
Nein, wir greifen nicht zur Pistole.
Doch für den entscheidenden Tag
Schuf die Epoche den Dichter,
Und der Dichter schuf den Soldat.[22]

Unter den Menschen, deren Mittelpunkt damals der Majakowski-Platz war, gab es auch noch verschiedene Spielarten von Neo-Marxisten und Neo-Kommunisten, doch sie waren bereits nicht mehr tonangebend. Diese Richtung starb allmählich aus, gehörte der Vergangenheit an. Entstanden war sie in den fünfziger Jahren als natürliche Reaktion auf die Stalinsche Willkür. Indem man sich auf die Klassiker des Marxismus-Leninismus stützte, sich auf sie berief, wollte man die Regierung zwingen, sich an deren hehre Grundsätze zu halten. Doch die Regierung kümmerte sich längst nicht mehr um die Autoritäten, die an der Parteifassade prangten, sondern hielt sich an ihre eigenen pragmatischen Vorstellungen. Und je mehr sich die Menschen bemühten, diese unerschütterlichen marxistischen Prinzipien für sich selbst zu definieren, desto mehr gelangten sie zu der Überzeugung, daß es sie überhaupt nicht gab und daß das, was wirklich existierte, direkt zum Stalinismus führte.

Etwas länger hielten sich jene, die sich den Marxismus als Deckmantel umgehängt hatten. Sie glaubten, von dieser Position aus die Regierung bequemer und gefahrloser kritisieren zu können, sie wollten sie sozusagen mit ihrem eigenen Lenin schlagen. Doch es zeigte sich, daß das die kommunistische Diktatur eher stärkte als schwächte. Die große Masse der denkenden Menschen ging in ihrer politischen Entwicklung wesentlich weiter, so daß die oben genannten Stimmen schon bald als Mißklang empfunden wurden. Die Popularität Lenins und der übrigen Klassiker war derart gesunken, daß diese Kritik die Regierung weniger in negativem als in positivem Licht erscheinen ließ: Sie bestand eben nicht aus Fanatikern, sondern aus Pragmatikern, die sich klug über veraltete Doktrinen hinwegsetzten.

Mir scheint, daß viele im Westen diesen Punkt übersehen und die Bewegung für Menschenrechte in der UdSSR für eine weitere Spielart des Neomarxismus halten. Es ist jedoch so, daß die wenigen Mitglieder dieser Bewegung, die aufrichtig an einen

Sozialismus mit menschlichem Antlitz glauben, in den Protestaktionen und in ihrer praktischen Arbeit mit den anderen übereinstimmen. Kämpften wir doch alle für ein menschliches Antlitz – Sozialismus hatten wir ohnehin genug!

Wie dem auch sei, Sozialisten gab es bei uns praktisch schon damals keine mehr. Wir kämpften für eine reale Freiheit des Schaffens, und nicht zufällig stießen viele von uns später zur Menschenrechtsbewegung: Galanskow[23], Chaustow, Ossipow, Edik Kusnetzow[24] und viele andere. Wir alle lernten uns auf dem Majakowski-Platz kennen. Sintschagow zum Beispiel, der spätere Verräter unserer Sache, war ein Sozialist mit menschlichem Antlitz.

Die Dichterlesungen mitten auf dem Platz, im Zentrum der Stadt, schufen eine ganz ungewöhnliche Atmosphäre. Einige der Vortragenden waren ausgezeichnete Berufsschauspieler, andere waren hervorragende Dichter: Schtschukin, Kowschin, Michail Kaplan, Viktor Kalugin, Aleksandrowskij, Schucht und andere. Zu jeder Lesung strömten hunderte von Menschen zusammen. Sie fanden meistens am Samstag- und Sonntagabend statt. Auf mich, und offenbar auch auf alle anderen, machte Anatolij Schtschukin einen besonders starken Eindruck. Seine begabten und ungewöhnlichen Verse trug er außerdem ausgezeichnet vor, und das war wichtig, denn wir hatten keinerlei Mikrophone, keinerlei technisches Gerät. Schtschukin verzauberte seine Hörer. Er sprach: »Und auf der schmalen Arabischen Halbinsel blieb, o Herr, kein Platz mehr für einen Kirchhof...«, und sofort nahm dich der bloße Klang gefangen, erfaßte dich wie eine Woge, überrollte dich, und wenn du dich eben dem Zauber der reinen dichterischen Form entziehen wolltest, rollte die zweite über dich hinweg, und dieses strömende Wogen aus Form und Sinn ließ dich nicht mehr los.

Eines der am häufigsten auf dem Majakowski-Platz vorgetragenen Gedichte war das »Menschliche Manifest« von Jurij Galanskow. Es wurde nicht nur vom Autor, sondern auch von jungen Schauspielern rezitiert. Ich weiß bis heute nicht, ob es wirklich gute Verse sind, und kann sie nicht beurteilen – zu eng sind sie mit der Erinnerung an jene Zeiten verbunden. Wir empfanden das »Menschliche Manifest« als Symphonie der Rebellion, als einen Aufruf zur Auflehnung.

> Ich gehe hinaus auf den Platz
> und stoße in das Ohr der Stadt
> den Schrei der Verzweiflung...

– das klang auf dem Majakowski-Platz wie ein hier und heute gefundenes Wort. In den Versen von Jurij war all das, was wir fühlten und wofür wir lebten:

> Ich bin es,
> der aufruft zur Wahrheit, zum Aufstand,
> der nicht länger zu dienen bereit ist.
> Ich zerreiße eure schwarzen Fesseln,
> die aus Lügen geknüpft sind.

Ebenso wie er spürten auch wir, wie aus dieser Verzweiflung, aus dieser Rebellion die freie unabhängige Persönlichkeit aufkeimte und wiedererstand:

Ich weise euer Brot zurück,
das nach Tränen schmeckt.
Ich falle und steige wieder,
halb im Wahn,
halb im Schlaf...
Und der Mensch
in mir erblüht.*

Wahrhaftig, es war ein menschliches und nicht nur ein politisches Manifest.

Man muß sich dazu vorstellen, daß dies im Zentrum von Moskau, unter freiem Himmel gesprochen wurde, im gleichen Moskau, in dem man noch vor sieben oder acht Jahren für solche Worte, auch nur leise geflüstert, ohne viel Federlesens zehn Jahre bekommen hätte.

Da sie nun bereits keinen Handlungsspielraum mehr hatten und infolgedessen noch mehr in Wut gerieten, waren die Behörden nicht bereit, eine derartige Freiheit weiter zu dulden. Fast von der ersten Dichterlesung an wurden Provokationen inszeniert und Vortragende festgenommen, wurden Namen aufgeschrieben und an die Hochschulen weitergemeldet – denn die meisten von uns waren Studenten. Die Hochschulen wiederum ergriffen ihrerseits Maßnahmen – meist schlossen sie die Betreffenden aus. Die Entscheidung über administrative Strafmaßnahmen gegen uns lag beim Stadtkomitee und beim Operativen Stab des Komsomol, praktisch also beim KGB. In regelmäßigen Abständen wurden Haussuchungen durchgeführt, dabei beschlagnahmte man Gedichtbände und anderes Samisdat-Material. Die »Operativen« zettelten Schlägereien auf dem Platz an, sie versuchten uns auseinanderzutreiben und zum Zeitpunkt unserer Zusammenkünfte den Zugang zum Denkmal unmöglich zu machen. Doch dies alles konnte uns nicht aufhalten; auch war die anwesende Menschenmenge immer auf unserer Seite.

Gleichzeitig startete die Parteipresse eine Verleumdungskampagne gegen uns. Was wurde da nicht alles für Unsinn über uns geschrieben – am häufigsten las man, daß wir Parasiten und Faulenzer seien und nirgendwo arbeiten würden. Das letzte traf mitunter formal sogar zu, denn auf Anordnung des KGB hatte man uns von den Hochschulen vertrieben, und man nahm uns auch die Möglichkeit, eine andere Arbeit zu finden. Doch alle diese Verleumdungen wirkten nur als Reklame für uns; immer mehr Menschen zog es zum Majakowski-Platz.

Im April 1961 kam es auf dem Platz zu einer regelrechten Massenprügelei. Gagarin hatte gerade seinen Weltraumflug vollbracht, der Tag war zum Feiertag erklärt worden, und viel halbbetrunkenes Volk staute sich in den Straßen. Wir hatten für diesen Tag eine Dichterlesung geplant, die der Wiederkehr des Todestages von Majakowski gewidmet sein sollte. Zur festgesetzten Stunde war der Platz von Menschen überfüllt. Viele der Festtagsbummler waren einfach gekommen, weil sie

* Die Übersetzung des »Menschlichen Manifestes« wurde übernommen aus »Die Stimme der Stummen« von Cornelia Gerstenmaier, Seewald Verlag, Stuttgart 1971, S. 203 ff.

die vielen Menschen gesehen hatten und nicht wußten, was los war. Bei uns selbst gingen die Meinungen auseinander: Einige meinten, wir sollten die Veranstaltung verschieben, andere sagten, dazu sei es zu spät. Am Ende beschlossen wir, die Lesung abzuhalten. Die Stimmung war auf dem Siedepunkt, die »Operativen« standen bereit, sich jeden Augenblick auf uns zu stürzen. Als schließlich Schtschukin zu rezitieren begann, heulten sie auf und drangen durch die Menge zum Denkmal vor.

Gewöhnlich versuchten wir, um die Vortragenden einen Ring zu bilden, um sie vor Provokationen zu schützen, und auch das Publikum trat immer für uns ein. So auch diesmal; doch die »Operativen« waren schon in Rage geraten, und in der Menge befanden sich viele zufällig Anwesende, darunter auch Betrunkene. Es entstand ein regelrechtes Handgemenge, wobei viele sich nur zum Spaß in die Schlägerei stürzten, ohne recht zu begreifen, wer sich mit wem prügelte. In wenigen Augenblicken kochte der ganze Platz: Man schlug aufeinander ein, stieß sich mit den Ellenbogen und bahnte sich einen Weg zum Kern der Schlacht. Die »Operativen« blieben nicht ungeschoren, doch immerhin schafften sie es, Schtschukin und Ossipow in den Polizeiwagen zu stoßen. Die Miliz ist ohnehin bei der Bevölkerung nicht beliebt, um so mehr rief ihr Erscheinen jetzt Empörung hervor. Einen Augenblick lang befürchtete ich, daß man den Polizeiwagen umwerfen und demolieren würde, doch irgendwie durchbrach er doch die Menge und fuhr davon. Schtschukin bekam fünfzehn Tage »Für das Rezitieren antisowjetischer Gedichte«, Ossipow zehn Tage »für Störung der öffentlichen Ordnung und unsittliches Fluchen«. Letzteres war besonders komisch, denn jedermann kannte Ossipow als einen Gegner unanständiger Flüche und wußte, daß er stets empört war, wenn er so etwas hörte.

Allein schon an diesem Ereignis kann man ermessen, wie ungewöhnlich jene Zeit war. Die Unsicherheit und Instabilität der Führung und die Furcht Chruschtschows, im Westen einen negativen Eindruck zu erwecken, fesselten lange die strafende Hand der Sicherheitsorgane. Auch die vollständige Freimütigkeit und die Legalität unserer Unternehmungen verwirrten das KGB, denn es war ständig auf der Suche nach irgendeiner illegalen Organisation, die »hinter uns stand« und uns von außen lenkte. Doch die Zeit verging, die Organisation wurde nicht gefunden, und das KGB verlor sich in Mutmaßungen. Zu Verhaftungen kam es ebenfalls nicht – man befürchtete, die mystische Organisation »aufzuscheuchen«.

Ich war damals gut über alle Einzelheiten informiert, denn dank alter Verbindungen, die noch bis in die Zeit unserer jugendlichen Verschwörung zurückgingen, besaß ich viele Bekannte im Stadtkomitee des Komsomol und sogar im Operativen Stab, der offiziell unseren Kreis sprengen sollte und dabei eng mit dem KGB zusammenarbeitete. Von diesen Bekannten erhielt ich recht genaue Informationen über die gegen uns geplanten Maßnahmen und konnte so die Unsrigen warnen. Überhaupt hatten wir damals unter den Komsomolfunktionären viele Sympathisanten.

Gegen uns wurden ständig Razzien durchgeführt, und gelegentlich nahm man den einen oder anderen auch für einige Stunden fest. Wenn sie einen von uns festgenommen hatten, übergaben ihn die »Operativen« häufig der Miliz, zusammen mit einem fingierten Protokoll über sein angeblich schlechtes Benehmen. Gelegentlich wurde man dann von der Miliz bestraft, meist jedoch ganz einfach entlassen. Diese freiwilligen Polizeikräfte waren bei der Miliz nicht sehr beliebt, während die zwischenbehördliche Feindschaft dem KGB gegenüber ohnehin nie erlosch.

Im Frühjahr bemühte ich mich mit Hilfe meiner Bekannten unter den Komsomolfunktionären, bei einem der Bezirkskomitees des Komsomol ein offizielles Klublokal für unseren Kreis zu bekommen. Den Klubraum gaben sie uns bereitwillig, versuchten jedoch sofort, uns bestimmte Beschränkungen und Kontrollen aufzuerlegen. Schon das erste Vorhaben unseres Klubs, eine Ausstellung nonkonformistischer Künstler, wurde verboten, und damit war der Klub geschlossen, bevor er überhaupt seine Tore geöffnet hatte.

Daraufhin erhielt ich im Frühling eine Vorladung zum Verhör ins KGB. Bisher hatte ich beim KGB keine besondere Beachtung gefunden, denn ich war auf dem Majakowski-Platz nie selbst aufgetreten, und meine Aufgabe dort war rein organisatorischer Art gewesen. Außer der Organisation der Lesungen mußte dafür gesorgt werden, daß die Vortragenden den Platz unbehelligt verlassen konnten. Solange sie lasen, wurden sie natürlich von der Menschenmenge beschützt, doch sobald sich die Veranstaltung ihrem Ende zuneigte, mußte man die Vortragenden vorsichtig, einen nach dem anderen, durch die Menge geleiten und sie, ohne daß die »Operativen« es merkten, nach Hause oder an einen anderen sicheren Ort bringen. Manchmal mußte man ihnen mitten in der Menge andere Kleider geben, die Mütze auswechseln, einen Wagen herbeiholen, oder man mußte die »Operativen« ganz gezielt ablenken, sie aufhalten. Das erforderte jedesmal viel Erfindungsgabe. Es endete stets damit, daß die Menge noch herumstand, während alle Vortragenden bereits weg waren – worauf sich die Menge dann verdutzt zerstreute.

Und dann standen wir vor der allerschwierigsten Aufgabe, nämlich selbst zu verschwinden. Manchmal kam es zu einer regelrechten Verfolgungsjagd, und wir wären kaum entkommen, wäre ich nicht in diesem Bezirk aufgewachsen und hätte alle Durchgangshöfe und Passagen der Umgebung gekannt.

Für Außenstehende war es jedoch schwierig zu erkennen, wer was tat. Und obwohl ich bereits mehr als einmal festgenommen worden war, interessierte sich das KGB erst jetzt, nach meiner Idee mit dem Klub und besonders nach unserem Verzicht auf das Klublokal, für mich. Natürlich mußte es unwillkürlich Verdacht erwecken, daß ich, der ich nie Komsomolze gewesen war, so weitreichende Verbindungen zur Komsomolführung besaß, ja, daß ich sogar im Bezirkskomitee, bei dem wir den Klub eröffnen wollten, ganze Tage und Nächte zubrachte und fast an sämtlichen dort stattfindenden Sitzungen teilnahm. Im Zusammenhang mit dem Klub kam auch noch etwas anderes ans Tageslicht: Unser Plan war vom Stadtkomitee und vom Bezirkskomitee des Komsomol gebilligt worden, und wir hatten eine Menge von Bildern unerwünschter Richtungen hingeschafft; obwohl die Ausstellung offiziell sofort als ideologische Abweichung verboten wurde, hatten wir dennoch diese Bilder zwei Tage lang gezeigt. An einem anderen Ort wiederum hatten wir eine Druckerei zur Herausgabe von Gedichtbänden geplant und entsprechende Gerüchte waren bis zum KGB gelangt. Infolgedessen wurde ich zweimal verhört.

Da gegen mich aber noch kein Verfahren eingeleitet worden war, hätte ich mit ihnen gar nicht zu sprechen brauchen. Doch leider war ich auf solche Verhöre mehr psychologisch und weniger juristisch vorbereitet und kannte deshalb meine gesetzlichen Rechte noch nicht. Anstatt mich zu weigern, überhaupt mit ihnen zu sprechen, wand und drehte ich mich, stellte mich als sowjetischen Patrioten hin, gab ihnen das sogar schriftlich, und glaubte, sie geschickt hinters Licht geführt zu haben. Ich nannte natürlich keine Namen, zog niemanden hinein, hinterließ bei ihnen aber doch eine völlig falsche Vorstellung von mir. Sie waren nun offenbar davon überzeugt, daß ich ein willfähriger und nachgiebiger Mensch sei, und das war der ungünstigste Eindruck, den man beim KGB erwecken konnte. Erst später begriff ich, wie sehr ich mir damit geschadet hatte.

Inzwischen nahmen die Ereignisse ihren Lauf. Im gleichen Frühjahr jagte man mich von der Universität. Im Grunde genommen hatte die Universitätsverwaltung, gleich nachdem ich immatrikuliert war und man endeckt hatte, daß ich eigentlich gar nicht studieren durfte, nach einer Möglichkeit gesucht, mich auszuschließen. Doch formal war bei mir alles in Ordnung, es gab keine Handhabe gegen mich, denn es existierten keinerlei schriftlichen Befehle, die mir verboten hätten zu studieren. Die Partei war, wie immer, ungesetzlich und heimlich vorgegangen, hatte sich lediglich verschiedener Schliche hinter den Kulissen bedient. Als nun im Winter die ersten Examen begannen, entdeckte ich plötzlich, daß ich zu den Prüfungen nicht zugelassen war. Ich tat erstaunt: »Was ist los?« Die Vorprüfungen hatte ich alle rechtzeitig abgelegt. »Wir wissen es nicht«, antwortete man mir in der Geschäftsstelle, »irgendein Mißverständnis, kommen Sie morgen wieder.« Doch auch am nächsten Tage war noch nichts geklärt, die Zeit verging, und meine Kommilitonen begannen schon, in die Prüfungen zu gehen. Ich lief Gefahr, den Termin zu versäumen und die Prüfungen nicht rechtzeitig abzulegen. Dafür hätte man mich, nun schon ganz legal, exmatrikulieren können. Es war klar, daß die Geschäftsstelle diesen Trick auf Anweisung von Oben anwandte.

Glücklicherweise hatte ich mein Studienbuch noch bei mir, ich hatte es nicht in der Geschäftsstelle abgegeben. Dieses Versäumnis ausnutzend, wandte ich mich direkt an die Dozenten und bat sie, mich ohne Zulassung zu prüfen. Ich erklärte ihnen, daß die Geschäftsstelle irgend etwas durcheinandergebracht habe und mir nun aufgrund dieses Versehens keine Zulassung gäbe. Beide Dozenten, für Chemie und Mathematik, waren mir wohlgesonnen, es waren auch schon immer meine Lieblingsfächer gewesen. Als sie sahen, daß ich im Besitz des Studienbuches war und alle Vorprüfungen abgelegt hatte, waren sie bereit, mich ohne Zulassung zu prüfen – mit der Auflage, die Zulassung nachzureichen. Als sich die Geschäftsstelle bereits daranmachte, mir mitzuteilen, daß ich die Prüfungstermine versäumt hätte, öffnete ich voller Genugtuung mein Studienbuch und zeigte die Noten der bestandenen Prüfungen. Nun konnten sie nichts mehr machen, und damit hatte ich das erste Semester geschafft.

Gegen Ende des zweiten Semesters gingen sie sorgfältiger vor, fädelten ihre Tricks feiner ein und ließen mich nicht einmal die Vorprüfungen ablegen. Ich merkte, daß ich dieses Mal nicht durchkommen würde und beantragte daher selbst meine Exmatrikulation, wobei ich mich auf meinen schlechten Gesundheitszustand berief. Dieser Schritt gab mir formal das Recht, mich im kommenden Jahr wieder immatrikulieren zu lassen. Meinem Gesuch wurde entsprochen, doch als ich mich im Herbst wieder immatrikulieren lassen wollte, erhielt ich eine Absage. Wie man mir in der Universitätsgeschäftsstelle mitteilte, hatte sich das Komitee des Komsomol gegen meine Immatrikulation ausgesprochen. »Ich weiß nicht, worum es sich handelt«, sagte mir der Leiter der Geschäftsstelle, »gehen Sie hin und erkundigen Sie sich. Formal weden Sie deshalb nicht immatrikuliert, weil Sie dem Bilde des sowjetischen Studenten nicht entsprechen.«

Die Sekretärin des Komsomolkomitees der Universität überraschte ich bei den Vorbereitungen für irgendeine touristische Expedition. Auf dem Fußboden lagen Zeltplanen, Schlafsäcke und Kochgeschirr – eine der üblichen Kollektiv-Unternehmungen. Als sie erfuhr, um was es ging, regte sie sich furchtbar über meine Frechheit auf:

»Jetzt kommt er auch noch und stellt Fragen! Als ob man Ihnen nicht klargemacht hätte, daß es Ihnen untersagt ist, an der Universität zu studieren? Und außerdem – lesen Sie denn keine Zeitungen? Für Leute wie Sie ist an der Universität kein Platz!«

Tatsächlich, damals war man bereits dabei, unseren Majakowski-Kreis zu zerschlagen, und unsere Namen tauchten häufig in verschiedenen Zeitungen auf, wobei wir fast als Volksfeinde bezeichnet wurden. Unser Gespräch war offensichtlich sinnlos. Als ich sie an mein Recht auf Bildung erinnerte, schnaubte sie nur verächtlich. Von da an wurde ich in Zeitungsartikeln nur noch »der Student ohne Abschluß«, oder »der wegen Unfähigkeit von der Universität Verwiesene« genannt – ein Dummkopf, sozusagen. Sogar jetzt noch, fünfzehn Jahre später, werde ich so bezeichnet.

Aber um ehrlich zu sein – ich bedauerte das Geschehene nicht sehr. Es war klar, daß sie mich sowieso nicht studieren lassen würden. Auch war das Leben auf der Universität so farblos und uninteressant, daß ich Abscheu davor empfand. Das Unterrichtssystem unterschied sich kaum von dem in der Schule. Der Besuch der Vorlesungen war obligatorisch. Ideologische Fächer, die ich als Biophysiker überhaupt nicht brauchte, füllten einen großen Teil des Lehrplanes. Hinzu kamen Militärkunde und die verfluchten Leibesübungen, die ich nicht ausstehen konnte. Nur die Hälfte der Fächer war einigermaßen interessant, die andere Zeit wurde umsonst vertan. Die Atmosphäre glich der einer Kaserne: Besonders dafür ernannte

»Älteste« kontrollierten die Anwesenheit; sobald jemand nicht zur Vorlesung kam, erstatteten sie Meldung. Die Studenten waren vollkommen rechtlos, insbesondere die Externen und diejenigen, die auf ein Stipendium angewiesen waren. Als Gegenleistung für das Stipendium und für das Recht, im Studentenheim wohnen zu dürfen, wurde völlige Unterwürfigkeit verlangt. Viele leisteten auch Spitzeldienste und zeigten ihre Kameraden an, nur um diese Vorteile nicht einzubüßen. Für die beschuldigten Studenten aber gab es keinerlei Mittel, sich zu verteidigen, und es gibt sie auch bis heute nicht. Für das geringste Vergehen konnte man ohne jede Erklärung relegiert werden – geh dann hin, und beschwer dich beim Minister für Hochschulbildung!

Es war schlimmer als in der Schule, wo man ihnen wenigstens noch die Zähne zeigen konnte. Obwohl ich Lust hatte zu studieren, hielt ich also meine Relegierung für keinen großen Verlust: Es war kein Studieren, sondern eine Quälerei. »Hol sie der Teufel«, beschloß ich, »dafür habe ich jetzt sowieso keine Zeit. Ich habe Wichtigeres zu tun.«

Und so war es, ich hatte wirklich Wichtigeres zu tun. Meine Späher berichteten mir, daß auf dem Majakowski-Platz die Zerschlagung bevorstand. Endlich war von Oben die Anweisung gekommen, uns mit allen Mitteln den Garaus zu machen. Berichte über uns waren in die ausländische Presse gelangt, im Oktober sollte der XXII. Parteitag stattfinden, und bis dahin mußte überall Ruhe eingekehrt sein.

Im August wurde Ilja Bokstein verhaftet. Er war auf dem Platz nie aufgetreten, hatte nie Gedichte vorgetragen. Er hatte sich lediglich hin und wieder an Diskussionen beteiligt, aber selbst das war kein Grund, ihn zu verhaften. Er war sehr krank und hatte fast seine ganze Kindheit wegen einer Wirbelsäulentuberkulose im Krankenhaus verbracht. Daß sie ausgerechnet den für eine Haft am wenigsten Geeigneten, den Hilflosesten ausgewählt hatten, der zudem die lockerste Beziehung von uns allen zu den Lesungen hatte, zeigte, daß das KGB bestrebt war, den Fall Majakowski-Platz gerade aus solchen Leuten zusammenzukleistern, und damit die Lesungen selbst zu vertuschen.

So als hätte man es endlich von der Kette gelassen, schreckte das KGB nun vor nichts mehr zurück. Sobald wir uns versammelten, tauchten Schneepflüge auf dem Platz auf und fuhren in die Menge. Dann kreisten die Maschinen um das Denkmal und ließen niemanden heran. Wir aber wurden vorgeladen und massiv bedroht.

Einmal, spät in der Nacht, war ich nach einer der üblichen Lesungen gerade auf dem Heimweg. Plötzlich überholte mich ein Wagen. Einige Männer stießen mich hinein und fuhren mit mir davon. Wir waren ziemlich lange unterwegs, über eine halbe Stunde. Man brachte mich in irgendeinen Hof, wo sich im Souterrain so etwas wie ein Büro befand. Da man uns bislang schon häufig festgenommen, viele Stunden festgehalten und verhört hatte, wunderte ich mich zu Beginn nicht besonders. Doch außer meinen Begleitern gab es hier niemanden. Man führte mich in ein großes Zimmer, ohne Fenster und ohne jegliches Mobiliar. Wir waren kaum eingetreten, als der neben mir gehende »Operative« mir unerwartet ins Gesicht schlug. Darauf versuchte ein anderer, mich mit einem Schlag auf den Solarplexus von den Beinen zu holen; doch ich war gewarnt und wich aus. Ich floh schnell in eine Ecke, preßte mich mit dem Rücken an die Wand und bemühte mich, mit den Händen mein Gesicht und den Solarplexus zu schützen.

Sie schlugen stundenlang auf mich ein. Einer packte mich an den Haaren, zog gewaltsam meinen Kopf nach unten und versuchte, mir mit dem Knie das Gesicht zu zerschlagen. Ein anderer schlug mit aller Kraft auf meinen Rücken ein, da, wo die Nieren sitzen. Ich war nur darauf bedacht, nicht hinzufallen, denn dann hätten sie mich mit den Füßen zum Krüppel geschlagen. Ich nahm schon nicht mehr alles wahr, mein Kopf drehte sich, das Atmen war mühsam. Als sie müde wurden, legten sie eine kurze Pause ein, wobei sich einer mir zuwandte und mir mit einem süßlichen Lächeln die Wange streichelte. Und dann begannen sie von neuem zu schlagen.

Es war bereits vier Uhr morgens, als sie mich auf die Straße hinausstießen. »Laß dich nicht mehr auf dem Majakowski-Platz sehn, sonst machen wir dich fertig«, sagten sie nur. Die Omnibusse verkehrten noch nicht, und ich schleppte mich mühsam zu Fuß nach Hause.

Die letzten Tage des Majakowski-Platzes brachen an. Die mehr oder weniger zufälligen Besucher setzten sich ab, verschwanden. Um so größer war die Verbundenheit derjenigen, die blieben. Es wurde immer schwieriger, Lesungen zu veranstalten, und selbst meine Späher erwiesen sich häufig als hilflos. Und wenn doch eine Lesung zustande kam, war es noch schwieriger als früher, die Vortragenden einen nach dem anderen sicher und unbemerkt vom Platz zu bringen. Viele von ihnen wohnten nicht zu Hause, sondern versteckten sich bei Bekannten. Und dennoch hielten wir alle es für unsere Pflicht, unseren Majakowski-Platz zu verteidigen.

Jede Zusammenkunft ließ ein unbeschreibliches Gefühl von Freiheit, von etwas Festlichem zurück, und es lag etwas Mystisches in diesem Rezitieren von Versen, die wir der nächtlichen Stadt, den wenigen erleuchteten Fenstern, den verspäteten Trolleybussen boten. Das konnte nicht spurlos an einem vorübergehen, besonders jetzt, wo es kein harmloses Vergnügen mehr war. Selbst heute noch, nachdem so viele Jahre vergangen sind, verbindet mich das Gefühl einer besonderen, innigen Nähe mit den Menschen, mit denen ich damals unseren Majakowski-Platz bis zum Schluß verteidigte.

Am Morgen des 6. Oktober 1961, drei Tage vor dem XXII. Parteitag, wurden wir alle verhaftet. Ich wachte plötzlich mit dem Gefühl auf, als sehe mich jemand unverwandt an. Tatsächlich, am Fußende meines Bettes saß der KGB-Hauptmann Nikiforow, der gleiche, der mich bereits im Frühjahr zu sich bestellt hatte. Wie er in die Wohnung gekommen war, weiß ich nicht. Vor dem Hauseingang wartete ein Wagen, der uns zur Kleinen Lubjanka[25] brachte.

Diensträume, Korridore, Treppen, und überall hin- und hereilende Menschen mit Papieren, Aktendeckeln, Aktentaschen. In einem Dienstraum ein Kreuzverhör, im anderen Drohungen, man wird auf irgendwelche Folgen hingewiesen, im dritten überhaupt keine KGB-Leute, sondern nur Menschen, die sich wie deine leiblichen Väter, wie deine Busenfreunde gebärden. Man erzählt Witze, bietet dir Tee an. Und dann erneutes Anschreien, eine Faust haut auf den Tisch: »Schluß mit dem Leugnen, wir wissen alles!« Geschlagen wird nicht. Folterungen gibt es ebenfalls nicht. Das kommt wahrscheinlich noch. Man wird aus einem Chefzimmer ins andere geführt – und überall ist alles voller Menschen.

Die Hauptsache sind jetzt Geduld und Ausdauer. Was wissen sie? Was wollen sie?

»Hier haben Sie ein Blatt Papier und eine Feder. Schreiben Sie alles auf, was Sie wissen.«

Du bist mir ein Schlauer. Was ich weiß, hat auf diesem Blättchen bestimmt nicht Platz.

Nach und nach schälen sich aus den Überredungsversuchen, dem Anschreien und den Drohungen zwei Dinge heraus. Erstens wollen sie wissen, was ich über das auf Chruschtschow geplante Attentat weiß. Zweitens interessieren sie sich für ein Papier, das ich verfaßt und mit den anderen diskutiert habe.

Tatsächlich, kurz vorher waren Gerüchte in Umlauf gekommen, nach denen einer der Unsrigen angeblich ein Attentat auf Chruschtschow vorbereitete. Das wäre eine ungeheure Dummheit gewesen, eine reine Provokation. Wir gerieten in große Aufregung. Nach langen Umfragen und Nachforschungen fanden wir heraus, daß eines Abends in einem kleinen Kreise der Unsrigen die Frage des politischen Terrors als Kampfmittel diskutiert worden war. Es waren nur theoretische Erörterungen, nicht mehr, und zudem hatten die Anwesenden dieses Mittel als sinnlos und schädlich abgelehnt. Alle waren von der Frage bewegt: Was tun, wenn ein neuer Stalin auftaucht? Wäre es gerechtfertigt oder nicht, ihn zu töten?

Die Mehrheit einigte sich darauf, daß die Ermordung eines Stalin keine Veränderungen herbeiführen würde. Die Partei würde einen neuen hervorbringen, zum Glück haben sie ja viele davon. Seit langem war klar, daß bei unserem System der zufällige Tod des Führers keinen Wandel in der Politik bewirkt. Eher umgekehrt – sobald die Notwendigkeit von Veränderungen heranreift, kommt es ohnehin zum rätselhaften Tod oder zur offenen Hinrichtung des Betreffenden. Eine Ermordung Chruschtschows hätte außer verschärften Verfolgungen nichts eingebracht. Das war sogar uns klar, so wenig wir ihn alle auch mochten.

Das KGB jedoch hatte beschlossen, diese Diskussion zum Vorwand für die Verhaftung auch all jener zu nehmen, die an ihr überhaupt nicht teilgenommen hatten. Mehr noch, es machte sich sogar daran, die Gerüchte vom angeblich geplanten Attentat kräftig zu schüren. Offenbar war es auf diese Weise für das KGB leichter, den Segen der Partei für Verhaftungen und andere Maßnahmen zu erhalten, die zur Liquidierung der Lesungen auf dem Majakowski-Platz notwendig waren.

Der andere Punkt hatte sich ebenfalls zufällig ergeben und enthielt außerdem nichts Kriminelles. Meine Bekannten im Komsomol konnten nicht verstehen, warum wir, die vom Majakowski-Platz, nicht im Rahmen des Komsomol tätig werden wollten, nicht in ihn eintraten und seiner »innerparteilichen Demokratie« nicht trauten. Um ihnen das zu erklären, hatte ich auf ihre Bitte hin auf zwei Seiten zu Papier gebracht, warum wir den Komsomol nicht akzeptieren konnten. Der Kernpunkt meiner Einwände war die völlige Abhängigkeit des Komsomol von der Partei, sein Bürokratismus, sein autoritärer Führungsstil; dazu kamen andere für die Partei typische Eigenschaften. Wenn der Komsomol seine Selbständigkeit und Unabhängigkeit erringen könnte, wenn er seinen Mitgliedern eine offene Diskussion politischer Fragen gestattete, wenn er als gesellschaftliche Kraft auftreten würde – dann, so glaubte ich, wäre eine Zusammenarbeit möglich.

Meine Bekannten im Bezirkskomitee vervielfältigten diese Überlegungen und machten sich daran, sie in größerem Kreis zu erörtern. Ich meinerseits wiederum legte sie meinen Freunden vom Majakowski-Platz während einer Zusammenkunft bei Jurij Galanskow zur Diskussion vor. Keiner von uns hielt so etwas für gesetzwidrig, und als Edik Kusnetzow mich um einen Durchschlag bat, um zu Hause alles genauer durchlesen zu können, gab ich ihm den gerne.

Jetzt stellte sich heraus, daß dieses Papier bei Edik während einer Haussuchung gefunden worden war und daß er angegeben hatte, es von mir erhalten zu haben. Selbstverständlich bestätigte ich seine Worte ohne Zögern. Woher sollten ich, Edik, Galanskow und alle übrigen damals Anwesenden wissen, daß das KGB diesem unglückseligen Stück Papier allen Ernstes die Bezeichnung »Thesen über den Zerfall des Komsomol« verleihen und es zu einem antisowjetischen Dokument erklären würde? Was hatten wir nicht alles für Papiere während der letzten Monate erörtert!

Die Hartnäckigkeit, mit der mich das KGB während der Verhöre über die näheren Umstände unserer Zusammenkünfte und Gespräche befragte, veranlaßte mich jedoch, auf der Hut zu sein, und von nun an machte ich keine Aussagen mehr. Um keine neuen Namen nennen zu müssen, sagte ich ihnen nicht einmal, wer diese »Thesen« vervielfältigt hatte. Selbst Fragen nach offensichtlichen Tatsachen im Zusammenhang mit meinen Bekanntschaften vom Majakowski-Platz beantwortete ich ausweichend und berief mich dabei auf mein schlechtes Gedächtnis. Immerhin war ich auf so etwas nicht schlecht vorbereitet.

Wir wurden den ganzen Tag über in der Lubjanka festgehalten und ununterbrochen in den verschiedensten Dienstzimmern verhört. Gegen Abend nahm man uns zur Haussuchung mit. Natürlich lagen diese »Thesen« in meiner Schreibtischschublade. Mir war es nie in den Sinn gekommen, sie zu verstecken. Darüber hinaus wurde bei mir nichts Wesentliches gefunden. Sie beschlagnahmten noch einige Gedichte und meine eigenen Erzählungen. Die Haussuchung war erst spät, gegen zwölf Uhr, beendet, ich wurde jedoch nicht verhaftet, sondern blieb zu Hause.

Meine Eltern waren tief erschrocken. Alle diese Ereignisse trugen eindeutig nicht dazu bei, meine ohnehin komplizierten Beziehungen zu meinem Vater zu verbessern. Dabei kann ich nicht behaupten, daß wir auf Kriegsfuß gestanden hätten. Zwischen uns gab es lediglich eine gewisse Animosität. Er war auf seine Weise ein ehrlicher Mensch und hing sehr an seinem Lieblingsthema, dem Schicksal des Dorfes. Er war in einem Dorf in der Gegend von Tambow geboren und aufgewachsen und hatte stets über das Landleben geschrieben. Er glaubte an das Kolchos-Dorf, rechtfertigte die Entkulakisierung (vielleicht, weil er sich in seiner Jugend selbst daran beteiligt hatte). Lenin war für ihn die höchste Autorität, und die ganze nachfolgende Verarmung und Ausplünderung der seinem Herzen so teuren Kolchos-Dörfer schrieb er den Stalinschen Fehlern zu. In der Folge fanden wir uns dann eigentlich in einander ähnlichen Situationen wieder: Es wurde praktisch kaum noch etwas von ihm gedruckt, und wenn, dann hatte man aus seinen Artikeln die Hälfte herausgestrichen.

Unsere Antipathie war eher persönlicher Natur. Er war ohnehin ein schwieriger und despotischer Mensch. Mich liebte er nicht sonderlich, offenbar, weil ich ganz anders war, als er mich sehen wollte. Seltsam, wie hart ihn das Schicksal für diese Antipathie strafte: Fast bis zu seinem Tode und sogar noch, als er schon getrennt von uns lebte, erhielt er regelmäßig Parteirügen und Verweise dafür, daß er mich »nicht richtig« erzogen hatte. Ohne Ende wurde er irgendwohin zu Unterredungen zitiert, und man bestrafte ihn jedesmal, wenn ich ins Gefängnis kam oder die sowjetische Propaganda es sich wieder einmal hatte einfallen lassen, mich in der Presse zu beschimpfen. Und das sechzehn Jahre lang, seit der Sache mit der Schülerzeitschrift.

Nun allerdings bewies er unvermutet Würde und zeigte dem KGB seine Verachtung. Als die Haussuchung im Zimmer, das meine Mutter und ich zusammen bewohnten, ihren Höhepunkt erreichte, trat er plötzlich ein und fragte die Tschekisten äußerst böse und argwöhnisch:

»Was soll das, werden Sie bei mir auch herumwühlen?«

»Nein, nein, wo denken Sie hin!« Die Tschekisten wurden nervös und verschwanden ziemlich bald. Er aber knallte die Tür zu und schloß sich wieder in seinem Zimmer ein. Dort konnte er mitunter eine ganze Woche sitzen, ohne mit jemandem zu sprechen, und nur selten kam er in die Küche heraus, um zu essen.

Vom folgenden Tage an gab es regelmäßig Verhöre beim KGB. Wir alle, die wir als Zeugen vernommen wurden – Galanskow, Chaustow, ich und noch etwa zwanzig andere, trafen uns nach den Verhören, besprachen die Lage und berieten, wie wir am besten antworten sollten. In der Sache hatte keiner von uns dem etwas hinzugefügt, was er bereits am ersten Tage ausgesagt hatte, ungeachtet aller Schliche der Untersuchungsbeamten.

Damals wurde ich auch zum erstenmal über die Rechtslage eines Zeugen unterrichtet. Alexander Jessenin-Wolpin[26], der gerade kurz zuvor aus der Leningrader psychiatrischen Sonderklinik entlassen worden war, hielt uns einen ganzen Vortrag zu diesem Thema. Er war auf den Majakowski-Platz gekommen, hatte sich alles angehört und sich umgesehen. Beim ersten Kennenlernen machte er auf mich keinen großen Eindruck: Ein kauziger Mann mit einer schäbigen Pelzmütze, frisch aus der Sonderklinik entlassen und dazu noch den ganzen Abend von der Notwendigkeit redend, die Gesetze zu studieren. Sein Vortrag brachte uns jedoch praktischen Nutzen – niemand von uns ließ sich nun noch einschüchtern oder sagte mehr als unvermeidbar aus.

Den Tag der Eröffnung des Parteikongresses wollten wir ihnen dennoch verpfuschen. Am 9. Oktober lieferten wir, die vom Majakowski-Platz, unsere letzte Schlacht – abends veranstalteten wir in ganz Moskau Dichterlesungen. Nicht nur am Majakowski-Denkmal, sondern auch am Puschkin-Denkmal, an anderen Moskauer Denkmälern und sogar vor der Lenin-Bibliothek – dort hielten wir es für besonders wichtig, das übrige diente mehr als Ablenkungsmanöver. Gegen Abend begannen nämlich die Delegierten des XXII. Parteitages, die sich in den Wandelgängen angesäuselt hatten, aus den Kremltoren zu strömen. Als sie die Menschenmenge bei der Bibliothek bemerkten, kamen sie näher, hörten sich die Gedichte an und applaudierten, und als man uns auseinandertreiben wollte, setzten sie sich sogar für uns ein. Einer von diesen Delegierten, der ziemlich angetrunken war, zog einige von uns beiseite, bedankte sich stürmisch und versicherte uns, daß wir etwas sehr Wichtiges und gerade jetzt Notwendiges täten. Natürlich fingen wir sofort an, uns bei den Delegierten darüber zu beklagen, daß das KGB uns verfolgte, uns auseinandertrieb, uns verprügeln ließ, und sich auch noch andere Ungesetzlichkeiten leistete. Einige von ihnen versprachen, sich dafür einzusetzen, daß man uns nicht mehr behelligte. Ich glaube allerdings nicht, daß sie irgend etwas unternahmen, denn es war unser letztes öffentliches Auftreten. Die Lesungen wurden offiziell verboten und jeder, der es gewagt hätte, sie fortzusetzen, wäre hinter Gitter gekommen.

Abermals überschüttete uns die Parteipresse mit einer Flut von Verleumdungen. Von mir wurde natürlich wieder behauptet, ich sei ein »Student ohne Abschluß« und mir wäre »das vom Vater ermöglichte gute Leben zu Kopfe gestiegen«. Woher sollten sie die tatsächlichen Beziehungen zwischen mir und meinem Vater kennen? Der Autor des Artikels hatte lediglich herausgefunden, daß mein Vater Mitglied des Schriftstellerverbandes war, und hatte dann alles übrige hinzuphantasiert. Doch dies hatte eine unerwartete Wirkung: Mein Vater fühlte sich plötzlich unbehaglich wegen seiner abweisenden Haltung mir gegenüber, und er kaufte mir, etwas verstört, einen Anzug – wohl den ersten in meinem Leben. Wie man so sagt: Alles hat seine zwei Seiten.

Das Schicksal unserer verhafteten Freunde entschied sich vier Monate später auf äußerst grausame Weise. Der bucklige Iljuscha Bokstein wurde zu fünf Jahren Lager verurteilt, Kusnetzow und Ossipow erhielten je sieben Jahre. Von jenem phantastischen Attentat war natürlich keine Rede mehr. Man verurteilte sie wegen »antisowjetischer Agitation und Propaganda«, das heißt wegen des Majakowski-Platzes, wegen der Lesungen und Diskussionen, wegen der Gedichtsammlungen. Das Moskauer Gericht versuchte sie zunächst auch noch der Gründung einer antisowjetischen Organisation zu beschuldigen, ließ diese Anklage später jedoch fallen. Die Untersuchungsbeamten schafften es nicht, eine glaubwürdige Organisation zu erfinden. Sie machten sich nicht einmal die Mühe, einen Namen für sie auszudenken. Meine sogenannten »Thesen« wurden Edik als einer der Anklagepunkte angekreidet – »Aufbewahrung und Verbreitung antisowjetischer Literatur«.

Die Gerichtsverhandlung war selbstverständlich nicht öffentlich. Sogar zur Verlesung des Urteils sollte niemand zugelassen werden. Doch unser passionierter Gesetzeskenner Alik Wolpin bewies den Posten mit dem aufgeschlagenen Gesetzbuch in der Hand, daß die Verkündung des Urteils in jedem Fall öffentlich zu sein habe. Alik war der erste Mensch, der uns begegnete, der ernsthaft über die sowjetischen Gesetze sprach. Wir alle aber lachten ihn aus.

»Alik, du bist wirklich bekloppt«, sagten wir, »überleg doch mal, wovon du redest! Was für Gesetze kann es in diesem Lande schon geben? Wer denkt schon an sie?«

»Das ist ja das Schlimme, daß niemand an sie denkt«, antwortete Alik meistens, ohne sich durch unseren Spott beirren zu lassen.

Auf die Wachsoldaten jedoch machte Alik mit seinem Gesetzbuch einen unerwarteten Eindruck, und man ließ uns zur Urteilsverkündung in den Saal.

»Da seht ihr es«, triumphierte Wolpin, »wir selbst sind schuld, wenn wir nicht auf Einhaltung der Gesetze bestehen.«

Doch wir alle zuckten nur die Schultern. Konnten wir denn damals wissen, daß auf so läppische Weise, mit dem komischen Alik Wolpin und seinem Gesetzbuch, der wie mit einem Zauberstab die Türen des Gerichtssaales öffnete, unsere Bürgerrechtsbewegung, die Bewegung für die Menschenrechte in der Sowjetunion ihren Anfang nehmen sollte.

Die poetische Etappe im allmählichen Erwachen unserer Gesellschaft war zu Ende gegangen. Die Dichter und Vortragenden wurden allen Ernstes wegen ihrer Gedichte in ein allzu wirkliches Konzentrationslager geschleppt. Keine Soldaten, keine Verschwörer, sondern Dichter.

> Nein, wir greifen nicht zur Pistole . . .,
> Doch für den entscheidenden Tag
> Schuf die Epoche den Dichter,
> Und der Dichter schuf den Soldat.

Die Epoche war von der Art, daß sie nicht einmal Dichter ertragen konnte. So fiel es gerade ihnen zu, Soldat zu sein. Ich ging nicht zur Verhandlung, obwohl ich als Zeuge geladen war. Es war irgendwie absurd, daß Edik, der die unseligen »Thesen« nur zum Lesen mitgenommen hatte, vor Gericht stehen sollte, während ich, der sie verfaßt und Edik zum Lesen gegeben hatte, nur als Zeuge aufzutreten hatte. War es mir schon peinlich genug, noch frei herumzulaufen, so wäre es mir vollends unmöglich gewesen, vor Gericht auszusagen. Wie sich jedoch nur zu bald herausstellte, hatte man mich keineswegs vergessen und war nicht gesonnen, mich so leicht davonkommen zu lassen. Die Kameraden erzählten, daß nach der Urteilsverkündung die Urteilsbegründung verlesen worden war, in der ausdrücklich auch gegen mich die Eröffnung eines Verfahrens gefordert wurde.

Wir trafen uns nach wie vor häufig, aber nicht mehr auf dem Majakowski-Platz. Jeder von uns mußte damit rechnen, verhaftet zu werden, und so waren unsere Zusammenkünfte nicht mehr so unbeschwert wie vordem. Hinter einigen unserer Freunde hatten sich bereits die Tore der Irrenanstalt geschlossen, und uns konnte jeden Augenblick dasselbe passieren. Mich machte dieses Warten, diese Ungewißheit fast wahnsinnig. Wenn ich abends durch Moskau streifte, überlegte ich angestrengt, was ich noch unternehmen könnte. Die Verhaftung war mir ja sicher, ich hatte also nichts zu verlieren.

Am meisten quälte mich meine Ohnmacht. Ich konnte mich an dieser Bande für ihre Repressalien und ihren Hohn nicht rächen, und das war besonders unerträglich. Wenn ich ihnen doch nur irgend etwas antun, ihnen irgendeinen Denkzettel verpassen könnte! Allein die Erinnerung daran, wie sie mich geschlagen hatten, ließ mich nicht schlafen.

Und das Institut, und die Majakowka, die sie auseinandergejagt hatten, und der bucklige Iljuscha im Gefängnis... Bei alledem spürte ich um mich herum immer die gleiche dreiste Lüge, als sei nichts geschehen, und das brachte mich zur Raserei.

Schließlich organisierte ich, weil mir nichts Besseres einfiel, eine Ausstellung von Bildern zweier befreundeter nonkonformistischer Maler in einer Privatwohnung. Die Ausstellung war ein großer Erfolg, und eine Weile schien alles wie früher. Es wurde zu einer Demonstration eigener Art gegen die führende Rolle der Partei in der Kunst. Aber auch das KGB war auf dem Posten: Drei von ihnen besuchten die Ausstellung, betrachteten lange schweigend die Bilder und gingen ebenso schweigend wieder fort. Dann luden sie den Wohnungsinhaber vor, drohten ihm mit dem Verlust seiner Stellung, seiner Wohnung und andeutungsweise sogar mit Verhaftung. Die Ausstellung lief mehr als zehn Tage. Ich rechnete stündlich mit meiner Verhaftung, zumal mich das KGB ziemlich unverhüllt beschatten ließ.

Plötzlich aber packte mich die Wut. Warum sollte ich eigentlich hier demütig meine Verhaftung abwarten, zuschauen, wie sie langsam Appetit auf mich bekamen, wie auf einen Hasen? Würde ich nicht zu fett für sie werden? Kurz entschlossen schüttelte ich meine Verfolger ab, als sie am wenigsten damit rechneten, und entwischte aus Moskau. Sie standen sicher immer noch an jener Unterführung, als ich bereits im Zug saß. Die Räder ratterten, vorbei flogen spärliche Wäldchen und ärmliche Weiler, und als ich gegen Morgen auf irgendeinem Nebengleis aufwachte, hörte ich erleichtert das Quietschen rangierender Lokomotiven und das Klappern der Kupplungen. Schwer stampfte unsere Lokomotive über die Geleise, und irgendwo, weit vorn, ertönte hin und wieder ihr behagliches Pfeifen. Dann erzitterte der Wagen, schwankte und knirschte, bis es wieder weiter ging, immer weiter, Sibirien entgegen. Das schwüle Moskau, wo jedes Fenster mir mißtrauische Blicke in den Rücken sandte, hatte ich hinter mir gelassen. Sollten sie ruhig nach mir suchen auf diesem Sechstel des Erdballs.

In Nowosibirsk fand ich über Bekannte mühelos Anschluß an eine geologische Expedition, und eine Woche später holperten wir bereits durch die unwegsame Taiga ostwärts. Tomsk, Krasnojarsk, Irkutsk, Baikal-See, Tschita ... Zehntausend Kilometer im Jeep. Abends am Lagerfeuer Tee aus verrußtem Kessel, Lieder, Geschichten, neue Eindrücke, neue Gesichter und keine Macht über dir. In der Taiga gibt es nur einen Herrn – den Bären. Nur wenn wir durch eine Siedlung kamen, wurde ich an die Armseligkeit und Hoffnungslosigkeit des sowjetischen Lebens erinnert. Doch dann nahm uns wieder die unwegsame Taiga mit ihren Myriaden von Stechmücken auf; da gab es kein Verschnaufen.

Plötzlich, von Irkutsk zum Baikal – fast hundert Kilometer wunderbarer asphaltierter Straße, und alle Dörfchen entlang dieser Chaussee so gepflegt, sauber und adrett wie Ostereier. Am Ende der Chaussee am Ufer des Sees – zwei moderne Luxusbungalows, Alleen, ein Golfplatz. Eine Fata Morgana? – O nein. Die Erklärung war ganz einfach: Im Jahre 1960 sollten Eisenhower und Chruschtschow hier wohnen. Die Sache zerschlug sich dann, aber die Luxusvillen blieben als Mahnmal der sowjetisch-amerikanischen Freundschaft – ein Stückchen Amerika in der weglosen sowjetischen Taiga.

Irgendwo, schon jenseits des Baikal-Sees, ein neues Wunder – eine Marmorstraße. Und wieder war die Erklärung einfach: In der Nähe war ein Marmorvorkommen, aber es gab keine Transportmittel. Um das kostbare Gut nicht verkommen zu lassen, pflasterte man eine Straße mit Marmorschotter, damit die Räder der Autos nicht durchdrehten. An einer anderen Stelle erregte der Straßenschotter wiederum die Aufmerksamkeit meiner Geologen. Sie stiegen aus, klopften mit ihren Hämmerchen – staunten: Zinkerz. Zwei Kilometer weiter – Bleierz. Wie sich herausstellte, lagen in der Nähe zwei Kombinate, im einen wurde Blei gewonnen, im anderen Zink. Da sie aber verschiedenen Behörden unterstanden und sich in verschiedenen Verwaltungsbezirken befanden, warfen sie das für sie unbrauchbare Zink- beziehungsweise Bleierz einfach auf Halden.

Dann wieder Taiga und Sumpf, selbst Traktoren kommen da nicht durch, bleiben stecken. Hin und wieder ein Dorf, so ungemütlich, daß man gar nicht anhalten möchte. Wind und Wetter haben die mit Brettern gedeckten Blockhütten grau und unscheinbar gemacht. Die Sibirjaken sind ein mürrisches Volk – Sträflingsnachkommen. Für den Fremden haben sie nur Mißtrauen und scheele Blicke. Ihre Antworten sind zögernd, unwillig.

Einmal übernachteten wir in einem Dorf bei einem Bauern. Die Hütte enthielt nichts außer ein paar Bänken an den Wänden, auf denen sechs Kinder schliefen. Ein einziges Paar Stiefel für alle, um im Winter hinauszugehn. »Wie lebt sich's hier?« fragen wir. »Na, eben so«, lautet die Antwort. Wir blicken uns an und lassen ihm die Hälfte unserer Konserven zurück.

Wie wir hörten, hatten zwei Jahre vor unserer Expedition Topographen vom Hubschrauber aus ein bis dahin unbekanntes Dorf entdeckt, in dem schon seit Beginn des Jahrhunderts Altgläubige wohnten, die jeden Kontakt zur Außenwelt abgebrochen hatten. Was für glückliche Menschen! Sie wußten nicht von Revolution, von Weltkrieg und Kolchosen. Ein reiches Dorf mit vielen Menschen, wie man es heute gar nicht mehr kennt. Natürlich hat man sie schleunigst aufgeklärt und in Kolchosen gesteckt, und aus war's mit dem üppigen, freien Leben.

Je weiter ich nach Osten kam, desto überzeugter wurde ich, daß es zwar nicht sonderlich schwierig ist, sich vor dem KGB zu verstecken, aber außerordentlich schwierig, dem sowjetischen Leben zu entrinnen! Überall das gleiche, eintönige Bild, noch eintöniger als in Moskau.

Es wurde schon dunkel, als wir uns der chinesischen Grenze näherten. Ein seltsames Gefühl – diese Grenze. Hier, auf unserer Seite, gehörten die Steppen und Berggipfel uns; dort, jenseits des Flusses Argun, sind sie bereits chinesisch. Der Argun bildete die Grenze; deshalb keinerlei sichtbare Markierungen, keine Pfosten, kein Stacheldraht. Die Grenze war praktisch unbefestigt. Etwa all fünf, sechs Kilometer waren kleinere Grenzposten stationiert – mit ewig betrunkenen Offizieren und Soldaten. Auf chinesischer Seite sah man nicht einmal das. An einem der Grenzposten wurden wir ermahnt, keine großen Lagerfeuer zu machen, nicht ans andere Ufer zu schwimmen und auch nicht in jene Richtung zu schießen. Mir war nicht ganz wohl in meiner Haut – noch nie war ich so weit von zu Hause weggewesen, und hier war alles so fremd: Andere Gestirne, unbekannte, viel zu große Blumen in der Steppe, und die Konturen der Berge auf chinesischer Seite, die irgendwie anders waren als unsere. So wenig diese Grenze sichtbar ist, so sehr ist sie doch da. Man braucht nur über den Argun zu schwimmen, vielleicht siebzig, achtzig Meter, schon ist da eine andere Welt, eine andere Ordnung. Keiner würde mich mehr verfolgen, einfangen und ins Gefängnis sperren wollen. – Wirklich nicht? Unterschieden sie sich in dieser Hinsicht tatsächlich so sehr von uns?

Wie oft lachten wir doch über diese Fremden, daß sie unser Land nicht verstehen und unser Theater mit Losungen und Versammlungen für bare Münze nehmen. Wie spaßig fanden wir ihre Kommentare zu unserem angeblichen Fanatismus und unserem aufrichtigen Bemühen, den Sozialismus aufzubauen. Aber dachten wir nicht eigentlich genauso über China? Konnte das denn wirklich jemanden begeistern: Diese Kommunen, Sprünge, Massenkampagnen gegen Spatzen und Fliegen? Schön und gut, für ein, zwei, na, vielleicht auch fünf Jahre, um sich auszutoben, aber doch nicht fürs ganze Leben! Es wäre vielleicht sogar amüsant, so ein bis zwei Jährchen Spatzen und Mücken zu jagen oder Wandzeitungen zu kleben, wenn man danach zum normalen, vernünftigen Leben, zu normalen Menschen zurückkehren könnte. Aber eben das darf man nicht. Das ist ja das Schlimme am Sozialismus, anfangen darf man, aber nicht aufhören. Man gehört nicht mehr sich selbst, und *Die* wissen immer besser, was gut ist für einen und was nicht. Und dann das ganze Leben Mao-Zitate auswendig lernen ...

Es ist schon spät, alle sind schlafen gegangen. Mein Feuerchen aber flackert noch, rote Funken tanzen zum chinesischen Ufer hinüber, sind schon in China. Niemand hält sie auf. Die Grenzer schlafen sicher schon den Schlaf der Säufer. Ich bin ganz allein am äußersten Ende des Landes, nur neugierige Motten und Nachtfalter tauchen aus der Dunkelheit auf, stürzen sich in die Flammen, wo sie leise verzischen wie Regentropfen. Sanft plätschert das Wasser an beide Ufer; es macht keine Unterschiede.

Am nächsten Morgen erfuhren wir, daß die Grenze eigentlich doch nicht besteht.

Es war kaum Tag, und wir saßen beim Frühstück, als auf der anderen Seite ein Chinese vorbeiritt. Er trieb eine kleine Herde Pferde vor sich her. Als er auf unserer Höhe war, nahm er die Mütze ab und rief auf Russisch »Guten Tag!« – »Guten Tag«, grüßten wir über den Fluß zurück. »He-i-i-i, he-i-ja«, schrie er seinen Pferden zu und jagte weiter.

Im Herbst kehrte ich schweren Herzens nach Moskau zurück: Ich wußte, daß meine Verhaftung bevorstand. Aber was sollte ich tun? Ich konnte micht ja nicht mein Leben lang verstecken. Ich hatte mich sowieso schon ein halbes Jahr in Sibirien herumgetrieben. Wohin sollte ich gehen? In diesem riesigen Land war für mich kein Platz. Außerdem vermutete ich, daß ihnen das vielleicht sogar in den Kram paßte, vielleicht suchten sie mich gar nicht mehr? Es konnte ihnen ja eigentlich egal sein, ob ich im Gefängnis war oder irgendwo in Sibirien. Im einen wie im anderen Fall störte ich sie nicht, Hauptsache, ich war aus dem Weg.

Wieder wanderte ich abends durch Moskau, durch seine verwinkelten Gassen und plauderte mit den alten Bürgerhäusern auf dem Arbat. Ob im Herbst, wenn die Bäume gelb werden, der Wind die trockenen Blätter über das Pflaster fegt und von allen Höfen und Straßen, wo man sie zusammenkehrt und verbrennt, ein bitterer Duft aufsteigt, im Winter, wenn der Rauhreif jedes Sims, jedes Gitter nachzeichnet, oder im Frühling, wenn Eiszapfen die Simse überwuchern und alle Geräusche wie unter einer Kirchenkuppel hallen – in all diesen Zeiten waren diese Villen meine einzigen Freunde. Jede von ihnen hatte ihren eigenen, unverwechselbaren Charakter, ihre eigene Geschichte. Es umgab sie irgendwie noch die Atmosphäre jenes anderen, versunkenen Lebens, und sie verrieten mir buchstäblich alles über ihre früheren Herren. Die bröckeligen Fassaden, die Form eines Fensters, das Schnitzwerk über der Eingangstür, die Stuckornamente, die ausgetretenen Freitreppen und das Gartentor, sie alle erzählten mir die Geheimnisse längst vergangener Geschlechter – Geschichten, die nur im ungetrübten Frieden des vorigen Jahrhunderts als Tragödien erscheinen konnten. Und ich lauschte ihnen herablassend, amüsiert über die Naivität ihrer Probleme. Glückspilze ...

Wie sehr man auch mit seiner Verhaftung rechnen mag, sie kommt doch immer unverhofft und im ungelegensten Moment. Mich verhafteten sie erst sieben Monate nach meiner Rückkehr aus Sibirien, als ich schon gar nicht mehr damit rechnete. Über einen Freund hatte ich die Frau eines amerikanischen Korrespondenten kennengelernt, hatte sie besucht und in ihrem Bücherregal plötzlich das Buch von Djilas »Die neue Klasse« entdeckt. Schon lange hatte ich davon gehört, aber gelesen hatte ich es nicht. Als sie meinen sehnsüchtigen Blick sah, bedeutete sie mir zu schweigen – wir werden abgehört, sollte das heißen. Sie holte das Buch und gab es mir. Dann sprach sie über völlig belanglose Dinge und gab mir dabei zu verstehen, daß ich das Buch am nächsten Tag zurückbringen müsse.

Ich hatte indessen keine Lust, das Buch in aller Eile herunterzulesen, die einzelnen Seiten nur zu überfliegen, um es rechtzeitig zurückgeben zu können. Also beschloß ich, eine Fotokopie davon anzufertigen, um es in meiner Freizeit in aller Ruhe zu studieren. Ich fotografierte also jede Seite, gab das Buch schweigend zurück und machte mich daran, die Filme zu entwickeln. Die ganze Nacht brachte ich damit zu und legte mich erst gegen Morgen schlafen. Abends überraschte mich das KGB. Derselbe Kapitän Nikiforow und vier andere. Natürlich konnte ich nichts mehr verstecken: Ich war mitten in der Arbeit; ein paar Seiten fehlten noch. Sie suchten auch gar nicht lange herum, wußten also wohl, was sie vorfinden würden. Wie in solchen Fällen üblich, versicherten sie meiner Mutter, daß sie mich gleich wieder freilassen würden, daß sie mich nur zu einem kleinen Gespräch zu ihrem Vorgesetzten brächten. Ich selbst hatte mich schon so an den Gedanken meiner Verhaftung gewöhnt, daß ich mich mehr um meine Mutter sorgte als um mich. Deshalb gab ich mir alle Mühe, heiter und unbeschwert zu erscheinen, beeilte mich aber derart fortzukommen, daß ich sie offenbar nur noch mehr ängstigte.

Unten wartete schon der Wagen und brachte mich auf kürzestem Weg in die Lubjanka, in eine Einzelzelle. Ich weiß sogar noch die Nummer – 102. Sie war klein und lag direkt unterm Dach, mit einer schrägen Wand zum Fenster hin. Sie enthielt nichts weiter als eine Pritsche, einen Schemel und eine Latrine. Die Tür war so schmal, daß nicht einmal die Öffnung fürs Essen darin Platz hatte. Es wurde mir immer durch einen Türspalt gereicht. Zum täglichen Spaziergang wurde ich mit dem Lift in den siebten Stock, aufs Dach, befördert: Kleine Höfe wie tiefe Brunnenschächte; die Wände mit Blech beschlagen und darüber ein Dach aus Stacheldraht. Das Fenster in meiner Zelle lag in Brusthöhe und ließ sich im oberen Teile einen Spalt öffnen. Sehen konnte man nichts. Ich hörte nur die Wachablösung unten im Hof: »Zu beobachtende Objekte – die Fenster des Untersuchungstrakts und Tor Nr. 2. Posten hat übergeben. Posten hat übernommen.«

Die erste Nacht schlief ich seltsamerweise ganz fest. Es war etwas ungewohnt, ohne Bettbezug unter der bloßen Decke zu schlafen, es kratzte. Es war auch unangenehm, bei Licht zu schlafen. Wie alle Neulinge in ihrer ersten Gefängnisnacht hatte ich an die Tür geklopft und gebeten, das Licht zu löschen.

»Verboten«, war von draußen gekommen.

Am vierten oder fünften Tag wurde ich zu General Swetlitschnyj, dem damaligen Leiter des Moskauer KGB gebracht. Er residierte in einem prunkvollen Gebäude, das einst dem Grafen Rostoptschin, dem Moskauer Gouverneur aus der Zeit des Napoleonischen Krieges gehört hatte; ein überdachter Gang führte von dem Bau direkt in die KGB-Zentrale. Hohe Räume, Stuckdecken, Parkettböden, überall Teppiche, riesige, reich geschnitzte Türen, geschäftiges Hin und Her von Zimmer zu Zimmer. Nach vier Tagen düsterer Zelle blendete mich diese ganze Pracht und tat mir in den Augen weh. Ich erwartete jeden Augenblick hinter einer Ecke Damen in Krinolinen und Herren mit gepuderten Perücken in höflich-steifem Gespräch hervortreten zu sehen.

Der General, ein kleines Männchen mit riesigem Kopf, wie der böse Zwerg im Märchen, thronte hinter einem hohen Tisch. Neben ihm saßen der Leiter der Untersuchungsabteilung, Oberst Iwanow, und mein Untersuchungsrichter, Hauptmann Michailow, alle drei in Zivil. Das Verhör dauerte nicht lange, und da ich es energisch ablehnte, auf ihre Fragen zu antworten, eröffnete mir der General ohne Umschweife, indem er meinen Haftbefehl vom Tisch nahm:

»Wenn du nicht sagst, von wem du das Buch hattest und wer dir geholfen hat, dann unterschreibe ich das, und du sitzt. Wenn du's sagst, kannst du sofort nach Hause gehn.«

Ich wüßte gern, wie viele Menschen nach dem Verlassen dieses Prunkraums Diplomaten, Schriftsteller oder Akademiemitglieder geworden sind, auf internationalem Parkett wandeln und ihren Kindern Moral und Pflichtgefühl predigen. Solide, geachtete Leute, Mitglieder der Gesellschaft. Damen in Krinolinen und Herren mit gepuderten Perücken.

Nur dieser böse Zwerg kannte das Geheimnis ihres Aufstiegs: Eine Unterschrift, vielleicht genügte auch ein Kreuzchen oder ein Fingerabdruck – bester mittelalterlicher Brauch –, nichts Schreckliches fürwahr; und der Zwerg verschloß die Quittung im feuerfesten Schrank.

Erst viel später fand ich heraus, daß sie ganz genau wußten, von wem ich das Buch hatte. Meine Aussagen interessierten sie gar nicht; sie wollten mich nur als Denunzianten benutzen – nur deshalb hatten sie mich auch festgenommen. Meine Äußerungen bei meiner ersten Begegnung mit dem KGB im Frühjahr 1961 hatten sie auf diese Idee gebracht. Damals hatte ich entsprechend dem Rat meiner Freunde sehr ausweichend geantwortet und mich sehr patriotisch gegeben, in dem naiven Glauben, sie damit hinters Licht zu führen. Offenbar hatten sie in meinem Dossier einen entsprechenden Vermerk eingetragen und mich deshalb im Herbst auch nicht mit den anderen zusammen eingesperrt. Auch jetzt hatte man offensichtlich nicht die Absicht gehabt, mich länger festzuhalten.

Ein Blick in mein Gesicht genügte aber wohl, um den damaligen Irrtum einzusehen. Es war so von Haß durchglüht, daß sie nur noch pro forma Fragen stellten. Ich weiß nicht mehr genau, was ich dem General damals antwortete – irgend etwas sehr Beleidigendes über die Tätigkeit der Sicherheitsorgane unter Stalin. Dabei bediente ich mich, da ich keine wirksameren Waffen besaß, eines so eindeutigen Vokabulars, daß der General nur den Kopf schüttelte und den Haftbefehl unterschrieb.

Ich erinnere mich, daß ich sehr unzufrieden mit mir war, als ich in meine Zelle zurückkehrte. Eine so einmalige Gelegenheit: ein leibhaftiger KGB-General! Was hätte ich ihm nicht alles an den Kopf werfen können! Sein Lebtag hätte er das nicht vergessen. Drei Tage lang erlebte ich dann diese Szene immer wieder von neuem, so daß ich beim nächsten Verhör meinem Untersuchungsrichter eine recht gekonnte Version lieferte; doch selbst mit der war ich nicht voll zufrieden, als ich sie nachher in meiner Zelle überdachte.

Etwa einen Monat später verlegte man mich nach Lefortowo. Außer der Sache mit der Majakowka[27] warf man mir die »Aufbewahrung und Herstellung antisowjetischer Literatur mit dem Ziel ihrer Verbreitung« vor – zwei unvollendete Fotokopien des Djilas-Buches waren das Beweismaterial. Die Verbreitungsabsicht ergab sich daraus, daß ich zwei Kopien hatte machen wollen anstatt einer.

Ich weigerte mich strikt, mit ihnen zu reden, und unterschrieb in der ganzen Zeit nur ein einziges Protokoll: über meine Einstellung zur kommunistischen Macht und zum KGB. Darin führte ich aus, daß ich sie nicht beauftragt hätte, darüber zu befinden, welche Bücher ich lesen dürfe und welche nicht. Danach aber setzte ich unter nichts mehr meinen Namen, mochten die Untersuchungsrichter auch noch so sehr auf mich einreden, schreien und auf den Tisch schlagen. Sie zeigten mir irgendwelche fiktiven Protokolle, angebliche Aussagen irgendwelcher Zeugen, drohten, mich im Gefängnis verschimmeln zu lassen oder mich weiß Gott wohin zu schicken – aber ich schwieg. Sie schlugen mich zwar nicht, aber ich glaube nicht, daß das etwas geändert hätte. Ich war einfach zu sehr voller Haß gegen sie.

»Wartet nur bis zur Verhandlung«, dachte ich. »Da packe ich aus. Es wird euch noch leid tun, daß ihr euch mit mir angelegt habt!«

Man holte mich nur noch selten zu Verhören. Es hatte keinen Zweck. »Weißt du«, sagte mein Untersuchungsrichter einmal ganz betrübt zu mir, »es ärgert mich einfach, daß die Sache mit dir nicht klappt, genauso, wie es einen Künstler ärgert, wenn ihm ein Bild nicht gelingen will.«

Manchmal ist mir, als hätte ich mein ganzes Leben in Lefortowo verbracht, als hätte ich meine Zwischenaufenthalte draußen, in der Freiheit, nur geträumt, um im Angesicht der Mauern von Lefortowo wieder aufzuwachen. Alle meine Pläne und Hoffnungen, alle Tau- und Frostwetter endeten für mich in der Zelle von Lefortowo und nahmen hier wieder ihren Ausgang. Mit der Unerbittlichkeit und Regelmäßigkeit eines Uhrpendels wurde ich etwa alle drei Jahre hierher geschleudert: 1963, 1967, 1971, 1973 und nun, 1976, abermals.

Wenn sie mich herbrachten, war ich noch frisch, noch warm, noch voller Eindrücke. Hier zog ich dann jedesmal Bilanz, quälte mich die Nächte hindurch, weil ich wieder nichts erreicht hatte, dachte an meine Kindheit, schlief mich aus nach einem Luxusleben in »Freiheit«. Hier erlebte ich die letzte Stufe menschlicher Niedertracht und die höchste Stufe verzweifelter menschlicher Größe. Hier vollendete ich zum ersten Mal meine Burg, deren Fundamente ich vor langer Zeit gelegt hatte. Hierher brachte man mich 1973 aus Wladimir, ausgemergelt und abgestumpft, weil sie hofften, mich endlich zur Reue, zum Geständnis bewegen zu können.

Der Gefängnisdirektor, Oberst Petrenko, besuchte mich manchmal abends wie ein alter Freund, stets angetrunken. »Na, nun sagen Sie mal«, fragte er einmal, »Sie kennen doch jetzt alle Gefängnisse und Lager und können vergleichen. Sagen Sie mal ehrlich, ist mein Essen nicht gut, he?«

Als ich ihm das erwartete Lob der Lefortowo-Küche gezollt hatte, zerfloß er fast vor Glück und Zufriedenheit:

»Wissen Sie«, sagte er, »ich würde Sie am liebsten bei der Hand nehmen und durch alle Zellen führen, damit Sie es allen sagen können. Da sitzen gerade ein paar Staatsanwälte bei mir wegen Bestechung. Gestern haben sie draußen noch Schaschlik gegessen und dabei schon gemault, und heute wollen sie natürlich meine Grütze nicht essen – beschweren sich! Es ist doch weiß Gott nicht mehr so schlimm in Lefortowo ... die Zeiten sind vorbei. Der hier«, und dabei stieß er dem grämlichen Posten, der neben ihm strammstand, den Finger in die Brust, »der weiß noch, wie es hier früher zuging. Aber jetzt ist es anders geworden.«

In der Tat, unter Stalin war Lefortowo eine wahre Folterkammer gewesen. »Was, du willst wohl nach Lefortowo?« lautete eine der gefürchtetsten Drohungen des Untersuchungsrichters gegenüber seinem Häftling, und dem stand dann fast das Herz still – alles, nur das nicht! Hier wurde eines Tages auch Jeschow[28], der Vorgänger Berijas, im Keller erledigt, und danach hörte eine Zeitlang das Foltern auf, aber nur eine Zeitlang.

Hier wollte man von den Gefangenen stets nur das eine – Reue. Die Mauern von Lefortowo müssen getränkt sein von Geständnissen. Die Häftlingen wälzen sich stöhnend auf ihrem Lager, können keinen Schlaf finden: Alles Schändliche, was sie in ihrem Leben getan haben, fällt ihnen hier wieder ein.

Ich bereute in Lefortowo immer, aber nicht das, was man mir vorwarf und nicht so, wie die Untersuchungsrichter es wollten, und auch nicht in ihrem Beisein. Alles, was ich mir vorzuwerfen hatte, hier kam es mir unweigerlich zum Bewußtsein.

Bei jenem ersten Mal, 1963, mußte ich aus irgendeinem Grund immer an einen Hasen denken, den wir in Sibirien auf der Expedition getötet hatten. Es war Nacht, und der Wagen fuhr bergab. Der Regen hatte den Weg aufgeweicht, der Lehm war zu Matsch geworden. Plötzlich sprang seitlich ein Hase auf, lief etwa zehn Meter im Scheinwerferlicht und blieb dann auf dem Weg sitzen. »Mensch, drauf, überfahr ihn«, grölten wir. »Hasenbraten zum Abendessen.«

Eine Sekunde später schlug etwas hart gegen den Boden des Wagens. Als wir unten waren, gingen wir den Hasen holen. Bald darauf schmorte er im Topf. Die Jungs lachten mich aus, aber ich konnte einfach nichts davon essen. Ich weiß nicht warum, aber plötzlich hatte ich begriffen, daß sich mein Leben nun ändern würde. Bisher hatte ich alles auf die leichte Schulter genommen, aber damit war es jetzt vorbei.

Wegen dieses Hasen saß ich offenbar jetzt in Lefortowo, denn er ging mir einfach nicht aus dem Sinn, und da half es auch nichts, daß ich mir sagte, ich hätte ihn ja nicht getötet, der Hang sei steil, der Weg lehmig, aufgeweicht und Bremsen unmöglich gewesen. Ich hatte seinen Tod gewollt, wenn auch vielleicht nur eine Sekunde lang, aber das genügte. Ich habe später auf der Jagd manchen Vogel und manchen Hasen erlegt – aber nie mußte ich an einen von ihnen in dieser Weise denken.

Allein das Äußere von Lefortowo, seine K-Form, die Drahtnetze zwischen den Gängen der einzelnen Stockwerke, damit kein Häftling sich über die Brüstung in die Tiefe stürzen konnte und der Wachhabende trotzdem von seinem Tisch im Schnittpunkt der Trakte alle Aufseher und Gänge im Auge behielt. Oder das geheimnisvolle Zungenschnalzen, mit dem sich die Aufseher signalisieren, daß sie einen Häftling bringen – dies alles erschütterte mich jenes erste Mal zutiefst.

Die Gefängnisordnung war damals noch strenger als heute. Dem Untersuchungshäftling waren weder Papier noch Bleistift, noch irgendwelche Zeitungen erlaubt. Nicht einmal einen Kalender gab es in der Zelle, und ich mußte, um die Zeit nicht zu vergessen, eine ganz besondere Methode anwenden. In der Zelle hingen an einer Schnur die »Haftbestimmungen für Einzeluntersuchungszellen des KGB«. Das Wort Haftbestimmungen (russ. *Prawila*) stand in Großbuchstaben in der Mitte über dem Text, direkt unter der Schnur. Dieses Wort diente mir als Kalender. Es hatte genau sieben Buchstaben, und wenn man einen Fetzen Papier an der Schnur befestigte und ihn jeden Tag einen Buchstaben weiterschob, dann konnte man die Wochentage ablesen: P bedeutete Montag, R – Dienstag, A – Mittwoch usw. . . . Das Schlimmste war, daß man tagsüber nicht schlafen durfte. Um sechs Uhr wurde man geweckt, und dann mußte man den ganzen Tag auf dem Schemel absitzen. Kaum nickte man ein, hämmerte schon der Aufseher gegen die Tür: »Nicht Schlafen. Schlafen ist verboten.«

Heute ist das alles anders. Seit 1965 ist die »Prawda« erlaubt, seit 1967 darf man sich auch tagsüber hinlegen, und es hängt in jeder Zelle ein Kalender. Papier und Bleistifte gibt es unbegrenzt, ganze Packen. Seit 1970 ist es geradezu fabelhaft: Jeden Monat ein Paket von zu Hause bis zu fünf Kilogramm. Es ist also inzwischen das reinste Vergnügen, im Gefängnis zu sitzen, sogar rasieren darf man sich zweimal in der Woche. Früher arbeitete hier als Barbier ein Feldwebel, den alle nur Jaschka nannten, obwohl er bereits über fünfzig war. Dürr, stets angeheitert oder verkatert und immer voller Geschichten, kam er mit seinem unvermeidlichen Köfferchen in die Zelle gefegt, breitete unter allerlei Scherzen seine Instrumente aus und machte sich rasch und energisch ans Werk. Es war schließlich keine Kleinigkeit, an einem Tag das ganze Gefängnis zu rasieren; da mußte er sich schon ranhalten. Die Gespräche mit ihm drehten sich gewöhnlich um zwei Themen: Besäufnisse (darin war er Experte und wußte immer das neueste von der Front) und Stalin. Irgendwann einmal in seiner Jugend hatte er zu Stalins Leibwache gehört und besaß von ihm ein persönliches Dankschreiben; daher sprach er stets nur mit größter Ehrfurcht von ihm und nannte ihn nie anders als Väterchen. Später, als die Gefangenen selbst Rasierapparate besitzen durften, rasierte uns Jaschka nicht mehr; aber er brachte uns die Rasiernäpfe und sammelte sie anschließend wieder ein, und obwohl er nun wesentlich kürzer in jeder Zelle blieb, ließ er die Gelegenheit zu einem Schwätzchen nie aus.

Bei all seiner Mitteilsamkeit war er jedoch ein sehr vorsichtiger Mensch und sagte nie zuviel. Saß ein Spitzel in der Zelle, war er äußerst zugeknöpft. So konnte man an Jaschkas Verhalten immer genau ablesen, wen man zum Zellengenossen hatte. Arbeitete er noch, oder war er schon pensioniert? Er könnte mir jetzt helfen, meine Zellengenossen zu beurteilen.

Damals, im Jahr 1963 steckten sie mir natürlich auch einen Spitzel in die Zelle, einen gewissen Alexander Sinis – ein ganz durchtriebener fünfundzwanzigjähriger Kerl, der acht Jahre wegen Devisenvergehens bekommen hatte. Über ihn war sogar ein kleiner Artikel in einer Zeitung erschienen, den er jetzt, um glaubwürdig zu erscheinen, überall herumzeigte. Von allen Seiten versuchte er mir beizukommen, mich zum Reden zu bringen: »Ist doch egal, die wissen ja sowieso schon alles. Wenn du auspackst, kriegst du weniger.« – Wolpin und andere Freunde hatte mich vor diesen Zellenspitzeln gewarnt, und so tischte ich ihm allerlei Märchen auf: Jedesmal, wenn er von der Berichterstattung zurückkam, wo man ihn offenbar wegen seiner schlechten Arbeit gescholten hatte, dachte er sich Neues aus, um mir etwas zu entlocken. Eines Tages erzählte er mir dann, er werde nun bald nach Krasnaja Presnja verschickt, und dort dürfe er endlich wieder Besuch von seiner Frau empfangen. Er schwärmte mir vor, wie herrlich frei es dort in Presnja zugehe und wie leicht er seiner Frau bei einem Besuch einen Brief zustecken könne. Als ich auch darauf nicht einging, schlug er mir offen vor, ihm eine Notiz für meine Freunde draußen mitzugeben. Ich nannte ihm irgendeine fiktive Adresse, und er zog ab.

Rückblickend erscheinen mir alle seine Kniffe primitiv, fast kindisch, aber damals war ich meiner Sache gar nicht so sicher. Es konnte ja sein, daß der Kerl einfach von Natur aus so aufdringlich war und daß er die Menschheit ebenso sehr liebte wie sich selbst. Wenn ich mich beherrschte, so mehr aus Furcht, abgehört als verraten zu werden. Außerdem hatte man mir schon als Kind eingeschärft, über gewisse Dinge nie mit jemandem zu reden. Sonst hätte es durchaus sein können, daß ich meine Sorgen mit diesem sympathischen Zellengenossen geteilt hätte.

Zellenspitzel gibt es wohl, seit es Gefängnisse gibt. Zu hunderten kommen sie in der Literatur vor, und theoretisch weiß jeder von ihnen. Aber theoretisch im Bilde zu sein, ist nicht dasselbe, wie praktisch in einem jungen Burschen, mit dem man das tägliche Brot teilt, mit dem man scherzt und schwatzt, den Spitzel zu sehen, der sich uns als Freund tarnt. Es ist sehr schwer, monatelang mit einem Menschen zusammenzuleben und zu wissen, daß er ein Feind ist, vor dem man seine Sorgen und Nöte verbergen muß. Man hat ja sonst niemanden, dem man sich anvertrauen könnte. Wie dem auch sei – jedenfalls setzt man dir in Lefortowo immer einen Spitzel in die Untersuchungszelle – und häufig mit Erfolg.

Entgegen der landläufigen Meinung sind diese Spitzel keineswegs Mitarbeiter des KGB, sondern ebenfalls Gefangene. Meist hätten sie wegen eines Devisen- oder Wirtschaftsverbrechens eine lange Haftstrafe im Lager zu verbüßen, wovor sie dann aber der nette Onkel vom KBG bewahrt, der ihnen die Vorzüge des Spitzeldaseins in leuchtenden Farben schildert, ihnen eine Begnadigung nach halber Haftverbüßung oder sogar eine bedingte Strafaussetzung verspricht und auch sonst noch allerlei Erleichterungen und Vergünstigungen. Da kann kaum einer widerstehen. Darauf wird dem Kandidaten ganz formell ein Mitarbeitervertrag zur Unterschrift vorgelegt und für seine schriftlichen Mitteilungen und Berichte ein Deckname zugeteilt. Ist das erledigt, bringt man den frischgebackenen Agenten in die Zelle eines Untersuchungsgefangenen, nachdem man ihm zuvor eine Legende eingetrichtert hat, das heißt die Version einer fiktiven Straftat, die meist dem Fall des Opfers möglichst angeglichen ist, damit sich der Spitzel schneller in das Vertrauen des anderen einschleichen kann. Allerdings besteht Anweisung, einem Spitzel grundsätzlich keine politische Legende zu geben.

Die Aufgabe des Spitzels beschränkt sich keineswegs darauf, das Opfer zum Reden zu bringen. Er muß sich auch bemühen, den Zellengenossen zur Reue, zum freiwilligen Geständnis zu bewegen, die Stimmung des Gefangenen, insbesondere nach dem Verhör, zu testen und herauszufinden, welche Methode des Untersuchungsrichters am ehesten verfängt, was der Gefangene am meisten fürchtet, welche Schwächen er hat etc. Dies alles erscheint sehr primitiv, ist aber sehr wirkungsvoll und führt bei einem unerfahrenen Häftling mit Sicherheit zum Erfolg.

1961 begann das KGB, sich in großem Stil mit Betrugs-, Bestechungs- und Devisenvergehen zu befassen. Zu verantworten hatten sich in diesem Zusammenhang hauptsächlich Leiter großer Fabriken, Kombinate, Sowchosen und Kooperativen, aber auch Staatsbeamte, alles Leute, die auf ihre Verhaftung nicht im mindesten vorbereitet waren und eine absolut sowjetische Mentalität besaßen. In der Regel hatten sie alle irgendwo Wertsachen versteckt – Gold, Edelsteine, Wertpapiere und ähnliches, und es war nun Aufgabe des KGB, diese Verstecke ausfindig zu machen. Also wurde ein Spitzel beauftragt, seinem Opfer einzuflüstern:

»Rück's schon raus! Laß es doch sausen. Die erschießen dich sonst, und ins Grab kannst du's nicht mitnehmen. Denen geht's nicht um dich und deine Machenschaften. Die wollen nur das Gold, die Steinchen. Wenn du's freiwillig ablieferst, lassen sie dich laufen, oder sie geben dir weniger ...«

Ähnlich äußert sich auch der Untersuchungsrichter. Wie soll der arme Gauner es da nicht glauben. Nun ist unser Staat in der Tat räuberisch. Es geht ihm nur darum, uns auszuquetschen, und so gewinnt der Häftling allmählich den Eindruck, es ließe sich mit der Sowjetmacht handeln.

Ich weiß noch gut, wie sie 1967 einen Mann in meine Zelle brachten; er war schon vorgerückten Alters, über sechzig, Direktor irgendeiner Textilfabrik. Tagelang saß er auf seiner Pritsche, ohne sich zu rühren, und starrte unentwegt auf ein und denselben Punkt am Boden; dann sprang er plötzlich auf, schlug sich mit den Fäusten an den Kopf, rannte durch die Zelle und schrie: »Idiot! Was bin ich für ein Idiot! Was hab ich nur angestellt!« Langsam erfuhr ich, was passiert war. Er hatte offenbar neun Monate beim KGB herumgesessen und geschwiegen. Es lag eigentlich nichts Besonderes gegen ihn vor. Ein paar Kleinigkeiten, so für drei Jährchen vielleicht. Die Untersuchungshaft war schon fast zu Ende, da hatte ihn ein Spitzel doch noch überredet, seine geheimen »Ersparnisse« herauszurücken: er bekäme dann weniger. Der alte Dummkopf fiel darauf herein und lieferte Gold und Diamanten im Wert von dreieinhalb Millionen Rubel ab. Da hatten sie ihn natürlich gleich noch wegen illegalen Besitzes von Devisen am Wickel, und außerdem mußte er erklären, woher er die Sachen hatte. Zum Schluß bekam nicht nur er selbst fünfzehn Jahre, sondern er brachte auch noch neun weitere Personen ins Gefängnis.

Eine andere, nicht weniger typische Geschichte war die Sache mit Roifmann, mit dem die »Textil«-Prozesse begannen. Roifmann war ein bekannter Mann zu seiner Zeit, und auch er schwieg lange; selbst die Spitzel konnten ihm nichts entlocken. Da wurde er vor Semitschastnyj, den damaligen obersten KGB-Chef, und vor Maljarow, den stellvertretenden Generalstaatsanwalt, zitiert. Sie gaben ihm ihr Parteiehrenwort, daß er nicht erschossen würde, wenn er seine Wertsachen freiwillig herausgäbe. Roifmann glaubte ihnen, rückte die Sachen heraus und – wurde erschossen.

Häufig nimmt dieser Handel geradezu erheiternde Formen an. Den illegalen Millionären tut es natürlich leid um ihren Besitz, aber am Leben bleiben wollen sie auch, also liefern sie ihre Schätze in Raten ab, jedesmal ein bißchen und jedesmal versichernd, daß das nun wirklich alles sei. Untersuchungsbehörden und Spitzel ihrerseits wissen natürlich genau, daß sie lügen, und lassen nicht locker.

»Hör zu«, reden sie auf ihn ein, »die Oktoberfeiertage stehen vor der Tür. Rück zum Fest ein bißchen was raus. Ehe du dich's versiehst, hast du schon ein paar Jahre weniger.«

Also liefern sie ratenweise – zum 7. November[29], zum 1. Mai, zum Tag der sowjetischen Verfassung oder auch zum 8. März[30] etwas ab. Dem Untersuchungsrichter beschert das eine Prämie, dem Spitzel vorzeitige Entlassung, und ihm selbst schließlich doch die Kugel.

Diese Millionäre waren in der Mehrzahl unsympathische, korrupte Burschen, die ihre Mittäter rücksichtslos ans Messer lieferten; neben den Spitzeln waren sie meine häufigsten Zellengenossen. (Politische durften während ihrer Untersuchungshaft selbstverständlich nicht zusammensein, damit sie keine Erfahrungen austauschten). Doch auch unter den Millionären gab es interessante Leute. 1963 saß ich eine Zeitlang mit Josef Lwowitsch Klempert in einer Zelle, dem Direktor einer Färberei in Moskau. Eine Mordssache: Es ging um Millionen. Auch über ihn war ein Artikel in der Zeitung erschienen: »Der Millionär vom Arbat«. Er wußte, daß man ihn erschießen würde, aber das schien ihn nicht weiter zu bedrücken. »Ich hab gelebt«, prahlte er, »ich hab gelebt, wie sich's keiner von denen leisten kann!« Und nur eins kam ihn hart an: daß er keinen Kognac hatte, vor allem abends.

Seine Verhaftung war geradezu ein Schulbeispiel sowjetischer Strafverfolgung. So lange er klaute, alle möglichen Geschäftchen machte und sich die Taschen füllte, ließ man ihn in Ruhe; alles lief wie am Schnürchen. Eines Tages aber wollte er seinen Arbeitern ein Haus bauen. Sie wohnten in Baracken, und das vertrug sich nicht mit seinem Stolz. *Seine* Arbeiter sollten nicht so primitiv wohnen. Offiziell gibt der Staat für derartige Projekte kein Geld. Klempert bohrte und schmeichelte – ohne Erfolg. Schließlich sagte er sich: »Ja, bin ich denn ein armer Mann? Was soll ich mit dem Geld. Es liegt ja doch nur nutzlos vergraben.« Und er baute das Haus aus seiner eigenen Tasche. Ein Häuschen war das! Wie für die Regierung. »Da, nehmt, laßt's euch gutgehn, und vergeßt den guten Josef Lwowitsch nicht.« Kaum aber waren die Arbeiter eingezogen, da kam eine Untersuchungskommission: Woher kam das Geld, aus welchem Fond? Da war er dran. Während der Untersuchungshaft kam dann noch allerlei anderes Belastendes zutage.

Er hielt sich wacker und gab bis zuletzt nichts preis. Aber als das Urteil gesprochen und auch das Gnadengesuch bereits abgelehnt war, wurde er doch noch weich. Er fing an, Geld in kleinen Mengen abzuliefern, und erkaufte sich damit jedesmal zwei Monate Leben. Als das Geld zu Ende war, begann er, unaufgedeckte Straftaten zu gestehen und andere zu belasten, was ihm jedesmal wieder eine Gnadenfrist von ein bis zwei Monaten einbrachte. So kaufte er sich mit der Zeit zwei Jahre seines Lebens dazu, dann wurde er trotz allem erschossen. Es ist nicht verwunderlich, daß die Versprechungen der Spitzel bei so fruchtbaren Handelsbeziehungen zwischen Betrügern und KGB so oft Glauben finden.

Ich gewöhnte mich mit der Zeit derart an die Spitzel, daß ich anfing, sie für meine eigenen Zwecke auszunutzen. Im Grunde genommen ist nämlich der Spitzel auf den Bespitzelten noch mehr angewiesen als auf das KGB. Gewöhnlich konnte ich schon nach zwei, drei Tagen genau sagen, ob mein Zellengenosse ein Spitzel war oder nicht. Wenn ja, stellte ich ihm ein Ultimatum: Entweder er arbeitete für mich, oder ich ließ ihn hochgehen, und dann konnte er die Hoffnung auf Strafverkürzung begraben. Es kam nie vor, daß einer ablehnte. Es gab sogar welche, die sich ungefragt als Spitzel zu erkennen gaben und ihre Dienste anboten. Von ihnen erfuhr ich auch die Methode ihrer Anwerbung und Arbeit. In der Regel ließ ich mir sofort Decknamen und Tag der Anwerbung nennen, damit ich etwas in der Hand hatte, falls sie es sich anders überlegen sollten.

Auf diese Weise tauschte ich einfach die Rolle mit dem Untersuchungsrichter: Ich wußte alles über ihn, er aber wußte rein gar nichts über mich. An der Art der Fragen, die sie dem Spitzel mit auf den Weg gaben, konnte ich leicht feststellen, worauf sie zielten und wieviel sie wußten. Indem ich sie dann durch den Spitzel falsch informierte, gelang es mir, sie in eine Sackgasse hineinzumanövrieren und schließlich Sieger zu bleiben.

Was für Spitzel habe ich nicht in all diesen Jahren erlebt: freche, schüchterne, schlaue und dumme. Manche waren so raffiniert, daß man ihnen kaum auf die Schliche kommen konnte. 1967 saß ich mit einem gewissen Prisowskij zusammen; der war so einfältig, daß er nicht einmal seine Legende richtig zusammenbrachte. Er verhedderte sich, und das verwirrte ihn so, daß er schließlich völlig verstummte; er stellte keine Fragen und sprach auch sonst über nichts mehr mit mir. Mich überkamen Zweifel: Vielleicht war er gar kein Spitzel – nur ein schüchterner Junge. Damals hatte man gerade Semitschastnyj abgelöst und Andropow zum Chef des KGB gemacht. Wir lasen darüber in der Zeitung. Ich sagte: »Interessant, interessant. Ich habe seine Tochter gut gekannt.«

Etwa eine Woche später fragte mich mein Untersuchungsrichter: »So, Sie haben also Tanja Andropowa gekannt?« – Er konnte einfach nicht an sich halten! Schließlich war er nur ein kleiner Beamter, und da kam einer und kannte die Tochter des Obersten Chefs! Am Ende konnte das noch Folgen haben – neue Besen kehren ja bekanntlich gut. Ich kannte natürlich Andropows Tochter gar nicht, hatte nur gehört, daß er eine Tochter hat.

Ein anderer Spitzel, das war 1971, tat mir wirlich leid. Er eignete sich überhaupt nicht für dieses Geschäft, ja, er schadete sich regelrecht. Er hatte noch nie gesessen. Schon am ersten Tag lockte ich ihn mit einem ganz einfachen Trick in die Falle.

Nach seiner Legende war er Untersuchungshäftling und saß schon zwei Monate. Es war jedoch ganz offensichtlich, daß er das Gefängnis überhaupt nicht kannte. Ich fragte ihn nur, ob sie ihm schon die Fingerabdrücke abgenommen hätten. Dies geschah für gewöhnlich in der ersten Woche nach der Verhaftung.

»Und wo«, fragte ich, »machen sie's jetzt? Immer noch in dem Trakt, wo das Bad ist?«

Er nickte zögernd. Doch diese Prozedur hatte noch nie dort stattgefunden. Wäre er wirklich ein Untersuchungshäftling gewesen, hätte er mich sofort korrigiert – so etwas vergißt man nicht. Er war mir also auf den Leim gegangen.

Er gab dann zu, daß er bisher in Butyrki gesessen hatte und wegen eines Wirtschaftsvergehens zu sieben Jahren verurteilt war. Er hatte Angst vor dem Lager. Seine Gesundheit sei nicht die beste, und er fürchte, das Lager nicht zu überleben. Er besaß nur noch ein Bein, das andere hatte er im Krieg verloren. Sein Name war Iwan Iwanowitsch Trofimow. Irgendwo im staatlichen Bauwesen hatte er einen leitenden Posten innegehabt.

Als ich ihm zusetzte, wurde er rot, begann sich zu rechtfertigen und versicherte, daß er nichts Schlechtes über mich habe sagen wollen. Lange noch redete ich ihm ins Gewissen:

»Wie reimt sich denn das zusammen, Iwan Iwanytsch? An der Front haben Sie gekämpft, sogar ein Bein haben Sie verloren – dort war es doch sicher noch gefährlicher. Ich hätte nicht gedacht, daß ein Frontkämpfer sich auf so etwas Schändliches einläßt – Zellengenossen denunzieren!«

Er war den Tränen nahe:

»Siehst du«, sagte er, »ich hätte auch nie gedacht, daß ich so was fertigbringen würde. Die verdammte Gesundheit, im Lager geh ich drauf. Und ich habe Kinder. Ihretwegen, nur ihretwegen hab ich zugestimmt. Mein Ältester hat dieses Jahr mit dem Studium begonnen. Sie haben mir gesagt, er werde relegiert, wenn ich nicht mitmache.«

Er schämte sich wirklich und tat alles, was ich von ihm verlangte sehr eifrig, wie ein braver Schüler. Er arbeitete nicht aus Furcht, sondern aus schlechtem Gewissen, und als man uns schließlich trennen mußte, flehte er mich an: »Hilf mir, bitte. Ich kann mich nicht weigern; sie jagen den Jungen vom Institut, und mich machen sie auch fertig. Du weißt besser, wie man sie dazu bekommt, mich ins Lager zu schicken – ich kann das hier einfach nicht.«

Gewöhnlich verriet ich nicht, daß ich ihre Agenten durchschaut hatte. Sie sollten mich nicht für mißtrauisch, sondern für einfältig und gutgläubig halten. Sonst war die ganze Mühe, die ich mir gemacht hatte, um sie zu täuschen, umsonst. Aber dieser Alte tat mir leid. Ich schrieb Andropow eine Erklärung und dem Staatsanwalt eine Beschwerde. Trofimow wurde sofort abberufen, und nach einer Woche wußte ich sicher, daß er nicht mehr in Lefortowo war. Gott gebe, daß er das Lager überlebt hat.

Bald danach traf ich auf den gerissensten Zellenspitzel, der mir je über den Weg gelaufen ist, ein ehemaliger Offizier der Luftlandetruppen, etwa vierzig Jahre alt, der vor Gesundheit und Energie strotzte. Wegen einer Schlägerei war er aus der Armee geflogen und hatte dann als Zivilist an der Kolyma gearbeitet – war dort zu Gold gekommen, und wegen dieses Goldes saß er. Während seines Urlaubs war er stets nach Moskau gefahren und hatte es dort verkauft, bis man ihn eines Tages erwischte. Die Untersuchungshaft absolvierte er in Butyrki; das Urteil lautete auf fünf Jahre. Eigentlich hätten es mehr sein müssen, aber es war ihm gelungen zu beweisen, daß das Gold nicht gestohlen, nicht aus den staatlichen Goldgruben stammte, sondern daß er es selbst gefunden hatte. Er war schon im Lager, erzählte er, als man ihn plötzlich nach Moskau zurückholte; es hieß, es habe sich neues Material gegen ihn gefunden, und er müsse jetzt mit fünfzehn Jahren, vielleicht sogar mit der Höchststrafe[21] rechnen. Er war ein mit allen Wassern gewaschener Bursche. Ich konnte ihn einfach nicht überführen, alle meine Tricks verfingen bei ihm nicht. Nur Jaschka, der Barbier, war in seiner Gegenwart stumm wie ein Fisch und abweisend.

Ich sagte wie gewöhnlich: »Na, Jaschka, was ist? Hast du einen Kater?«

Er biß die Lippen aufeinander und sah weg:

»Für Sie bin ich immer noch Jakow Mitritsch« ...

Das war ein schlimmes Zeichen ...

Der schlaue Spitzel hieß mit Nachnamen Grizaj, war gebürtiger Ukrainer, aus Galitsch. Er stellte sich von Anfang an, als hielte er mich für einen Spitzel, wohl weil er hoffte, meine Wachsamkeit auf diese Weise einzuschläfern. Ich war voller Bewunderung für sein Spielchen, konnte ihn aber auch jetzt nicht fangen, obwohl ich ganz sicher war, einen Spitzel vor mir zu haben. Ich war bis zu meiner Verlegung nach Wladimir mit ihm zusammen. Als er kam, war meine Untersuchungshaft eigentlich schon abgelaufen. Aber das KGB hoffte, daß ich nach der Verhandlung etwas gesprächiger und leichtsinniger würde.

Das kam oft vor. Die Verurteilten sagten sich, es könne ihnen nun, nachdem das Urteil gesprochen sei, ja nichts mehr passieren. Außerdem interessierte es sie, was ich für die Verhandlung im Schilde führte. Ich verriet natürlich mit keiner Miene, daß ich ihn durchschaut hatte – im Gegenteil, ich war äußerst umgänglich und freundlich und konnte auf diese Weise doch einiges über ihn erreichen.

Er wollte zum Beispiel unbedingt wissen, warum ich so sicher war, daß alles, was sich vor Gericht ereignen sollte, im Ausland bekannt würde. Durch wen denn? Durch Verwandte vielleicht?

»Du hast Vorstellungen«, lachte ich ihn aus, »was für Verwandte denn? Meine sind viel zu dumm und wissen nicht Bescheid. Sie werden der Verhandlung von Anfang bis Ende folgen, und vielleicht begreifen sie gerade, wieviel Jahre ich bekomme. Weiber – was willst du da schon groß erwarten? Aber das KGB hat ja in seiner Weisheit zwei ausländische Korrespondenten zur Verhandlung eingeladen.«

Das funktionierte ausgezeichnet. Meine Mutter und Schwester erhielten die Genehmigung, an der Verhandlung teilzunehmen, und die beiden Korrespondenten wurden ausgeladen. Noch ein paar solche Coups gelangen mir mit seiner Hilfe.

Bevor er, kurz vor meiner Abreise nach Wladimir, die Zelle verließ, teilte er mir mit, daß das Verfahren gegen ihn eingestellt sei, daß man ihm weiter nichts habe nachweisen können und er bald ins Lager zurückkehren werde. Und wirklich, ein paar Tage darauf, holten sie ihn, aber sie brachten ihn nicht hinaus, sondern in eine andere Zelle weit weg von mir. Die Oben hatten versagt, aber ich existierte offenbar für sie auch nicht mehr so recht, da ich sowieso bald verlegt werden sollte. Als ich ein Jahr später wegen der Jakir-Sache[32] wieder in Lefortowo landete, erfuhr ich durch Zufall, wie Grizajs Geschichte weitergegangen war.

Es lief damals ein großer Prozeß gegen Diamantschleifer. Mehr als vierzig Menschen waren angeklagt; fast in jeder Zelle saß einer von ihnen. Vor Gericht trafen sie sich und konnten in der Pause das eine oder andere Wort wechseln. Über sie erfuhr ich, wer von den Unsrigen wo saß und stieß dabei plötzlich auf Grizaj. Er saß immer noch, und immer noch mit der gleichen Legende. Es zeigte sich, daß nahezu alle Diamantschleifer ihn kannten; sie hatten fast alle mit ihm die Zelle geteilt und hielten große Stücke auf ihn.

»Das ist ein Kerl! Hat sich aus so'ner Sache rausgeredet. Toll! Alle Zeugen hat er eingeschüchtert und ist ihnen entschlüpft. Jetzt haben sie die Sache eingestellt, er kommt wieder ins Lager und macht seine fünf Jährchen.«

Als ich ihnen eröffnete, daß er ein Spitzel sei, wollten sie mir lange nicht glauben. So beeindruckt waren sie von ihm. Aber wenn seine Legende stimmte, konnte er ja unmöglich schon 1971 in Lefortowo gesessen haben, und das mußten sie schließlich einsehen.

Der Diamantschleifer-Prozeß war damals das größte laufende Verfahren, und so bekam Grizaj eine Menge zu tun. Fast die gesamte Belegschaft der Moskauer Diamantenfabrik saß: achtundvierzig von insgesamt fünfzig Beschäftigten. Dazu kamen noch ein paar Käufer. Es stellte sich heraus, daß das KGB schon seit fünf Jahren von diesem Betrug gewußt, aber zunächst niemanden belangt hatte. Man beschränkte sich darauf, die Käufer der Steine zu beschatten und von Zeit zu Zeit deren Verstecke zu plündern. Bei diesem unblutigen Verfahren wäre es wohl auch geblieben, hätte nicht eines Tages Kossygin diese Fabrik besichtigt, wo er sich mit den tüchtigsten Arbeitern, den Meistern, photographieren ließ und sie auszeichnete; da schlug das KGB rasch zu – konnte es doch hier wieder einmal allen seine Unentbehrlichkeit so recht vor Augen führen. Wieder einmal siegte das politische Kalkül über wirtschaftliche Erwägungen, und so kam es dann zu diesem gigantischen »Diamantenprozeß«. Die Fabrik wurde stillgelegt.

Die Methoden und Ziele des KGB haben sich seit Stalin nur wenig geändert. Der Unterschied besteht lediglich darin, daß man das Volk damals mit allgegenwärtigen Volksfeinden und Verschwörern in Furcht und Schrecken hielt, während diese Funktion heute den Gaunern und Spitzbuben zufällt, wobei es diese Spitzbuben tatsächlich überall gibt, während man die Verschwörer erfinden mußte.

Das unternehmerische Denken ist dem Menschen offenbar nicht auszutreiben. Jener Klempert hat mir einmal erzählt, wie er seine Karriere als heimlicher Millionär startete. »Schade um das schöne Zeug«, sagte er, »das geht jetzt alles zum Teufel, niemand kann etwas damit anfangen. Ich begann damit, daß ich die Abfallprodukte, die sowieso weggeworfen wurden, für eine Schwarzproduktion weiterverwendete. Dann verbesserte ich Ausrüstung und Technologie, und die Produktivität stieg; den Gewinn teilten wir untereinander auf. Dann fanden wir heraus, daß wir nicht die einzigen waren, daß die ganze Wirtschaft so arbeitete.«

Ja, man konnte in Lefortowo in den sechziger Jahren die erstaunlichsten Dinge erleben. Ich schrieb den Verurteilten gewöhnlich ihre Berufungsanträge, und sie gaben mir dafür ihre Urteile zu lesen, die manchmal ein ganzes Buch füllten, sauber gebunden. Dutzende von Seiten nahm allein die ermüdende Aufzählung der beschlagnahmten Wertgegenstände in Anspruch: Unzählige Ringe, Armbänder, Diademe, Goldmünzen zaristischer Prägung, Goldbarren, wertvolles Porzellan, Ikonen – Berge von Gold und Brillanten. Da mühten sich riesige Unternehmen ab, unterstützt von Parteikomitees, Gewerkschaftskomitees und sozialistischem Wettbewerb, und die Einkünfte flossen in die Taschen von einigen wenigen Privatpersonen, stellvertretenden Ministern und Verwaltungsbeamten. Umgekehrt gab es auf dem Papier ganze Industriekomplexe mit genauer Standortangabe, die mit staatlichen Geldern ausgestattet wurden und in Wirklichkeit gar nicht existierten. Aufsichtsbeamte und Inspektoren bezogen ein regelmäßiges Gehalt von den Betrügern, und die fiktiven Unternehmen florierten. Selbst das OBCHSS, die Abteilung für den Kampf gegen Diebstahl bzw. Veruntreuung von sozialistischem Eigentum und gegen Spekulationen, stand auf der Liste der Gehaltsempfänger. Tschitschikow[33] mit seinen toten Seelen war dagegen ein lächerlicher Amateur! Kein geringerer als der Bürgermeister von Moskau, Bobrownikow, saß im Gefängnis wegen Wohnungshandels, und der Sekretär des Rjasaner Parteigebietskomitees, Larionow, erschoß sich, als man ihm auf die Schliche kam.

Chruschtschow war nicht weit von der Wahrheit entfernt, als er in einer seiner Reden sagte: »Wenn bei uns nur einen Tag lang nicht gestohlen würde, wäre der Kommunismus bald aufgebaut.« Was er nicht begriff, war, daß ohne diese »Diebstähle« das sowjetische Wirtschaftssystem überhaupt nicht funktionieren würde.

Ohne zusätzliche Vereinbarungen und andere Machenschaften wäre nicht ein einziger Plan erfüllt worden, ohne diese illegale Privatinitiative käme nirgends im Land etwas zustande. Alle diese Kolchosen und Sowchosen, die als Musterbetriebe Millionen erwirtschafteten, verdanken das nur dem Umstand, daß sie von Spitzbuben geleitet werden. Dabei sind das meist gar keine Spitzbuben. Menschlich gesehen haben sie ja kein Verbrechen begangen, nur die sowjetische Justiz hält eine ökonomisch vernünftige Wirtschaftsführung für verbrecherisch.

Einmal, so erinnere ich mich, saß mit mir ein Bürschchen, dessen ganzes Verbrechen darin bestand, daß er als Vermittler aufgetreten war; er hatte niemandem geschadet. Er war einfach zu einem Kohlebergwerk gefahren und hatte angeboten, gegen ein geringes Entgelt die Schlackenhalden abzutransportieren. Der Direktor war selig. Wegen dieser Halden hatte er schon mehr als einen Rüffel bekommen. Sie störten ja wirklich. Dann war der Mann in die Kolchosen gefahren und hatte den Leitern billige Schlacke für die Kuhställe angeboten. Die waren auch glücklich. Da hatte mein Zellenkumpan sich von der Kolchose Wagen geben lassen, war zum Bergwerk gefahren und hatte die Schlacke abgeholt. Allen war gedient, alle waren zufrieden, auf einen Schlag waren eine Menge wirtschaftlicher Probleme gelöst, nur mein unternehmender Genosse bekam zum Lohn sechs Jahre Gefängnis.

Jener Iwan Iwanytsch Trofimow, der schüchterne Spitzel, schilderte mir seine Arbeit als Leiter einer Baubehörde wie einen Alptraum: »Zuerst stiften sie dich zum Verbrechen an, und dann sperren sie dich ein. Kaum ein Monat vergeht, ohne daß das Gebietskomitee verlangt, irgendein Projekt vorzuziehen; dabei wissen sie genau, daß ich weder das Geld noch das Baumaterial dafür habe. »Sieh zu, wie du's machst«, heißt es da. Die brauchen nur zu befehlen. Und das geht noch, aber dann soll man auch noch für sie privat, schwarz, bald eine Garage, bald eine Villa, bald eine Auffahrt bauen. Und natürlich schickt keiner einen schriftlichen Auftrag. Die rufen einfach an: »Iwan Iwanytsch, sei so gut, du weißt schon...« – das ist alles. Als hätte Iwan Iwanytsch eine eigene Fabrik, eine eigene Firma. Ja, und wenn ich's nicht mache, finden sie sofort irgendwelche Mängel bei mir, und dann bin ich dran. Und erst die Arbeiter! Bei mir wurden pro Tag allein Farben im Wert von fünfhundert Rubeln geklaut. Sie müssen schließlich auch was nebenbei verdienen, von ihrem Lohn können sie nicht sonderlich gut leben. Und woher nehmen? Natürlich von Iwan Iwanytsch. Da mußt du mitmachen, ob du willst oder nicht.«

Was ihn am meisten aufbrachte, war das sowjetische Bildungssystem. »Da bringen sie dir allen möglichen Unsinn bei, den du nie mehr brauchst. Höhere Mathematik, Materialwiderstand... Nein, sie müßten einem beibringen, wie man an dieses Material herankommt, Bestechungsgelder richtig austeilt und gefälschte Bestellungen deckt. Da kommen aus den Instituten sogenannte Ingenieure, laufen mit Rechenschiebern herum, aber wie man sich Zement beschafft, das wissen sie nicht.«

Zufällig fielen ihm unter den Gefängnisbüchern die »Aufzeichnungen« des Guicciardini in der Akademie-Ausgabe der dreißiger Jahre in die Hände.

»Sehen Sie, das war ein Geschäftsmann«, begeisterte er sich, »der verstand etwas vom Leben! Was muß ein Geschäftsmann in erster Linie können? – Seinen persönlichen Chauffeur richtig aussuchen; er darf nicht geschwätzig sein und muß sich absolut loyal verhalten. Und dann die Sekretärinnen – auch ein wichtiger Punkt. Sie müssen für ihn durch dick und dünn gehen.«

Er schrieb laufend irgendwelche Bemerkungen an den Rand der Seiten und exzerpierte fast das halbe Buch.

»Wenn ich wieder frei bin, schreibe ich auch einen Leitfaden für den Geschäftsmann. Nur werden sie's nicht drucken, diese scheinheiligen Lumpen. Alle wissen, wie es bei uns zugeht, aber keiner darf laut darüber reden.«

Ja, was hat Lefortowo nicht für großartige Gauner und Spitzbuben erlebt! In den sechziger Jahren starb hier die gesamte Blüte des sowjetischen Unternehmertums. Einer meiner Zellengenossen, der dem Staat dreieinhalb Millionen geschenkt hatte, sagte einmal voller Trauer zu mir:

»Ich hätte das alles gar nicht nötig gehabt. Mein seliger Schwiegervater hat immer gesagt: ›Mischa, laß es doch, wozu brauchst du denn das Zeug? Was ich stehle, reicht für uns alle, sogar die Enkel werden noch etwas davon haben!‹ Und ich habe nicht auf ihn gehört. Schade, jetzt ist das ganze schöne Zeug beim Teufel.« Seinen Schwiegervater hatten sie wegen einer ähnlichen Sache bereits erschossen.

Das Erstaunliche ist, daß wir in den sechziger und siebziger Jahren so von dem Problem unserer intellektuellen Freiheit in Anspruch genommen waren, daß wir gar nicht merkten, wie die Sowjetmacht in dieser Zeit zum Vernichtungskampf gegen die illegale ökonomische Opposition und den im ganzen Land wuchernden Kapitalismus antrat. Es gab auch eine legale Wirtschaftsopposition, die sogenannten »Ökonomisten« oder »Manager«. Sie hatten keine eigentliche Theorie, sie verlangten im

Grunde alle nur das eine: Um die Wirtschaft anzukurbeln, solle man die Leute nach ihren Leistungen bezahlen, und zwar gut bezahlen, anders sei die wirtschaftliche Stagnation nicht zu überwinden. Selbst vom marxistischen Standpunkt aus müsse die Wirtschaft Vorrang vor der Ideologie haben.

Zu Beginn der sechziger Jahre befand sich die Wirtschaft, für alle erkennbar, in einem solchen Niedergang, daß man ernsthaft die Möglichkeit einer zweiten NEP erwog. Zumindest war man sich über die Notwendigkeit weitreichender wirtschaftlicher Reformen auf der Grundlage größerer materieller Anreize im klaren. Es wurden einige interessante Experimente durchgeführt, über die die Zeitungen lang und breit berichteten. Doch die erste Begeisterung über die erstaunlichen Erfolge dieser Experimente legte sich rasch. Zu offenkundig trat dabei die Überlegenheit der kapitalistischen Wirtschaftsführung über die sozialistische zutage. Eine Ausweitung derartiger Experimente auf das ganze Land hätte zwar ein rapides Wirtschaftswachstum und das Ende der fünfzigjährigen Stagnation bedeutet, zugleich aber wären auch jene »Krebsschäden des Kapitalismus« zu neuem Leben erwacht, mit denen unsere Propaganda schon die kleinen Kinder zu schrecken liebt: Arbeitslosigkeit, Inflation und »Anarchie der Produktion« – das heißt eine Marktwirtschaft, und der Staat hätte die Wirtschaft nicht mehr im Griff gehabt. Vor allem aber hätte die Partei ihre führende Rolle in der Wirtschaft eingebüßt, sie wäre unabhängiger geworden, und das war undenkbar.

Es entspann sich ein ebenso heimlicher wie erbitterter Kampf zwischen »Ökonomisten« und »Ideologen«. Die »Ideologen« fürchteten vor allem, daß Unterschlagungen und Betrügereien ständig zunehmen und die Wirtschaft der Partei entgleiten würde. Verliert aber die Partei die Kontrolle über die Wirtschaft, dann verliert sie auch die Kontrolle über das Leben im Land, und in der Tat wollten die »Ökonomisten« die führende Rolle der Partei in der Wirtschaft gänzlich abbauen. Natürlich konnten sie das nicht offen zugeben. So kam es zu einem stummen Ringen zwischen Partei- und Staatsapparat um eine Wirtschaftsreform, deren Notwendigkeit niemand leugnen konnte. Selbst Breschnew räumte in einem internen Schreiben an das ZK vom Dezember 1969 ein, daß die Lage der Industrie verzweifelt sei.

In diesem Kampf bedurfte die Partei jenes Wirbels um die Wirtschaftskriminalität und der damit verbundenen Strafprozesse, ähnlich wie sie in den dreißiger Jahren des Terrors bedurft hatte. Man weiß, daß allein von November 1962 bis Juli 1963 mehr als achtzig Wirtschaftsprozesse in Dutzenden von Städten der Sowjetunion stattfanden und daß dabei hundertdreiundsechzig Todesurteile ergangen sind. – Und der Westen mit all seinen Forschungsinstituten hat die Bedeutung dieses Vorgangs völlig übersehen. Als besonders lächerlich ist mir der Protest von Lord Russell in Erinnerung, der hinter diesen Verfahren nichts weiter vermutete als Antisemitismus. Ebenso hätte man Antisemitismus als Triebfeder bei der Verfolgung der trotzkistischen Opposition annehmen können.

Strafrechtliche Verfolgung genügte natürlich nicht, um den Sieg der »Ideologen«

sicherzustellen – die entscheidende Hilfe kam vom Westen. Als Alternative zu einschneidenden inneren Reformen verfielen die »Ideologen« nämlich auf die »friedliche Koexistenz«, auf die Entspannungspolitik. Sie bauten auf Wirtschaftshilfe und Erweiterung des Handels mit dem Westen. Wozu gefährliche Reformen riskieren, wenn man alles Notwendige aus dem Ausland beziehen kann? Selbst Weizen kann man in Kasachstan säen und in Kanada ernten. Alle Experimente wurden abgeblasen, und ihre Befürworter landeten, wie gewöhnlich, hinter Gittern.

Symbolisch in diesem Sinne ist das Schicksal Iwan Nikoforowitsch Chudenkos. Als großer Finanzexperte des Ministerrats der UdSSR im Rang eines Staatssekretärs hatte er im Jahr 1960 aus eigenem Antrieb versucht, in den Sowchosen von Kasachstan ein wirtschaftliches Experiment durchzuführen. Seine Vorschläge waren denkbar einfach. Er empfahl ein System wirtschaftlicher Rentabilität und Unabhängigkeit, vor allem aber reale materielle Anreize. Bezahlt werden sollten die konkreten Ergebnisse, nicht die investierten Kräfte. Das Experiment war ein sensationeller Erfolg. Die Auslastung von Mensch und Maschine in den Sowchosen ging um das Zehn- bis Zwölffache zurück, die Getreideselbstkosten um das Vierfache. Der Gewinn pro Arbeiter stieg um das Siebenfache und der Lohn um das Vierfache. Mit diesen Zahlen in der Hand bewies Chudenko, daß die Einführung seines Systems in der gesamten Landwirtschaft eine vierfache Steigerung der Produktion ermöglichen würde und daß statt bisher dreizehn nur noch fünf Millionen Arbeiter in der Landwirtschaft benötigt würden.

Sein Erfolg wurde in den Zeitungen begeistert gefeiert, aber die vorgeschlagene Übertragung des Systems auf das ganze Land blieb aus. Stattdessen wurde Chudenkos Sowchose »Aktschi« 1970, mitten in der Hochsaison, auf höhere Weisung stillgelegt, ohne daß den Arbeitern der ausstehende Lohn oder die vorgenommenen Investitionen zurückgezahlt worden wären. Chudenko und seine Arbeiter setzten den Kampf mit legalen Mitteln fort, daß heißt, sie gingen vor Gericht. Der Verlauf dieses Prozesses spiegelte den Machtkampf innerhalb der sowjetischen Führung wider. Das Urteil wurde einige Male revidiert. Schließlich, im August 1973, wurden Chudenko und sein Stellvertreter wegen »Entwendung von Staatseigentum« zu sechs beziehungsweise vier Jahren verurteilt. Auch nach dem Urteil hielten die Proteste führender Wirtschaftler des Landes an. Am 12. November 1974 starb Chudenko in der Krankenstation seines Gefängnisses.

Das ist aber bei weitem nicht der einzige Fall strafrechtlicher Verfolgung neuer ökonomischer Tendenzen. Alles, was in den sechziger Jahren mit staatlicher Billigung unternommen wurde, galt in den siebziger Jahren bereits wieder als Verbrechen. Mitte der sechziger Jahre waren im ganzen Land Klubs unter dem Namen »Die Fackel« entstanden; das waren freiwillige Zusammenschlüsse der technischen Intelligenz, die auf vertraglicher Basis ganze Projekte entwickelten und die Einführung neuer Technologien und Rationalisierungsmaßnahmen realisierten. Dieselben Ingenieure und wissenschaftlichen Mitarbeiter, die tagsüber in ihren Forschungsinstituten und Konstruktionsbüros derartige Projekte bei den ihnen gezahlten Gehältern nicht zustandebrachten, schafften es in ihrer Freizeit sehr wohl und ohne Partei- und Gewerkschaftskomitees, dafür aber gegen entsprechende Bezahlung; und sie machten es gut und in Rekordzeiten und brachten dem Staat Millionengewinne. In den siebziger Jahren, auf dem Höhepunkt der Entspannungspolitik und des Imports westlichen Kapitals und westlicher Technologien, wurden diese Klubs ausnahmslos geschlossen und ihre Leiter eingesperrt.

Doch alle diese Prozesse wären nicht so reibungslos abgelaufen, wären sie nicht durch die Verfahren gegen die illegalen Millionäre psychologisch so gut vorbereitet worden. Es galt, die ökonomische Führung des Landes wieder in die Hand zu bekommen, durch Gerichtsurteile einzuschüchtern, das häßliche, betrügerische Antlitz des Kapitalismus aufzuzeigen, den die vorgeschlagenen Reformen unweigerlich nach sich ziehen würden. Ähnlich wie in den dreißiger Jahren mußte man Volksfeinde und Verbrecher schaffen, denen man die Verantwortung für alle wirtschaftlichen Fehlschläge zuschob. Für das Volk klang das auch sehr einleuchtend: »Wenn bei uns nur einen Tag lang nicht gestohlen würde, wäre der Kommunismus bald aufgebaut.« Da war der Feind – haltet den Dieb! Kaum daß Kossygin die Diamantenfabrik gelobt hatte, wurde sie auch schon kassiert.

Eine Zeitlang nahm das geradezu absurde Ausmaße an: Der Vorwurf der Korruption oder des Betrugs war ebenso gefürchtet, wie in den dreißiger Jahren der Vorwurf, Konterrevolutionär zu sein. In dieser Sache gab es keine objektive Justiz mehr. Ich erinnere mich an eine Geschichte, die mir ein alter Krimineller erzählte:

»Als ich freikam, fuhr ich nach Hause. Ich ging zur Polizei, um mich zu melden, aber die wollten nicht, die Schurken. So oft ich auch zum Leiter der Paßabteilung ging – immer nein. So ein Schweinehund, dachte ich bei mir, will einfach nicht: Ich registrier dich nicht, und damit basta. Na, denk ich, dich krieg ich, heulen wirst du! Ich zur Nachbarin: ›Tante Mascha, leih mir einen Dreißiger.‹ Die kennt mich schon lang, schon als Lausejungen. ›Wozu‹, fragt sie. ›Ja, weißt du, der Leiter der Paßabteilung verlangt es, der Hund. Kein Geld, keine Anmeldung!‹ Na, da gab sie mir die dreißig. Zwei Zehner und zwei Fünfer. Ich schnapp' mir einen Kumpel, trink mit ihm ein Bier und sag zu ihm: ›Da ist so ein Lump, will'n Dreißiger, muß es ihm wohl oder übel geben. Hab's mir bei Tante Mascha geborgt.‹ Wir gehn also zur Polizei, ich in die Paßabteilung, er bleibt unten. Wie mich der Leiter sieht, fuchtelt er schon mit den Armen: ›Hau ab, du, ich registriere dich nicht!‹ Während wir uns streiten, schieb ich die dreißig Rubel unauffällig unter die Papiere auf seinem Tisch. Dann geh ich raus und sag zu dem Kumpel. ›Denk mal an, so ein Ekel, das Geld hat er genommen, aber registriert hat er mich nicht. Na, ich werd's ihm heimzahlen!‹ Ich geh also hin und ruf den Polizeipräsidenten an: ›Einer Ihrer Mitarbeiter‹, sag ich, ›hat sich bestechen lassen und will mich nicht registrieren.‹ Sofort rauscht ein Einsatzwagen an, das Büro wird durchsucht, und was finden sie – meine dreißig Rubel, genau wie ich gesagt habe, zwei Zehner und zwei Fünfer. Tante Mascha identifiziert das Geld, mein Kumpel ist

Zeuge. Da haben sie dem Schweinehund sechs Jahre aufgebrummt, damit er verträglicher wird.«

Wenn das nicht der Große Terror ist!

Auch die Vernichtung der angeblich völlig unschuldigen »Kommunisten« im Jahre 1937 wäre nicht möglich gewesen, wenn man nicht vorher konsequent zunächst die »Konterrevolutionäre«, dann die Mitglieder sozialistischer Parteien, dann die innerparteiliche Opposition vernichtet und dabei den Begriff des »Volksfeindes« immer weiter gefaßt hätte. Zu unserer Zeit war es eben der Begriff des »Wirtschaftsverbrechers«, von dem man immer großzügiger Gebrauch machte.

Gegen Mitte der siebziger Jahre war die Wirtschaftsopposition endgültig erledigt; die Prozesse hörten auf, so, als würde in Rußland mit einem Mal nicht mehr gestohlen und betrogen. In der »Literaturnaja Gaseta« durften nun sogar wirtschaftliche und rechtliche Probleme diskutiert werden. Akademiemitglieder, Helden der sozialistischen Arbeit, Werksdirektoren, führende Wirtschaftswissenschaftler kritisierten das sowjetische Wirtschaftsrecht, das so verworren und widersprüchlich sei, daß sich faktisch jeder von ihnen täglich mehrerer Verbrechen schuldig mache. Und da das politisch nicht mehr riskant war, ließ sich sogar Breschnew zu einem Kommentar herbei und versprach, die Gesetzgebung zu verbessern. Damit war die Diskussion dann auch beendet.

Nicht beendet war dagegen der ewige Kampf der Bürger mit den Behörden um eine Verbesserung ihrer wirtschaftlichen Lage. Kaum hatte einer eine neue Möglichkeit entdeckt, seinen kärglichen Lohn etwas aufzubessern, schon erklärte der Staat diese Möglichkeit für ungesetzlich. Kaufte sich zum Beispiel einer ein Auto, ach, was sage ich, ging er auch nur einmal zu oft ins Restaurant, schon fingen sie an zu schnüffeln. Die Teufel wußten genau, daß ein Sowjetmensch in der Regel von seinem Lohn kein Auto kaufen oder dauernd im Restaurant essen kann.

Das Gefängnis von Lefortowo ist nicht groß, und doch, wie viele Menschen haben dort gesessen! Jeden Sommer wird es renoviert, das heißt, die Wände werden gestrichen. 1963 waren sie dunkelgrün, 1967 – olivfarben, 1971 – graugrün, jetzt ist die Farbe überhaupt nicht mehr definierbar. Wenn man nun diese Farbschichten einzeln abtrüge wie ein Archäologe, so hätte man das große Gebäude des Sozialismus vor sich und stünde vor den steinernen Überresten aller feindlichen Elemente, die in der jeweiligen Epoche der Sowjetgeschichte eliminiert werden mußten. Ich weiß noch, wie erstaunt ich 1963 war, als ich das Gefängnis zum ersten Mal betrat: Es waren nur zwei von vier Etagen belegt, insgesamt etwa achtzig Zellen. Darin saßen jeweils zwei bis drei Gefangene, alles in allem also nicht mehr als zweihundert, und davon waren noch die Hälfte Spitzel. Kam denn, so fragte ich mich, das KGB wirklich mit so wenig Verhaftungen aus? Als ich darüber nachdachte, begriff ich, daß es vielleicht tatsächlich ausreichte. Gesetzt den Fall, Hitler wäre nicht zwölf Jahre, sondern Jahrzehnte an der Macht geblieben – hätte er dann noch Gaskammern nötig gehabt? Wen hätte er denn noch vergasen sollen? Mit einigem Geschick wäre er mit einem einzigen Lefortowo ausgekommen.

Natürlich kannte ich damals, im Jahr 1963, die Gefängnismaschinerie nicht so gut, wie ich sie heute kenne. Meine Gefängnisbiographie hatte ja gerade erst begonnen, und ich war auch noch gar nicht lange dort, da schickte man mich schon zum psychiatrischen Gutachter. Die Sache mit mir hatte einfach nicht geklappt, soviel sie auch daran herumgedreht hatten, es war nichts Rechtes dabei herausgekommen, und auch der Spitzel hatte versagt. Was blieb ihnen da anderes übrig?

Heute muß ich selbst lachen, wenn ich daran denke, wie ich mich freute, als ich erfuhr, daß das Gutachten »unzurechnungsfähig« lautete. Von der Leningrader Sonderklinik auf der Arsenalstraße hatte ich schon einiges gehört, hauptsächlich von Alik Wolpin. Aus allen Erzählungen war hervorgegangen, daß es hundertmal besser war, dorthin zu kommen als in ein Lager. Man wird nicht zur Arbeit gehetzt, das Essen ist immer noch besser als in den Lagern und behandelt wird man auch nicht. Arrestzellen gibt es ebenfalls nicht, man kann tagsüber schlafen, jeden Monat einmal Besuch empfangen und sogar von zu Hause Bücher kommen lassen. Alik erzählte, daß dort zu seiner Zeit fast nur Politische, also ganz normale Menschen gesessen hatten. Er hatte mich schon 1961 mit vielen seiner Mithäftlinge bekanntgemacht, und sie hatten seine Schilderungen einmütig bestätigt.

Unter Stalin galt es geradezu als Lebensrettung, in eine psychiatrische Anstalt zu kommen, und mancher Psychiater hat damals ganz bewußt Menschenleben gerettet. Zu allen Zeiten wurde allerdings von den Patienten verlangt, daß sie ihre Schuld bekannten und die Diagnose akzeptierten. Sie mußten bekennen, unter dem Einfluß der Krankheit ein Verbrechen begangen zu haben, und bestätigen, daß sie dank des Aufenthalts in der Heilanstalt den krankhaften Zustand überwunden hätten. Ohne diese Bekenntnisse durften die Ärzte keinen Patienten gesundschreiben und das Gericht ihn nicht freisprechen. Ob der »Kranke« tatsächlich »geheilt« war, brauchte nicht gesondert bewiesen zu werden; unter Stalin interessierte das niemanden: In der Untersuchungshaft brachte man die Leute noch zu ganz anderen Geständnissen. Man hatte nichts dagegen, für verrückt zu gelten, im Gegenteil, unter den Bedingungen des Terrors war das die Rettung: Einen Verrückten erschießt man wenigstens nicht. Nur Wolpin, der einfach nicht lügen konnte, dachte sich irgendeine komplizierte Formulierung aus, mit der er de jure etwas bekannte, was er de facto wieder zurücknahm.

Eine offene Verweigerung dieses Geständnisses galt dagegen als gefährlich. Man konnte als chronisch Kranker eingestuft und in eine Kolonie für chronische Fälle, etwa in die Anstalt von Sytschowka, eingewiesen werden, aus der es kein Entrinnen gab. Außer dieser Sytschowka existierten damals im Lande noch drei Sonderkliniken: In Leningrad, in Kasan und in Rybinsk. Nach Rybinsk kamen Häftlinge, die im Lager den Verstand verloren hatten.

Unmittelbar vor meiner Verhaftung hatte Chruschtschow irgendwo geäußert, daß es in der UdSSR keine politischen Gefangenen, keine Unzufriedenheit mit dem System mehr gäbe, und daß die wenigen, die eine solche Unzufriedenheit äußerten, einfach psychisch krank seien. Kaum jemand nahm diese Worte Chruschtschows damals ernst – er redete ja oft Unsinn... Doch diese Bemerkung war, wie sich herausstellte, keineswegs einer der üblichen Scherze des Premierministers, sondern eine Direktive. Sie bedeutete eine Wende in der sowjetischen Strafjustiz. Chruschtschow konnte, nachdem er die Stalinschen Verbrechen enthüllt hatte, nicht gut zu Terror, Schauprozessen und Massenverhaftungen zurückkehren. Im Lande selbst, besonders aber im Ausland, hätte das eine zu scharfe Reaktion hervorgerufen. Andererseits hatte er panische Angst vor den Folgen jenes »Tauwetters«, das durch eine böse Ironie der Geschichte noch heute seinen Namen trägt. Die Parteidisziplin war ins Wanken geraten, es hatten sich bereits irgendwelche Neomarxisten zu Wort gemeldet. Hätte er sie kurzerhand in Schauprozessen aburteilen lassen, so hätte dies weltweite Empörung bewirkt. Außerdem wäre es gar nicht einfach gewesen, solche Prozesse ohne Anwendung der Folter vorzubereiten. Nein, Chruschtschow konnte und wollte die Ära Stalins nicht in vollem Umfang wiederaufleben lassen. Zu klar stand ihm und allen anderen vor Augen, wohin das führen würde.

Es gab allerdings noch einen anderen Grund für diese folgenschwere Bemerkung Chruschtschows: Es war ihm wirklich Ernst mit dem Aufbau des Kommunismus, und das bedeutete: Die Kirche verschwindet von der Bildfläche, die ideologische Einheit, die Stalin mit Hilfe des Terrors erzielt hatte, wird wiederhergestellt; ganz von allein, ohne größere Anstrengungen, stellt sich Überfluß ein; die Kriminalität verschwindet, und der Staat stirbt allmählich ab. Nun würde er zwar mit der Kirche vermutlich leichtes Spiel haben – einfach schließen, basta; und den Überfluß glaubte er fest durch den forcierten Einsatz der Chemie im Lande, durch die Verbreitung des Maisanbaus und die technische Hilfe des Westens zu erreichen, aber mit der Kriminalität war das nicht so einfach. Sie war nicht nur nicht zurückgegangen, sondern nahm sogar stetig zu. Von ideologischer Einheit konnte schon gar nicht die Rede sein: Eben erst war es zu Aufständen in Alexandrow, Muromo und Nowotscherkassk[34] gekommen, und auch die Intelligenz muckte wieder auf. Was also tun?

Aus der marxistisch-leninistischen Lehre folgte für Chruschtschow zweifelsfrei, daß es in einem sozialistischen System kein antisozialistisches Bewußtsein geben könne. Das Bewußtsein wird von der Umwelt geprägt, und in einer Gesellschaft, die im Maisüberfluß lebte, konnte es folglich weder Kriminalität noch Abweichungen von der Parteimeinung geben. So lag der Schluß nahe, daß diese Erscheinungen, soweit sie nicht als Überbleibsel vergangener Zeiten oder als zersetzerischer Einfluß des Weltimperialismus zu erklären waren, Ausdruck einer psychischen Krankheit sein mußten, und dagegen war bekanntlich selbst die kommunistische Umgebung machtlos. Aus all diesen Überlegungen schloß Chruschtschow, daß er bis 1980 in der Lage sein müßte, der Weltöffentlichkeit den allerletzten Kriminellen der Sowjetunion vorzuführen (er sagte nicht, den letzten Verrückten!).

Den Jurastudenten wurde an den Universitäten bedeutet, daß sie sich auf einen aussterbenden Beruf vorbereiteten und daß die Zulassungen zu ihrer Fakultät bereits beschränkt würden. Der Staat werde ihre Dienste bald nicht mehr benötigen. Ihre Aufgaben würden teils von Bürgerschaftsgerichten, teils von Psychiatern übernommen werden. Mancherorts wurden denn auch die Gefängnisse – jenes Erbe aus den finsteren Zeiten des Zarismus – geschlossen, dafür schossen psychiatrische Kliniken wie Pilze aus dem Boden. Es erging eine Sonderverfügung des ZK, wonach alle Kirchen innerhalb von zehn Jahren abzureißen seien; ein ideologisches Plenum las der Intelligenz die Leviten, und für das KGB trat an die Stelle der Stalinschen These von der Verschärfung des Klassenkampfes die neue ideologische Richtlinie von der Zunahme psychischer Erkrankungen beim fortschreitenden Aufbau des Kommunismus.

Für das KGB war die Lage damals gar nicht rosig. Zu allen Zeiten, selbst auf dem Höhepunkt der Stalinschen Willkür, hatte man von ihm verlangt, daß die Häftlinge sich schuldig bekennen, daß sie bereuen, daß sie ideologisch entwaffnet und zur Einsicht ihrer Fehler veranlaßt werden. Das war damals relativ leicht zu erreichen, durch Schläge, nächtliche Verhöre und Folter. Dann aber kam die Zeit der nachstalinschen Humanität: Schlagen und Foltern waren nicht mehr erlaubt. Wenn es aber nicht gelang, den Häftling auf andere Weise einzuschüchtern, ihn zu überreden oder irgendwie zu erpressen, so blieb dem Untersuchungsrichter nichts anderes übrig, als sein Versagen einzugestehen. Zwei, drei solcher Pannen, und er konnte wegen Unfähigkeit aus dem KGB entlassen werden. Besonders peinlich war die Sache, wenn irgendein bekannter Mann, ein Neomarxist oder ein Christ nicht gestehen wollte. Vor Gericht machte sich das gar nicht gut. Auch die quantitativen Forderungen hatten sich geändert. Galt es früher, möglichst viele Konterrevolutionäre, Spione, Diversanten und andere Volksfeinde zu präsentieren, so wurde jetzt jeder dieser Fälle von der Obrigkeit als ein Versagen der Partei bei der Erziehung der Massen gewertet, und die örtliche Parteileitung und mit ihr auch das KGB mußten mit einem Rüffel rechnen. Anders war die Sache, wenn es sich um einen psychisch Kranken handelte – da konnte keiner was dafür.

Wenn alles nach der Generallinie der Partei gegangen wäre, hätte die Kriminalität in unserem Land also ein Ende gefunden, und an die Stelle von Massenterror, Spionomanie und andere Entartungen des Personenkults wäre ein allgemeines gegenseitiges Mißtrauen getreten, hätte man in seinem Gegenüber doch stets den Irrenhäusler vermuten müssen. Millionen vorübergehend kranker Bürger, darunter auch Politbüromitglieder, wären nach kurzer Behandlung wieder in die Reihen der gesunden Erbauer des Kommunismus entlassen worden. Wer weiß, vielleicht wären sogar Zeiten gekommen, da sich zwei Drittel eines, sagen wir mal, XXVII. Parteikongresses wegen schleichender Schizophrenie einer kleinen Behandlung hätten unterziehen müssen.

Vorläufig waren jedoch alle zufrieden: Das KGB, die Parteiführung, Chruschtschow, die Psychiater und wir selbst auch. Einige Dutzend Menschen – nahezu alle, die sich damals wegen politischer Delikte in Haft befanden, erwiesen sich als Fälle für den Psychiater, und fast alle freuten sich darüber, denn das rettete sie vor dem Lager. Es gab allerdings auch einige Ausnahmen: Ein gewisser Kowalskij, selbst Psychiater aus Murmansk und wie die Mehrzahl von uns wegen antisowjetischer Propaganda verhaftet, freute sich gar nicht. »Dummköpfe«, schimpfte er, »worüber freut ihr euch eigentlich? Wißt Ihr denn, was das ist, eine psychiatrische Anstalt?« Und vielleicht, um uns das deutlich zu machen, vielleicht auch nur so zum Spaß, begann er uns zu beweisen, daß wir tatsächlich psychisch krank waren: Einmal, weil wir uns im Konflikt mit der Gesellschaft befanden. Ein normaler Mensch paßt sich der Gesellschaft an. Zum anderen deshalb, weil wir für irgendwelche dummen Ideen unsere Freiheit aufs Spiel setzten und gegen die Interessen der Familie und des beruflichen Fortkommens handelten.

»Das«, so erklärte er, »nennt man eine überspannte Idee, das erste Zeichen einer paranoiden Persönlichkeitsentwicklung.«

»Na und du«, wunderten wir uns, »bist du den auch krank?«

»Natürlich«, gab er freudig zu, »aber ich weiß es und bin deshalb schon so gut wie geheilt, ihr aber wißt es noch nicht. Euch muß man noch behandeln.«

Tatsächlich beurteilten uns die Experten genau nach diesem Schema. Meine Chefärztin, die ich nur zweimal zu Gesicht bekam, sagte ungefähr das gleiche wie Kowalskij. Dann wurde ich einer Kommission vorgeführt, und auch dort stellte man mir immer die gleichen Fragen: Warum ich mich im Konflikt mit der Gesellschaft befände, mit den bei uns geltenden Lebensnormen, warum meine Überzeugungen mir wichtiger seien als Freiheit, Berufsbildung und der Seelenfrieden meiner Mutter? Da sei ich zum Beispiel auf diesen Majakowski-Platz gegangen, obwohl ich doch gewußt hätte, daß das verboten war; man habe uns doch gewarnt. Warum ich dann trotzdem immer wieder hingegangen sei, anstatt zu studieren?

Es war gar nicht so leicht, auf diese Fragen zu antworten. Wenn ich sagte, daß an meinem Konflikt mit der Gesellschaft die Gesellschaft schuldig sei, dann hätte das bedeutet, daß alle anderen um mich herum im Unrecht waren und nur ich recht hatte. Klar, daß sie mich für verrückt erklären würden. Auch hinsichtlich meiner Überzeugungen fiel mir eine Stellungnahme schwer. Einer von uns führte das Beispiel Lenins an, der sich ja auch im Konflikt mit der Gesellschaft befunden habe und wegen seiner Überzeugungen verbannt worden sei. Doch für einen Psychiater war dies kein Argument. Er notierte nur: »Leidet an Größenwahn, vergleicht sich mit Lenin.« Man konnte sich drehen und wenden, wie man wollte, jede normale aufrichtige Antwort bewies nur, daß man wirklich krank war. Kam man gar auf die Nachstellungen des KGB zu sprechen, so war einem der Verfolgungswahn sicher. Sogar als ich schließlich die Frage, ob ich mich selbst für krank hielte, verneinte, bewies das gar nichts: Welcher Verrückte hält sich schon für verrückt?

Ohne unser Wissen erleichterten wir den Ärzten die Arbeit noch dadurch, daß wir in unserer politischen Isolierstation, der vierten Abteilung des Serbskij-Instituts, ein fröhliches, unbekümmertes Leben führten. Nach so vielen Monaten Einzelhaft in Lefortowo war es einfach ein Fest, all diese Gleichgesinnten aus allen Teilen des Landes um sich zu haben, Neuigkeiten auszutauschen, Anekdoten und Witze zu hören. Jeder erzählte seinen Fall, berichtete von Freunden, Plänen, und vielen kam es gar nicht in den Sinn, daß die ältlichen Krankenschwestern sich unser Gerede merkten und den Ärzten berichteten. Ich z. B. referierte den anderen zum Spaß ein Buch über Chiromantie, das ich vor meiner Verhaftung gelesen hatte, und erfuhr erst später, daß das bereits als Symptom meiner Krankheit gewertet wurde. Dann trat plötzlich einer von uns, Serjoscha Klimow, aus irgendwelchen persönlichen Gründen in den Hungerstreik. Man ließ ihn bei uns, und er mußte von seiner Pritsche aus zusehen, wie wir am Tisch saßen und aßen. Schließlich begannen wir uns doch Sorgen zu machen, traten ebenfalls geschlossen in den Hungerstreik, bis man ihn in eine Einzelzelle verlegte, so daß er uns nicht beim Essen zuschauen mußte. Auch dieser Hungerstreik erwies sich als Krankheitssymptom.

Nicht, daß wir etwa Angst davor gehabt hätten, für psychisch krank erklärt zu werden – im Gegenteil, wir waren froh darüber. Sollten diese Dummköpfe uns ruhig für krank halten, oder besser gesagt, sollten diese psychisch Kranken uns ruhig für Dummköpfe halten. Wir dachten an all die Bücher über Verrückte – von Tschechow, Gogol, Akutagawu und natürlich an die »Geschichte vom braven Soldaten Schwejk« und lachten herzlich über die Ärzte und uns selbst.

Nur einer von uns – Arkadij Singh – nahm das Ganze ernst. Er war Inder, aber in der UdSSR aufgewachsen und kam aus Swerdlowsk. Von Beruf war er Ingenieur. Zwanzig Jahre lang hatte er um eine Wohnung gekämpft und in der Zeit mit seiner Frau irgendwo in einem Keller gehaust. Schließlich war ihm der Geduldfaden gerissen; und er hatte ein Plakat »antisowjetischen Inhalts« verfertigt und war damit zum Parteigebietskomitee gezogen. Eine große Menschenmenge folgte ihm, die einen aus Sympathie, die anderen aus Neugier. Die Menge wurde immer größer, und das Ganze nahm schließlich die Ausmaße einer Demonstration an. Die Parteileute wurden nervös, baten ihn höflich in das Komitee, unterhielten sich freundlich mit ihm, versprachen ihm eine Wohnung und führten ihn dann zum Hintereingang, angeblich um die Menge nicht zu reizen, und von dort brachte man ihn direkt ins KGB-Gefängnis.

Als dieser Singh nun hörte, daß man ihn für geistesgestört erklärt habe, verlor er wirklich fast den Verstand. »Wie ist denn das möglich«, zerbrach er sich den Kopf. »Es waren doch Spezialisten, Ärzte, die mich untersucht haben. Sie müssen es doch wissen. Wenn sie festgestellt haben, daß ich verrückt bin, dann bin ich es auch. Wie kommt es aber, daß ich selbst nichts davon merke?« Immer wieder fragte er uns, ob uns nicht irgend etwas Ungewöhnliches an ihm aufgefallen sei, und langweilte uns mit der Aufzählung angeblicher Symptome, die er bei sich entdeckt habe, ja, er regte sich so auf, daß er am ganzen Körper einen Ausschlag bekam.

Interessant ist, daß zur gleichen Zeit auch einige Wirtschaftsverbrecher und Betrüger psychiatrisch begutachtet wurden, aber nicht einer dieser Angeklagten wurde für krank erklärt.

Gegen Ende des Sommers verlegte man unseren ganzen fröhlichen Haufen nach Lefortowo, und dort zeigte sich der erste Nachteil unserer Situation: Es würde keine öffentliche Gerichtsverhandlung geben. Das Verfahren würde in unserer Abwesenheit stattfinden. Damit mußte ich die Hoffnung, meine Richter zu sehen und meiner angestauten Empörung endlich Luft zu machen, begraben, und das fiel mir sehr schwer. Ich hatte mich nicht rechtfertigen wollen, sondern anklagen, anklagen und nochmals anklagen, damit meine Peiniger an diese Verhandlung denken sollten. Jetzt aber sah es so aus, als sollten sie wieder ungestraft davonkommen, und dieser Gedanke war kaum zu ertragen.

Nach dem Gesetz hätte ein ordentliches Gerichtsverfahren stattfinden müssen, mit Zeugenbefragungen, Vorlage von Beweismaterial usw., aber nun dauerte das Ganze nicht länger als eine knappe Stunde. Die Anklageschrift wurde verlesen, dann das psychiatrische Gutachten, dann folgte das Urteil – sofortige Zwangsbehandlung.

Ich erfuhr davon erst von meiner Mutter, als sie mich im September besuchen durfte. Es war nur ein kurzer Besuch, eine Stunde insgesamt, und dazu noch in Anwesenheit eines Aufsehers, der unser Gespräch dauernd unterbrach. Es fand in einem von einem breiten Tisch getrennten Raum statt. Auf der einen Seite saß ich, auf der anderen meine Mutter. Es war streng verboten, dem anderen etwas zu geben oder sich auch nur zu berühren. Meine Mutter war von alldem so verschreckt, daß sie kaum zu sprechen wagte. Ich versuchte sie zu beruhigen, so gut es eben ging. Dabei kochte ich innerlich vor Wut.

Nun war ich also offiziell geisteskrank und für meine Handlungen nicht mehr verantwortlich, doch man schien es mit der Behandlung nicht eilig zu haben. Wir saßen alle weiterhin in Lefortowo. Mal hieß es, es sei noch keine Order zur Einweisung in die Heilanstalt gekommen, mal, es sei kein Platz dort. Erst Ende des Jahres, im Dezember, wurden wir ausquartiert, die einen nach Leiningrad, die anderen nach Kasan. Im Gefängnis fällt die Trennung von Freunden immer besonders schwer, weiß man doch nicht, ob man sich jemals wiedersehen wird.

Wir kamen gegen Abend in Leningrad an und wurden sofort ins Bad geschickt. Dort rasierten uns Pfleger sämtliche Haare ab, nicht nur die am Kopf, sondern auch an allen anderen behaarten Körperteilen, und das alles mit demselben Rasierapparat! Serjoscha Klimow hatte einen üppigen Schnurrbart; auch den mußte er lassen. Er wollte sich wehren: »Nehmen Sie wenigstens einen anderen Apparat!« – »Was denn noch – Ideen haben diese Irren!« Sie drehten ihm die Arme auf den Rücken, gaben ihm ein paar leichte Stöße in die Rippen und rieten ihm, sich nicht anzustellen, sonst... Alle diese Pfleger waren Kriminelle, die statt im Lager hier ihre Strafe verbüßten. Bösartig wie Hunde, die nur darauf warteten, ungehindert ihr Mütchen zu kühlen. Man steckte uns in die übliche Anstaltskleidung, nahm uns alles weg und verteilte uns auf die Zellen. Alle Neuankömmlinge wurden hier zunächst nach Block 1, auf die Beobachtungsstation gebracht.

Bis 1948 war dies ein ganz gewöhnliches Gefängnis: Alte Mauern, naßkalte Zellen, wie in Lefortowo; ein Guckloch, eine Essenluke und ein vergittertes Fenster. Nur ein Klo gab es nicht, nicht einmal einen Eimer. Irre durften keine schweren Gegenstände in die Hand bekommen. Wollte man austreten, mußte man an die Tür klopfen und den Posten bitten, einen auf die Toilette am Ende des Korridors zu bringen. Der aber hatte meist keine Zeit und war außerdem viel zu faul.

»Was klopfst du!« brüllte er von irgendwoher.

»Ich muß aufs Klo.«

»Wirst ja wohl warten können!«

Natürlich kann man nicht warten und klopft weiter.

»Hör auf zu klopfen! Ich brech dir sonst alle Knochen!«

»Ich muß aber aufs Klo. Ich halt's nicht mehr aus.«

»Piß auf den Boden!« – So ging das den ganzen Tag. Fiel man ihm zu sehr auf die Nerven, dann hetzte er die Pfleger auf einen, und dann wünschte man, nie gerufen zu haben.

In der Zelle, in die ich kam, saßen bereits zwei andere. Der eine begann schon beim ersten Morgengrauen, Losungen zu brüllen: »Schluß mit der bolschewistischen Sklaverei!« »Wir fordern Freiheit und Amnestie!« »Wir fordern eine freie, unabhängige Ukraine!« »Wir fordern Mäntel, Hosen, Stiefel für unsere Jungs!« Und er schrie und schrie ohne Pause bis zum Abläuten am Abend. Wie ich dann erfuhr, hatte er siebzehn Jahre wegen »ukrainisch-bourgoisem Nationalismus« im Gefängnis von Wladimir gesessen und dabei den Verstand verloren. Er wurde jeden Tag unbarmherzig geschlagen; die Wärter konnten sein Geschrei nicht ertragen. Die Tür wurde aufgerissen, und herein stürzten so etwa sechs Pfleger wie reißende Wölfe. Am ersten Tag wollte ich ihm zu Hilfe kommen, aber ich bekam eine solche Ohrfeige, daß ich unter die Pritsche flog und kaum mehr hervorkriechen konnte. So wenig ich ihm helfen konnte, so wenig konnte ich jedoch zusehen, wie sie ihn zusammenschlugen.

Der andere Zellengenosse mischte sich nie in irgend etwas ein und lächelte den ganzen Tag milde vor sich hin. Er saß wegen Mordes an seinen Kindern, und hatte den Tick, alles zu verschlingen. Gleich nach dem Mord an den Kindern hatte er sich die Ohren abgeschnitten und aufgefressen. Im Krankenhaus verschlang er dann ein komplettes Schachspiel, und jetzt gaben sie ihm nicht einmal mehr einen Löffel in die Hand, weil er auch den unweigerlich verschluckt hätte.

Manchmal dachte ich, daß ich diese Zelle nicht lebend verlassen würde. Jedesmal, wenn die Pfleger hereinstürzten, um meinen Kameraden zu verprügeln, machte ich wieder den Versuch, ihm beizuspringen, und jedesmal bekam ich natürlich mein Teil ab. Ich konnte einfach nicht mit ansehen, wie sie ihn schlugen, manchmal sogar traten. Die Vorschriften verlangten, daß die Schwestern Buch führten über ihre Beobachtungen an den Kranken, und um die blauen Flecken, Schrammen und andere Folgen der täglichen Mißhandlung zu erklären, schrieben sie einfach, der Kranke habe sich »erregt« und auf die Pfleger gestürzt. Am anderen Tag verordnete dann der Arzt auf diesen Bericht hin dem Patienten Sulfasin- und Aminasin-Spritzen. So erhielt mein armer Kamerad noch zusätzlich Spritzen über Spritzen. Wehrte er sich gegen die Injektionen, dann fingen sie wieder an, ihn zu schlagen, ein wahrer Teufelskreis... Natürlich konnten ihn weder die Schläge noch die Spritzen von seinem Geschrei abbringen, und so schrie er weiter, nur jeden Tag etwas leiser, wie eine Kerzenflamme, die langsam verlischt. Mit meinem dummen Beistand riskierte ich natürlich, ebenfalls in diesen Teufelskreis zu geraten und diesen Ort nicht mehr zu verlassen.

In der psychiatrischen Anstalt sind die eigentlichen Herren das untergeordnete Personal – Pfleger, Schwestern, Aufseher – ein Clan für sich, mit dem man sich tunlichst einvernehmlich arrangiert, sonst bringt er einen um, quält einen zu Tode. Die Ärzte mischen sich da nicht ein und verlassen sich völlig auf die Aussagen und Berichte der Schwestern.

Die wichtigste Zeit in einer solchen Anstalt sind die ersten zwei Monate. Da entwerfen die Schwestern ein bestimmtes Bild von dem Patienten, das er später nur noch schwer korrigieren kann. Sie sind zu faul, den Kranken weiter zu beobachten, und schreiben dann einfach Tag für Tag ihre früheren Bemerkungen ab. Man muß sie also von Anfang an davon überzeugen, daß man gesund ist, und sich mit ihnen und allen anderen Helfern gut stellen. Gelingt das, dann hat man es leichter.

Ich weiß nicht, wie alles ausgegangen wäre, hätte man mich nicht schließlich in eine andere Zelle verlegt. Offenbar hatten es auch die Pfleger allmählich satt, sich von mir in ihrer täglichen Prügelei stören zu lassen. Es gab aber noch einen weiteren Grund: Eines Tages erhielt ich einen Brief von meiner Mutter, in dem sie schrieb, daß sie mich in den nächsten Tagen besuchen werde. Die Schwester, die mir den Brief übergab, fragte mich mit plötzlicher Liebenswürdigkeit über meine Mutter aus: Wer sie sei, wo sie arbeite, wer mein Vater sei usw. Sie hatte also den Brief offensichtlich gelesen. Gewöhnlich lesen die Ärzte alle Briefe an Patienten und lassen sie dann den Kranken geöffnet aushändigen. Ich begriff sofort. Längst hatte ich bemerkt, daß Leute, die nicht in Moskau leben, in einem Moskauer fast so etwas wie ein Regierungsmitglied vermuten. Irgendwie scheint die Ansicht zu herrschen, daß wir, die wir so nah am Zentrum der Macht wohnen, alles erreichen können, wenn wir nur wollen. Schon in Sibirien brauchte ich den Einheimischen nur zu erzählen, daß ich aus Moskau kam, schon verwandelte sich ihre Haltung in eine Art ehrfurchtsvollen Mißtrauens, als hätten sie in mir einen Revisor[35] vor sich.

In der neuen Zelle saßen außer mir zwei Mörder. Der eine, ein dicker Fünfziger, hatte seine Mutter erschlagen und litt seither an Lachanfällen. Er mußte einfach plötzlich lachen, ohne ersichtlichen Anlaß – erst ein kurzes Auflachen, dann ein dauerndes Gelächter, das sich immer mehr steigerte. Sein Gesicht lief dunkelrot an, die Augen traten aus den Höhlen, er schnappte nach Luft, verschluckte sich, und sein feister Leib zitterte und bebte unter diesem unaufhörlichen Lachen. In den Pausen zwischen den Anfällen lag er auf seiner Pritsche, sprach mit niemandem, beantwortete keine Fragen, und starrte mich nur mit bösen, tränenden Augen an. Dann, als hätte er an mir irgend etwas unerhört Lächerliches entdeckt, fing er wieder an zu lachen, lachte sich fast bewußtlos. Mein anderer Zellengenosse hieß Kostja, er hatte seine Frau erschlagen und anschließend versucht, sich das Leben zu nehmen. Auf der linken Brustseite trug er eine breite rote Narbe. Dieser Kostja plagte mich mit Geschichten über seine Frau, wie sie ihn betrogen und er sie verfolgt habe. Es war unmöglich festzustellen, was von seinen Erzählungen stimmte und was nicht. Sie waren fast schlimmer als das Geschrei in meiner vorigen Zelle und das Gelächter des Dicken.

Schreien hörte man ständig von überallher. Das Gefängnis war so hellhörig, daß man es sogar hörte, wenn im Stockwerk unten oder oben jemand geschlagen wurde. Irgendwo gegenüber schrie ein Bursche von Zeit zu Zeit: »Sowjetische Kosmonauten werden als erste auf dem Mond sein!« Offenbar ärgerten ihn seine Zellengenossen, denn er schrie mit jedem Mal lauter, bis ihn die Schläge der Sanitäter zum Schweigen brachten. Später sah ich ihn und erfuhr, daß seine Zellengenossen, immer wenn er zu seiner ermüdenden Parole ansetzte, das Wort »amerikanische« dazwischenflüsterten und ihn damit zur Raserei brachten. Die Schwestern notierten jedes Mal, er habe sich »erregt«, und das bedeutete unweigerlich Aminasin-Spritzen. Gegen Ende meines Aufenthaltes auf dieser Station traf ich ihn einmal beim Spaziergang. Er ging finster am Zaun entlang, und sein ganzes Aussehen verriet eine so furchtbare Enttäuschung, eine so abgrundtiefe Menschenverachtung, daß ich ihn unwillkürlich fragte:

»Na, wer wird denn nun zuerst auf dem Mond sein, wir oder die Amerikaner?« –

»Die Amerikaner«, brummte er mißmutig, ohne mich anzusehen.

Einmal am Tag führte man alle Insassen unseres Blocks geschlossen zum Spaziergang. In zerlumpten Kleidern, zerschlissenen Mützen und Kitteln und mit Stiefeln, die vor dem Spaziergang ausgegeben wurden, wälzte sich dann unser unheimlicher Haufen auf den für uns reservierten, eingezäunten Hof. Der Großteil der Gefangenen waren Mörder. Die Politischen machten nicht mehr als zehn Prozent aus. Meine Freunde aus Lefortowo ließen die Köpfe hängen; von jener Freude, mit der wir die Nachricht von unserer Geisteskrankheit aufgenommen hatten, war nichts mehr zu spüren. Eigentlich war die Leningrader Sonderklinik nichts anderes als ein gewöhnliches Gefängnis, mit Zellen, beschränkter Korrespondenz und Nahrung, mit Gittern, Stacheldrahtzaun und bewaffneten Wachtposten. Theoretisch durften diese Wachtposten bei einem Fluchtversuch eines Patienten nicht von der Schußwaffe Gebrauch machen. Aber wie sollten sie wissen, ob es ein Verrückter war, der da flüchten wollte, oder einer der kriminellen Anstaltshelfer? So schossen sie also sicherheitshalber doch.

Im Grunde war es also für uns eine erschwerte Gefängnishaft, denn hier galten zusätzlich die Bedingungen einer psychiatrischen Anstalt, nämlich unbefristete Haftdauer, Zwangsbehandlung, Prügel und völlige Entrechtung. Beschwerden kamen nie über den Krankenbericht hinaus, wo sie als weiterer Krankheitsbeweis registriert wurden. Keiner von uns war sicher, die Anstalt wieder lebend zu verlassen. Einige waren bereits erheblich schlechter dran als ich, bekamen Spritzen oder mußten Tabletten schlucken. Es war nun nicht mehr so einfach zu beweisen, daß man gesund oder zumindest auf dem Wege der Besserung war. Wer von den Ärzten hatte schon Lust, die Expertise seiner Kollegen anzuzweifeln oder die Verantwortung für eine möglicherweise verfrühte Entlassung auf sich zu nehmen? Da hielt man sich lieber an die bewährten inoffiziellen Richtwerte: Mörder fünf bis sechs Jahre und Politische zwei bis drei Jahre. Das galt aber nur bei musterhafter Führung, bei Vermeidung jeglichen Konflikts und ungünstigen Vermerks im Krankenbericht.

Etwa zweimal im Jahr kam aus Moskau eine Kommission, der alle Patienten vorgeführt wurden. Entlassen konnte sie aber nur diejenigen, die von der Anstalt dafür vorgeschlagen wurden, und es gab Fälle, wo auch diese Empfehlung nichts nützte. Vorbedingung für die Entlassung war die Anerkennung der diagnostizierten Krankheit und die Verurteilung der unter ihrem Einfluß begangenen Verbrechen durch den Patienten. Das nannten die Ärzte »Kritik«, das heißt kritische Einstellung zu den eigenen Krankheitserscheinungen, und sie galt als Beweis der Genesung.

Der Geophysiker und Stalinpreisträger Nikolaj Nikolajewitsch Samsonow zum Beispiel, der 1956 nur wegen eines Briefes an das ZK, in dem er eine konsequentere Aufdeckung der Stalinschen Verbrechen gefordert hatte, hier eingewiesen worden war, weigerte sich seit acht Jahren konstant, diese sogenannte »Kritik« zu üben, und konnte daher nicht entlassen werden. Was hatten sie nicht alles mit ihm angestellt! Injektionen, Prügel, ja sogar zu den Tobsüchtigen hatten sie ihn gesperrt. Seine Gesundheit war ruiniert: Herz, Leber, Magen – alles war angegriffen, vor allem durch die Nebenwirkungen der Psychopharmaka. Besonders im letzten Jahr hatten sie ihm unter dem Vorwand, neue Weisungen erhalten zu haben, furchtbar mitgespielt.

Zur Behandlung beziehungsweise Bestrafung »Erregter« wurden hauptsächlich drei Mittel angewandt. Das erste war Aminasin. Es ließ den Patienten gewöhnlich in eine Art Schlaf verfallen, er stumpfte völlig ab und verlor jegliches Interesse an dem, was mit ihm geschah. Das zweite war Sulfasin, es rief heftige Schmerzen und hohes Fieber (bis zu 41 Grad) hervor, das zwei bis drei Tage anhielt. Am schlimmsten war das dritte Mittel, der sogenannte »Wickel«; dabei wurde das Opfer von den Füßen bis unter die Achseln ganz fest in ein feuchtes, mit einem Hanfstrick zusammengeschnürtes Laken oder in feuchte Segeltuchstreifen gewickelt. Beim Trocknen zog sich das Material zusammen und verursachte entsetzliche Schmerzen, ein Brennen im ganzen Körper, das den Patienten in der Regel bald bewußtlos werden ließ. Dann lockerte man den Wickel ein wenig, so daß das Opfer gerade Luft holen und wieder zu sich kommen konnte, und dann wurde er wieder angezogen. Das ganze wiederholte sich ein paar Mal.

In Anbetracht des offenen Terrors und der totalen Willkür, die in dieser Anstalt herrschten und der wir völlig wehrlos ausgeliefert waren, befanden wir uns alle ständig in höchster Gefahr. Einmal fingen zwei der Unsrigen aus lauter Langeweile Streit an. Dabei schlug sich einer von ihnen die Augenbraue an der Heizung auf und bat die Schwester um Jod. Sofort bekamen beide den Eintrag, sie hätten sich »erregt«, und wurden mit Sulfasin behandelt. Man mußte ständig auf der Hut sein und darauf achten, nur ja das Personal nicht zu reizen.

In der obersten Etage unseres Blocks, auf Station fünf, befanden sich die »Gummizellen« für die Tobsüchtigen. Dort saß immer nur einer in der Zelle, nackt und, wie man hörte, erbarmungslosen Prügeln ausgesetzt. Vor nicht allzulanger Zeit hatten sie einen einfach totgeschlagen – sie hatten ihm das Rückgrat zertrümmert. Ein anderer erstickte im »Wickel«, weil man ihn nicht rechtzeitig lockerte. Natürlich wurde kein Sanitäter je zur Verantwortung gezogen. Der Ermordete wurde einfach »gestrichen«. Schuld waren immer die Patienten selbst.

Block zwei war der sogenannten Therapie vorbehalten, aber die Therapie war im Grunde überall gleich. Allerdings gab es dort noch Spezialräume für Insulinschocks. Auf Station sieben wütete Walerianytsch – so nannten sie einen Arzthelfer namens Walerianowitsch. Das war ein echter Sadist, der regelrecht litt, wenn er in seiner Schicht nicht wenigstens einen »Wickel« verordnen konnte. Einer aus unserer Gruppe, Tolik Beljajew, der wegen einer Anekdote über Chruschtschow saß, überhörte einmal über irgendeiner Lektüre das Abläuten. Dafür bekam er von Walerianytsch den »Wickel« und natürlich den Eintrag, er habe sich »erregt«.

Jedem von uns konnte jederzeit das gleiche passieren. Beim geringsten Anlaß brüllten die Sanitäter und Aufseher: »So? Willst wohl den Wickel! Oder Sulfasin?!« Und wenn die Injektionen einmal verordnet waren, wurden sie ganz automatisch weiter verabreicht; man vergaß einfach oft, sie wieder abzusetzen. Das Gesäß wurde davon so hart, daß die Nadeln bald nicht mehr hineingingen. Ich weiß noch, wie ich einmal zur Bestrahlung auf die physiotherapeutische Station gebracht wurde, weil sich in der feuchten Luft von Leningrad meine chronische Angina verschlimmert hatte und ich ständig Temperatur hatte. Als ich in den großen Raum trat, bot sich mir ein phantastischer Anblick: Auf langen Pritschen lagen hier wohl ein dutzend Männer mit dem Gesicht nach unten nebeneinander und boten ihr nacktes Hinterteil den Infrarotlampen dar. Man hoffte, auf diese Weise ihre vom vielen Aminasin verhärteten Hintern wieder geschmeidig zu machen, um dann mit der »Behandlung« fortfahren zu können.

Im großen und ganzen gab es aber nicht viele Sanitäter vom Schlage Walerianytschs, Gleichgültigkeit oder Zynismus überwogen. Wie der Chirurg an den Anblick von Blut und der Leichenbestatter an den Anblick von Toten, so waren die hiesigen Sanitäter, Schwestern und Ärzte an Grausamkeit gewöhnt. Es verstand sich von selbst, daß der Patient kein Mensch war, daß er keine Wünsche oder menschliche Gefühle haben konnte und durfte, und einige Ärzte nannten die Anstalt ganz unverblümt »unser kleines Auschwitz«.

Ein Gesunder, der an einen solchen Ort gerät, versucht instinktiv, sich von den Kranken irgendwie abzusondern, sich von ihnen abzuheben, sich und die anderen davon zu überzeugen, daß er anders ist. In jeder Abteilung bildet sich so ein Grüppchen Gesunder, eine Art Klub normaler Menschen in einem Sumpf von Wahnsinn. Gewöhnlich hassen sie ihre geistesgestörten Kameraden nicht weniger als jenen Walerianytsch und gehen, um ihre Überlegenheit zu beweisen, mit den Kranken oft noch grausamer um als die Wärter. Das hilft ihnen möglicherweise, den Verstand nicht zu verlieren, oder es gibt ihnen zumindest die tröstliche und vielleicht notwendige Gewißheit, wenigstens nicht das letzte vom letzten zu sein.

Grausame Späße und Schikanen gegenüber den Kranken sind fast an der Tagesordnung. In einem anderen Block saß in einer etwas größeren Zelle für zehn Mann ein junger Kerl von neunzehn Jahren, mit Namen Sapronowitsch. Er hatte die fixe Idee, die gesamte westliche Welt, insbesondere Amerika, vernichten zu müssen. Er drückte andauernd auf irgendwelche imaginären Knöpfe, in der festen Überzeugung, atomare Raketen abzuschießen. »Amerika zerstören! Vernichten! Kennedy töten!« keuchte er und betätigte seine Knöpfe. Aus irgendeinem Grund erfüllte ihn ein besonderer Haß auf Kennedy.

»Sapronowitsch«, riefen ihm die Gesünderen zu. »Komm mal her! Hier ist der richtige Knopf für dich, drück den mal«, und sie zeigten ihm den Knopf an der Tür, mit dem man Sanitäter und Aufseher herbeiholen konnte. Mit der Zeit dressierten sie ihn so auf diesen Knopf, daß er ganze Tage an der Tür stand und drückte. Natürlich ärgerten sich die Sanitäter über den ständigen falschen Alarm und verprügelten ihn, verpaßten ihm Spritzen und »Wickel«, aber nichts half.

Im Herbst wurde dann Kennedy tatsächlich ermordet. Die Peiniger Sapronowitschs ließen es sich natürlich nicht nehmen, ihrem Opfer die Zeitung mit dem Bericht des Attentats zu bringen:

»Donnerwetter, Sapronowitsch«, sagten sie, »du hast es also wirklich geschafft! Wir dachten immer, du machst nur Spaß, aber jetzt... Sie haben den Mörder noch nicht, sie suchen ihn überall; aber lange kannst du dich hier nicht verstecken; die werden dich sicher finden. Alle wissen ja, daß du den Knopf gedrückt hast.«

Sapronowitsch bekam furchtbare Angst. Eine Woche lang lag er im Bett, den Kopf unter der Decke. Nicht einmal zum Essen kroch er heraus. Das Ergebnis war unerwartet – er wurde fast völlig gesund und drückte nie mehr irgendwelche Knöpfe.

Hin und wieder drehte aber auch einer aus dem Kreis der »Normalen« durch, fing an, wirres Zeug zu reden, wunderlich zu werden, kurz, er hörte auf, ein Mensch zu sein. Manchmal kündigte sich so das Ende einer vorübergehenden Besserung, manchmal aber auch der Beginn des Wahnsinns an; für uns andere war es jedesmal ein entsetzlicher Augenblick. Eben noch hatte man miteinander gesprochen, gemeinsam auf die Entlassung gehofft, Pläne für die Zukunft gemacht und über die »Kranken« gelacht, und jetzt war er selbst einer von ihnen geworden. Die Verbindung zwischen uns und ihm war zerrissen, und das war der schlimmste Verrat, den es geben konnte. Auf die Dauer wird man furchtbar mißtrauisch, beobachtet sein Gegenüber heimlich und genau, um sicher zu sein, daß bei ihm wirklich alles in Ordnung ist, daß es sich nicht nur um eine vorübergehende Besserung handelt, hinter der sich der Wahnsinn verbirgt.

Ein langer, dürrer Lette machte mir in dieser Hinsicht lange zu schaffen. Er kam eines Tages zu mir und fragte sehr höflich, mit leicht baltischem Akzent, ob ich mich nicht für Zoologie interessierte. Er habe gehört, daß ich Biologie studiert hätte und wollte gern wissen, welches mein Spezialgebiet sei. Was ihn betreffe, so interessierten ihn am meisten seltene, aussterbende Lebewesen, und er bemühe sich, alles Wissenswerte über sie aus Büchern und Zeitschriften zu sammeln. Unter seinem Kopfkissen hatte er eine ganze Aktenmappe voller Zeitungsausschnitte und Notizen. Er breitete sie sorgfältig auf seiner Pritsche aus und erzählte mir lange von der rotgefiederten Kasarka und dem Ussuri-Tiger; dabei erinnerte er selbst an irgendein seltsames, aussterbendes Lebewesen, an einen unbekannten Vogel.

Ich plauderte oft mit ihm, auf der Station und beim Spaziergang und konnte durchaus nichts Ungewöhnliches an ihm feststellen, außer eben diesen Kasarkas. Schließlich befaßte sich aber jeder von uns mit irgendeinem Unsinn. Ich lernte Englisch, und das mochte einem anderen durchaus ebenso komisch vorkommen. Dennoch konnte ich mich im Gespräch mit ihm einer gewissen Unruhe nicht erwehren. Seine ganze Gestalt, die an einen wunderlichen, knochigen Vogel erinnerte, den ein Orkan von den weit entfernten Inseln seiner Heimat in ein fremdes Land verschlagen haben mochte, war irgendwie zu absurd; vor allem im Winter, beim Spaziergang, wenn er aus Angst vor Erkältungen alles übereinander anzog, was er nur finden konnte, einschließlich der Bettdecke. Niemand wußte, daß er hier schon sieben Jahre zugebracht und vorher schon zehn Jahre in Lagern gesessen hatte. Er redete sehr vernünftig, verständlich, und ich habe ihn kein einziges Mal bei irgendeiner Ungereimtheit ertappt.

Eines Abends, vor dem Abläuten, als ich in meine Englischbücher vertieft war, und die ganze Anstalt samt ihren Irren vergessen hatte, wurde ich plötzlich durch einen lauten, fast bösen Streit aus meiner Lektüre aufgeschreckt. Mein Lette fuchtelte mit den Armen, als wären es Flügel, und sagte laut und vernehmlich:

»Ihr versteht einfach nicht: Das ist ein echtes Problem. In Lettland sind heute weniger als die Hälfte der Bewohner Letten, alle übrigen sind Russen. Es werden

Kinder aus Mischehen geboren, die schon gar nicht mehr wissen, was sie sind. Wir vergessen unsere Sprache, unsere Kultur. Wir sind ein aussterbendes Volk. Bald wird es überhaupt keine Letten mehr geben. Bitte schließen Sie das Fenster. Ich darf mich nicht erkälten.« Und plötzlich schien es, als würde er seine Flügel ausbreiten und in die dunkle Nacht zu seinen rotgefiederten Kasarkas, den Ussuri-Tigern und den grauen Reihern entschwinden.

Es kam auch vor, daß man in der ganzen Zelle mit niemandem auch nur Domino spielen, geschweige denn wirklich reden konnte. Dann wußte man bald nicht mehr, wer verrückt war, man selbst oder die anderen. Die Wärter erschienen einem plötzlich wie Engel, und man konnte über den unglücklichen Singh, der seinen Wahnsinn ernst nahm, nicht mehr lachen.

Wer weiß denn, wo die Grenze zum Wahnsinn liegt? Ich werde genauso jeden Tag aufwachen, den Leningrader Morgen begrüßen, ziellos durch die Zelle wandern, stundenlang dem Geschrei eines Irren aus der Zelle gegenüber zuhören, mit einem Haufen Schwachsinniger in den Hof gehen und am Zaun entlang schlendern ... Was ändert sich denn? Wird vielleicht der Zaun heller, der Himmel drückender sein? – Oder hat sich bereits alles geändert? Bin vielleicht ich es, der da heult, und ich bilde mir nur ein, der Ton käme von gegenüber? Sitze nicht ich auf dem Bett und heule, die Hände an den Kopf gepreßt? Was wir tun, erscheint uns doch immer logisch, berechtigt. Wie sollen wir merken, ob es das wirklich ist, wen sollen wir fragen?

Ich versuchte, mich von dem gesamten Geschehen um mich herum abzuschirmen, und konzentrierte mich ganz auf meine englischen Bücher. Von früh bis spät kämpfte ich mich durch den Urwald Dickens'scher oder Cooper'schen Sätze, versuchte nicht aufzuschaun, nichts zu hören und stattdessen das imaginäre Leben des jeweiligen Helden meiner Bücher nachzuleben. Nach einem Monat bemerkte ich zu meinem Entsetzen, daß ich anfing, in Englisch zu denken. Es fiel mir sogar schwer, Russisch zu sprechen, und als mich meine Mutter besuchte, ertappte ich mich dabei, daß ich die Antworten, die ich ihr geben wollte, aus dem Englischen ins Russische übersetzte. Es hat also angefangen, dachte ich voller Grauen. Ich mußte daran denken, daß jeder von uns am meisten fürchtete, die Nachricht von der bevorstehenden Entlassung könnte ihm, wenn sie endlich käme, gleichgültig sein, der Unterschied zwischen Freiheit und Unfreiheit könnte sich für ihn verwischt haben.

Mit uns in der Zelle saß ein junger Kerl, ehemaliger Intourist-Dolmetscher, mit dem nach Verzweiflung klingenden Namen Karaulow[36]. Auf den ersten Blick schien er ganz in Ordnung, und ein Außenstehender mochte ihn für durchaus gesund halten. Aber er hatte einen ganz gehörigen Spleen: Er fürchtete, aufgefressen zu werden. Es brauchte ihn nur irgend jemand unverwandt anzuschaun, schon wurde er unruhig und sah sich nach einem Fluchtweg um. Das war natürlich für die anderen ein gefundenes Fressen, im wahrsten Sinne des Wortes. Gegen Abend rief zum Beispiel einer laut durch die Zelle:

»Jungs, habt Ihr Salz?«

»Ein bißchen – wozu denn?«, fielen die Kameraden bereitwillig ein.

Karaulow versteinerte förmlich, nur seine Augen huschten verzweifelt von einem zum anderen und suchten nach einem Ausweg. »Habt ihr auch ein Messer?« – Die Peiniger ließen nicht locker.

Da hielt es Karaulow nicht mehr aus, riß sich von seinem Platz los und stürzte mit einem tierischen Schrei zur Tür, um den Posten zu Hilfe zu rufen. Drei Jahre saß er, dann entließen sie ihn so gut wie geheilt. Ich traf ihn viele Jahre später zufällig auf der Gorki-Straße in Moskau. Er sah ganz normal aus, aber ich wollte doch gern wissen, ob er sich noch seiner früheren Ängste erinnerte. Ein paar Minuten unterhielt ich mich mit ihm, dann fragte ich unvermittelt: »Na, Karaulow, hast du keine Angst mehr, gefressen zu werden?« Sofort fingen seine Augen an, unruhig hin und her zu gehen. »Was, hier, mitten in Moskau?« wunderte ich mich. »Bei denen kann man nie wissen ...«, murmelte er und tauchte rückwärts in der Menge unter.

Ich habe allerhand verzweifelte Menschen getroffen, die bereit gewesen wären, ihr Leben zu riskieren, aber keinen einzigen, der freiwillig seinen Verstand geopfert hätte. Eher wäre jeder gestorben. Aus diesem Grunde war es unerhört wichtig, gleich das allererste Zeichen des beginnenden Wahnsinns zu erkennen und Konsequenzen zu ziehen, solange man seiner Sinne noch mächtig war. Sonst war es zu spät, und die ewige Nacht der Gleichgültigkeit würde hereinbrechen.

Sie wußten genau, was wir in diesem Fall vorhatten, und daher war auf dem Hof nie auch nur das kleinste Stückchen Glas oder Eisen zu finden. Nicht einmal Streichhölzer waren uns erlaubt, damit wir uns nicht selbst verbrennen konnten. Das Handtuch mußte nachts am Kopfende des Bettes hängen, damit wir es nicht sahen. Man durfte nicht mit dem Kopf unter der Decke schlafen, und auch die Hände mußten die ganze Nacht auf der Bettdecke liegen. Die Wachhabenden kontrollierten regelmäßig jede Zelle. Aber es gab doch eine »Methode«, von der sie nichts wußten, und die flüsternd weitergegeben wurde. Wenigstens dieses eine Recht wollten wir uns nicht nehmen lassen.

Fliehen war reiner Wahnsinn; wir wurden viel zu scharf bewacht, und als mir einmal ein Häftling anvertraute, daß er fliehen wolle, tat ich alles, um ihm das auszureden. Sanitäter, Wachtposten, Schwestern, Ärzte – sie alle beobachteten uns und sich gegenseitig. Aber er ließ sich nicht von seinem Plan abbringen: Am nächsten Tag sollte bei ihm die Zwangsbehandlung beginnen. Es war ihm egal, wie der Fluchtversuch ausgehen würde; es war für ihn der einzige Ausweg. Da erzählte ich ihm von der »Methode«, für den Fall, daß sie ihn wieder einfingen.

Wie man hörte, verfehlte er den rettenden Sprung vom Zaun auf einen vorbeifahrenden, mit Brettern beladenen Lastwagen. Der Posten traf entweder nicht oder schoß absichtlich daneben. Jedenfalls hörte man kurz hintereinander drei Schüsse. Die Sanitäter liefen zusammen und zählten die Häftlinge in den Zellen.

Sie sperrten ihn in Block eins. Er wurde lange geprügelt, dann in den »Wickel« gesteckt und schließlich einen Monat lang mit Injektionen geqält. Erst zwei Monate später traf ich ihn zufällig, als ich ins Besuchszimmer geführt wurde. Ich erkannte ihn kaum wieder: Ein abgezehrter Greis mit gelblicher Haut und fieberglänzenden, hervortretenden Augen. Auch er erkannte mich nicht, und ich ging ohne Gruß weiter. Er wußte sicher nicht mehr, was wir damals besprochen hatten.

Der Mensch gewöhnt sich an alles; er bekommt einfach ein dickes Fell. Man muß sich nur dazu erziehen, die Umgebung nicht wahrzunehmen, nicht an zu Hause zu denken, nicht auf die Entlassung zu warten und sich diesem Leben so anzupassen, daß es vorüberzieht wie ein Schauspiel, das man als unbeteiligter Zuschauer sofort wieder vergißt. Nach langem Training erreichte ich schließlich dieses Stadium. Nur an eines konnte ich mich nicht gewöhnen: Abends hörte ich durch den Gefängniszaun das Surren der Leningrader Busse auf dem Asphalt, und dieses Geräusch elektrisierte mich regelmäßig, rief mich mit Gewalt in die Realität zurück und bewies mir stets aufs neue, daß nicht jede Art von Leben besser ist als der Tod.

Glücklicherweise brauchte ich die »Methode« nicht anzuwenden. Ich bekam während der ganzen Zeit keine einzige Spritze, keine einzige Tablette. Schon nach kurzer Zeit kam ich auf Station zehn, die beste aller möglichen, wo tagsüber sogar die Zellen geöffnet waren und die Patienten auf dem Gang spazierengehen durften. Es war die einzige Station, in der man vor dem Terror der Sanitäter sicher war. Verantwortlich für die Station war Oberstleutnant Kalinin, ein Greis von etwa achtzig Jahren, der nicht an eine grundlose Aggressivität der Kranken glaubte.

»Ich arbeite schon fünfzig Jahre als Psychiater«, sagte er zu den Sanitätern, wenn sie wieder einmal ihm einzureden versuchten, ein Kranker habe sich »erregt« und sie angegriffen, »und ich habe nicht ein einziges Mal erlebt, daß ein Patient von sich aus jemanden angegriffen hätte. Sie haben ihm irgend etwas getan.«

Er hatte vollkommen recht: Auch ich habe nie erlebt, daß ein Kranker grundlos aggressiv geworden wäre. Nur war der Grund nicht immer so leicht zu erraten. Einmal konnte ich gerade noch einem gewaltigen Kerl ausweichen, der sich auf mich stürzen wollte, als ich an seiner Pritsche vorbeiging. Der Grund war, daß er den Boden um seine Pritsche herum für sein Privatterritorium hielt und jeden zu morden bereit war, der es betrat. Es ist daher sehr wichtig, die Eigenarten seiner Zellengenossen frühzeitig herauszufinden; sonst lebt man gefährlich. Vor allem aber darf man sich nie fürchten. Furcht und Feindseligkeit wittern die Kranken wie Tiere.

Leonid Alexejewitsch Kalinin war eine legendäre Gestalt. Er weigerte sich beharrlich, die Moskauer Psychiatrische Schule anzuerkennen und beförderte alle Moskauer Schizophrenen binnen kurzem zu Psychopathen, Alkoholikern oder Malariakranken.

»Sagen Sie«, pflegte er mit seiner sanften Greisenstimme irgendeinen Sechzigjährigen zu fragen, »haben Sie nicht irgendwann mal ein paar Mückenstiche abgekriegt?« Der fuhr sich dann wohl mit der Hand über den Hinterkopf und mußte alsbald zugeben, daß das wahrscheinlich einmal vorgekommen sei. Das genügte Kalinin völlig für die Diagnose pathologischer Malariafolgeerscheinungen.

»Trinken Sie Schnaps«, fragte er sanft einen kräftigen Mörder.

»Na ja, schon mal«, kam die verlegene Antwort.

»Viel?« – Er selbst hatte sein Leben lang weder getrunken noch geraucht und glaubte, daß alles Übel dieser Welt von diesen beiden Lastern herrührte.

»Na ja, gewöhnlich am Sonntag, ein bißchen, vom Lohn«, meinte der Mörder, nun schon sichtlich beunruhigt.

»Katzenjammer?« fragte Kalinin gütig.

»Na, ohne geht's doch wohl nicht...«

Wer trinkt heute schon, ohne am nächsten Tag einen Kater zu haben. Leugnen hatte also keinen Zweck, und so wurde der wackere Mörder, eh er sich's versah, zum Alkoholiker.

Da ich von seiner Schrulle gehörte hatte, sah ich ihm gleich bei unserem ersten Gespräch fest in die Augen und erklärte, seit meiner Geburt keine Stechmücken gesehen zu haben, da es in der Hauptstadt Rußlands derlei nicht gebe, und niemals Alkohol angerührt zu haben, nicht einmal Bier.

»Na, vielleicht sind Sie aber mal verreist gewesen«, fragte Kalinin ungerührt. »Ein kleiner Ausflug aufs Land mit einem Freund? Wissen Sie, manchmal bemerkt man sie gar nicht, die Mücken...«

Er fühlte aber wohl, daß ich ihm nicht auf den Leim gehen würde. Ich war unerbittlich; auch den Ausflug wies ich weit von mir. Hätte er gewußt, welche Schwärme von Stechmücken uns in Sibirien belagert hatten! Etwa einen Monat lang nahm er mich aufs Korn, aber ich war inzwischen schon recht gewitzt: Mit den Schwestern und Sanitätern stand ich bestens, mit den Arzthelfern spielte ich abends Schach, der Oberschwester machte ich den Hof, und allen Wärtern spendierte ich Zigaretten. Die Eintragungen über mich erinnerten mehr an eine Empfehlung zur Aufnahme in die Partei als an einen Bericht über die Führung eines Geisteskranken. Nach einem Monat erklärte deshalb Kalinin:

»Ich habe den Eindruck, daß Sie irrtümlich zu uns gekommen sind. Ich kann bei Ihnen keinerlei Krankheit feststellen.« Ich versicherte ihm, daß ich diesen Standpunkt schon immer vertreten hätte, daß man mir aber aus unerfindlichen Gründen nicht geglaubt habe und, daß ich nur zu froh wäre, wenn er dieses Mißverständnis aufklären würde. Wir trennten uns in bestem Einvernehmen, wie ich meinte, aber ich sollte mich täuschen: Wie sich herausstellte, hielt mich der alte Esel, weil er keine Krankheit fand, für einen Simulanten. Er forderte die Anstaltsleitung auf, meine Diagnose zurückzuweisen und mich wieder in Untersuchungshaft zu schicken, zurück zu den Kerlen also, die schon einmal mit mir so wenig Glück gehabt hatten. Er dachte sogar, sein Vorschlag würde sie freuen! Ich aber riskierte nun, auf ewig zwischen Moskau und Leningrad festzusitzen. Der Kampf zwischen der Moskauer und der Leningrader Psychiatrischen Schule war damals gerade auf dem Höhepunkt angelangt. Leningrad erkannte weder die Autorität Sneshnewskijs[37], noch seine Theorie von der schleichenden Schizophrenie an. Mir hatte man aber im Serbskij-Institut ausgerechnet die zwei umstrittenen Diagnosen gestellt: psychopathische Persönlichkeitsentwicklung und schleichende Schizophrenie. So war ich zum unfreiwilligen Zankapfel der beiden Schulen geworden und solange der Streit währte, konnte es für mich keine Entlassung geben.

Ich glaube zwar nicht, daß Sneshnewskij seine Theorie von der schleichenden Schizophrenie speziell für das KGB entwickelt hat, aber sie entsprach den Bedürfnissen des Chruschtschowschen Kommunismus optimal. Nach dieser Theorie konnte sich diese gesellschaftlich gefährliche Krankheit außergewöhnlich langsam entwikkeln, ohne sich zunächst in irgendeiner Weise zu äußern oder die Intelligenz des Kranken zu beeinträchtigen; und nur Sneshnewskij selbst oder seine Schüler konnten diese Art Schizophrenie feststellen. Natürlich trachtete das KGB danach, möglichst oft Sneshnewskij-Schüler als Gutachter in politischen Prozessen zu haben, und mit der Zeit, das heißt in den siebziger Jahren, wurde Sneshnewskij so zum Herrscher über die gesamte sowjetische Psychiatrie. Damals aber, im Jahr 1964, hielt man ihn in Leningrad ganz einfach für einen Scharlatan, und alle seine »Schizophrenen«, die nach Leningrad kamen, wurden dort sofort gesund.

Traditionsgemäß konnte, wenn eine Diagnose umstritten war, die Lösung nur durch eine wissenschaftliche Diskussion aller Beteiligten gefunden werden, und keiner wußte, wie lange sich diese Diskussion hinziehen würde. Einen Vorteil aber hatte das Ganze: Ich wurde nicht behandelt.

Auf der zehnten Station sammelten sich natürlich vor allem die Politischen – fünfunddreißig bis vierzig von insgesamt fünfundfünfzig saßen hier. Den Großteil von ihnen stellten die »Landesflüchtigen«, also jene, die versucht hatten, die UdSSR zu verlassen. Was hatten sie sich nicht alles ausgedacht, um dem geliebten Vaterland zu entrinnen: Schwimmend, mit dem Schlauchboot, mit Tauchgeräten unter Wasser, durch die Luft in selbstgebastelten Hubschraubern, Segelflugzeugen und Raketen, zu Fuß über die Grenze, in Schiffsladeräumen und unter Güterwaggons. Ich wüßte wirklich keine Methode, die nicht bereits ausprobiert worden wäre.

Sie alle aber waren natürlich nicht bei Troste, denn welcher normale Mensch kann in einem Augenblick aus der UdSSR zu entweichen wünschen, da sich endlich, nach all den Fehlern, die Konturen des Kommunismus am Horizont abzuzeichnen beginnen? Einigen war es sogar gelungen, die Grenze glücklich hinter sich zu bringen, aber man hatte sie wieder zurückgeschickt – den einen aus Finnland, den anderen aus Polen, den dritten aus Rumänien. Neben mir schlief ein Kerl, mit Spitznamen Chochol, ein alter Krimineller, der sein halbes Leben in Lagern zugebracht hatte. Auf alle Fragen des Untersuchungsrichters nach den Gründen, die ihn zur Landesflucht veranlaßt hatten, antwortete er:

»Ja, was kann es Ihnen denn ausmachen, Chef? Ich bin doch schlecht, ein Verbrecher, ein Gewohnheitsverbrecher sogar. Warum wollt Ihr mich denn festhalten und laßt mich nicht laufen? Ich verderbe euch doch hier nur das schöne Leben, wozu braucht ihr mich also? Sollen sich doch die kapitalistischen Ekel mit mir herumschlagen!«

Natürlich mußte er von diesem gefährlichen Wahn zwangskuriert werden.

Eine andere große Gruppe bildeten Menschen, die versucht hatten, in eine ausländische Botschaft vorzudringen. Es herrscht nämlich bei einfachen Sowjetmenschen der naive Glaube, man könne aus einer Botschaft irgendwie heimlich ins Ausland gebracht werden, wenn man erst einmal drin ist. Mit denen war noch schwieriger fertigzuwerden. Kein Gesetz verbietet es schließlich, eine ausländische Botschaft zu betreten. Wie also sollte man sie aburteilen?

Ein Lette mit Namen Pintan war vor vielen Jahren aus Lettland geflohen, als die sowjetischen Truppen dort eindrangen. Er hatte die ganze Zeit als Speditionsarbeiter in Australien gelebt und dort eine Familie gegründet. Eines Tages war auch zu ihm die Kunde von Chruschtschows »Tauwetter« gedrungen, und es hatte ihn nach Hause gezogen. Er wollte doch sehen, wie es seinen Landsleuten in der Heimat ergangen war. Er kam mit der ganzen Familie angereist, und man ließ ihn auch bereitwillig herein. Als er aber kein Tauwetter bemerkte und wieder nach Hause wollte, erfuhr er, daß eine Wiederausreise nicht vorgesehen war. Er hatte versäumt, die australische Staatsbürgerschaft zu beantragen, hatte als Lette mit seinem alten Paß dort gelebt, weil es in Australien gar keine Rolle spielt, welchen Paß man besitzt. Hier jedoch war das keineswegs so: Die Sowjetunion erkennt ein unabhängiges Lettland nicht an, und so erklärte man dem Bürger Pintan, daß er all diese Jahre Bürger der UdSSR gewesen sei, ohne es gewußt zu haben. Pintan aber wollte diese einfache Wahrheit durchaus nicht in den Kopf. Er tobte, versuchte, in die australische Botschaft zu gelangen und wurde deshalb jetzt mit Aminasin behandelt.

Ein ganz junges Bürschchen, Worobjew, war eines Tages einfach in die amerikanische Botschaft marschiert. Er hatte sich zu diesem Zweck in einen Neger verwandelt. Worobjew blieb dort zwei Stunden und mußte sich, wie noch jeder, sagen lassen, daß es keinen direkten unterirdischen Gang von der Botschaft zur gegenüberliegenden Erdhälfte gibt. Um ihn außer Landes zu bringen, bedürfe es der Genehmigung der sowjetischen Behörden. Also mußte er umkehren. Ausgerechnet als er herauskam, regnete es, und unser Mohr begann sich vor den Augen der sowjetischen Posten zu entfärben. Die ganze schöne Negerschwärze lief in kleinen Bächen an ihm herunter. Dieses Naturereignis fanden einige Zivilisten, die wie zufällig am Eingang der Botschaft herumspazierten, ungeheuer interessant, weshalb sie den Mann zum Arzt brachten. Die sowjetische Gerichtspsychiatrie gelangte zu dem einleuchtenden Schluß, daß nur ein Verrückter freiwillig wünschen könne, sich von einem Weißen in einen Neger zu verwandeln, um dann auch noch nach Amerika auszuwandern, wo doch jeder aus der Presse zur Genüge wußte, daß sie schon die eigenen Neger lynchen. Jetzt trieb man ihm seinen seltsamen Rassenwahn mit Spritzen aus, und es ging rasch bergauf mit ihm.

Was für skurrile Gestalten habe ich hier getroffen! Ein französischer Kommunist rumänischer Herkunft, Nikolaj Georgijewitsch Prisakaru, hatte in Marseille so lange tapfer an den Fesseln des Kapitalismus getragen, bis sie ihm eines Tages zu drückend geworden waren: Keine Gleichheit, keine Brüderlichkeit mehr in Frankreich seit dem Sturm auf die Bastille. Er hatte nur noch einen Wunsch, eine Hoffnung gehabt: Die Sowjetunion. Und so war er in das Land seiner Träume gekommen.

In der Moldau, wo er sich, seiner Ausbildung entsprechend, in einer Schuhfabrik Arbeit gesucht hatte, war er erstaunt über den Lohn: Davon konnte man nicht einmal ein Paar der Schuhe kaufen, die er selbst herstellte. Das war offensichtlich ein vereinzelter Mißstand, den es gemäß der einzig wahren Lehre schnellstens zu beseitigen galt. Er versammelte also die Arbeiter, erläuterte ihnen die laufenden Aufgaben des Proletariats, das heißt, er rief sie zum Streik auf.

»Ich bin überzeugt, daß das Zentralkomitee *unserer* Partei uns unterstützen wird! Das ist doch im Interesse der Arbeiter«, redete er auf die mürrischen Männer ein. Wahrscheinlich glaubten die Leute, er spreche von der französischen KP, denn anders kann ich mir nicht erklären, daß sie tatsächlich seinem Streikaufruf folgten.

Wenige Tage später überantworteten die Vertreter der Avantgarde der Werktätigen in Zivil ihn bereits dem Psychiater: Gegen psychische Krankheiten sind nicht einmal französische Kommunisten gefeit. In der Leningrader Sonderklinik gab er sich bescheiden, ließ traurig das Aminasin über sich ergehen und ertrug tapfer den Spott der anderen. Anfangs versuchte er noch, in gebrochenem Russisch zu erklären, daß bei uns in der UdSSR nicht der richtige Kommunismus herrsche, nicht der, den die französische KP anstrebe, doch sein Mißgeschick schrieb er allein den Ränken des Vatikan zu. Sein Wortschatz war allerdings sehr dürftig – eigentlich kannte er nur drei russische Worte – »Kascha« (Grütze), das er französisch betonte, »kaschà«, »mojo« (meins) und »ljublju« (ich liebe). Wenn dann die Essensausteiler den Kessel auskratzten und schrieen »Wer will noch Grütze? Ne halbe Schüssel gibt's noch«, dann schoß er hoch, sauste mit seiner Schüssel schneller als alle anderen an die Essenluke und rief: »Kaschà, mojo, ljublju«.

Außer den »Landesflüchtigen« und denen, die ihr Glück in Botschaften gesucht hatten, saßen noch ungefähr ein Dutzend Leute wegen »antisowjetischer Propaganda«, also wegen irgendwelcher Witze, literarischer Werke oder Flugblätter, und noch ein paar andere wegen »Spionage«, das heißt wegen Kontakten zu Ausländern. Zu ihnen gehörte auch Michail Alexandrowitsch Nariza[38], einer der ersten Autoren, die ihr Manuskript zur Veröffentlichung heimlich ins Ausland schafften. Später wurde das eine sehr verbreitete psychische Krankheit in der UdSSR, aber damals war sie noch neu, und wir beneideten Nariza, weil er doch wenigstens etwas geleistet hatte, wofür es sich lohnte, eingesperrt zu werden.

Morgens gingen wir in die Werkstätten zur Arbeit, und obwohl formal niemand zur Arbeit gezwungen werden konnte, galt der Wunsch zu arbeiten doch als Symptom der Besserung. Die meisten arbeiteten in der Schneiderei, ein paar, etwa fünf, in der

Buchbinderei, darunter auch ich. Zwar brauchte ich meine Genesung nicht zu beweisen, doch ich ging in die Buchbinderei, weil man dorthin reparaturbedürftige psychiatrische Bücher brachte und ich sie heimlich lesen konnte. Außerdem wurde über die Werkstatt der Kontakt zu den anderen Blocks hergestellt, wo meine Freunde saßen.

Vor dem Mittagessen war eine Stunde Spaziergang, danach wieder Arbeit. Im Grunde lebten wir alle einzig und allein von der Hoffnung, daß die nächste Kommission uns gesundschreiben würde. Sie traf etwa alle acht Monate aus Moskau ein und gab Anlaß zu vielen Witzen. Und in der Tat wirkte diese Kommission äußerst erheiternd. Sie arbeitete insgesamt zwei, höchstens drei Tage und mußte in dieser Zeit tausend Kranke begutachten – auf jeden kamen also anderthalb bis zwei Minuten, nicht mehr. Allen wurden die gleichen zwei stereotypen Fragen gestellt: Wie stehen Sie zu Ihrer Krankheit, zu Ihrem Fall (das heißt, sind Sie bereit zur »Kritik«)? – und: Was gedenken Sie nach Ihrer Entlassung zu tun? Den tatsächlichen Geisteszustand eines Patienten festzustellen, war unter diesen Umständen völlig unmöglich, und so entließen sie einfach nur diejenigen, die von der Anstalt dafür empfohlen wurden.

Die überwiegende Zahl der politischen Häftlinge übte bereitwilligst »Kritik«, schien es doch sinnlos, sich zu sträuben, wie das Beispiel Samsonows nur allzu deutlich bewies. Sie dachten etwa so: Besser rauskommen, noch was Richtiges anstellen und wieder reinkommen, als ein Leben lang ohne Sinn und Zweck und völlig untätig im Irrenhaus sitzen. Gegen wen sollte man denn hier seine Grundsätze verteidigen – etwa gegen die Psychiater? Das führte nur zu Sulfasin-Injektionen. Besonders Sture wurden außerdem nach ein paar Jahren als unheilbare chronische Fälle nach Sytschowka überwiesen, und dort ist damals keiner lebend wieder herausgekommen.

Sich zu einer nicht vorhandenen Krankheit zu bekennen, schien allen so unbedenklich und vernünftig, daß sie sich dessen nicht nur nicht schämten, sondern sich sogar nach der Rückkehr von der Kommission damit brüsteten und den Zellengenossen das Vorgefallene häufig mit verteilten Rollen vorspielten. Einer der »Landesflüchtigen« verfaßte für den Vorsitzenden der Kommission, Professor Tarubarow, sogar ein Gedicht und überreichte es ihm vor der Kommission:

Tarubarow, laß mich heim,
Will auch immer artig sein,
In die Botschaft – keinen Schritt,
Außer Landes – keinen Tritt,
Tarubarow, laß mich heim,
Will auch immer artig sein.

Den Psychiatern jedoch genügte das Geständnis und die Reue allein nicht – sie wollten sichergehen. Deshalb stellten sie diejenigen, deren Zeit gekommen war, in den letzten fünf Monaten vor Ankunft der Kommission auf die Probe: Schwestern,

Pfleger und Ärzte begannen den Kandidaten zu reizen, versuchten ihn aus dem Gleichgewicht zu bringen, zu kränken, und wenn der Patient es nicht aushielt, wenn er reagierte, wie jeder normale Mensch reagiert hätte, dann wurde sofort im Krankenbericht vermerkt, sein Zustand »habe sich geändert«, und die Empfehlung zur Entlassung zurückgezogen.

Solchen Provokationen waren nicht nur die politischen, sondern auch alle anderen Patienten ausgesetzt. Der Arzt, der einen Kranken zur Entlassung vorschlug, nahm damit ja auch die Verantwortung auf sich, und wenn dieser Kranke nach seiner Entlassung rückfällig wurde, zog man den Arzt zur Rechenschaft. Es war also nur natürlich, wenn ein Arzt sichergehen wollte, daß sein Schützling unter Bedingungen, die normalen Verhältnissen möglichst ähnlich waren, also provozierend wirkten, nicht wieder in sein früheres Verhalten zurückfiel. Wenn nun ein Sanitäter den Patienten ohrfeigte oder ihm das Essen wegnahm und der sich daraufhin »erregte«, ja, wer wollte da noch garantieren, daß er draußen nicht rückfällig würde? Da draußen, im täglichen Leben, erwarteten ihn noch ganz andere Dinge, und wenn er nicht das nötige Maß an Demut erlernt, nicht begriffen hatte, daß er seine Reaktionen unter Kontrolle zu halten habe, dann sollte er doch besser noch ein Weilchen dableiben. Zum Leben unter normalen Sowjetmenschen taugte er jedenfalls noch nicht.

Der Entlassungskandidat mußte also ständig auf der Hut sein, durfte sich nicht eine Sekunde vergessen, und darüber hinaus den Ärzten und Schwestern kein einziges Wort glauben.

Von den Beschlüssen der Kommission erfuhren die Patienten zunächst nichts. Den Entlassenen gab der Arzt gewöhnlich unter vier Augen zu verstehen, daß es so weit sei. Auch das war ein Test. Man erklärte dem Kranken unter dem Siegel der Verschwiegenheit, daß er gesundgeschrieben sei und nach der Gerichtsverhandlung, also in drei bis vier Monaten, entlassen würde. Die Verhandlung war eine reine Formsache, denn gewöhnlich folgten die Richter den Beschlüssen der Kommission. Man erwartete insgeheim, daß der Glückliche nun vor Erleichterung leichtsinnig werde, sich doch noch irgendwie verriete, mußte er doch annehmen, daß er bereits so gut wie draußen sei und die Ärzte ihm nun nichts mehr anhaben könnten. Doch die ließen ihn weiter belauern und provozieren. Es kam sogar vor, daß ein für gesund Erklärter zum Tor gebracht wurde, so als sollte er endgültig entlassen werden. Er verabschiedete sich von allen, nahm seine Sachen und ging in der festen Überzeugung, nicht mehr wiederzukehren. Unterwegs aber, auf diesen letzten fünfzig Metern, versuchte die Begleitschwester mit allen Mitteln, ihn aus der Reserve zu locken, um ihn schließlich, wenn er schon am Tor angelangt war, wieder zurückzuführen. Es ist vorgekommen, daß Leute bei diesem Verfahren schließlich doch noch den Verstand verloren.

Da von mir keine Reue verlangt wurde, brauchte ich keinen solchen Hinterhalt zu fürchten. Nachdem mich Kalinin zum Simulanten erklärt hatte, sollte ich nach seinem

Willen wieder den Untersuchungsrichtern übergeben werden. Dem KGB war das natürlich alles andere als willkommen, und so ergab sich vor der Kommission eine ganz absurde Situation: Die Kommissionsmitglieder versuchten die Richtigkeit meiner Diagnose zu beweisen, während Kalinin ihnen auf den Kopf zu sagte, sie hätten einen Verbrecher vor der gerechten Strafe in Schutz genommen. Je natürlicher ich mich benahm, desto mehr Beweise lieferte ich der Kommission für meine »Krankheit«, während ich, wenn ich Kritik geübt, Reue gezeigt hätte, wiederum nur Wasser auf Kalinins Mühlen gegossen hätte. Er zog schließlich den kürzeren, und ich wurde mit dem Befund gesundgeschrieben, ein »Psychopath der paranoiden Sorte im Stadium der Kompensation« zu sein.

Wie das Leben so spielt: Hätte ich die sibirischen Stechmücken zugegeben, dann hätte ich drei Jahre gesessen und Kalinin hätte all diese Zeit gegen meine Moskauer Diagnostiker gekämpft und versucht, aus mir einen Malariakranken zu machen. Das letzte Wort hatte jedoch in meinem Fall das KGB.

Ein anderer, ebenfalls auf unserer Station und ebenfalls ohne Malariabefund, war ein schlichter Mörder. Lawrow hieß er. Gott mochte wissen, ob er im Augenblick des Mordes wirklich nicht bei Sinnen war, oder ob er simulierte – wie soll man das nach drei Jahren noch feststellen? Doch Großväterchen Kalinin erklärte ihn zum Simulanten, und das bedeutete für Lawrow die Erschießung. Was hat er nicht alles versucht, um für verrückt zu gelten. Die Pulsadern wollte er sich durchnagen, auf die Wärter hat er sich gestürzt, sogar seinen Kot hat er gefressen – alles umsonst. Der unerschütterliche Kalinin meinte dazu nur:

»Sie essen ihre Exkremente, Lawrow, aber das nützt Ihnen gar nichts; ich halte Sie nach wie vor für kerngesund ...« So schickte er den armen Teufel in den Tod.

Man kann sich leicht die Verwirrung und Empörung Kalinins vorstellen, als man ihm meine »Entlarvung« nicht abnahm. Er sah in dem Verhalten der Kollegen eine eindeutige Verschwörung gegen die Obrigkeit, denn er lebte noch in der Vorstellung jener Zeiten, da man politische Häftlinge in Irrenhäusern vor dem Erschießen oder dem Vernichtungslager rettete, und hielt es als Patriot für seine Pflicht, sie zu entlarven. Befreundete Psychiater haben mir später erzählt, Kalinin sei in den dreißiger Jahren ein bekannter Denunziant gewesen, habe aber später die Zeichen der Zeit nicht erkannt und die Aufgaben der Psychiatrie im Stadium des entfalteten Aufbaus des Kommunismus nicht begriffen ... – und so wurde er bald in Pension geschickt.

Am 26. Februar 1965 wurde ich als geheilter Paranoiker in die Obhut meiner Mutter entlassen. Ich hatte keinerlei Provokationen zu befürchten und schritt leichten, sorglosen Herzens zur Pforte. Voller Ungeduld hatte ich mich von den Kameraden verabschiedet. Vor mir lag die Freiheit. Keine Sanitäter, keine Spritzen, keine Gitter mehr – Gott sei's gelobt! Einer meiner Mitgefangenen sagte beim Abschied:

»Jetzt gehst du durchs Tor und vergißt uns sofort; nicht einmal schreiben wirst du uns. So ist es immer. Sie gehn weg, versprechen das Blaue vom Himmel, und dann kommt nicht mal eine Postkarte!«

»Wie soll er denn auch«, fiel ein anderer ein. »Es geht doch gleich wieder mit der Arbeit los. Und dann: Studieren, heiraten, fertig. Wenn man sich auf der Straße trifft, kennt man sich nicht mehr.«

Ja, vielleicht gelingt das wirklich jemandem, ich weiß es nicht. Ich erinnere mich jedenfalls noch nach zehn Jahren ganz genau an unsere »Methode«, höre noch immer das nächtliche Surren der Omnibusräder auf dem Leningrader Asphalt.

Gibt es wohl eine Sehnsucht nach dem Irrenhaus, nach dem Gefängnis?

Gestern noch hattest du, fast erdrückt von der Atmosphäre des Wahnsinns, die dich überallhin verfolgt, nur den einen Gedanken: Wenn ich doch nur erst draußen wäre! – Was brauchst du schon zu deinem Glück? Warum ewig unzufrieden sein, immer noch etwas Besseres wollen und sich damit jene einfachen, unschätzbaren Augenblicke der Freude vergällen, die doch so leicht zu haben sind, wenn du nur willst. Wozu braucht der Mensch Schätze, luxuriöse Paläste und mehr Annehmlichkeiten, wenn eine einfache Semmel, die er für ein paar Kopeken am Bahnhof kaufen kann und langsam, im Gehen, vor sich hinkaut, das Schönste ist auf der Welt?

Ganz trunken von dem Gedränge auf den Straßen, von den vielen normalen, menschlichen Gesichtern und bunten Kleidern setzt du dich in die Straßenbahn und zuckelst gemächlich von Haltestelle zu Haltestelle. Du blickst dich nicht vorsichtig um und verkrampfst innerlich, wenn man dich etwas fragt. Jede neue Kreuzung, jede neue Straße ist voller Leben, jedes Wort hat einen Sinn; du kannst an jeder beliebigen Haltestelle aussteigen, dich unter die Menge mischen und die Farben und Geräusche in dich einsaugen. Sogar hüpfen und springen darfst du!

Das Wichtigste ist, nichts zu wollen, nichts zu wünschen, nichts zu erstreben, dann empfindest du den lauen Abend, die Lichter in den Fenstern und das Trappeln Tausender von Füßen auf den Straßen wie eine unerwartete Gabe. Und erst der Geruch der Felder, und der harzige, betäubende Duft von Nadelholz oder das Murmeln des Wassers ... Über staubige Straßen durch einsame Weiler, in Heuschobern übernachten und nach dem Erwachen in morgendlicher Kühle weiterziehen über nebelbedeckte Felder ... Nur nicht an morgen denken, nur nichts erwarten, dann ist jeder Sonnenstrahl ein Wunder, jeder neue Morgen eine Offenbarung ...

Kaum aber stehst du vor dem Gefängnistor, sind alle Träume und guten Vorsätze wie weggeblasen. Der erste Mensch, dem du begegnest, der dreckige, mit Plakatfetzen verkleisterte Bretterzaun gegenüber, die rostige Straßenbahn, die vielen hastenden Menschen und die grauen, seelenlosen Häuserblocks – das alles ist nichtssagend, ist Dekoration, Kulisse, hat keinerlei Bezug zu dir.

Bewegungen, Gesichter, Farben und Geräusche verursachen dir unerträgliche Schmerzen, und während die Straßenbahn quietschend die Steigung hinaufkeucht, betrachtest du den schmierigen Boden zu deinen Füßen und wartest. Nähert sich jemand, dann igelst du dich sofort ein und betest, daß er vorübergehen möge. In dieser lärmenden Welt ist kein Platz für Außenstehende – sie werden gestoßen, gezogen, zum Handeln gezwungen, bedroht und zur Vernunft gerufen.

Was wollt ihr denn von mir? Laßt mich in Ruhe, ich muß allein sein, und faßt mich nicht dauernd an. Ich will ja nur irgendwo ganz still sitzen und in die Ferne schauen, ohne zu sehen. Ich muß mich in irgendein Loch verkriechen, wo es dunkel und feucht ist und ich mich häuten kann. Die alte Haut schmerzt mich. Leiser bitte, nicht so schreien, eure Schreie klirren, und keines eurer Worte weckt in mir auch nur einen einzigen Gedanken.

Aber diese Welt ist ja so schrecklich gut, so unerbittlich in ihrem Willen zu helfen, zu retten. Wie ein Karussell drehen sich um mich die besorgten Gesichter der Freunde und Verwandten mit ihren ewigen guten Ratschlägen und ihren Hilfsangeboten. Sie tragen mich am Genick herum wie eine Hündin ihr Junges, und ich kann nur dümmlich lächeln – schließlich muß ich ja dankbar sein. Was soll ich mit ihnen reden, was ihnen antworten, um nicht als völliger Trottel dazustehn ... Sie scheinen alle in der Zwischenzeit so entsetzlich klug und weise geworden zu sein, erwarten von mir tiefsinnige Bemerkungen – aber ich habe ihnen absolut nichts zu sagen, ich bin wie ausgeleert. Die Dimensionen, der Rhythmus, alles ist anders. Wie gemütlich hatte ich's doch bei meinen kindlichen Schwachsinnigen. Warum hat man mich hierher gezerrt? Jetzt endlich verstehe ich meinen Zellengenossen, der seine Frau, seine Schwiegermutter, den Schwiegervater und die Nachbarin erschossen hat und schließlich auch noch die Katze, damit auch sie ihn nicht mehr fragend ansah.

Zum Teufel mit der Semmel! Ich ließ mich vollaufen, gleich am ersten Tag, und als ich gegen Morgen den Kopf aus dem Zugfenster steckte, dem Wind, dem Rauch und den in der Dunkelheit aufleuchtenden Masten entgegen, da erblickte ich in der Ferne den näherkommenden Lichterschein Moskaus. Ich wußte noch nicht, was ich dort unternehmen würde und mit welchen Mitteln ich arbeiten könnte, aber eins wußte ich: Es gab von nun an kein Erbarmen mehr, weder mit ihnen, noch mit mir. In diesem Krieg waren alle Mittel erlaubt.

Langsam, ganz langsam kehrte das Leben zu mir zurück, wie nach einer Operation, wenn die Betäubung nachläßt, das Gefühl zurückkehrt und mit ihm eine Welle dumpfen, unerträglichen Schmerzes, der sich im Bewußtsein allmählich mit dem Geruch von Verband, Jod, Karbol und dem Anblick der weißen Wände des Krankenzimmers zu mischen beginnt. Wer hat doch einst gesagt: »Cogito, ergo sum.« – Nein, es muß heißen: Ich fühle Schmerzen, also lebe ich.

Wieder wanderte ich durch die Gassen von Moskau, unterhielt mich mit meinen Villen auf dem Arbat, aber die Geister des vergangenen Jahrhunderts mit ihren naiven Tragödien kehrten nicht wieder – ich hatte jetzt meine eigenen Gespenster.

Bei meinen Streifzügen kam ich auch in unseren alten Hof, an dem immer noch die Häuser mit der blauen Aufschrift »Abrißhaus« standen. Wie früher, saßen hier die alten Mütterchen in der Sonne, zu ihren Füßen im Staub quirlte es von Kindern, und die Wäsche hing zum Trocknen auf der Leine, ganz so, als sei in der Zwischenzeit nichts in der Welt geschehen. Wie früher, stand auf dem Hügel das graue Schulhaus, doch es rief nun auch keine qualvollen Erinnerungen mehr in mir wach – alle bösen Geister meines Gewissens waren in Lefortowo geblieben.

Wieder ging ich mit der Großmutter am Flußufer entlang, über den Roten Platz in den Alexander-Garten.

Keiner gehorchte mehr dem Dichter, der uns geheißen hat, an der Kremlpforte den Hut abzunehmen; hastig und einander stoßend wälzte sich die Menschenmenge hindurch, wie Ameisen auf dem Boden eines Kruges. – Wozu? Wohin?

Ich schob mich heimlich in das Gedränge, rannte, stieß, hastete mit, versuchte, ihren Rhythmus zu finden, ihr Ziel zu entdecken, ließ mich treiben wie ein Hölzchen im Wasser. Wozu? Wohin?

Mir kam es vor, als sei jeder der Entgegenkommenden ein Bekannter, ein Gespenst »von dort«, wir wechselten einen schnellen Blick und eilten weiter, ich der Mündung jenes Stromes, dem Ziel entgegen.

Ach, diese Welt! Wie ernst sie sich doch nimmt, wie besorgt sie ist! Ich hasse ihre ziellose Geschäftigkeit. Ich bringe ihr meine Sehnsucht dar, und sie mit ihren hohen, modernen Gebäuden aus Glas und Beton hat nichts weiter für mich als ein fettes selbstgefälliges Lächeln:

Sowjetische Kosmonauten werden die ersten auf dem Mond sein!

Plötzlich laufe ich wie eine verrücktgewordene Ameise gegen den Strom. Ich will raus aus der Stadt, in den Wald, aber das graue Bahnhofsgebäude ruft mir nach:

Piss auf den Boden!

Selbst das gutmütige alte Moskauer Häuschen mit seinen vielen Rissen und Runzeln schaut mich aus seinen Fensterschlitzen an und fragt mich, als ich arglos nähertrete, mit einschmeichelnder Stimme:

»Haben Sie nicht irgendwann mal ein Paar Mückenstiche abgekriegt?«

Ich wollte einmal Biologie studieren. Es interessierte mich, welche Triebfeder den Stengel aus dem Samen heraustreibt, die Blätter zum Licht hindreht, wer die Schmetterlinge bunt färbt. Jetzt aber, angesichts der grünenden Boulevards, erinnerte ich mich an einen Burschen, den ich immer nur beim Spaziergang getroffen hatte – er war auf einer anderen Station. Ich hatte ihn nie irgend etwas gefragt, hatte nicht wissen wollen, ob er verrückt war oder nicht, sogar seinen Namen wußte ich nicht. Wir waren nur immer schweigend nebeneinander hergegangen. Eines Tages zog er mich mit einem geheimnisvollen Lächeln in eine Ecke, wo unter dem Zaun Gras hervorlugte, und zeigte mir dort eine Blume, seine Blume, die er vor allen verborgen hielt. Es war eine Mißgeburt von einer Blume mit zwei Blütenkelchen an einem Stengel ...

Ich kaufte mir eine Semmel für fünf Kopeken und kaute sie langsam, doch sie schmeckte nicht.

Wenn ich müde war, ging ich zu einem meiner alten Freunde, meist zu Jura Titow. Wir kannten uns aus der Zeit der Majakowka. Er war einer jener Künstler, für die ich vor meiner Verhaftung Ausstellungen organisiert hatte. Bei ihm fühlte ich mich frei. Ich konnte stundenlang zusehen, wie er seine Bilder malte. Ob es an dem mit Büchern und Ikonen vollgestopften Zimmer lag, das mir bis in die letzte Kleinigkeit vertraut war, oder an seiner bedächtigen Art zu sprechen, seinen gemessenen Bewegungen, dem Farbgeruch, dem Halbdunkel – auf jeden Fall hatte ich nur hier das beruhigende Gefühl, daß die Zeit stillstand. Ich brauchte ihr nicht nachzueilen. Selbst seine Malerei – ein riesiges Bild mit einem halb von Flammen verzehrten Gott und einer menschenleeren, verkohlten Erde – wirkte auf mich besänftigend. Meist schwiegen wir einfach. Wenn wir dann gegen Abend etwas tranken, sahen wir, wie sich Gott im Feuer aufbäumte und die tote Erde schwarz wurde. Es gab kein Erbarmen mehr auf dieser Welt.

Nur das Surren der Omnibusräder auf dem Asphalt unterbrach unsere Stille.

In ganz Moskau roch es nach Windeln – mir zum Trotz, wie mir schien; man konnte meinen, die gesamte männliche Bevölkerung sei einzig damit beschäftigt, Kinderwagen vor sich herzuschieben. Meine Freunde hatten sich verheiratet, sich Kinder zugelegt und waren verschwunden. Hin und wieder traf ich einen, der von der Arbeit nach Haus schlich und sich schlechten Gewissens, die Augen zu Boden geschlagen, an mir vorbeidrückte:

»Entschuldige, Alter, keine Zeit. Frau, Kinder, Arbeit ...«

Da ist einer ein Mensch gewesen, und nun war er tot. Übriggeblieben ist eine produktive menschliche Larve, die sogar verlernt hat, ohne Stütze in Form eines Kinderwagens auf ihren zwei Beinen zu stehen.

Ein Teil meiner Kameraden von der Majakowka sammelte, hauptsächlich auf Betreiben von Jura Galanskow, weiterhin Gedichte, aber sie taten es ohne rechte Begeisterung. Der Schwung war weg. Die Zeiten hatten sich geändert, etwas Neues lag in der Luft, neue Gespenster bevölkerten Moskau. Immer häufiger hörte man Gerüchte von einer geplanten Rehabilitierung Stalins; unsere schlimmsten Befürchtungen drohten sich zu bewahrheiten. Bald nach dem Sturz Chruschtschows wurde von irgendwelchen Listen gemunkelt, die, wie es hieß, zwei- bis fünftausend Namen enthalten sollten, Namen von Leuten, die als erste »drankommen« würden. Scheljepin[39] wurde ganz offen als möglicher Stalinpreisträger genannt.

Was sollten da Gedichte!

Ganze Wagenkolonnen von Jugendlichen rollten wie Panzerzüge durch die Stadt. Es waren die Kinder der Leute, die nicht zu jenen Fünftausend gerechnet zu werden hofften. Wie schwarze Blitze flitzten währenddessen die Limousinen in den Kreml, um die Listen zu vervollständigen.

Warum wohl die Leningrader immer Verschwörer sind? Woher haben sie diese Untergrundmentalität? In Moskau trifft man, wie in einem großen Wohnzimmer, stets denjenigen, den man sucht; er wird einem sofort zugeführt, ohne daß man darum bitten müßte. Die Menschen sitzen zu Haufen in den Wohnungen zusammen und vollführen ein solches Geschrei, daß man sein eigenes Wort nicht versteht. Bis in die Morgenstunden hocken sie in den Küchen und diskutieren sich die Köpfe heiß. In Moskau kann man einen Bekannten ohne weiteres gegen Mitternacht mit einer großen Gesellschaft überfallen; niemand wird sich darüber aufregen. Wenn man gar etwas zu trinken mitbringt, kennt die Freude keine Grenzen. Gegen Morgen kommt dann unweigerlich die alte Frage auf den Tisch – wann das eigentlich alles angefangen hat. 1914? 1905? oder schon mit den Dekabristen? Manche gehen sogar noch weiter zurück, bis zu Peter dem Großen: Der sei der Übeltäter, weil er das arme, reine Rußland vergewaltigt und einen Mischling daraus gemacht habe.

Eine Missetat hat er ja ganz sicher auf dem Gewissen: Petersburg – die Stadt der Verschwörer. Er baute sie mit finsterem Herzen, und seither schleicht giftiger Nebel durch die Straßen seiner Stadt und verbreitet das Fieber der Konspiration. Die Petersburger sitzen allein in ihren Häusern, brüten viele finstere Gedanken aus und betrachten jede Bekanntschaft als Geheimbund.

Ich kam einmal an einem frühen Sommermorgen vom Moskauer Bahnhof in die Stadt hinein, wanderte durch ihre menschenleeren, betörend schönen Straßen und bewunderte die herrlichen, prunkvollen Fassaden. Jedes Haus ein Souverän mit verächtlich herablassendem Blick. Aber man braucht nur ins Innere vorzudringen, in die lange Reihe feuchter, schachtartiger Innenhöfe, dann weiß man, wo diese geheimbündlerische Mentalität der Petersburger herrührt. Man kann mit ihnen nur unter vier Augen reden, im Flüsterton, und nie würde jemand auf die Idee kommen, einen Fremden irgendeinem Freund vorzustellen. »Ich bitte Sie, ich bitte Sie, ich lebe völlig zurückgezogen, pflege keine Kontakte ...«

»Batjenka«, Väterchen, mein Zellenkamerad aus der Sonderklinik, war einer, der schon auf den ersten Blick bei jedem einfachen Sowjetbürger Verdacht erregen mußte. Er glich aufs Haar dem ausländischen Spion des Sowjetfilms. Klein, korpulent, glatzköpfig, mit lauernden Blicken hinter dicken Brillengläsern – der perfekte Agent des Weltimperialismus. Sogar die Schulkinder drehten sich auf der Straße nach ihm um und überlegten, ob sie nicht einen Polizisten rufen sollten, so sehr erinnerte er sie an den Film über die cleveren Pioniere, die einen amerikanischen Spion fangen.

Wenn ich mich durch finstere Innenhöfe und dunkle Treppen zu seiner Wohnung begab, fing ich unweigerlich die gespannten Blicke seiner Nachbarn auf: »Schon wieder Besuch für unseren Spion ...«

Er lebte mit zwei ältlichen Tanten zusammen, und obwohl er schon an die Fünfzig war, konnte er sich ihrer ständigen Ermahnungen nicht erwehren.

»Borenka, du hast wieder nicht ordentlich gegessen«, sagte die eine.

»Zieh einen warmen Pullover an, es ist kalt heute«, echote die andere.

»Also, Tante jetzt reicht's aber. Das geht wirklich zu weit«, näselte mein Batjenka. »Bitte, bitte hört auf.«

Bei alledem war er tatsächlich ein verzweifelter Verschwörer, hatte bereits dreimal in der Sonderklinik gesessen und war so an sein Doppeldasein gewöhnt, daß er fast mit sich selbst zu konspirieren schien. Jedes Mal, wenn er herauskam, trat er unweigerlich wieder in die Partei ein und übernahm irgendwelche ideologischen Bildungsaufgaben: Er schrieb Artikel für die Parteipresse und gab Unterricht, kurz, »er schlich sich wieder ins Vertrauen«, »maskierte sich«. Als er einmal zufällig mit mir in eine der üblichen lärmenden Moskauer Wohnungen geriet, packte ihn unbeschreibliches Entsetzen.

»Das ist eine Falle«, zischte er mir zu. »Wir müssen sofort verschwinden.« – Nie wieder konnte ich ihn nach Moskau locken. Aus parteiinterner Quelle wußte er alle Einzelheiten über die mutmaßlichen Listen und die bevorstehende Rehabilitierung Stalins, und natürlich blieb er nicht untätig. Eine von ihm vorbereitete Verschwörung war bereits in vollem Gange. Im Leningrader Nebel findet man vielleicht keine Freunde, aber Verschwörer findet man immer.

Wie ein junger Bursche schwirrte er durch Leningrad von einem konspirativen Treffen zum anderen.

»Borenka«, setz eine Mütze auf. Es ist kalt draußen. Und komm nicht so spät.«

»Also, Tante, es reicht, hör doch endlich auf damit«, näselte er und machte die Tür hinter sich zu.

So sind sie vielleicht auch im März 1881 in den Petersburger Nebel hinausgezogen, versehen mit genauen Weisungen, und eine Stunde später, am Sommergarten, dort, wo der Wagen des Zaren in die Moika einbog, krachte es dann, und eine Stichflamme stieg wie eine Säule empor, und die verletzten Kosakenpferde wieherten auf ... Und es spielt keine Rolle, daß ergrimmte Hauswarte danach in der ganzen Stadt verdächtige Studenten verprügelten und der neue Zar Maßnahmen zur Ergreifung und Bestrafung der Aufständischen einleitete – in dieser Stunde geriet der schwere Stein unserer Geschichte ins Rollen und ist bis heute nicht zum Stehen gekommen[40]. Seit jener Explosion hat eine Generation nach der anderen eine Bombe nach der anderen gelegt, sind die Verschwörer einer nach dem anderen in den Petersburger Nebel hinausgezogen. Es ist ja auch verlockend und einfach, und scheint nur zu berechtigt zu sein: Ist es etwa falsch, den Bösewichtern mit gleicher Münze heimzuzahlen, auf den roten Terror mit weißem und auf den weißen wiederum mit rotem Terror zu antworten? »Ihr seht ja, sie foltern uns, das sind keine Menschen, das sind Bestien! Warum sollen wir sie nicht auch foltern? Schaut nur, sie rauben uns ganz offen aus – worauf warten wir noch? Wenn wir uns nicht wehren, ermuntern wir sie nur noch. Und wenn sie einmal der Staat sind, dann herrscht sowieso die Gewalt, also warum sollen wir nicht auch Gewalt anwenden im Namen der Gerechtigkeit und zu ihrem eigenen Besten?

Ja, wahrscheinlich schien das denen, die mit ihren genauen Weisungen zum Sommergarten schlichen, nicht im geringsten zweifelhaft. Was jedoch mich betrifft, so bin ich in einem Jahr geboren, in dem die ganze Menschheit, ob sie es gewollt hat oder nicht, in einen totalen Selbstvernichtungskampf gestürzt wurde, in dem es allein darum ging, ob es auf Erden künftig braune oder rote Konzentrationslager geben sollte. Eine andere Wahl gab es nicht, und es will mir fast scheinen, als hätte sich daran bis heute nichts geändert. Als »Batjenka« seine Verschwörung anzettelte, hatten jedenfalls die Amerikaner gerade begonnen, Nordvietnam zu bombardieren.

Eins war mir klar – die Befreiung der Menschheit konnte nicht von außen kommen. Sie mußte von innen her erfolgen, und solange sich die Mehrheit nicht freimachen würde von dieser Untergrundmentalität, würden unsere Nachfahren weiterhin in den Küchen herumsitzen wie Ameisen auf dem Boden eines Kruges, und darüber streiten, wann alles angefangen habe.

Sergej Petrowitsch Pissarjew war das genaue Gegenteil von »Batjenka«. Als Vierzehnjähriger war er von zu Hause weggelaufen und hatte sich in den Ersten Weltkrieg stürzen wollen – für Zar und Vaterland. An der Front hatten sie ihn endlich wieder eingefangen, und damit er nicht noch einmal wegliefe, hatten sie ihn mit einem Sträflingstransport zurückgeschickt. Unterwegs, im Gefängnis von Rostow, hatte er verhaftete Bolschewiken getroffen und war seither ein Erzkommunist. Wo hatte er nicht überall gesessen! Im Bürgerkrieg bei der Gegenabwehr Denikins, bereits zum Tode durch Erschießen verurteilt, 1937 in Lefortowo, 1953 in der Leningrader Sonderklinik, aber all das konnte ihn nicht am kommunistischen Glauben irremachen. Dabei führte er ständig Krieg mit seiner proletarischen Macht.

1935, als man einen Freund von ihm verhaftete, kämpfte er verbissen um dessen Freilassung, schrieb Proteste und sammelte sogar Unterschriften. Natürlich gehörte er daraufhin 1937 selbst zu den »Volksfeinden«. Man folterte ihn grausam und brach ihm auf der Folterbank in Lefortowo sogar das Rückgrat, doch er unterschrieb nichts.

Mit gebrochenem Kreuz warf man ihn wie einen Hund in eines jener Löcher des Butyrka-Gefängnisses und vergaß ihn. Ein ganzes Jahr lag er dort, ohne sich rühren zu können. Seine Zellengenossen fütterten ihn und trugen ihn aufs Klo. Doch er schrieb Beschwerde auf Beschwerde, nicht seinetwegen, sondern wegen seines Freundes, winzige Beschwerden, auf Klopapierfetzen. Seine Zellengenossen lachten ihn aus:

»An wen schreibst du denn? Das bleibt doch alles beim Aufseher hängen. Schade um das Papier; wir haben ohnehin zu wenig.« Aber nach einem Jahr holte man ihn plötzlich. Wohin, wußte keiner. Mühsam schleppten ihn die Wärter in ein Vernehmungszimmer. Dort saß ein Assistent des Generalstaatsanwalts mit einem Aktenordner, den er alsbald öffnete und fragte:

»Haben Sie das geschrieben?« – und da erblickte Pissarjew alle seine Fetzen, säuberlich numeriert und abgeheftet. »Ihr Freund« fuhr der Staatsanwalt fort, »war wirklich ein unbescholtener Kommunist, unschuldig verhaftet von einer Bande von Schädlingen, die sich in die Sicherheitsorgane eingeschlichen hatten. Jetzt sind sie entlarvt und werden ihre Strafe bekommen. Leider hat Ihr Freund diesen Tag nicht mehr erlebt – er ist in der Untersuchungshaft gestorben.«

Es stellte sich heraus, daß sich in diesem Jahr 1938 alles geändert hatte: Jeschow hatte man erschossen, und mit ihm waren auch alle seine Günstlinge in Ungnade gefallen. Neuer KGB-Chef wurde Berija, der zunächst einmal die Folter abschaffte.

Auf diese wundersame Weise befreit, schleppte sich Pissarjew sofort ins ZK und begann zu beweisen, daß alle, die mit ihm die Zelle in der Butyrka geteilt hatten, vollkommen unschuldige Menschen waren, die sich nur unter der Folter selbst belastet hatten. Tatsächlich gelang es ihm auf diese Weise, eine ganze Reihe von ihnen rauszuholen. Es herrschte damals eine Art »Berija-Tauwetter«, an das sich heute kaum noch jemand erinnern kann.

Im Krieg war Pissarjew Politkommissar an der Front. Wie er es geschafft hat, mit seinem gebrochenen Rückgrat zu kämpfen, ist mir ein Rätsel; fest steht aber, daß er auf diesem seinem gebrochenen Rücken einen Verwundeten aus feindlicher Umzingelung herausholte.

Schließlich, 1953, als gerade der Prozeß gegen die »Ärzte-Verschwörer« im Gange war, überreichte er Stalin eine Erklärung, in der er den ganzen Prozeß für gefälscht und den Sicherheitsapparat für »von oben bis unten verlogen« erklärte. Diese unglaubliche Dreistigkeit veranlaßte Stalin, Pissarjew ohne jede weitere Erklärung in die Leningrader Sonderklinik bringen zu lassen. Aber auch dort hörte er nicht auf, seine ewigen Beschwerden zu schreiben und sie heimlich Besuchern mitzugeben. Nach Stalins Tod erreichte er nicht nur seine vollständige Rehabilitierung, sondern auch die Annullierung seiner psychiatrischen Diagnose. Dank seiner Verbindungen zum ZK setzte er sogar durch, daß eine Sonderkommission gebildet wurde, die das Serbskij-Institut, die Leningrader und die Kasaner Sonderkliniken, unter die Lupe nahm und feststellte, daß dort viele völlig gesunde, unschuldige Menschen saßen, die nur aus politischen Gründen festgehalten wurden. Eine ganze Reihe von ihnen wurde daraufhin freigelassen. Es herrschte wieder einmal Tauwetter, diesmal das Chruschtschowsche.

Natürlich trat Pissarjew jedesmal nach seiner Entlassung sofort wieder in die Partei ein, aber nicht, wie »Batjenka«, zur Tarnung, sondern weil er immer noch fest an die kommunistische Lehre glaubte. Er hielt sich für einen Jünger Lenins und haßte Stalin derart, daß er nie diesen Namen benützte, sondern immer nur von Dshugaschwili sprach.

Für ihn war an seinem ganzen Mißgeschick natürlich nur Stalin schuld, der, wie er sagte, in den dreißiger Jahren einen Staatsstreich durchgeführt habe, nachdem er alle aufrechten Lenin-Anhänger umgebracht hatte.

»Die Partei ist vollkommen entartet«, sagte er langsam, in seinem Spezialstuhl mit erhöhter Rückenlehne sitzend und häufig Luft holend. »Deshalb müssen wir in die Partei eintreten, wenn sie wieder gesunden soll. Sie sind doch ein aufrechter Mensch. Ihr Platz ist in der Partei, nur so können wir die Entartung von innen bekämpfen.«

Mir war diese Logik gänzlich unverständlich. Ich glaubte und glaube auch heute noch nicht an den Kommunismus – ganz gleich, ob Leninscher oder Stalinscher Machart. Wie konnte ich also in die Partei eintreten?

Einer unserer Freunde hat einmal auf so einen Überredungsversuch Pissarjews geantwortet: »Das ist ja geradeso, als würde man von mir verlangen, eine Syphilitikerin zu heiraten, um mit ihr gesunde Kinder zu bekommen. Weder würde sie davon gesund, noch würden wir gesunde Kinder haben, noch würde ich gesund bleiben.«

Mein Unglaube störte Pissarjew jedoch nicht, im Gegenteil, er versuchte mir zu beweisen, daß ich in Wirklichkeit sehr wohl an den Kommunismus glaubte, mir das jedoch nicht eingestehen wolle. Lenin habe, so sagte er, genau das gewollt, was auch ich wolle, und dann redete er mir immer wieder zu, Lenins Werke doch daraufhin noch einmal zu studieren.

Er wohnte in einem winzigen Zimmerchen, das bis zur Decke vollgestopft war mit den Werken der Klassiker des Marxismus und mit gebündelten Nummern der »Prawda«, die er fast seit dem ersten Tag ihres Erscheinens gesammelt hatte. Nach seiner Rehabilitierung war ihm eine lächerliche Pension bewilligt worden, doch auch die gab er völlig für seine Lektüre aus. Er ernährte sich ausschließlich von Buttermilch. Häufig ließen Bekannte, die seine Gewohnheiten kannten, heimlich Tüten davon da, damit er wenigstens diese Ausgabe sparte.

Manchmal, wenn sein ununterbrochener Kampf mit den Entarteten in eine besonders kritische Phase trat, mußte er sich verstecken und wohnte dann bei irgendeinem Bekannten. Er erfuhr natürlich auch von den ominösen Listen und der bevorstehenden Rehabilitierung Stalins, bzw. »Dshugaschwilis«, und nahm sofort den Kampf auf, das heißt, er schrieb endlose Petitionen an alle Parteiinstanzen.

Ich hörte ihm immer mit Interesse zu, aber seine Einstellung konnte ich mir einfach nicht zueigen machen. Nicht nur der innerparteiliche Kampf um die Reinheit des Leninismus war für mich unannehmbar, auch die Appelle an die Machthaber waren mir unmöglich; das wäre einer Anerkennung dieser Leute durch mich gleichgekommen. Für mich hätte es sogar bereits Unterstützung dieser auf Gewalt beruhenden Macht bedeutet, wenn ich in einem Staatsbetrieb gearbeitet hätte.

Immer häufiger besuchte ich Alik Wolpin. Nach unserem ersten Zusammentreffen im Spätsommer 1961, noch vor dem Eklat mit der Majakowka, und dann auch während der Verhöre der Verhafteten sahen wir uns recht häufig und arbeiteten sogar eine Zeitlang zusammen im Institut. Er hielt dort ein Seminar über Semantik, und ich gehörte zu seinen Hörern. Als ich saß, besuchte er meine Mutter. Das machte er immer so: Wenn einer seiner Bekannten verhaftet wurde, besuchte er dessen

Verwandte, auch wenn er sie gar nicht kannte. Er klärte sie dann über ihre Rechte auf.

Es wunderte mich immer wieder, mit welchem Ernst er in diesem Willkürstaat über Rechte sprechen konnte, als sei nicht jedermann klar, daß seine Rechte nur auf dem Papier standen, zu Propagandazwecken, und daß sie jederzeit gegen ihn ausgelegt werden können. Hatte man uns denn im KGB nicht ganz offen gesagt: »Ein Paragraph findet sich immer.« Das Gesetz ist eine Deichsel, und man deichselt es eben immer so, daß es sich gegen uns richtet. Wichtig ist nicht das Gesetz, sondern allein derjenige, der an der Deichsel sitzt.

Noch vor zehn Jahren hat sich gezeigt, daß diese Gesetze sich durchaus mit der Ermordung von fast zwanzig Millionen vollkommen unschuldiger Menschen vereinbaren ließen. Selbst der Autor unserer Verfassung, Bucharin, hatte sein Werk kaum vollendet, als er auch schon erschossen wurde. Was hat es also für einen Sinn, über Gesetze zu reden? Das ist, als ob man mit Kannibalen über Humanität reden wollte.

Ja, auch Alik selbst war schon zweimal in ein psychiatrisches Gefängnis geraten, nur weil er seine Gedichte vorgelesen hatte, und nicht einmal öffentlich, sondern zu Haus, vor seinen Freunden. Sollte ihn das nicht eines besseren belehrt haben? Er schien mir irgendwie jenen unverbesserlichen Marxisten zu gleichen, denen nicht einmal das Gefängnis ein Licht aufstecken konnte. Seine ewig verlotterte Erscheinung, das völlige Fehlen jeglicher praktischer Fähigkeiten, sein mangelndes Anpassungsvermögen und seine völlige Gleichgültigkeit seinem Äußeren gegenüber ergänzten nur das Bild, ergaben die letzten Details dieses »wunderlichen Professors«. Tatsächlich war er ein Gelehrter, ein Mathematiker, ein Logiker.

Besonders bestechend an ihm war die kindliche Direktheit und Arglosigkeit, die man bei einem Vierzigjährigen nicht vermutet hätte. Ich glaube, die meisten seiner Freunde – sie waren fast alle durch die Stalinschen Lager gegangen – liebten an ihm eben diese Eigenschaften, während sie seine Erörterungen über Recht und Gesetz mit Nachsicht belächelten, sie für eine verzeihliche Schrulle hielten und den Kopf schüttelten, wenn er wieder einmal seine logischen Konstruktionen entwickelte.

Ob nun seine ständige Beschäftigung mit Logik auf sein Thema abfärbte, oder umgekehrt dieses Thema von ihm bevorzugt wurde, weil es seiner formallogischen Denkweise entgegenkam, jedenfalls waren seine Erörterungen immer streng nach den Prinzipien logischer Schemata aufgebaut. Jede Überzeugung war seiner Meinung nach entweder richtig oder falsch. Was diese Begriffe betraf, duldete er keine Ungenauigkeit, ja, er ärgerte sich über die unpräzise Ausdrucksweise der anderen und hielt sie geradezu für den Ursprung alles menschlichen Unglücks. Eigentlich basierten alle seine Überlegungen auf dem einfachen, kindlich-naiven Prinzip »ich will nicht lügen«. Wir bereiten uns unsere Leiden selbst, so meinte er, indem wir Lüge, Zweideutigkeit und Unbestimmtheit in unserem Leben dulden. Da die Richtigkeit einer Ansicht im realen Leben aber immer relativ ist, verzierte er seine Ausführungen, vor allem in der Diskussion, immer noch mit endlosen Vorbehalten, Fußnoten, Ausnahmen und Berichtigungen und landete dabei irgendwann unweigerlich bei der Frage, ob ein bestimmtes Wort überhaupt dem entspreche, was es bezeichne. Das Ganze endete in einem derartigen semantischen Dickicht, daß niemand mehr irgend etwas verstand. Nur Alik selbst strahlte seine Gesprächspartner aus blauen Augen an und war überzeugt, daß alles unerhört einfach sei. Die Menschen haben eben nur nicht die nötige Geduld, um bis zur Wahrheit vorzudringen.

Man konnte sich leicht vorstellen, was passieren würde, wenn Alik mit der sowjetischen Sicherheitsmaschinerie in Konflikt geriet. Ich weiß noch, wie man Alik vor ein paar Jahren als Zeuge zum KGB zitierte. Seine Frau, die aus Erfahrung wußte, wie so etwas endet, riet dem Untersuchungsrichter im guten, den Plan aufzugeben. Der aber hörte nicht auf sie, und so nahm das Verhängnis seinen Lauf. Ich weiß nicht, wie das Verhör begann; sicher ist nur, daß Alik dem Untersuchungsrichter nach zwei Stunden auf einem leeren Protokollbogen bereits irgendwelche Schemata, Kreise und Dreiecke aufzeichnete, um ihm einen einzigen, den einfachsten seiner Gedanken klarzumachen. Nach weiteren zwei Stunden, in denen sie einen Kurzlehrgang in Mengenlehre absolviert hatten und endlich zum Problem des Denotats vorgedrungen waren, rief der schweißüberströmte Untersuchungsrichter, der einer Ohnmacht nahe war, Aliks Frau an und flehte sie an, ihn abzuholen. Sie lehnte natürlich ab, denn sie fand mit Recht, der Untersuchungsrichter habe nicht hören wollen und müsse nun die Suppe selbst auslöffeln.

»Sehn Sie zu, wie Sie da wieder rauskommen«, riet sie ihm und hängte ein.

Es war noch ein Glück, daß Alik damals nur als Zeuge geladen war und nicht als Angeklagter. Sonst hätte sich an die Untersuchungshaft schon damals unweigerlich das psychiatrische Gutachten angeschlossen. Doch auch Psychiater sind keine Mathematiker und Logiker, und was »richtig« oder »falsch« ist, interessiert sie wenig, weshalb alle Untersuchungen für Alik in einer psychiatrischen Sonderklinik für besonders gefährliche Irre endeten.

Was hätte auch anderes herauskommen sollen. Man stelle sich vor, das KGB käme plötzlich auf die Idee, einen Computer zu verhaften. Einerseits kann man einen Computer nicht einschüchtern, aus dem Konzept bringen, zu Kompromissen, falschen Geständnissen oder auch nur zu einer teilweise falschen Aussage bringen. Andererseits versteht der Computer ganz einfach die Zweideutigkeit der Fragen und der sowjetischen Gesetze nicht. Seine logischen Schemata kennen nur Antworten vom Typ »richtig-falsch«. Will man eine ausführlichere Antwort, eine Kette von Gedanken, so spuckt er einen langen Lochstreifen mit endlosen Einsern und Nullen aus. Was soll man damit anfangen? Dem Protokoll beiheften? Ich wette, daß der Computer genau da landen würde, wo auch Alik landete – in der Irrenanstalt. Da kann man noch so oft mit der Faust auf den Tisch schlagen – nichts geschieht, höchstens ein Lämpchen brennt durch.

Ich habe verzweifelt mit Alik gekämpft, manchmal die ganze Nacht hindurch, nicht nur, weil man mit neunzehn, zwanzig Jahren einfach mit jedem streiten muß, sondern weil seine Denkmethode und seine Ausgangspunkte für mich unannehmbar waren, weil alles, was er sagte, keinen Bezug zur Wirklichkeit zu haben schien. Doch wenn ich dann gegen Morgen total erhitzt nach Hause ging, merkte ich plötzlich zu meinem Schrecken, daß ich seine konsequente Konstruktion bereits übernommen hatte. Offenbar war nicht nur die sowjetische Psychiatrie durch den Zusammenstoß mit Wolpin bereichert worden, sondern umgekehrt auch er durch den Zusammenstoß mit ihr und den sowjetischen Gesetzen. Wohl zum ersten Mal seit fünfzig Jahren hatten nämlich nun diese Gesetze einen Computer passieren, das heißt den »Richtig-Falsch«-Test bestehen können, und ich war in den Genuß des Endproduktes gekommen.

Im Mittelpunkt seiner Überlegungen stand die »Position des Staatsbürgers«, und daraus ergab sich nun für mich ein geradezu lächerlich einfacher Ausweg aus all meinen Schwierigkeiten. Diese Schwierigkeiten hatten schon begonnen, als man von mir verlangte, ein Sowjetmensch zu sein. Dieser Begriff ist so schwammig und demagogisch, daß niemand genau weiß, welche Pflichten sich konkret mit ihm verbinden. »Sowjetisch« sein, heißt: mit Feuereifer den Kommunismus aufbauen, die Politik der Partei und der Regierung von ganzem Herzen bejahen und den Weltimperialismus aus tiefster Seele verdammen. Aber weiß ich denn, ob das morgen noch stimmt? Die mythische Gestalt des Sowjetmenschen ist eine Schöpfung der Sowjetideologie und hat ein entsprechend variables Gesicht.

Mit dem Begriff »Sowjetmensch« hat alle Ungesetzlichkeit in unserem Lande angefangen. Wie in den Begriff »Sozialismus« konnte auch in ihn jeder unserer jeweiligen Machthaber hineininterpretieren, was er gerade wollte. Und wehe, es rechtete dann einer mit ihnen, etwa wie Pissarjew auf einer Parteiversammlung; es gibt da einfach keine feststehenden Kriterien. Letzte Instanz ist das ZK der Partei, und jede abweichende Auslegung gilt als Verbrechen.

»Sie sind doch ein Sowjetmensch«, sagte der KGB-Mann bedeutungsvoll, und das heißt so viel wie: »Sie müssen uns helfen«. Ja, was sagt man in so einem Fall? Sagt man nein, dann muß er annehmen, man sei ein Sowjetgegner, und das bedeutet sieben Jahre Lager und fünf Jahre Verbannung. Bejaht man dagegen, dann ist man verpflichtet, mit diesen unseren heldenhaften Sicherheitsorganen zusammenzuarbeiten. Weshalb hat man mich denn von der Universität relegiert? – Weil ich dem »Bild des Sowjetstudenten nicht entsprach«.

Nun gibt es aber, wie Wolpin herausgefunden hat, gar kein Gesetz, das mich verpflichtet, ein »Sowjetmensch« zu sein. Bürger der UdSSR, das ist etwas anderes. Bürger der UdSSR sind automatisch alle, die auf dem Territorium der UdSSR geboren werden, aber kein Gesetz verlangt von ihnen, an den Kommunismus zu glauben, zu seinem Aufbau beizutragen oder mit den Sicherheitsorganen zusammenzuarbeiten und irgendeinem mythischen Menschenbild zu entsprechen. Die Bürger der UdSSR sind nur verpflichtet, sich an das geschriebene Gesetz zu halten, nicht dagegen irgendwelchen ideologischen Zielvorstellungen zu entsprechen.

Ähnliche Schwierigkeiten bereitete mir der Begriff »Sowjetmacht«. »Sind Sie für die Sowjetmacht oder gegen sie?« – Ich kann denken, was ich will, aber wenn ich offen bekenne, daß ich gegen die Sowjetmacht bin, dann ist das antisowjetische Propaganda und wird wiederum mit sieben plus fünf Jahren bestraft. Soll ich also lügen? Oder bewußt gegen Gesetze verstoßen? Nein, das brauche ich gar nicht, denn nach der Verfassung der UdSSR beruht die Sowjetmacht auf der Macht des Rates der Arbeiterdeputierten, jenes Scheinorganes also, das in Wirklichkeit weniger Macht besitzt als ein einfacher Polizist. Von einer Partei ist in diesem Abschnitt der Verfassung jedoch nicht die Rede. »Gegen die Macht eines Parlaments, das sich Rat der Arbeiterdeputierten nennt, habe ich durchaus nichts einzuwenden«, erklärte Wolpin. »Vor allem deshalb nicht, weil absolut nirgends geschrieben steht, daß dieser Rat nur aus Deputierten einer einzigen Partei bestehen muß. Der Name wäre allerdings vielleicht etwas korrekturbedürftig.«

Dieses Argument war für mich außerordentlich wichtig, denn nun wußte ich, daß streng juristisch gesehen keiner von uns ein Verbrechen beging, solange er nicht direkt etwas gegen die Macht der Arbeiterdeputierten sagte oder tat. Und wen störte die schon?

Unsere Ideologen müssen sich für sehr schlau gehalten haben, als sie den Bürgern der UdSSR mehr aus propagandistischen als aus praktischen Erwägungen heraus Gesetze gaben. Im Grunde hätte sie niemand daran hindern können, an Stelle einer Verfassung den Grundsatz aufzustellen: »In der UdSSR ist alles verboten, was nicht ausdrücklich durch Beschluß des ZK der KPdSU erlaubt ist.« Aber das hätte in den Nachbarstaaten vielleicht doch einen zu schlechten Eindruck gemacht und hätte es erschwert, im Ausland leichtgläubige Menschen für den sowjetischen Sozialismus zu begeistern. So wurden also den Sowjetbürgern Rechte und Freiheiten gesetzlich zugestanden, deren Inanspruchnahme die Machthaber niemals dulden konnten, und sie gingen auch davon aus, daß niemand es wagen würde, auf der Beachtung dieser Gesetze zu bestehen.

Wolpins Vorstellungen, aus der Computersprache in die menschliche Sprache übersetzt, lauten etwa so:

Wir lehnen dieses Regime nicht deshalb ab, weil es sich sozialistisch nennt – was Sozialismus ist, steht in keinem Gesetz, und so sind die Bürger nicht verpflichtet zu wissen, was das ist –, sondern weil es auf Willkür und Ungesetzlichkeit beruht und weil seine Repräsentanten versuchen, ihre idiotische Ideologie mit Gewalt durchzusetzen, weil sie die Bürger zwingen zu lügen und zu heucheln. Wir wollen in einem Rechtsstaat leben, wo das Gesetz uneingeschränkt gilt und die Rechte aller Bürger geachtet werden, wo der Bürger nicht seine Freiheit aufs Spiel setzt, wenn er die Wahrheit sagt. Laßt uns also diesen Staat verwirklichen! Der Staat, das sind wir, die Menschen. Und so wie wir sind, wird auch der Staat sein. Die Gesetze, die wir haben, eignen sich bei genauer Betrachtung durchaus für unser Vorhaben. Laßt uns also als gute Bürger unseres Staates die Gesetze einhalten, so wie wir sie verstehen, und das heißt, wie sie niedergeschrieben wurden. Nur diesem Gesetz sind wir verpflichtet. Wir wollen es vor den Verdrehungen der Machthaber schützen. Wir stehen auf der Seite des Gesetzes. Sie aber stehen im Widerspruch zu ihm. Natürlich enthalten die sowjetischen Gesetze auch viel absolut Unannehmbares, aber sind etwa die Bürger der anderen, freien Länder mit allen ihren Gesetzen einverstanden? Wenn ein Gesetz den Bürgern nicht gefällt, dann versuchen sie, mit legalen Mitteln eine Änderung herbeizuführen.

»Aber DIE können doch gar nicht ohne Willkür auskommen«, hielten wir Alik entgegen. »Wenn die sich streng an die Gesetze halten wollten, dann wäre dies einfach kein kommunistischer Staat mehr.«

»Das könnte allerdings passieren«, gab Alik in verschwörerischem Flüsterton zu, und alle mußten lachen.

»Du bist doch ein komischer Kauz«, sagten wir dann. »Glaubst du etwa, daß jemand auf dich hören wird? Einsperren werden sie dich, wie sie das immer getan haben. Also, was soll's?«

»Wenn jemand gegen Gesetze verstößt, meine mir gesetzlich garantierten Rechte schmälert, dann bin ich als Bürger verpflichtet zu protestieren. Selbst wenn eine ganze Verbrecherbande die Gesetze mit Füßen tritt, bin ich noch immer Bürger dieses Landes und habe meine Bürgerpflicht zu erfüllen. Ich muß mich mit allen gesetzlichen Mitteln wehren. Vor allem mit Hilfe von Öffentlichkeit.«

Wieder lachten wir: »Er will Öffentlichkeit! Woher nimmst du sie? Willst du vielleicht die ›Prawda‹ einspannen?«

Doch nachdem wir genug gespottet hatten, mußten wir schließlich zugeben, daß durch die Anwendung ungesetzlicher Mittel gegen ungesetzliche Mittel niemals Gesetzlichkeit entstehen könne, ebensowenig wie durch den Einsatz von Gewalt gegen Gewalt etwa Gewaltlosigkeit oder durch Austausch von Lügen Wahrheit entsteht. Abermals hatte unser häßlicher Computer recht. Aliks Idee war genial und verrückt zugleich. Den des Terrors und der Willkür überdrüssig gewordenen Bürgern schlug er vor, beides einfach zurückzuweisen. Das sei nach dem Gesetz und damit ihre Bürgerpflicht, denn der Doppelsinn, den die Staatsgewalt dem Gesetz in unserem Land gegeben hat, macht den Widerstand gegen sie zur obersten Bürgertugend. Man stelle sich vor, man wäre unter die Räuber geraten und würde nun versuchen, mit ihnen wie mit anständigen, gesitteten Menschen umzugehen. Aliks Idee lief praktisch darauf hinaus, die Realität nicht anzuerkennen und wie ein Schizophrener in einer imaginären, unseren Vorstellungen entsprechenden Welt zu leben. Wenn das nicht verrückt war!

Andererseits ließ sich nicht leugnen, daß, wenn wir die Realität des von den Kommunisten geschaffenen Lebens anerkannten, uns ihre Vorstellungen zu eigen machten, wir selbst zu Banditen, zu Denunzianten und Helfershelfern, zumindest aber zu passiven Stützen dieses Regimes würden. Wenn es stimmte, daß Macht auf dem Konsensus der Subordination beruht, dann muß jeder Angehörige unseres

Zweihundertfünfzigmillionen-Volks, der es ablehnt, sich der Willkür zu unterwerfen, diese Macht um ein Zweihundertfünfzigmillionstel schmälern, während sie der Kompromiß um das gleiche Maß vergrößert.

Hinzu kam, daß ja auch das reale sowjetische Leben eine imaginäre, schizophrene Welt darstellte, bevölkert von mythischen Sowjetmenschen, die einen ebenso mythischen Kommunismus aufbauten. Es lebten doch alle ein Doppel- wenn nicht ein dreifaches Leben. Die Genialität der Idee unseres Alik bestand gerade darin, daß sie diesen ewigen inneren Zwiespalt aufhob und uns aus der Gewissensnot befreite, die uns unsere Komplizenschaft immer wieder bereitete. Sie setzte ein kleines Stückchen Freiheit in jedem Menschen voraus, und zwar die Einsicht in seine Eigenschaft als »Rechtssubjekt«, wie Wolpin es ausdrückte, in seine persönliche Verantwortung also.

Nehmen wir einmal an, es würde sich eine erhebliche Anzahl Menschen diesen Standpunkt zu eigen machen. Was würde dann aus den ideologischen Richtlinien des ZK? Was würde aus dem KGB und seiner Armee von Spitzeln? Der gesetzestreue Bürger hätte nichts mehr zu verbergen, brauchte sich also auch nicht zu rechtfertigen – er hält sich ja an die Gesetze, und je unerschrockener und offener er das tut, desto besser.

»Ja, aber was machst du, Alik, wenn sie morgen die Gesetze so ändern, daß sie keine Grundlage für einen Rechtsstaat mehr bieten?« fragten wir wieder.

»Dann höre ich natürlich auf, ein Bürger dieses Landes zu sein!«

Wie er denn das machen wolle, etwa durch Flucht außer Landes? Anstatt einer Antwort setzte Alik zu einer langen Betrachtung über das Recht des Bürgers auf Ausreise aus seinem Land und, natürlich, auf Wiedereinreise in dasselbe an und bezog sich dabei auf eine gewisse Menschenrechtsdeklaration. Alle zuckten nur die Schultern: »Na, jetzt hat er sich aber endgültig verrannt.« – Aber ich möchte nicht wissen, wie viele von denen, die damals die Schultern zuckten, sieben bis zehn Jahre später in Wien, Rom, Tel-Aviv oder New York waren. Nur Wolpin selbst, der sich bis zum Schluß treu blieb, hielt noch aus dem Fenster des Zuges, der ihn nach Wien bringen sollte, eine Rede über den Kampf um das Recht der Wiedereinreise ...

Während aber in den Moskauer Küchen diese juristisch-semantischen Streitgespräche stattfanden, klopften die Ereignisse bereits an die Tür und bestätigten auf unerwartete Weise die Richtigkeit der Ideen Wolpins. Bald nach meiner Entlassung aus der Leningrader Sonderklinik lernte ich Walerij Jakowlewitsch Tarsis kennen. Nur wenige Monate waren seit Chruschtschows Sturz und seit der Machtübernahme des Triumvirats Breschnew-Kossigyn – Podgornyj vergangen. Alle Anzeichen deuteten auf eine Rehabilitierung Stalins; im Kreml wurden schwarze Listen zusammengestellt, und da gab dieser Tarsis in seiner Wohnung, mitten in Moskau, umringt von ausländischen Korrespondenten, eine Pressekonferenz.

»Mister Tarsis«, fragte man ihn, »wie beurteilen Sie die Veränderungen in der sowjetischen Führung?«

»Der große russische Fabeldichter Krylow hat gesagt: ›Ach, meine Freunde, wie immer ihr euch hinsetzt, zu Musikanten taugt ihr doch nicht‹«, antwortete Tarsis.

Ich traute meinen Ohren nicht.

Noch vor ein paar Monaten war ich einem Mann begegnet, der nur wegen eines kritischen Briefes an das ZK acht Jahre gesessen hatte; ein anderer saß noch immer wegen eines Witzes über Chruschtschow, den er einem Freund ins Ohr geflüstert hatte; ein dritter war nur, weil er Ausländer kannte, der Spionage bezichtigt worden. Wenn ich mittlerweile nicht doch bereits den Verstand verloren hatte, dann mußte nicht nur dieser Tarsis selbst, sondern auch alle, die bei ihm in der Wohnung waren, samt ihren Verwandten und Nachbarn noch am selben Abend in der Lubjanka landen. Würde ich überhaupt noch ungeschoren aus der Wohnung kommen?

Aber Tarsis veranstaltete fast jeden Tag derartige Pressekonferenzen, ohne daß ihm ein Haar gekrümmt wurde. Es geschahen also doch noch Wunder! – Wer war dieser unantastbare Tarsis?

»Das ganze ist eine gigantische Provokation des KGB«, meinten die Untergrundexperten. »Man will uns nur aus der Reserve locken. Und Tarsis ist der Lockvogel, der Köder«, und sie verkrochen sich noch tiefer in ihre Höhlen.

Aha, so war das also mit dem Tarsis! Da hatten sie wieder was gefunden, um den einfachen Sowjetmenschen zu übertölpeln! Zum Glück hatten wir die NEP, die trotzkistische Verschwörung, die Bucharinsche Opposition, die Kosmopoliten und die Schädlings-Ärzte bereits hinter uns. Wir hatten gelernt! Auf diesen Tarsis fallen wir nicht herein – da müssen sie sich schon Dümmere suchen. Das Wichtigste beim Sozialismus ist das Überleben, das wußten wir. Man mußte stets auf der Hut sein. Wenn ein Provokateur anfing, auf die Machthaber zu schimpfen, dann hieß es als erstes, laut und vernehmlich dagegen zu protestieren, so daß alle es hörten, und dann möglichst rasch zum KGB, damit man als erster dort war. Genau wie in jenem Witz, in dem ein Gefangener gefragt wird: »Warum sitzt du?« – »Ja, weißt du, ich war zu faul. War bei Freunden eingeladen, und da erzählt irgend so ein komischer Kerl einen Witz über den Kommunismus. Na, denk ich, es ist schon spät, ich meld es erst morgen. Aber am anderen Morgen erfahre ich, daß alle schon am selben Abend da waren – und ich war eben der letzte.«

Vielleicht hatte auch Tarsis vor zwanzig Jahren so gedacht. Er hatte studiert, war in die Partei eingetreten, hatte an der Front gekämpft und war sowjetischer Schriftsteller geworden. Aber dann ging das sechste Jahrzehnt der Sowjetmacht ins Land und immer noch kein Hoffnungsschimmer am Horizont. Während des Chruschtschowschen Tauwetters hatte sich Tarsis etwas weiter vorgewagt als die anderen, mit dem Erfolg, daß er 1960 bereits nicht mehr gedruckt wurde. Daraufhin hatte er nicht gezögert, seine Manuskripte heimlich ins Ausland bringen zu lassen. Mit dieser, später ganz gängigen Publikationsmethode hatte eigentlich Boris Pasternak begonnen, und sie hatte dann ihren besonderen Reiz dadurch erhalten, daß ihm der Nobelpreis verliehen wurde. Im stillen oder auch laut, im Chor der anderen Unzufriedenen, hatte damals jeder Untergrundschriftsteller Pasternaks Ablehnung des Preises verurteilt:

»Der alte Feigling! Hat kalte Füße bekommen, hat ihn nicht angenommen. Wenn mir das passiert wäre ... ich hätte auf keinen Fall ... und wenn sie mich erschossen hätten ...« Als dann im Oktober 1962 englische Verleger in gutgemeinter Absicht das erste Buch von Tarsis unter einem Pseudonym herausbrachten, war er es, Tarsis selbst, der dieses Pseudonym sofort aufdeckte und verlangte, künftig nur unter seinem richtigen Namen gedruckt zu werden. Das rettete ihn. Nariza, dessen Manuskript um die gleiche Zeit in Deutschland unter einem Pseudonym erschien, hatte diese Richtigstellung unterlassen und wanderte daraufhin für drei Jahre in die Sonderklinik.

Chruschtschow, der im Buch von Tarsis unter anderem Namen vorkommt, war gerade irgendwo im Ausland, und einer seiner Vertrauten gab ihm das Buch. Natürlich schäumte er vor Wut und befahl, Tarsis unverzüglich hinter Schloß und Riegel zu bringen. Die Sache eilte! Keine Zeit für Verhaftung, Voruntersuchung, Gutachten und Einweisung in eine Sonderklinik. Außerdem wäre das sowieso nicht ratsam gewesen: Es hätte einen Skandal gegeben. Also hatten sie Tarsis einfach in die normale städtische Kaschtschenko-Klinik für psychisch Kranke gebracht. Doch obgleich der Skandal, nach heutigen Maßstäben, sich in Grenzen hielt, sahen sie sich nach drei Monaten gezwungen, ihn wieder freizulassen. Sneschnewskij selbst war wütend von einem internationalen Symposion zurückgekommen, auf dem man es gewagt hatte, ihn wegen Tarsis anzusprechen, und hatte ihn dann persönlich unter allerlei Höflichkeitsbezeugungen in der Klinik abgeholt. Um die peinliche Geschichte etwas zu vertuschen, wurde Tarsis dann ins KGB zitiert, zu General Perepelizyn, dem Stellvertreter Semitschastnyjs[41]:

»Walerij Jakowlewitsch«, schnurrte er, »wir wissen, was für ein bedeutender Schriftsteller, welch große Begabung Sie sind. Sie könnten unserem Volk unschätzbaren Nutzen bringen, wenn Sie auch die guten Seiten unseres Lebens schildern wollten. Es gibt doch so viel Schönes, so viele Errungenschaften bei uns.«

Tarsis blieb hart.

»Wissen Sie, Walerij Jakowlewitsch«, sagte daraufhin General Perepelizyn, immer noch mit butterweicher Stimme, »Sie sind genauso sterblich wie unsereins. Sie könnten doch mal unter ein Auto kommen. Damit muß schließlich jeder von uns rechnen ...«, und dabei wiegte er bedauernd sein Haupt hin und her.

»Na und«, sagte Tarsis, »die Dornenkrone wird mir gut stehen. Bedenken Sie aber, niemand wird Ihnen glauben, auch wenn mich wirklich zufällig ein Auto überfährt oder ein Dachziegel trifft. Im Ausland wird man immer glauben, die blutrünstigen Tschekisten hätten Tarsis ermordet. Also werden Sie mich keineswegs umbringen, sondern mich hegen und pflegen, damit mir ja nur nichts geschieht.«

Dann, 1964, kurz vor dem Sturz Chruschtschows, erschien im Westen unter dem Titel »Krankensaal Nr. 7«[42] ein neues Buch von Tarsis, in dem er seine Erlebnisse in der Kaschtschenko-Anstalt schilderte. Das Buch war ein großer Erfolg und wurde in kürzester Zeit ein Bestseller. Seit dieser Zeit lebte Tarsis, als existierte für ihn keine Sowjetmacht; er gab Interviews, hielt Pressekonferenzen ab und schickte Manuskripte ins Ausland, fast ohne sie zu tarnen. Zum Neid des ganzen »Hauses der Schriftsteller«, in dem er weiterhin wohnte, kaufte er sich sogar ein Auto.

Ausländische Korrespondenten und Touristen gaben sich bei ihm die Klinke in die Hand; er wurde wie eine Art achtes Weltwunder bestaunt, und alle warteten gespannt darauf, daß dieser Tarsis endlich verhaftet, überfahren oder ans Kreuz geschlagen würde ...

Es war ja auch zu absurd. Wozu wurden denn Grenzen bewacht, Zollkontrollen durchgeführt, Zensur ausgeübt, Fremde bespitzelt und eine Armee von KGB-Agenten ausgeschickt, wenn einer mitten in Moskau alles, was er dachte, einfach laut sagen durfte, wenn er Interviews geben und Bücher in England publizieren konnte, und wenn zudem das, was er zu sagen hatte, abends auch noch im BBC zu hören war? Wo blieb da der Eiserne Vorhang? Sollte es wirklich in der Sowjetunion erstmals einen Menschen geben, dem man nichts anhaben konnte?

Während die Älteren, Erfahreneren von uns Tarsis mieden, waren die Jüngeren kaum von ihm wegzuprügeln. Damals, Anfang 1965, machte gerade eine neue Gruppe junger Dichter von sich reden, die eine neue Majakowka aufzuziehen versuchten. Sie veranstalteten eine Reihe von Vorträgen auf dem Platz, verteilten Samisdat-Schriften, diskutierten. Sie hatten sich den merkwürdigen Namen SMOG gegeben, eine Abkürzung für »smelost« (Mut) – »mysslj« (Gedanke) – »obras« (Bild) – »glubina« (Tiefe) oder auch für »Samoje Molodoje Obschtschestwo Genijew« (Jüngste Gesellschaft der Genies). Ich weiß nicht, wie es mit den übrigen Eigenschaften bestellt war, aber Mut hatten sie. Sie traten auf, wo immer sie konnten, und wurden natürlich über Tarsis auch im Ausland gedruckt. Die Zahl der Leute, die ungestraft im Ausland publizierte, betrug auf diese Weise schon einige Dutzend, und das war höchst bedeutsam.

Natürlich wurden diese Leute von der offiziellen Sowjetliteratur nicht anerkannt. Man druckte sie nicht und verbot ihre Auftritte, aber man wagte es offenbar nicht, so viele Menschen auf einmal einzusperren. Sie besaßen einen großen Bekanntenkreis, und zusammen mit den Resten der ersten Majakowka, also mit uns, stellten sie wirklich ein ganz ansehnliches Heer dar. Wir wurden mit der Zeit so mutig, daß wir allen Ernstes daran dachten, auf eigene Faust eine russische Sektion des PEN-Club zu gründen und beim internationalen PEN-CLUB seine Aufnahme zu beantragen. Doch da geschah etwas, das von außerordentlicher Tragweite war: Im September wurden die beiden Schriftsteller Daniel und Sinjawski verhaftet.

Es war schwer zu sagen, was die Machthaber zu diesem Schritt veranlaßt hatte. Wollten sie damit all die anderen, die ihre Bücher ebenfalls gern im Ausland gedruckt gesehen hätten, einschüchtern und diese schon zur Tradition werdende Methode ein für allemal unterbinden oder hielten sie es einfach für an der Zeit, die über die Stränge schlagende Intelligenz wieder etwas an die Kandare zu nehmen? Vielleicht auch war es die Rache für ihren Reinfall mit Tarsis, oder sie hatten sich einfach von den Ergebnissen ihrer Schüffelei endlich zum Handeln hinreißen lassen, hatten es nicht mehr ausgehalten? Wahrscheinlicher war jedoch, daß sie begonnen hatten, ihre Restalinisierungsabsichten in die Tat umzusetzen, und daß Sinjawski und Daniel eben die ersten von den vermuteten Fünftausend waren.

Ich glaube, die Tatsache, daß sie im Ausland unter falschem Namen veröffentlicht hatten, spielte bei ihrer Verhaftung keine geringe Rolle, denn nach der Logik des KGB war ein solches Verhalten schon so gut wie ein Schuldbekenntnis: Wer sich verleugnet, beschuldigt sich selbst. Den Sowjetmenschen vermag das durchaus zu überzeugen, und vielleicht nicht nur ihn.

Der propagandistische Begleittext der Sache schien jedenfalls auf diese Weise zu wirken; er las sich wie ein Kriminalroman: Da waren heimlich Feinde in die Reihen der Sowjetschriftsteller eingedrungen, hatten sich getarnt und ihre giftigen Pfeile abgeschossen. Schreiben hier so und dort das Gegenteil! Es geht ihnen also gar nicht um den Inhalt, sondern nur um das Geld, das man ihnen dafür bezahlt. – Ja, es ließ sich allerhand aufhängen an diesen Pseudonymen.

Außerdem deutete das KGB die Verwendung von Pseudonymen wohl als Ausdruck der Feigheit und Unentschlossenheit und verband mit diesen mutmaßlichen Eigenschaften der Inhaftierten die Hoffnung, daß beide gestehen würden und es dem KGB damit ermöglichten, einen Schauprozeß aufzuziehen.

Natürlich rechnete das KGB damit, daß das Rätselraten um die Pseudonyme die Reaktion im Ausland so weit verzögern und abschwächen würde, daß man vor Beginn der Gerichtsverhandlung nicht mit Protesten zu rechnen brauchte. Alles in allem leisteten demnach die Pseudonyme Daniel und Sinjawski, wie vor ihnen schon Nariza, einen schlechten Dienst. Ihre Untergrundmentalität hatte ihnen einen bösen Streich gespielt.

Zunächst ging die Rechnung des KGB auf. Der Westen reagierte langsam und ungenau. Ein ganzer Monat verging, ehe in der westlichen Presse die ersten Berichte über die Verhaftungen erschienen. Darin war mal von drei, mal von zwei Schriftstellern die Rede, zudem wurden die Namen und die Pseudonyme durcheinandergebracht, so daß das Ganze nicht sehr glaubhaft wirkte.

Die sowjetische Seite goß natürlich nach Kräften Öl in das Feuer der allgemeinen Verwirrung und beruhigte die »progressive öffentliche Meinung« sehr geschickt, indem sie die Verhaftungen einfach dementierte und von Zeit zu Zeit sogenannte »umstrittene« Dichter ins Ausland reisen ließ, wo diese Herren dann einige »umstrittene« Artikel über Literatur und ähnliches veröffentlichten. Der allgemeine Eindruck im Ausland war denn auch, daß »die neue Führung gegenüber der schöpferischen Intelligenz eine tolerante Haltung einnimmt«.

Wie erwartet, zögerten die Verleger und alle übrigen informierten Kreise lange, die Pseudonyme der Verhafteten zu enthüllen, weil sie fürchteten, ihnen damit zu schaden. Einige Verleger gaben sogar offizielle Dementis heraus.

Doch als man in westlichen Literaturkreisen zu begreifen begann, daß diese Verhaftungen sich gegen die gesamte, wie man sich ausdrückte, »liberale Intelligenz«, richteten und für die neuen sowjetischen Machthaber so etwas wie ein Prüfstein waren, wie weit sie gehen konnten, wandte man sich zunächst an den gerade zum Nobelpreisträger gekürten und daher als Adressat humanitärer Appelle äußerst geeignet erscheinenden Sowjetschriftsteller und Parteifunktionär Michail Scholochow[43]. Der aber, wie nicht anders zu erwarten, verkündete – in Erfüllung seiner Parteipflicht – anläßlich der Preisverteilung nur irgendwelchen belanglosen Unsinn. Das brachte die Schriftsteller in aller Welt in Bewegung. Es hagelte Proteste, Briefe, Bittschriften und Telegramme; selbst kommunistische Zeitungen sahen sich genötigt zu reagieren. Mit einem Wort, der Skandal nahm so bedrohliche Ausmaße an, daß man die schwerfällige Sowjetmaschinerie sicher aufgehalten hätte, wenn sie noch aufzuhalten gewesen wäre. Doch dieses Regime ist so wenig gewöhnt, sich zu korrigieren, so anmaßend, borniert, daß nur die Gewißheit eines endgültigen Bruchs mit der zivilisierten Welt es in diesem Moment zum Einhalt bewogen hätte.

Natürlich hatte man nicht mit einer so scharfen Reaktion gerechnet, sonst wäre die ganze Aktion wohl unterblieben. Jetzt konnte man natürlich nicht mehr zurück, und so machte man gute Miene zum bösen Spiel, das heißt, man ignorierte die öffentliche Meinung einfach.

Später haben wir uns oft gewundert über diese idiotische Sturheit unserer Behörden, über ihre Weigerung, Fakten zu akzeptieren, auch wenn ihnen das unerhört schadete. Manchmal hatten wir geradezu den Eindruck, als hätten sie unter allen möglichen Lösungen ausgerechnet die dümmste gewählt und brächten es nun einfach nicht über sich, eine bessere zu suchen.

Von 1970 zu 1971 zum Beispiel gab es so einen Fall. Einer meiner Bekannten, Lonja Rigerman, der in den USA geboren und in der UdSSR aufgewachsen war, wandte sich an den amerikanischen Konsul mit der Bitte, seine Ansprüche auf die amerikanische Staatsbürgerschaft zu klären. Der amerikanische Konsul lud ihn zu einem Gespräch ins Konsulat, die Sache sei, so schrieb er, nicht einfach, und es werde wohl viel Zeit und Mühe erfordern, Rigerman zur amerikanischen Staatsbürgerschaft zu verhelfen.

Nun verwehren aber unsere Behörden den sowjetischen Bürgern prinzipiell den Zutritt zu einer diplomatischen Auslandsvertretung, ganz gleich aus welchem Anlaß der Versuch unternommen wird, und obwohl es für dieses Verbot keinerlei gesetzliche Grundlage gibt. Da Rigerman das wußte, wies er den Konsul auf die zu erwartenden Schwierigkeiten hin, doch der wollte ihm nicht glauben: Gerade erst hatten die UdSSR und die USA ein Konsularabkommen unterzeichnet, in dem nach Artikel 12, jedem Bürger des einen Landes ausdrücklich das Recht zuerkannt wird, das Konsulat des anderen in Fragen der Staatsbürgerschaft aufzusuchen. Für alle Fälle schickte er Rigerman jedoch einen seiner Mitarbeiter entgegen, der ihn ins Konsulat geleiten sollte.

Natürlich fingen sie Rigerman vor dem Eingang ab und führten ihn vor den Augen dieses Konsularbeamten ab. Bei der Polizei durchsuchten sie ihn, nahmen ihm alle Papiere ab und führten ein langes »erzieherisches« Gespräch mit ihm – über die Lage im Nahen Osten.

Der empörte Konsul fragte im sowjetischen Außenministerium an, ob der Vorfall bedeute, daß die sowjetische Seite beabsichtige, das Konsularabkommen zu kündigen. Nichts läge ihnen ferner, versicherte man ihm im Außenministerium, im Gegenteil, die sowjetisch-amerikanische Freundschaft werde von Tag zu Tag enger. Das Vorgefallene beruhe auf einem bedauerlichen Mißverständnis.

Also lud der besänftigte Konsul Lonja erneut ein. Diesmal ging er ihm selbst entgegen, den Text des Konsularabkommens unterm Arm, um es den Posten am Tor zu erklären. Und dennoch, vor den Augen des erschütterten Konsuls, zerrte man Lonja abermals in ein Auto und brachte ihn zur Polizei. Und wieder wurde er durchsucht und mußte eine Belehrung über sich ergehen lassen – nun über die Parteipolitik auf dem Gebiet der Emigration.

Kaum war er wieder in Freiheit, rief er den Konsul an und machte sich erneut auf den Weg zu ihm. Und wieder wurde er festgenommen und erhielt wegen »böswilliger Mißachtung gesetzlicher Forderungen der Vertreter der Staatsgewalt« noch zusätzlich sieben Tage Haft.

Jedesmal schickten die Botschaft und das State Department einen Protest an die sowjetischen Stellen wegen Verstoßes gegen das Abkommen, und jedesmal wurde ihnen versichert, daß das Abkommen von sowjetischer Seite strikt eingehalten werde. Schließlich erklärte die amerikanische Regierung, die endgültig die Geduld verloren hatte, Rigerman und seine Mutter kurzerhand zu amerikanischen Staatsbürgern.

Um Neujahr kam er bei mir vorbei, und ich fragte, ob man ihn denn jetzt endlich in die amerikanische Botschaft lasse, damit er seine Papiere und sein Visum abholen könne. »Ich weiß nicht«, sagte er bekümmert, »ich glaube, sie werden uns mit einem Botschaftsauto mit Stander abholen müssen«.

Im Februar 1971 fuhr er mit seiner Mutter in die Staaten.

So unglaublich diese selbstzerstörerische Sturheit der Behörden zu Zeiten auch sein mag, im Grunde ist sie nur konsequent, denn das terroristische Regime unterscheidet sich vom demokratischen eben dadurch, daß es keine Funktion der öffentlichen Meinung darstellt. In einem terroristischen Staat darf der einzelne keinerlei Rechte haben, denn jedes dieser Rechte würde die staatliche Macht einschränken. Jeder Sowjetbürger muß sich von klein auf einprägen, daß er nie, unter keinen Umständen und auf keinerlei Weise Einfluß auf die Staatsmacht ausüben kann, das ist für ihn ein Axiom. Jede Entscheidung kommt von oben. Die Sowjetmacht ist unerschütterlich, unfehlbar und unerbittlich, und die ganze übrige Welt hat sich damit abzufinden. Man kann sie um Gnade anflehen, aber niemals Rechte gegen sie geltend machen. Gesetzesbewußte Bürger kann diese Macht nicht gebrauchen, was sie braucht, sind Sklaven. Ebenso braucht sie außenpolitisch keine Partner, sondern Satelliten. Wie ein Paranoiker, der hoffnungslos einem Hirngespinst nachjagt, kann und will sie die Realität nicht anerkennen – sie jagt ihrem Hirngespinst nach und zwingt allen anderen ihre Kriterien auf.

Nie werden wir uns vom Terror befreien, nie Freiheit und Sicherheit kennenlernen, wenn wir es nicht ein für allemal ablehnen, diese Realität von Paranoikern anzuerkennen, wenn wir ihr nicht unsere eigene Realität, unsere eigenen Werte entgegensetzen.

Tausende von Büchern sind im Westen erschienen, hunderte verschiedener Theorien von führenden Politikern aufgestellt worden, und sie alle klammern die einzig echte Lösung – den moralischen Widerstand – aus. Die verweichlichten westlichen Demokratien verleugnen ihre Geschichte, ihr ganzes Wesen; sie haben offenbar vergessen, was Demokratie eigentlich ist – nämlich nicht das bequeme Haus, das schöne Auto oder auch die Arbeitslosenunterstützung, sondern vor allem das Recht und der Wille zu kämpfen.

Alle diese neunmalklugen Theorien vergrößern nur die Unfreiheit, machen den Verbrechern noch mehr Appetit; sie messen mit doppeltem Maßstab, wecken falsche Vorstellungen und Hoffnungen und untergraben damit auch die moralischen Grundlagen der westlichen Gesellschaften selbst. Die kurzsichtige Politik endloser Konzessionen und Kompromisse hat diesen ungeheuerlichen Staat erst ermöglicht, hat ihn genährt und aufgerüstet, und damit nicht genug, sie hat auch noch Hitler genährt und aufgerüstet, damit schließlich die ganze Menschheit in einen Krieg verwickelt wurde, der nur darum ging, welcher Totalitarismus über die Welt kommen sollte – der rote oder der braune. Für den Westen hieß das am Ende: Knechtschaft oder Tod, eine andere Wahl hatten seine Theoretiker ihm nicht gelassen.

Nein, weder Atombomben, noch blutige Diktaturen, noch irgendwelche »Appeasement«- oder »Konvergenz«-Theorien werden die Demokratie retten. Wir, die wir in einer Atmosphäre des Terrors geboren und aufgewachsen sind, wissen nur ein Mittel – die Position eines Staatsbürgers.

Zwischen dem Verhalten des einzelnen und der Masse in einer Grenzsituation besteht ein qualitativer Unterschied. Die Masse, ein Volk, eine Nation, eine Klasse oder eine Partei, kann im Extremfall einen bestimmten Punkt, den, an dem die Selbstzerstörung beginnt, nicht überschreiten; ihr Selbsterhaltungstrieb ist einfach stärker. Sie kann einen Teil opfern, in der Hoffnung, den Rest zu retten; sie kann sich in Gruppen aufteilen und so versuchen, dem Untergang zu entgehen, den sie dadurch allerdings um so sicherer herbeiführt.

Der einzelne aber spürt in einer solchen Situation eine ungeheure Verantwortung. Mit dem Rücken zur Wand, erkennt er: »Ich bin das Volk, die Nation, die Partei, die Klasse und sonst nichts.« Er kann keinen Teil von sich opfern, kann nicht hoffen, durch Selbstauflösung das Leben zu gewinnen. Zurückweichen kann er auch nicht mehr, und so treibt ihn sein Selbsterhaltungstrieb zum Äußersten – er zieht die physische Vernichtung der geistigen vor. So verteidigt er, seine eigene Integrität schützend, auch die seines Volkes, seiner Klasse oder Partei und erkämpft seiner Gemeinschaft – so erstaunlich das scheinen mag – gewollt oder ungewollt das Recht auf Leben. »Warum gerade ich?« fragt sich der einzelne in der Masse.

»Allein erreiche ich ja doch nichts.«

Und so gehen alle zugrunde.

»Wenn nicht ich, wer dann?« fragt sich dagegen der einzelne, der mit dem Rücken zur Wand steht, und rettet alle. So legt der Mensch den Grundstein zu seiner Burg.

Im November 1965 verteilten ein paar Leute an ihre Freunde maschinengeschriebene Blätter mit der Aufforderung zu einer »Bürgerrechtsinitiative«, deren Text natürlich von Wolpin stammte und folgendermaßen lautete:

»Vor einigen Monaten wurden zwei Bürger von den Organen des KGB verhaftet – die Schriftsteller A. Sinjawski und J. Daniel. Es besteht in diesem Fall Anlaß zu der Befürchtung, daß das Gesetz über die Öffentlichkeit von Gerichtsverfahren verletzt wurde. Allgemein ist bekannt, daß hinter verschlossenen Türen alle möglichen Ungesetzlichkeiten begangen werden können und daß ein Verstoß gegen das Gesetz über die Öffentlichkeit des Verfahrens (Art. 111 der Verf. und Art. 18 der StPO der RSFSR) an sich schon eine Ungesetzlichkeit darstellt. Es ist unwahrscheinlich, daß das Werk der Autoren ein Staatsverbrechen darstellt.

In der Vergangenheit haben die Ungesetzlichkeiten der Staatsorgane Millionen von Sowjetbürgern Leben und Freiheit gekostet. Die blutige Vergangenheit ruft uns zur Wachsamkeit in der Gegenwart auf. Es ist besser, einen Tag Ruhe zu opfern, als über Jahre an den Folgen eines nicht verhinderten Willkürakts zu leiden.

Die Bürger haben ein Mittel zum Kampf gegen die Willkür der Gerichte. Es sind dies Meetings zum Thema ›Öffentlichkeit der Verhandlungen‹, in deren Verlauf die Versammelten immer wieder die eine Losung rufen: ›Wir for-dern ein öf-fent-liches Ver-fah-ren ge-gen ...‹ (es folgt der Name des Angeklagten) – oder ein entsprechendes Transparent mit sich führen. Zwischenrufe oder Losungen, die über den Rahmen dieser Forderung nach strikter Wahrung der Gesetzlichkeit hinausgehen, sind schädlich, unter Umständen sogar provokatorisch, daher von den Teilnehmern des Meetings sofort zu unterbinden.

Während des Meetings ist streng auf Ordnung und Disziplin zu achten. Der ersten Aufforderung der Sicherheitsorgane nach Auflösung der Versammlung ist Folge zu leisten, wobei die Organe auf den Zweck des Meetings hingewiesen werden sollen.

Der Adressat ist hiermit zum Öffentlichkeits-Meeting am 5. Dezember d. J.,[44] um sechs Uhr abends auf dem Puschkin-Platz vor dem Denkmal des Dichters eingeladen. Er wird gebeten, zwei weitere Bürger aufgrund dieses Textes einzuladen.«

Natürlich waren viele gegen diesen Plan. Wie üblich, hieß es, das Ganze sei eine Provokation des KGB, um uns alle »aus der Reserve zu locken« usw. Die Mehrzahl unterstützte jedoch die Initiative, sogar der große Pessimist Jurka Titow sagte: »Sieh mal an, wer hätte das gedacht, jetzt haben sich diese Intellektuellen endlich doch mal was einfallen lassen.«

Die Initiative nahm ihren Weg durch die gleichen Samisdat-Kanäle, durch die einst die Gedichte Mandelstams oder Pasternaks und die literarischen Sammelschriften Verbreitung gefunden hatten. Diese »Kanäle des Vertrauens« waren wohl unsere größte Leistung in diesen zehn Jahren, und dank ihrer wußte Anfang Dezember praktisch jeder in Moskau von dem für den Tag der Verfassung geplanten Meeting.

Eingedenk unserer Erfahrungen bei den Auftritten auf dem Majakowski-Platz warnte ich davor, Losungen zu skandieren. Man konnte nachher nicht beweisen, was man gerufen hatte. Plakate mit Losungen hielt ich in jeder Beziehung für besser und vereinbarte daher mit einigen Freunden, für alle Fälle ein paar herzustellen.

Zunächst war das Echo groß, ganz Moskau sprach nur von der Demonstration. Je näher aber der Tag der Verfassung rückte, desto mehr wuchsen Pessimismus und sogar Angst – es wußte ja keiner, wie das ausgehen würde. Die Sowjetmacht war schließlich allmächtig. Sie würde uns eben alle in Irrenhäuser oder an noch schlimmere Orte schicken. Immerhin würde es aber die erste Demonstration unter freiem Himmel in diesem Lande seit dem Jahr 1927 sein.

Am 2. Dezember, als ich gerade einem der SMOG-Leute im Filmtheater »Moskau« auf dem Majakowski-Platz den letzten Packen Einladungen übergeben hatte, umringte mich beim Herauskommen plötzlich ein ganzer Haufen KGB-Agenten. Offenbar glaubten sie, daß ich bewaffnet sei, denn sie zitterten buchstäblich vor Angst. Sie drängten sich von allen Seiten so dicht an mich heran, daß ich nicht einmal mehr meine Arme bewegen konnte und stießen mich in den bereitstehenden »Wolga«. Rechts und links von mir nahm einer Platz, vor mir, neben dem Chauffeur, saß der Einsatzleiter.

»Hände nach vorn, auf die Lehne. Nicht bewegen, nicht umdrehen.«

»Darf ich rauchen ...«

»Nein.«

Sie brachten mich auf das nächstgelegene Polizeirevier. Dort wurde ich durchsucht. Dummerweise hatte ich ein Exemplar des Aufrufs bei mir, weil ich noch weitere Kopien davon hatte machen wollen. Das genügte ihnen offenbar. Sie führten mich ins Dienstzimmer und befahlen »Setzen«. Verdächtig war, daß sie mich nicht gleich in die Lubjanka oder nach Lefortowo brachten. Worauf warteten sie? – Kein Befehl?

Ich unterhielt mich mit den anwesenden Polizisten.

»Hat dich das KGB erwischt? Sicher wegen nichts und wieder nichts«, sagten sie mitfühlend. – »Sind schon ein paar Nieten!« Die Feindschaft zwischen Polizei und KGB ist alt und hat unsereinem schon oft geholfen. So auch diesmal. Ich zog mein kleines Notizbuch, in dem einige Adressen standen, und begann, es zu zerreißen. Die Polizisten rührten sich nicht. Wer weiß, wem das nicht alles Scherereien ersparte.

»Wißt ihr, wohin ich soll?«

Sie schüttelten den Kopf, wußten es anscheinend auch wirklich nicht. Nach zwanzig Minuten rief man mich in ein anderes Zimmer. Am Tisch saß eine Frau im Mantel. Vor ihr lagen irgendwelche Papiere und das Exemplar des Aufrufs.

»Guten Tag. Setzen Sie sich. Wie fühlen Sie sich?«

Aha, eine Psychologin. Ich erkannte es sofort an dem gewissen Lächeln; so verständnisvoll-nachsichtig lächeln nur Psychiater. Und der Blick – als betrachte sie einen armen kleinen Käfer: »Na, wohin des Wegs, du Dummerchen ...«

Plötzlich stand alles wieder vor mir – die Anstalt in Leningrad, die geschundenen Irren; »unser kleines Auschwitz«, es roch sogar plötzlich nach Anstalt.

Jedes meiner Worte, jede meiner Gesten, wird sie verdrehen und in den Krankenbericht schreiben. Und der wird unumstößlich sein. Mit Psychiatern läßt sich nicht streiten. Sie hören nicht, was man sagt, sie hören nur, *wie* man etwas sagt. Man darf sich nicht ereifern, sonst heißt es sofort: »aufgeregt, reagiert krankhaft empfindlich auf ihn stark berührende Themen«, und das bedeutet – Aminasin. Ist man dagegen zu gedämpft und abweisend, dann heißt es: »depressiv«. Unbekümmertheit ist allerdings auch nicht am Platz – »inadäquate Reaktion«. Ganz schlimm wirkt jedoch Gleichgültigkeit: »emotionale Sperre« – ein Symptom der Schizophrenie.

Man darf nicht angespannt, nicht mißtrauisch, nicht verschlossen aussehen, aber auch nicht zu energisch, zu selbstsicher auftreten – Überbewertung des eigenen »Ich«. Das Wichtigste ist, daß man nicht zögert, sondern unumwunden antwortet und zwar so natürlich wie möglich. Alles, was sie jetzt aufschrieb, konnte ich nie mehr rückgängig machen. Sie sah mich als erste, und ihr würde man glauben. Bei den Psychiatern genießt immer der Priorität, der den Kranken zuerst gesehen hat. Zehn Minuten später könnte ja schon eine Besserung eingetreten sein. Also, mit Gott und Stanislawskij[45]!

Ich sagte also herzlich und munter, als spräche ich mit meiner Mutter:

»Guten Tag. Danke, ich kann nicht klagen.«

Zwei, drei Routinefragen: Name, Adresse, Geburtsdatum – Orientierungskontrolle. Wie durchweg unbegabt sie doch alle sind! Gleich würde sie fragen, welches Datum wir heute hätten. Ja aber, den wievielten hatten wir denn? – Ach ja, den zweiten Dezember. Noch drei Tage bis zur Demonstration. – Doch sie fragte nicht. Uff! Die erste Runde schien an mich gegangen zu sein. Einsperren würde man mich sowieso. Es kam also nur darauf an, nichts Nachteiliges in den Bericht zu bekommen.

»Wir nehmen sie auf Antrag des Chefpsychiaters der Stadt Moskau zur Beobachtung stationär auf.«

»Aber warum denn?« wunderte ich mich ganz natürlich, als sei ich noch nie in einer psychiatrischen Anstalt gewesen. »Ich tue doch niemandem etwas, ich beiße auch nicht.«

Aber darauf fiel sie nicht herein.

»Und was ist das da?« fragte sie und deutete auf das verflixte Blatt, und wieder lag diese Überlegenheit in ihrem Blick. Ich kenne doch euch Psychopathen, hieß das, läuft durch die Stadt mit solchen Flugblättern in der Tasche und wundert sich, daß man ihn einfängt. Ein normaler Mensch tut so etwas doch nicht. Widerstand ist zwecklos, ja sogar gefährlich. Der Psychiater muß einfach immer rechthaben.

»Das hab ich doch gerade erst gefunden. Hab es nicht einmal gelesen«, sage ich mehr pro forma, um nicht ganz zu schweigen. Das hat alles schon keine Bedeutung mehr. Wichtig ist, daß sie mir nichts reingeschrieben hat. Die letzte Runde geht also wieder an mich. Dort in der Klinik fangen sie sowieso noch einmal von vorne an. Zu diesem Flugblättchen war noch lange nicht das letzte Wort gesprochen.

Erst unterwegs, im Krankenwagen, als ich zum ersten Mal nach diesem Gespräch wieder richtig durchatmete, dachte ich wehmütig: »Lange hat's ja nicht gedauert mit der Freiheit. Ganze neun Monate. Wenn ich sie nur noch vor mir hätte, diese neun Monate – jetzt, wo es erst richtig losgeht!«

Eines war gut: Meine Begleitposten waren lustige Kerle; wir erzählten uns die ganze Fahrt lang Witze über Lenin. So kamen wir nach Ljublino, in die städtische psychiatrische Klinik Nr. 13.

»Los, raus, Politischer. Wir sind da.«

Es war ein ganz gewöhnliches städtisches Krankenhaus, ein wahres Paradies verglichen mit der Sonderklinik, und obwohl ich in die Abteilung für unruhige Kranke kam, wo die Schlösser etwas fester und die Vorschriften etwas strenger waren, fühlte ich mich nach ein paar Tagen schon wie zu Hause. Meine beste Empfehlung war, daß mich das KGB schickte, denn so hatte niemand auch nur den geringsten Zweifel daran, daß ich vollkommen normal war. Die Ärzte, Pfleger und Sanitäter waren alles Leute in meinem Alter, manche auch etwas älter; wir fanden sofort eine gemeinsame Sprache, hin und wieder sogar gemeinsame Bekannte.

Nach dem ersten Gespräch mit dem zuständigen Arzt, Doktor Arkus, war ich sicher, daß er mich für völlig gesund hielt und mich nicht nur nicht »behandeln«, sondern alles daransetzen würde, um meine Entlassung zu ermöglichen. Das war jedoch gar nicht so einfach, wie sich herausstellte, denn auch hier, wie überall in der UdSSR, ließ sich wesentlich leichter einsperren als entlassen. Zunächst einmal brauchte er das Einverständnis des Chefarztes, möglicherweise sogar einer ganzen Ärztekommission. Diese mußte dem Chefpsychiater von Moskau meine Entlassung empfehlen, und der hatte dann das letzte Wort. Keiner wußte so recht, was man mit mir vorhatte; die Vermutung lag allerdings nahe, daß ich als »nicht ausgeheilt« und »zu früh entlassen« wieder nach Leningrad geschickt werden sollte.

Schon am nächsten Tag hatten mich die Freunde aufgespürt, und ein ganzer Trupp von ihnen erschien bei mir im Krankenhaus. Natürlich sprachen wir nur von der bevorstehenden Demonstration und ihren möglichen Folgen.

Den ganzen fünften Dezember saß ich wie auf Kohlen. Ich dachte sogar daran auszureißen. Die Zeit zog sich endlos hin. Erst am nächsten Tag kamen die Freunde und berichteten. Der Puschkin-Platz muß gegen sechs Uhr einen sehr komischen Anblick geboten haben. Eine große Menge Neugieriger umringte den Platz wie eine Mauer, sogar auf der gegenüberliegenden Straßenseite standen Leute. Beim Denkmal selbst aber paradierten in Gruppen und einzeln, wie zufällige Passanten, die Teilnehmer der Demonstration, Mitarbeiter des KGB und ausländische Korrespondenten. Einer kam sogar mit Skiern, um im Ernstfall eine gute Ausrede zu haben: Er sei vom Langlauf außerhalb der Stadt zurückgekommen und nur stehengeblieben, um zu sehen, was es da gebe. Alik Wolpin wurde von einem seiner Freunde, einem Beinamputierten, im Invalidenwagen zum Platz gebracht – sonst hätten sie ihn sicher unterwegs abgefangen.

Wie ich erwartet hatte, wagte keiner, irgendwelche Losungen zu rufen, und so wußte eigentlich niemand so recht, was zu tun sei. Als aber die Neugierigen merkten, daß nichts Schreckliches geschah, wurden sie mutiger und schoben sich näher an das Denkmal heran, und bald stand eine dichtgedrängte zweihundertköpfige Menge in der Mitte des Platzes. Jurka Titow rettete die Situation. Er hatte nach unserem Gespräch, ohne jemandem etwas zu sagen, zu Hause Transparente angefertigt mit den Aufschriften »Haltet euch an die Verfassung« – »Wir fordern Öffentlichkeit des Verfahrens gegen Sinjawski und Daniel« – »Freiheit für Bukowski und die anderen wegen Vorbereitung der Demonstration Festgenommenen« (am Vortag hatte man noch Julia Wischnewskaja[46] und Gubanow in eine psychiatrische Klinik eingeliefert). Jurka hatte die Transparente unter dem Mantel mitgebracht und verteilte sie nun im allgemeinen Gedränge an die Freunde. Für einen Augenblick schwebten sie über der Menge, aber dann stürzten sich schon die KGB-Agenten darauf, rissen sie den Leuten aus den Händen und zerfetzten sie. Die sie getragen hatten, wurden abgeführt. Insgesamt nahmen sie zwanzig Leute fest.

In der allgemeinen Verwirrung kletterte plötzlich Galanskow auf den Sockel des Denkmals und rief:

»Bürger des freien Rußland, kommt zu mir . . .«

Und die Bürger des freien Rußland in Zivil kamen auch sofort, zerrten ihn herunter und stießen ihn in einen Polizeiwagen.

Die Festgenommenen wurden auf ein Polizeirevier gebracht und dort von den KGB-Leuten verhört:

»Was wollen Sie damit sagen: ›Haltet euch an die Verfassung‹? Gegen wen richtete sich das?«

»Doch wohl gegen alle, die sich nicht an die Verfassung halten.«

»Und wer ist das?«

»Nun, zum Beispiel, Leute, die eine friedliche Demonstration mit Gewalt sprengen . . .«

Alle Festgenommenen wurden nach zwei Stunden wieder freigelassen.

Später erfuhr ich, daß selbst die Auflösung der Demonstration nicht so verlaufen war, wie man es sich höheren Ortes vorgestellt hatte. Ursprünglich hatte man dafür nämlich gar nicht das KGB, sondern Einsatzgruppen des Komsomol heranziehen wollen. Doch da war man auf unerwarteten Widerstand gestoßen. Auf einer Sondersitzung, auf der das KGB und die Parteiorgane die Komsomolzen instruieren wollten, hatten die plötzlich rebelliert. Die Mehrzahl von ihnen waren Studenten, und es widerstrebte ihnen, als Polizeitrupp eingesetzt zu werden, ohne vorher dazu gehört worden zu sein.

»Wir wollen erst einmal lesen, was diese Schriftsteller geschrieben haben, dann werden wir entscheiden, wie wir vorgehen«, erklärten sie.

Also mußte das KGB in aller Eile umdisponieren. Einige dieser Unbotmäßigen, darunter auch mein Schulkamerad Iwatschkin, wurden nachher aus dem Komsomol ausgeschlossen.

Alles sprach dafür, daß wir den Zeitpunkt unseres Protestes gut gewählt hatten. Unsere Mitbürger waren in Bewegung geraten, und wenn man auch die Demonstranten mit außergerichtlichen Maßnahmen schikanierte – Ausschluß aus den Instituten, Verlust des Arbeitsplatzes –, so war doch die öffentliche Meinung für Sinjawski und Daniel gewonnen worden.

Schließlich hielt die sowjetische Propaganda dem doppelten Druck von innen und außen nicht mehr stand, und so erschien Anfang Januar in der »Iswestija« eine erste offizielle sowjetische Stellungnahme in der Sache. Natürlich wurden darin vor allem die Pseudonyme hochgespielt: Sinjawski und Daniel seien Heuchler. In der sowjetischen Presse hätten sie die Sowjetmacht gerühmt, im Ausland jedoch unter falschen Namen verunglimpft. Dabei wußte man nicht, was den Autor des Artikels mehr aufbrachte – das Rühmen oder das Verunglimpfen. Man erweckte den Eindruck, als sei diese Doppelzüngigkeit das einzige, was man den beiden zur Last lege. Auch der Titel des Artikels, »Wetterfähnchen«, entsprach wohl dieser Absicht. Doch der marktschreierische Ton des Artikels, die aus dem Zusammenhang gerissenen Zitate, vor allem aber die unbekümmerte Vorwegnahme des Richterspruchs und die Bezichtigung antisowjetischer Propaganda, ja nahezu des Landesverrats, riefen nun wiederum eine Flut von Protesten im In- und Ausland hervor.

Da halfen nur noch Briefe von Werktätigen, die den Artikel unterstützten. Also erschienen nach einem für alle Wechselfälle des Lebens gleichbleibenden Szenarium alsbald in der Presse empörte Schreiben von Agronomen, Melkern, Stahlarbeitern und Schafhirten. Es fehlten nur noch die Versammlungen in Fabriken und Kolchosen, um das Bild des allgemeinen Volkszorns zu vervollständigen. Auch die »Literaturnaja Gaseta« stimmte schließlich mit einem Artikel in den Chor der Entrüsteten ein; mit einem Wort, es begann die übliche Hexenjagd der sowjetischen Propaganda, deren Prinzip sehr einfach ist: So laut schreien, daß alles andere in diesem Geschrei untergeht, nach dem Motto: Wer am lautesten schreit, hat recht.

Allerdings erreichte man damit das genaue Gegenteil dessen, was beabsichtigt war, denn als das Verfahren gegen Sinjawski und Daniel eröffnet werden sollte, hatte der Skandal schließlich weltweite Ausmaße angenommen. Um den schlechten Eindruck etwas zu mildern, ließ man gänzlich unerwartet Tarsis ausreisen. Das sollte heißen: Seht, wir verurteilen nur die »Wetterfahnen«. Wer sich offen zu seinem Standpunkt bekennt, darf ausreisen. Gleichzeitig war es eine günstige Gelegenheit, den inzwischen doch recht unbequemen Tarsis ohne Aufsehen loszuwerden.

Alles in allem war das kein schlechter Schachzug des Regimes. Die beiden Ereignisse, Ausreise von Tarsis und Prozeß gegen Sinjawski und Daniel waren so widersprüchlich, daß sie jede klare Vorstellung von der Situation in der UdSSR im Ausland schon im Ansatz verhindern mußten:

»Mister Tarsis, warum hat man Sie nach England ausreisen lassen, während Sinjawski und Daniel vor Gericht gestellt werden?«

Doch selbst das konnte die Lawine nicht mehr aufhalten.

Am 10. Februar 1966 begann das Verfahren – der erste Schauprozeß seit Stalin und damit ein Vorbild für viele nachfolgende Prozesse. Die Machthaber hatten sich eine unlösbare Aufgabe gestellt: Sie wollten mit legalen Mitteln gegen das Werk und die Überzeugungen zweier Menschen vorgehen. Zurück konnten sie nicht mehr – das geringste Schwanken, das geringste Nachgeben hätte sie für immer der öffentlichen Meinung ausgeliefert.

Die Verhandlung fand natürlich hinter verschlossenen Türen statt, obwohl sie als »öffentlich« bezeichnet wurde. Zutritt hatte nur ein ausgewähltes Publikum mit Passierscheinen, und selbstverständlich erhielten ausländische Korrespondenten keine. Dafür übertraf sich die sowjetische Presse geradezu selbst: Fast jeden Tag erschien in den Zeitungen der »Bericht aus dem Gerichtssaal«. Öffentlichkeit des Verfahrens wollt ihr? Bitte sehr! Gesetzlichkeit wollt ihr? Bitte sehr!

Doch die Proteste, Petitionen und offenen Briefe rissen nicht ab. Es schrieben nicht nur jene, die sich noch an Workuta, Karaganda, Kolyma oder Dscheskasgan[47] erinnerten, sondern auch all die, die kein Interesse hatten, derartige Erfahrungen zu sammeln. Es war riskant, »nichts zu wissen«, gefährlich, »sich zu fürchten«.

Gleichzeitig gingen auf Zehntausenden dünner Zigarettenpapierchen in kaum leserlicher Maschinenschrift die Schlußworte Sinjawskis und Daniels von Hand zu Hand. Sie waren die ersten, die bei einem Schauprozeß sich »nicht schuldig« bekannten, nicht um Gnade baten. Das war unsere Öffentlichkeit des Verfahrens, unser Sieg.

Inzwischen wurde meine eigene Sache immer verworrener. Die Ärzte der 13. Städtischen Psychiatrischen Klinik, junge, anständige Leute, weigerten sich, mich für krank zu erklären und teilten ihren Befund dem Chefpsychiater von Moskau, Januschewskij, mit. Sie konnten mich nicht einfach freilassen, da ich auf Geheiß des Chefpsychiaters als »sozial gefährlicher Kranker« eingeliefert worden war. Doch in ihrem Befund deuteten sie ziemlich unmißverständlich an, daß sie sich in Ermangelung einschlägiger medizinischer Symptome nicht berechtigt fühlten, mich länger in der Anstalt festzuhalten. Da ihre Klinik keine Strafvollzugsanstalt sei, fehle es überdies an den entsprechenden Einrichtungen, so daß sie sich außerstande sähen, für meine Isolierung zu garantieren. Mit anderen Worten, sie gaben zu verstehen, daß ich jederzeit fliehen könnte und daß sie ihrerseits keinen ausreichenden Grund hätten, mich daran zu hindern.

In der Tat hätte ich ohne weiteres weglaufen können. Schwestern, Pfleger und Ärzte waren so freundlich und verständnisvoll, daß sie mir wahrscheinlich noch selbst die Tür aufgeschlossen hätten. Ja, selbst ein Taxi hätten sie mir gerufen, damit ich sicher nach Hause käme. Doch Flucht wäre von den Sicherheitsorganen sofort als ein Beweis meiner »sozialen Gefährlichkeit« gewertet worden und die Leningrader Sonderklinik mir sicher gewesen. Sollte ich wieder nach Sibirien ausreißen? Ich beschloß zu bleiben und die Sache auszukämpfen. Der günstige Befund des Krankenhauses, in dem man mich einen ganzen Monat lang beobachtet hatte, gab mir zumindest eine Chance, meine Zurechnungsfähigkeit zu beweisen.

Das Klügste wäre gewesen, wenn man mich freigelassen hätte, aber der idiotische Eigensinn und der unerschütterliche Glaube an ihre Allmacht spielte unserer Obrigkeit wieder einmal einen Streich. Aus irgendeinem Grunde hatte man für unsere dreiste Demonstration noch niemand bestraft – alle Festgenommenen waren inzwischen wieder frei –, und da es üblich war, wenigstens einen zu bestrafen, um die anderen einzuschüchtern, beschloß man, mich auf keinen Fall freizulassen: Soll er doch in sowjetischen Irrenanstalten versauern.

Mitte Januar wurde ich in die Anstalt Nr. 5 im Dorf Troizkoje verlegt, siebzig Kilometer von Moskau entfernt. Man hoffte wohl, daß die dortigen Ärzte etwas entgegenkommender sein würden. Außerdem befürchtete man vielleicht, daß sich ausländische Korrespondenten für mich interessieren könnten, da mein Verschwinden inzwischen zur westlichen Presse durchgedrungen war. Die neue Klinik, die berüchtigte »Stolbowaja«, lag außerhalb der für Ausländer zugelassenen Zone. In dieser schon Anfang des Jahrhunderts errichteten Klinik kurierte man gewaltsam alle möglichen geringfügigen Verbrechen: Diebstahl, Prostitution, Spekulantentum, Landstreicherei und sonstige für einen Sowjetmenschen »untypische« Handlungen. Zwölf- bis fünfzehntausend Menschen waren hier untergebracht – in der Mehrzahl wirklich Kranke, chronische Fälle. Viele davon saßen schon ein Leben lang hier, vor allem jene, die keine Verwandten hatten, zumindest keine, die bereit gewesen wären, sie aufzunehmen.

Es gab altersschwache Paralytiker mit heraushängender Zunge, träge und unbeholfen wie Seehunde an Land, dann Trottel und ausgemergelte Schizophrene oder Epileptiker mit stündlichen Anfällen und daneben in jeder Abteilung eine Anzahl gesunder, ganz normaler Menschen, hauptsächlich Moskauer Diebe, Taschendiebe, Einbrecher und Räuber.

Mein Weggenosse auf der Fahrt zur Anstalt war ein betagter, erfahrener Moskauer Dieb namens Sanja Kaschirow. Etwa eine Minute lang schaute er mich prüfend an, dann fragte er leise: »Hast du Kies?«

»Etwas«, antwortete ich ebenso leise.

»Gib's her, die filzen dich dort, wenn du ankommst, und dann ist's weg. Für heute reicht's, und morgen werden wir schon was organisieren«, sagte er in geschäftlichem Ton und stopfte meinen Zehnrubelschein in eine Streichholzschachtel. »Ich bin ein guter Schuster, sie kennen mich dort alle. Wir werden immer genug Geld haben.«

In der Tat, kaum wurden wir der Aufnahmeärztin vorgeführt, als sie auch schon die Hände über dem Kopf zusammenschlug und entzückt ausrief:

»Sanja! Bist du wieder hier! Hör zu, ich brauch neue Absätze. Die Schuhe sind nagelneu, grade erst gekauft. Bleibst du lange? Wo willst du hin, wieder nach 4 b?«

Erst jetzt nahm sie Notiz von mir. Aber bevor sie irgendwelche Fragen stellen konnte, bestimmte Sanja:

»Der kommt mit mir nach 4 b.«

Ohne meine Papiere durchzusehen und all die strengen Anweisungen des KGB und des Chefpsychiaters zu lesen, wies sie mich in Station 4 b ein. Keine Untersuchung, keine Fragen, keine Leibesvisitation. So ist es, wenn man mit einem guten Schuster befreundet ist.

»Ich komme gegen Abend vorbei, nach meinem Dienst, und bring dir die Schuhe. In Ordnung, Sanja?« rief sie uns nach. »In Ordnung«, brummte Sanja mürrisch.

Auch die Schwestern auf der Station umringten meinen Sanja wie einen lang ersehnten Gast und schrien alle zugleich auf ihn ein. Die eine wollte Filzstiefel, die andere Schuhe, die dritte Pfennigabsätze und Lederflecken. Alle rissen sich um ihn. Ein guter Schuster ist heutzutage ohnehin eine Rarität, aber siebzig Kilometer entfernt von Moskau betrachtet man ihn geradezu als ein Wunder. Man kann ja nicht wegen jeder Schuhreparatur oder jeder neuen Sohle für die Filzstiefel der Kinder nach Moskau fahren.

Die Station war überfüllt – zweihundert Patienten. Sie schliefen auf dem Boden, auf Bänken oder Tischen. Die Wartezeit für eine Pritsche betrug mehrere Monate. Eine der Strafen, die der behandelnde Arzt gegen einen unbotmäßigen Patienten verhängen konnte, war denn auch der Entzug der Pritsche. Wer außer der Reihe zu einer Pritsche kommen wollte, mußte die Sanitäter bestechen. Für uns jedoch wurden sofort zwei nebeneinanderliegende Pritschen geräumt, mit Nachttischen sogar – die armen Geisteskranken, die vor uns darauf geschlafen hatten, verbannte man ins Eßzimmer auf den Boden. Die Oberschwester verwöhnte uns mit neuen, flauschig-weichen Pyjamas, warmen braunen Schlafröcken und Hausschuhen. Mit einem Wort, wir waren fürstlich untergebracht, wie Touristen im Hotel »National«.

Das Häuflein der Gesunden, acht Leute insgesamt, bestand ausschließlich aus Gewohnheitsdieben, die hier nicht zum ersten Mal waren. Während sich nämlich die Wissenschaftler wegen der »schleichenden Schizophrenie« in den Haaren lagen, langwierige Forschungen betrieben und Abhandlungen schrieben, nutzten die Moskauer Spitzbuben flugs ihre Chance: Statt fünf Jahren Straflager, Bäume fällen und Karzer, saßen sie nun höchst angenehm sechs bis acht Monate in der Klapsmühle. Ein solcher Aufenthalt galt nicht als Vorstrafe, und das hieß, die Anmeldebescheinigung brauchte nach verbüßter Haft nicht erneuert zu werden, und arbeiten mußte man auch nicht. Ein herrliches Leben also. Sie waren allesamt schon mal im Straflager gewesen und sehnten sich nicht dorthin zurück. Sollten sich dort andere beim Holzschlagen abrackern, die Arbeit liebt ja bekanntlich die Dummen. Wer pfiffig war, der sicherte sich gleich bei der ersten Einlieferung in die Kaschtschenko-Klinik für den Rest des Lebens eine einschlägige Diagnose, und so saßen ein paar von ihnen schon zum zehnten oder zwölften Mal hier. Kaum waren sie frei, stahlen sie wieder, und wurden wieder eingeliefert; jedesmal war es für sie eine Heimkehr in die geliebte 4b.

In dieser Station ging es zu wie in einer Spelunke. Man brauchte die Pfleger gar nicht erst um Wodka zu bitten, sie erboten sich von selbst, welchen zu holen. Nur Geld mußte man haben. Ein Glas für den Pfleger, der Rest für den Auftraggeber. Gleich am ersten Abend wurde mein Zehnrubelschein in Schnaps umgesetzt, und weil ich nichts mehr gewöhnt war, fiel ich schon nach einem Wasserglas voll um. Die Pfleger brachten mich behutsam zu Bett, damit der diensthabende Arzt bei seinem Rundgang nichts merkte, dann liefen sie und holten im Laden Nachschub. So ging das jeden Tag. Morgens kurierten sie ihren Rausch aus, mittags fingen sie wieder an zu saufen, und abends waren sie sinnlos betrunken.

Einmal hatten sie sich ganz und gar blank gesoffen. Selbst die Pfleger besaßen keinen Pfennig mehr. Anschreiben konnte man nicht. Was tun? Einer der Taschendiebe machte den Vorschlag, ihn auf ein Stündchen rauszulassen. Er brauche nur mit dem Bus vom Krankenhaus bis zur nächsten Station und wieder zurückzufahren, dann würde er genug Geld haben. Gesagt, getan. Man gab ihm Straßenkleidung und einen Pfleger zur Begleitung, für alle Fälle, um eine Ausrede zu haben, falls man ihn erwischte. Er würde dann einfach sagen, es handle sich um einen Geisteskranken, den er in die Klinik bringe, der Vorfall bedurfte also keiner weiteren Beachtung. Nach einer Stunde kamen sie tatsächlich wieder – mit fünfundzwanzig Rubel. Und weiter ging das Gelage.

Mein Weggenosse, der schusternde Dieb Sanja, klagte mir gegenüber einmal, er könne vom Alkohol nicht loskommen. Es sei schwer, beim Schustern nicht zu trinken, wo immer er draußen arbeite, würden alle wie die Löcher saufen und da müsse man wohl oder übel mithalten. Er habe gehofft, sich hier auszukurieren, aber damit sei es ja nun auch nichts. Wurde er im Suff bei einem simplen Taschendiebstahl erwischt, schämte er sich, denn seine Spezialität waren eigentlich Einbruchdiebstähle.

Weglaufen kostete hier nicht viel, genauer gesagt: dreißig Rubel. Man bezahlte den Pfleger, und der öffnete einem die Tür und kam sogar noch bis zum Bus mit.

Natürlich wußten die Ärzte, was da vorging. Von Zeit zu Zeit kam einer dem diensthabenden Arzt betrunken unter die Augen, und dann wurde er zur Strafe in die Abteilung für »Tobsüchtige« gesteckt, zu Doktor Posdnjakow, einem berüchtigten Sadisten. Der hatte zwei Lieblingsmethoden: »Drei à fünf« und die »Reithose«. »Drei à fünf« bedeutete drei Sulfasinspritzen à fünf Kubik, zwei ins Gesäß und eine unters Schulterblatt. Nach dieser Behandlung fühlte man sich wie gekreuzigt; man konnte sich nicht mehr rühren vor Schmerzen und hatte dabei einundvierzig Grad Fieber. »Reithose« nannte sich eine Prozedur, bei der eine Lösung in die Schenkel gepumpt wurde, bis die sich tatsächlich wie eine Reithose blähten. Das tat teuflisch weh, und man konnte danach nicht mehr laufen. Was das alles mit Psychiatrie zu tun haben sollte, hätte wohl keiner zu sagen gewußt. »Wickel« verordnete Posdnjakow nicht, wahrscheinlich fand er sie zu harmlos.

Doch selbst die Gefahr einer so grausamen Bestrafung konnten meine Spitzbuben nicht vom Suff abhalten. Außerdem wurden sie sehr selten erwischt. Niemand, weder Pfleger noch Schwestern, hatte ein Interesse daran, sie zu verpfeifen; im Gegenteil, sie waren stets bemüht, die Betrunkenen sorgfältig zu verstecken. Im übrigen taten die Ärzte so, als wüßten sie von nichts. Es bestand ein gewisser Zwang zur Solidarität zwischen Ärzten und Personal, denn alle Angestellten stahlen in der Klinik, was das Zeug hielt, vor allem Lebensmittel. Fast alle Ärzte, Schwestern und Pfleger lebten von der Klinik, und von ihnen lebte wiederum das ganze Dorf Troizkoje.

Tagsüber versammelten sich die Gesunden gewöhnlich im Speisesaal; die Kranken jagten sie auf den Gang hinaus, wo sie nicht störten. Hier im Speisesaal gab es einen Fernsehapparat, hier wurde auch Karten gespielt und getrunken. Die Kranken würdigte man keinerlei Beachtung, außer es handelte sich um einen besonders komischen Neuzugang, mit dem man noch seinen Spaß haben konnte.

Ich zog natürlich sofort Erkundigungen ein, ob nicht irgendwo ein Radio aufzutreiben sei. Das erwies sich als höchst einfach. In irgendeiner anderen Station gab es ein kombiniertes Gerät aus Fernseher und Radio, und die Pfleger organisierten augenblicklich den Austausch der Apparate.

Jeden Morgen, wenn wir zum Frühstück in den Speisesaal kamen, suchte ich den BBC, und während die Irren ihre Grütze löffelten, die Epileptiker sich in Zuckungen wanden und die Schizophrenen unbeweglich über ihren Schüsseln saßen, den Blick in unbekannte Fernen gerichtet, lauschten wir den Nachrichten aus London, erfuhren von Briefen und Protesten wegen Sinjawski und Daniel und von den Gerichtsprotokollen, hörten Interviews und Erklärungen von Tarsis . . . Meine Gauner staunten nicht schlecht. Was für Sachen es doch gab! Vor allem spitzten sie die Ohren, als ein paarmal auch mein Name fiel. Nun brauchte ich mich morgens gar nicht mehr zu beeilen, um den Sender rechtzeitig zu finden. Die Pfleger besorgten das für mich, und sofort verstummte alles.

Wenn das kein Abbild unseres stolzen Vaterlandes war, dieses riesige Irrenhaus, wo alles, bis zur letzten Kartoffel, gestohlen wird und ein Häuflein »Normaler« – selbst trunksüchtige Spitzbuben, die sich als Schizophrene tarnen – alles beherrscht! Da saßen wir nun und hörten, was man uns in London über das Leben in unserem eigenen Land berichtete!

Mein Arzt, Doktor Bologow, war kein Held oder Prinzipienreiter. Er fand es bequemer, den Befund der vorherigen Klinik, der mich für gesund erklärte, zu bestätigen, als ihn anzufechten. Drei Wochen nahm er sich Zeit für mich, das heißt, er unterhielt sich ein paarmal mit mir. Er wußte natürlich, daß ich mit den Pflegern trank und mit den Gaunern verkehrte, und das galt ihm als bester Beweis dafür, daß ich gesund war, denn weder die einen noch die anderen hätten etwas mit mir zu tun haben wollen, wenn ich auch nur im geringsten annormal gewesen wäre. So hegte er eigentlich von Anfang an keinen Zweifel an meiner Zurechnungsfähigkeit. Im übrigen fiel es nicht sonderlich schwer, ein entsprechendes Urteil abzugeben, denn die Erfahrungen der Klinik Nr. 13 hatten ihn gelehrt, daß dies weder gefährlich noch seiner Karriere abträglich war. Wieder hätten also die Sicherheitsorgane Gelegenheit gehabt, mich ohne großes Aufheben freizulassen, und wieder nahm man sie nicht wahr, sondern ließ mich Mitte Februar überraschend ins Moskauer Serbskij-Institut bringen.

Doch nun konnte auch das Serbskij-Institut nichts mehr für sie tun: Zwei Fachkliniken hatten nacheinander meine Normalität bestätigt. Außerdem hatte meine Angelegenheit dank Tarsis im Ausland großes Aufsehen erregt, und so zog es das Serbskij-Institut vor, sich der Stimme zu enthalten. Die juristisch bedenkliche Tatsache, daß ich formell nicht inhaftiert war, nicht unter Anklage, ja nicht einmal unter Verdacht stand, machte den Spezialisten des Instituts diese Entscheidung möglich. Juristisch gesehen durfte mich ein Institut der Gerichtsmedizin überhaupt nicht begutachten. Es dürfte auch die Frage der »Zurechnungsfähigkeit« nicht klären, solange ich nicht eines bestimmten Deliktes angeklagt war. So lehnte das Institut nicht ab, ein Gutachten zu liefern, forderte aber beim KGB das Anklagematerial gegen mich zur Einsichtnahme an. Das KGB konnte indessen beim besten Willen nichts vorlegen. Es war auf diese Wendung der Ereignisse nicht vorbereitet, hatte sich zu sehr auf seine Allmacht und auf meinen offenkundig gestörten Geisteszustand verlassen.

Inzwischen war meine Mutter tief beunruhigt und schrieb, ihre Scheu überwindend, an alle möglichen Stellen Beschwerdebriefe; sämtliche Instanzen der Staatsanwaltschaft antworteten ihr ungerührt, es habe alles seine gesetzliche Ordnung und es sei daher kein Anlaß zur Beschwerde gegeben. Offenbar ist die Staatsanwaltschaft bei uns nur dazu da, Antworten dieses Inhalts zu verschicken.

Ich glaube, das war der Punkt, an dem meiner Mutter, wie fast jedem unserer Werktätigen bei einem Zusammenstoß mit seiner Obrigkeit, die Augen aufgingen. Nicht, daß sie bis dahin eine überzeugte Kommunistin gewesen wäre, aber sie hatte sich, wie die meisten ihrer Mitbürger, in einigen Jahrzehnten Sowjet-Terror eine Selbstschutzhaltung anerzogen, eine gewohnheitsmäßige Unauffälligkeit und die Fähigkeit, ihre wahre Einstellung zur Umwelt auch sich selbst gegenüber zu verleugnen. Von der Arbeit nach Hause, von zu Hause zur Arbeit, ohne sich umzusehen, ohne sich zu wundern, sonst würde man womöglich »dorthin« zitiert und gefragt, ob einem vielleicht etwas nicht passe. Und was sollte man dann antworten? Die Gewöhnung ging schließlich so weit, daß man selbst nicht mehr wußte, welche Gedanken für den offiziellen und welche für den privaten Gebrauch im Gehirn gespeichert wurden. Wenn man sich längere Zeit zwingt, alles schön zu finden, dann fängt man an, seine Umgebung für normal zu halten und die millionenfach wiederholten Propagandasprüche ganz selbstverständlich zu übernehmen. Man kann sich an alles gewöhnen, sich mit jedem Verlust abfinden, mit jedem Unsinn. Und doch gibt es in jedem Menschen eine Grenze der zulässigen Belastung; wird sie überschritten, dann bricht das mühsam errichtete Gebäude zusammen, und die Umwelt verliert mit einem Schlag ihre Glaubwürdigkeit.

Eine meiner Bekannten, deren Mann schon viele Jahre völlig schuldlos verfolgt wurde, der im Konzentrationslager gesessen und immer wieder keine Arbeit gefunden hatte, erhielt eines Tages eine Vorladung zur Polizei.

»Laß deinen Paß zu Haus«, rieten ihr die Freunde.

»Warum denn?«

»Weil sie ihn nehmen und die Anmeldebestätigung ausradieren werden. Dann sitzt du auf der Straße«, erklärten sie ihr. »Was?« fragte sie fassungslos, »wo bleibt denn da die Gerechtigkeit?«

Ähnlich muß meine Mutter reagiert haben. Wo blieb denn da die Gerechtigkeit? Keine Verhaftung, keine Anklage, keine Krankheit, keine Behandlung, und trotzdem halten sie ihn nun schon bald ein halbes Jahr fest. Und dann schreiben sie noch, es bestehe kein Anlaß zur Beschwerde!

Die unverschämten Antworten der verschiedenen Stellen brachten sie allmählich so in Harnisch, daß sie bis zu den höchsten Ämtern vordrang, sich dort Audienzen verschaffte und die hohen Herren buchstäblich anschrie: Ja, wo kommen wir denn da hin? Daß schwarz weiß ist, daran haben wir uns bereits gewöhnt, daß rot grün ist, davon hat man uns ebenfalls überzeugt, daß himmelblau violett ist, haben wir schon freiwillig zugegeben, zum Kuckuck. Aber nun soll auch blau nicht mehr blau, sondern gelb sein? Nein, jetzt reicht's.

Sie stand mit ihrem Zorn über dieses Farbenspielchen keineswegs allein da. Mein alter Bekannter, der Chef des Moskauer KGB, General Swetlitschnyj, tobte gleichfalls: Wo bleibt denn da die Logik? Daß schwarz weiß ist, hatte man schon 1917 bewiesen, daß rot grün ist, war bereits 1937 klar geworden, daß himmelblau violett ist, davon hat man sich unter Chruschtschow überzeugen können. Und nach alledem wollen sie nicht begreifen, daß blau gelb ist? Wo bleibt denn da die Gerechtigkeit?

Meine Mutter geriet ausgerechnet an ihn. In der Luxusvilla des Grafen Rostoptschin, mit den hohen Stuckdecken, den Teppichen und goldverzierten Türen, wo mir einst die Damen in Krinolinen und die Herren in gepuderten Perücken erschienen waren, kam es zum Gespräch dieser beiden nach Gerechtigkeit Dürstenden.

»Genug, er kommt nicht mehr raus!« brüllte schließlich der böse Zwerg und stampfte wütend mit den Füßen auf das gräfliche Parkett. »Ich laß ihn in den Irrenanstalten verfaulen, und basta!«

Das war die erste und einzige ehrliche Antwort, die meiner Mutter während der ganzen Zeit zuteil wurde. Wieder erhielt sie Brief auf Brief: »Alles gesetzlich . . . kein Grund zur Beschwerde . . .«

Unterdessen saß ich weiter im Serbskij-Institut und wartete, wie diese seltsame Geschichte enden würde. Sogar der große, allmächtige Professor Luntz[48], der sicher einige Tausend gesunder Menschen auf Anweisung des KGB in Nervenkliniken gebracht hatte, war befremdet und amüsiert zugleich:

»Na, was wird denn nun aus Ihnen?« fragte er mich. Es war das erste Mal in seiner Praxis, daß er seinen Herren nicht dienlich sein konnte, und das fand er offenbar eher amüsant.

Daniil Romanowitsch Luntz liebte es, vor allem im Beisein von Kollegen, mit den Gebildeten unter seinen Patienten über Philosophie oder Literatur zu plaudern und dabei seine zweifellos beachtliche Bildung im vorteilhaftesten Licht zu präsentieren. Er konnte aus dem Gedächtnis Autoren zitieren, von denen der moderne Sowjetbürger entweder nie gehört oder allenfalls im »Philosophischen Wörterbuch« gelesen hatte: »Bürgerlicher Idealist, reaktionärer Denker des . . . Jahrhunderts. Vertrat in seinen Werken die Interessen der Ausbeuterklassen.« Für seine jungen Kollegen grenzte eine solche Bildung ans Phantastische und verlieh Luntz eine unbestreitbare Autorität.

Für ihn war das allerdings nichts Besonderes. Er stammte aus einer Professorenfamilie und war mit Büchern aufgewachsen. Seine Jugend fiel in jene verrückte Zeit, als jeder noch so unwissende Proletarier, wenn er nur das »Kommunistische Manifest« bewältigt hatte, »Roter Professor« wurde. Niemand hatte damals Verwendung für das umfassende Wissen des Professorensprosses, und der verachtete diese »Köchinnenbrut«, die gekommen war, den Staat zu regieren, und von »hochtrabenden Ideen« besessen war, aus tiefstem Herzen. Es schien ihm, als hätte irgendein Spaßvogel die Tore der Irrenhäuser geöffnet und die Paranoiker an die Schalthebel der Macht gelassen, damit sie den Bürgern mit ihren Mauser-Pistolen vor der Nase herumfuchteln konnten.

Andererseits wußte er recht gut, wie gefährlich es war, einem Paranoiker, noch dazu einem bewaffneten, Widerstand zu leisten. Daher hatte er sich, ganz in der Tradition der russischen psychiatrischen Schule, mit viel Geschick selbst in diesen Fieberwahn »hineinversetzt« und erweckte bald einen so linientreuen Eindruck, daß sogar seine Eltern in seinem Beisein nicht offen zu sprechen wagten.

Je weiter die kommunistische Sache fortschritt, desto unsicherer wurden die Zeiten; die Hitzköpfe der ersten Stunde gerieten bald in den Strudel der Ereignisse und fanden sich, ehe sie sich's versahen, in einem sibirischen Holzfällerlager wieder. Luntz aber wurde immer unentbehrlicher und mochte sich wohl schon für unantastbar halten, als er eines Tages ganz plötzlich doch am Rande des Abgrunds stand. Im Jahr 1953 kam man nämlich darauf, daß er eigentlich nur ein Jude war, Angehöriger jener Paria-Kaste von Volksfeinden und Schädlingen, die auf höchsten Befehl in das Land des ewigen Frostes zu verbannen war[49].

Nie mehr konnte er jene Monate vergessen, in denen er, aus dem Amt gejagt, entehrt und beschimpft, zitternd vor Todesangst in seiner Wohnung saß und auf das unvermeidliche nächtliche Klopfen an der Tür wartete.

Doch die Gefahr zog vorüber, er kam wieder zu Rang und Namen, durfte sogar wieder gefahrlos mit seinen beachtlichen philosophischen Kenntnissen prahlen; doch jedesmal, wenn sie ihn »dorthin« bestellten, bekam er schweißige Hände und verfiel in kriecherische Geschäftigkeit. Und man wollte ihn oft sehen, schon um ihm als einem treuen Verbündeten immer wieder einmal das Vertrauen auszusprechen, und das bereitete ihm bei aller Unruhe doch immer eine heimliche Befriedigung, weckte den unwiderstehlichen Drang zu prahlen. Dem anderen das Wort aus dem Mund zu nehmen oder ihn sogar ganz ohne Worte zu verstehen, darin war er wirklich unschlagbar.

Man schätzte ihn auch hauptsächlich wegen dieses seines feinen Gespürs, wegen seiner Intelligenz. Es war ja nicht immer leicht, der Generallinie der Partei zu folgen: Gestern noch hatten die Lenin-Anhänger die Stalin-Anhänger eingesperrt, morgen schon konnte es umgekehrt sein, und jedesmal bedeutete das Kommissionen, Verfolgungen. Aber auf Luntz war Verlaß. Er pfuschte nie. Andere, ja, die stellten sich einfach selbst »ihre« Kommission zusammen und unterzeichneten irgendeine beliebige Diagnose, ohne viel nachzudenken. So bescheinigten sie etwa einem Politkommissar von gestern angeborenen Schwachsinn oder einem stets untadeligen Parteiarbeiter Alkoholismus sechsten Grades. Da war man vor nichts sicher. Luntz dagegen verstand es immer, seine Diagnose den Besonderheiten des jeweiligen Falles anzupassen, winzige Details auszugraben und den ihm Anvertrauten psychologisch so vorzubereiten, daß man ihn ohne weiteres einer internationalen Kommission hätte vorführen können.

Selbstverständlich erkannte er die Theorie Sneshnewskijs nicht an, der allen immer nur Schizophrenie oder zumindest schleichende Schizophrenie bescheinigte, eine Krankheit, die nur er allein diagnostizieren konnte. Mit Recht sah Luntz in dieser Theorie eine Bedrohung seiner Position als »Könner« in seinem Fach, denn wer würde ihn und seine Raffinessen noch zu schätzen wissen, wenn jeder X-Beliebige von Sneshnewskij einfach für schizophren erklärt werden konnte.

Natürlich kannte ich damals noch nicht alle diese Finessen, doch wenn ich abends im Arbeitszimmer von Luntz saß, unter einer Lithographie mit der Darstellung des großen französischen Humanisten Pinel, wie er die Geisteskranken von ihren Ketten befreit, wenn ich dann mit Luntz über Bergson, Nietzsche oder Freud diskutierte, dann fragte ich mich oft: »Warum gibt er sich mit mir ab? Er sagt doch selbst, daß er diesmal nicht mein Gutachter sein kann, da ich nicht vor Gericht stehe. Aus Langeweile vielleicht?« Äußerlich erinnerte er mit seinen dicken, gewölbten Brillengläsern und seinem unverhältnismäßig breiten Mund an eine riesige Kröte, vor allem wenn er gegen Ende unserer philosophischen Gespräche plötzlich nachdenklich quakte:

»Ich möchte wirklich wissen, wie das mit Ihnen jetzt weitergeht«, als hätten wir den ganzen Abend von nichts anderem gesprochen. Für sich jedoch dachte er wahrscheinlich: »Wie wollen die denn aus diesem Schlamassel je ohne mich herauskommen? Ob sie mich doch noch hinzuziehen?«

Im Frühjahr bestellte man endlich auf Geheiß des ZK eine »neutrale« Kommission, bestehend aus vier Professoren, die meinen komplizierten Fall lösen sollte. Damit die Interessen des KGB gewahrt würden, hatte man dafür gesorgt, daß zwei Gewährsmänner Sneshnewskijs – Morosow und Rotstein – der Kommission angehörten. Luntz selbst war zwar nicht Mitglied der Kommission, nahm aber an ihrer Sitzung teil und äußerte seine Meinung. Ich selbst wurde nur ganze fünf Minuten angehört, wobei ich mich natürlich bemühte, keinerlei »Symptome« zu zeigen. Aber das interessierte nur wenig – es ging hauptsächlich um theoretische Fragen, die meine Person nur ganz am Rande berührten.

Wie zu erwarten, spaltete sich die Kommission bei der Abstimmung in zwei gleiche Teile. Zwei Professoren hatten bei mir die »schleichende Schizophrenie« entdeckt, die anderen beiden nicht.

Wieder war mein Schicksal völlig ungewiß. Wieder ließ Luntz seinen neugierig-belustigten Blick auf mir ruhen: Was würde nur aus ihm werden!?

So saß ich bis zum Sommer im Serbskij-Institut und möglicherweise säße ich noch heute dort. Auf Veranlassung von »Amnesty International« erschien eines Tages ein englischer Anwalt namens Ellman in Moskau und meldete sich bei Morosow, dem Direktor des Instituts, an. Er wollte auch mich sprechen. Was Mr. Ellman während dieser Unterredung dachte, weiß ich nicht, aber ich kann mir gut vorstellen, was in Morosow vorging.

Er war sicher keineswegs überrascht, daß irgendein hergelaufener Fremder von ihm Rechenschaft forderte, ja wertete es nicht einmal als »Einmischung in innere Angelegenheiten«.

»Bukowski?« fragte er und runzelte die Stirn. »Ich erinnere mich nicht. Ich muß nachsehn, ob wir einen Patienten dieses Namens haben«, und er begann, in den Papieren auf seinem Schreibtisch zu blättern. »Ach ja, tatsächlich. Man hat bei ihm Schizophrenie festgestellt, aber dank unserer Behandlung geht es ihm schon viel besser. Wir werden ihn bald entlassen können.«

So endete mit einem Schlag der achtmonatige wissenschaftliche Streit um meinen Geisteszustand, ohne weitere Ermittlungen, Erklärungen oder Entschuldigungen. – »Aber ich bitte Sie, hat Sie denn hier jemand festgehalten? Das haben Sie nur geträumt.«

Noch drei Monate nach meiner Entlassung bekam meine Mutter Briefe von den verschiedenen Instanzen der Staatsanwaltschaft mit dem ewig gleichlautenden Text: »Es besteht keinerlei Anlaß zur Beschwerde. Das Verfahren wird unter Beachtung aller gesetzlichen Normen durchgeführt. Ihr Sohn ist in Übereinstimmung mit dem Gesetz isoliert.«

In Moskau ging alles den gewohnten Gang und manchmal, wenn ich diesem geschäftigen Treiben zusah, fragte ich mich voller Bangen, ob wir vielleicht tatsächlich dazu ausersehen waren, Kafkas Welt Wirklichkeit werden zu lassen.

Kurze Zeit nach meiner Entlassung saß ich schon wieder, diesmal im vertrauten Lefortowo, das wieder die Gespenster meines Gewissens weckte und mir schlaflose Nächte bereitete. Nur ein halbes Jahr hatte ich mich draußen halten können, sechs Monate verzweifelten Wettlaufs mit der Zeit: Nur schnell, nur schnell, bevor sie dich wieder schnappen! Und doch war ich nicht schnell genug, war ich zu schwerfällig gewesen, wie mir mein Gewissen jetzt in langen Nächten vorwarf.

Nach der Geschichte mit Tarsis und dem Verfahren gegen Sinjawski und Daniel wurde der Westen zum ersten Mal hellhörig. Man wollte jetzt ernsthaft wissen, wie es eigentlich bei uns stand. Zwar hatte sich der Vorhang nur einen winzigen Spalt breit gehoben, aber schon das Wenige, das da zum Vorschein kam, löste einen Sturm der Entrüstung aus. Was würde geschehen, wenn sie erst alles sähen?!

Man mußte dieses Interesse, diese Empörung unbedingt wachhalten; der schallschluckende eiserne Vorhang durfte sich nicht wieder senken. Zum ersten Mal konnten wir uns mit eigenen Augen von der Macht der Öffentlichkeit überzeugen, konnten wir Furcht und Verwirrung bei unseren Regierenden beobachten. Zwar herrschten immer noch Hochmut und Sturheit vor, doch es war nicht zu übersehen, daß die Machthaber stark angeschlagen waren. Wie lange würden sie sich ihre selbstzerstörerische Arroganz noch leisten können?

Zum ersten Mal war auch in unserer totgeglaubten Gesellschaft wieder der Keim einer öffentlichen Meinung zu erkennen. Vor unseren Augen hatte sich eine Bürgerrechtsbewegung gebildet. Sie durfte nicht wieder einschlafen. Eile tat not!

Die Machthaber jedoch hatten ihre Absicht, den sogenannten Stalinismus wiederzuerwecken, nicht aufgegeben. In dem offenkundigen Bemühen, verlorenes Terrain zurückzugewinnen und die aufbegehrenden Bürger schleunigst zur Räson zu bringen, nahmen sie ihre Zuflucht zu neuen Verfolgungen.

Unsere Dezemberdemonstration hatte sie offensichtlich überrascht: Im Strafgesetzbuch war für derartige Demonstrationen nicht vorgesorgt, und es hatte seit 1927 auch keinen Präzedenzfall mehr gegeben, so daß man einfach nicht wußte, wie man die Teilnehmer bestrafen sollte. Natürlich gab es einen Paragraphen für Massenunruhen, nach dem Aufständische abgeurteilt wurden, aber es wäre selbst unseren Meistern der »Deichsel«-Justiz schwergefallen, ihn für eine friedliche Demonstration umzufunktionieren. Um das Versäumte nachzuholen, wurde am 16. September 1966 durch Erlaß des Präsidiums des Obersten Sowjets der § 190/3 eingeführt.

Ganz im Stil der in diesen Dingen üblichen sowjetischen Heuchelei kam in dem neuen Paragraphen das Wort »Demonstration« gar nicht vor; es war nur die Rede von »Organisation von (oder aktiver Beteiligung an) Gruppenaktivitäten, die die öffentliche Ordnung stören oder mit offener Mißachtung gesetzlicher Forderungen der Vertreter der Staatsgewalt verbunden sind oder eine Behinderung des Verkehrs oder der Arbeit staatlicher und gesellschaftlicher Institutionen oder Betriebe zur Folge haben«. Wer wollte da behaupten, in der UdSSR seien freie Demonstrationen nicht erlaubt? Alles Lüge, Verleumdung. Verboten sind lediglich grobe in Gruppen begangene Störungen der öffentlichen Ordnung. Dennoch wußte jeder Sowjetbürger sofort, was die Stunde geschlagen hatte. Aufgrund des neuen Paragraphen würden künftig nicht nur Demonstrationen, sondern auch Streiks (Behinderung der Arbeit staatlicher und gesellschaftlicher Institutionen oder Betriebe) als Verbrechen verurteilt und mit drei Jahren Gefängnis bestraft werden.

Mit gleichem Erlaß wurde § 190/1 eingeführt, der für »systematische mündliche Verbreitung offenkundiger Lügen, welche das sowjetische Staats- und Gesellschaftssystem verleumden« sowie für »die Herstellung oder Verbreitung von Werken gleichen Inhalts in schriftlicher, gedruckter oder anderer Form« drei Jahre Straflager vorsah.

Formal unterschied sich dieser neue Paragraph von § 70 – »Agitation oder Propaganda zum Zwecke der Unterminierung oder Schwächung der Sowjetmacht, Verbreitung von Verleumdungen, welche das sowjetische Staats- und Gesellschaftssystem verunglimpfen, sowie Verbreitung oder Herstellung oder Aufbewahrung von Literatur dieses Inhalts in gleicher Absicht« – nur durch die »Absicht«. Nach § 70 mußte die Absicht zur Unterminierung oder Schwächung der Sowjetmacht gegeben sein; nach 190/1 war dies nicht mehr erforderlich, womit der Kreis potentieller Verfolgter natürlich erheblich erweitert wurde. Äußerlich wirkte das alles sehr korrekt: Die Rede- bzw. Pressefreiheit wurde nicht angetastet, sondern nur »Verleumdungen« untersagt. Und in welchem Staat war das schon erlaubt?

Doch auch in diesem Fall konnte sich der an Willkür und Heuchelei gewöhnte Sowjetbürger recht gut die Auswirkungen des Paragraphen auf das immer mehr um sich greifende »Samisdat-Unwesen« und die immer gewagteren Äußerungen mancher Bürger in der Öffentlichkeit ausrechnen. Verleumdung würde künftig alles sein, was den Herrschenden mißfiel.

Die Gesetzgebung der UdSSR kennt die Kategorie »politisches Verbrechen« nicht – es gibt offiziell bei uns keine politischen Häftlinge. Delikte wie Verrat, Agitation, Diversion usw. gehören zur Gruppe der »besonders gefährlichen Staatsverbrechen«. Dennoch werden die wegen dieser Verbrechen Verurteilten getrennt von den übrigen Kriminellen in besonderen Konzentrationslagern interniert.

Die nach den neuen Paragraphen Verurteilten sollten dagegen in ganz gewöhnliche Straflager kommen und die Strafverfolgung der Staatsanwaltschaft und nicht dem KGB zustehen. Dadurch wollte man unterstreichen, daß die Paragraphen nichts »Politisches« beinhalteten. Und tatsächlich erschwerte diese Verschleierungstaktik die Protestkampagne gegen die neuen Gesetze erheblich, denn obgleich sie, wie jeder wußte, einen gezielten Anschlag gegen die verfassungsrechtlich garantierten Freiheiten darstellten, widersprachen sie formal der Verfassung nicht, und so war es äußerst schwierig, ihre Verfassungsfeindlichkeit zu beweisen. Schon der Versuch eines derartigen Beweises wäre als Verleumdung geahndet worden. Erst wenn die praktische Anwendung der Paragraphen die verfassungswidrige Absicht der Machthaber deutlich machte, hatten derartige Versuche eine Chance, und selbst dann hätten sie noch die Ausrede gehabt, man dürfe nicht nach Einzelfällen urteilen.

Auf der anderen Seite war die allgemeine Beunruhigung über diese Paragraphen doch so stark, daß eine Gruppe von Schriftstellern, Akademiemitgliedern und Altbolschewiken dem Obersten Sowjet in einem Schreiben empfahl, diesen Zusatz nicht ins Strafgesetzbuch aufzunehmen. Zu den Unterzeichnern des Schreibens gehörten immerhin so namhafte Persönlichkeiten wie der Komponist Schostakowitsch, die Akademiemitglieder Astaurow, Engelhardt, Tamm und Leontowitsch, der Filmregisseur Romm und die Schriftsteller Kawerin und Wojnowitsch. Damals tauchte auch zum ersten Mal die Unterschrift Andrej Sacharows auf.

Der Brief war sehr vorsichtig abgefaßt und deutete lediglich an, daß diese neuen Paragraphen »den Leninschen Grundsätzen der sozialistischen Demokratie« widersprächen, daß sie »die Möglichkeit einer subjektiven Beurteilung, einer willkürlichen Qualifizierung von Äußerungen« zuließen und ein »Hindernis für die Verwirklichung der Freiheiten« sein könnten, »die von der Verfassung garantiert werden«. Keiner der Unterzeichner bekam eine Antwort, und Ende Dezember 1966 wurde der Erlaß vom Obersten Sowjet gebilligt.

Am 5. Dezember, dem Jahrestag der ersten Demonstration, fand wieder ein »Öffentlichkeits-Meeting« auf dem Puschkin-Platz statt. Gegen sechs Uhr abends versammelten sich dort einige Dutzend Leute und verharrten mit entblößtem Haupt fünf Minuten in Schweigen. Die Demonstration sollte jedes Jahr in Erinnerung an die Opfer der Willkür wiederholt werden. Die Obrigkeit reagierte nervös und versuchte die Versammelten auseinanderzujagen; verhaftet wurde jedoch niemand.

Ich erinnere mich nicht mehr genau, was wir damals alles taten. Es hatte sich eine jener ungewöhnlichen Gemeinschaften herausgebildet, später »Bewegung« genannt, in der es weder Führer noch Gefolgsleute gab, in der keine Rollen verteilt, keiner angeworben oder gewonnen werden mußte. Doch obwohl sie jeder organisatorischen Form entbehrte, funktionierte die Gemeinschaft ausgezeichnet. Das KGB suchte wie immer nach Anführern und Verschwörern, toten Briefkästen und konspirativen Wohnungen, doch jedesmal, wenn ein mutmaßlicher »Kopf« verhaftet wurde, stellte man erstaunt fest, daß die Bewegung keineswegs darunter litt, sondern im Gegenteil häufig noch aktiver wurde.

So glaubten auch die Gehirnforscher lange Zeit, daß das Gehirn besondere Kommandozentren enthalte, daß es hierarisch strukturiert sei, doch immer, wenn sie ein mutmaßliches »Zentrum« entfernt hatten, mußten sie mit Erstaunen feststellen, daß ein ganz anderes »Zentrum« die Funktionen des ausgeschalteten »übernahm« und sich im Grunde nichts änderte. Auf den ersten Blick sieht es so aus, als sei zumindest ein Teil der Gehirnzellen mit der völlig überflüssigen und unsinnigen Arbeit beschäftigt, gewisse Funktionen parallel zu anderen Gehirnzellen mit auszuführen. Parallelität also, wo man Spezialisierung, Subordination, Befehle und Direktiven erwartet hätte. Doch ein lebender Organismus funktioniert anders. Nach dem für ihn geltenden Prinzip spielte in unserer Bewegung jeder in einem Orchester ohne Dirigenten, getrieben allein von dem Gefühl des eigenen Wertes und der persönlichen Verantwortung für das Geschehen.

Wir spielten nicht Politik, verfaßten keine Programme zur »Volksbefreiung«, gründeten keine »Schwert-und-Pflug«-Verbände. Unsere einzige Waffe war die Öffentlichkeit. Keine Propaganda, sondern Öffentlichkeit, damit später niemand sagen könnte, er habe nichts gewußt. Der Rest war Sache des Gewissens jedes einzelnen. Wir erwarteten auch keine Siege – es bestand nicht die leiseste Hoffnung auf Sieg. Aber jeder sollte zumindest die Chance haben, seinen Nachkommen zu sagen: Ich habe getan, was ich konnte; ich war ein Bürger, habe um Gesetzlichkeit gekämpft und niemals gegen mein Gewissen gehandelt. Es war kein politischer Kampf, sondern ein Kampf des Lebendigen gegen das Tote, des Natürlichen gegen das Widernatürliche.

Niemand hatte Ginsburg »beauftragt«, die Prozeßakten gegen Sinjawski und Daniel (das sogenannte Weißbuch)[50] zusammenzustellen, hatte Galanskow »befohlen«, den Almanach »Phönix 66« herauszugeben und Vera Laschkowa »gezwungen«, das alles zu drucken, oder mir und Vitja Chaustow »befohlen«, anläßlich der Verhaftung dieser drei eine Demonstration zu organisieren.

Die Verhaftungen häuften sich. Zuerst traf es Radsijewskij, dann, am 17. Januar, die Laschkowa und Galanskow, am 19. Dobrowolskij und ein paar Tage später Ginsburg. Dieses Vorgehen war kalkuliert. Man wollte uns einschüchtern, jeder sollte sich ängstlich fragen, bin ich der Nächste, sich zitternd in ein Eckchen verkriechen und hinter verschlossenen Riegeln flüsternd beten: »Laß diesen Kelch an mir vorübergehen.«

Vielleicht fühlten wir uns gerade deshalb veranlaßt vorzupreschen und zu rufen: »Hier! Ich bin der Nächste. Wir fürchten euch nicht!«

Weit schlimmer als die drohende Verhaftung war für mich wieder einmal, daß ich tatenlos zusehen mußte, wie sie meine Freunde einen nach dem anderen abholten. Das brachte mich fast um den Verstand.

Und noch etwas beunruhigte uns: Vor Jahren, als man bekannte Schriftsteller eingesperrt hatte, stand die ganze Welt kopf. Diesmal war das nicht zu erwarten. Wen beunruhigte schon die Verhaftung irgendeiner Sekretärin oder irgendwelcher Hilfsarbeiter? Das rief keinen Aragon auf den Plan. Also mußten wir sie zum Reden zwingen!

Es blieben uns nur zwei Tage für die Organisation einer Demonstration, und wir hatten keine Zeit, Einladungen zu verschicken, wie das letzte Mal. Vitja Chaustow und ich klapperten einfach unsere Bekannten ab – etwa dreißig Leute. Mehr wollten wir nicht einweihen. Wir bastelten ein paar Transparente aus festem Material und befestigten sie sogar an Stangen. Am Tag der Demonstration, dem 22. Januar, versammelten sich in meiner Wohnung zwölf Leute. Zwei weitere Gruppen sollten auf dem Platz zu uns stoßen.

Wir sprachen nicht viel, alles geschah fast schweigend. Jeder wußte, daß wir nicht so leicht davonkommen würden wie damals. Mancher würde im Gefängnis landen. Wir beide, Chaustow und ich, nahmen zwar als Organisatoren die Verantwortung auf uns, nichtsdestotrotz konnten sie alle einsperren. Es gab ja einen neuen Paragraphen, der noch seiner ersten Anwendung harrte.

Ich glaube, nur Alik Wolpin redete. Er war diesmal gar nicht einverstanden mit der Demonstration. Vor allem wandte er sich gegen die Spruchbänder, auf denen nicht die Öffentlichkeit des Verfahrens, sondern einfach die Freilassung der verhafteten Freunde gefordert wurde. Außerdem stand auf einem Plakat: »Wir fordern die Revision des verfassungswidrigen Erlasses und des § 7 StGB.« Natürlich war Alik gegen das Wort »verfassungswidrig«, denn formal widersprach der Text des neuen Paragraphen ja nicht der Verfassung.

»Na und«, versuchte ich ihn zu beruhigen, »wir werden ja jetzt sehen, in welcher Absicht dieser Paragraph eingeführt wurde. Wir stellen sozusagen ein juristisches Experiment an. Ist er verfassungskonform, dann werden sie uns nicht verhaften.«

Noch einmal lasen wir den Text des Paragraphen 130/3 gemeinsam durch. Alles war klar: Die öffentliche Ordnung nicht stören, den Anordnungen der Vertreter der Staatsgewalt Folge leisten, auf die erste Aufforderung hin die Spruchbänder abliefern, falls man uns abführt, ruhig mitgehen. Den Verkehr und die Arbeit öffentlicher Institutionen konnten wir unmöglich stören. In dieser Hinsicht war der Puschkin-Platz ideal. Wir beschlossen, nichts zu rufen, sondern nur die Transparente zu zeigen.

Wolpin wollte noch etwas aufschreiben, irgendwelche Instruktionen für den Fall der Verhaftung, aber davon wollte keiner mehr etwas wissen.

Eigentlich hätte ich diese Instruktionen für das Verfahren ganz gut gebrauchen können. Alle Anwesenden hätten bezeugen können, daß wir nicht die »Absicht« hatten, gegen den § 190/3 zu verstoßen, und es hätte sich dadurch für mich ein weiteres juristisches Argument ergeben: Keine Vorsätzlichkeit.

Gegen sechs Uhr brachen wir von drei verschiedenen Punkten aus zum Platz auf. Von mir aus waren es mit dem Bus zehn Minuten. Wir fuhren schweigend, fest entschlossen. In einiger Entfernung folgten uns Sicherheitsbeamte. Wir hatten sie schon den ganzen Tag auf den Fersen.

Es herrschte eisige, trockene Kälte, unter dreißig Grad minus, und der Schein der Laternen, das angestrahlte Puschkin-Denkmal und die Lichter in den Fenstern, all das wirkte klarer und heller, geradezu festlich. Es waren nur wenige Menschen auf den Straßen.

Die Transparente trugen wir unter unseren Mänteln, drei insgesamt, und jeder befürchtete, daß wir nicht dazu kommen würden, sie zu entrollen. Doch niemand störte uns dabei. Rund um das Puschkin-Denkmal war alles wie leergefegt, wie ausgestorben.

Andrej und ich hielten eins, Vitja Chaustow und Vadim Delaunay[51] das zweite, und Julia Wischnjewskaja mit Boris das dritte. Sofort bewegte sich eine etwa vierzigköpfige Menge auf uns zu und bildete einen Halbkreis um uns.

»Höher, man sieht sie nicht«, sagte einer leise. Also hielten wir die weißen, blau beschrifteten Transparente mit ausgestreckten Armen hoch, so daß man sie in der frostklaren Luft sehen konnte.

Eine große, von Kopf bis Fuß vermummte Gestalt näherte sich der Menge und stellte sich seitlich auf.

»Aha, ein Spitzel«, sagte Julia böse.

»Ach was, das ist Borja Jefimow . . .«

Einen Moment lang dachte ich voller Schrecken: »Wie, wenn nun überhaupt nichts passierte?« Wir hatten fest darauf gebaut, daß man uns die Transparente wegnehmen und uns abführen würde. Wir konnten sie doch nicht gut wieder mit nach Hause nehmen. Ich hatte überhaupt nicht damit gerechnet, nach Hause zurückzukehren.

Da endlich, wie von meinen Ängsten beschworen, stürzten von rechts im Laufschritt und laut schimpfend fünf Männer aus der Dunkelheit auf uns zu, ohne Uniform, ohne Armbinden, die Gesichter vom Frost gerötet.

»Das ist ja unglaublich, was die da zeigen!«

»Die Augen schlag ich ihnen aus, diesen Schweinen.«

Das waren sie also, die Vertreter der Staatsgewalt mit ihren gesetzlichen Forderungen!!

Einer riß unser Transparent in der Mitte zwischen mir und Andrej durch, und wir ließen sofort die Stangen los. Von links aber, wo Vitja und Vadim standen, hörte man das Krachen zerreißenden Stoffes und ein Keuchen wie bei einem Handgemenge. Vadim hatte sein Ende losgelassen, während Vitja seins weiter festhielt und der Stoff dem »Vertreter der Staatsgewalt« noch energischen Widerstand leistete.

Schließlich balgten sie sich zu dritt mit ihm herum und begannen, ihm die Arme zu verrenken.

»Vitja, widersetz dich nicht«, rief ich ihm zu, »bleib ruhig, widersetz dich nicht!«

Er gab nach und wurde rasch abgeführt.

Die Menge geriet in Bewegung, alle redeten und liefen durcheinander, und erst da sah ich, daß Boris und Julia noch da waren. Sie wurden von einem jungen Mann festgehalten, der ihr Transparent unter den Arm geklemmt hatte. Sie standen ganz still, bereit, mit ihm zu gehen, doch der Bursche hatte den Anschluß verpaßt und zögerte. Er war jung, jünger als ich. Man sah ihm seine Verwirrung an. Er schien sich nicht wohl zu fühlen in seiner Haut und wartete offenbar darauf, daß wir unsere Kameraden befreien würden, damit er guten Gewissens abhauen konnte, aber diesen Gefallen taten wir ihm nicht, im Gegenteil, wir appellierten an sein Gewissen und rieten ihm:

»Versteck doch das Transparent unterm Mantel, sonst kommen sie wieder . . .«

»Hau ab, Mensch, hau doch ab, bevor einer kommt.«

Eine Sekunde schwankte er, dann ließ er seine Gefangenen los und ging rasch weg, ohne sich umzusehen.

Es war also vorbei. Plötzlich wurde es kalt und ungemütlich. »Los, gehn wir«, sagte ich, »wir sind fertig. Gehn wir uns irgendwo aufwärmen.«

Zu zehnt, mich eingeschlossen, zogen wir langsam zur Bushaltestelle. Die Menge hatte sich in Grüppchen aufgeteilt, die lebhaft das Vorgefallene diskutierten. »Was ist los, was hat's gegeben?« fragten zufällig Vorbeikommende.

Erst viel später, als ich schon weg war, kamen die KGB-Leute zurück und führten Vadik Delaunay und Schenka Kuschew ab, dem es plötzlich in den Kopf gekommen war zu schreien: »Nieder mit der Diktatur! Freiheit für Dobrowolskij.« Delaunay ließen sie wieder laufen, aber Kuschew kam nach Lefortowo. Ilja Gabaj[52] wurde auf Befehl des KGB von zwei Polizisten festgenommen, dann aber, nachdem sie seinen Namen notiert hatten, wieder freigelassen.

Wohl tausendmal sollten diese Details später von Zeugen, Untersuchungsrichtern, Staatsanwälten, Richtern und Verteidigern wiedergekäut, absichtlich oder zufällig verdreht und durch die Mühlen der Justiz gedreht werden, um dann eines Tages in der komprimierten Form eines trockenen Gerichtsurteils das Verfahren abzuschließen.

Zunächst aber wußten unsere Herrschaften offenbar selbst nicht, was sie mit uns anfangen sollten. Vadim wurde erst nach drei, Gabaj und ich erst nach vier Tagen verhaftet. Wieder zogen sich die Tage in Lefortowo hin, wieder Verhöre und Zellenspitzel. Aufstehen, Frühstücken, Spazierengehen, Mittagessen, Abendessen, Abläuten, Aufstehen, Frühstücken, Spazierengehen . . .

»Fertigmachen zum Bad.«
Was, schon wieder? Schon wieder eine Woche um?

Sowjetische Ermittlungsverfahren bei politischen Delikten sind etwas sehr Eigenes. Sie entsprechen keiner Prozeßordnung. Es ist kein Zufall, daß selbst der beste Untersuchungsrichter des KGB unfähig ist, ein normales Ermittlungsverfahren zu führen, ja nicht einmal den harmlosesten Taschendiebstahl ordnungsgemäß aufzuklären. Voraussetzung für die Eröffnung eines Strafverfahrens ist die vollendete oder versuchte Straftat. Entsprechend heißt es denn auch »Verfahren wegen Mordes (bzw. versuchten Mordes) gegen Bürger . . .« Die Ermittlung gilt den Tatumständen der Persönlichkeit des Ermordeten, den Zeugen usw. In einem solchen Verfahren hat alles seinen festen Platz: Die Zeugen sind Zeugen, der Verdächtige ist nur des Mordes verdächtigt, der Untersuchungsrichter ist Untersuchungsrichter und der Rechtsanwalt nichts als Rechtsanwalt.

Bei politischen Delikten wird dagegen das Verfahren gegen einen Menschen allein deshalb eingeleitet, weil das KGB und die Parteiführung der Meinung sind, es sei an der Zeit, ihn einzusperren. Es liegen ein paar Denunziationen über Bemerkungen von ihm, seine Absichten, Kontakte oder Einflußnahme auf andere vor, aus denen hervorgeht, daß er irgend jemanden behindert oder umgekehrt irgend jemandem hilft, zu viel weiß und davon redet, oder umgekehrt, von nichts wissen will. Kurz, es ist Zeit, ihn hinter Schloß und Riegel zu bringen – er ist reif. Noch häufiger allerdings ist ein ganzer Kreis von Personen reif und muß einen Denkzettel bekommen: Einer von ihnen wird deshalb eingesperrt und zum Reden gebracht. Man wählt dafür vorzugsweise den Empfindlichsten, Schwächsten, Kompromißbereitesten aus, oder umgekehrt den, dessen Verhaftung auf den ganzen Kreis den größten Eindruck zu machen verspricht. Manchmal trifft es auch gerade den Harmlosesten von allen, damit die übrigen ein schlechtes Gewissen bekommen: »Euch läßt man in Ruhe, aber der (oder die) muß für euch sitzen . . .« – »Da habt ihr jemanden in eure Machenschaften hineingezogen, und jetzt büßt er für euch.« Oder sie verhaften alle bis auf den mutmaßlichen Rädelsführer, damit die anderen glauben sollen, er, der allein noch in Freiheit ist, arbeite mit dem KGB zusammen.

Es gibt natürlich auch Ausnahmen, wenn nämlich die Verhaftung durch unvorhergesehene Ereignisse, etwa eine Demonstration, erzwungen wird; doch auch dann läuft das Verfahren nach dem berühmten Spruch ab: »Weiße Westen gibt es nicht, Paragraphen finden sich.« Übrigens, der Paragraph! – Wird jemand wegen einer Straftat verhaftet, so droht ihm nicht eine Anklage wegen Mordes, Diebstahls oder Betrugs schlechthin, sondern wegen Mordes an einer bestimmten Person, wegen Diebstahls einer bestimmten Sache oder wegen ganz konkreter Betrügereien. Die Anklage im politischen Prozeß ist dagegen durch den Text des entsprechenden Paragraphen bereits vollständig formuliert, und das Ermittlungsverfahren liefert nachträglich die dazu passenden Fakten. Alles, was sich durch Aussagen, Geständnisse, Haussuchungen beweisen läßt, geht dann in die Anklageschrift ein. Manchmal wird jemand auch unter einem ganz überraschenden Vorwand verhaftet oder mit einem Haussuchungsbefehl konfrontiert: Vorbereitung eines Attentats auf den Generalsekretär des ZK der KPdSU oder Nichtbezahlung der Alimente an die verlassene Familie, versuchte Landesflucht oder Vorbereitung eines Bankraubs. Man wählt einfach die phantastischste der über den Verdächtigen eingegangenen Denunziationen aus und legt sie den Parteistellen vor (ohne deren Zustimmung wird niemand verhaftet).

»Seht nur, was das für ein Früchtchen ist! Höchste Zeit ihn einzusperren! Hetzt gegen uns, nimmt Bestechungsgelder und hat sich auch noch mit seiner Frau geprügelt. Verhaften wir ihn erst einmal wegen der Prügelei mit der Frau, der Rest wird sich dann finden.«

So beginnt das Verfahren gegen Bürger N. Nicht nur ein Untersuchungsrichter, nein, eine ganze Brigade von ihnen befaßt sich mit seiner Sache, und nun wird jeder Tag, jede Stunde des Lebens dieses Bürgers N. genau unter die Lupe genommen. Schließlich muß ja Bürger N. irgendwann etwas »Derartiges« getan haben! Unschuldige gibt es bei uns nicht. Wenn er den Generalsekretär auch nicht ermorden wollte, dann hat er ihn sicherlich im Suff schon einmal beschimpft, oder er hat sich lobend über Amerika geäußert oder jemanden bestochen oder irgend etwas »schwarz« verkauft. Wie bei Kafka: Die Schuld muß sich selbst enthüllen. Da lief beispielsweise das Verfahren wegen unserer Demonstration: Verhaftet wurden an Ort und Stelle fünf, auf dem Platz waren vielleicht knappe fünfzig, aber Haussuchungen wurden bei einhundert Bürgern durchgeführt und festgenommen wurde schließlich die gesamte Samisdat-Bewegung. Hier hatte man sowohl ein Mittel zur Einschüchterung als auch die Hoffnung, etwas »herauszukriegen«.

Am meisten beschäftigt sich die Brigade der Untersuchungsrichter mit der Intimsphäre des Bürgers N.: Mit wem hat er geschlafen, wo und wie? Wer ist schon ohne Sünde? – Geben Sie's doch zu. – Ist dann schließlich ein solcher Fehltritt entdeckt, so zappeln gleich mehrere Fische im Netz: Erstens hat Bürger N. eine Frau und will auf keinen Fall, daß sie alle seine Sünden erfährt. Zweitens hat die Bürgerin, mit der gesündigt wurde, einen Mann, der sich für diesen Seitensprung außerordentlich interessiert und sich nur allzu gern dem Untersuchungsrichter gefällig erweist; er wird Dinge über den Bürger N. auspacken, die keiner für möglich gehalten hätte. Drittens wird auch die Bürgerin selbst alles unterschreiben, damit nur ihr Mann nichts erfährt. Na, läßt sich damit etwa nichts anfangen? Da kommt man gar nicht mehr mit dem Protokollieren nach. Zum Schluß steht unser Bürger N. in seiner ganzen sittlichen Verderbtheit da, und seine Geschichte eignet sich vorzüglich für einen Prozeß und für die Presse.

Im politischen Untersuchungsverfahren soll also kein Verbrechen aufgeklärt, sondern vor allem belastendes Material gesammelt und herausgefunden werden, warum sich Bürger N., äußerlich ganz sowjetisch, aufgewachsen in einer Sowjetfamilie, erzogen in einer Sowjetschule, plötzlich als so unsowjetisch entpuppen konnte. Das muß einen Grund haben, und dieser Grund muß festgestellt und den Parteiorganen mitgeteilt werden, damit daraus Schlüsse gezogen und Maßnahmen ergriffen werden können.

Nach Ansicht der Partei kann keiner von allein auf antisowjetische Gedanken kommen; er muß unter entsprechendem »Einfluß« stehen, und zwar entweder der bürgerlichen Propaganda (herausfinden, wie sie an ihn herangekommen ist!), oder irgendeines antisowjetischen Burschen (feststellen und notieren!). Schlimmstenfalls muß die Untersuchungskommission auch ein Versagen der Erziehungsarbeit an Bürger N. konstatieren. Das bedeutet dann, daß einer der Parteigenossen an N.'s Arbeitsplatz einen Verweis bekommt. So weit läßt man es jedoch nur äußerst ungern kommen.

Natürlich soll Bürger N. am Ende des Ermittlungsverfahrens unter der Last der Beweise gestehen, seine Sünden bekennen und wenigstens ein klein wenig Reue zeigen. Sonst bekommt der Untersuchungsrichter selbst Unannehmlichkeiten, denn das politische Untersuchungsverfahren dient in erster Linie der Umerziehung und Heimführung des Verirrten; der Untersuchungsrichter fungiert dabei als Erzieher, als politischer Mentor.

Was dem Untersuchungsrichter die Arbeit sehr erleichtert, ist die Tatsache, daß die Häftlinge in der Regel keinerlei juristische Kenntnisse besitzen. Vom Tag der Verhaftung bis zum Ende der Untersuchung ist Bürger N. total isoliert von der Außenwelt; er sieht auch seinen Anwalt erst, wenn die Ermittlungen abgeschlossen sind. Gesetzbücher werden ihm verweigert, und er würde sie auch gar nicht verstehen. Wie soll er also herausfinden, was er sagen, was er verschweigen darf, welche Rechte er besitzt?

Wer zum ersten Mal verhaftet ist, glaubt meist, daß man ihn foltern oder wenigstens schlagen werde. Der Untersuchungsrichter läßt ihn nur allzu gern in diesem Glauben, ja, er bestärkt ihn sogar darin:

»Na, wie Sie wollen«, sagt er zum Beispiel. »Wenn Sie nicht freiwillig gestehen, wird es nur schlimmer für Sie. Es wird Ihnen noch leid tun.«

Was dieses »schlimmer« bedeutet, sagt er nicht. In der Regel beschließt der Häftling, zuzugeben, was der Untersuchungsrichter ja ohnehin schon zu wissen scheint. Was kann das schon schaden? Hauptsache, er braucht ihm keine neuen Fakten zu liefern und zieht nicht noch mehr Menschen hinein. Zu diesem Entschluß wird er auch dadurch bewogen, weil er bei Aussageverweigerung zu hören bekommt, er sei nicht »aufrichtig«. Er ist also versucht, seine »Aufrichtigkeit« an ohnehin bekannten Tatsachen zu beweisen und sich damit zu trösten, daß er ja alles andere für sich behält. Das ist leider ein sehr verbreiteter Irrtum. Bestätigt man nämlich mit einer Aussage, was der Untersuchungsrichter zu »wissen« vorgibt, so tut man nichts Geringeres, als Rubel zum offiziellen Kurs in Dollar umzuwechseln. Was sie »wissen«, haben sie von Agenten oder durch Abhören von Telefongesprächen erfahren, oder es sind einfach Vermutungen, jedenfalls könnten sie dergleichen in kein Protokoll aufnehmen und keinem Gericht vorlegen. Bestätigt man aber dieses »Wissen«, dann wird es zu einem juristischen Tatbestand, zu einem Beweis.

Selbst wenn die Aussagen irgendeines anderen »Geständigen« zitiert werden, darf man diese unter gar keinen Umständen bestätigen. Die Aussagen eines Einzelnen (insbesondere eines Untersuchungshäftlings, den man für falsche Aussagen nicht verantwortlich machen kann) sind nicht unabänderlich – der Aussagende kann sie noch modifizieren oder sogar vor Gericht widerrufen. Wird diese Aussage jedoch von einem Zweiten bestätigt, dann ist sie nicht mehr so leicht zu revidieren, auch der Erstaussagende kann dann sein früheres Geständnis nicht mehr ohne weiteres zurücknehmen.

Sogar unbedeutende Details, die scheinbar mit der Sache nichts zu tun haben, sollte man nicht bestätigen oder selbst erzählen; sie werden sonst einem anderen mit der Unterschrift des leichtfertig Geständigen vorgelegt, und dann heißt es: »Sehn Sie, der hat alles zugegeben. Selbst solche Kleinigkeiten hat er ausgepackt.«

Darüber hinaus wird alles, was man zu Protokoll gibt, vom Untersuchungsrichter verdreht oder verändert. Anstatt »Treffen« schreibt er »Menschenauflauf«, anstatt »Ansichten« – »Antisowjetische Ansichten«, anstatt »gab zu lesen« – »verbreitete«. Die Unterschrift will man wegen solcher »Lappalien« dann auch nicht verweigern. Immerhin hat der Mann sich doch solche Mühe gegeben, hat fleißig geschrieben. Es ist wirklich erstaunlich, wie schwer es dem Sowjetmenschen fällt, »Nein« zu sagen oder: »Ich verweigere die Aussage.« Lieber redet er im Potentialis: »Na ja, so ungefähr«, »eventuell«, »vielleicht«.

Der Untersuchungsrichter macht daraus natürlich sofort ein »Ja« und fügt von sich aus noch einen ganzen Satz hinzu, ein ausführliches »Ja« sozusagen.

Hinzu kommen noch die Zellenspitzel und die Andeutung des Untersuchungsrichters, daß es den Verwandten, Frau und Kindern schlecht ergehen wird, falls . . .

Wenn dann die Sache endlich abgeschlossen ist und man seinen Anwalt sehen kann, ist es zu spät. Was sich die Leute nicht alles aus Unwissenheit aufladen! Und nicht nur sich selbst, auch anderen . . .

Ein weiterer wichtiger Trumpf der Untersuchungsrichter sind die Zeugen. Auch auf sie trifft das oben Gesagte zu, nur mit dem Unterschied, daß es der Zeuge noch schwerer hat als der Angeklagte. Wer in einem politischen Prozeß als Zeuge geladen ist, muß damit rechnen, bereits verdächtig zu sein. Morgen schon kann er selbst auf der Anklagebank sitzen. Er wird also alles tun, um einen unverdächtigen Eindruck zu erwecken. Bei manchen Prozessen weiß man wirklich nicht, warum der eine als Zeuge, der andere als Angeklagter auftritt. »Schuldig« sind beide in gleichem Maße, aber dem Untersuchungsrichter paßt es so wohl besser in den Kram.

Dem Zeugen droht man sofort mit Strafen für Aussageverweigerung oder falsche Aussagen.

»Also, hat Ihnen Bürger N. nun gesagt, daß es in unserem Land keine Demokratie gibt, oder nicht?«

Wer hätte das nicht mal gesagt! Es würde geradezu verdächtig aussehen, wenn man es nicht zugäbe. Gleich würden sie einem eine falsche Aussage anhängen.

»Ich kann mich nicht genau erinnern, vielleicht . . .«

»Schon gut«, winkt der Untersuchungsrichter ab, »wir wissen Bescheid. Also, sagen wir, am Donnerstag bei Ihnen zu Hause, bei Tisch. Sie haben gerade einen Witz über Nadjeschda Krupskaja[53] erzählt. So war es doch?«

»So ungefähr«, zögert der Zeuge, »ich kann mich nicht genau erinnern.«

Besonders schlecht erinnert er sich dran, daß er selbst einen Witz erzählt haben soll. Und der Untersuchungsrichter schreibt ins Protokoll: »Ja, am Donnerstag hat Bürger N. bei mir zu Hause antisowjetische Gespräche geführt, indem er behauptete, es gäbe in der UdSSR keine Demokratie« – die schändlichste aller denkbaren Verleumdungen unseres demokratischsten aller Systeme! § 70 ist ihm sicher. Welcher Rechtsanwalt kann ihm da noch helfen?

Der Rechtsanwalt ist sowieso nur im normalen Strafverfahren eine echte Hilfe. Bei politischen Prozessen ist er in der Regel ein Handlanger des KGB, von ihm bestellt, oder, in der offiziellen Version, »zugelassen«. Wenn es den Untersuchungsrichtern, Spitzeln und Zeugen im Verein mit der juristischen Ahnungslosigkeit des Häftlings nicht gelungen ist, aus Bürger N. ein brauchbares Geständnis herauszuquetschen, dann nimmt sich der Anwalt der Sache an. Er schlägt nicht nur das Gesetzbuch auf, sondern beweist dem Häftling auch anhand seiner reichhaltigen Erfahrung, daß ein offenes Geständnis als mildernder Umstand bewertet wird:

»Gestehen Sie, und wenn auch nur pro forma, dann bekommen Sie weniger. Anstatt sieben Jahre, fünf. – Sonst kann ich Sie leider nicht verteidigen.«

Das ist der Grund, warum es beim KGB keine »unaufgeklärten Fälle« gibt. Wenn man zugeben müßte, daß Bürger N. zu Unrecht verhaftet, zu Unrecht in Lefortowo festgehalten worden ist, dann wäre das eine unerhörte Blamage. Die Folge wären Degradierungen, Pensionierungen und Verbannungen einiger Untersuchungsrichter. Den Chef der ganzen Truppe würde man nach Tschukotka schicken, damit er bei den Eisbären den Antisowjetismus ausrotten könnte.

Ein derartiger Skandal ist allerdings bei uns noch nie vorgekommen. Es hat noch nie einen Freispruch in einem politischen Prozeß gegeben, höchstens eine Strafe auf Bewährung, wenn der Angeklagte seine Untaten in der Verhandlung besonders eindrucksvoll bereute. Unsere sowjetischen Gerichte haben ja in erster Linie die Aufgabe, die Massen zu erziehen, und was wäre das für eine Erziehung, wenn auch ein Dummkopf sehen könnte, daß Bürger N. selbst nach sowjetischen Maßstäben völlig unschuldig verurteilt wurde.

Man würde also N. in diesem Fall laufen lassen, bevor es zum Prozeß kommt und zwar nicht mit einem »Freispruch«, sondern mit einer »Begnadigung«. Man stelle sich vor, eine Begnadigung ohne Urteil, ja sogar ohne Verhandlung! Im äußersten

Fall ließe man ihn »wegen nicht erwiesener Schuld« gehen, und das bedeutet: »Lauf nur, Freundchen, wir werden inzwischen weiteres Material gegen dich sammeln, du entwischst uns nicht.« So erging es in unserem Fall Ilja Gabaj. Man ließ ihn zunächst laufen, verhaftete ihn aber zwei Jahre später wieder, und da gab es dann nichts Unbeweisbares mehr.

Meine Position im Untersuchungsverfahren war einfach und klar: Ich bin ein Bürger dieses Landes und habe mich an seine Verfassung gehalten. Ja, ich habe die Demonstration organisiert und aktiv an ihr teilgenommen. Es ist mein in der Verfassung verbrieftes Recht, und ich habe davon Gebrauch gemacht. Ich habe Bekannte aufgefordert, an der Demonstration teilzunehmen, habe die Transparente angefertigt, sie auf den Platz gebracht und selbst eines gehalten. Wen ich im einzelnen aufgefordert, mit wem ich die Transparente angefertigt habe und wer auf dem Platz war, dazu äußere ich mich nicht, da das mit meiner Sache nichts zu tun hat. Ich verantworte mich nur in eigener Sache. Vor dem Betreten des Platzes habe ich meine Bekannten instruiert. Ich habe ihnen den Text des § 190/3 verlesen und alle Versammelten ermahnt, die öffentliche Ordnung nicht zu stören, den Forderungen der Sicherheitsorgane nachzukommen, keinen Widerstand zu leisten und den Verkehr sowie die Arbeit der Behörden nicht zu behindern. Während der Demonstration hat keiner von uns gegen diese Gebote verstoßen. Gestört haben die öffentliche Ordnung erst diejenigen, die uns festgehalten und uns die Transparente entrissen haben. Ich verlange, daß man sie ermittelt und zur Rechenschaft zieht. Entsprechend schrieb ich hunderte von Beschwerden an alle möglichen Instanzen und forderte als guter Bürger die Ergreifung und Bestrafung der wahren Schuldigen.

Am zehnten Tag präsentierte man mir die Anklage nach § 190/3. Darin hieß es u. a.: ». . . Auf die Nachricht von der Verhaftung seiner Freunde Laschkowa, Dobrowolskij, Galanskow u. a. hat der Beschuldigte, in der Absicht, sie zu befreien, unter Verletzung des gesetzlich für derartige Fragen vorgeschriebenen Instanzenweges, den Weg der illegalen Äußerung seiner Forderungen und der Ablehnung des § 70 und der §§ 190/1, 190/3 StGB der RSFSR beschritten, ist als einer der Organisatoren von Handlungen aufgetreten, welche die öffentliche Ordnung auf dem Puschkin-Platz in Moskau am 22. Januar 1967 gröblich verletzt haben und hat aktiven Anteil an diesen Handlungen genommen«.

»Verstehen Sie die Anklage?«, fragte mich der Untersuchungsrichter.

»Nein«.

Jetzt hatten wir die Rollen getauscht, und es war an ihm, Erklärungen abzugeben. Wie aber sollte er das? Die Sowjetmacht hat nicht gelernt, Erklärungen abzugeben, sie kann nur Erklärungen fordern.

»Ich verstehe nicht, wie man darauf gekommen ist, mir die ›Absicht der Befreiung Verhafteter‹ vorzuwerfen, was das für ein ›gesetzlich vorgeschriebener Instanzenweg‹ ist, wie ich ihn verletzen konnte, wenn ich ihn gar nicht beschritten habe, warum die Art der Äußerung meiner Forderungen illegal ist – sie war doch völlig verfassungsgemäß – und vor allem, worin sich denn die gröbliche Verletzung der öffentlichen Ordnung geäußert hat?«

Staatsanwälte, Abteilungsleiter, Zivilisten strömten herbei, fuchtelten mit den Armen und runzelten die Stirn, aber die Sache wurde mir nicht klarer. Wie soll man auch erklären, daß man die Befreiung griechischer politischer Gefangener fordern darf, die sowjetischer politischer Häftlinge aber nicht? Wo steht in unserem Gesetz geschrieben, daß unsere Demonstration auf dem Puschkin-Platz eine Verletzung der öffentlichen Ordnung, die Maidemonstration auf dem Roten Platz dagegen keine ist? Die härteste Nuß aber war für sie jener Paragraph der Verfassung, in dem den Bürgern der UdSSR schwarz auf weiß die Demonstrationsfreiheit garantiert wird.

Ich setzte ihnen zu mit dem Gesetz, trieb sie mit Paragraphen in die Enge, bombardierte sie mit Verfassungsartikeln: »Gebt es doch zu, sagt es doch laut, daß es in der UdSSR keine Demonstrationsfreiheit gibt, daß hier alles verboten ist, was euch nicht paßt.« Und sogleich verfielen sie selbst in den Potentialis, den Eventualis: »vielleicht«, »so ungefähr«, »in etwa« . . .

»Sie sind doch – ein Sowjetmensch . . .«

»Nein, ich bin Bürger der UdSSR.«

»Und Ihre Ansichten?«

»Was haben die mit meiner Sache zu tun? Ich hoffe doch, man hält mich nicht wegen meiner Ansichten hier fest?«

»Bekennen Sie sich schuldig?«

»Wie kann ich mich schuldig bekennen, wenn ich die Anklage gar nicht begreife. Erklären Sie sie mir doch.«

Sie waren gesetzlich zu dieser Erklärung verpflichtet, und ihre Weigerung beziehungsweise ihr Unvermögen veranlaßten mich zu einer weiteren Flut von Beschwerden: Sie wollen einem armen Häftling die Anklage nicht erklären! Ein halbes Jahr sitze ich nun schon hier und weiß nicht warum! – Von oben kam die prompte Antwort: »Dem Beschuldigten ist die Anklage zu erklären.« Der Kreis war geschlossen. Das passiert hin und wieder auch bei Computern: Lämpchen leuchten auf, es rattert und brummt, aber die Lösung bleibt aus. Die Position des Staatsbürgers hatte sich als unangreifbar erwiesen.

Anfangs gab man mir natürlich keine Gesetzbücher. Der Gefängnisdirektor, Oberst Petrenko, ein Mann mit gewaltigen buschigen Augenbrauen unter einer Pelzmütze beschied mich persönlich:

»Nicht gestattet.«

Also schrieb ich wieder einen Packen Beschwerden und drohte mit Hungerstreik. Keine zwei Tage vergingen, da erklärte derselbe Oberst Petrenko mit weinerlicher Stimme: »Wir haben einfach keine Gesetzbücher hier; wir haben die ganze Bibliothek auf den Kopf gestellt. Ich habe hier mein Privatexemplar, mit einer persönlichen Widmung von Semitschastnyj. Darf ich Ihnen das anbieten?«

Ich nahm es, das Geschenk mit dem Autogramm des damaligen KGB-Chefs, und ich nahm auch einen Kommentar zur Strafprozeßordnung und noch einen ganzen Berg anderer juristischer Literatur. Nur die Verfassung, die konnten sie partout nicht beschaffen. Aber ich war unerbittlich, und am vierten Tag kam endlich ganz außer Atem der stellvertretende Gefängnisdirektor, Oberstleutnant Stjepanow, bei mir an und keuchte: »Hier, ich hab Ihnen die Verfassung gebracht, leider nur die der RSFSR, die der UdSSR konnte ich nicht auftreiben. Aber beide sind ja identisch. Ich hab sie von meinem eigenen Geld gekauft. Kostet drei Kopeken. Schon gut, wir rechnen später ab.«

Petrenko und ich wurden bald gute Freunde. Er kam hin und wieder in meine Zelle, betrachtete nachdenklich die leeren Regale und fragte, die buschigen Augenbrauen unter der Mütze drohend gefurcht, mit gespielter Strenge:

»Warum seh ich keine Lebensmittel?«

»Alles aufgegessen.«

»Wann dürfen Sie wieder was bekommen?«

»Erst in einem Monat.«

»Schreiben Sie ein Gesuch. Ich gestatte ein Extrapaket.« Damit ging er.

Er war selbst einmal Untersuchungsrichter gewesen und erkannte sofort bei der Lektüre meiner zahllosen Beschwerden, daß die Untersuchung in einer Sackgasse steckte, daß man einfach nichts Strafbares finden konnte.

Inzwischen paukte ich Gesetzestexte, las sie wie einen Kriminalroman, lernte sie auswendig wie die Logarithmentafel und entdeckte mit Erstaunen, wie viele Rechte ich doch hatte. Und ich nutzte sie weidlich aus: Ich hielt die Untersuchungsrichter ganz offen zum Narren, bombardierte sie mit Beschwerden, zwang sie, ihre Protokolle bis zu zehnmal neu zu schreiben. Weigerten sie sich, dann unterschrieb ich eben nicht, und all ihre Mühe war umsonst.

Es war Sommer und unerträglich heiß. Die Untersuchungsrichter schwitzten und sehnten sich nach dem schattigen Wald.

»Wladimir Konstantinowitsch! Reicht es denn nicht? Wie oft soll ich's denn noch schreiben!«

»Schreib du nur, du Hund«, dachte ich. »Schreib, was ich dir diktiere. Leg du dir nur deine eigene Schlinge. Diesmal kannst du keine naiven, erschrockenen Kaninchen ins Fangeisen jagen. Wie viele Seelen hast du auf dem Gewissen, wie viele Leben hast du ruiniert! Ich kriege alles von dir.« Und er schrieb und schrieb, schweißüberströmt.

Etwa um die Mitte des Sommers, als sie endgültig am Ende waren, leiteten sie eine Untersuchung nach § 70 ein. Diesmal wollten sie heimlich zu Werke gehen, mir keine neue Anklage präsentieren. Aber schließlich haben wir ein Gesetz. Erst die Anklage, dann die Fragen. Wieder beschwerte ich mich überall: Ungesetzliche Untersuchung! Verbrecher! Ich will vor Gericht!

Meine Kameraden, Kuschew und Delaunay (Chaustow war schon zu drei Jahren verurteilt worden) waren entgegenkommender: Sie schrieben den Untersuchungsrichtern tränenreiche Geständnisse. Für sie war das alles zu viel – das Gefängnis, die Gitter, die Wärter. Ein halbes Jahr ohne Verwandte und vor ihnen die große Ungewißheit.

Aus dem Verfahren erwuchsen dem KGB immer neue Schwierigkeiten. Aus den Äußerungen zweier Polizisten ging hervor, daß sie Gabaj auf direkten Befehl des KGB-Obersten Abramow festgehalten hatten, der auf dem Platz die Auflösung der Demonstration geleitet hatte. Also war er der gesuchte Störenfried! Haltet den Dieb! Ich verlangte sofort, daß Oberst Abramow zur Rechenschaft gezogen würde.

Schließlich geriet das Verfahren völlig ins Stocken. Es gab einfach nichts mehr zu sagen. Mein Untersuchungsrichter holte mich nur noch hin und wieder zu einem Schwätzchen, denn über dieser ganzen Bataille waren wir unmerklich Freunde geworden, und er langweilte sich ohne mich und unsere kurzweiligen Zänkereien. Er kam aus der Provinz, aus der Nähe von Jaroslawl und schämte sich, wie alle Provinzler, seiner geringen Allgemeinbildung wegen.

»Komm, erzähl mir irgendein Buch. Damals, 1963, lief doch ein Verfahren gegen dich wegen Djilas. Was ist das für ein Ding?«

»Gibt man euch denn nichts zu lesen? Traut man euch auch nicht über den Weg?« staunte ich.

»Wo denkst du hin? Man kommt nur mal an was Interessantes, wenn man bei Haussuchungen was beschlagnahmen kann. Aber bei uns in Jaroslawl gibt's nichts zu beschlagnahmen!«

Er hörte mir so gespannt zu, als ginge es um die Frage, ob es auf dem Mars Leben gibt. Er saugte meine Worte auf wie ein Schwamm. Ich erzählte ihm alles, was ich von den Samisdat-Büchern behalten hatte – sollte er es ruhig mit nach Jaroslawl nehmen und seinen Bekannten weitergeben. Vielleicht gab es dort auch Leute, die nach Neuigkeiten dürsteten.

Irgendwie gefiel er mir – groß, breite Stirn, offenes Gesicht. Die ganze Angelegenheit und die Rolle, die ihm darin zugedacht war, sagten ihm ganz offensichtlich nicht zu. Im Krieg hatte er bei der Artillerie gedient, und er erzählte mir, wie einige seiner Divisionskameraden versucht hatten, irgendeine Höhe zu nehmen. Sie fielen alle, aber sie gaben nicht auf.

»Die Deutschen haben sie«, so erzählte er, »mit allen militärischen Ehren begraben. Es kam sogar ein General zur Beerdigung, nahm seine Mütze ab und befahl, einen Ehrensalut zu schießen. Das ist richtig, einen würdigen Gegner muß man ehren. Auch ich würde gern . . . so wie jener . . .« Hier kam er ins Stottern, machte eine Bewegung, als wollte er mir die Hand reichen, konnte sich aber dann doch nicht entschließen. Wie, wenn ich sie nicht nähme?

Wie ich später erfuhr, ist er bald darauf aus dem KGB ausgeschieden. Ich weiß nicht, ob das stimmt, aber ein schlechter Kerl war er meines Erachtens nicht; nur half er einer schlechten Sache.

Es war der stellvertretende Generalstaatsanwalt Maljarow, der schließlich der Untersuchung ein Ende setzte. Er erbarmte sich der Tschekisten, verlängerte die Untersuchungsfrist nicht und schrieb quer über eine meiner Beschwerden: »Ermittlungen einstellen, Sache ans Gericht weiterleiten«. Die Großen Feiertage, die Fünfzigjahrfeier der Sowjetmacht, standen vor der Tür, und so eine blamable Gerichtsverhandlung wäre nicht gerade ein willkommenes Geschenk der eifrigen Tschekisten an das geliebte ZK gewesen.

Also machten sie kurz vor der Verhandlung noch einen verzweifelten Versuch, den Skandal zu vermeiden: Über die Anwälte meiner Mitangeklagten schlugen sie mir vor, ich solle die Einholung eines psychiatrischen Gutachtens beantragen.

»Hauptsache, die Sache zieht sich bis zu den Feiertagen hin«, versicherten sie mir. »Da gibt's dann eine Amnestie, Sie werden entlassen, und allen ist gedient.«

Aber das paßte mir nicht. Schließlich hatte ja ich das KGB in der Hand und nicht umgekehrt. Es wäre eine unverzeihliche Dummheit gewesen, jetzt nachzugeben und das KGB und mich um die Verhandlung zu bringen. Außerdem war es eine ganz absurde Idee, daß ich selbst um ein psychiatrisches Gutachten nachsuchen sollte. Da würde ich mir ja selbst die Schlinge um den Hals legen. Für psychisch Kranke gab es nie eine Amnestie.

»Na gut, wenn Sie's nicht anders wollen. Denken Sie doch auch an Delaunay und Kuschew, beides junge Männer. Warum zerstören Sie Ihr Leben? Viel werden Sie natürlich nicht bekommen, aber eine Vorstrafe haben Sie dann doch . . .«

Ich blieb bei meiner Weigerung, und sie zogen enttäuscht ab. Meine Anwältin, Dina Isakowna Kaminskaja, war an diesem Handel nicht beteiligt. Sie sagte nur »entscheiden Sie selbst«, und hörte sich unser Gespräch schweigend an. Wahrscheinlich glaubte ich deshalb plötzlich, daß ein Wunder geschehen sei und ich einen ehrlichen Anwalt hatte.

Gewöhnlich können die Verwandten eines politischen Häftlings oder er selbst nur einen Verteidiger bestellen, der eine »Zulassung für geheime Gerichtsverfahren« besitzt. Da aber diese »Zulassung« vom KGB erteilt wird, erhalten sie natürlich nur seine Vertrauensleute. Vor der Verhandlung bearbeiten diese »Verteidiger« ihren Mandanten, versuchen ihn zu einem Geständnis, zu den notwendigen Aussagen zu überreden, ja sogar irgendwelche anderen, das KGB interessierenden Dinge in Erfahrung zu bringen. Vor Gericht erklären sie zuallererst, daß sie als aufrechte Sowjetmenschen die Ansichten ihres Mandanten verurteilten, von dem Grad seiner Verkommenheit erschüttert seien und es nur deshalb wagten, das Hohe Gericht um eine Milderung der Strafe zu bitten, weil der Angeklagte noch so jung (oder umgekehrt, schon so alt), so unerfahren, noch nicht vorbestraft oder kränklich sei, weil er eine schwierige Kindheit gehabt oder minderjährige Kinder habe, weil er geständig und bereit sei, mit ehrlicher Arbeit seine Schuld und den der Gesellschaft zugefügten Schaden wiedergutzumachen. Es ist sogar vorgekommen, daß der Anwalt sich so sehr in die Rolle des empörten Sowjetmenschen hineinsteigerte, daß sogar der Richter sich veranlaßt sah, ihm mit der Frage Einhalt zu gebieten: »Genosse Anwalt, verteidigen Sie den Angeklagten oder klagen Sie ihn an?«

Natürlich hatte ich mit so einem Anwalt gerechnet und war eigentlich entschlossen, von meinem Recht der Ablehnung eines Verteidigers Gebrauch zu machen. Frau Kaminskaja begegnete ich mit größter Vorsicht. Zwar hatte meine Mutter sie ausgewählt, aber was verstand sie schon von solchen Dingen. Da half auch nicht der Hinweis auf die Freundschaft mit Sofia Kallistratowa, die Vitja Chaustow so glänzend und mutig verteidigt hatte. In meiner Zelle in Lefortowo hatte ich davon nichts gehört. Erst nach jenem Gespräch über das Gutachten verlor ich mein Mißtrauen.

Offenbar war in unserem Land endlich eine Zeit gekommen, da es unter den Anwälten mit »Zulassung« auch ehrliche Leute gab, die bereit waren, die staatsbürgerlich-rechtliche Position zu verteidigen, aus dem gleichen Impuls wie wir. Und es dauerte auch gar nicht lange, da sprach alle Welt voller Bewunderung von unseren tapferen Anwälten Kallistratowa, Kaminskaja, Solotuchin, Saljeskij, Arija, Monachow u. a. Zum ersten Mal in der Geschichte der Sowjetunion beantragten Verteidiger in politischen Prozessen für ihre Mandanten Freispruch wegen nicht erwiesener Schuld, und das schlug wie eine Bombe ein. Dabei spielte es keine Rolle, daß die Verteidigung keinen Einfluß auf das Urteil hatte, das ja schon vorher von den obersten Parteigremien festgesetzt worden war. Hier hatten wir gar keinen Sieg erwartet.

Als der Prozeß gegen uns endlich begann, war nicht mehr zu übersehen, daß er mit einem totalen Fiasko enden würde. Gabaj war nach fünfmonatigen ergebnislosen Ermittlungen entlassen worden. Man hatte noch eine Zeitlang versucht, ihm ein Strafverfahren »anzuhängen«, aber auch das war nicht geglückt. Von den Freunden, deren Verhaftung Anlaß zu unserer Demonstration gewesen war, hatte man Radsijewskij freigelassen. Nun wollte man uns wegen der »ungesetzlichen« Forderung nach Freilassung der Verhafteten verurteilen, obwohl das KGB einen von ihnen inzwischen selbst freigelassen und somit einen Teil unserer Forderung erfüllt hatte. Die übrigen waren noch nicht vor Gericht gestellt worden, und es war also durchaus denkbar, daß auch sie freikommen würden.

Keiner der gehörten Zeugen, KGB-Einsatzleute und Polizisten eingeschlossen, hatte in unseren Handlungen eine Störung der öffentlichen Ordnung gesehen. Diejenigen, die die Demonstration aufgelöst hatten, mußten zugeben, daß sie vom KGB dazu aufgefordert worden waren. Die Demonstranten selbst hatten einmütig bezeugt, daß ich sie angewiesen hatte, die öffentliche Ordnung nicht zu stören und den Forderungen der Sicherheitskräfte nachzukommen. Die Gerichtsverhandlung mußte und würde für das KGB der letzte Akt eines äußerst blamablen Schauspiels werden. Ich war fest entschlossen, nach Kräften dazu beizutragen, und wollte daher den Prozeß aktiv führen, ihnen keine Atempause gönnen und versuchen, das KGB in meinem Schlußwort soweit wie möglich bloßzustellen.

Es war anzunehmen, daß ebenso wie beim Prozeß gegen Daniel und Sinjawski niemand zur Verhandlung zugelassen würde. Da aber deren Schlußworte auf irgendeine Weise doch an die Öffentlichkeit gelangt waren, hoffte ich, daß auch meine Freunde Mittel und Wege fänden, meine Rede mitschreiben zu lassen. Aber selbst wenn das nicht gelänge, wollte ich so auftreten, als spräche ich vor dem ganzen Land. Ich fühlte mich dazu moralisch berechtigt und verpflichtet. Die Verhandlung sollte als das dastehen, was sie tatsächlich war, als eine himmelschreiende Ungesetzlichkeit, gleichgültig ob man das nun draußen erführe oder nicht.

Darüber hinaus wollte ich in meiner Rede die Ziele unserer Demonstration erläutern und die Verfassungsfeindlichkeit der politischen Paragraphen des StGB aufzeigen, immer bezogen auf meine Position als Staatsbürger, die ich bei dieser Gelegenheit beschreiben und unter Ausnutzung des allgemeinen Interesses an der Verhandlung und des Überraschungsmomentes propagieren wollte. Kurz und gut, ich wollte eine etwa anderthalbstündige Rede halten, was natürlich ein Fehler war, denn wer würde eine so lange Rede im Kopf behalten?

Von der Verhandlung gegen Sinjawski und Daniel wußte ich, daß Richter und Staatsanwalt alles versuchen würden, mich nicht zu Wort kommen zu lassen, daß sie die Zeugen unterbrechen und überhaupt alles daransetzen würden, den Gang der Verhandlung zu bestimmen. Deshalb hatte ich die Strafprozeßordnung sehr aufmerksam studiert und alle juristischen Möglichkeiten durchdacht, wie ich den Prozeß nach meinen Plänen dirigieren könnte. Vor allem erwartete ich häufige Wortgefechte mit dem Richter und hatte für diesen Fall ein ganzes Aktionsprogramm ausgearbeitet. Von meinen Begegnungen mit Untersuchungsrichtern und Staatsanwälten wußte ich, wie schlecht sich die sowjetischen Juristen in der Strafprozeßordnung auskennen, und war daher überzeugt, daß der Hinweis auf irgendeinen seltenen Paragraphen den Richter in arge Verlegenheit bringen würde: Er konnte ja nicht gut mitten im Prozeß das Gesetzbuch aufschlagen und damit seine Inkompetenz unter Beweis stellen.

Aus dem Gesetzbuch erfuhr ich zum Beispiel, daß mir das Recht zustand, Bemerkungen zur Verhandlungsführung zu machen und die Aufnahme dieser Bemerkungen ins Protokoll zu verlangen. Ich glaube nicht, daß irgend jemand seit Bestehen dieses Gesetzes davon Gebrauch gemacht hat – natürlich würde sich auch der Richter dieses Artikels nicht erinnern. Um nicht zu langweilen, wollte ich nur etwa fünf, sechsmal von diesem meinem Recht Gebrauch machen, um dann plötzlich, mitten im Prozeß, die Ablösung des Richters zu beantragen, da mich meine Beobachtungen zu der Überzeugung gebracht hätten, daß er befangen sei. Die Beratung über den Antrag versprach recht spaßig zu werden. Nach dem Gesetz darf der Richter selbst nicht daran teilnehmen, womit ihm eigentlich bereits das Mißtrauen ausgesprochen ist. Die beiden Beisitzer müssen sich in das Beratungszimmer zurückziehen und dort allein die Ablehnung des Antrags formulieren. Schließlich müssen sie ihren Spruch ja begründen. Nun sind aber Beisitzer in aller Regel juristisch völlig ahnungslos, außerdem völlig unbeteiligt und unbeholfen, so daß ich mir ausmalen konnte, was sie in ihrem Kämmerlein ohne den Beistand des Richters zusammenschreiben würden. Bis sie damit fertig waren, mußte der Richter den Stuhl des Vorsitzenden räumen und im Saal Platz nehmen, insgesamt also eine äußerst unangenehme und erniedrigende Prozedur, die geeignet war, auch den abgebrühtesten Richter aus der Fassung zu bringen.

Ich hatte mir noch eine ganze Reihe solcher Tricks zurechtgelegt, doch ich brauchte sie nicht anzuwenden; es ging alles viel reibungsloser als erwartet.

Am Morgen des 30. August fuhr man uns, Delaunay, Kuschew und mich, ins Moskauer Stadtgericht in der Kalantschewka und sperrte uns in den Keller. Gegen zehn Uhr brachten uns Begleitposten in den Gerichtssaal auf die Anklagebank – wir saßen nebeneinander.

Ich war furchtbar aufgeregt und fürchtete schon, meinen Plan nicht durchführen zu können, aus dem Konzept zu kommen, zu stottern und meine Chance zu vertun. Ich hatte auf diese Verhandlung wie auf einen Festtag gewartet: Einmal im Leben würde ich Gelegenheit haben, meine Meinung öffentlich auszusprechen.

Doch ich brauchte nur den Saal zu betreten, seinen typischen Amtsstubenmief zu riechen, seine scheußliche Wandfarbe, die Bürostühle und die schmutzige Decke zu sehen, als auch schon die Nervosität und Hochstimmung von mir abfielen.

Die Richterin, eine Frau von fünfundvierzig Jahren, ganz und gar nicht der grimmige Typ, eher sogar freundlich, übte die Rechtsprechung mit der gleichen routinierten Automatik aus, mit der ein Priester die Messe liest. Für sie war das ein ganz gewöhnlicher Arbeitstag. Die Beisitzer dösten friedlich vor sich hin, den Kopf in die Hand gestützt, die Begleitposten gähnten, und im Saal saßen Tschekisten in Zivil, die Publikum spielten.

Tausende kahlgeschorener Häftlinge waren in grauer Reihe durch diesen Saal gegangen, hatten vor den Augen dieser Richter, Beisitzer und Begleitposten ihre Urteile entgegengenommen – fünf, zehn, fünfzehn Jahre, Todesurteil – und waren dann verschwunden. Die Dichter früherer Zeiten konnte noch Oden über Gefangene in malerischen Lumpen, mit klirrenden Ketten, in finsteren Kerkern schreiben und von blutigen Henkern berichten. Heute wird nicht mehr auf dem Schafott hingerichtet, wo man immerhin noch zum Volk gewandt und mit einer tiefen Verbeugung nach allen Seiten ausrufen konnte: »Ihr guten Leute! Bei diesem Heiligen Kreuz schwöre ich, ich bin unschuldig!« – und wenn man das Haupt auf das Schafott legte: »Schlag zu, Gottloser!«

Heute geht das wahrscheinlich wie am Fließband: »Hier unterschreiben und da noch. An die Wand stellen. Fertig. Der nächste.« – Gähnen, ein Blick auf die Uhr, ist nicht bald Mittagszeit?

Angesichts dieses armseligen Gerichts verging mir plötzlich alle Lust, Reden zu halten oder auch nur den Mund aufzumachen. War es nicht ekelhaft, so zu tun, als nähme man diese Farce ernst?

»Bürger Richter . . . Bürger Staatsanwalt . . . Bürger Zeugen . . .«

Sie haben das Urteil schon fertig in der Tasche, brauchen nur noch zu unterschreiben. Monotone Fragen, monotone Antworten – alles schon bekannt, zurechtgelegt. »Ich verstehe die Anklage nicht. Ich bekenne mich nicht schuldig.« – Wie entsetzlich langweilig!

Schließlich rettete mich der Staatsanwalt. Er hatte eine so widerliche Visage, und als er dann noch mit einem gemeinen Grinsen damit anfing, daß man in sieben Monaten Haft doch wohl Gelegenheit gehabt haben müsse, seine Ansichten zu revidieren, da geriet ich in Rage. Dieser elende Bursche mit seiner Amtsschnauze. Mißt alle an sich selbst. Der würde schon am ersten Tag im Gefängnis seine eigene Mutter verkaufen! Dem werd ich's zeigen!

Von da an ging alles nach Plan. Die Richterin versuchte ein paarmal, mich zu unterbrechen, aber ich war darauf vorbereitet und konterte mit meinem bereitgehaltenen Paragraphen. Sie geriet tatsächlich etwas aus der Fassung und unterbrach mich fortan in den ganzen drei Prozeßtagen so gut wie gar nicht mehr, nur hin und wieder, pro forma, um keinen Rüffel zu bekommen. Ich brauchte keinen Ablehnungsantrag zu stellen.

Dann kam die Vernehmung der Zeugen – eben jener »Vertreter der Macht«, die uns die Transparente entrissen hatten, und ich stürzte mich mit den Verteidigern auf sie, daß die Federn flogen. Wie gut sie das KGB auch vorbereitet haben mochte, sie machten eine schlechte Figur. Alle diese »freiwilligen Helfer« gaben zu, daß sie keine Armbinden getragen hatten; »Ordnungswidrigkeiten« konnten sie keine nennen, und einige von ihnen plauderten sogar aus, daß man sie schon vorher auf die bevorstehende Demonstration hingewiesen und sie mit deren Auflösung beauftragt habe. Das ganze wirkte höchst lächerlich.

»Warum haben Sie sich denn überhaupt eingemischt?« fragten die Verteidiger. »Nur weil Sie sahen, daß sie Transparente hielten?«

»Ja.«

»Was stand denn auf den Transparenten?«

»Irgendwelche Namen.«

Den Inhalt hatten sie also gar nicht erkannt, das konnten sie auch nicht, da sie uns von der Seite angriffen.

Die Polizisten wurden gar nicht erst als Zeugen aufgerufen. Sie hatten bei der Voruntersuchung schon zu peinliche Aussagen gemacht.

Am zweiten Tag wurden unsere Freunde als Zeugen vernommen, die an der Demonstration teilgenommen hatten. Sie hielten sich alle vorzüglich, und meine Mitangeklagten faßten wieder Mut. Es ist doch leichter, wenn man bekannte Gesichter sieht. Das Erstaunlichste war, daß sie nach ihrer Vernehmung nicht aus dem Saal gewiesen wurden. Sie durften sitzenbleiben und waren natürlich bemüht, sich alles genau einzuprägen.

Am dritten Tag kamen die Plädoyers. Der Staatsanwalt fühlte sich so in die Enge getrieben, daß er erklären mußte: »Die Störung der öffentlichen Ordnung bestand in der Tatsache der Demonstration an sich.« – Sofort meldeten sich die Verteidiger: »Und was ist mit der Verfassung?«

Endgültig durcheinander gebracht, erklärte er: »Es ist unmöglich, die Freilassung von Personen zu beantragen, die vom KGB verhaftet wurden. Das untergräbt die Autorität der Sicherheitsorgane . . . Ebenso unmöglich ist es, eine Gesetzesänderung zu beantragen. Das Nichteinverständnis mit Handlungen der Regierungsorgane kann nur »auf dem dafür vorgesehenen Wege« ausgedrückt werden (was das für ein Weg sei, erklärte auch er nicht). Jeder andere Weg stellt eine Verletzung der öffentlichen Ordnung dar.«

Vom juristischen Standpunkt war das alles Unsinn, und er machte eine klägliche Figur. Dina Kaminskaja ließ keinen Stein dieser ungeschickten Argumentation auf dem anderen, und selbst die übrigen Anwälte verlangten einen Freispruch ihrer Mandanten.

Meinen Kameraden waren die Lebensgeister so weit zurückgekehrt, daß sie in ihrem Schlußwort zwar das Vorgefallene bedauerten, eine Schuld jedoch bestritten. Ich sprach lange – zu lange für so ein Gericht. Doch ich sagte alles, was ich mir vorgenommen hatte. Ich fuchtelte dem Staatsanwalt mit meiner Drei-Kopeken-Verfassung vor der Nase herum und verhieß ihm gegen Ende, daß ich nach meiner Freilassung wieder eine Demonstration organisieren würde.

Wahrscheinlich sprach ich ungewöhnlich scharf, denn wenn ich mich hin und wieder im Saal umblickte, bemerkte ich mit Erstaunen die entsetzten Mienen meiner Freunde und das aschgraue, völlig eingefallene Gesicht meiner Mutter. Sie sahen alle aus, als seien sie Zeugen einer fürchterlichen Naturkatastrophe. Nur Alik Wolpin nickte aufmunternd mit dem Kopf.

Wie zu erwarten, unterschied sich die Formulierung des Urteils in nichts von der Anklageschrift, ganz so, als hätte es die drei Prozeßtage nicht gegeben. Ich bekam die schon vorher festgelegten drei Jahre, und meine Kameraden wurden auf Bewährung entlassen. Beim Abschied umarmten wir uns. Ich wußte, daß es für sie schwerer sein würde als für mich. Nach dem Reuebekenntnis, das sie vor Gericht abgelegt hatten, würden sie nun draußen wieder und wieder bereuen müssen, aber diesmal im Ernst. Ich hoffte, daß sie die Kraft fänden, das durchzustehen und doch Menschen zu bleiben.

Ich kehrte also allein in meine Zelle zurück. Auf dem Weg vom Gerichtsgebäude zum Wagen (im geschlossenen Innenhof) warf mir einer der Freunde aus einem Fenster im oberen Stock einen ganzen Armvoll Kornblumen auf den Kopf. Auch die Begleitposten bekamen ein paar ab. Kornblumengeschmückt kam ich in meiner Zelle an.

»Was soll das«, runzelte Petrenko die Brauen. »Blumen? Na, na, na . . .«, weiter sagte er nichts, sondern wandte sich ab, obwohl Blumen im Gefängnis sicher »nicht gestattet« sind.

Zwei Monate später erging die Amnestie zum 50. Jahrestag der Sowjetmacht, aber in dem Erlaß des Präsidiums des Obersten Sowjets hieß es ausdrücklich, die Amnestie erstrecke sich nicht auf diejenigen, die wegen »Organisation oder aktiver Teilnahme an Gruppenhandlungen, welche die öffentliche Ordnung in grober Weise gestört haben« verurteilt seien. Volle drei zusätzliche Zeilen im Erlaß, obwohl wegen dieses Vergehens in der UdSSR damals nur zwei Leute saßen: Chaustow und ich!

Eine andere unerwartete Konsequenz des Prozesses war die Pensionierung meines langjährigen Freundes General Swjetlitschnyj, Chef des Moskauer KGB und mein »böser Zwerg«.

Ich war schon im Lager, als im Januar 1968 die Verhandlung gegen Galanskow, Ginsburg, die Laschkowa und Dobrowolskij eröffnet wurde. Noch einmal unternahmen die Machthaber den verzweifelten Versuch, die Intelligenz einzuschüchtern und sie auf die amtlichen Auffassungen einzuschwören. Während die offizielle Propaganda unsere Verhandlung mit Schweigen übergangen hatte – nur ein winziger Hinweis in der »Wjetschernaja Moskwa« –, wurde diesem »Prozeß der Vier« die ungeteilte, marktschreierische Aufmerksamkeit der gesamten Sowjetpresse zuteil, unterstützt, wie im Fall Sinjawski und Daniel, von einer Kampagne des allgemeinen Volkszorns, empörten Briefen von »Werktätigen« – Melkerinnen, Webern, Schafhirten und Rotarmisten.

Wieder versuchten die Machthaber, die Sache so darzustellen, als handle es sich hier nicht um Überzeugungen, sondern um »Verschwörungen«, »heimliche Verbindungen zu subversiven Zentren« und »Verleumdung«. Zumindest war das die für den Export bestimmte Version. Den Leuten im eigenen Land drohte man dagegen unverhohlen: »So geht es euch, wenn ihr nicht kuscht!«

In Wirklichkeit stießen hier, wie in der Verhandlung gegen Sinjawskij und Daniel, zwei grundverschiedene Standpunkte, zwei Lebensauffassungen aufeinander: die heimliche, untergründige, zwiespältige und die offene, an das Gesetz appellierende, die bürgerlichen Rechte aktiv verteidigende. Mit ungewöhnlicher Klarheit demonstrierte dieser Prozeß die Verkettung von Untergrundmentalität und offizieller Willkür. Es war kein Zufall, daß die Anklage eben in dieser Mentalität ihre Hauptstütze suchte und fand.

Was ist »antisowjetische Literatur«? Was die Sowjetmacht selbst? Was darf man lesen und was nicht? Wo ist die Grenze zwischen »Kritik« und »Verbrechen«, zwischen Wahrnehmung von durch die Verfassung geschützten Rechten und »Unterminierung der Sowjetmacht«? – Alles, was ich vor Gericht anzusprechen versucht hatte, stand auch hier wieder im Mittelpunkt der Verhandlung.

Irgendwie erinnerte das ganze an absurdes Theater: die gleichen Gesetzesparagraphen, Termini und Worte, aber auf beiden Seiten völlig verschiedene Auffassungen davon. Anklage, Gericht und Propaganda vertraten ideologische Vorstellungen, Angeklagte, Verteidiger und Zeugen – rechtliche, und jene Prozeßteilnehmer, die nicht bereit waren, die staatsbürgerlich-rechtliche Position zu unterstützen, standen automatisch auf Seiten der Anklage.

Entsprechend wurde ein und dasselbe Buch von den einen als antisowjetisch bezeichnet, von den anderen dagegen nicht, bekannten sich in ein und derselben Sache die einen schuldig, während die anderen jede Schuld bestritten.

Die ganze Verhandlung beruhte auf so infamer Rechtsbeugung, daß sie einen Sturm der Empörung hervorrief. Von unserem Prozeß gewarnt, gestattete die Obrigkeit den Zeugen nicht, nach ihrer Aussage im Saal zu bleiben, sondern ließ sie mit Gewalt entfernen. Den Angeklagten gab man keine Gelegenheit zu sprechen, den Verteidigern keine Gelegenheit, Fragen zu stellen. Die Zeugen wurden unterbrochen, sobald sie irgendwelche für die Anklage ungünstige Aussagen zu machen drohten, und Richter wie Staatsanwalt sprachen um die Wette den Gesetzen Hohn.

Es ging in diesen Prozessen um die Priorität von Ideologie oder Recht, und von der Entscheidung in dieser Frage hing nicht etwa nur das Schicksal der Verurteilten, sondern unser gesamtes weiteres Leben ab.

Das Schicksal der Verurteilten stand bereits fest – der ideologische Staat konnte nicht zulassen, daß ihm ein Rechtsstandpunkt aufgezwungen würde. Jura Galanskow, der die ganzen fünf Prozeßtage grau vor Schmerzen, die ihm ein Geschwür verursachte, die Nachstellungen des Richters und Staatsanwalts tapfer abgewehrt hatte, starb im Lager, bevor er seine sieben Jahre abgesessen hatte. Doch die Welle des Protests, die diesem unmenschlichen Urteil folgte und die alle bisherigen weit übertraf, bestärkte mich in der Überzeugung, daß wir unsere Zukunft selbst in die Hand nehmen mußten.

»Wir appellieren an die Weltöffentlichkeit und in erster Linie an die sowjetische Öffentlichkeit. Wir appellieren an alle, die ein waches Gewissen und genügend Mut haben: Fordern Sie die öffentliche Verurteilung dieses schändlichen Prozesses und die Bestrafung der Schuldigen.

Fordern Sie die Freilassung der Verurteilten aus der Haft. Fordern Sie die Wiederholung der Verhandlung unter Beachtung aller Rechtsnormen und in Anwesenheit internationaler Beobachter.

Bürger unseres Landes: Dieser Prozeß ist ein Schandfleck auf der Ehre unseres Staates und auf dem Gewissen jedes einzelnen von uns. Sie selbst haben dieses Gericht und diese Richter gewählt – fordern Sie ihre Absetzung wegen Amtsmißbrauchs. Es geht nicht mehr nur um das Schicksal der Verurteilten – der Prozeß gegen sie ist nicht besser als die berüchtigten Prozesse der dreißiger Jahre, die für uns alle so viel Schande, so viel Blut bedeutet haben, daß wir bis heute nicht darüber hinweggekommen sind«, schrieben Larissa Bogoras und Pawel Litwinow in ihrem Appell an die Weltöffentlichkeit.

Eine Flut von Protestschreiben folgte: Der Brief der Nowosibirsker, der Brief der Ukrainer, der Brief der Zeugen, der Brief der 79, der 13, der 224, der 25, der 8, der 46, der 139 . . . Es schrieben ganze Familien, und es schrieben Einzelpersonen. Ein.

Matrose aus Odessa, ein Kolchosvorsitzender aus Lettland, ein Geistlicher aus Pskow, ein Ingenieur aus Moskau, Schriftsteller, Wissenschaftler, Arbeiter, Studenten aus allen Teilen des Landes schrieben.

Sie verloren ihre Arbeit, ihren Studienplatz, ihre Titel, wurden in der Presse und auf Versammlungen beschimpft; der eine oder andere gab klein bei, viele aber wurden nur noch härter und unversöhnlicher, und ihre Zahl nahm immer mehr zu. Lesen Sie die Unterschriften unter diesen ersten Briefen, und Sie werden die Namen von Leuten finden, die im gleichen Jahr oder ein paar Jahre später vor Gericht standen. Neue Verhaftungen, neue Gerichtsverhandlungen, neue Proteste. Zwangsmaßnahmen gehörten nun zum täglichen Leben. Die Gerichtsverhandlungen, die im ganzen Land nach dem Muster unserer ersten Prozesse abliefen, wurden zum Ritual: Am Eingang Menschentrauben, die nicht zum »öffentlichen Prozeß« zugelassen werden. – Ilja Gabaj sagte dazu: »Vor den verschlossenen Türen der öffentlichen Gerichtsverhandlung« – ein Schwarm ausländischer Korrespondenten (sofern Moskau der Schauplatz war), reißerische Zeitungsartikel, Plädoyers der Verteidiger, Schlußworte der Angeklagten und immer die gleichen grausamen Urteile. Dann wieder Proteste, Proteste . . . Nur in Leningrad konnten sie sich immer noch nicht ganz von ihrer Untergrundmentalität lösen; 1965, als der Fall Sinjawski-Daniel dem Höhepunkt zutrieb, wurde dort die Gruppe »Kolokol« (Glocke) – ein marxistischer Geheimbund – abgeurteilt; 1967/68, zur Zeit der Moskauer Prozesse und Demonstrationen – die Untergrundgruppe der Christlichen Sozialisten (WSCHSON).

Es war erstaunlich, wie viele Probleme in unserem friedlichsten aller Staaten auf diese erste Aufforderung hin sichtbar wurden – rechtliche, nationale, soziale, religiöse. Jeden Tag, so zeigte sich jetzt, ereigneten sich so viele Verfolgungen, Verhaftungen, Zwangsmaßnahmen, daß im Samisdat alle zwei Monate ein Informationsblatt herausgegeben werden mußte, die »Chronik der laufenden Ereignisse«, damit alle diese Vorfälle erfaßt werden konnten. Überhaupt hörte das Samisdat auf, eine rein literarische Angelegenheit zu sein: Offene Briefe, Artikel, Pamphlete, Traktate, Forschungsberichte, Monographien gehörten nun ebenso zu seinem Repertoire wie Gerichtsprotokolle. Je mehr die Machthaber wüteten, desto größer und stärker wurde die Bewegung – bald wußte man nicht mehr, wer der Jäger und wer der Gejagte war, und wie die Jagd enden würde.

Für mich war es unerträglich, gerade jetzt untätig im Lager herumsitzen zu müssen. Nur eines tröstete mich, daß nämlich unter den übrigen Dokumenten des Samisdat auch die Aufzeichnungen unseres Prozesses, die Pawel Litwinow[54] angefertigt hatte, im Land verbreitet wurden. Wenigstens wußte ich nun, wozu ich die drei Jahre absaß und daß meine Äußerungen vor Gericht nicht ganz in den Wind gesprochen waren.

»Na, Landsmann, wie wär's mit 'nem Spielchen? Du hast da 'n ganz passablen Pullover . . .«

Von meinen zahlreichen Reisen im Gefangenentransport und den verschiedenen Lageraufenthalten kannte ich die Welt der Kriminellen, ihre Gesetze und Gewohnheiten schon recht gut. Ich wußte, daß es sinnlos ist, mit ihnen zu spielen. Die Karten waren gezinkt, und sie kannten unzählige Tricks. Die Karten waren ihr Lebenszweck, den ganzen Tag spielten sie damit, mischten und teilten aus, um nicht aus der Übung zu kommen, und wenn sie ein Opfer gefunden hatten, dann »zogen sie es völlig aus«. Einfach ablehnen war nicht ratsam; schließlich mußte man mit ihnen leben, in meinem Fall sogar drei Jahre lang.

»Na gut«, sagte ich, »aber nur Préférence. Leute haben wir genug dafür; wir schreiben an, da haben wir die ganze Nacht zu tun.«

Schon wurde er unruhig. Préférence, das kennt man in Gaunerkreisen nicht. Ich sah sofort, daß er es nie gespielt hatte. Aber ablehnen konnte er nicht gut. Was wäre er für ein Gauner, wenn er ein Spielchen ablehnt!

»Also, Landsmann, wenn du erklärst, wie das geht . . .«

Ich erklärte es, und sie setzten sich zögernd. Innerhalb einer Stunde hatte ich ihnen gründlich das Fell über die Ohren gezogen. Préférence ist ein kompliziertes Spiel, fast wie Schach. Es erfordert sehr viel Übung. Sie versuchten natürlich zu betrügen; ich zuckte mit keiner Wimper. Sollten sie ruhig mogeln, wenn sie das Spiel nicht beherrschten, würde ihnen das gar nichts nützen.

»Also«, sagte ich schließlich. »Nehmt eure Sachen wieder zurück. Ich brauche sie nicht. Und jetzt zeig ich euch, wie man's richtig spielt.«

Sie waren so fasziniert, daß wir die ganze Nacht durchspielten und die besten Freunde wurden.

Früher, vor allem gleich nach dem Krieg, verhielten sich die Kriminellen den politischen Häftlingen gegenüber äußerst feindselig, raubten sie aus und erschlugen sie mitunter sogar. Zu Beginn der fünfziger Jahre kam es häufig vor, daß sich die Politischen gegen die Willkür der Kriminellen im Lager auflehnten. Es ist schwer zu sagen, was sich seither geändert hat, die Kriminellen, die Politischen, oder die allgemeine Stimmung im Lande; jedenfalls besteht diese Feindschaft heute nicht mehr. Im Gegenteil, die Politischen werden besonders geachtet, und wenn sie ehrlich sind und hart, nicht gegen den Ehrenkodex der Verbrecher verstoßen, dann helfen die ihnen immer, auch wenn sie selber in der Patsche sitzen.

Dafür müssen aber die Politischen als wandelndes Lexikon alle im Lager anfallenden Fragen beantworten, müssen die endlosen Streitereien schlichten, die sich an Problemen entzünden wie: Wieviele Generalissimi gab es, wieviele Kilometer sind es von Tula nach Tambow? oder: Welche Stadt ist älter, Kiew oder New York? Aus irgendeinem unerfindlichen Grund hat sich bei den Häftlingen die Überzeugung durchgesetzt, daß es drei Generalissimi gegeben hat – Suworow, Stalin und Franco. Aber sie hören immer aufmerksam und ehrfurchtsvoll auf das, was man sagt, und widersprechen nie. Natürlich entging auch ich, als einziger Politischer im Lager, diesem Schicksal nicht; vor allem mußte ich ihnen stets die Beschwerden schreiben.

Es hat mich immer gewundert, wie schnell diese Kriminellen Menschen durchschauen, wie sicher sie ihre Schwächen erraten und sofort sagen können, welchen Weg einer im Lager nehmen wird. Einerseits also ein phantastisches Gespür, andrerseits eine Naivität, Gutgläubigkeit und Grausamkeit, wie man sie nur bei Kindern findet.

Zu dem Transport, der uns ins Lager brachte, gehörte auch ein junges Bürschchen aus Moskau. Er war zweiundzwanzig und in keiner Weise bemerkenswert, aber er erregte auf Anhieb und aus mir unerklärlichen Gründen das Mißfallen der übrigen Häftlinge. Schon auf der Zwischenstation Woronesch, wo ich die Gauner in Préférence schlug, kamen sie irgendwie dahinter, daß er Zigaretten versteckt hatte. Mit Tabakwaren war es in der Zelle schlecht bestellt, und so nahmen sie ihm, ohne ein Wort zu sagen, die Zigaretten weg und legten sie auf den Tisch zum allgemeinen Gebrauch. Etwas später entnahm ich ihren Gesprächen, daß sie ihn zur Strafe vergewaltigen wollten. Ich machte meinen ganzen Einfluß geltend, um ihnen das auszureden. Es gelang mir auch, aber sie reagierten wenig freundlich auf meine Intervention.

»Warum machst du dich für den stark?« murrten sie. »Er ist ein Stinker, im Lager wird er bestimmt denunzieren. Siehst ja, die Zigaretten wollte er auch behalten.«

»Was hat denn das damit zu tun?« wunderte ich mich.

»Was das damit zu tun hat? Du hast doch dein ganzes Zeug gleich mit uns geteilt, oder nicht?«

In der Tat hatte ich als einziger ein paar Lebensmittel mitgebracht. Meiner Mutter war es gelungen, mir vor der Abreise ein Extrapäckchen zuzustecken. Etwa eine Woche hatte die ganze Zelle davon gezehrt. Doch ich verstand noch immer nicht den Zusammenhang zwischen den Zigaretten und dem Denunzieren.

Sie sollten jedoch rechtbehalten. Der Bursche wurde im Lager sehr bald zum Denunzianten; er verpfiff auch mich an den periodisch anreisenden KGB-Mann, obwohl er ganz genau wußte, aus welcher Not ich ihn befreit hatte.

Im Lager bleibt nichts verborgen, und bald wußten alle davon, doch niemand machte mir Vorwürfe oder sagte: »Siehst du, wir hatten recht.« Sie kamen und bemitleideten mich sehr taktvoll, aber kein Wort über meinen Auftritt während des Transports. Ich hätte ihnen die geplante Rache allerdings auch dann ausgeredet, wenn ich gewußt hätte, wie undankbar sich der Kerl erweisen würde. Ihr Gespür imponierte mir aber immerhin.

Die Welt der Gauner oder »Räuber« bietet ein außerordentlich interessantes Beispiel für unverfälscht-volkstümliche Rechtsfindung. Natürlich gibt es heute praktisch keine sogenannten »Räuber unter dem Gesetz« mehr, doch ihre Ideologie ist erschreckend lebendig geblieben und geht durch fast alle Bevölkerungsschichten; sie ist vor allem bei der Jugend sehr populär. Selbst Gefängnisaufseher leben in den Vorstellungen dieser Gaunerideologie, die all die kühnen, draufgängerischen Träume und Vorstellungen vom wahren, unabhängigen Leben in sich vereint. Es ist nur natürlich, daß sich heroische, außergewöhnliche Naturen, vor allem junge, davon angezogen fühlen.

Die Ursprünge dieser Ideologie lassen sich meines Erachtens bis zu den frühesten Heldensagen oder den Legenden vom edlen Räuberhauptmann zurückverfolgen. Ich sehe keinen großen Unterschied zwischen der Ideologie irgendeines Fürsten, der mit seinem Gefolge die Umgebung verwüstete und den Unterworfenen Abgaben auferlegte, und der eines heutigen Bandenchefs und seiner Leute. Auch sie halten ihr Gewerbe nicht für schimpflich; im Gegenteil, die Grundvorstellung der Gauner entspricht durchaus dem Gerechtigkeitssinn irgendeines legendären Helden und besagt nichts anderes, als daß sie, die Gauner, eben die Besseren sind, denen die restliche Bevölkerung tributpflichtig zu sein hat. Sie stehlen also nicht, sondern nehmen sich nur das ihnen »Zustehende«, wie sie es nennen. In ihren Beziehungen untereinander sind sie freilich peinlich korrekt; Diebstahl an einem ihrer eigenen Leute, wie überhaupt Diebstahl im Lager, gilt als das unverzeihlichste aller Vergehen.

Im Grunde kenne ich die Geschichte dieser Gaunerzunft nur wenig. Ich weiß nur, daß sie in den dreißiger und sogar noch in den fünfziger Jahren außerordentlich stark war. Ihr wichtigster Grundsatz war die Nichtanerkennung des Staates und die Wahrung völliger Unabhängigkeit von ihm. Ein richtiger »Räuber unter dem Gesetz« durfte auf keinen Fall arbeiten, auch wenn er von staatlicher Seite noch so sehr unter Druck gesetzt wurde. Er durfte keinen festen Wohnsitz haben: War er nicht im Gefängnis, so wohnte er in irgendwelchen »Schlupfwinkeln« bei anderen Spießgesellen. Sie mußten sich vom Raub ernähren, wobei jeder richtige Räuber über eine ganz bestimmte »Fertigkeit« verfügte, auf die er stolz war und die er auch nicht einfach wechseln konnte. Die Beute wurde nie gleichmäßig unter alle verteilt, sondern dem Anführer ausgehändigt, der sie dann nach »Verdienst« aufteilte. Diese Anführer wurden nie gewählt, sondern einfach kraft ihrer Autorität anerkannt (genau wie im Politbüro). Die Welt der Gauner ist nach einem komplizierten hierarchischen System gegliedert, dem kein demokratisches, sondern ein rein autoritäres Prinzip zugrunde liegt. Nach dieser Rangordnung wird auch die Beute verteilt, wird bestimmt, was wem »zusteht«.

Es gibt eine große Zahl ungeschriebener Gesetze, und nur die ranghöchsten Gauner dürfen sie auslegen und Streitigkeiten schlichten. Die Gaunergerichte sind ebenfalls ein althergebrachtes und eigenartiges Beispiel für die Rechtsfindung des Volkes. Ich habe im Lager oft Gelegenheit gehabt, solche Verhandlungen zu beobachten, und dank des Vertrauens, das ich genoß, durfte ich sogar hin und wieder daran teilnehmen, natürlich ohne Stimme. Sie beruhen auf dem Klageprinzip, wenn man es einmal so nennen darf, das heißt, eine Verhandlung gegen einen Gauner kommt nur zustande, wenn der Geschädigte vor dem ranghöchsten Gauner oder sogar vor der Generalversammlung persönlich gegen ihn Klage erhebt. Fast nie enden derartige Verhandlungen mit einem Vergleich, sondern fast immer mit einem

Schuldspruch, wobei der Geschädigte dann den Schuldigen persönlich zur Rechenschaft ziehen darf. Die Strafe reicht von Töten, über Vergewaltigung bis zu Prügel oder materieller Kompensation. Nur wenn der Verlierer sich dem Spruch nicht beugt, wird das Urteil vom Richter selbst dank seiner Autorität vollstreckt. Vorher darf sich kein anderer einmischen.

Das »Gesetz« der Gauner schützt nur jene, die es beachten. Wer ernstlich dagegen verstößt, wird – wiederum aufgrund eines Gerichtsbeschlusses – für vogelfrei erklärt, die anderen dürfen dann mit ihm tun, was sie wollen. Einer, der auch nur irgendwann einmal mit der Obrigkeit zusammengearbeitet hat (z. B. eine Armbinde getragen oder einen Mitbruder denunziert), wird nie »unter dem Gesetz« stehen und nie an einer Versammlung teilnehmen dürfen. Er kann auch nicht als Zeuge auftreten. Wichtige Äußerungen bekräftigt der Gauner mit einem Schwur – »Boschba« –, der seinen Worten absolute Gültigkeit verleiht. Alle für die Gemeinschaft bedeutsamen Fragen werden von der »Versammlung« entschieden.

In der Überlieferung ist der »Räuber« immer ein erfolgreicher Draufgänger; er sieht gut aus, ist geschickt, läßt sich nicht erwischen, ist grausam aber gerecht und wird überall respektiert und gefürchtet. Viele Lieder und Erzählungen sind dieser romantischen Heldenfigur gewidmet. Die »Räuber« unserer Tage leben traditionsgemäß in einer »Familie« und achten sich gegenseitig als »Brüder«.

Entsprechend ihrer Selbstschätzung müssen sie im Lager oder Gefängnis die Herren sein. Dort sind sie zu Haus. Sie müssen in Saus und Braus leben können, sich ihre Diener und einen homosexuellen Freund halten können, alle Nicht-Gauner haben ihnen freiwillig Tribut zu entrichten. Gauner haben im Lager nicht das Recht, sich selbst etwas mit Gewalt anzueignen oder zu stehlen – es muß ihnen freiwillig gebracht werden. Sie dürfen im Kartenspiel gewinnen und betrügen, den anderen »austricksen«. Gleichzeitig sind sie jedoch verpflichtet, ihren Brüdern in der Not zu Hilfe zu eilen, sich freigiebig und großzügig zu erweisen. Diejenigen aber, die verlieren, also »ausgetrickst« werden, müssen für den Gewinner zur Strafe rauben und stehlen gehn. Der Gauner beschützt seine Tributpflichtigen, er darf sie nicht von anderen Gaunern beleidigen lassen und muß für Gerechtigkeit unter ihnen sorgen. Er darf traditionsgemäß nicht zulassen, daß er aus dem Gefängnis entlassen wird – er muß ausbrechen. Arbeiten darf er natürlich auch nicht; aber er wird selbstverständlich an den Prozenten beteiligt, die seine Brigade erarbeitet.

In dieser Form existierte die Gaunerzunft bis zur Mitte der fünfziger Jahre. Lange Zeit hatte sie sich ungestört entfalten und ausbreiten können, weil der Staat in ihr eine Stütze gegen die politischen Häftlinge sah, gegen die er sie aufhetzte und mit denen er sie dann zusammensperrte. Auf diese Weise hatte aber die professionelle Kriminalität zu Beginn der fünfziger Jahre solche Ausmaße angenommen, daß die Machthaber sich endlich doch entschlossen, ihr ein Ende zu bereiten.

Unter dem Motto: »Die Welt der Kriminellen überlebt sich von selbst«, riefen sie eine Gegenbewegung ins Leben, die sogenannten »Hunde« (Suki), oder wie sie sich selbst nannten, die »polnischen Gauner«. »Hunde« waren alle jene, die sich vom Staat mit allen möglichen grausamen Methoden schließlich doch zur Arbeit zwingen ließen. Sie wurden dann als Brigadiere, Meister usw. in einigen Lagern zu Chefs gemacht und jagten ihrerseits die anderen mit Gewalt an die Arbeit. Es kam zu dem berühmten »Hundekrieg«, in dem sich die Gauner gegenseitig nahezu aufrieben. Absichtlich wurden in die Lager der »Hunde« »Räuber« gesperrt und umgekehrt, so daß ein regelrechtes Massaker begann. Die Folge war, daß es zu meiner Zeit gar keine echten »Räuber unter dem Gesetz« mehr gab – ein paar Dutzend sitzen vielleicht noch in den Gefängnissen; ich selbst habe den einen oder anderen in Wladimir getroffen.

Ihre Ideologie aber lebt mit einigen Veränderungen bis heute fort (angesichts der harten Lebensbedingungen draußen und der strengen Lagerordnung dürfen sie zum Beispiel jetzt arbeiten, zu Hause wohnen, müssen nicht mehr aus dem Gefängnis ausbrechen usw.). Auch eine etwas erleichterte Version ihres Ehrenkodex existiert noch. Ihre Grundsätze und Kriterien sind so verbreitet, daß ihre Ideologie vermutlich insgesamt wesentlich populärer ist als die kommunistische. Im Grunde unterscheidet sie sich nur wenig von derjenigen der Parteiführung, und überhaupt gleichen sich diese beiden Welten sehr.

Brutstätten der Gaunerideologie sind vor allem die »Maloljetki«, die Kolonien für minderjährige Verbrecher. Es geht dort, wie ich aus Erzählungen weiß, außerordentlich hart und grausam zu. Die Halbwüchsigen verprügeln und hetzten sich gegenseitig, und die von der Lagerleitung etablierte künstliche Hierarchie einerseits sowie das Prinzip der kollektiven Verantwortung für die Taten einzelner andrerseits sorgen dafür, daß Haß und Mißtrauen stets wachgehalten werden. Natürlich nehmen auf diese Weise die Stärksten und Widerstandsfähigsten das Heft in die Hand und lassen alle anderen nach ihrer Pfeife tanzen; die heroischen Überlieferungen von Räubergemeinschaften verleihen diesem Leben Sinn und Berechtigung. Nach ihrer Entlassung verbreiten die Jugendlichen diese Lebensweise weiter und sichern ihr immer mehr Anhänger. Wer einmal in diesem Geist erzogen wurde, kommt nicht so schnell davon los. Jeder im Lager muß sich in die geltende kastenartige Ordnung fügen, nach der die Privilegien verteilt werden. Wer gegen eine der vielen brutalen internen Regeln verstößt, und das kann einem Neuling leicht passieren, den kann das teuer zu stehen kommen.

Da war ich also nun im Lager Posolok Bor, vierzig Kilometer von Woronesch. Die Wohnzone umfaßte neun Baracken: sechs zum Schlafen, eine zum Essen, eine Schul- und eine Waschbaracke. Es war furchtbar eng. Jede Baracke war in vier Abteilungen zu sechzig bis achtzig Menschen eingeteilt. Man schlief in zwei, mitunter auch drei übereinanderliegenden Pritschen so eng nebeneinander, daß man sich kaum umdrehen konnte. Insgesamt lebten ungefähr zweitausend Menschen in dem Lager. Sowohl die Wohn- als auch die Arbeitszone war mit mehreren Reihen Stacheldraht, einer Sperrzone und Wachtürmen mit bewaffneten Posten abgesichert.

Überall hingen und standen Produktionsappelle, Planerfüllungsdiagramme und vor allem Schautafeln und Plakate »erzieherischen Inhalts«: auf der Seitenwand der Schlafbaracke beispielsweise ein riesiges Schild, man erkennt nicht gleich, was der Laienkünstler – der Lagertrottel – darauf hat darstellen wollen, erst nach längerer Betrachtung unterscheidet man eine weinende Frau, die traurig ihren Kopf in die Hand stützt und darunter die Schrift: »Junge, verdien' dir eine vorfristige Entlassung!« Weiter erkennt man eine ganze Familie – Mutter mit kleinen Kindern, und darunter: »Die Familie wartet auf dich.«

An allen Zäunen und freien Wänden – Aussprüche berühmter Leute: »Mensch – wie stolz das klingt« (Gorki).

An der Eßbaracke steht: »Wer nicht arbeitet, soll auch nicht essen«. Und tatsächlich wurden alle, die nicht arbeiteten, in die Arrestzelle gesperrt und bekamen nur jeden zweiten Tag Wasser und Brot. Auf dem Tor, das in die Freiheit führt, steht: »In die Freiheit mit reinem Gewissen.« Das sind die Lockungen des sogenannten »kum«, dessen Aufgabe es ist, den Häftlingen mit dem Versprechen eines Strafnachlasses freiwillige Geständnisse unaufgedeckter Straftaten abzuschmeicheln. Natürlich ist keiner so dumm, ihm zu glauben, und die ganz Schlauen machen mit ihm Geschäfte. Für ein Extrapäckchen von zu Hause gestehen sie irgendeine Lappalie, die ihnen keine Strafverlängerung einbringen kann. Die Fotografien dieser Schlaumeier hängen ebenfalls dort am Tor, und darüber steht: »Sie haben gestanden«. Sie bekommen ihr Päckchen, und der »kum« erntet Anerkennung bei seinen Vorgesetzten.

Solche Geschäfte sind durchaus im Sinne der Machthaber. Das fängt schon bei den Ermittlungen an: Die Untersuchungsrichter reden den Häftlingen zu, irgendeine unaufgeklärte Sache auf sich zu nehmen, damit sie sie von der Liste streichen können:

»Komm, gesteh noch zwei Diebstähle. Was macht es dir schon aus? Du hast doch schon vier, dann hast du eben sechs.« Dafür verspricht man ihm irgendeine Vergünstigung, oder man beliefert ihn mit Schnaps. Ist der Häftling nicht willig, dann wird ihm das Geständnis mit Gewalt entlockt. So eine polizeiliche Untersuchung ist eine grausame Sache, denn von der Polizei wird eine hundertprozentige Aufklärung aller Verbrechen verlangt, und wie sollte sie die wohl auf korrektem Wege erreichen?

An jeder Baracke steht außerdem ein Schaukasten mit Fotografien: »Tafel der Bestarbeiter.« Im Unterschied zu einer gewöhnlichen Fabrik, blickten den Betrachter jedoch von diesen Fotos keine Heldinnen der Kommunistischen Arbeit in Kopftüchern, sondern kahlgeschorene Sträflinge an:

»Seid gescheit und prägt euch ein, wer was schafft, kommt schneller heim«, steht da mit Riesenbuchstaben. In der Mitte der Wohnzone eine große rote Tafel: »Wir Verurteilten verpflichten uns wie das gesamte sowjetische Volk . . . zu erfüllen, überzuerfüllen, einzuholen, zu überholen.« Und an jeder Baracke hinter Glas eine Wandzeitung, die den Bemühungen der »Gebesserten« gilt:

»Die Verurteilten Iwanow und Petrow arbeiten gut, sie übererfüllen die Norm. Sie sind auf dem Weg der Besserung und sind Mitglieder der Sektion für innere Ordnung. Die Verurteilten Sidorow und Fjodorow drücken sich vor der Arbeit, erfüllen die Norm nicht und verstoßen gegen die Lagerordnung. Dafür wurden sie mit zehn Tagen PKT bestraft.« Daneben eine Karikatur: Sidorow und Fjodorow hinter Gittern.

Die »Gebesserten« brauchen nie wirklich hart zu arbeiten. Sie werden von der Lagerleitung mit Arbeiten betraut, die ihnen ihre Prozente ohne jede Anstrengung garantieren. Es gibt im Lager viele Posten, die keinerlei Mühe erfordern, aber hundertfünfzig Prozent bringen, während man bei anderen trotz aller Anstrengung nur mit Mühe und Not auf siebzig kommt.

Das erste, was mir bei meiner Ankunft im Lager auffiel, waren die vielen Leute mit roten Armbinden, Tressen, Dreiecken, Romben usw. Es war sicher die Hälfte der Lagerinsassen, wenn nicht mehr, die solcher Zierat schmückte. In dem politischen Lager, in das ich 1973 kam, gab es so etwas nicht. Sogar die sogenannte »Polizei«, das heißt Häftlinge, die wegen Kollaboration mit den Deutschen verurteilt waren und jetzt mit der Lagerleitung zusammenarbeiteten und irgendeinem Kollektivsowjet angehörten, zogen es vor, das zu verheimlichen, und trugen dementsprechend auch keine Armbinden.

Alle diese Dekorierten gehörten zur SIO – Sektion für Innere Ordnung. Über sie schreibt die Leitung in das Gesuch um vorzeitige Entlassung nach Verbüßung der halben Strafzeit (je nach Paragraph): »Sie befinden sich auf dem Weg der Besserung ... nehmen aktiv am gesellschaftlichen Leben teil.« In Wirklichkeit arbeiten sie lediglich mit der Administration zusammen, schaffen die von dieser gewünschte Ordnung und denunzieren ihre Mithäftlinge. Das Ganze nennt sich »Selbstverwaltung«. Natürlich dürfen sich diese Gehilfen der Lagerleitung alles erlauben. Schlagen sie einen Häftling, geschieht nichts; schlägt aber ein Häftling zurück, dann ist ihm Artikel 77/1 (Terrorisierung von Mithäftlingen, die sich auf dem Weg der Besserung befinden) sicher, und das bedeutet zwischen acht und fünfzehn Jahren Haft, wenn nicht gar Erschießen.

Meist nimmt der Terror der »Gebesserten« derart zu, daß er unerträglich wird. Dann kommt es gewöhnlich zu einem Lageraufstand. Irgendeiner der »Gebesserten« wird umgebracht, ein anderer verstümmelt, wieder ein anderer mit Schlagringen verprügelt oder zerstückelt; die übrigen klettern so schnell sie können über den Zaun in die Sperrzone unter den Schutz der MGs oder verkriechen sich auf der Wache. Manchmal zünden die Aufständischen auch Baracken und andere Lagereinrichtungen an (nur die Eßbaracke und die Krankenstation sind tabu). Eine Zeitlang herrscht dann Belagerungszustand. Die Wachen auf den Türmen werden verstärkt, bis die zu Hilfe gerufenen Soldaten kommen und den Aufstand niederwerfen. Es folgt eine Untersuchung; die »Rädelsführer« werden ermittelt und gewöhnlich an Ort und Stelle in einem Schauprozeß zum Tod durch Erschießen (oder zu weiteren fünfzehn

Jahren Haft) verurteilt. Dann herrscht wieder eine Zeitlang Ruhe im Lager – die »Gebesserten« halten sich zurück; die Angst steckt ihnen noch in den Knochen. Doch nach ein paar Jahren, wenn die Besatzung gewechselt hat und das Geschehene in Vergessenheit geraten ist, fängt alles wieder von vorn an. In den sechziger Jahren waren diese Aufstände an der Tagesordnung.

Oberstes Ziel der Lagerleitung ist die Erfüllung ihres Produktionsplans. Davon hängen persönliche Karriere, Prämien und viele andere Segnungen ab. Gleichzeitig ist nach Ansicht des Gesetzgebers und der maßgeblichen Ideologen Zwangsarbeit »das beste Mittel zur Umerziehung«. Und so genießt die Produktion im Lager absolute Priorität.

Unsere Produktionsstätte war ein Möbelkombinat.

Es gibt nichts Scheußlicheres als den Morgenappell im Lager, vor allem im Winter, wenn man zu nachtschlafener Zeit – draußen ist es noch stockfinster – vom heiseren Heulen der Fabriksirenen geweckt wird. Den Kopf noch voller nicht zu Ende geträumter Träume rennst du in die stinkende Eßbaracke, aus deren Tür es dampft wie aus einem Bad, würgst in aller Hast irgendeine Brühe mit klebrigen Fischgräten herunter und stürzt dann im Laufschritt zum Tor, unterwegs noch den Kittel zuknöpfend, um dort, gekrümmt vor Kälte, zu warten, bis der Posten in Schafpelz und Filzstiefeln geruht, die graue Masse zu Eis erstarrter Häftlinge in Fünferreihen einzuteilen. Ich kam Ende 1967 gerade während der schlimmsten Kälte im Lager an und wurde 1970, wieder mitten im Winter, entlassen. Alle drei Winter waren besonders hart, als hätten sie es eigens auf mich abgesehen gehabt.

»Vierte Brigade, die ersten fünf, die zweiten fünf, die dritten, die vierten, die fünften. Marsch!«

»Siebzehnte Brigade. Die ersten fünf, die zweiten, die dritten . . .«

Die Ärmel über die Hände gezogen, die Ohrenklappen der Mütze fest unter dem Kinn verschnürt, wiegt sich die graue Masse von einem Fuß auf den anderen und versucht sich warm zu halten. Vor ihr, jenseits des Tores, zeichnen sich verschwommen die Silhouetten der Werkshallen ab, der Turm des Kesselhauses, und irgendwo kreischt bereits nervtötend eine Kreissäge. Irgendein Streber steht also bereits an seiner Maschine.

Man hat nur einen einzigen Gedanken im unausgeschlafenen Kopf: Wie stell ich es an, irgendwo unterzutauchen, daß der Brigadier mich vor dem Essen nicht mehr findet. Doch der Brigadier findet den Flüchtigen unter den Heizröhren, und dann schleppen sich die beiden, laut fluchend und sich gegenseitig verwünschend und auch sonst noch manches Gemeinsame im Herzen, wieder in die Halle. Mit klammen Fingern dreht man an irgendwelchen Schrauben, stellt die verdammte Maschine ein, aber es geht und geht nicht von der Hand. Eine Stunde, zwei . . . Das monotone Heulen des Motors, rhythmische, immer gleiche Bewegungen – die Finger finden langsam zu ihrer natürlichen Geschicklichkeit zurück, der Berg fertiger Teile wächst.

»He, du machst dich ja kaputt«, schreit dir der Nachbar durch den Maschinenlärm zu. »Gehn wir eine rauchen.«

»Gleich, ich mach nur noch das hier fertig. Dauert nicht mehr lange.«

Plötzlich merkt man voller Entsetzen, daß man stolz ist auf seine Geschicklichkeit, auf die geleistete Arbeit, und daß man den Wunsch hat, sie zu beenden. Ich glaube nicht, daß auch nur ein Lagerhäftling diese unerträgliche Kälte in den Gliedern, diesen nicht zu bezähmenden Widerwillen gegen Maschinen, Hallen, Normen, Brigadiere und sich selbst je verzeihen, je vergessen wird, daß er das Wort »Arbeit« je wieder ohne Haß wird hören oder aussprechen können.

Die Arbeit in einer Möbelfabrik ist noch relativ leicht im Vergleich zum Transport, Stapeln oder auch zum Fällen des dort verarbeiteten Holzes. Das Schlimme ist auch nicht die Härte, sondern das Demütigende der Arbeit.

Ich habe Männer gesehen, die sich Arme und Beine brechen ließen, nur um ein paar Tage nicht arbeiten zu müssen. Es gab im Lager einen erfahrenen Knochenbrecher, einen großen, mageren Kerl, der als Holzfäller gearbeitet hatte. Er legte das Bein oder den Arm über zwei Balken und schlug mit einem in einen Filzstiefel gewickelten Klotz den Knochen in der Mitte durch. Er konnte auf Wunsch sogar einen offenen oder einen verdeckten Bruch liefern.

Andere hackten sich mit dem Beil Finger ab, verschluckten Nägel oder brachten sich Verbrennungen an den Händen bei. Wenn man Puderzucker auftreiben konnte und ihn eine Weile inhalierte, bekam man davon mit einigem Glück eine echte Tuberkulose. Auch gab es unzählige Methoden, Fieber zu erzeugen. Die sicherste war eine intravenöse Injektion mit Lebertran (Spritzen gab es immer bei den Rauschgiftsüchtigen). Die Temperatur stieg danach auf über 40° C.

Das alles registrierte die Lagerleitung unter »Selbstverstümmelung«, und dergleichen wurde natürlich streng bestraft. Die Krankenstation lehnte gewöhnlich die Behandlung nachweislicher »Selbstverstümmler« ab, und die Leitung schickte sie in die Arrestzelle. Dort mußten sie sich dann ohne medizinische Hilfe wie Hunde ihre Wunden lecken! Sie schnitten sich die Pulsadern auf und schluckten Löffel, nur um einen Arzt zu bekommen.

Eine Selbstverstümmelung sicher zu erkennen, ist nicht immer leicht, und daher galt in der Krankenstation das Prinzip, zunächst einmal alle Kranken für Simulanten zu halten und abzuweisen; mal verweigerten sie das Fieberthermometer, mal die Tabletten.

»Mach, daß du an die Arbeit kommst«, beschied man alle ohne Untersuchung. Nur mit den »Gebesserten« machte man eine Ausnahme. Es kam vor, daß Häftlinge wegen unterbliebener Behandlung starben. Ein Fünfzigjähriger zum Beispiel, der mehrmals vergeblich um Validol gebeten hatte, starb schließlich auf der Schwelle der Krankenstation.

Überall im Lager war ein fürchterlicher Dreck – die Krätze verbreitete sich mit

Windeseile und bereitete der Krankenstation einiges Kopfzerbrechen. Immerhin war das eine Epidemie. Zunächst versuchte man, die Erkrankten zu isolieren, doch bald waren es so viele, daß das nicht mehr ging. Wer nicht wirklich krank war, der praktizierte sich mit einer Nadel Harzleim an die entsprechenden Stellen unter die Haut – das sah täuschend echt aus.

Um den Zugang zur Krankenstation weiter zu erschweren, hatte man sie in der Arbeitszone, ganz nah von der Fabrik untergebracht. Wer also hinkommen wollte, mußte erst einmal zur Arbeit aufbrechen. War er aber einmal losmarschiert, dann war er auch nicht todkrank und konnte ruhig arbeiten. Es war eben alles auf die Erfüllung des Plans ausgerichtet. Wozu hat man schließlich Häftlinge?

Ein Straflager für Kriminelle bietet durchaus einen repräsentativen Querschnitt durch die Gesellschaft; wie in einem Wassertropfen spiegelt sich hier das Rechtsbewußtsein und die soziale Einstellung des Volkes. Die sowjetischen Lagerhäftlinge sind in ihrer Mehrzahl keine entarteten Menschen oder Berufsverbrecher. Nach unserer Schätzung beträgt die Zahl der Häftlinge in der UdSSR mindestens zweieinhalb Millionen, das entspricht einem Prozent der Bevölkerung; jeder hundertste Sowjetbürger ist also Häftling. Normalerweise sind es sogar mehr. Berücksichtigt man nun, daß die durchschnittliche Haftdauer etwa fünf Jahre beträgt und die Rückfallkriminalität nicht über zwanzig bis dreißig Prozent liegt, dann ergibt sich, daß fast ein Drittel der Bevölkerung einmal im Lager gewesen ist.

Dieser hohe Anteil an Kriminellen wird vom Regime vor allem aus wirtschaftlichen Gründen künstlich aufrechterhalten.

Ein Häftling ist eine billige (fast kostenlose) Arbeitskraft, die sich zudem nach Gutdünken der Machthaber von einem Wirtschaftszweig in den anderen umdirigieren läßt und für die schwersten und unrentabelsten Aufgaben in nicht erschlossenen Gegenden mit schwierigem Klima herangezogen werden kann, wo eine freie Arbeitskraft nur gegen sehr hohe Vergütung zum Einsatz bereit wäre. Im Gebiet Woronesch gab es zu meiner Zeit insgesamt zehn Lager (unter einer Verwaltung); im Gebiet Perm dagegen, das noch wesentlich nördlicher und näher am Ural liegt (ich war dort 1973/74), gab es etwa fünfzig Lager (unter fünf Verwaltungen). Fast ebensoviel existierten jeweils in den Gebieten Kirow, Tjumen, Swerdlowsk und in der Komi-Republik.

Mit ihrer Hilfe entstanden alle großen Bauwerke des Kommunismus: Staudämme, Kanäle, Straßen, Polarstädte, sämtliche durch Zwangsarbeit, hauptsächlich von Hand ausgeführt, wenig mechanisiert (bei unserer veralteten Technologie ist das ganz rentabel). Der Durchschnittslohn eines Häftlings beträgt sechzig bis achtzig Rubel im Monat (ein Freier bekommt für die gleiche Arbeit hundertvierzig Rubel). Davon werden fünfzig Prozent für den Staat einbehalten und die Hälfte des Restes für Nahrung, Kleidung und Wohnen im Lager. Der Reallohn des Häftlings beträgt also fünfzehn bis zwanzig Rubel monatlich. Von diesem Geld kann er zwischen drei und sieben Rubel pro Monat am Kiosk ausgeben, je nach Lagerordnung. Die Stimulierung zur Arbeit ist also rein negativer Art; neben geringem Lohn besteht sie hauptsächlich in verschiedenen Strafen für Arbeitsscheu oder Nichterfüllung der Norm. Außerdem fallen diese Millionen Menschen als Normalverbraucher aus, was bei dem chronischen Warenmangel für die Regulierung der Nachfrage sehr günstig ist. Den Häftlingen werden nur Waren angeboten, für die bei der restlichen Bevölkerung kein Bedarf besteht; sie können nicht wählen. Eine Wohnung brauchen sie auch nicht – ihre Baracken bauen sie sich selber.

Würde plötzlich eine Generalamnestie erlassen, so wäre das der sichere wirtschaftliche Ruin. Kein Wunder, daß es seit Stalins Tod praktisch keine Amnestien mehr gegeben hat. Die wenigen, die erlassen wurden, erstreckten sich nur auf ganz seltene Straftaten – sämtliche »Massen«-Paragraphen waren ausdrücklich ausgenommen. Statt dessen wurde unter Chruschtschow die vorzeitige Entlassung (und in jüngster Zeit auch die Verurteilung auf Bewährung) erfunden, die mit einer Zwangsverschikkung zu den volkswirtschaftlich besonders wichtigen Bauvorhaben, oder, wie man im Volksmund sagt, zur »Chemie« verbunden ist. Diese Kategorie von Häftlingen läßt sich quantitativ überhaupt nicht erfassen. Gewöhnlich dauert ihre Haft nicht mehr als drei Jahre, aber sie müssen die schwersten und am schlechtesten bezahlten Arbeiten verrichten. Lassen sie sich vor Ablauf ihrer Zeit auch nur das geringste zuschulden kommen, werden sie ohne Anrechnung der bereits verbüßten Strafe in ein Straflager weitergeschickt.

Es ist schwer zu sagen, ob die Staatliche Plankommission (Gosplan) dem Innenministerium direkte Anweisungen gibt, wie viele Verbrecher monatlich benötigt werden, damit die Volkswirtschaft nicht leidet. Bei unserer zentralisierten Planung ist das durchaus denkbar. Nach meiner Vorstellung erfolgt jedoch die Bedarfsdeckung an Häftlingen etwas anders. Von irgendeiner höchsten Parteiinstanz kommt plötzlich eine Direktive: Verstärkter Kampf gegen – sagen wir – das Rowdytum. Nicht, daß es mehr Rowdies gäbe als sonst, aber es ist nun einmal so, daß gerade das Rowdytum in der gegenwärtigen Phase des kommunistischen Aufbaus besonders unerträglich geworden ist. Also beginnt eine Volkskampagne gegen das Rowdytum. Das Präsidium des Obersten Sowjets gibt einen Sondererlaß heraus; die Öffentlichkeit kommt der überforderten Polizei zu Hilfe; die Gerichte erhalten verschärfte Richtlinien und überall Losungen: »Kein Erbarmen mit den Rowdies«, »Den Rowdies soll der Boden unter den Füßen brennen«. Jedes Gebiet, jeder Bezirk muß nun natürlich mehr Rowdies einsperren als vor der »Verstärkung des Kampfes«. Man will ja nicht zurückstehen!

Oben aber, wo die gesamte Berichterstattung zusammenläuft, entdeckt man empört, daß die Zahl der Rowdies im Lande nach der Kampagne größer geworden ist als vorher. Und schon folgt ein neuer Erlaß – über die weitere Verschärfung des Kampfes gegen das Rowdytum. Wieder Anweisungen an die Polizei, Direktiven für die lokalen Parteiorgane, Verhaltensregeln für die Gerichte – und der Begriff »Rowdy« wird immer weiter gefaßt. Zwei Schüler haben sich gezankt – »Rowdies«. Phantastische Urteile werden gefällt – bis zu fünf Jahren! Man muß doch seinen Eifer unter Beweis stellen, die Verschärfung des Kampfes irgendwie sichtbar machen.

Unaufhaltsam wächst die Zahl der Rowdies, die Gefängnisse sind überfüllt, die Gerichte überlastet, die übermütigen Rowdies aber werden in Scharen zum Bau des Bratsker Wasserkraftwerks oder der Baikal-Amur-Magistrale abkommandiert. Gnade Gott dem, der in eine laufende Kampagne gerät; er wird unweigerlich auf die entlegensten Baustellen des Kommunismus gebracht, weil alle diese Kampagnen mit der Werbung Freiwilliger für die neuesten grandiosen Bauvorhaben zusammenfallen.

Nach dem Prinzip der Reziprozität müßte diese Kampagne mit steigender Intensität endlos fortgeführt werden – schließlich kann man nicht aufhören, solange die jeweilige Kriminalität immer weiter steigt. Eine Direktive »Milderung des Kampfes« aber hat es noch nie gegeben, und so wird plötzlich einfach ein neues Verbrechen gewählt, und es heißt dann etwa: »Verstärkung des Kampfes gegen die Veruntreuung sozialistischen Eigentums!« Alles atmet erleichtert auf. Endlich kann man die Rowdies ad acta legen. Ihre Zahl fällt schlagartig, und oben feiert man befriedigt den Erfolg der Kampagne gegen das Rowdytum. Bis der neue Feldzug richtig angelaufen ist, nimmt die Zahl der Häftlinge etwas ab, dann aber steigt sie wieder sprunghaft an.

Etwa nach dem gleichen Prinzip verliefen unter Stalin die Säuberungskampagnen gegen die Volksfeinde. Heute wird es als unbequem empfunden, Millionen politischer Häftlinge zu haben. Rowdies und Betrüger erregen weniger Aufsehen.

So kommt es, daß sich in den Straflagern ganz gewöhnliche Sowjetbürger aufhalten. Es ist also durchaus berechtigt, den Zustand der Sowjetgesellschaft an diesen Lagern zu messen. Wer hier überleben will, der muß sich zu helfen wissen, muß die Wärter bestechen, ein bißchen betrügen, stehlen und gute Beziehungen zum Küchenpersonal unterhalten. Sonst ist er verloren.

Die Lagerleitung selbst stiehlt aus dem Lager, was sie kann. Die Korruption blüht – für Geld gibt es alles, von der Besuchserlaubnis bis zur vorzeitigen Entlassung. Die Herren Leiter bestellen sich in der Fabrik ihre Möbel, ganze Polstergarnituren und bringen sie als Abfall getarnt durch die Sperre. Holz zum Heizen kauft keiner von ihnen, auch kein Baumaterial. Sogar Lebensmittel stehlen sie. Sie verschwinden auf dem Weg vom Vorratslager zum Eßgeschirr. Das beste nimmt sich die Leitung, noch bevor es ins Lager kommt. In der Küche machen sich dann die Köche und »Gebesserten« darüber her, und die klauen nicht nur für sich, sondern auch für ihre Freunde. Der Austeiler schließlich denkt ebenfalls an sich und seine Spezis, so daß dem einfachen Gefangenen, der ganz bieder glaubt, daß ehrbare Arbeit wirklich am schnellsten wieder nach Hause führt, nur Wassersuppe bleibt.

Fast die gesamte Zeit verbringt der Häftling mit Nahrungsbeschaffung. Die Nahrung bestimmt die Beziehungen der Menschen untereinander. Alles geht nach dem Prinzip: Gibst du mir – geb ich dir. Über Aufseher, Freiwillige und Chauffeur, die den Transport der Möbel übernehmen, kann man alles kaufen: Wodka, Tee, Drogen.

Bedenkt man, wie viele Millionen von Menschen durch diese Hölle gehen, dann fragt man sich unwillkürlich: Was erwartet das Regime eigentlich von seinem Volk? Wozu will es seine Bürger eigentlich erziehen?

Nach den im Lager geltenden Kriterien einer »Besserung« ist der ein musterhafter Sowjetbürger, der nicht nur widerspruchslos, sondern sogar freudig tut, was man ihm aufträgt, auch Denunzieren oder Polizeispielen.

Zur Ehrlichkeit wird man im Lager jedenfalls nicht erzogen: Im Gegenteil, wer ehrlich ist, stirbt dort Hungers. Was man lernt, ist stehlen, ohne erwischt zu werden. Hier ein typischer Fall: Der wachhabende Offizier verabredet mit einem Häftling, daß dieser ihm einen Elektrobohrer aus dem Betrieb klaut. Er verspricht ihm dafür zehn Päckchen Tee (nach Lagerpreisen sind das zehn Rubel). Der Häftling erfüllt seinen Teil des Vertrags, stiehlt den Bohrer und schmuggelt ihn unbemerkt am Meister vorbei auf die Wache. Der Offizier wiederum bringt ihn unbemerkt durch die Kontrolle nach Hause, aber den Tee bleibt er schuldig. Es gibt einen Skandal. Der Häftling fordert seinen Tee und verrät schließlich die ganze Sache. Was geschieht? – Der Offizier bekommt einen Verweis wegen »unzulässiger Methode der Aneignung eines Werkzeugs«. Der Häftling aber bekommt fünfzehn Tage Arrest wegen »Diebstahls«.

Was hier stattfindet, ist eine bewußte, planmäßige Demoralisierung des Volkes. Und das nun schon sechzig Jahre lang! Das anständige Element im Volk wird physisch vernichtet und die moralische Verwilderung mit allen Mitteln gefördert. Im Grunde vollzieht sich genau das gleiche auch draußen. Die Löhne sind ein Hohn, also stehlen alle aus der Produktion, was sie nur können. Die Machthaber wissen und dulden dies bewußt, denn wer stiehlt, fühlt sich nicht berechtigt zu fordern. Tut er es dennoch, erinnert man sich flugs an seine Diebereien und sperrt ihn ein. Schuldig ist jeder.

Ich habe oft versucht, diese einfache Weisheit meinen Lagergefährten zu erklären, aber stets ohne Erfolg. Sie hassen das Regime so sehr, daß zum Beispiel das Wort »Kommunist« – für sie das übelste Schimpfwort – unweigerlich eine Schlägerei auslöst. Mich als offenen Gegner des Regimes behandelten sie mit großer Ehrerbietung, doch sie konnten und wollten nicht begreifen, daß sie, indem sie den Staat bestahlen und schädigten, seine Hauptstütze blieben. Es gab sogar welche, die sich allen Ernstes für Kämpfer gegen das Regime hielten. Einer war sehr stolz darauf, daß er am Vorabend der Wahlen ein Wahllokal geplündert hatte. Ich dagegen war und bin davon überzeugt, und versuchte das auch ihnen klarzumachen, daß uns keine Revolution und keine Sabotage retten würde, solange wir nicht anfingen zu fordern, was uns nach dem Gesetz zustand. Begannen wir einmal damit, brauchten wir keine Revolution mehr.

Ich glaube nicht an die Revolution; ich glaube nicht an eine gewaltsame Rettung. Zu offensichtlich ist, was in diesem Land im Fall einer Revolution geschehen würde: Allgemeines Rauben und Stehlen, allgemeiner Verfall, Mord und Totschlag und in jedem Bezirk eine andere Bande, ein anderer »Häuptling«. Die passive, terrorisierte Mehrheit aber würde sich bereitwillig dem Stärksten fügen, und das Ende wäre eine neue Diktatur.

Die Willkür im Lager war grenzenlos. Arbeitsfreie Tage gab es nicht – nur wenn wir Glück hatten, durften wir uns einmal im Monat einen Tag lang ausruhen. Fast jeden Samstag wurde den abmarschbereiten Häftlingen ein Befehl verlesen, demzufolge der Sonntag wegen Nichterfüllung des Plans zum Arbeitstag erklärt war. Betriebssicherheit existierte nur auf dem Papier, so daß abgesehen von den Selbstverstümmlern auch viele andere keine Hände mehr hatten. Allein an meiner Maschine waren innerhalb weniger Monate drei Leute zu Krüppeln geworden; keiner wollte mehr an ihr arbeiten.

Ich wurde an diese Maschine strafversetzt, weil ich als »Gebildeter« in Kürze allen beigebracht hatte, Beschwerden zu schreiben. Zuerst hatte keiner an einen Erfolg dieser Methode geglaubt: »Da wäscht doch eine Hand die andere«. Doch dann hatte ich eine für alle sehr wichtige Sache, nämlich das Recht, Besuch zu empfangen, durchgesetzt. Nach dem Gesetz standen uns jährlich zwei lange Besuche (bis zu drei Tagen) zu, doch die Leitung sah darin kein Recht, sondern eine Vergünstigung und gewährte sie nur den »Gebesserten«. Die übrigen beschied man abschlägig, da sie sich schlecht geführt hätten. Ich sammelte ein paar Dutzend solcher Fakten und begann, an alle möglichen Stellen Beschwerden zu richten, zunächst ohne Erfolg. Als es mir aber gelang, zweihundert Unterschriften für eine solche Beschwerde zu sammeln, klappte es plötzlich: Es kam ein Oberst von der Hauptverwaltung und befahl, Besuchserlaubnis zu erteilen, aber nur diejenigen erhielten sie, die sich beschwert hatten. Sofort bildete sich bei mir eine Schlange, und ich kam gar nicht mehr nach mit dem Schreiben; ich gab daher einen Musterbrief zum Abschreiben raus.

Ein andermal hatten die Aufseher auf der Wache einen jungen Burschen in Anwesenheit eines betrunkenen Offiziers verprügelt. Zum Glück waren Zeugen dabei gewesen, und dem Geprügelten war es überdies gelungen, den Befehl, aufgrund dessen man ihn in den Arrest schleppte, mit einigen Blutflecken zu verzieren. Die Sache zog sich zwei Monate hin, aber am Ende wurde der Offizier doch bestraft. Er bekam einen Verweis. Einen anderen, der sich heimlich die Haare wachsen ließ, weil er Besuch von seiner Frau erwartete, schoren sie vor versammelter Häftlingsmannschaft zur Strafe einen Streifen aus der Mitte der Haare heraus. Ich riet ihm, die restlichen Haare stehenzulassen und einen Monat so herumzulaufen. Und richtig, drei Wochen darauf kam aufgrund seiner Beschwerde irgendein hoher Funktionär aus der Verwaltung und bestrafte, nachdem er sich von der Berechtigung der Klage durch Augenschein hatte überzeugen können, die Schuldigen. Eine ganze Anzahl erstaunlicher Dinge kamen auf diese Weise durch meine Hilfe ins Rollen, bis die Leitung endlich merkte, woher der Wind wehte. Die Maschine, an die man mich strafversetzte, stand in einer kalten, ungeheizten Halle. Im Winter war es schon furchtbar, sich ihr auch nur zu nähern, so eine Kälte strahlte sie aus; wenn man sie dann mit den Händen berührte, froren sie sofort an ihr fest und ließen sich nur wieder losreißen, wenn man dabei seine Haut opferte. Die offenen, völlig ungeschützten Messer drehten sich bei der Arbeit mit mörderischer Geschwindigkeit direkt neben den Händen, und wenn man an ein gesplittertes Brett oder ein Astloch geriet, konnte die rechte Hand blitzschnell in die Messer rutschen. Darüber hinaus war die Norm künstlich so hochgeschraubt, daß man sie bei aller Anstrengung nicht erfüllen konnte.

Die Rechnung der Leitung war einfach: Weigerte ich mich, dann würde sie mich wegen Arbeitsverweigerung in die Arrestzelle sperren; arbeitete ich aber, dann konnte sie dasselbe wegen Nichterfüllung der Norm tun. Als ich einen Monat gearbeitet und gemerkt hatte, daß alle Bemühungen umsonst waren, trat ich in den Hungerstreik. Die Leitung beschloß, das zu ignorieren, und so hungerte ich insgesamt sechsundzwanzig Tage lang. Jeden Tag sollte ich zur Arbeit gehen, und jeden Tag weigerte ich mich natürlich. Am siebzehnten Tag kam ich wegen Arbeitsverweigerung in den Arrest.

Es war November und furchtbar kalt. Im Arrest war fast nicht geheizt, und die Zellenwand war mit Eis überzogen. Wir waren zu elft und hockten alle auf einem Haufen, um uns gegenseitig warmzuhalten. Nur nachts konnten wir uns etwas aufwärmen; wir bekamen dann Holzbretter und wattierte Jacken. Wir legten uns alle seitlich auf das Brett und drehten uns auf Kommando um. Es war noch ein Glück, daß wir etwas zu rauchen hatten. In dieser Hinsicht ist auf Kriminelle immer Verlaß. Sitzt einer im Arrest, so ist es für seinen besten Freund draußen Ehrensache, ihn mit Tabakwaren, manchmal auch mit Essen zu versorgen, sei es auch noch so schwierig und riskant.

Das muß man ihnen lassen, es sind waghalsige Kerle. In unserem Fall stand der Karzerbau in der Sperrzone, war von Stacheldraht umgeben und mit einer Alarmanlage ausgerüstet, und dennoch robbte jeden Abend vor dem Appell einer unbemerkt aus der Wohnzone heraus, zerriß den Stacheldraht, schob sich unters Fenster und steckte etwas durch den Schlitz des Gitters. Wenn er erwischt wurde, kam er gleich mit hinein, und der nächste mußte das schwere Amt übernehmen. Als ich aus dem Arrest kam, unternahm ich selbst solche abendlichen Ausflüge, und ich muß sagen, das ist eine äußerst gefährliche Angelegenheit. Der Wachtposten auf dem Turm konnte denken, man wolle aus dem Lager fliehen, und das Feuer eröffnen. Die Sperrzone war von Scheinwerfern hell erleuchtet, ringsherum lauter Alarmleitungen, so fein wie Spinnweben, und oft genug blieb man mit den Kleidern am

Stacheldraht hängen. Es schien kaum möglich, bei all diesen Sicherheitsvorrichtungen gänzlich unbemerkt zu bleiben.

Manchmal gelang es allerdings auch, den Posten oder den Kalfaktor zu bestechen, dann war es leichter. Ohne Tabakwaren wäre es jedenfalls im Arrest nicht auszuhalten gewesen, vor allem für mich, der ich so lange schon hungerte. Mein Organismus erwies sich ärgerlicherweise als äußerst widerstandsfähig; ich verlor während der ganzen Zeit kein einziges Mal das Bewußtsein, so daß man hätte den Arzt rufen müssen.

Am sechsundzwanzigsten Tag war meine Zeit im Arrest abgelaufen. Als ich ins Freie trat, wurde mir von der frischen Luft schwindlig, ich verlor das Bewußtsein und glitt, gegen die Wand gelehnt, langsam zu Boden.

Lange stritten sie sich in der Leitung darüber, was mit mir geschehen sollte. Der Arzt weigerte sich strikt, mich in der Krankenstation aufzunehmen – ich sei ja nicht krank, sondern nur im Hungerstreik und somit ein Selbstverstümmler. Der diensthabende Offizier aber wollte mich nicht mit ins Lager nehmen. Was, wenn ich plötzlich sterbe? So standen sie über mich gebeugt und stritten. Ich war schon wieder bei Bewußtsein und hätte ohne weiteres aufstehen können, aber ich wollte nicht. Ich lag auf der Schwelle und dachte: »Sollen sie ruhig streiten, schlimmer kann es für mich nicht werden.« Was sollte ich denn noch tun, wie lange noch hungern, damit ich nicht mehr an die Schreckensmaschine mußte. Schließlich siegte der Offizier, und ich kam auf die Krankenstation.

Dieser Offizier war mir überhaupt irgendwie gewogen; es beeindruckte ihn wohl, daß ich es wagte, mich offen gegen das Regime zu stellen. Abends, wenn er Dienst hatte, suchte er mich gewöhnlich auf und redete leicht beschwipst auf mich ein: »Hör mal Bukowski, was legst du dich mit denen an? Da hast du dir die Richtigen ausgesucht! Sie werden dich einfach umbringen. Wie kann man sich nur gegen die Obrigkeit stellen! Sie erschießen dich aus dem Hinterhalt und basta. Das sind doch Banditen.«

Dann berichtete er mir ausführlich von seinen Erlebnissen an der Front, und was er dort für Ungeheuerlichkeiten gesehen hatte. Er erzählte das alles ohne jeden Hintergedanken und keineswegs, um mich einzuschüchtern oder »umzuerziehen«, sondern nur so, aus Gutmütigkeit; vielleicht auch, weil er sich über mich wunderte. Ich war der erste politische Häftling in seiner Laufbahn.

Offensichtlich wunderten sich auch die Lagerleitung und meine Lagergefährten etwas über mich. Diebstähle, Prügeleien, Morde, daran waren sie gewöhnt. Wenn ich es noch für Geld getan hätte – aber einfach so, für nichts und wieder nichts! Das wollte ihnen nicht in den Kopf. Das war wohl auch der Grund, warum man mich nicht mehr an die gräßliche Maschine schickte. Weiß der Teufel, am Ende krepierte ich ihnen noch vor Hunger. Der stellvertretende Lagerleiter kam zu mir auf die Krankenstation und feilschte lange mit mir, welche Arbeit ich tun würde, und welche nicht. Wir einigten uns auf Tischkantenfurnieren in einer geheizten Halle. Das war eigentlich eine Arbeit für »Gebesserte« – in knapp vier Stunden konnte man die Norm erfüllen. Es kostete ihn große Überwindung, aber schließlich war er einverstanden.

Seitdem ließen sie mich in Ruhe, obwohl ich weiterhin Beschwerden schrieb. Erst gegen Ende meiner Haftzeit machte die Verwaltung noch einen Versuch, mir das auszureden: »Hör doch auf, für die Beschwerden zu schreiben. Was bedeuten sie dir schon? Du bist doch ein Politischer, und das sind Kriminelle. Außerdem kommst du doch bald raus.«

Zu dieser Zeit hatte ich bereits ein ganz tüchtiges Team beschwerdeschreibender Krimineller herangebildet – dreißig insgesamt. Jeder von ihnen warb noch weitere zehn dazu, manche auch mehr, so daß im Durchschnitt täglich vierhundert Beschwerden das Lager verließen. Meine Jungs kannten sich allmählich so gut aus, daß sie bereits ebenso gekonnt über Gesetze diskutieren konnten wie Wolpin. Sie schrieben schon fast ohne meine Hilfe. Mit der Zeit hatten wir auch die uns zustehenden freien Tage erkämpft, dies allerdings nicht auf dem Beschwerdewege, sondern mit Streiks. Wir gingen an diesen Tagen einfach nicht mehr zur Arbeit. Zuerst sperrten sie uns in die Arrestzellen, drohten uns mit einer Verhandlung wegen Sabotage, dann aber gaben sie doch klein bei. Wenn wir nun trotzdem einmal am Sonntag arbeiten mußten, durften wir die Überstunden am Ende des Monats abfeiern.

Nur das KGB konnte sich nicht beruhigen. Dabei war es ihnen nicht so sehr um die Beschwerden zu tun als vielmehr darum, mir wegen irgendeiner unbedachten Äußerung eine Strafverlängerung zu verpassen. Die ganze Zeit war ich von ihren Agenten belagert. Die meisten von ihnen gaben selbst zu, für das KGB zu arbeiten, und boten mir ihre Hilfe an, doch es gab auch welche, die ihren Herren offenbar ihre Seele verschrieben hatten. Etwa einmal im Monat kam ein gewisser Nikolaj Iwanowitsch, ein KGB-Beauftragter, der seinen Agentenschwarm auf die Wache bestellte, angeblich zur Briefzensur. Da sich aber im Lager wie in einer kommunalen Küche alles in Windeseile herumspricht, kannte jeder die Agenten und ihre wahre Aufgabe.

»Deiner vom KGB ist wieder da«, teilte man mir vertraulich mit, die und die habe er zu sich zitiert.

Einmal dachte ich schon, jetzt haben sie dich. Plötzlich war entdeckt worden, daß im Lager ein regelrechter Aufstand gegen die Willkür der »Gebesserten« vorbereitet wurde. Baracken und Werkhallen waren durchsucht und ein ganzer Berg selbstgebastelter Messer, Eisenstangen und anderer Utensilien gefunden worden. Fünfzig Kriminelle waren in Untersuchungshaft genommen, aber noch war kein Rädelsführer ermittelt worden. Das KGB nutzte seine Chance: Es wurden zwei Subjekte angeheuert, die mich als Initiator des Aufstandes belasteten. Ich wußte von der ganzen Sache nichts und dachte wirklich nicht im Traum daran, daß man mich einer solchen Dummheit verdächtigen könnte.

Es war gegen Abend; ich saß in der Baracke und las, als man mich plötzlich auf die Wache holte. Nichts Böses ahnend ging ich mit und traf unterwegs ein paar Gruppen von Häftlingen, die sich über den Stand der Dinge unterhielten.

»Was, du auch?« fragten sie.

»Ich weiß nicht. Man hat mich gerufen. Wahrscheinlich ein Irrtum.«

Aber ich war tatsächlich zum Verhör geholt worden. Die beiden Subjekte saßen schon bereit und sagten mir ihre Lügen frech ins Gesicht. Was sie nicht alles zusammenlogen! Ich sei in ihre Baracke gekommen, und sie hätten gehört, wie ich den ganzen Plan des Aufstandes mit irgendwelchen Leuten besprochen hätte, die jetzt bereits in Untersuchungshaft saßen. Nach ihren Angaben war ich der Initiator und Organisator der Verschwörung. So sehr ich auch versuchte zu erklären, daß ich nie in dieser Baracke gewesen sei, die Leute gar nicht kenne und auch diese beiden zum ersten Mal sähe, es half alles nichts. Zwei Aussagen standen gegen eine. Diese beiden Zeugen aber konnten mir ohne weiteres einen Erschießungsbefehl bescheren. Auf jeden Fall würde ihre Aussage für weitere fünfzehn Jahre verschärfter Haft ausreichen.

Ich war wie erschlagen. Nun war alles aus. Mir war natürlich klar, daß das KGB hinter der ganzen Sache steckte. Sie waren in Moskau nicht mit mir fertiggeworden, also versuchten sie es hier. Fünfzehn Jahre, ein ganzes Leben, wegen nichts und wieder nichts.

Auf dem Weg zur Baracke traf ich wieder ein paar Häftlinge.

»Na, Verhör?«

Ich erzählte ihnen alles, auch, daß das KGB dahintersteckte.

»Wart mal, was waren das für zwei? Aus der sechsten Baracke? Mach dir keine Sorgen. Das kriegen wir schon hin.«

Gut. Aber wie nur? Ich war wie betäubt. Halb ohnmächtig sank ich auf meine Pritsche. Stimmengewirr, Schritte – ich hörte nichts mehr. Was hatte ich den Strolchen getan? Ich hatte sie ja nie gesehen. Das war der letzte klare Gedanke, den ich hatte, bevor alles um mich herum in tiefer Nacht versank. Ich wachte mit fürchterlichen Kopfschmerzen auf, als hätte ich zu viel getrunken. Mechanisch zog ich mich an, ging zum Appell, in die Eßbaracke, zur Arbeit – ich sah und hörte nicht, was um mich geschah. Nur in meinem Kopf surrte es unaufhörlich.

Gegen Abend, auf dem Heimweg, traf ich wieder die Häftlinge vom Vortag:

»Na, grüß dich! Mach doch nicht so ein Gesicht! Hast du nicht gesehen, wie deine beiden Zeugen heut früh auf die Wache gerast sind, um ihre Aussage zu widerrufen? Wie die Wiesel, sag ich dir.«

Offenbar hatten sie sich die Kerle irgendwo im Werk während der Nachtschicht vorgeknöpft. Was sie mit ihnen angestellt haben, weiß ich nicht. Was muß man mit jemandem machen, damit er beim ersten Morgengrauen wie von Hunden gehetzt losrennt, um seine Aussage zu widerrufen?

Ich war also noch einmal davongekommen. Ein halbes Jahr später fand eine Verhandlung im Lager statt. Vier wurden verurteilt – einer zu vierzehn, zwei zu zwölf und der vierte zu zehn Jahren verschärfter Lagerhaft.

Eineinhalb Jahre später aber, als einer meiner falschen Zeugen bereits entlassen war, kam die Kunde von seiner Ermordung. Das passierte häufig: Ein besonders rasch »Gebesserter« wird entlassen, und nach einiger Zeit erscheint eine Untersuchungskommission, die herausfinden soll, mit wem er Streit hatte, das heißt wer ein Motiv dafür gehabt haben könnte. Wenn der Kerl jedoch das halbe Lager denunziert hat, ist die Chance, den Mörder zu finden, recht gering. Gewöhnlich hieß es in einem solchen Fall beim Abendappell: »Wer den so-und-so gekannt hat, soll sich morgen im Büro melden!« Meist wurden diese Leute schon auf dem Transport nach Hause irgendwie beseitigt, unter den Zug gestoßen oder erstochen. Hatten sie aber einem, der noch im Lager war, etwas ganz besonders Scheußliches eingebrockt, dann wußte der sie auch später noch zu finden.

Der andere falsche Zeuge sollte am gleichen Tag entlassen werden wie ich, ein solches Zusammentreffen hatte noch gefehlt. Je näher der Tag rückte, desto verzweifelter wurde der Blick, mit dem er mich verstohlen musterte. Er hatte keinen Grund, sich auf die Freiheit zu freuen. »Nur keine Angst«, dachte ich, »ich rühr dich nicht an. Du wirst auch so genug haben von deinen Erlebnissen hier.«

Für einen Russen ist das Trinken nichts Außergewöhnliches – seit alters gibt es hierzulande die Gestalt des »fröhlichen Zechers«, der ohne sein Zechgelage nicht leben kann. Was sich jedoch heute in Rußland abspielt, kann man nicht mehr Trinken nennen; es herrscht eine Art Massenalkoholismus. Da der Wodka immer teurer wird, nimmt man in der Regel besonders starkes Eau de Cologne, denaturierten Äthylalkohol oder verschiedene Lotions und Toilettenwasser. Außerdem kennen sich alle Trinker in Chemie aus und bringen es nicht nur fertig, aus fast beliebigen Lebensmitteln Schnaps zu brennen, sondern auch durch Hinzufügen aller möglichen Reaktanten, durch Mischen, Schütteln oder Erwärmen, Alkohol aus Bremsflüssigkeit, aus Leim, Politur, Lack, Magentropfen, Zahnpulver usw. zu gewinnen. Ich habe sogar gehört, daß die Soldaten im Fernen Osten eine Methode gefunden haben, sich mit Stiefelwichse betrunken zu machen: Sie streichen sie zu diesem Zweck aufs Brot und legen es in die Sonne. Wenn es sich vollgesogen hat, wird die Wichse abgekratzt und das Brot gegessen. Was für eine Flüssigkeit der Wichse auf diese Weise entzogen wird, kann ich mir kaum erklären. Fest steht jedoch, daß die Soldaten von diesem Brot in der Tat betrunken werden.

Der Alkoholismus verbreitet sich in geometrischer Reihe, und der Staat sieht mit Recht in ihm eine Bedrohung seiner Existenz: Der wirtschaftliche Schaden ist enorm. Für Alkoholiker wurden Tausende von Reservaten eingerichtet, deren Ordnung fast der eines Straflagers vergleichbar ist – Zwangsarbeit, Hungerstrafen und andere »Erziehungsmaßnahmen«, dazu noch Zwangsbehandlung. Natürlich wird auch in diesen »Prophylaktischen Einrichtungen« aus beliebigen Substanzen Alkohol gewonnen beziehungsweise die Wache bestochen. Wahrscheinlich läßt sich sogar aus Ziegelsteinen irgendwie Schnaps herstellen.

Das alles ist jedoch nichts im Vergleich zu dem Alkoholismus in einem Straflager: Zweitausend Menschen, die durch Stacheldraht auf einem Raum von einem halben Quadratkilometer zusammengedrängt sind und danach lechzen, sich zu betrinken. Natürlich werden Lack, Polituren, Farben gestohlen und verarbeitet; aber das ist bereits Luxus. Für gewöhnlich trinken sie Azeton. Davon werden sie krank, doch sie trinken es. Sie trinken sogar unverdünnte Farbe und schlucken dann irgendwelche Tabletten gegen die Folgen.

»Uns ist es gleich, was uns umhaut, der Schnaps oder das MG«.

Ein Witzbold verfiel sogar darauf, ein Hühneraugenmittel zu schlucken. Zunge und Rachen häuteten sich davon, er konnte die Haut in Fetzen abziehen, aber er war glücklich.

Wer »Stoff« raucht, wenn er ihn gerade einmal bekommt, gilt noch nicht als drogensüchtig. Süchtig ist einer, der ohne Spritze nicht leben kann, der in Ermangelung echten Stoffs irgendwelche Magentropfen – eine scheußliche, schwarze Flüssigkeit – erhitzt und das so gewonnene Elixier in die Vene injiziert. Und auch der gehört noch zu den Glückspilzen. Manche spritzen sich aus Verzweiflung einfach Wasser oder sogar Luft. Wenn ich es nicht mit eigenen Augen gesehen hätte, würde ich heute noch nicht glauben, daß jemand, der sich ein Kubik Luft in die Vene spritzt, am Leben bleibt.

Das Schlimmste ist, daß im Lager niemand etwas dabei findet; im Gegenteil, wer dieses Zeug spritzt oder schluckt, gilt als Held. Wenn einmal einer an so einer Heldentat stirbt, dann heißt es respektvoll, er sei »auf dem Trip« geblieben.

Das verbreitetste Aufputschmittel im Lager ist indessen der Tee. Der illegale Teehandel hat inzwischen phantastische Ausmaße angenommen und macht einen wesentlichen Teil der Einkünfte der Aufseher aus. Der Preis ist gewöhnlich ein Rubel pro Päckchen (draußen kostet es achtunddreißig Kopeken), zehn Päckchen – zehn Rubel, also sechs Rubel zwanzig Reingewinn bei einer Lieferung, manchmal auch mehr, je nach Versorgungslage. Im Gefängnis von Wladimir kostete ein Päckchen drei Rubel. Welcher Aufseher könnte da widerstehen?

Die Behörden haben dreißig Jahre lang einen verzweifelten Kampf gegen den Teehandel in den Lagern geführt. Die dabei erwischten Aufseher wurden entlassen, bestraft, vor Gericht gestellt, die Häftlinge aber, bei denen man Tee fand, kamen in den Karzer, in den PKT oder wurden ins Gefängnis geschickt – alles umsonst. Die gleichen Posten mit Hunden und Schnellfeuergewehren, die eine Kolonne Sträflinge begleiteten, fragten, sobald sie ihre Fracht in die Wagen, die Waggons oder die Zellen gebracht hatten, als erstes:

»Brauchst du Tee?« – Und schon begann der Handel um Geld, Kleider und andere Gefälligkeiten.

Für ein gestohlenes Werkzeug oder ein gutes Möbelstück für den Lagerleiter gab es Tee, Wodka und Rauschgift. Als guter »Hausherr« wußte der Lagerleiter, daß Zwang, Repressalien und Arrest gar nichts fruchten, wenn es gilt, den Plan überzuerfüllen oder schnell eine defekte Maschine zu reparieren, wenn also irgendeine Extraleistung von den Häftlingen erbracht werden muß. Da half nur eins – Tee.

Wo es aber Handel gibt, da gibt es auch besondere Beziehungen, Abhängigkeiten und Erpressung. Wer erwischt wird, wandert in den Arrest; wird ein Aufseher ertappt, dann kommt er sogar ins Gefängnis. Hat er aber einmal Tee gebracht, dann wird er auch den Brief besorgen, in dem den Verwandten die Adresse angegeben wird, an die sie Geld schicken müssen. Die Hälfte für den Aufseher, die Hälfte für den Häftling; und dieses Karussel dreht sich im ganzen Land.

Die Häftlinge brauen sich Tee in der Taiga beim Holzfällen am Lagerfeuer und in der Baracke auf selbstgebastelten Kochern, die sie irgendwie an das Stromnetz anschließen, oder aber einfach mit Hilfe einer Glühbirne, die sie ins Wasser halten. Den gleichen Tee trinken unterdessen die Aufseher in ihren gut geheizten Wachstuben. Sie haben ihn den Gefangenen selbst gebracht und ihn ihnen bei der Durchsuchung eigenhändig wieder abgenommen – »verboten«.

Überhaupt besteht kein großer Unterschied zwischen Verbrechern und Aufsehern. Wäre nicht die Uniform, dann würde man sie nicht auseinanderhalten können. Sie sprechen die gleiche Sprache, haben die gleichen Manieren, die gleiche Mentalität. Es ist dieselbe kriminelle Welt; alle sind unauflöslich aneinandergekettet.

»He, Chef, laß mich mal 'n Moment zu den Neuen«, bittet ein Halunke den Begleitposten, »bin total abgebrannt, und da drin sind 'n paar Goldfischchen.«

Der läßt also den Halunken die Neulinge ausrauben, weil er weiß, daß ihm ein Teil der Beute zufallen wird.

Bei uns im Lager gab es eine regelrechte Schwarzproduktion. Vier Häftlinge, die an verschiedenen Maschinen arbeiteten, stellten heimlich alle möglichen Mangelwaren her: Schachfiguren, Vorhangstangen und ähnliches; zwei Aufseher brachten die Sachen raus und verhökerten sie auf dem Schwarzmarkt. Die Häftlinge bekamen Tee, Wodka und Essen und die Aufseher Geld.

Nicht nur die Aufseher, auch das Zivilpersonal – Handwerksmeister, Krankenschwestern und Lehrer gehörten zu diesem Handelsnetz.

Die Lagerschule ist eine eher komische Einrichtung. Nach sowjetischem Recht ist der Mittelschulabschluß für alle Bürger Pflicht, und wer ihn nicht hat, muß, egal wie alt er ist, in seiner Freizeit die Schule besuchen. Die Zwangsmaßnahmen sind die üblichen – Arrest, Paket- oder Besuchsverbot. Natürlich ist der Unterricht in einer solchen Schule mehr eine Formsache, eine Pflichtübung, und hat mit dem Erwerb von Kenntnissen wenig zu tun. Vor allem die alten Leute schlafen nach der Arbeit im Unterricht vor Müdigkeit einfach ein.

Die Jungen gehen aus Spaß zur Schule. Sie weiden sich am Anblick der weiblichen Lehrkräfte und onanieren im Unterricht, praktisch vor den Augen der Lehrerin. Jeder von ihnen träumt von einer Affäre mit einer dieser Lehrerinnen. Meist sind es die Frauen der Offiziere, und da es ein echtes Zusammenleben im Lager nicht geben kann, beweisen sie dem Auserwählten ihre Gunst auf andere Weise: Sie bringen ihm heimlich Tee und Wodka oder befördern seine Briefe nach draußen. Sie langweilen sich unendlich in dem engen Offiziersghetto, das gewöhnlich direkt neben dem Lager liegt, weit weg von den großen Städten, und keinerlei Vergnügungen bietet, nicht einmal ein Kino. Immer der gleiche Bekanntenkreis – Kollegen des Mannes, die man nur noch widerwillig besucht, weil man sich gegenseitig schon gründlich satt hat. Da bleibt nur die eine Hoffnung, im Lager mit einem jungen Häftling anzubändeln. Natürlich beneidet das ganze Lager den Glücklichen, und er stolziert herum wie ein Pfau. Der Ehemann verhehlt nicht seine Eifersucht; er verfolgt seinen »Nebenbuhler« grausam, läßt ihn im Arrest schmoren und macht sogar vor physischer Gewaltanwendung nicht halt.

Unser stellvertretender Politoffizier (Sampolit), Hauptmann Sasonow, ein typischer Vertreter seiner Kategorie, dumm, fett, mit rotem Stiernacken und hervortretenden Augen, war besonders eifersüchtig. Er glaubte wahrscheinlich, daß die Frau eines Sampolit so etwas wie eine Kaiserin sei und über jeden Verdacht erhaben sein müsse. Er geleitete seine Frau höchstpersönlich jeden Tag zur Schule und holte sie nach Schulschluß wieder ab. Mehrmals schaute er während des Unterrichts in die Klasse, und in den Unterrichtspausen spazierte er mit ihr mit drohender Miene im Gang auf und ab. Sie war jung, zierlich, hübsch und paßte nicht im geringsten zu ihm; es war wirklich komisch, die beiden Arm in Arm durchs Lager gehen zu sehn. Es schien, als spüre er die spöttischen Blicke von zweitausend ausgehungerten Häftlingen in seinem Rücken, denn er sah sich ständig böse um. Buchstäblich die gesamte Lagerbesatzung strömte aus den Baracken, um sie zu begaffen und, ausspuckend, ihnen eine dreckige Bemerkung nachzuschicken. Das konnte er ihnen nicht verwehren. Schließlich kann man nicht das gesamte Lager in den Karzer sperren, auch nicht als stellvertretender Sampolit.

Natürlich wurde Sasonows Frau vom ganzen Lager glühend begehrt. Sechzig Häftlinge, die jüngsten und verzweifeltsten, schrieben sich allein in ihren Kurs ein. Der Raum reichte nicht aus, und es mußte ein Aufnahmestop verfügt werden. Die Anwärter prügelten sich um die Plätze. Ein junger Bursche beschaffte sich im Betrieb einen Bohrer, kroch unter das Klassenzimmer, bohrte sich ein Loch durch den Boden und genoß von dort die Aussicht. Ein anderer befestigte einen kleinen Spiegel an der Schuhspitze und streckte den Fuß in den Gang hinaus, wenn sie vorbeiging. Natürlich wußte sie, welche Erregung sie überall verbreitete; es genierte sie sehr, und sie wurde dauernd rot, zeichnete jedoch keinen besonders aus. Die Festung schien uneinnehmbar, bis eines Tages der forsche rothaarige Dieb Foma auf der Bildfläche erschien. Das ganze Lager verfolgte mit angehaltenem Atem diese Romanze, Hunderte von Freiwilligen beobachteten Sasonow und meldeten den Verliebten jede seiner Bewegungen. Dennoch warteten alle gespannt darauf, daß etwas passieren würde.

Tatsächlich fanden sich eines Tages ein paar »Wohlmeinende«, die Sasonow ein

Licht aufsteckten. Er rief Foma zu sich ins Büro, schaute ihn lange schweigend mit seinen tränenden Augen an, schickte ihn aber zu aller Welt Erstaunen nicht in den Arrest, sondern sagte nur kurz:

»Daß du dich in der Schule ja nicht mehr blicken läßt!« – und wachte von nun an noch sorgfältiger über seine Frau.

»Foma«, schrien die Häftlinge jedesmal, wenn sie die Sasonows Arm in Arm sahen, »deine Braut wird wieder abgeführt.«

»Schon gut«, lächelte Foma dann schief. Sasonows Nacken aber färbte sich rot und schwoll an. Schließlich erwischte Sasonow die beiden doch noch. Es war Pause, und sie saßen friedlich plaudernd nebeneinander über einem geöffneten Mathematikbuch. Irgendwie mußten die freiwilligen Wächter ihn übersehen haben.

»Den mach ich fertig«, keuchte der Betrogene. »Verschimmeln soll er! Drei Monate PKT!«

Drei Monate lang inspizierte Sasonow jeden Abend den Zustand seines Beleidigers. Er öffnete dazu nur die erste Tür und blinzelte durch das vergitterte Fensterchen der zweiten in das Halbdunkel der Zelle.

»Siehst du Foma, ich mach dich fertig. Lebend kommst du hier nicht mehr raus.«

»Und ich werd dafür deine Ada f . . . Sobald ich rauskomm, f . . . ich sie«, antwortete Foma frech, obwohl er schon nicht mehr so forsch aussah. Seine rosigen Wangen waren gelb geworden, das Gesicht eingefallen, nur die Stimme klang noch herausfordernd. Er war nur deshalb noch am Leben, weil ihn seine Freunde nachts mit dem Nötigsten versorgten.

Schließlich rettete ihn der Umstand, daß seine Haft zu Ende ging. Noch lange erzählten sich die Häftlinge Legenden vom tapferen Foma, und manche wollten sogar wissen, daß er Sasonows Frau vor seiner Entlassung tatsächlich noch gef . . . habe. Sogar Augenzeugen fanden sich!

Da es außer den Lehrerinnen keine weibliche Wesen im Lager gab, blühte die Homosexualität. Die passiven Homosexuellen hatten weibliche Kosenamen –Maschka, Ljubka, Katka und wurden verachtet, während die Aktiven als tolle Kerle galten. Neben einem passiven Homosexuellen durfte man nicht am Tisch sitzen; sie saßen daher gewöhnlich an einem Extratisch, irgendwo in der Ecke. Sie bekamen sogar besonders gekennzeichnetes, das heißt angeschlagenes Geschirr, damit es nur nicht verwechselt werden konnte, und es galt als schimpflich, etwas aus ihren Händen anzunehmen.

Ein Großteil dieser Zurückgesetzten hatte sich diese Rolle keineswegs ausgesucht. Meist hatten sie irgendwann einmal beim Kartenspiel verloren und waren gezwungen worden, ihre Schulden »in natura« zu begleichen; danach konnte sie dann jeder mißbrauchen; das Lagergesetz schützte sie nicht mehr. Ich möchte nicht wissen, wie viele anständige Kerle auf diese Weise verdorben worden sind. Im Lager machten sie etwa zehn Prozent aus. Aber nicht nur die Homosexualität florierte. Einmal verirrte sich eine Ziege ins Lager. Wie sie durch die Sperre gekommen war, wußte keiner, wahrscheinlich hinter einem einfahrenden Lastwagen. Die Häftlinge zerrten sie irgendwo in einen Keller des Betriebes und mißbrauchten sie dort eine nach dem anderen. Dann spießten sie ihr ein Stück Brot auf die Hörner als Bezahlung und jagten sie wieder zum Tor hinaus.

Eine Vorladung zum »Kum« war immer ein schlechtes Zeichen. Etwas Angenehmes erwartete einen dort nie. Entweder Karzer oder Drohungen und Einschüchterungen. Manchmal verkündete er sogar eine Strafverlängerung wegen irgendeines neuen Delikts.

»Haben Sie Verwandte im Ausland?« fragte mich der »Kum« bei einer solchen Gelegenheit.

Ich wußte nicht, worauf er hinauswollte.

»Nein, hab ich nicht. Nur Freunde . . .«

»Freunde, aha. Sind das die, mit denen Sie ihre antisowjetische Tätigkeit ausgeübt haben?«

Das hätte noch gefehlt, daß der »Kum« mit mir politische Gespräche führte! Was wollte er bloß?

»Soviel ich weiß, wird mir keine antisowjetische Tätigkeit zur Last gelegt.«

Es stellte sich heraus, daß ich ein Paket aus Amerika bekommen hatte von einer gewissen Anne Denis aus Kalifornien. Der Name war mir völlig unbekannt.

»Sie verweigern doch die Annahme, oder?«

Das war deutlich. Aber warum sollte ich? Ich wußte ja nicht einmal, was in dem Paket war.

»Wir werden Ihnen das Paket vorläufig sowieso nicht aushändigen. Antworten Sie erst auf meine Frage: Verweigern Sie die Annahme, oder nicht?«

»Nein.«

»Aha! So, so! Sie tun es nicht! – Tja, geben muß ich Ihnen das Paket ja, aber ich bin dann genötigt, im ganzen Lager bekanntzugeben, daß Sie ein bezahlter Agent des Imperialismus sind. Außerdem bekommen Sie den Inhalt erst, wenn Sie entlassen werden. Es sind Kleider, die Sie im Lager nicht tragen dürfen. Darüber hinaus wird es als reguläres Paket gerechnet, Sie werden also in diesem Halbjahr keins mehr bekommen.«

So erhielt ich das erste persönliche Lebenszeichen aus der freien Welt – warme Kleider von einer mir unbekannten Anne Denis. Mochten sie mich ruhig zum Agenten des Imperialismus stempeln, sollten die Sachen ruhig ohne jeden Nutzen herumliegen, ich würde trotzdem jemanden, der mir symbolisch seine Sympathie bekundet hatte, nicht vor den Kopf stoßen, indem ich sein Geschenk zurückwies. So schrieb also der »Kum« auf ein Kärtchen: »Paket mit unzulässigen Kleidern von Anne Denis aus Kalifornien.«

Streng genommen war das allerdings nicht das erste Lebenszeichen aus der freien

Welt. Ich besaß nämlich ein Radio, ein ganz wunderbares Radio, wie man es in keinem Moskauer Laden kaufen kann.

Pjotr Jakowlewitsch war drei Jahre jünger als ich, aber er wurde von allen im Lager ehrerbietig bei seinem Vor- und Vatersnamen genannt. Vor seiner Verhaftung in seiner Heimatstadt Woronesch war er als »goldener« Taschendieb bekannt gewesen, und über seine Leistungen auf diesem Gebiet gingen regelrechte Legenden um. Mit erstaunlicher Exaktheit konnte er beim Betreten eines Busses oder auch auf der Straße in einer Menschenmenge sagen, wer Geld hatte, wieviel ungefähr und wo es steckte, und er bekam es stets. Er war zum ersten Mal erwischt worden und hatte gleich vier Jahre bekommen.

Äußerlich sah er keineswegs wie ein Taschendieb aus. Er wirkte ausgesprochen seriös, trug eine dicke Hornbrille und erinnerte mehr an einen Rasnotschinjez[53] des vorigen Jahrhunderts – an Dobroljubow[54] etwa oder an Pissarjew[55]. Hätte ich ihn irgendwo draußen getroffen, ich hätte ihn wahrscheinlich für einen jungen Wissenschaftler gehalten, der ganz von seiner Arbeit besessen ist. Er war bedächtig und besonnen, und wenn er einmal etwas sagte, dann galt das und hatte Hand und Fuß. Außer seiner Hauptbeschäftigung als Taschendieb war er auch ein hervorragender Radiotechniker und wollte nach seiner Entlassung auf diese zweite Spezialität umsatteln.

»Ja, und die Taschen«? wunderten sich die Ganoven. »Einfach sausen lassen?«

»Damit bin ich fertig«, antwortete Pjotr Jakowlewitsch entschieden. »Das kann man nur bis zur ersten Verhaftung machen. Danach hat's keinen Zweck mehr – die Polypen kennen dich, passen auf und versuchen sofort, dir wieder was anzuhängen, und nach ein paar Wochen sitzt du abermals. – Sinnlos«. Ihn also hatte ich gebeten, mir so einen Kurzwellenempfänger zu basteln. Alle notwendigen Teile konnte ich mir über einen Zivilisten beschaffen, der auch den Tee brachte. Das Ganze dauerte zwei Wochen. Ich drängte und trieb ihn an, was ihn sehr verdroß. Er arbeitete stets nach der Devise: Alles braucht seine Zeit.

Tatsächlich wurde sein Empfänger ein Prachtstück. Alles bekam er herein: BBC, »Stimme Amerikas«, Radio Liberty, »Deutsche Welle«, ja sogar Radio Monte Carlo. Nur Moskau empfing er nicht. Wie Pjotr Jakowlewitsch es geschafft hatte, Moskau auszusparen, ist mir unbegreiflich.

Der Empfänger wurde in einem Nebenraum der Schule installiert, getarnt als Physikinstrument für den Fall einer Inspektion. Der Hausmeister, selbst ein Häftling, brachte mich abends heimlich hin, und dann begann für mich ein ganz neues Leben. Ich war wieder bei meinen Freunden, erlebte ihre Verhaftung, war mit ihnen auf dem Roten Platz und protestierte gegen die Besetzung der Tschechoslowakei, schrieb mit ihnen Protestbriefe.

Das Jahr 1968 war der Kulminationspunkt des in- und ausländischen Protests. Es schien nicht viel zu fehlen, und die Machthaber würden nachgeben, würden endlich ihrer, wie sie selbst jetzt zu begreifen schienen, selbstzerstörerischen Sturheit entsagen. Wie eine Kettenreaktion hatten die ewigen Repressionen mehr und mehr Menschen und in zunehmendem Maße auch die Nationalitäten in die Protestbewegung hineingezogen und drohten nun, den Bestand der letzten Kolonialmacht der Welt ernsthaft zu gefährden. Wie wir verlangten auch die einzelnen Nationalitäten immer energischer eine Antwort auf die drängende Frage, ob sie eigentlich Bürger oder Untertanen seien.

Der Bürger erwirbt seine Rechte durch Geburt. Dem Untertan werden sie dagegen als Gnade zuteil. Es ist aber sicher auch ein Recht von Geburt, Ukrainer, Russe oder Jude zu sein. Die innere Verfassung der Bürger bestimmt die Verfassung eines Staates.

Die sowjetischen Machthaber hatten keine Wahl. Wie dumm, gefährlich, ja sogar selbstmörderisch ihre Sturheit auch sein mochte, hätten sie die Souveränität dieser inneren Verfassung ihrer Bürger anerkannt, wäre das der Ruin des sozialistischen Systems gewesen, und die Anerkennung der Souveränität der einzelnen Nationen hätte den Ruin des Imperiums bedeutet. Sie wußten nur zu gut, daß es keinen Sozialismus mit menschlichem Antlitz gibt. Als sie ihre Panzer nach Prag schickten, da schickten sie sie praktisch auch nach Kiew und Wilna, in den Kaukasus und nach Mittelasien, ja sogar nach Moskau.

Die Truppen des Warschauer Pakts waren ausgezogen, meine Burg zu zerstören, und wurden auf dem Roten Platz von sieben Menschen vernichtend geschlagen[56]. Auf der Richtstätte, wo in alter Zeit die Verbrecher enthauptet wurden, fand die öffentliche Exekution des Sozialismus statt, und mir kamen fast die Tränen bei dem Gedanken, daß ich nicht hatte dabei sein können. Aber ich freute mich, daß Vadik Delaunay dabei war. Also hatte er nach unserer Verhandlung doch nicht aufgegeben! Wenn ich dann nach der Sendung kurz vor dem Abläuten wieder ins Lager zurückging und an dem im gleißenden Scheinwerferlicht liegenden Stacheldrahtzaun entlangschlenderte, fühlte ich mich seltsam befreit, unbeschwert und innerlich gestärkt.

Feige schwiegen die Premierminister und Präsidenten; sie zogen es vor, in herzlicher Atmosphäre mit Breschnew und Husák zu tafeln. Auch die UNO schwieg auf die zahlreichen Proteste und Bittschriften meiner Freunde; sie zog es vor, sich mit Rhodesien zu befassen.

»Kurzen Prozeß werden sie mit denen machen«, sagte Pjotr Jakowlewitsch und rückte seine Brille zurecht. »Was können die schon gegen so eine Macht ausrichten? Sie sollten lieber den Mund halten und nicht so viel Wind machen.«

»Siehst du«, meinte auch mein betrunkener Hauptmann, als er mich wieder einmal traf, »man kann sich eben doch nicht gegen die Mächtigen stellen. Sie bringen einen einfach um, denk an meine Worte. Sie erschießen dich, und basta.«

In Fabriken und Betrieben fanden die üblichen Arbeiterversammlungen statt, auf denen der Einmarsch in die ČSSR einmütig gebilligt wurde. Die Zeitungen brachten wieder ihre Briefe von Melkerinnen, Schafhirten, Lehrern und Stahlarbeitern, Schriftstellern und Akademiemitgliedern. Und alle, vom Präsidenten der USA und dem Generalsekretär der UNO bis zum letzten Aufseher im Lager beugten sich abermals der nackten Gewalt.

Nein, nicht ich war im Konzentrationslager, sie waren es, sie wählten selbst die Unfreiheit.

Ich kam wieder einmal aus dem Karzer. Nach der Geschichte mit dem Paket verfolgte mich Sasonow mit seinem Haß. Während meiner ganzen Haft war ich nicht ein einziges Mal im politischen Unterricht gewesen, und alle hatten sich im Laufe der Zeit an diese Tatsache gewöhnt. Auch Sasonow hatte bisher nichts dagegen unternommen, aber nun, drei Monate vor meiner Entlassung, kam es ihm plötzlich in den Sinn, mich unbedingt zum Besuch dieser Unterrichtsstunden zu zwingen. Genauer gesagt, Sasonow beschloß, meine voraussichtliche Weigerung zum Anlaß für Strafen zu nehmen.

Ich war natürlich stur: Welches Gesetz schreibt mir vor, in eure Kirche zu gehen, wenn ich nicht an euren Gott glaube? Nach dem Gesetz sind politische Lehrveranstaltungen nicht obligatorisch.

So bekam ich eine Karzerstrafe nach der anderen. Es flimmerte mir schon vor den Augen.

»Ich krieg dich klein, warte nur«, fauchte er. Er wußte ja, daß ich nicht mehr lange zu sitzen hatte und ihm keinen Ärger mehr bereiten würde.

Ganz zum Schluß gab er mir noch einmal fünfzehn Tage, obwohl ich nur noch sieben Tage abzusitzen hatte – so wütend war er! Ich blieb also meinem liebenswürdigen Wirt acht Tage schuldig – bis zum nächsten Mal . . .

Mit Mühe überredete ich den diensthabenden Offizier, mich vor meiner Entlassung auf ein Stündchen ins Lager zu lassen, damit ich mich waschen und verabschieden könnte.

Es gehört zu den schlimmsten Strafen, direkt aus dem Karzer zum Tor hinaus gejagt zu werden. Der Schmutz im Karzer ist so entsetzlich, daß man die Kleider danach nur noch wegwerfen kann. Waschen lassen sie sich jedenfalls nicht mehr. Sich nach dem Karzer ein Bad zu erbetteln, gelingt fast nie. Manche treten sogar in den Hungerstreik, um sich eins zu ertrotzen. Der Leitung ist es einfach zu mühsam, die Insassen des Karzers durch die ganze Lagerzone ins Bad zu führen; am Ende fliehen die Kerle auf dem Rückweg in die Baracken, und dann muß man sie mühsam wieder einfangen.

Einmal schafften es die Spitzbuben aber doch. Sie brachten heimlich eine Streichholzschachtel voll Läuse in den Karzer, die sie beim verlaustesten Häftling, einem alten Landstreicher, gesammelt hatten. Seine Läuse waren so hartnäckig, daß sie auch nicht gewichen wären, wenn man sie samt ihrem Wirt in siedendes Wasser gesteckt hätte.

Mit dieser Schachtel gingen die Häftlinge sehr sparsam um, damit sie möglichst lange vorhielte. Einmal pro Woche erhoben sie ein großes Geschrei:

»Einen Arzt, Chef! Ins Bad lassen sie uns ja doch nicht! Hier gibt's Läuse. Alle sind befallen«, und sie hielten dem »Chef« ein paar besonders fette, unverkennbare Läuse unter die Nase.

Zwei Stunden lang schrien, fluchten, drohten sie, dann wurden sie alle ins Bad geführt; die Leitung fürchtete eine Typhusepidemie oder sonst eine Seuche, die von Läusen übertragen werden kann. Kaum aber war eine Woche um, da waren die Insassen abermals schwarz vor Läusen und fingen wieder an zu jammern.

Meine Kameraden brauten mir zum Abschied einen starken Tee, und fast jeder von ihnen nahm mich auf die Seite und murmelte: »Na ja, du weißt schon, und so. Wenn du was brauchst, mich kennt jeder in der Stadt. Brauchst nur zu fragen. Ein Versteck oder Waffen für deine Politischen – machen wir alles.«

Einige deuteten sogar vorsichtig an, daß sie auch jemanden umbringen würden, wenn's sein müßte. Kein Problem.

Mit derartigen Abschiedsgeschenken trat ich durchs Tor in die Freiheit. Es war mir trotz allem nicht gelungen, sie zu überzeugen, daß die Kriminalität der Sowjetmacht nur nützt. Einige brachte ich zwar zum Lernen, aber auch das nur durch Tricks. Ich bewies ihnen nämlich, daß auch ein Verbrechen von einem gebildeten Menschen besser und sauberer ausgeführt werden kann als von einem ungebildeten.

»Erst mußt du eine Hochschule absolvieren, dann kannst du stehlen, wenn du Lust hast. Erwischt wirst du dann nie.«

Das glaubten sie. Bildung schien ihnen so etwas wie schwarze Magie, und so fingen sie an, Bücher zu lesen. Besonders beliebt war Dostojewski.

Ich hatte mich an sie gewöhnt. Der Abschied fiel mir richtig schwer. Vor allem von den Jüngeren. Wer weiß, wie viele von ihnen nie aus den Lagern herauskommen würden. Die jungen Kerle sind hitzig wie das Feuer. Beim geringsten Anlaß greifen sie zum Messer. Hält man sie nicht rechtzeitig zurück, bekommen sie wieder eine Strafverlängerung. Es ist schade um sie. Viele davon sind meines Erachtens sehr fähige Burschen. Fünf von ihnen lernten sogar Englisch bei mir, einfach so, weil sie nichts Besseres zu tun hatten, während wir zusammen im Arrest saßen.

Vielleicht erscheint das seltsam: Diebe, Mörder, verkommene Vagabunden, Drogensüchtige und Trinker – und mit einem Mal fällt der Abschied von ihnen schwer. Aber das ist unser Volk, ein anderes haben wir nicht. Das habt ihr in den letzten sechzig Jahren aus ihm gemacht.

Ich habe mit ihnen auf den gleichen Pritschen geschlafen, unter dem gleichen Mantel, habe mit ihnen das Brot geteilt, mit ihnen im Karzer gelitten. Wie sie bin ich auf dem Bauch durch die Sperrzone gerobbt, habe den Stacheldraht zerteilt, mir dabei die Hände zerschunden, jede Sekunde einen Schuß in den Rücken erwartend, nur um einem ein Päckchen Tabak zuzustecken; genau wie sie das für mich getan haben. Und es tut mir nicht leid. Was wißt denn ihr dort oben von eurem Volk? Was habt denn ihr für eine Beziehung zu ihm? Was habt denn ihr für ein Recht, in seinem Namen zu sprechen?

Ich habe ihnen keine Moralpredigten, keine politischen Vorträge gehalten, habe keine Untergrundpartei gegründet oder sie gelehrt, ihre Kameraden zu verpfeifen, um sich zu »bessern«. Ich habe ihnen beigebracht, Beschwerden zu schreiben, weil ich hoffte, daß sie, wenn sie einmal gelernt hätten, das Gesetz zu verteidigen, auch lernen würden, es zu respektieren. Es ist nicht meine Schuld, daß das nicht gelang. Eure Schuld ist es. Erinnert euch, was ihr ihnen auf ihre Beschwerden geantwortet habt; erinnert euch, wie ihr bei schneidender Kälte die Aufständischen im BUR mit Feuerlöschern bespritzt und die Leute im Schnee nackt ausgezogen und durchsucht habt! Denkt an die, die auf der Schwelle eurer Krankenstationen verreckt sind! Und an die, die sich die Finger mit dem Beil abgehackt haben – denkt daran, wenn die bis aufs Blut gereizten Massen eines Tages in eure Büros stürmen, euch auf die Straßen zerren und in den Schmutz stampfen werden, wenn der Wind durch die unpassierbaren, von Leichengestank erfüllten Straßen Tonnen von Papier treiben wird – euer Vermächtnis! Kein Gesetz, keine Gerichtsverhandlung wird euch dann noch schützen!

So wird es kommen, weil ihr die Souveränität des menschlichen Gewissens nicht respektiert habt. Aber es wird danach nicht besser werden, und auch daran seid ihr schuld.

Was das Leben noch aus ihnen machen wird, mag ich mir gar nicht ausmalen. Ich traf auf Gefangenentransporten und Durchgangsstationen alte Strafgefangene, die ihr ganzes Leben hinter Gittern verbracht haben. Dreißig oder vierzig Jahre! Besonders hat sich mir Ljocha Tarassow eingeprägt. Ich traf ihn anläßlich meines psychiatrischen Gutachtens im Serbskij-Institut 1971. Gleich als ich in die Zelle kam, fiel mir ein Mann von etwa sechzig Jahren auf; er war zahnlos und völlig zum Skelett abgemagert. Das ganze Gesicht war tätowiert. Auf der Stirn stand: *Lenin ist ein Menschenfresser.* Auf der einen Wange: *Tod dem ZK,* und auf der anderen: *Sklave der KPdSU.*

Er war jünger, als ich dachte. 1944, während des Krieges, war er als Sechzehnjähriger wegen Diebstahls ins Gefängnis gekommen und hatte es seither nicht mehr verlassen. In der Strafkolonie für Minderjährige war ein Aufstand ausgebrochen, und er hatte mit Freunden elf Spitzel der Lagerpolizei getötet. Das brachte ihm seine erste Lagerstrafe ein. Dann, in Kolyma, bekam er wegen Fluchtversuchs die zweite. Von Räuberromantik war bei ihm längst nichts mehr zu spüren, und vor ihm lagen noch immer unabänderliche fünfundzwanzig Jahre. 1953 war er wegen Ermordung eines »Kum« zum Tod durch Erschießen verurteilt worden, doch dann war das Urteil in fünfundzwanzig Jahre Haft, fünfzehn davon im Gefängnis, abgeändert worden.

Tag um Tag hatte er diese fünfzehn Jahre in Wladimir abgesessen, hatte dort seine

Zähne, seine Haare und seine Gesundheit gelassen. Er hatte Löffel geschluckt, sich Knöpfe an die Haut genäht, die Venen aufgeschnitten, nur um eine kleine Woche ins Krankenhaus zu dürfen. Schließlich hatte er sich das Gesicht mit antisowjetischen Parolen tätowiert, und das hatte ihn sofort zum Ziel gebracht. Sie schnitten ihm die Tätowierungen ohne Narkose heraus. Jedesmal aber wurde seine Strafe wieder verlängert. Dann erging ein geheimer Erlaß: Auf antisowjetische Tätowierungen sollte künftig der Tod durch Erschießen stehen. Sie hatten zu sehr überhandgenommen und wurden nun als »Desorganisation der Arbeit der Besserungsanstalten« klassifiziert. Tarassow war zu dieser Zeit schon wieder im Lager, doch wegen irgendeines Vergehens gaben sie ihm wieder drei Jahre in Wladimir. Das war mehr, als er ertragen konnte – er haßte dieses Wladimir aus tiefstem Herzen. Unterwegs tätowierte er sich daher von neuem.

»Wenn sie mich nicht erschießen, stürze ich mich auf die Begleitmannschaft und nehme so viele von ihnen mit ins Jenseits, wie ich nur kann.«

Sie erschossen ihn 1972. Er brauchte sich nicht auf die Eskorte zu stürzen.

In den vielen Durchgangsgefängnissen hörte ich manchmal, wie gegen Abend aus irgendeinem Fenster eine junge Stimme rief: »Gefängnis, Gefängnis! Gib mir einen Namen!«

Das war ein frisch bekehrter Gauner, der vom Gefängnis die Taufe fürs Leben begehrte. Da mußte ich immer an Ljocha Tarassow denken. Sein Gefängnisname war »Tätowierter«.

In diesem Jahr beschloß ich, künftig nicht mehr ins Gefängnis zu kommen. Ich war bald dreißig und wollte endlich ein normales Leben führen. Ich hatte weder Beruf noch Familie, und wenn ich irgendwo eine neue Bekanntschaft machte, wartete ich immer schon ängstlich auf die unvermeidliche Frage:

»Und was machen Sie?«

Gewöhnlich log ich, ich sei Geologe und ständig auf Expeditionen. Ich konnte dann leichter erklären, warum ich diesen oder jenen berühmten Film nicht gesehen, einen Bestseller nicht gelesen hatte und auch sonst nicht auf dem laufenden war.

»Wissen Sie, auf diesen Expeditionen verwildert man völlig. Immer nur die Taiga!«

Ein entlassener Sträfling ist ähnlich hilflos wie ein Emigrant. Alles ist ungewohnt, neu, die einzigen Bekannten sind die anderen Ex-Häftlinge. Er erkennt sie wie Landsleute in der Fremde an irgendwelchen unmerklichen Dingen, am Gang, einer Geste, einem Wort.

Nein, ich wollte nicht mehr. Diese entsetzliche Eintönigkeit des Lagerlebens, diese endlosen, nutzlosen Gespräche, diese nervenaufreibenden Transporte, dieses ewige Gezänk und dieser stinkende Machorka. Es reichte.

Auf meinen Spaziergängen durch die Straßen Moskaus begegnete ich Menschen mit lebendigen, ausdrucksvollen Gesichtern. Sie gingen nach Hause zu ihren Familien. Irgendwie lebten sie doch, ärmlich zwar, aber sie lebten. Und wenn sie nur sonntags ins Grüne fuhren. Unwillkürlich fing ich an, sie zu hassen – aus Neid.

Als ich ein Kind war, kam einmal ein entfernter Verwandter aus Sibirien – ein Offizier des Innenministeriums – zu unseren Nachbarn auf Besuch. Er hatte irgendein Pöstchen in der Leitung eines Straflagers. Auch er konnte die Leute auf der Straße nicht sehen. Er mußte sich betrinken. Einmal stand er stiefelputzend in der Küche und sagte böse, ohne jemanden speziell anzusprechen:

»Da laufen sie, sind lustig und lachen . . . Die sollten mal zu mir kommen, ich würde ihnen das Lachen schon austreiben . . .«

Und auch ich fürchtete, mit der Zeit alle zu hassen, die nicht gesessen hatten, die nicht wußten, was ich wußte. Ich hatte Angst vor dem Alkohol. Wenn ich betrunken war, wurde ich der Schwermut und Bosheit nicht mehr Herr. Immerhin hatte ich fast sechs Jahre gesessen, und das war genug.

Meine Mutter war schwer krank. Am Tag meiner Entlassung wurde sie operiert. Ins Krankenhaus ließen sie mich nicht – Quarantäne wegen Virusgrippe, hieß es. Sie übergaben mir lediglich einen Zettel, auf dem mich meine Mutter bat, irgendwie Mineralwasser aufzutreiben. Es war wieder einmal nicht im Handel. Außerdem sollte ich Rubelstücke einwechseln, damit sie den Schwestern Trinkgeld geben könnte. Ohne Rubelchen rührten die keinen Finger – keine Bettpfanne, keine frischen Leintücher, keine Hilfe beim Aufstehen. Bei ihrem kärglichen Lohn waren sie auf diesen »Nebenverdienst« angewiesen.

»Aha«, freute ich mich. »Das ist genau das Richtige für mich. Ich hab also doch einen Beruf.« Sechs Jahre lang hatte mich der Bürger Lagerleiter in dieser Kunst unterwiesen. Wozu Läden, Theken, Schlangestehen? – Wo war hier der Schleichweg? Ein Blick genügte, und ich hatte meinen Mann unter den Verladearbeitern gefunden, einen Kameraden von den Inseln. Schon hatte ich mein Mineralwasser.

Quarantäne? – Unsinn. Der Schwester einen Dreirubelschein in die Hand, und schon ging ich als junger Praktikant im weißen Kittel durch Keller, Leichenhallen und Laboratorien die Treppe hinauf. Um mich herum lauter Kollegen, Mediziner.

Meine Mutter lächelte schwach als sie mich sah und lebte sichtlich auf. Plötzlich wurde mir schmerzlich bewußt, daß ich sie beinahe nicht mehr lebend angetroffen hätte; zumindest würde ich sie das nächste Mal nicht mehr lebend antreffen.

Nein, es wird und darf kein nächstes Mal mehr geben. Was war denn schon für ein Unterschied zwischen hier und dort? Das gleiche Leben, die gleichen Gesetze. Irgendwie werde ich's schon schaffen. Es war meine letzte Chance, mir eine normale Existenz aufzubauen. Ich hatte nicht mehr viel Zeit.

Im Februar fuhr ich mit meiner Mutter in ein Sanatorium bei Moskau; sie brauchte Erholung und frische Luft. Das Wetter war herrlich, frühlingshaft, und wir machten lange Spaziergänge durch den tief verschneiten Wald.

Im Speisesaal musterte man uns immer voller Neugier – ein seltsames Paar. Und in ihren Augen las ich die verhaßte Frage: »Und Sie, was machen Sie? Sie sind Bildhauer, nicht wahr?«

Zum Glück aber sagte keiner etwas.

Das Sanatorium gehörte dem ZK des Komsomol. Meine Mutter hatte zufällig über ihre Arbeitsstelle dort einen Platz bekommen. Die meisten der Rekonvaleszenten waren altgediente Parteileute, Komsomolzen der zwanziger Jahre. Wenn man über die Terrasse ging, wo sie sich auf ihren Liegen in der Sonne räkelten, konnte man hören, wie sie sich über ihre Jugend unterhielten. »1922 war ich in der TschON, hatte bereits fünf Jahre Parteipraxis, und Sie?«

Alte, verwelkte Kämpfer und Kämpferinnen. »Die können sich immer noch nicht beruhigen«, dachte ich, »träumen noch immer von ihren Maschinengewehrwagen.«

Ich machte einen Totenschädel aus Schnee und legte ihn genau in Augenhöhe vorsichtig einer Tanne in die Arme, die an einer Kurve des Schlittenpfades stand, auf dem sich die Kurgäste jeden Tag ergingen, mühsam watschelnd wie die Enten. Jedes Mal erzitterten und erschraken sie aufs neue, als hätten sie den Schädel seit dem Vortag wieder vergessen.

»Was für eine makabre Phantasie, wie grausam Sie sind«, tadelte mich eine Frau, die wir unterwegs trafen. Ich erwiderte nichts. Sie konnte ja von ihren leuchtenden Phantasien der zwanziger Jahre zehren.

Hin und wieder begegneten wir einem Mann, der mit dem Schlitten Holz ins Sanatorium brachte; wir begrüßten uns immer. Er hatte ein freundliches Gesicht und ein stilles, zartes Lächeln . . .

»Du willst doch nicht mehr ins Gefängnis, oder?« fragte mich meine Mutter einmal vorsichtig, und nach einer Weile fuhr sie fort: »Du mußt schaun, daß du ins Ausland kommst. Hier lassen sie dich doch nicht in Frieden.«

Es ist ein eigenartiges Gefühl, wenn man nach langer Abwesenheit in den Kreis der früheren Bekannten zurückkehrt und dort plötzlich ganz neue Leute, neue Gesichter antrifft, wenn man Gespräche über einem völlig unbekannte Ereignisse mitanhört, und wenn auf die unvorsichtige Frage nach einem der früheren Freunde plötzlich betretenes Schweigen eintritt.

Moskau hatte sich an die Verhaftungen, Durchsuchungen, Gerichtsverhandlungen und Verhöre gewöhnt; man machte sich lustig und klatschte darüber wie über eine Hochzeit, eine Taufe oder neue Kleider. Sogar eine neue Form der Unterhaltung kam auf: Gegenseitige Besuche während Haussuchungen.

Wenn man seine Bekannten häufig sieht, merkt man sofort, wenn in ihrer Wohnung irgend etwas nicht stimmt: Es geht zum Beispiel niemand ans Telefon, obwohl Licht brennt, oder man hat sich verabredet, aber es kommt keiner. Sofort wird in ganz Moskau herumtelefoniert: Bei Soundsos ist Haussuchung! Alles springt in Taxis und eilt zu den Soundsos. Tatsächlich eine Durchsuchung! Alle werden eingelassen, aber niemand heraus. Die Wohnung wird immer voller. Lärm, Gelächter. Man kann sich kaum mehr rühren. Irgend jemand hat eine Flasche Wein mitgebracht, ein anderer eine Melone. Alles ißt und trinkt und macht sich dabei über die Tschekisten lustig. Unauffällig verschwinden in dem Gedränge verdächtige Papiere, Samisdat-Exemplare, verfängliche Briefe und ähnliches Beweismaterial in den Taschen der Gäste. Die Tschekisten können ihre Augen ja nicht überall haben! Verzweifelt versuchen sie, die Gäste wieder rauszuwerfen, aber von wegen! Hier kennt jeder das Gesetz. Während einer Durchsuchung darf niemand die betroffene Wohnung verlassen. Die Strafprozeßordnung liegt mitten auf dem Tisch zur allgemeinen Einsichtnahme.

»Leiser, Bürger!«

»Wo steht geschrieben, daß man während einer Durchsuchung keinen Lärm machen darf?«

Nur die Zeugen von der Hausverwaltung haben Angst, blicken entsetzt auf uns Gottlose.

Es ist inzwischen auch Tradition, die Geburtstage der Häftlinge zu feiern. Immer wird dabei der »Toast Nummer 2« ausgebracht auf alle diejenigen, die nicht dabei sein können.

»Wieder eine Verhaftung? – Na und. Wie viele Verhaftungen hatten wir nicht schon erlebt.«

Eins, zwei, drei, vier, fünf, sechs, sieben,
Wo sind sie alle nur geblieben?
Paschka, Nataschka, Larissa Bogoras[57] . . .«

Es ist viel zu tun. Auf dem Weg nach Mordwinien und Wladimir kommen die Verwandten der Häftlinge aus allen Teilen des Landes durch Moskau. Sie alle brauchen ein Nachtquartier und Verpflegung. Man muß sie abholen und zum Zug bringen. Auf dem Rückweg berichten sie. Die Themen in den Moskauer Wohnungen sind genau die gleichen wie in den Lagern – Karzer, SCHISO, PKT und Strafvollzug.

Ukrainer, Litauer, Krimtataren und Mescheten[58] überschwemmen Moskau. Ganze Eisenbahnzüge voll Tataren reisen zu einer Demonstration an. Man fängt sie unterwegs ab, schickt sie zurück. Die dennoch durchkommen, fängt man in Moskau ein.

Während meiner Abwesenheit waren die nationalen Bewegungen erstaunlich angewachsen. Sie sind alle sehr verschieden und verfolgen nach außen hin sogar sehr unterschiedliche Ziele: Die Mescheten und Krimtataren beispielsweise sind zu Stalins Zeiten mit Gewalt aus ihrer angestammten Heimat in Mittelasien deportiert worden und kämpfen nun um das Recht, dorthin zurückkehren zu dürfen. Die Juden kämpfen um das Recht, nach Israel, die Wolga-Deutschen und die Deutschen aus dem Baltikum um das Recht, nach Deutschland ausreisen zu dürfen. Ukrainer,

Balten und Kaukasier fordern die nationale Unabhängigkeit, die Separation, das Recht auf eine nationale Kultur. Dennoch haben sie alle etwas gemeinsam: Das erwachende Nationalbewußtsein. Noch vor fünf Jahren hatte die bloße Erwähnung des Begriffs »nationale Unabhängigkeit« genügt, um wegen »Landesverrat« für fünfzehn Jahre eingesperrt zu werden. Auch die Emigration gilt weiterhin als Landesverrat. Doch inzwischen begannen Bürger, die nicht länger bereit waren, dem Parteibuch den Vorrang vor ihrem Gewissen zu geben, dem Staat ihre persönliche Realität aufzuzwingen.

Dies ist kein politischer Kampf, auch nicht Märtyrertum. Es ist wie ein »Klub der Gesunden« im Irrenhaus. Man muß so handeln, will man normal bleiben.

Welche Kosmonauten werden also zuerst auf dem Mond sein?

Es gibt in diesem Kampf weder Rechte noch Linke noch Neutrale. Das sowjetische Konzentrationslager hat alle gleich gemacht. Noch immer gibt es, wie im Bienenstaat, weder Führer noch Geführte, weder Agitatoren noch Agitierte, weder Satzung noch Organisation; nur ist jetzt alles um vieles leichter als noch vor fünf Jahren. Die Anhängerzahl der Bewegung ist größer, das Echo in der Öffentlichkeit lauter und das Interesse des Volkes stärker geworden; Professoren, Akademiemitglieder, Schriftsteller und natürlich wir, die Jünglinge der frühen sechziger Jahre, gehören dazu. Die Rechte werden einfach wahrgenommen, und was gestern noch unmöglich war, ist heute selbstverständlich.

Wie schwierig war es doch früher gewesen, die Öffentlichkeit zu informieren! Die ausländischen Korrespondenten in Moskau hatten Angst vor der Ausweisung und damit dem Verlust eines einträglichen Jobs gehabt; sie hatten oft schlechte Erfahrungen mit ihrer Gutmütigkeit gemacht und waren nur sehr schwer zu überreden gewesen, in ihren Zeitungen über die Repressalien zu berichten. Es war wesentlich einfacher und gefahrloser für sie, die TASS-Meldungen in der sowjetischen Presse zu übernehmen. Schwierigkeiten gab es auch jetzt noch; jeder, der sich uns näherte, mußte mit der Ausweisung rechnen; doch die Zahl der Mutigen war erheblich größer geworden. Das Interesse der Weltöffentlichkeit an unseren Problemen war gestiegen, und wenn früher ein ausgewiesener Korrespondent bei seiner Zeitung als taktloser Versager gegolten hatte, war die Ausweisung jetzt gang und gäbe und wurde geradezu als Ehre aufgefaßt.

»Uns schickt man wenigstens nicht nach Sibirien, sondern in den Westen«, witzelten die Korrespondenten.

Kann man von mangelnder Informationsfreiheit in einem Lande sprechen, in dem Millionen von Menschen westliche Sender hören, in dem es den Samisdat gibt, der regelmäßig in den Westen gelangt, und in dem alles, was heute gesagt wird, morgen schon publik ist? – Natürlich hatten wir für diesen Grad an Öffentlichkeit einen hohen Preis bezahlt, aber das ist ein anderes Kapitel.

Es war inzwischen ganz normal, daß Leute aus den entlegensten Landesteilen nach Moskau kamen, um von ihren Nöten zu berichten und dann zurückeilten, um im

BBC, Radio Liberty oder über die »Deutsche Welle« davon zu hören und höchst erstaunt zu den Nachbarn zu sagen:

»Das sind doch Teufelskerle! Woher die das nur alles wissen in ihrem London« (bzw. München oder Köln)?

Diese Berichte machten Breschnew wesentlich mehr zu schaffen als alle Beschwerden. Ein paar Frauen paßten mich einmal im Hausflur ab und baten mich, ihnen doch zu einem Radiobericht über die ausstehende Dachreparatur zu verhelfen.

»Wenn die's im BBC bringen, dann passiert sofort etwas. Sonst haben wir in drei Jahren noch immer ein kaputtes Dach.«

Es schien bereits, als sei dieser Prozeß nicht mehr aufzuhalten, als könnten die Prognosen Amalriks für das Jahr 1984 durchaus zutreffen.

Aber auch die Machthaber schliefen nicht. Daß Hunderte von Menschen hinter Gittern saßen, ohne Arbeit und Brot waren, war weiter nichts Neues. Es erhöhte höchstens die Zahl unserer Anhänger, da auf diese Weise ihre nächsten Freunde, Verwandten und Arbeitskollegen zum Protest gezwungen wurden. Für diejenigen, die wirklich in Not waren, und für die Familien der politischen Häftlinge wurde gesammelt; es entstand eine Art Rotes Kreuz. Wissenschaftler und Ingenieure fanden auf diesem Wege Arbeit als Hausmeister, Transport- und Hilfsarbeiter. Auch in den Lagern häuften sich Hungerstreiks, Protestbriefe und dergleichen, so übel das den Betreffenden auch bekam. Schließlich wurden sie nach Verbüßung ihrer Strafe immer noch entlassen. Nein, das war nicht das Schlimmste. Das Schlimmste war etwas anderes: Die Prozesse der Jahre 68 und 69 waren so entlarvend gewesen, hatten ein so empörtes Echo in aller Welt hervorgerufen, daß das Regime sich einen derartigen Luxus nicht mehr leisten konnte. Es versuchte daher, die Gerichtsverhandlungen in die Provinz zu verlegen, wo es keine ausländische Presse und keine Sympathisanten gab. Unsere Anwälte verloren einer nach dem anderen die »Zulassung« oder wurden überhaupt aus der Anwaltschaft ausgeschlossen. Schließlich wurden sogar zum ersten Mal Verbannungsstrafen nach § 190 verhängt, obwohl eine solche Strafform darin gar nicht vorgesehen ist; mit einem Wort, man tat alles, um die Öffentlichkeit wieder mundtot zu machen. Aber es half alles nichts. Da besann man sich auf meinen alten Bekannten Daniil Romanowitsch Luntz.

Im Grunde waren die Mitglieder der Bewegung mit ihrer klar definierten, auf das Gesetz pochenden Position und ihrer Nichtanerkennung der sowjetischen Realität wie geschaffen für die psychiatrische Strafverfolgung.

Ich konnte mir gut vorstellen, wie Luntz sich die Hände rieb und breit quakte:

»Sagen Sie mal, warum bekennen Sie sich nicht schuldig?«

Unsere gesamte juristische Ausbeute, alle Hinweise auf Paragraphen, verfassungsgemäße Freiheiten oder das Fehlen des Vorsatzes, also die gesamte staatsbürgerlich-rechtliche Position, die sich bei der normalen Strafverfolgung als so erfolgreich erwiesen hatte, wandte sich bei psychiatrischer Begutachtung augenblicklich gegen uns. Sie lieferte eine nicht zu widerlegende Symptomatik:

»Sie bekennen sich nicht schuldig, folglich begreifen sie das Verbrecherische Ihrer Handlungen nicht, folglich sind Sie nicht zurechnungsfähig.«

»Sie sprechen von Verfassung, von Gesetzen, aber welcher normale Mensch nimmt schon die sowjetischen Gesetze ernst? Sie leben in einer irrealen Traumwelt, reagieren inadäquat auf ihre Umwelt.«

»Sie machen für den Konflikt zwischen sich und der Gesellschaft die Gesellschaft verantwortlich? Die gesamte Gesellschaft ist also im Unrecht? Typische Logik eines Wahnsinnigen.«

»Sie handelten ohne Vorsatz? Das heißt also, daß Sie nicht fähig waren, die Tragweite ihrer Handlungen zu begreifen, und daraus folgt, daß Sie auch nicht begriffen haben, daß man Sie verhaften würde.«

»Also gut«, quakte Luntz weiter, »wenn Sie glauben, daß Sie im Recht sind, warum verweigern Sie dann die Aussage?«

Und wieder hatte man nichts zu erwidern – Argwohn und Mißtrauen lagen auf der Hand.

»Wozu haben Sie denn das alles getan? Was wollten Sie damit erreichen?«

Keiner von uns hatte praktische Resultate erwartet, das war nicht der Sinn unserer Handlungen; vom Standpunkt des gesunden Menschenverstandes aus aber war ein solches Verhalten absolut verrückt.

Wir waren ebenso bequem zu diagnostizieren wie ehedem die Marxisten – sie waren ganz offenkundig dem Reformerwahn verfallen, der überspannten Idee, die Menschheit retten zu müssen. Noch einfacher war es bei den Gläubigen. Sie und die Dichter hatte man stets ohne Schwierigkeiten für schizophren erklären können.

Die theoretisch-»wissenschaftliche« Basis dafür war schon unter Chruschtschow geschaffen worden. Wo Sozialismus herrscht, so behaupteten die führenden Psychiater des Landes, gibt es keine sozialen Gründe mehr für kriminelles Verhalten, das heißt, jede Rechtswidrigkeit ist eine psychische Anomalie. Unter dem Sozialismus sind die Widersprüche zwischen den Zielen der Gesellschaft und dem Gewissen des einzelnen aufgehoben. Die Umwelt bestimmt das Bewußtsein, folglich kann es kein nichtsozialistisches Bewußtsein mehr geben.

Seit dieser Zeit war diese theoretische Ausgangsposition der psychiatrischen Strafverfolgung immer mehr ausgefeilt worden, insbesondere die der bewährten Diagnose »paranoide Persönlichkeitsentwicklung«.

»Am häufigsten bilden sich die Ideen des ›Kampfes für Recht und Gerechtigkeit‹ bei Persönlichkeiten von paranoider Struktur.«

»Aggressiv-paranoide Zustände entstehen nach psychotraumatischen Erlebnissen, welche die Interessen der Testpersonen berühren und den Eindruck erwecken, als schmälerten sie ihre Rechte.«

»Ein charakteristisches Kennzeichen überspannter Ideen ist die Überzeugung von der Richtigkeit des eigenen Handelns, die Besessenheit von der Pflicht, ›verletzte‹ Rechte zu verteidigen und die große Bedeutung, die gewisse Erlebnisse für die Persönlichkeit des Kranken gewinnen. Diese Kranken benutzen das Gericht als Tribüne für Reden und Appelle.« Soweit die Professoren Petschernikow und Kosatschew vom Serbskij-Institut.

Natürlich sind alle Beschwerden über Verfolgungen seitens des KGB, über Durchsuchungen, Beschattung, Abhören, Briefzensur und Verlust des Arbeitsplatzes purer Verfolgungswahn. Je klarer und bekannter die Position des zu Begutachtenden, desto eindeutiger sein Wahnsinn.

Etwas aber war ganz neu: Die Sneshnewskij-Schule hatte gegen Ende der sechziger Jahre endgültig alle wichtigen Positionen in der Psychiatrie erobert. Die Konzeption der »schleichenden Schizophrenie«, jener mysteriösen Krankheit, bei der es weder Symptome noch eine unmittelbare erkennbare Beeinträchtigung des Intellekts des Befallenen gab, war inzwischen eine allgemeingültige und verpflichtende Lehre.

»Abweichungen von der herrschenden Meinung können durch eine Krankheit des Gehirns bedingt sein«, schrieb Professor Timofejew, »der ein sehr langsamer, fast unmerklicher pathologischer Prozeß zugrunde liegt (schleichende Schizophrenie) und deren übrige Symptome (mitunter bis zur kriminellen Handlung) zunächst unbemerkt bleiben.«

»Das gerade für jenes Alter (20–29 Jahre – W. B.) typische erhöhte Konfliktbewußtsein, das Streben nach Selbstbestätigung und die Ablehnung aller Traditionen, überkommener Meinungen und Normen, ist die Voraussetzung für das Aufkommen der Legende, daß einige junge Leute, die in Wirklichkeit an Schizophrenie erkrankt sind, grundlos in psychiatrischen Kliniken festgehalten werden, daß sie dort nur deswegen seien, weil sie ›anders denken als alle‹.«

Bei einem unserer Gespräche im Jahre 1966 hatte mich Luntz noch ganz offen vor dieser Entwicklung gewarnt:

»Ihre Freunde im Ausland sollten sich nicht so über unsere Diagnosen ereifern. Bei einer paranoiden Persönlichkeitsentwicklung ist wenigstens die Behandlung nicht obligatorisch. Mit Ihren Protesten erreichen Sie nur, daß Sneshnewskij immer mehr mit den Expertisen betraut wird – er ist schließlich ein auch im Ausland anerkannter Fachmann. Schizophrenie aber ist Schizophrenie; da kommt man um eine – zudem äußerst intensive – Behandlung nicht herum. Wir tun, was wir können, um den Einfluß der Sneshnewskij-Schule einzudämmen, aber Sie erschweren unsere Bemühungen mit Ihren Protesten.«

Er hatte recht; die Schizophrenie mochte so langsam verlaufen, wie sie wollte, behandelt wurde sie äußerst rasch, zum Wohle des Kranken, versteht sich. Fast alle wurden mit Haloperidol, einem sehr schmerzhaften Mittel, geradezu vollgepumpt.

Doch dies war keine Frage von Protesten. Die Konzeption Sneshnewskijs war einfach außerordentlich bequem für das Regime, zu bequem, als daß es nicht auf jeden Fall früher oder später darauf verfallen wäre. Und Luntz stellte im Jahr 1970 bereits selbst die Diagnose »schleichende Schizophrenie«.

Das war eine tödliche Bedrohung unserer Bewegung. Innerhalb kürzester Zeit wurden Dutzende von Menschen für unzurechnungsfähig erklärt – meist die härtesten und konsequentesten Vertreter der Opposition. Was die Truppen des Warschauer Pakts, was Gefängnisse und Lager, Verhöre, Durchsuchungen, Entlassungen, Erpressungen und Einschüchterungen nicht vermocht hatten, das gelang nun der Psychiatrie. Nicht jeder war bereit, sich seinen gesunden Menschenverstand absprechen zu lassen, den Rest seines Lebens im Irrenhaus zu verbringen und sich dort einer barbarischen Behandlung zu unterziehen.

Gleichzeitig umging man auf diese Weise die peinlichen Gerichtsverhandlungen; gegen Unzurechnungsfähige wurde in Abwesenheit und hinter verschlossenen Türen verhandelt, ohne sachliche Prüfung des Tatbestandes. Es war nahezu aussichtslos, einen für unzurechnungsfähig Erklärten wieder freizubekommen. Auch der objektivste, mit dem »Kranken« jedoch nicht persönlich bekannte Mensch würde stets gewisse Zweifel an dessen Geisteszustand behalten. Jeder kann schließlich den Verstand verlieren. Die Behörden zuckten auf alle Fragen und Gesuche nur bedauernd die Achseln:

»Ein Kranker? Da können wir nichts tun. Wenden Sie sich an die Ärzte.«

Natürlich sind sie alle krank, diese »Andersdenkenden«, und die Untersuchungsrichter des KGB drohten jedem, der die Aussage verweigerte und nicht bereuen wollte, ganz unverblümt:

»Willst wohl in die Klapsmühle, was?«

Oft genügte schon die Drohung mit der Überweisung an das Serbskij-Institut, um den Häftling gefügig zu machen. Die Vorteile der psychiatrischen Strafverfolgungsmethode waren so offenkundig, daß es vergeblich gewesen wäre zu hoffen, das Regime mit einfachen Petitionen und Protesten davon abzubringen. Ein langer, zäher Kampf stand uns bevor, natürlich mit dem Gefängnis als Belohnung, auf die ich gern verzichtet hätte. Die Sache schien völlig hoffnungslos. Wer würde sich schon bereitfinden, einen Menschen, den er nicht einmal kannte, gegen den Befund von Experten für gesund zu erklären? Wir konnten auf keine breite Unterstützung hoffen.

Andererseits konnten wir doch nicht tatenlos zusehen, wie vor unseren Augen alles zunichte wurde, was wir unter so unglaublichen Opfern erreicht hatten. Wir konnten doch nicht zusehen, wie unsere Freunde einer nach dem anderen ins Irrenhaus gesperrt wurden. Ich wußte zu gut, was das war, eine »psychiatrische Sonderklinik«: ein psychiatrisches Gefängnis.

Wenn man einmal dreißig ist, beginnt man zu begreifen, daß das Wertvollste, was man auf Erden hat, die Freunde sind. Schließlich hat man selbst doch sehr wenig Einfluß darauf, wie sich dein Leben entwickelt. Der eine lebt lange und in Frieden, der andere kurz und sinnlos. Was jedoch die Hoffnungslosigkeit betrifft: Hatten wir denn je eine wirkliche Hoffnung gekannt? Unsere einzige Hoffnung war, die Kraft zu haben, um alles in unserer eigenen Macht Stehende zu tun.

Wieder streifte ich durch Moskau, am liebsten durch die stillen Gassen des Arbat, wo der Schnee noch nicht ganz geschmolzen war und die Laute in der Frühlingsluft dumpf widerhallten, wo die Hausmeister mit ihren Schippen das Eis von den Gehsteigen kratzten und klirrende Eisstückchen am Straßenrand zu glitzernden Haufen zusammenkehrten. Es war März.

Ich hatte mich noch nicht sattgesehen nach dem grauen Lagereinerlei, sog gierig die Farben, Laute und den Straßenlärm in mich ein und stand lange bewundernd vor einem Fenstersims oder einem schön gemusterten Villentor. Meine Haare hatten ihre normale Länge noch nicht wieder erreicht; ich nahm daher so selten wie möglich die Mütze ab, aber meine Finger waren noch immer gelb vom Machorka. Wie gut ist es doch, wenn die Zukunft wenigstens ein Tröpfchen Ungewißheit in sich birgt – es lebt sich so viel leichter dann. Ich aber sah alles schon vor mir – die graugrünen Wände von Lefortowo, die Transporte, die endlosen Streitereien über die Generalissimi und den widerlichen Lagerappell . . .

Was soll's. Ich hatte eben kein Glück. Ich werde keine Familie haben und keinen Beruf; und wenn mich im Alter jemand fragt, wer ich bin und was ich tue, werde ich eben weiter lügen, ich sei Geologe.

»Ich bin auf den Expeditionen ganz verwildert, wissen Sie. Immer nur die Taiga.«

Und dabei hatte ich gerade jetzt so wenig Lust, ins Gefängnis zurückzukehren!

Im Mai gab ich dem Korrespondenten von AP, Holger Jensen, mein erstes Interview. Ich erzählte von Gefängnissen, Lagern und vor allem von den psychiatrischen Kliniken – ihretwegen hatte ich mich eigentlich auf diese riskante Sache eingelassen. Etwas später folgte ein großes Fernsehinterview mit meinem Freund Bill Cole, dem Korrespondenten der CBS in Moskau; hier ging es nur noch um diese Kliniken. Wir hatten für dieses Interview einen richtigen Schlachtplan entworfen: Etwa zwanzig Leute, westliche Korrespondenten und Russen, fuhren mit Frauen und Kindern zu einem Picknick ins Grüne. Das KGB beobachtete alles von ferne, vor allem darauf bedacht, den Moment unseres Aufbruchs nicht zu verpassen. Daher gelang es Bill und mir relativ leicht, das Filmen vor den Tschekisten zu verbergen. Schwieriger würde es sein, den Film nachher außer Landes zu bringen. Bill machte noch zwei weitere Interviews, eines mit Amalrik und eines mit Jakir, und ich gab ihm die Tonbandaufzeichnung einer Rede von Ginsburg, die aus dem mordwinischen Lager herausgeschmuggelt worden war. Es war also ein ganz schöner Packen Material.Er brauchte drei Monate, bis er auf Umwegen nach Amerika gelangte.

Nach meinen Interviews ereignete sich noch etwas, was die Aufmerksamkeit der Öffentlichkeit auf die psychiatrischen Verfolgungspraktiken des Regimes lenkte:

Der bekannte Wissenschaftler Jaurès Medwedjew wurde zwangseingewiesen. Darüber geriet die gesamte akademische Welt in Aufregung; mußte sie doch befürchten, daß die Repressalien nun auch vor ihr nicht mehr Halt machten. Die größten Gelehrten des Landes stellten sich an die Spitze der Kampagne zur Befreiung Medwedjews. Weder Jaurès Medwedjew selbst noch sein Bruder Roy dachten damals, daß eine laute Protestkampagne ihrer Sache abträglich wäre, daß sie die »Falken« in der Sowjetführung »stärken« und die »Tauben schwächen« würde. Sie erkannten im Gegenteil, daß ihnen, nun sie einmal ins Unglück geraten waren, nur eine breitangelegte Öffentlichkeitskampagne helfen könne. Roy Medwedjew gab jeden Tag ein Informationsbulletin über den Stand der Dinge heraus. Er nutzte seine Beziehungen zu angesehenen Leuten und überredete sogar diejenigen zu Briefen oder Unterschriften, die sich gewöhnlich von unseren Protestaktionen fernhielten. Das Ereignis wirbelte in aller Welt viel Staub auf, und obwohl sich das Regime nach relativ kurzer Zeit geschlagen gab – nach nur neunzehn Tagen wurde Medwedjew freigelassen –, hatten unsere Berichte von der psychiatrischen Verfolgungsmethode damit eine neue Bestätigung gefunden. Wir hofften jetzt, daß eine energische Kampagne das Regime doch noch zur Aufgabe ihres Mißbrauchs der Psychiatrie bewegen könnte.

Medwedjew hatte Glück gehabt, ihn kannte man in der internationalen akademischen Welt. Was aber würde im Falle des Arbeiters Borissow oder des Maurers Gerschuni, der Studentinnen Nowodworskaja und Joffe, des Künstlers und Designers Viktor Kusnetzow geschehen? Ihretwegen würden keine Akademiker beim ZK vorstellig werden, würde keine solidarische Welt der Gelehrten mit wissenschaftlichem Boykott drohen. Nach unseren Informationen wurden Aberhunderte völlig unbekannter Menschen aus politischen Gründen in psychiatrischen Gefängnissen festgehalten. Wer würde wohl für die eintreten?

Ich kam zu dem Schluß, daß die Zusammenstellung einer umfangreichen Dokumentation unerläßlich sei – Zeugenaussagen, psychiatrische Gutachten usw. –, um dem Mythos von der »Verleumdung« etwas entgegenzusetzen und den Machthabern Angst einzujagen.

Ihr Hauptargument besagte, daß Nicht-Experten das Gutachten von Experten nicht einfach widerlegen könnten. Schon der Versuch würde als Verleumdung geahndet werden. Also mußten wir versuchen, aufrichtige Experten zu finden.

Alle trugen zu dieser Dokumentation ihr Scherflein bei. Den Löwenanteil lieferten natürlich die Anwälte, die die »Unzurechnungsfähigen« verteidigten und Zugang zu ihren Prozeßakten, also auch zu den Gutachten, hatten. Einen anderen Teil der Dokumentation, sozusagen den historischen, bildeten die Aussagen ehemaliger »Unzurechnungsfähiger«. Dazu kamen die Briefe und Aussagen derzeitiger Insassen psychiatrischer Gefängnisse und ihrer Verwandten. Nach ihren Aussagen zu schließen, hatte sich seit meinem eigenen Aufenthalt dort wenig geändert. Nur die »Behandlung« war intensiver und qualvoller geworden. Wir sammelten auch Fakten über die neu eingerichteten Sonderkliniken: Fotografien, Namen der Ärzte, die sich für diesen Mißbrauch der Psychiatrie hergaben.

Am bekanntesten war damals der Fall des Generals Grigorenko. Sein Gefängnistagebuch vom Jahr 1969, zusammen mit einer genauen Beschreibung der Ermittlung und mit dem Gutachten, war bereits in der westlichen Presse veröffentlicht worden; doch kaum jemand wußte, daß das Team von Professor Detengow in Taschkent bereits eine erste Expertise erstellt und ihn nicht nur für völlig gesund erklärt, sondern auch mit Nachdruck von weiteren Gutachten abgeraten hatte.

»Bei der ambulanten Untersuchung Grigorenkos haben sich keine Anhaltspunkte für einen gestörten Geisteszustand gefunden. Eine stationäre Untersuchung würde zur Zeit dieses Bild nicht nur nicht erweitern, sondern im Gegenteil, in Anbetracht seines Alters und seiner strikt ablehnenden Haltung gegenüber einer stationären Aufnahme in eine psychiatrische Abteilung sowie seiner erhöhten Verletzbarkeit ein Gutachten nur erschweren«, schrieben die Taschkenter Experten.

Trotzdem zögerte das KGB nicht, ihn zu einem weiteren Gutachten nach Moskau in das Serbskij-Institut bringen zu lassen, wo Luntz natürlich im Handumdrehen diese »Verletzbarkeit« und »ablehnenden Haltung gegen eine stationäre Aufnahme in eine psychiatrische Abteilung« als Paranoia mit »Vorhandensein reformerischer Ideen« diagnostizierte.

Ich kannte Pjotr Grigorjewitsch Grigorenko und seine ganze Familie gut und muß sagen, daß ich selten einen Mann getroffen habe, der vorsichtiger in seinem Urteil, selbstkritischer und bescheidener gewesen wäre. Doch meine »aufrichtigen Experten«, wenn ich sie je finden sollte, werden ihn sicher nicht persönlich kennen. Man konnte nur hoffen, daß die widersprüchlichen Schlußfolgerungen der Expertisen für sich selbst sprechen.

In offenem Widerspruch zueinander standen die Meinungen der Experten auch im Falle Gorbanewskaja. Sie hatte im Zusammenhang mit einem neurotischen Zustand in ihrer Jugend fast zehn Jahre unter psychiatrischer Beobachtung gestanden und war unmittelbar vor ihrer Verhaftung von einer Kommission ziviler Psychiater noch einmal untersucht und mit folgender Begründung aus der psychiatrischen Beaufsichtigung entlassen worden: »Auf der Grundlage der Erforschung der Krankheitsgeschichte in über zehnjähriger Katamnese und Beobachtung haben sich keine Anzeichen für einen schizophrenen Zustand ergeben. Es besteht im Augenblick keine Notwendigkeit zur Einweisung in eine psychiatrische Anstalt.«

Ungeachtet dieses Befundes vom 19. November 1969 erklärten Luntz und Genossen sie am 6. April 1970 für schizophren, und zwar in jener »schleichenden« Form, die Luntz, wie ich genau wußte, nie anerkannt hatte. Der Befund des Serbskij-Instituts enthielt außerdem eine offenkundige, bewußte und leicht zu beweisende Lüge. In der Begründung der Diagnose konstatierten die Fachleute des Serbskij-Instituts ein »gestörtes Verhältnis zur Mutter und Gleichgültigkeit gegenüber dem Schicksal ihrer Kinder« – Symptom einer emotionalen Sperre. Dabei hatte sie gerade während des Ermittlungs- und Untersuchungsverfahrens den Kindern und der Mutter mehrere Briefe voller Sorge und Unruhe geschrieben, die von den Experten einfach nicht zur Kenntnis genommen wurden. Es gelang uns, einiger dieser Briefe habhaft zu werden und sie dem Gutachten beizufügen.

Geradezu erheiternd mutete die Rigaer Expertise zum Fall I. A. Jachimowitsch an. Er hatte als Vorsitzender einer großen Kolchose in Lettland und überzeugter Kommunist im Jahr 1968 dem ZK einen Offenen Brief geschrieben, in dem er die Befürchtung aussprach, daß die Moskauer Prozesse der damaligen Zeit der Sache des Kommunismus in aller Welt sehr schaden könnten. Er wurde daraufhin aus der Partei ausgeschlossen, von seinem Posten suspendiert und mußte sich als Heizer verdingen; dennoch schrieb er unermüdlich weiter Protestbriefe. Aus derselben kommunistischen Sicht verurteilte er auch die Besetzung der ČSSR und wurde alsbald verhaftet.

Im beschreibenden Teil ergingen sich die Experten in Lobeshymnen auf den Häftling. Wäre nicht die Überschrift gewesen, man hätte glauben können, die Charakteristik eines Mannes zu lesen, der für eine hohe Regierungsauszeichnung vorgeschlagen worden war:

»Er erklärt, daß er nie und unter keinen Umständen die Idee des Kampfes für den Aufbau des Kommunismus und für den Sozialismus verraten würde . . . Aufgrund des oben Ausgeführten kommt die Kommission zu dem Schluß, daß Jachimowitsch die paranoide Entwicklung einer psychophathischen Persönlichkeit zeigt. Der Zustand des Kranken ist mit einem psychischen Leiden gleichzusetzen, weshalb I. A. Jachimowitsch in bezug auf die ihm vorgeworfenen Handlungen als nicht zurechnungsfähig anzusehen ist. Er bedarf einer Zwangsbehandlung in einer Sonderklinik.«

Fast eine Schwejksche Geschichte, fürwahr. Von Seiten der Rigaer Ärzte war das sicher ein Akt passiven Widerstandes: »Wir ziehen die gewünschten Schlüsse, aber wir schreiben, wie es in Wirklichkeit ist.« Sogar das Gericht sah sich genötigt, Jachimowitsch zu einer zweiten Expertise in das Serbskij-Institut zu schicken. Luntz sorgte dort für die notwendige Diagnose.

Insgesamt konnten wir nur sechs »Krankengeschichten« dokumentarisch belegen, aber jeder von ihnen war auch für einen Laien völlig eindeutig. Weiteres Material waren Erinnerungen, Zeugenberichte, Daten über die Sonderkliniken – insgesamt fast ein ganzer Koffer voll.

Es begann nun die Suche nach »aufrichtigen Experten«, und hier stießen wir auf unüberwindliche Schwierigkeiten. Die großen Psychiater, Professoren und Klinikchefs gaben zwar im privaten Gespräch durchaus zu, daß unsere Dokumentation keinerlei Zweifel an der Kriminalität des Vorgehens der Regierung lasse; sie gaben uns sogar einige Hinweise, welchen Weg wir beschreiten sollten, klärten uns über die möglichen Mechanismen der Beziehungen zwischen KGB und Psychiatern auf und fanden sich auch bereit, ihr Urteil in den genannten Fällen anonym niederzuschreiben, doch sie lehnten es strikt ab, offen Stellung zu beziehen.

»Wir sind keine Sacharows«, sagten sie. »Der braucht für seine wissenschaftliche Arbeit nur Papier und Bleistift. Wir aber brauchen Kliniken. Wenn wir nicht mehr an die Kliniken dürfen, sind wir erledigt, und wenn wir offen in dieser Angelegenheit Stellung beziehen, dann werden wir ganz ohne Zweifel entlassen, wenn uns nicht noch Schlimmeres widerfährt.«

Damit war die Sache besiegelt. Es fanden sich wohl einige junge Psychiater ohne Rang und Namen, die uns offen unterstützen wollten, aber damit war weder uns noch ihnen gedient. Was galt schon ihre Meinung gegen die anerkannter Professoren und Akademiemitglieder, wenn sie überdies nur auf der Kenntnis von Dokumenten und Berichten, d. h. nicht auf persönlicher Begutachtung des Patienten, beruhte? Man würde sie einfach einsperren und mich dazu. Ein derartiges Opfer konnte ich ihnen jedoch nicht abverlangen. (Der junge Kiewer Psychiater Semjon Glusman gab dennoch sein Gutachten im Fall Grigorenko ab und wurde 1972 zu sieben Jahren Lager und drei Jahren Verbannung verurteilt.)

Es blieb uns eine letzte Hoffnung – die westlichen Psychiater. Das versprach wenig; ich machte mir keine Illusionen über die ideologischen und berufsständischen Vorurteile, die da zu überwinden wären. Dennoch schickte ich die Dokumentation westlichen Psychiatern, weil ich immerhin hoffte, dadurch noch ein weiteres Mal die Aufmerksamkeit der Presse auf diese Fälle zu lenken. Schließlich hatte mir David Markham, ein Vertreter von Amnesty International, in einem Gespräch über diese Frage versichert, daß er einige englische Psychiater kenne, die bereit wären, sich mit der Dokumentation zu befassen und sich dazu zu äußern. Gebe Gott, daß er sich nicht irrte. Ende 1971 sollte der Weltkongreß für Psychiatrie tagen, und mit einigem Glück könnten unsere Probleme auf diesem Kongreß zur Sprache kommen. Die Unterstützung eines jeden Psychiaters aber wäre für uns von unschätzbarem Wert. Zumindest könnten wir das Sowjetregime mit der Möglichkeit einer solchen Diskussion einschüchtern. Selbst wenn die Frage auf internationaler Ebene nur angeschnitten würde, wäre das für uns schon ein großer Erfolg. Ich wollte jedenfalls nichts unversucht lassen; wer weiß, vielleicht würde der Plan gelingen. Vielleicht gab es doch mehr anständige Leute auf der Welt, als ich dachte.

In meinem Appell an die westlichen Experten war ich um äußerste Zurückhaltung bemüht. Ich wollte niemanden zu politischen Handlungen oder Stellungnahmen veranlassen, sondern bat lediglich um fachliche Begutachtung und Hilfe. Ich beschränkte mich auch absichtlich auf die sechs genannten Fälle und wollte lediglich wissen, ob die in den Schlußfolgerungen genannten Symptome wissenschaftlich ausreichend begründet seien, um nicht nur das Vorhandensein der jeweiligen psychischen Krankheit zweifelsfrei zu erweisen, sondern auch die strikte Isolierung dieser Personen von der Gesellschaft zu rechtfertigen.

Der Gedanke dieser Dokumentation war mir ganz zufällig in einem Büro des Moskauer Staatsanwalts gekommen, wohin ich zu Beginn des Sommers wegen meines Interviews mit Holger Jensen über die Irrenanstalten zitiert worden war. Der

Staatsanwalt versuchte, wie gewöhnlich, mich einzuschüchtern, und drohte mir mit Gefängnis, als ob ich nicht ohnedies wüßte, daß ich spätestens binnen eines Jahres wieder einsitzen würde. Unser Fernsehinterview war damals noch auf dem Weg nach Amerika.

Es war ein langweiliges, dummes Gespräch – der übliche Wortwechsel. Er behauptete, alles, was ich im Interview gesagt hätte, sei Verleumdung, ich hingegen bot an, ihm Beweise und Zeugen für die Richtigkeit meiner Aussagen zu bringen. Worin die Verleumdung konkret bestanden hatte, konnte er nicht sagen, und auf die vorgeschlagenen Beweise und Zeugen verzichtete er.

»Sie wissen doch, daß wir Ihre Schuld immer beweisen können.«

Wie ihre »Beweise« aussehen, wußte ich, folglich war es an der Zeit, Beweismaterial für meine Verteidigung zusammenzutragen. Bei dieser Gelegenheit wurde mir von offizieller Seite auch zum ersten Mal nahegelegt zu emigrieren:

»Warum leben Sie mit Ihren Anschauungen hier? Gehn Sie doch nach Amerika.«

Tausende von Menschen hatten gebettelt, gefordert, gefleht, aus der UdSSR ausreisen zu dürfen. Ihnen hatte man es abgeschlagen, hatte sie von ihren Arbeitsplätzen gejagt und zu Verrätern gestempelt. Und mir schlugen sie es einfach vor, als wäre es eine Kleinigkeit.

»Gehn Sie doch nach Amerika«.

Was für Heuchler! Außerdem wollte ich gar nicht, auch wenn es wirklich so einfach gewesen wäre.

Gleichzeitig begannen auch die Schikanen gegen Holger Jensen. Er wurde ebenfalls zur Staatsanwaltschaft bestellt, wo man ihm eröffnete, daß er – falsch gefahren sei. Durch scharfes Bremsen habe er den Bürger Iwanow erschreckt, der sich nun von diesem Schrecken im Krankenhaus erholen müsse. Die folgenden zwei Wochen durchstach regelmäßig jemand die Reifen seines Autos, so daß wir den Wagen nicht mehr für unsere Zwecke benutzen konnten. Die Autos der ausländischen Korrespondenten werden gewöhnlich im Innenhof der speziell für sie reservierten Häuserblocks abgestellt und von der Polizei streng bewacht – ein normaler Sterblicher hat keinen Zutritt zu diesem Terrain. Wer also konnte ihm wohl die Reifen durchstochen haben?

Eines schönen Morgens schaute Holger zufällig aus dem Fenster und sah, wie einer der Posten, nachdem er sich verstohlen nach allen Seiten umgesehen hatte, sein Häuschen verließ und zu den Wagen ging. Bei Holgers Auto angekommen, zog er sein Taschenmesser und stach damit sorgfältig einige Male in die Hinterreifen. Dann tat er dasselbe mit den Vorderreifen.

Binnen vier Wochen wurde Holger »wegen unvorsichtigen Fahrens« die Fahrerlaubnis entzogen, und wie auf Kommando begann man auch in Washington sich zu beunruhigen. »Was nützt uns ein Korrespondent ohne Auto?«

Sie verboten ihm, weitere Artikel aus Moskau zu schicken, als ob er dafür unbedingt ein Auto benötigt hätte! Seinen Vorgesetzten in Washington gefiel nämlich unser Interview auch nicht; es warf einen Schatten auf die Beziehungen zwischen der UdSSR und den USA. Ich hatte jene Welt nie idealisiert und war daher über diese Reaktion nicht weiter erschüttert. In all den Jahren hatte sich um die UdSSR wie um ein altes Geschwür so viel Schorf und parasitäres Gewebe gebildet, waren so viele Theorien, Lehren und Rechtfertigungen der Feigheit entstanden, daß der Blick für die klare Trennlinie zwischen dem »Wir« und dem »Sie«, zwischen dem »Unser« und dem »Euer« längst verlorengegangen war. Damit aber all dieser Eiter abfließen könnte, würden viele Schichten des sogenannten »gesunden Gewebes« zu durchdringen sein.

Das ganze Jahr über ließ mich das KGB nicht aus den Augen. Eine ganze Einsatzgruppe, das heißt einen Wagen mit vier Mann Besatzung, setzten sie auf mich an.

Alle sechs Stunden wurden sie abgelöst. Sie gaben sich keinerlei Mühe, verborgen zu bleiben. Im Gegenteil, es gehörte offenbar zu ihrer Mission, ihre Präsenz möglichst auffällig zu demonstrieren. Ging ich zu Fuß, waren mir zwei von ihnen dicht auf den Fersen, während die übrigen mit dem Wagen langsam neben mir herfuhren. Über Funksprechgeräte waren die beiden Gruppen miteinander verbunden. Auf die Dauer wählte ich meinen Weg absichtlich so, daß der Wagen mir nicht folgen konnte: Ich ging entweder gegen den Verkehr oder suchte mir Kreuzungen, an denen man nicht wenden durfte, oder ich schlug einen Haken, wenn die Ampel gerade auf Rot stand. Sofort geriet alles in Panik, wie auf einem sinkenden Schiff. Ich wandte meine sämtlichen Tricks an – Passagen, Unterführungen, Feuerleitern.

»Lauf nur, lauf! Brich dir ruhig den Hals!« zischten sie mir ins Genick. Für einen Außenstehenden mußte das sehr komisch aussehen.

Besonders schwer hatten sie es in der Metro. Dorthin folgten sie mir stets zu dritt. Ich lief sehr schnell, auf Übergängen und Rolltreppen rannte ich, und auch im Wagen ließ ich sie nicht zur Ruhe kommen, hielt sie in atemloser Spannung; im letzten Moment, wenn sich die Türen schon wieder schlossen, sprang ich ab.

»Lauf du nur, wir stoßen dich schon nochmal unter den Zug.«

Besonders ärgerlich war es für sie, wenn mich am Metro-Ausgang ein Freund mit dem Wagen abholte.

Jedesmal, wenn es mir gelang, sie abzuschütteln, bekamen sie einen Verweis. Zwei, drei solcher Verweise, und sie konnten rausfliegen. Vielleicht waren sie auch deshalb so gehässig. Im Herbst überholte mich einer von ihnen in einem Durchgang auf der Kropotinskaja, als ich gerade nach Hause ging. Er pöbelte mich an fluchte dazu, offenbar, um mich einzuschüchtern. Dann drohte er mir, er werde mich nachts in einer Unterführung umbringen, einfach erschießen, wenn ich mal spät nach Hause ginge, denn er wolle nicht, wie die anderen, meinetwegen in Schwierigkeiten geraten.

»Glaubst du, mir passiert was? Im Gegenteil, die werden sich bei mir bedanken, erst recht, wenn ich's nachts tue. Ich könnt's gleich tun, kein Hahn würde danach krähen. Versuch nur nicht nochmal, uns abzuhauen, wie gestern.«

Zur Bekräftigung seiner Worte zog er aus der Innentasche seines Mantels eine Pistole. Sein Fluchen war allerdings eher ärmlich, laienhaft; es fehlte ihm das Lagertraining, und so bedachte ich ihn, um das Gespräch nicht abreißen zu lassen, mit einer Kostprobe meiner Kenntnisse auf diesem Gebiet. Dabei überlegte ich fieberhaft, wie ich diesem Grünschnabel eine ordentliche Lehre erteilen könnte. Ihm die Pistole wegzunehmen, wäre wohl über meine Kräfte gegangen. Er war ein durchtrainierter, muskulöser Kerl. Von einer Schlägerei hätte ich auch nichts gehabt. Deshalb lockte ich ihn mit einem Schwall übelsten und gemeinsten Lagerjargons, bei dem selbst unser Lagergaul Jaschka, der die Lebensmittel zur Eßbaracke brachte, die Ohren angelegt und gescheut hätte, allmählich auf die Straße und in die Nähe meiner Wohnung. Ich hoffte, einen Bekannten zu treffen, der den Auftritt bezeugen könnte. Der Esel ging brav mit mir, immer noch hoffend, Eindruck auf mich zu machen, während sein Kommando langsam hinterherfuhr. Genau in diesem Moment kam meine Mutter aus dem Haus, um einzukaufen. In der ersten Überraschung drückten sich beide die Hand, als ich sie »bekanntmachte«.

»Schau, Mama, den mußt du dir merken«, sagte ich. »Wenn mir etwas zustößt, dann weißt du, wer es war. Er hat gerade gedroht, mich umzubringen. Und da hinten, der Wagen, der gehört auch dazu. Merk dir die Nummer.«

Ich war selbst überrascht, wie heftig meine Mutter reagierte. Ich fürchtete schon, sie würde ihn schlagen.

»Was erlaubt ihr euch!« schrie sie über die ganze Straße. »Hat man euch eingesetzt, um ihn zu beschatten, oder nicht?«

Der Tschekist nickte verzagt.

»Dann beschattet ihn gefälligst, aber was sonst mit ihm geschieht, entscheiden die Vorgesetzten. Das wäre ja noch schöner, wenn jeder hergelaufene Kerl bestimmen könnte, wer umgebracht wird und wer nicht.«

»Wenn er uns aber immer ausreißt?« rechtfertigte sich der Tschekist schwach, »soll er doch normal laufen, wie andere Leute auch.«

Inzwischen hatte sich bereits eine neugierige Menschenmenge versammelt. Die Tschekisten im Auto blickten finster. Sie wußten, daß sie einen Anpfiff bekommen würden. Meine Mutter schrie immer noch aus Leibeskräften, sie werde zur Staatsanwaltschaft gehen, sich beim ZK beschweren, die Sache nicht auf sich beruhen lassen. Meine Anwesenheit schien nicht mehr erforderlich, und so ging ich meiner Wege und überließ sie ihrem Streit. Ich habe diese Einsatzgruppe nie mehr gesehen.

Mit einigen anderen Gruppen kam ich besser aus. Wenn ich im Winter bei starkem Frost aus dem Haus trat, um schnell an der Ecke ein Brot zu kaufen, stellte sich einer von ihnen für mich an der Kasse an, der andere an der Theke, um nur ja schnell wieder in den geheizten Wagen zu kommen; oder wir halfen uns nach Ladenschluß gegenseitig mit Zigaretten aus: »Na, wie ist's, gehst du bald heim?« fragten sie dann wohl.

»Gleich, gleich, nur noch zwei, drei kurze Besuche. So gegen zwei Uhr früh bin ich fertig.«

Im Grunde hatten wir uns alle so sehr an ihre Anwesenheit gewöhnt, daß wir sie gar nicht mehr bemerkten. Wir erledigten, was zu erledigen war, trafen uns mit ausländischen Korrespondenten, sammelten Informationen für die »Chronik« und schickten Samisdat-Erzeugnisse ins Ausland, fast unter ihren Augen. Was hatten wir schon zu verbergen? Neue Verhaftungen, Durchsuchungen und Gerichtsverhandlungen meldete ich den Korrespondenten telefonisch von zu Hause, oder aber sie riefen selbst bei mir an wie bei einem Auskunftsbüro. Natürlich waren wir vorsichtig, wenn wir etwas ins Ausland schicken wollten. Wir hatten dafür unsere geheimen Kanäle, die so gut getarnt waren, daß sie trotz aller Beobachtung unentdeckt blieben. Der Augenblick des größten Risikos war relativ kurz, und bis das KGB Verdacht schöpfte, seine Anweisungen erteilte und diese Anweisungen ausgeführt wurden, waren alle Spuren bereits verwischt.

Die Vertreter verschiedener gesellschaftlicher Organisationen aus dem Westen empfing ich direkt bei mir. Das Haus, in dem wir wohnten, war groß, und von außen war nicht ohne weiteres ersichtlich, zu wem die Besucher gingen. Außerdem rechnete das KGB nicht damit, daß sozusagen vor seiner Nase Samisdat-Papiere an Ausländer übergeben würden. Sie suchten noch immer nach irgendwelchen konspirativen Wohnungen, Parolen und toten Briefkästen, während wir bereits ganz offen zu Werke gingen.

Holger wurde Ende des Jahres abberufen und als Korrespondent nach Vietnam versetzt. Bill Cole war schon früher ausgewiesen worden »wegen Tätigkeiten, die mit dem Status eines Korrespondenten unvereinbar sind«. Unsere Bombe war also endlich explodiert.

Der Abschied von ihnen fiel mir ähnlich schwer wie der von den Freunden im Konzentrationslager; ich wußte, daß ich sie nie wiedersehen würde. Bill sah finster drein, hielt sich aber tapfer; er meinte, es werde schon alles »o. k.« gehen.

»Ich wollte ohnehin nicht hierbleiben«, sagte er, »einen anständigen Menschen müssen sie ja hier rausschmeißen.«

Holger litt mehr. Er liebte die russische Kultur, hatte eigens Russisch gelernt und gehofft, wenigstens fünf Jahre hierzubleiben. Er war ein passionierter Jäger und Angler. Zu Beginn seiner Tätigkeit hatte man ihm ein paar »Kollegen« vom APN geschickt, die ihm eine fürstliche Jagd in einem außerhalb der Sperrzone gelegenen Naturschutzgebiet organisierten. Sie hatten sogar angedeutet, daß bei guter Führung seinerseits noch ganz andere Jagden möglich wären. Kaum aber hatte er Kontakt zu uns aufgenommen, war es natürlich damit vorbei, und jetzt mußte er für immer fort. Bei AP war es üblich, selbst für Ersatz zu sorgen, und so sagte er mir:

»O. k., ich werde denen einen Ersatz finden! Ich weiß da einen jungen Mann, mit dem sie nicht so leicht fertig werden!«

In der Tat brachte er einen jungen Mann, drei Jahre jünger als ich, namens Roger

Leddington, der nicht zu den Ängstlichen gehörte: Sie schlugen ihm das Auto in Stücke, zertrümmerten die Scheiben, rissen die Türen aus, sandten ihm Drohbriefe. Einmal ließ er sich sogar auf einen Ringkampf mit ein paar Tschekisten ein, die ihn hindern wollten, zu mir zu gehen. Ein andermal entkamen wir ihnen dank der besseren amerikanischen Technik: Sowjetische Wagen können bei großer Geschwindigkeit nicht wenden; sie müssen erst abbremsen.

Bald war es soweit, daß man sich am Tag nicht mehr mit den Korrespondenten treffen konnte; die Tschekisten provozierten uns und wurden handgreiflich. Einmal verabredete ich mich mit einem anderen AP-Korrespondenten, Jim Peipert, auf dem Kalinin-Prospekt, mitten in Moskau, für nachts halb eins. Ich kam schon fünf Minuten früher, um das Terrain zu sondieren. Sofort fiel mir eine Gruppe Männer mit scheinbar unbeteiligten Gesichtern auf, die unseren Treffpunkt umkreisten. »Na wenn schon«, dachte ich, »sollen sie uns ruhig nachlaufen. Das ist nichts Neues«. Jim kam auf der anderen Straßenseite angefahren, stellte sein Auto ab und kam über die Straße auf mich zu. Kaum näherte er sich mir, als die unbeteiligten Herren auch schon äußerst lebendig wurden und sich – sehr ungeschickt als Rowdies getarnt – auf uns stürzten und uns verprügelten.

»Was hast du hier verloren, Kerl!«

Einen von ihnen erkannte ich. Er war mir schon einmal gefolgt. Ich hatte Angst, daß gleich die vorbestellte Polizeistreife auftauchen, uns mitnehmen und wegen Rowdytums einsperren würde. Wie sollten wir dann beweisen, daß wir angegriffen worden waren? Um daher wenigstens einen formellen Beweis zu haben, fing ich laut an zu schreien und um Hilfe zu rufen. Jim verstand mich sofort und unterstützte mich nach Kräften. Ein paar Passanten blieben stehen, und einige der Taxifahrer vom Stand gegenüber stiegen aus ihren Wagen. Keiner von ihnen rührte einen Finger, sie schauten nur interessiert zu. Doch damit war uns schon geholfen; wenigstens hatten wir nun Zeugen, die bestätigen konnten, daß wir um Hilfe gerufen hatten.

Irgendwie gelang es uns endlich, uns loszureißen und zum Auto zu laufen, doch dort holten sie uns wieder ein. Jim bekam den Schlüssel nicht ins Schloß. Es gab eine regelrechte Schlägerei, und ich begriff, daß ich mich ernsthaft zur Wehr setzen mußte.

»Iwan Nikolajewitsch, gehn Sie hinten rum!«

Vornehme Rowdies waren das; sprachen sich gegenseitig mit Vor- und Vatersnamen an!

Aber ich hatte keine Zeit, mir darüber den Kopf zu zerbrechen. Zwei von ihnen drehten mir die Arme auf den Rücken. Ein dritter sprang mich von hinten an, würgte mich und drückte mir den Kopf nach unten; ein anderer trommelte mit Fäusten und Füßen auf mich ein. Auf der anderen Seite des Wagens keuchte Jim, der sich der angreifenden Tschekisten zu erwehren und dabei immer noch verzweifelt den Wagen aufzuschließen versuchte. Ein mittelgroßer Kerl mit Persianermütze kam von vorn auf mich zugerannt, und ich spürte förmlich, wie er mir gleich mit voller Wucht gegen den nach unten gedrückten Kopf treten würde. Im letzten Moment riß ich mich los, parierte den Schlag und trat ihm meinerseits tüchtig ins Gesicht. Er fiel sofort um; die Tschekisten ließen von mir ab und stürzten zu ihm hin; offenbar war er der Chef. Diese Pause genügte, um endlich den Wagen zu öffnen, uns hineinfallen zu lassen und davonzujagen. Im Rückspiegel sahen wir, daß keine zwanzig Schritt vom Tatort entfernt ein Polizist in aller Seelenruhe unter einer Straßenlaterne seine Zigarette rauchte.

Man wollte uns völlig von der Außenwelt abschneiden. Eine Zeitlang hatte praktisch nur ich noch Verbindungen, weshalb sich auch alle Probleme bei mir häuften: Durchsuchungen, Verhaftungen, Gerichtsverhandlungen, Sonderkliniken, Lager, Tataren, Juden, Mescheten, Ukrainer, Litauer . . . Roger kam immer spät in der Nacht oder gegen Morgen, holte die Informationen vom Tage ab, brachte sie in sein Büro und schrieb die entsprechenden Pressemitteilungen. Bisweilen gelang es auch noch anderen, zu uns vorzudringen, aber eigentlich war es immer der unveränderliche Roger. Er war couragiert und stets guter Laune. Bald fand er kaum mehr Zeit, selbst zu schreiben, und übergab seine Beute den Kollegen, denen er die Angst vor derartigen Mitteilungen auszureden versuchte.

Schließlich verließ ich kaum mehr die Wohnung: Der ganze Tag und fast die ganze Nacht waren ausgefüllt mit Besuchen und Austauschen von Material. Wir verstanden uns alle auch ohne Worte und brauchten fast nichts mehr aufzuschreiben. Es war wie Zauberei. Niemand gab irgendwelche Anweisungen, arbeitete Pläne aus oder verteilte Rollen. Jeder wußte selbst genau, was zu tun war, wo er sich nützlich machen konnte und was von ihm erwartet wurde. Außenstehende, die mit unserem Energiezentrum in Berührung kamen, empfingen einen so starken Impuls, daß sie noch Jahre danach in unserem Rhythmus weiterlebten. Aus England kam David Markham, aus Deutschland Cornelia Gerstenmaier, aus Holland Henk Wolzak, aus Frankreich Dina Vierny. Sie alle verbrachten eine gewisse Zeit mit uns, der eine ein paar Stunden, der andere mehrere Tage. Sie waren sehr verschieden voneinander, aber keiner von ihnen konnte danach mehr unbeteiligt bleiben. Auch ich wußte noch viele Jahre später im Gefängnis bei dem geringsten Hinweis von draußen sofort, was los war und was man von mir erwartete. Uns alle verband offenbar die gleiche Erinnerung.

Es war ein schreckliches Jahr, an dessen Ende die von dem Leningrader Flugzeugprozeß[59] ausgelöste Welle menschlicher Empörung endlich auch den Kreml überflutete. Das Regime, dem nun wirklich die völlige Isolierung drohte, mußte den Rückzug antreten und den Ausreisegesuchen zustimmen. Zum ersten Mal gab man unserem Begehren nach Anerkennung des Rechts auf endgültige Ausreise aus dem eigenen Land nach. Das in dreiundfünfzig Jahren gewachsene Geschwür war aufgebrochen, weil die Welt zum ersten Mal die Kraft gefunden hatte, von den Usurpatoren im Kreml ultimativ etwas zu fordern, was in aller Welt als angestammtes Menschenrecht anerkannt wird. Erzähle uns da noch einer was von Geheimdiplomatie.

Nie werde ich die Tragödie dieses Exodus vergessen, als betagte, solide, einflußreiche Leute mit einem Mal all ihre Solidität verloren, als wäre nach einem halben Jahrhundert plötzlich der Damm gebrochen. Vergessen war ihr ganzes sowjetisches Gehabe, ihre wohlklingenden Worte auf den vielen Versammlungen. Sie rannten, den Scheidenden das Geleit zu geben, sangen die längst vergessenen Lieder jenes Volkes, zu dem sie sich ihr Leben lang aus Furcht nicht hatten bekennen wollen. Sie gaben ihre angestammte Heimat, ihren Besitz und die mühsam erworbenen Beziehungen auf. Woher nahmen sie nur den Mut? Sie bevölkerten die Empfangsräume der höchsten Behörden, traten dort kollektiv in den Hungerstreik und *forderten* – zum ersten Mal in ihrem Leben; und die Sowjetfunktionäre erfüllten ihre Forderungen – sicher auch zum ersten Mal in ihrem Leben – und gingen in Gedanken ihren eigenen Stammbaum durch – wer weiß?

Sie überhäuften uns mit Petitionen, Dokumenten, Bitten. Man ließ sie so schnell ziehen, daß sie in der Eile keine Kontakte herstellen konnten, und so stellten wir ihnen gern die unseren zur Verfügung. Ihr Problem war schon lange das unsere – eines unserer Probleme. Wir hatten noch so viele andere, daß ich, als einige der ausreisenden Freunde erzählten, man habe sie höheren Ortes gesprächsweise gebeten, auch mir die Ausreise anzubieten, nur die Achseln zucken konnte. Ich hatte ja noch mein persönliches Problem zu lösen, um dessentwillen ich bereit war, noch einmal ins Gefängnis zu gehen.

Ich hatte nur noch wenig Zeit, die Tage waren gezählt. Ich wußte nur nicht, ob sie mich noch vor oder erst nach dem Parteitag verhaften würden. Wahrscheinlich vorher. Es war wieder März, die Luft voll dumpfer Laute, es tropfte von den Dächern, und unter den Füßen knirschten die Eisstückchen; doch diesmal hatte ich keine Zeit, auf dem Arbat zu flanieren. In der überfüllten, für den Parteitag gerüsteten Stadt gab es für mich weder Tag noch Nacht. Jedes Dokument, jede Mitteilung, die in diesen Tagen herausging, konnte die letzte sein, und so vieles war noch nicht zu Ende gebracht. Es war mein letzter Kampf in dem nichts und niemand mehr geschont werden durfte; ich war innerlich wie erloschen. Vor mir lag die große Stille. Als sie mich endlich holten, fühlte ich eine ungeheure Erleichterung; eine Riesenlast war mir von der Seele genommen. Eine Woche lang schlief ich mich aus, in Lefortowo. Mein Gott, wie gut war es, einmal keine Verantwortung mehr zu tragen. Außerdem erfreute mich der Gedanke, daß es mir gelungen war, meinen Leuten noch einen Hund zu kaufen, ein kleines, flauschiges kaukasisches Hirtenhündchen. Mit den Jahren würde es groß und zottig werden.

»Warte, ich mach dir einen Kostenanschlag: Vierzig Rubel für tausend Ziegel, dazu den besten Zement – dreißig Rubel der Zentner. Mit wieviel Kubikmeter Mauerwerk rechnest du? Außerdem müssen wir die Erdarbeiten berücksichtigen. Nehmen wir an, wir geben dem Baggerführer dreißig Rubel, dann klappt's bei ihm wie am Schnürchen. Nein, so geht's nicht; das wird zu teuer. Am besten, wir besorgen uns das Material unter der Hand – das ist billiger. Besonders wenn wir's bei einem Bautrupp der Armee holen, bei denen wird nichts registriert, die verkaufen offiziell und unter der Hand.«

Hier protestierte ich. Unter der Hand? – Bei mir nicht. Da hab ich sofort das KGB auf dem Hals. In meiner Lage muß alles rechtens sein, man darf niemandem auch nur den geringsten Vorwand liefern.

Mein Zellengenosse, Iwan Iwanytsch Trofimow, ehemaliger Leiter des SMU und gegenwärtig Zellenspitzel, sehnt sich nach seinem Bauamt. Ihm fehlt die berufliche Aktivität: Konferenzen, Prüfung von Kostenvoranschlägen, von Projekten.... Schon am frühen Morgen ist er nicht mehr zu halten: Mal quietscht er mit seiner Prothese in der Zelle auf und ab, dann wieder versucht er mir Eisenbetonträger zu erklären. Gestern sah er, wie ich meine Burg zeichnete: Treppen, Türmchen, Gänge. Er bat, einen Blick drauf werfen zu dürfen und rechnete dann die halbe Nacht irgend etwas auf einem Fetzen Papier. Jetzt kennt er sich in der Burg genauso gut aus wie ich, berechnet die Belastbarkeit der tragenden Mauern und Pfeiler, und morgens streiten wir, welche Sorte Zement ich besorgen soll.

»Ich hätte in fünf Monaten alles fertig, vielleicht noch eher«, sagt er sehnsüchtig.

Die meiste Zeit las ich. In Lefortowo gibt es eine hervorragende Bibliothek. Offensichtlich haben sich alle Bücher, die bei den »Feinden des Volkes« im Laufe eines halben Jahrhunderts konfisziert wurden, hier angesammelt. Im ganzen Land wurden die Bibliotheken gesäubert, »schädliche Bücher« verbrannt – hier aber blieb alles unversehrt erhalten – wie in einer Oase. Niemand wäre es eingefallen, die Bibliothek des KGB-Gefängnisses zu säubern – was ist heiliger als der Papst? – Puschkin und Gogol, A. K. Tolstoi und Lermontow in vorrevolutionären Akademie-Ausgaben, aber auch Hamsun und Maeterlinck, Marcel Proust und Samjatin. Eine bessere Bibliothek konnte man sich gar nicht wünschen.

Die Bücher waren in ausgezeichnetem Zustand, allerdings hatte man fast alle Seiten mit Stempeln übersät: »Inneres Gefängnis GUGB-NKWD« – ein Stempel aus der Vorkriegszeit, »Untersuchungsisolator des KGB beim Ministerrat der UdSSR« – ein zeitgenössischer Stempel. Und riesig, über die ganze Seite: »Jedes Beschädigen der Bücher sowie Anmerkungen im Text mit Bleistift, Streichhölzern, Nägeln u. ä. hat das Ende der Bücherausgabe zur Folge.«

Meine Haltung während der Untersuchungshaft war höchst einfach: Ich weigerte mich mitzuspielen, unterzeichnete keinerlei Protokolle, schrieb nur Beschwerden, um die Untersuchungsrichter irgendwie zu beschäftigen. Ich hatte es mit dreien zu tun. Sie ließen mich nur selten rufen. Unsere Beziehungen waren von Anfang an schlecht. Anstatt mich zu verhören, stritten sie mit mir herum, um sich die Zeit zu vertreiben. Vor allem der zweite Untersuchungsrichter, Hauptmann Korkatsch, mißfiel mir. Er hatte eine auffallend gemeine Visage und widerliche Angewohnheiten, was ich ihn jedes Mal in aller Offenheit wissen ließ. Die Untersuchungsrichter ihrerseits hielten es ebenfalls nicht für erforderlich, ihre mir gegenüber gehegten Gefühle zu verbergen. Sie waren äußerst zynisch. Nur bei Neulingen versuchen sie es mit verschiedenen Methoden, mal mit Überreden, mal mit Schmeicheln, mal mit Einschüchtern, oder sie agitieren für die Sowjetmacht. Bei mir brauchten sie ihre Kräfte damit nicht mehr zu vergeuden.

Gleich zu Beginn gab ich eine schriftliche Erklärung des Inhalts ab, daß ich das KGB für nicht berechtigt halte, in meiner Sache die Untersuchung zu führen. Drei Monate vor meiner Verhaftung hatte die »Prawda« einen langen Artikel über »Das Elend des Antikommunismus« gebracht, der mich antisowjetischer Tätigkeit bezichtigte[60]. Dasselbe hatte auch Zwigun, Andropows Stellvertreter[61], in der Zeitschrift »Politische Selbsterziehung« im Februar 1971 geschrieben. Es war klar, daß die Frage meiner Schuld nicht nur bereits vor der Gerichtsverhandlung, sondern sogar schon vor meiner Verhaftung von den Parteiorganen und der Leitung des KGB entschieden war. Streng juristisch gesehen, hatten danach weder ein Mitarbeiter des KGB noch ein Parteimitglied mehr das Recht, über meinen Fall zu befinden, worauf ich in unzähligen Beschwerden hinwies.

Noch günstiger verhielt es sich für mich mit dem Staatsanwalt, der die Voruntersuchung leitete. Es war derselbe, der mich seinerzeit zu einer Unterredung vorgeladen hatte. Unmittelbar danach zeichnete ich unser Gespräch auf und übergab es Holger. Er schickte mein Gedächtnisprotokoll an die »Frankfurter Rundschau«, die es auch veröffentlichte. Mir wurde das jetzt ebenso zum Vorwurf gemacht wie meine übrigen Interviews. Keine Frage, daß man den Staatsanwalt in dieser Angelegenheit als Zeugen vernehmen mußte, ein Zeuge kann jedoch nicht in derselben Sache als Staatsanwalt auftreten. Mit einem Wort, ein juristischer Circulus vitiosus. Mit diente er nur als Anlaß, Beschwerden zu verfassen.

»Gut, dann werde ich eben alles, was ich zu sagen habe, während der Verhandlung vorbringen«, beschied ich die Untersuchungsrichter, und das gefiel ihnen überhaupt nicht.

Ich forderte außerdem, jenen Vorfall zu untersuchen, bei dem mich der Tschekistenspitzel mit der Waffe bedroht hatte. Ich berief mich auf meine Mutter als Zeugin und gab die Nummer des Autos an. Kurz, ich obstruierte die Untersuchung. All diese Schreibereien kosteten mich täglich zwei bis drei Stunden. Die übrige Zeit las ich, zeichnete meine Burg und lauschte Iwan Iwanowitschs Ausführungen über Bauprobleme.

Nachts träumte ich von Verfolgungsjagden. Roger und ich jagten auf den verschlafenen Moskauer Straßen mit einem funkelnden amerikanischen Wagen den Tschekisten davon. Manchmal entfloh ich über endlose Durchgangshöfe, Dachböden und durch die Metroschächte, aber was immer ich auch tat – die Tschekisten waren unweigerlich in meinem Rücken. Ich entkam ihnen nur mit knapper Mühe.

Gewöhnlich gelang es mir dennoch, in ein großes, hell erleuchtetes Zimmer zu schlüpfen, und dort versuchte ich dann auf englisch den darin versammelten Leuten etwas sehr Wichtiges zu erklären. Sie nickten höflich, mitfühlend und riefen von Zeit zu Zeit: »Aha!« – Als wäre ihnen erst in diesem Augenblick der Sinn meiner Worte klar geworden.

Aber auf ihren Gesichtern konnte ich lesen, daß sie nichts begriffen, und ich begann wieder von vorn, und sie sagten abermals: »Aha!« – Doch uns trennte buchstäblich eine gläserne Wand.

Gegen August blieb die Untersuchung völlig stecken. Außer den Ausschnitten aus westlichen Zeitungen mit meinen Interviews und den Kopien von Coles Film hatten sie nichts in der Hand. Sie begannen sogar, ihre eigenen Agenten als Zeugen anzuschleppen, aber das half ihnen wenig. Dann teilte mir Iwan Iwanowitsch eine Neuigkeit mit, die ich längst schon erwartet hatte: Man wird mich zur Untersuchung ins Serbskij-Institut schicken und mich für unzurechnungsfähig erklären. Er hatte es von meinem Untersuchungsrichter erfahren, der selbstverständlich nicht damit rechnete, daß ich ebenfalls davon erfahren könnte.

Meine Verhaftung überraschte mich mitten in meinen Vorarbeiten zur endgültigen Bloßstellung der psychiatrischen Methoden und nahm mir die Möglichkeit, weitere Beweise zu sammeln. Jetzt stand mir also bevor, selbst ein Beweisstück zu werden – vielleicht das schlagkräftigste und dramatischste aller zusammengetragenen. Kurz vor meiner Verhaftung hatte man unsere Dokumentation zur psychiatrischen Methode auf einer Pressekonferenz in Paris der Öffentlichkeit vorgelegt. Mein Fernsehinterview mit Bill Cole wurde in sechs Ländern der Welt gezeigt, der Appell an die westlichen Psychiater in der Londoner »Times« veröffentlicht, und für den Herbst stand der psychiatrische Weltkongreß bevor. Solln sie ruhig versuchen, mich für verrückt zu erklären – vor den Augen der ganzen Welt. Wir werden sehen, ob sie wirklich so allmächtig sind.

Wieder saß ich im Zimmer von Luntz, unter dem Bild des Humanisten Philippe Pinel, der eben den Geisteskranken die Ketten abnimmt, und wie vor fünf Jahren, unterhielten wir uns über Bergson, Nietzsche und Freud. Nur fragte Luntz gegen Ende des Gesprächs nicht mehr: »Was soll nur mit Ihnen weiter geschehen?«

Der erste Monat im Serbskij-Institut verlief ruhig: Offensichtlich hatte man Luntz noch keine Instruktionen erteilt. Zweimal kam ein mir zugeteilter junger Arzt vorbei, aber unsere Gespräche waren ganz allgemeiner Natur. Wir plauderten einfach, scherzten. Luntz tauchte nicht auf. Mitte September lief die Frist für das Gutachten ab. Man berief eilig eine Kommission ein, die beschloß, die Frist »angesichts der Unklarheit des klinischen Befundes« zu verlängern.

Ich spürte die Veränderung geradezu physisch. Während der Visite wandten einige Ärzte die Augen ab und gingen wortlos an mir vorbei. Andere begannen plötzlich, mich mit jenem schwer zu beschreibenden Blick des Psychiaters zu betrachten – voll jener halbverächtlichen Überlegenheit, mit der wir für gewöhnlich auf eine Ameise herabblicken. Mein junger Arzt scherzte nicht mehr mit mir.

»Was, Sie schon wieder bei uns? Und ich hatte schon geglaubt, daß wir uns nicht mehr begegnen würden«, quakte Luntz gutmütig mit breitem Mund, aber hinter dieser Gutmütigkeit verbarg sich seine Frage nach der Ursache meines ständigen Konflikts mit der Gesellschaft. »In Ihrem Alter, wissen Sie, ist es Zeit, Vernunft anzunehmen, sich eine Familie zuzulegen. Sie sind doch nicht verheiratet – oder? Wie kommt das?«

»Ich habe irgendwie nie Zeit dazu gehabt . . .«

»Nicht Zeit gehabt? So beschäftigt waren Sie?« Ich spürte förmlich, wie er in sein Heft notierte: »Gleichgültigkeit gegenüber seinem Privatleben. Ist derart von überspannten Ideen besessen, daß er keine Zeit hatte, eine Familie zu gründen . . .«

Ich hatte so viele Gutachten von Luntz über meine Freunde gelesen, daß ich mir gut vorstellen konnte, wie sein Urteil über mich ausfallen würde.

Nein, Luntz hat nie gepfuscht, hat nie den bequemen Weg gewählt. Er wird nicht, wie zum Beispiel die Leningrader Experten über Borisow, schreiben:

»Der psychische Zustand und das Benehmen sind gekennzeichnet durch eine Störung des Orientierungssinns und der Umweltrezeption. So hält er z. B. die Klinik für ein Konzentrationslager und ihre Ärzte für Sadisten . . .«

Oder, wie Professor Nadscharow[62] über Kusnetzow zum Beweis seiner Diagnose auf »Schizophrenie« schrieb:

»Er behauptet, die Erbauer des Kommunismus besäßen keinerlei Moralkodex, und das Verdienst, den Kommunismus herbeizuführen, gebühre der Bibel.«

Nein, Luntz hält zu große Stücke auf sich selbst und auf seinen Ruf eines Arztes, der saubere Arbeit leistet. Geduldig wie eine Spinne fesselt er das Opfer in seinem fein geknüpften Netz. Aus dem kleinsten Fehler deines Charakters, dem harmlosesten Bruch in deiner Lebenslinie webt er ein so überzeugend fundiertes Symptom, daß keine Kommission daran zu zweifeln wagt.

»Doktor, warum hast du so ein großes Maul?«

»Damit ich dich besser fressen kann, Rotkäppchen!«

Das Pikante meiner Lage bestand darin, daß mir bevorstand, mit ihm über den Mißbrauch der Psychiatrie zu reden, schließlich war ich wegen Verleumdung der sowjetischen Psychiatrie angeklagt. Luntz entdeckte in diesem Zusammenhang eine Unmenge von Symptomen bei mir. Erstens: Überschätzung der eigenen Persönlichkeit – ein Laie will Spezialisten widerlegen; zweitens: Mißtrauen und Feindseligkeit gegenüber Psychiatern – äußerst typisch für einen Paranoiker. Nun, und was mein Interview mit der darin gegebenen Beschreibung der Sonderkliniken betrifft – dabei handelt es sich selbstverständlich um die verzerrten Eindrücke eines psychisch Kranken. Mit einem Wort, ein Objekt unbegrenzter Therapie.

Vorsichtig begann er, meine Unwissenheit, meine völlige Inkompetenz in der Psychiatrie hervorzuheben, in der Hoffnung, mich zu provozieren, mich zu emotionalen, unüberlegten Reaktionen zu reizen. Doch ich war darauf vorbereitet.

»Gestatten Sie, aber ich habe mich an Spezialisten gewandt – an westliche Psychiater, habe ihnen Ihre Befunde und andere Dokumente zugesandt.«

So seltsam es klingen mag, das war für ihn eine Neuigkeit – er wußte nicht, welche Dokumente und Gutachten rübergeschickt worden waren. Wir stritten lange über Einzelheiten, doch ich war bei allem auf der Hut, erregte mich nicht und stellte keinerlei Behauptungen auf. Nur in Sachen Gorbanewskaja trieb ich ihn in die Enge. Das erste Wort in der Psychiatrie kommt jenen Ärzten zu, die den Kranken über längere Zeit und schon früh, in der Periode des sich verschärfenden Krankheitsverlaufes, beobachteten. Die Ärzte, die zehn Jahre lang die Gorbanewskaja beobachtet hatten, fanden an ihr keinerlei Anzeichen von Schizophrenie. Luntz fand sie, entdeckte eine »schleichende Schizophrenie«. Nur, Luntz hatte niemals vorher die »schleichende Schizophrenie« akzeptiert.

»Sie sind also dennoch der Ansicht, daß Sie die Dinge besser beurteilen können als die Spezialisten?« fragte er.

»Aber nein. Ich wende mich doch an Sie, den Spezialisten, um Aufklärung.«

»Und übrigens, warum haben Sie sich denn an westliche Psychiater gewandt und nicht an sowjetische?«

»Ich habe es getan. Sie sagten mir, daß es unter ihnen leider kein Akademiemitglied Sacharow gibt. In privaten Gesprächen allerdings haben viele Sie und Ihre Gutachten in Zweifel gezogen.«

»Und was sagte man so?« fragte Luntz lebhaft interessiert.

»Sie seien ein miserabler Kliniker, der nie den Verlauf einer Krankheit verfolgt und dessen Diagnosen auf reinen Mutmaßungen basieren.«

»Ach so ist das!« rief er beleidigt. »Und wer hat das behauptet?«

Ich lachte nur zur Antwort. Er war tief getroffen. Wie sehr ich ihn auch immer beleidigte, nichts kränkte ihn so sehr wie die Meinung der Kollegen, mit denen er viele Jahre lang auf Konferenzen und Symposien zusammengesessen hatte. Offensichtlich hatte er sich bereits vor jemand anderem rechtfertigen müssen, denn er kam augenblicklich mit einem psychiatrischen »Samisdat« daher und versuchte gekränkt mir zu beweisen, daß man die Psychiatrie seit langem verleumde. Schon im 19. Jahrhundert wäre einer der Väter der russischen Psychiatrie öffentlich den Angriffen auf die »Seelenklauber« entgegengetreten, zu einer Zeit also, als niemals, absolut niemals ein Psychiater seinen Beruf mißbraucht habe.

»Und wie war es mit Tschaadajew?« fragte ich verwundert[63].

»Sehen Sie«, hakte er ein, »Sie urteilen jetzt wieder über etwas, was Sie nicht kennen. Tschaadajew wurde nie von einem Psychiater untersucht, sondern lediglich von einem Hofarzt. Es gab damals noch gar keine Psychiater.«

Und tatsächlich, Tschaadajew hatte Glück gehabt. Es gab damals noch keine Psychiater, keine Sonderkliniken, kein Sulfasin, Haloperidol, keine Segeltuchwikkel. Nikolai I. verfügte über keinen eigenen Hof-Luntz. Aber wir wissen heute, daß Tschaadajew tatsächlich an Schizophrenie litt – an einer schleichenden.

Mir war klar, daß man mich diesmal aus der Sonderklinik nicht lebendig herauslassen würde – die Bande hatte sich zu sehr auf mich eingeschossen. Wenn überhaupt, dann bestenfalls als Idiot – in zehn Jahren vielleicht, um meine lieben Mitmenschen abzuschrecken. Aber solange werde ich nicht warten.

Man hielt mich einzeln, unten, in einem speziellen Isolationsraum. Die anderen, die hier zur Beobachtung saßen, sollten keine Gelegenheit erhalten, nachher meinen Fall unter die Leute zu bringen. Außerdem fürchtete man, daß ich es irgendwie schaffen würde, mit der Außenwelt Kontakt aufzunehmen. Ich hatte nur allzu oft hier Aufenthalt nehmen müssen und kannte sämtliche Schwestern, Pflegerinnen und Aufseher. Sie hatten sich mir gegenüber immer freundlich verhalten.

Damit ich mich nicht langweilte, setzten sie mir so einen Todeskandidaten in die Zelle – Andrjuscha Koslow, einen jungen Burschen, etwa zweiundzwanzig Jahre alt, Arbeiter aus irgendeinem großen Leningrader Betrieb. Im Gemeinschaftsquartier des Betriebes hatte er mit Freunden gewettet, daß er mit einem Kleinkalibergewehr auf hundert Meter treffen würde. Ein Gewehr besaßen sie, und er traf wirklich aus dem Fenster eine Laterne, die hundert Meter von ihnen entfernt über dem Fabrikgelände hing.

»Ich treffe auf noch größere Entfernung!« prahlte Andrjuscha. Mindestens bis zur Straße da, die zur Direktion führt. Ich könnte dem Direktor eine verpassen, wenn er morgens kommt.«

Ihr Direktor war ein hohes Tier – Abgeordneter des Obersten Sowjets und wohl sogar Mitglied des ZK.

Wenige Tage später wurden alle verhaftet. Und so sehr Andrjuscha auch beteuerte, daß er den Direktor nicht habe umbringen wollen, daß er doch nur geulkt, mit seiner Treffsicherheit renommiert habe, es half ihm nichts. An der Laterne fand man Spuren der Kugel, das Gewehr wurde bei einer Durchsuchung konfisziert – alle Beweise waren vorhanden: Vorbereitung zu einem terroristischen Akt. Und dann fanden die Untersuchungsrichter noch heraus, daß er irgendwann einmal über den Direktor eine Beschwerde nach Moskau geschickt hatte, weil man ihm die Überstunden nicht bezahlt hatte. Das Motiv also: persönliche Feindschaft.

»Ach zum Teufel!« rief Andrjuscha wütend. »Hätte ich das kommen sehen, ich hätte ihn längst schon erschlagen! Jetzt sitze ich sowieso.«

Der Untersuchungsrichter betrachtete ihn mit schwerem, seltsamem Blick, als sähe er ein exotisches Wesen vor sich, und sagte nur:

»Du wirst ihn nicht mehr sehen.«

Andrjuscha verstand nicht, was das bedeutete. Sollte das etwa heißen, daß sie ihn erschießen?

Ich versuchte nicht, es ihm zu erklären. Mir war ja selbst alles andere als wohl zumute. Ich erzählte ihm phantastische Geschichten von Lagern, Fluchten, lenkte ihn ab, so gut ich konnte. Wie durch ein Wunder gelang es uns, eine Weltkarte zu bekommen, zwar nur eine kleine, aber man konnte dennoch darauf herumreisen.

Natürlich reisten wir zuerst nach Italien, nach Venedig, um mit der Gondel zu fahren. Dann über Rom nach Neapel. Das Wetter war die ganze Zeit über wunderbar, wir hatten keinen Grund zur Klage. Unterwegs tranken wir in Trattorien billigen Wein, aßen dazu Schafskäse mit Zwiebeln und unterhielten uns mit braunhäutigen Bäuerinnen über die Weinernte. In Rom zeigte ich ihm allerlei Sehenswürdigkeiten, das Kolosseum, die Thermen, den Peters-Dom, doch er wurde schnell müde.

Wir stritten – sollten wir nach Spanien fahren oder nicht. Immerhin gab es dort Franco. Andrjuscha wollte nicht: »Kennst du diesen Franco? Er packt dich und sperrt dich einfach ein. Wir sind doch aus Rußland, sprechen nicht einmal die Sprache. Versuch da mal zu beweisen, daß du unschuldig bist.«

Wir fuhren also lieber nach Griechenland und von dort nach Israel. Man muß es sich doch einmal ansehen, es wird ja so viel darüber geredet. Und dann weiter nach Singapur – der Name klang so unglaublich schön – nach Hong Kong, nach Japan, wo alle Straßen mit Hieroglyphen behängt sind wie mit Blumengirlanden. Unsere Reise endete in Kalifornien.

Manchmal wurde er von Unruhe erfaßt: Trotz allem, was führte der Untersuchungsrichter bloß im Schilde?

»Der Teufel soll ihn holen, diesen Direktor! Was hab ich mit ihm zu tun? Hätte ich gewußt, was er mir da einbrockt, ich hätte ihn längst umgebracht!« Er sah mich mißtrauisch an: Vielleicht glaubte der hier ihm auch nicht?

»Erzähl ruhig«, sagte ich mit gespieltem Zweifel. »Wer soll dir das abnehmen?«

Meine Stimme klang sehr nach Untersuchungsrichter. Er lachte erleichtert auf.

In den Nächten träumte ich von einem grell erleuchteten Zimmer, ich versuchte auf englisch unsere Methode zu erklären, die wir in den sechziger Jahren in der Leningrader Spezialklinik angewandt hatten. Sie nickten anteilnehmend mit den Köpfen und riefen:

»Aha!...« als hätten sie soeben begriffen. Doch ich sah, daß sie nichts begreifen.

Andrjuscha erzählte ich nichts von unserer Methode – es wollte mir nicht über die Lippen.

Bis heute weiß ich nicht genau, was damals im Oktober 1971 geschah. Gewiß, meine Freunde hatten Proteste verfaßt – aber das taten sie ja immer, nur es bewirkte nie etwas. Man erzählt irgendwelche verworrenen Geschichten von Madame Pompidous Eintreten für irgend jemanden und von einem Schälchen, das Madame Breschnew in Paris zerschlug – doch ich glaube dem nicht. Man spricht von einer allgemeinen Empörung im Westen, aber das nehme ich ihnen noch weniger ab. Bestenfalls, werden sie ihr ewiges »Aha!« gesagt haben.

Mit einem Wort, ich weiß es einfach nicht.

Plötzlich kam der für mich zuständige Arzt angerannt und schleppte mich buchstäblich nach oben in das große Zimmer, in dem gewöhnlich die Kommissionen tagen. Ehe er die Tür öffnete, hörte ich Fetzen eines Wortwechsels:

»Haben Sie sich überlegt, was daraus werden soll? Wissen Sie, was Sie da tun?!«

Hinter dem Tisch saßen nur zwei Menschen – der krumme, ergraute Luntz mit seinen zitternden Wangen und, ebenso zitternd und grau vor Angst, Morosow, der Direktor des Serbskij-Instituts.

Morosow warf einen flüchtigen Blick auf mich und fragte wie beiläufig, als setze er ein eben begonnenes Gespräch fort:

»Womit waren Sie denn so beschäftigt, daß Sie keine Zeit zum Heiraten fanden?«

Ich begriff nicht einmal sofort, daß die Frage an mich gerichtet war.

»Nun ja, ich lernte, bereitete mich auf den Eintritt ins Institut vor und verdiente nebenbei etwas mit Übersetzungen aus dem Englischen, arbeitete außerdem als Sekretär des Schriftstellers Maximow und wollte dann heiraten – die Liebe, wissen Sie, ist manchmal eine langwierige Angelegenheit . . . es geht nicht immer so schnell . . . irgendwie hab ich es nicht geschafft . . .«

Ich log munter drauflos und wunderte mich selbst über meine Frechheit. Ich erriet instinktiv, was Morosow von mir hören wollte. An Luntz gewandt, sagte er scharf:

»Sehen Sie!« Und zu mir: »War Ihnen denn nicht klar, daß man Sie verhaften würde?«

»Natürlich war mir das klar. Ich sagte schon nach meinem ersten Interview im Mai 1970, daß man mich spätestens in einem Jahr verhaften würde.«

Meine Akte lag vor den beiden auf dem Tisch. Sie war in ziemlich zerfleddertem Zustand. Aber sie würdigten sie nicht einmal eines Blicks.

»Sehen Sie!« sagte Morosow wieder zu Luntz.

Und auf einmal, als erinnerte er sich plötzlich an etwas, machte er eine Geste in meine Richtung, als würde er einen Brotkrümel vom Tisch wischen, und mein Arzt führte mich wieder die Treppe hinunter, in den Isolationstrakt.

»Was fällt Ihnen nur ein? Wie konnten Sie nur mit Daniil Romanowitsch so umspringen«, sagte er unterwegs, aber ich verstand nicht, worin meine Schuld liegen sollte.

»Glauben Sie bloß nicht, daß das hier eine Untersuchung war«, sagte er, als wir unten angelangt waren, »sonst erzählen Sie denen draußen wieder irgend so einen Unsinn.«

Ich verstand ihn noch immer nicht. Aus einem mir unerklärlichen Grund sah er in allem nur das Resultat meiner Intrigen.

Anfang November wurde endlich eine Untersuchungskommission gebildet, der die Experten des Serbskij-Instituts nicht als Mitglieder angehörten. Sie waren nur anwesend. Zu Mitgliedern hatte man die Professoren Melechow, Lukomskij und Scharikow bestimmt, die sich vorher nie mit gerichtspsychiatrischen Gutachten befaßt hatten. Sie begriffen kaum, was eigentlich vorging, denn alle Ärzte des Serbskij-Instituts bemühten sich verzweifelt, meine Zurechnungsfähigkeit zu beweisen – sie hatten, sagten sie, niemals Zweifel daran gehegt.

Das ging gleich nach dem Gespräch mit Morosow los. Alle, die vorher die Augen abgewandt hatten, lächelten jetzt strahlend. Andere blickten zwar mit unverhohlenem Haß auf mich, aber immerhin doch wie auf einen Menschen. Man verlegte mich nach oben zu den anderen – die Blockade war vorbei.

Vor der Untersuchung selbst kam mein Arzt zu mir und bat mich ganz offen, ihm zu sagen, wie man einige komplizierte Einzelheiten in meiner verworrenen Biographie so deuten könne, daß ich völlig gesund wirke. Er war noch nicht lange Arzt und empfand die bevorstehende Untersuchung, in der er meinen Fall vorzutragen hatte, als eine Art Examen. Schließlich mußte er vor den bedeutendsten Psychiatern des Landes auftreten.

Es war wirklich die amüsanteste Untersuchung meines Lebens. Man spielte praktisch nur auf ein Tor. Du konntest nicht feststellen, wer wen betrog. Alle Versammelten wollten nur ein und dasselbe, so daß nun die Ärzte des Serbskij-Instituts mich vor der Kommission verteidigten. Wo waren jetzt all ihre Doktrinen, Symptome und Kriterien! Und als die Mitglieder der Kommission schüchtern fragten, warum ich meine Freiheit wegen mir völlig unbekannten Menschen aufs Spiel setze – die uralte Frage nach den Ursachen meines Konflikts mit der Gesellschaft –, fing der ganze Chor von Experten des Serbskij-Instituts zu schreien an:

»Aber nein, das sind doch seine Freunde! Er kennt sie alle!«

Als ob das vorher je für sie eine ausreichende Erklärung gewesen wäre.

Luntz saß irgendwo am Rande, gealtert, niedergeschlagen, und nahm an der Diskussion nicht den geringsten Anteil.

Genaugenommen bedurfte es keinerlei Diskussion – es gab eigentlich keine strittigen Punkte. Aber da war Professor Scharikow. Als einziger Vertreter der Sneshjewskij-Schule hatte er sich bemüht, zu beweisen, daß schon 1963 und 1965 Anzeichen von Schizophrenie bei mir zu erkennen waren – der »schleichenden« natürlich. Das Serbskij-Institut dagegen hatte bis zuletzt auf Paranoia bestanden. Doch weder die einen noch die anderen bestritten jetzt meine Zurechnungsfähigkeit, es ging nur noch um das Wesen der Krankheit selbst, um ihre nosologischen Ursachen ...

Da kämpften zwei Mafien um Schlüsselpositionen, um das Sagen in den Kliniken, um Dissertationen, hohe Gehälter, Titel, personengebundene Dienstwagen, Pensionen. Für gewöhnlich waren die zuständigen Parteiorgane die höchsten Autoritäten bei einem derartigen Streit – sie verteilten die begrenzten Segnungen unseres Lebens, und der jeweils wissenschaftlich fundiertere Erfüllungsgehilfe erklomm die Spitze. Und ob die da anordneten: Für zurechnungsfähig erklären! oder: für unzurechnungsfähig – war das nicht egal?

Alle fürchteten Melechow, der mit der eindeutigen Absicht hierher gekommen war, sie zu vernichten. Aber es zeigte sich, daß es nichts zu vernichten gab, und das entmutigte ihn ein wenig. Er konnte nicht begreifen, warum ich seine Diagnose aus dem Jahre 1963 nicht anfocht, »Kritik« an der früheren »Erkrankung« übte und warum sich das Serbskij-Institut aufführte, als hinge von der Erklärung meiner Zurechnungsfähigkeit ihr eigenes Schicksal ab. Ich fürchte, er hielt nicht viel von mir und bedauerte es, überhaupt in diese Geschichte verwickelt worden zu sein. Gegen Ende jedoch begann er offensichtlich etwas zu ahnen, denn beim Abschied erhob er sich und schüttelte mir demonstrativ die Hand. Den anderen Experten blieb nichts anderes übrig, als seinem Beispiel zu folgen.

Zum Teufel! Hätte ich diesen Melechow vor meiner Verhaftung gekannt – vielleicht hätte es dann doch einen Sacharow unter den Psychiatern gegeben . . .

Gleich nach der Untersuchung, als die Professoren abgefahren waren, rief mich Luntz zu sich.

»Es ist im allgemeinen bei uns nicht üblich, den unter Beobachtung Stehenden das Resultat der Untersuchung mitzuteilen. Aber damit es keine Gerüchte gibt, mache ich in Ihrem Fall eine Ausnahme – sie dachten immer noch, daß ich in geheimer Verbindung mit draußen stehe und fürchteten die »falschen Gerüchte«. »Übrigens, was meinen Sie denn selbst«, konnte er sich nicht enthalten zu fragen.

»Ich denke, daß wir verloren haben«, erwiderte ich.

Aber er verstand offenbar nicht den Doppelsinn dieser Worte, denn er sah zerstreut aus dem Fenster und quakte in den leeren Raum hinaus:

»Er glaubt, daß er verloren hat . . . Sie sind für gänzlich zurechnungsfähig erklärt worden, also für jede ihrer Handlungen verantwortlich.«

»Ja, aber wie wurde denn die Episode des Jahres 1963 gelöst. Die nosologischen Ursachen?«

»Man hat festgestellt, daß das nur ein Anfall schizophrener Natur war, der ohne weitere Entwicklung blieb.«

»Aber das kann doch nicht sein, Daniil Romanowitsch! Sie wissen doch selbst: eins von beiden. Wenn es sich um Schizophrenie handelt, so muß eine Entwicklung da sein – sonst ist es eben keine Schizophrenie. So etwas gibt es nicht.«

»Ja«, stimmte Luntz zu und breitete resignierend die Arme aus, »so etwas gibt es nicht. Eine Kompromißlösung.«

Ich habe ihn danach nie mehr gesehen.

Indes, für die Untersuchung erwies sich das als Katastrophe. Allzusehr hatte man im KGB mit meiner Unzurechnungsfähigkeit gerechnet. Bei der Entscheidung über mein Schicksal war man von irgendwelchen politischen Überlegungen ausgegangen, hatten die Parteigewaltigen nicht im geringsten danach gefragt, wie sich die Untersuchungsrichter aus ihrer schwierigen Lage herauswinden würden. Die armen KGB-Leute glaubten, sie würden mich nie mehr wiedersehen, um so weniger rechneten sie damit, daß man meinen Fall für die Gerichtsverhandlung würde vorbereiten müssen. Die einmal eingetretene Lage zu korrigieren, dazu war es bereits zu spät – Ende November lief die Frist für die Voruntersuchung ab. Dem KGB blieben nur noch drei Wochen, um den Fall zu vertuschen.

Bei der Untersuchung ist es wie beim Schachspiel: Du mußt den Gegner in Zeitnot bringen, ihn auf eine falsche Spur, in eine Sackgasse führen oder mit Beschwerden blockieren. Hier hatten sie sich selbst in Zeitnot gebracht – sie hatten geglaubt, mich ins Irrenhaus abschieben zu können.

Übrigens zerbrachen sie sich darüber nicht allzusehr den Kopf: Sie hefteten nur alle Papiere zusammen, die sich in dieser Zeit angehäuft hatten.

»Macht nichts, wird auch so gehen. Ist sogar besser gelaufen, als wir gedacht haben«, grinste selbstgefällig Hauptmann Korkatsch. Diese Burschen waren schwer in Verlegenheit zu bringen. Aber ich hatte einen Plan vorbereitet, der sogar sie überraschen sollte.

In den letzten Jahren hatte man fast alle ehrlichen Rechtsanwälte von der »Zulassung« in unseren Fällen ausgeschlossen. Ein Rechtsanwalt brauchte bei einem politischen Prozeß nur die Freilassung seines Mandanten zu beantragen, und schon wurde er von der Liste der »Zugelassenen« gestrichen. Die Situation war bedrohlich: Es blieb praktisch niemand mehr für unsere Verteidigung übrig. Wir sprachen häufig über dieses Problem, fanden aber keine Lösung. Kein Gesetz forderte die »Zulassung«, die Obrigkeit stützte sich, wie immer in solchen Fällen, auf irgendeine geheime Verordnung, die nie jemand mit eigenen Augen gesehen hatte. Die Justizbehörden stellen dem Anwalt, der nicht diese mystische »Zulassung« besitzt, einfach keine Lizenz zur Vertretung politischer Fälle aus. Man kann nicht einmal dagegen protestieren, denn es wäre – zumindest aus formalen Gründen – ein Dokument erforderlich, das diese »Zulassung« erwähnt.

Das Ganze wurde noch dadurch erschwert, daß die Häftlinge und ihre Angehörigen für gewöhnlich aufgeben, wenn sie auf unüberwindbare Hindernisse stoßen, und einfach einen Anwalt aus der Reihe der Vorgeschlagenen nehmen – völlig auf einen Verteidiger zu verzichten, erscheint ihnen ein zu großes Risiko: Und überhaupt, was macht es denn für einen Unterschied, ob sie dir sieben Jahre mit einem ehrlichen oder mit einem »zugelassenen« Advokaten geben? Die Bedeutung des Verteidigers bei den sowjetischen Gerichten ist praktisch gleich Null. Eine reine Formsache.

Die Verteidiger selbst vermochten nie gegen dieses Übel anzukämpfen. So bleibt nur eine Möglichkeit, diese Mauer zu durchbrechen – der Häftling muß entschieden ablehnen, einen »zugelassenen« Anwalt zu nehmen, und seinen eigenen »nichtzugelassenen« Verteidiger verlangen. Wie sollen die Behörden in einem solchen Fall reagieren? Das Gesetz gibt ihnen nicht das Recht, diese Forderung abzulehnen. Jedenfalls würde damit ein Präzedenzfall geschaffen – ein Grund mehr für Proteste.

»Der erste von uns, der an die Reihe kommt, muß diesen Trick versuchen«, hatten wir immer gescherzt, als wir noch in Freiheit waren.

Ich hatte allen Grund, anzunehmen, daß ich der erste sein würde. Meiner Anwältin in Sachen der Demonstration von 1967, Dina Isakowna Kaminskaja, hatte man längst die »Zulassung« entzogen. Einen besseren Kandidaten konnte ich mir jetzt gar nicht wünschen. Es war nicht schwer, sie ausfindig zu machen, und so fuhr ich zu ihr, um mich mit ihr abzusprechen: Ich mußte sichergehen, daß sie, wenn es soweit war, nicht zurücktrat, sich keinem Druck beugte und, was immer auch geschehen mochte, öffentlich erklärte, daß sie bereit sei, mich zu verteidigen, und sei es auf dem Sterbebett. Für alle Fälle aber sicherte ich mir noch zwei weitere Anwälte, denen man ebenfalls die »Zulassung« entzogen hatte – die Kallistratowa und Schwejskij.

Und jetzt nun bot sich mir die großartige Gelegenheit, unseren Plan in die Praxis umzusetzen.

Mein Untersuchungsrichter hegte nicht den geringsten Verdacht, als ich mein Gesuch einreichte, in dem ich bat, mir als Verteidiger die Anwältin Kaminskaja zuzuteilen. Aber schon am nächsten Tag kam er leicht erregt angerannt. Er brachte die Antwort Apraksins, des Präsidiumsvorsitzenden der Moskauer Anwaltskollegiums. Sie lautete:

»Die Anwältin Kaminskaja kann Ihnen nicht als Verteidigerin zugeteilt werden, das sie nicht im Besitz einer Zulassung für geheime Gerichtssachen ist.«

Das war es, was ich brauchte – ein Dokument, in dem das Wort »Zulassung« stand. Alles weitere verlief wie nach Plan.

»Welche Zulassung? Wieso geheime Gerichtssachen?« fragte ich scheinbar verwundert. »Ich weiß nicht, was Sie meinen. Das ist vom Gesetz nicht vorgesehen!«

Ich richtete meine Einwendungen an alle und jeden: an das ZK, an das Justizministerium, an den Ministerrat usw.

Die Frist für die Voruntersuchung lief ab. Man hatte mich mit der Anklageschrift vertraut zu machen, ich hatte nach Artikel 201 zu unterschreiben. Aber ich wollte überhaupt nichts davon wissen – nach dem Gesetz stand mir das Recht zu, mich mit meiner Anklageschrift in Anwesenheit des Anwalts zu befassen.

Wenn die Voruntersuchung jedoch nicht fristgemäß abgeschlossen wird, dann muß der Häftling aus der Haft entlassen werden. Einen anderen Weg gibt es für den Untersuchungsrichter nicht. In meinem Fall aber wählte er doch einen anderen: Er beging eine Fälschung und protokollierte, daß ich es rundweg ablehne, Einsicht in meine Akte zu nehmen. Von Anwalt kein Wort.

An diesem Punkt trat ich in den Hungerstreik. Offengestanden kam mir diese Entwicklung sehr gelegen: eine gefälschte Anklage, keine Einsichtnahme in meine Akte und außerdem kein Verteidiger. Dann tragt mich eben hungernd auf einer Bahre ins Gericht, wenn ihr wollt. Das gibt ein hübsches Spektakel! Ich werde hundert gleichlautender Schreiben um Zuteilung der Kaminskaja vorbereiten und sie alle zehn Minuten dem Richter vorlegen lassen, und ich garantiere, eine solche Gerichtsverhandlung hat es noch nie gegeben.

Junge, was sich da auf einmal tat! . . . Die oben verloren buchstäblich den Kopf – sie werden ja stets zu Bestien, wenn du sie in die Enge treibst. Aber gerade dann muß man ihnen das Rückgrat brechen – denn sonst kommen wir nie aus der Scheiße heraus.

Mich steckten sie in den Isolator, nahmen mir alle meine Bücher, Schreibpapier, Bleistift, Tabak. Zeitungen gaben sie mir ebenfalls nicht und erlaubten mir weder »Spaziergang« noch Bad. Selbst eine Tablette gegen Kopfschmerzen wurde mir verweigert. Statt dessen kam Stepanow, der stellvertretende Gefängnisdirektor, und erklärte, daß man Hungernden keine medizinische Hilfe zuteil werden lasse.

»Sie sind nichts anderes als ein Selbstmörder«, sagte er, »und Selbstmördern steht keine Hilfe zu. Beenden Sie den Hungerstreik.«

Am selben Tag begannen sie mit der Zwangsernährung durch die Nase. Zehn Aufseher begleiteten mich in die Krankenabteilung. Dort zogen sie mir eine Zwangsjacke an und banden mich am Bettgestell fest. Einige setzten sich auf meine Beine, um auch die geringste Bewegung zu verhindern. Andere packten meine Schultern und meinen Kopf. Meine Nase stand etwas schräg – ich hatte in meiner Kindheit geboxt. Ein dicker Schlauch, breiter als ein Nasenloch, will da nicht durch, und wenn du dich umbringst! Das Blut trat in Blasen hervor. Aus meinen Augen stürzten wahrhaftig »Tränenbäche«. Die Nase ist ein äußerst empfindliches Ding, nur noch ein Organ beim Menschen ist vielleicht ebenso empfindlich. Und nun erst in meinem Fall – die Knorpel krachen, irgend etwas bricht, du möchtest heulen wie ein Wolf. Aber wie willst du heulen, wenn der Schlauch in der Kehle steckt und du weder ein- noch ausatmen kannst. Ich röchle, als stranguliere man mich – meine Lungen drohen zu platzen. Die Ärztin beobachtet mich und ist selbst den Tränen nahe, aber der Schlauch wird trotzdem weiter und weiter hineingepreßt. Dann gießen sie durch einen Trichter irgendeine trübe Brühe – du verschluckst dich, wenn es nach oben kommt. Eine halbe Stunde halten sie den Schlauch, damit alle Flüssigkeit in den Magen gelangt und du sie nicht wieder erbrechen kannst, und dann beginnen sie langsam den Schlauch herauszuziehen. Du hast ein Gefühl, als ob man dir mit einer Sichel . . .

Erst nach einer Nacht beginnt alles allmählich wieder zu leben, hört das Bluten auf. Aber da kommen sie bereits wieder die Bestien, und alles beginnt von vorn. Mit jedem Tag gestaltete sich die Prozedur schwieriger. Alles war geschwollen, schon die geringste Berührung schmerzte.

Und so ging es tagaus tagein. Irgendwann am zehnten Tag ertrugen es die Aufseher nicht mehr. Es war ein Sonntag, und von der Gefängnisleitung war niemand da. Sie bedrängten die Ärztin:

»Trichter es ihm doch so ein, aus der Schüssel. So geht's für dich auch schneller, dumme Gans.«

Sie bekam fast einen hysterischen Anfall.

»Wenn ich's ihm aus der Schüssel gebe, hört er doch nie mit seinem verdammten

Hungerstreik auf! Wollt ihr, daß ich wegen euch ins Gefängnis komme? Ab morgen beginne ich ihn zweimal am Tag zu füttern.«

Ich hatte nur einen Trost, ich wußte, daß etwa um diese Zeit meine Mutter mir ein Paket bringen sollte. Ohne meine Unterschrift durfte es nicht entgegengenommen werden, und meine Mutter würde erraten, was hier vorgeht. Meine Freunde draußen würden sich schon irgendwas einfallen lassen.

Zwölf Tage lang zerrissen sie mir die Nasenlöcher, genau wie Salawat Julajew[64]. Auch ich begann zum Tier zu werden. Ich konnte an nichts anderes mehr denken als an meine Nasenrachenhöhle. Ich gehe den ganzen Tag in der Zelle auf und ab, und in meiner Nase kocht es: Da lebst du nun schon so lange und hast niemals gedacht, daß es eine Verbindung zwischen deiner Nase und der Moskauer Anwaltskollegium geben könnte.

Gegen Abend des zwölften Tages kapitulierte die Obrigkeit – der stellvertretende Generalstaatsanwalt Iljuchin erschien.

»Ich komme zufällig vorbei, und was finde ich? Einen Hungernden! Was für »Zulassungen«? Wer hat Ihnen solchen Unsinn erzählt? Es gibt keinerlei Zulassungen, das garantiere ich Ihnen.«

»Und wie steht's mit der Kaminskaja?« frage ich mit stark französischem Akzent – die Laute kommen irgendwie durch die Nase, zusammen mit den Blasen.

»Die Kaminskaja, die Kaminskaja!« hastete die Stimme des Staatsanwalts. »Eine gute Anwältin. Ich kenne sie persönlich. Wir haben uns bei Gericht getroffen. Ich habe überhaupt nichts gegen sie. Nur im Augenblick ist es etwas schwierig, verstehen Sie. Und außerdem, warum versteifen Sie sich so auf die Kaminskaja? Es gibt doch noch andere. Wir haben viele gute Rechtsanwälte.«

»Ich versteife mich keineswegs. Bitte, ich stelle zur Auswahl: die Kaminskaja, die Kallistratowa und Schwejskij. Oder jeden beliebigen Anwalt, dem Sie die ›Zulassung‹ entzogen haben.«

»Schon wieder diese ›Zulassung‹!«

Wir stritten lange herum und einigten uns schließlich auf Schwejskij.

»Hol ihn der Teufel!« Der Staatsanwalt winkte resignierend ab. »Meinetwegen also Schwejskij – er ist wenigstens Mitglied der Partei.«

Schweijskij hatte vor mir Amalrik verteidigt. Es existierte bereits ein Beschluß des Ministeriums, ihn aus dem Anwaltskollegium auszuschließen.

Die Verhandlung, oder besser gesagt: das Spektakel, fand am 5. Januar 1972 statt. Selbst das Urteil war mir schon vorher bekannt. Während unserer letzten Begegnung hatte der Untersuchungsrichter, Hauptmann Korkatsch, befriedigt zu mir gesagt:

»Nun, das wär's, für die nächsten zwölf Jahre haben wir dich vom Hals.«

Die Partei hatte damals bereits ihren Beschluß gefaßt, alles übrige war nur noch reine Formalität.

Für die Verhandlung wählten sie einen der Randbezirke Moskaus, um das Gebäude leichter abschirmen und meine Freunde und die ausländischen Korrespondenten fernhalten zu können. In den Saal hatten sie, wie üblich, KGB-Leute und Parteifunktionäre gesetzt – um einen »öffentlichen Prozeß« vorzutäuschen.

Man hatte es sehr eilig – aus irgendeinem Grund wollten sie alles an einem Tag hinter sich bringen. Die Anklage war so wirr formuliert, daß sogar die Parteifunktionäre im Saal nicht begriffen, wovon eigentlich die Rede war. Es wurde lediglich gesagt, daß ich dem Ausland »systematisch« verleumderische antisowjetische Erfindungen zugespielt hätte, dann folgte eine Aufzählung der westlichen Zeitungen, die diese »Märchen« veröffentlicht hatten. Die Richterin nahm aus der Akte Zeitungsausschnitte, hob sie der Reihe nach hoch und legte sie dann wieder in ihre Mappe zurück. Ähnlich instruktiv für das »Publikum« war die Vorführung des Films von Bill Cole. Als Leinwand diente die hintere Saalwand. Der Film lief in englischer Sprache, und niemand der Anwesenden, einschließlich der Richterin und der Staatsanwältin, verstand ein Wort von dem Interview.

Ich reichte neun Gesuche ein, bat unter anderem die Anklage zu konkretisieren, zu sagen, worin denn die Verleumdungen bestünden, bat, den Text des Interviews auf russisch zu verlesen, forderte die Vorladung von zehn Zeugen, die die Richtigkeit der von mir in meinen Interviews erwähnten Fakten bestätigen könnten, bat, meine Bekannten als Zuhörer zuzulassen.

Sie lehnten alles ab. Dem Gericht ging es nur um die Frage, ob ich Interviews gegeben, ob ich überhaupt Kontakte mit Korrespondenten und mit Ausländern gehabt hatte oder nicht. Was in diesen Interviews gesagt worden war, interessierte nicht. Als ich dazu entsprechende Ausführungen machen wollte, unterbrachen sie mich:

»Angeklagter Bukowski, es ist nicht nötig, so ausführlich darauf einzugehen. Wozu diese Einzelheiten? Sie geben doch zu, daß Sie dem Korrespondenten von AP, Holger Jensen, ein Interview gaben?«

»Ja, ich gebe es zu.«

»Ist das Ihr Bild in dem Film? Und Sie wußten, daß Ihre Mitteilung im Westen veröffentlicht wird und daß der Film dort im Fernsehen laufen würde?

»Ja, ich wußte es.«

»Und Sie haben dagegen nichts einzuwenden gehabt?«

»Nein, ich hatte keine Einwände. Ich habe sogar darum gebeten.«

Sie versuchten hartnäckig, am Kern der Sache vorbeizureden, und ich kehrte ebenso hartnäckig zum Kern zurück.

Sie wollten sich nicht schmutzig machen, wollten nichts von Quälereien, Mord, Blut und Dreck hören. Was hatte das mit ihnen zu tun? Sie selbst töten ja nicht, ersticken niemanden in Wickeln, brechen niemandem das Rückgrat, treten niemanden mit Stiefeln. Sie blättern nur in Papieren, setzen ihre Unterschriften und Stempel darunter. Das Resultat ihres Tuns interessiert sie nicht. Sie haben sich bequem eingerichtet, schlafen ruhig. Aber keine Angst, ihr werdet von mir alles zu hören bekommen! Und ich ließ in den verstummten, Haß ausdünstenden Saal die stinkende Atmosphäre der Sonderkliniken einziehen. Wenigstens für eine Minute sollten sie an den ekelerregenden Einzelheiten zu ersticken drohen. Das Gesicht der Richterin zuckte.

»Besitzen Sie eine medizinische Ausbildung?« mischte sich die Staatsanwältin ein – als müßtest du Akademiker sein, um dich zu empören, wenn man vor deinen Augen einen Menschen zum Krüppel macht.

Natürlich lehnten sie es ab, meine Zeugen vorzuladen. Sie erklärten sie allesamt für unzurechnungsfähig, für unfähig, Aussagen zu machen. Ich hatte das vorausgesehen und deshalb auf meine Liste einige Leute gesetzt, die niemals mit einem Psychiater auch nur in Berührung gekommen waren – die Ehefrauen von Pjotr Grigorenko und Viktor Feinberg, und die Richter hatten es mit ihrer Ablehnung so eilig, daß sie das übersahen. Außerdem stand in meinem Verzeichnis noch der Name von Sergej Petrowitsch Pissarew, der immerhin die Zurücknahme einer ihn betreffenden psychiatrischen Diagnose durchgesetzt hatte, aber jetzt erklärten sie auch ihn für verrückt.

Dafür ließ die Anklage ihre »Zeugen« aufmarschieren: einen KGB-Offizier, den man heimlich auf mich anzusetzen versucht hatte, als ich mich noch in Freiheit befand, als zweiten einen völlig verängstigten Kerl, den ich dreimal in meinem Leben gesehen hatte, und dann zwei Soldaten, denen ich während eines zufälligen Gesprächs im Café, als wir über die Ereignisse von Stettin sprachen, davon abgeraten hatte, auf das wehrlose Volk zu schießen.

Was konnten sie schon sagen? Daß ich mit dem herrschenden System nicht einverstanden sei? Daß ich mich über das Fehlen von Demokratie in der UdSSR beschwert hätte? Sie sahen bleich aus.

Plötzlich fragte mich die Staatsanwältin:

»Sie sagten, die Kranken hätten als unerläßliche Bedingung für die Entlassung aus der Spezialklinik ihren Auffassungen abschwören müssen. Haben Sie selbst vor Ihrer Entlassung Ihre Auffassungen widerrufen?«

Sie war offenbar überzeugt, eine tödliche Frage gestellt zu haben. Hatte er nicht, so hieß das: Er verleumdet. Denn dann wurde man ja offensichtlich auch ohne Reuebekenntnis aus dem Irrenhaus entlasssen. Hatte er aber bereut – nun, um so besser, denn wie kann man einem Menschen glauben, der in einem schwierigen Augenblick sofort bereit ist, seine Überzeugung zu verraten?

Sollte ich ausgerechnet hier erzählen, welches unglaubliche Glück mich davor bewahrt hatte, zu widerrufen? Sollte ich denen hier erklären, wieviel Hunderte von Menschen niemals mehr der Welt von den Verbrechen in den psychiatrischen Kliniken werden berichten können? Aber so arbeiten sie: Die einen pressen aus den Leuten Reuebekenntnisse heraus, und die anderen produzieren sich dann als Moralisten und stellen hinterhältige Fragen. Und alle schweigen. Jene, die bereut haben, denn sie haben kein Recht mehr zu reden, und jene, die nicht bereuten, denn sie werden für immer schweigen. Samsanow, den sie acht Jahre lang quälten, kann nicht mehr reden – er starb an Herzinfarkt.

Wer muß hier Scham empfinden? Der, der nicht standhielt? Nein! Sollen die sich schämen, die ihn dazu zwangen.

»Ja«, sagte ich bestimmt, »ich mußte, um herauszukommen, widerrufen. Sonst stünde ich jetzt nicht vor Ihnen.«

Im Saal rutschten sie unruhig auf ihren Stühlen hin und her, durch die Reihen lief schadenfrohes Gemurmel: – Aha, er hat also widerrufen, hat sich selbst verraten. Aber ich schämte mich weder meiner Lüge noch der erfundenen Reue. Ich fühlte nur den Schmerz meiner Freunde.

Und so kam es, daß ich wieder zwischen Etappengefängnissen und Lagern hin und her pendelte, mit dem »Bürger Natschalnik« stritt und die endlosen Gefängniszänkereien mitanhören mußte. Sie gaben mir zwölf Jahre – zwölf Jahre wechselnde Lager, Filzen, eisige Arrestzellen und quälender Hunger, den du, wie einen ständigen Zahnschmerz, mit der Zeit nicht einmal mehr bewußt wahrnimmst. Nur das Schlafen macht dir zu schaffen, weil die Knochen drücken.

Nein, ich bedauerte das Vorgefallene nicht. Ich bedauerte einzig und allein, daß die Zeit, die ich in Freiheit verbracht hatte, ein Jahr, zwei Monate und drei Tage, zu kurz war, um all das zu tun, was nötig gewesen wäre. Das sagte ich auch dem Gericht während meines Schlußwortes.

Gewöhnlich trägst du das letzte Echo, Stimmen, Eindrücke der Welt, die du zurückläßt, mit dir, wenn du dorthin gehst. Da taucht mal das Gesicht deiner Mutter auf und viele, viele andere Bilder, die dazugehörten, mal das verschneite Moskau, die krummen Gäßchen des Arbat, und dann wieder Fetzen irgendeiner Melodie, und du kannst dich nicht erinnern, wo du sie gehört hast, was sich mit ihr verband.

Und ständig denkst du an die Verhandlung zurück, an die Fragen der Richter und an deine Antworten. Hundert Mal wälzt du in deinem Gedächtnis diese Bilder hin und her, und jedesmal findest du etwas, was du besser hättest sagen können.

Mein Anwalt, Schwejskij, war bis zur Besinnungslosigkeit verängstigt. Eben noch hatten sie ihn aus dem Anwaltskollegium ausschließen wollen, die Sache war bereits beschlossen – und nun plötzlich lief alles anders. Er blieb nicht nur Mitglied der Kammer, man gab ihm sogar die »Zulassung« zurück. Schwejskij kam einen Tag, nachdem ich meinen Hungerstreik beendet hatte, zu mir und blickte lange vielsagend auf die Wände des Sprechzimmers, das man für unser Treffen bestimmt hatte. Er mußte an einem nervösen Tick leiden, denn von Zeit zu Zeit bewegte er seinen Kopf, als würge ihn die Krawatte oder als läge eine unsichtbare Schlinge um seinen Hals.

»Als Mitglied der Partei kann ich Ihre Handlungen nicht gutheißen«, sagte er und sah dabei weiter zur Wand.

Es kostete mich große Mühe, ihn dazu zu bewegen, sich streng auf geltendes Recht, auf die Gesetze zu berufen.

Vor Gericht jedoch hielt er sich tapfer. Und obwohl die unsichtbare Schlinge die ganze Zeit um seinen Hals lag, forderte er Freispruch. Und nur darum ging es mir ja.

Das Wesen des Anwalts besteht darin, eine Art Sprachrohr seines Mandanten zu sein. Er soll alles zu dessen Verteidigung Notwendige sagen, was der Angeklagte zu sagen nicht imstande ist. Bei politischen Prozessen in der UdSSR verhält es sich jedoch gerade umgekehrt. Im Grunde verteidigen wir die Anwälte und nicht sie uns.

Diesmal war mein Schlußwort kürzer, energischer. Nachdem die als Zeugen der Anklage vorgeladenen KGB-Leute hastig alle meine Gesetzesverstöße aufgezählt hatten, sagte ich:

Wozu all diese Provokationen, diese groben Verletzungen der Gesetzlichkeit, dieser Strom von Verleumdungen und lügnerischen Beschuldigungen ohne Beweise? Wozu überhaupt diese Verhandlung? Nur um einen einzigen Menschen seiner Freiheit zu berauben?

Nein! Es geht um ein »Prinzip«, um eine »Philosophie« eigener Art. Hinter der Anklage steckt anderes, aber das kam hier bewußt nicht zur Sprache, und mit dieser Verfahrensweise wird uns vom Gericht bedeutet: Nur den Streit nicht aus dem Haus tragen. Man soll vertuschen, alles, die Verbrechen, die psychiatrischen Repressalien gegen Andersdenkende, die Gefängnisse, die Lager. Und jene, die vor der ganzen Welt von diesen Verbrechen reden, versucht man zum Schweigen zu bringen, um auf der internationalen Bühne als makellose Verteidiger der Unterdrückten dazustehen. Doch dafür ist es zu spät!

Unsere Gesellschaft ist zwar noch krank. Sie krankt an der Angst, die aus der Zeit des Stalinismus in uns weiterwirkt. Aber der Prozeß der geistigen Festigung hat bereits begonnen und läßt sich durch keinerlei Repressalien mehr aufhalten. Die Gesellschaft begreift, daß nicht die Verbrecher sind, die den »Streit aus dem Hause tragen«, sondern die, die das Haus besudeln.

Gewiß, man hätte das viel besser sagen können. Hinterher fallen einem immer bessere Worte ein. Aber das ist nicht das Wesentliche. Vielmehr: War all das die zwölf Jahre, mehr noch, dein ganzes Leben wert? »All das« – das war ja nicht die Verhandlung, nicht mein Auftritt dort, sondern ebenjener Prozeß, der nicht aufzuhalten ist? Mir scheint, er war es wert. Auf jeden Fall habe ich nichts von dem, was geschah, bereut.

Tag und Nacht gehen die Transporte nach Osten ab. Die Etappengefängnisse sind überfüllt – sechzig bis achtzig Mann in einer Zelle. Sie schlafen in Reihen auf den Pritschen, unter den Pritschen, auf dem Boden neben den Pritschen und sogar auf dem Tisch. Man bekommt kaum noch Luft. Die Waggons sind derart vollgestopft, daß sich die Türen nicht schließen lassen – die Begleitmannschaft tritt mit ihren

Stiefeln in die Masse, um Platz zu schaffen: Mütter mit Säuglingen, zahnlose alte Frauen, Halbwüchsige, Invalide, finster vor sich hinblickende Bauern, unbekümmerte junge Burschen . . . Und jeder von ihnen ist eine »Akte« in braunem Umschlag, mit den Lebensdaten darauf und einer angehefteten Fotografie.

Wie sonst sollten sich die Begleitmannschaften zurechtfinden?

»Familienname?«

»Vatersname?«

»Paragraph?«

»Wieviel Jahre? – Weiter gehen!«

»Familienname?«

–Vatersname?«

»Paragraph?«

»Wieviel Jahre?«

Nach der langen Gefängnismonotonie verlierst du hier den Kopf. Als ob das ganze Land auf den Beinen wäre. Leute, ist denn noch irgend jemand in Freiheit oder haben sie bereits alle eingefangen? Brüllen, Schimpfen, Stoßen, Kindergeschrei – irgendwo streiten sie miteinander.

»Schneller, schneller!« treibt die Begleitmannschaft an.

Der eine hat ein Bündel bei sich, der andere einen Sack, der dritte einen abgewetzten Koffer. Einem guckt der »staatliche« Hering noch aus der Tasche. In den Händen hält er ein Stück Brot. Und auf geht's!

»Wohin, wohin«, ruft gedehnt die Lokomotive.

Behandle deinen Hering nicht so geringschätzig, Landsmann. Wenn er auch angelaufen ist und stinkt, einen anderen bekommst du nicht, und der Weg ist lang. Du wirst ihn schon noch runterwürgen. Zwei Tage lang ist alles ringsum vom Gestank dieses Herings durchtränkt. – Wie soll die Begleitmannschaft eine solche lärmende ungeordnete Menschenmasse mit Trinkwasser versorgen? Der Durst treibt dich zur Raserei, deine Kehle ist ausgetrocknet, die Stimme krächzt heiser. Und wenn du getrunken hast, läßt man dich nicht zur Toilette durch. Trotzdem, verbirg deinen Hering, steck ihn am besten in die Tasche. Höre auf einen alten Sek. Abends, wenn sich alles hinlegt, wenn sich das Kind beruhigt, das Gezänk verstummt und im Nachbarverschlag die Frauen ihre traurigen Lieder anstimmen, dann schlingst du ihn runter, auf Teufel komm raus, mitsamt den Gräten. Du pfeifst drauf, daß du dich ganz beschmiert hast. Etwas vom Hering ist dir doch auf die Hose gefallen. – Man kann sogar ein wenig vor sich hindösen.

Den alten Sek kannst du auf den ersten Blick von den anderen unterscheiden. Während ihr noch unter der Waggontür zögert, hat er sich schon den besten Platz ausgesucht – die Pritsche rechts, in der zweiten Etage, von der du sogar rausblicken kannst, wenn es dir gelingt, den Natschalnik dazu zu überreden, das Fenster im Gang ein wenig zu öffnen. Sein Bündel ist nicht groß – als würde er eben ins Bad gehen, aber es enthält alles, was er auf dem Weg braucht. Ein Hemd oder einen Pullover – um es bei der Begleitmannschaft gegen ein Paket Tee einzutauschen, und ein wenig zu essen und zu rauchen. Irgendwo hat er die »Moetschka« versteckt, sein kleines Rasiermesser, und eine Zigarettenspitze aus Metall – Lagerfabrikation. Auch dies, um es gegebenenfalls irgend so einem Wilden mit Schulterstücken zuzustecken. Er besitzt auch einen sauberen Becher. Zwar werden die Tuberkulösen getrennt transportiert, aber es genügt ja, daß es nur einen offiziellen Becher gibt, aus dem alle trinken müssen. Geld hat er ebenfalls. Versuch mal, ob du es bei ihm findest. Da kannst du filzen, soviel du willst!

Du lockst ihn mit nichts aus seiner Reserve, nichts bringt ihn aus der Fassung. Wozu unnötiges Gerede. Dein bißchen Tee bekommst du sowieso. Und während die Neulinge lernen, diesen Tee über einem sauberen, sorgfältig zu einer Lunte zusammengedrehten Handtuch zuzubereiten und andere an der Tür lehnen – um die Zeremonie vor der Begleitmannschaft abzuschirmen –, spinnt er gemächlich sein Lagergarn. Hör ihm nur gut zu, das Wichtigste kommt noch – wenn der Becher reihum geht.

Manchmal merkst du nicht im geringsten, worauf er hinaus will. Er dichtet ganze Novellen, spinnt philosophische Traktate, und plötzlich, im Augenblick der größten Spannung, sagt er wie beiläufig: »Rauchen wir doch eine, Landsmann. Übrigens, da fällt mir gerade noch ein . . .«

Es gibt eine komplette Serie von Merkmalen, an denen du unwiderruflich den wahren Sek erkennst. Erstens sitzt er stets für nichts. Zum Beispiel wegen Nachlässigkeit: Er hat eine Kuh geklaut und vergessen, auch das Kalb mitzunehmen. Zweitens plagt ihn immer irgendeine chronische Krankheit, ein Bruch zum Beispiel. Das ist eine gute Krankheit – ein regelrechter Zustand, und ein gewitzter Sek hätschelt seine Krankheit, hütet sie wie einen kostbaren Vorrat.

Die Räder klopfen, der Waggon schlingert über die Weichen, traurig singen die Frauen, und im Gang geht der Begleitposten auf und ab und blickt hin und wieder durch das Türgitter auf die Seks.

»Nach O-o-o-osten! . . .« heult langgezogen die Lokomotive.

Wohin schleppen sie uns? In die Komi-Republik, nach Tjumen, nach Kirow oder nach Perm? Ach, wo ist da ein Unterschied?

»Meine Adresse ist weder ein Haus noch eine Straße.
Meine Adresse ist die Sowjetunion.«

Nach Westen fahren die Waggons völlig leer, aber es wäre wenig sinnvoll, uns in den Westen zu transportieren.

Es war ein seltsames Gefühl, sich plötzlich unter Menschen zu befinden, die man schon lange aus Berichten kannte. Als seist du ins Jenseits geraten. Durch meine Hände waren ja alle Informationen von Verhaftungen, Gerichtsverhandlungen und über die näheren Umstände eines Prozesses gegangen. Dann folgten Nachrichten von ihnen aus den Lagern – Proteste, Erklärungen, Hungerstreiks. Nur zu Gesicht hatte ich sie nie bekommen, und deshalb betrachtete ich sie jetzt voller Neugier.

Da waren die »Samoljotschiki« – die Verurteilten im Leningrader Prozeß um die Flugzeugentführer. Mein Gott, wie lange war das her!

In jenem verrückten, kalten Dezember 1970, als die Machthaber alle Kontakte mit Leningrad unterbrochen, die Telephone abgeschaltet, die Leute aus den Zügen geholt hatten, war es als einzigem Telnikow gelungen, nach Moskau durchzukommen, den Text des Urteils und das Stenogramm der Verhandlung in der Tasche. Dann durch Moskau, wie wahnsinnig: Durchgangshöfe, Toreinfahrten, die Metro, Autos . . . Irgendwie gelang es uns doch, die Tschekisten abzuschütteln. In der Wohnung eines meiner Freunde, irgendwo in der Nähe des Puschkin-Platzes, schrieben wir fieberhaft den Text ab. Noch in derselben Nacht mußte ich ihn den Korrespondenten übergeben.

Der dreißigste Dezember[65] war mein Geburtstag. Das erste Mal seit vielen Jahren hatte ich ihn in Freiheit verbracht. Und diesen ganzen Tag hatten wir vor dem Gebäude des Obersten Gerichtshofes gestanden und auf das Ergebnis der Berufungsverhandlung gewartet. Erst am späten Abend kam Sacharow heraus und teilte uns mit, daß die Todesurteile aufgehoben seien.

»Da habt ihr's!« lachte ich. »Mit eurem Flugzeug ging's daneben, und jetzt sitzt ihr hier. Aber wir hatten einen Haufen Scherereien mit euch!«

Die Ukrainer – Swetlitschnyj, Antonjuk, Kalynetz – saßen nach mir, doch ich kannte sie aus dem Samisdat.

Und wer ist jener magere Mensch, der wie ein Auschwitzopfer aussieht? Jossif Meschener? Natürlich, ich erinnere mich. Zwei Schullehrer aus der Moldau – Suslenskij und Meschener. Sieben und sechs Jahre wegen ihres Protests gegen den Einmarsch in die Tschechoslowakei.

Pawlenkow – wegen der Gorki-Affäre, Universitäts-Samisdat. Gawrilow – die Affäre der U-Boot-Offiziere von der Baltischen Flotte, auch Samisdat. Weiß Gott – die ganze lebende »Chronik der laufenden Ereignisse«!

»Brüder! Trinkt ihr bei euch in der Zone Tee?«

»Und ob!«

»Gut, dann kochen wir uns einen!«

Vor meiner Verhaftung befanden sich alle politischen Lager in Mordwinien. Praktisch war ganz Mordwinien mit Stacheldraht in zwei Hälften geteilt. Sogar der offiziellen Volkszählung nach gab es in Mordwinien mehr Männer als Frauen, obwohl es sich sonst in der UdSSR überwiegend umgekehrt verhält. In Mordwinien existierten fast seit den Anfängen der Sowjetmacht Lager für Politische. Zuerst Tjomniki, dann Dubrowlag und heute – Jawas, Potma, Baraschewo. Unmöglich aufzuzählen, wieviele Menschen dort zugrunde gingen. Wenn du in der Erde gräbst, stößt du unvermeidlich auf Menschenknochen. Man erzählte, nur einer aus den frühen Zeiten habe bis in unsere Tage gesessen, ein Matrose, Teilnehmer des

Kronstädter Aufstands, ein Mann in hohem Alter. Krank und schweigsam schlingerte er in der Zone umher wie über die Planken eines Schlachtschiffs bei rauher See.

Selbstverständlich hinterläßt eine so lange Nachbarschaft zu den Lagern unter der örtlichen Bevölkerung ihre Spuren. Einige Generationen von ihnen arbeiteten als Aufseher; die Stelle vererbte sich vom Vater auf den Sohn. Sie gewöhnten sich daran, das Lager als Futterkrippe zu betrachten: Ein Sack Mehl für einen wiedereingefangenen Häftling.

»Papa, habt ihr heute gefilzt?« fragt das Söhnchen den Vater. »Hast du mir was mitgebracht?«

Mit der Zeit gingen die Handelsbeziehungen zwischen den Seks und den Aufsehern so weit, daß für Geld praktisch alles möglich war. Proteste, Erklärungen, Berichte über Hungerstreiks und Willkür gelangten unbehindert an die Außenwelt. 1970 erreichte uns sogar ein Tonband mit der Erklärung Alexander Ginsburgs.

Die Machthaber waren äußerst beunruhigt, und im Sommer 1972 wurden die »gefährlichsten« politischen Häftlinge mit einem Sondertransport in das Permer Gebiet abgeschoben: So weit wie möglich weg von Moskau! Die Operation verlief streng geheim. Damit die Seks keine Nachricht über ihre Marschroute nach draußen geben konnten, hatte man alle Waggonfenster dicht verschlossen. Es war ein unglaublich heißer Sommer. Die Wälder brannten, die Moore hatten sich entzündet – über weiten Teilen des Landes hing schwarzer Rauch. Die metallenen Waggons schienen zu glühen und verwandelten sich in Vergasungswagen. Die Menschen drohten zu ersticken, wurden ohnmächtig. Ein Häftling starb.

Im Permer Gebiet richteten sie zunächst zwei neue Lager ein – das fünfunddreißigste und das sechsunddreißigste, danach noch ein drittes, das siebenunddreißigste.

Lager in tiefster Einöde, völlig von der Außenwelt isoliert. Dazu das schwer zu ertragende nördliche Klima und speziell ausgesuchte Aufseher, denen man sofort den Rang eines Fähnrichs verlieh, damit sie treuer dienten.

Ich kam sofort ins Permer Gebiet, in das fünfunddreißigste Lager, nahe der Station Wseswjatskaja. Das heißt, das erste Jahr nach meiner Verhandlung hatte ich im Gefängnis von Wladimir gesessen. Mein Urteil lautete auf zwei Jahre Gefängnis, fünf Jahre Lager und fünf Jahre Verbannung. Im Frühjahr 1973, als mein Transport ins Lager nahe bevorstand, war das »Permer Experiment« bereits abgeschlossen, und so kam ich nicht nach Mordwinien, sondern sofort dorthin.

Unser Lager war nicht groß. Etwa dreihundert bis dreihundertfünfzig Menschen lebten darin. Den größten Anteil hatten, wie in anderen Politlagern auch die »Alten«, Ukrainer und Litauer, Teilnehmer der nationalen Befreiungskämpfe während der vierziger Jahre. Viele von ihnen hatten unter der Sowjetmacht niemals in Freiheit gelebt. Sie waren wegen Verrat an der Heimat verurteilt worden. An welche Heimat die Stalinschen Kriegsgerichte dabei dachten, ist schwer zu sagen. Die Vorstellungen dieser »Alten« vom Leben, von den Bräuchen und Sitten ihrer

Heimatländer hatten sich seit ihrer Verhaftung nicht geändert. Sie wußten nicht, daß davon nichts mehr existierte. Es war erstaunlich zu sehen, wie sie arbeiteten, selbst hier im Lager, für eine Ration Brot – fleißig, ausdauernd, mit Liebe zur Sache. So haben einst die Bauern ihr Land bestellt. Man spürte bei ihnen einen festen Glauben an den Wert menschlicher Arbeit – trotz alledem. Draußen mühte sich heute niemand mehr so – die Sowjetmacht hat es ihnen abgewöhnt. Bei uns sagte man im Scherz, daß jeder dieser »Alten« drei Werkbänke ersetzt, falls der Strom ausfällt.

Das Lager konserviert den Menschen irgendwie. Die Haare werden grau, die Zähne fallen aus, das Gesicht ist von tiefen Falten überzogen, aber im Innern wird der Mensch nicht älter, »solider«. Es war komisch zu sehen, wie diese Fünfundfünfzigjährigen miteinander umgingen, wie Halbwüchsige. Sie versetzten sich Rippenstöße, und es schien, als hinderte sie nur ihre körperliche Schwäche daran, miteinander um die Wette zu laufen. Ihr Leben war stehengeblieben, als sie zwanzig waren – einfache Bauernburschen, denen es versagt geblieben war, Familienväter zu werden.

Im Sommer setzten sie sich sonntags mit ihren Ziehharmonikas in die Sonne und spielten Lieder, die bei ihnen zu Haus heute niemand mehr kennt. Es war gespenstisch – wahrhaftig, als wäre man ins Reich der Toten hinabgestiegen.

Sie waren der Rest einer fast völlig vernichteten Generation – in Litauen allein waren von den Strafmaßnahmen der »Befreier« 350 000 Menschen betroffen, in der Ukraine waren es Millionen.

Es fiel ihnen schwer, uns zu verstehen, den Sinn unserer Handlungen zu begreifen. Sie lebten noch in der Denkweise der vierziger Jahre, der Partisanenpsychologie: Wenn es einer Masse von Menschen, wie ihnen damals, nicht gelungen war, sich mit der Waffe in der Hand zu befreien, was für einen Sinn hatte es dann, Papierchen zu schreiben? Viele von ihnen fanden es überhaupt unannehmbar, sich mit Beschwerden an den Staat zu wenden: Sie erkannten diesen Staat nicht als rechtmäßig an.

Unter den Litauern stand uns Ionas Matusewitschus noch am nächsten. Er hatte sich zu Beginn der fünfziger Jahre den »Waldbrüdern« angeschlossen, zu einer Zeit also, als alles bereits verloren, der Kampf hoffnungslos war. Vielleicht verstand er uns deshalb besser als die anderen. Als sie ihn stellten, verteidigte er sich bis zur letzten Patrone. Er wollte nicht lebend in ihre Hände fallen. Sie schleppten den von Kugeln Zerfetzten mit sich und flickten ihn buchstäblich wieder zusammen, denn sie brauchten ihn lebendig, um ihn foltern zu können. Es beeindruckte mich sehr: Trotz allem, was er durchgemacht hatte, und trotz der fast fünfundzwanzig Jahre Lagerhaft, war er von einer erstaunlichen Lebensfreude erfüllt, hatte er sich Sinn für Humor und eine gewisse innere Reinheit bewahrt. Ich weiß nicht, wie ich es nennen soll, aber ich glaube, so müssen Mönche sein. Wahrscheinlich rührte das bei ihm von einem absoluten Pessimismus her. Den Zucker, den man uns stets in Päckchen für zehn Tage aushändigte und mit dem jeder so lange wie möglich auszukommen suchte, schüttete sich Ionas hintereinander in den Mund und kaute ihn, genüßlich die Augen zusammenkneifend, in einem Zuge hinunter.

»Ionas«, sagten die anderen vorwurfsvoll zu ihm, »was machst du da? Das soll doch zehn Tage reichen!«

»Ach, zum Teufel mit ihnen!« sagte Ionas. »Und was ist, wenn ich morgen sterbe? Soll er dem Feind zufallen?«

Niemand von all diesen Männern hat je sein Urteil zu Gesicht bekommen. Man verkündete ihnen lediglich: fünfundzwanzig Jahre, und damit war der Fall erledigt.

Übrigens bekommt selten jemand sein Urteil ausgehändigt, auch heute nicht. Gewöhnlich geben sie es dir nur zum Lesen und nehmen es dann wieder weg. Das Urteil gilt als »geheim«, obwohl auch das den sowjetischen Gesetzen widerspricht. Praktisch dürfen nur die ihre Urteilsschrift behalten, über deren Prozeß genügend Einzelheiten im Samisdat oder in der ausländischen Presse bekannt geworden sind. Deshalb war es eine unserer Aufgaben im Lager, Kopien solcher Urteile zu bekommen und nach draußen weiterzuleiten.

Bis zu meiner letzten Verhaftung war ich der irrigen Ansicht, daß es in unserer Zeit keine »zufälligen« politischen Prozesse mehr gibt, das heißt Verfahren, bei denen der Verurteilte bis zu seiner Verhaftung nicht einmal geahnt hatte, daß er Handlungen beging, die ihn ins Gefängnis bringen konnten. Ich glaubte, daß heutzutage nur Anhänger der Menschenrechtsbewegung oder verschiedener nationaler und religiöser Bewegungen politischen Repressalien ausgesetzt seien, also Menschen, die zwar gegen kein Gesetz verstießen, aber sich doch dessen bewußt sind, daß sie unter den Bedingungen totalitärer Willkür jeden Moment verhaftet werden können. Doch ich hatte mich geirrt. Der Prozentsatz der »Zufälligen« unter den Gefangenen ist sogar ziemlich hoch.

Zu ihnen rechnen vor allem die Verfasser anonymer oder mit vollem Namen unterzeichneter Beschwerden. Es beginnt damit, daß ein Mensch, aufgebracht wegen einer Ungerechtigkeit, sich bei einer höheren Instanz beschwert. Er ist aufrichtig davon überzeugt, auf diese Weise zur Beseitigung eines Übels beizutragen. Erhält er darauf unverschämte Antworten, beginnt er zu verallgemeinern, und seine Beschwerden werden zu Anklagen. An diesem Punkt lädt ihn das KGB vor, und wenn er sich dort nicht einschüchtern läßt, sperrt man ihn ein.

So saß zum Beispiel 1976 mit mir im Gefängnis von Wladimir der Arzt Airapetow, siebenundvierzig Jahre alt. Er war Stomatologe und stammte aus Baku. In seiner Arbeit war er auf Fälle von Diebstahl und Bestechlichkeit gestoßen und hatte sich deshalb in Briefen an das ZK gewandt, ohne freilich etwas zu erreichen. Allmählich gelangte er zu dem Schluß, daß das ZK vorsätzlich Korruption vertusche. Er richtete daraufhin einige Schreiben an Breschnew, in denen er die Machenschaften der höchsten Behörden Aserbeidschans enthüllte und wurde schließlich verhaftet. Da er sich beim KGB weigerte, seine Anschuldigungen zurückzunehmen, verurteilte man ihn zu drei Jahren Gefängnis und vier Jahren Lager – wegen antisowjetischer

Agitation. Airapetow vermochte beim besten Willen nicht zu begreifen, worin seine Schuld bestanden haben sollte.

»Wen habe ich denn agitiert?« fragte er während der Verhandlung. »Etwa Breschnew?«

»Nein«, erwiderte man ihm, »aber Breschnew hat viele Sekretäre, Assistenten, Referenten, die haben Sie eben agitiert.«

Andere Leute wissen sehr wohl, daß man sich mit Beschwerden Unannehmlichkeiten im Dienst und Scherereien mit den Staatlichen Organen einhandeln kann und schreiben deshalb anonym. Aber auch sie werden gefaßt.

Eine eigene Kategorie stellen jene Leute dar, die wegen Bemerkungen auf Stimmzetteln verurteilt wurden. Nach dem Gesetz gilt auch bei uns das Wahlgeheimnis, und niemand ist berechtigt festzustellen, wer wie gewählt und welcher Stimmzettel von wem abgegeben wurde. Es gibt sogar einen speziellen Paragraphen im Strafgesetzbuch, der für Amtspersonen, die das Wahlgeheimnis verletzen, Freiheitsstrafe vorsieht. Das hindert das KGB allerdings nicht, Leute ins Gefängnis zu sperren, die ihre Stimmzettel mit Anmerkungen versehen.

Mich interessierten diese Fälle ganz besonders. Offen gestanden, glaubte ich nicht recht, daß es sich wirklich so verhielt, wie es die Betroffenen schilderten. Die lügen, dachte ich. Endlich gelang es uns, das Urteil eines solchen Prozesses einzusehen. Ich war damals noch im Permer Lager. Das Schriftstück galt natürlich ebenfalls als geheim, und wir hatten große Mühe, es auch nur für eine halbe Stunde in die Hand zu bekommen, um es abzuschreiben. Kurz, wir stahlen es aus der Sonderabteilung, fertigten eine Kopie davon an und gaben sie nach draußen weiter. Hier der Wortlaut:

URTEIL

Strafsache Nr. 6-74

Im Namen der Ukrainischen Sowjetischen Sozialistischen Republik verhandelte das Bezirksgericht von Woroschilowgrad am 15. Juni 1971 in der Zusammensetzung: Vorsitzender Jaresko, W. A.; Volksbeisitzende Baranowa, K. A. und Droshina, M. F.; Sekretär Golubitsch, T. M.; unter Mitwirkung des Staatsanwalts Simarin, W. I., und der Anwältin Sokolikowa, N. M., in geschlossener Sitzung die Strafsache *Tschekalin,* Alexander Nikolajewitsch, geboren am 19. 12. 1938 in Sljud-Rudnik, Kreis Uderensk, Region Krasnojarsk, Russe, Bürger der UdSSR, parteilos, 10 Klassen Schulbildung, nicht vorbestraft, verheiratet, unterhaltspflichtig für einen 1962 geborenen Sohn, wohnhaft in der Stadt Lissitschansk, Bezirk Woroschilowgrad, Karl-Marx-Straße 135/5, beschäftigt als Montageschlosser in der Lissitschansker Fabrik »Strojmaschina«, seit dem 27. Mai 1971 in Untersuchungshaft, vor Gericht gestellt aufgrund des § 62 Abs. I StGB der UdSSR, und befand:

Am 14. Juni 1970, während der Wahlen, versah der Angeklagte *Tschekalin,* A. N., im Lissitschansker Wahlkreis Nr. 440 seine Stimmzettel für die Wahlen zum Unions-

Sowjet und zum Nationalitäten-Sowjet mit antisowjetischen Aufschriften, die zum Sturz der Sowjetmacht aufriefen und vorsätzlich lügenhafte und verleumderische Erfindungen enthielten, die das sowjetische Staats- und Gesellschaftssystem verunglimpfen sollten; damit erfüllt er den verbrecherischen Tatbestand des Art. 62 Abs. I des Strafgesetzes der Ukrainischen SSR. Der Angeklagte *Tschekalin* hat gestanden, das oben angeführte Verbrechen begangen zu haben und hat erklärt, daß er am Wahltage das Wahllokal betreten und nach Erhalt der Stimmzettel Aufschriften antisowjetischen Inhalts darauf angebracht hat, die das sowjetische Wahlsystem anprangern; seine Schuld am genannten Verbrechen wird vom Zeugen Weretennikow, N. I., bestätigt, der während der Wahlen stellvertretender Vorsitzender der Wahlkommission war und beim Auszählen der Stimmen zwei Stimmzettel mit antisowjetischen Aufschriften bemerkte. Der Zeuge erklärte, er habe diese Aufschriften als Aufruf zum Sturz der Sowjetmacht, sowie als Verleumdung unseres Wahlsystems empfunden. Die Zeugin Tschekalina, E. R., Frau des Angeklagten, erklärte, ihr Mann habe ihr nach dem Wahltage von den Aufschriften erzählt; sie erklärte außerdem, daß ihr Mann Sendungen ausländischer Rundfunkstationen zu hören pflegte, insbesondere die »Stimme Amerikas«. Der Zeuge Shitnyj, W. D., Brigadier der Brigade, in welcher der Angeklagte arbeitete, erklärte dem Gericht, *Tschekalin* habe sich über die in unserem Lande herrschende Ordnung empört und habe den Wunsch geäußert, unser Land zu verlassen. Aus den Aussagen des Zeugen Tschernikow, S. P., geht hervor, daß Tschekalin sich in seiner Gegenwart beleidigende Ausdrücke in bezug auf die Kommunisten geleistet hat. Der Angeklagte leugnete nicht, daß er sich über die in unserem Lande herrschende Ordnung empört hat und daß er den Wunsch geäußert hat, in ein anderes Land auszuwandern. Er gab auch zu, regelmäßig Sendungen ausländischer Rundfunkstationen gehört und bei den Aufschriften auf den Wahlzetteln zum Teil Worte aus den abgehörten Sendungen benutzt zu haben. Die Schuld des Angeklagten ergibt sich aus der Analyse der Beweisstücke, deren Aufschriften, wie aus dem kriminalistischen Gutachten hervorgeht, von ein und derselben Person, nämlich von *Tschekalin*, stammen.

Als er diese Aufschriften auf den Stimmzetteln anbrachte, war sich der Angeklagte bewußt, daß er antisowjetische Ideen verbreitete, da die Aufschriften auf den Stimmzetteln bei der Stimmauszählung notwendig gelesen werden und es auch sein Wunsch war, daß sie gelesen werden. Bei der Verbreitung verleumderischer Unwahrheiten über unser Wahlsystem hat er demnach vorsätzlich gehandelt, was er auch nicht bestreitet; infolgedessen hat er das genannte Verbrechen vorsätzlich begangen und damit antisowjetische Ziele verfolgt, wovon die obengenannten Umstände Zeugnis ablegen. Der Inhalt der Aufschriften auf den Wahlzetteln bestätigt, daß *Tschekalin* bei der Propagierung seiner Ideen antisowjetische Ziele verfolgte. Sein Einwand, er habe dieses Verbrechen aus Ärger über die Verwaltung seiner Abteilung begangen, nachdem diese ihm keinen Sommerurlaub gewährt hätte, ist unbegründet. Aufgrund der Tatsache, daß er keine Gewerkschaftsversammlungen besucht hatte, wurde ihm von der Gewerkschaftsversammlung der Abteilung am 12. 3. 70 das Recht auf den Sommerurlaub abgesprochen. Sein Verbrechen beging er am 14. Juni 1970. Auch hat er seinerzeit keinerlei Beschwerde gegen den Beschluß der Versammlung eingereicht; bei den ersten Erläuterungen bezüglich der Gründe seines Verbrechens jedoch hat er sich auf die erwähnten Umstände berufen. Angesichts dieser Beweise ist das Bezirksgericht der Ansicht, daß die Schuld des Angeklagten *Tschekalin* im Sinne antisowjetischer Agitation voll bestätigt wurde und daß sein Verbrechen zu Recht unter den § 62 Abs. I fällt.

Bei der Entscheidung bezüglich der Frage des Strafmaßes zieht das Bezirksgericht in Betracht, daß *Tschekalin* zwar ein besonders gefährliches Staatsverbrechen begangen hat, andererseits aber gesellschaftlich nützliche Arbeit geleistet hat, ein Kind zu versorgen hat, seine Schuld eingestanden und Reue gezeigt hat. Seine Strafe soll er in einer Arbeits- und Umerziehungskolonie mit verschärftem Strafvollzug verbüßen. Nach Abwägung seiner Tat und seiner persönlichen Lebensdaten ist das Bezirksgericht der Meinung, daß es nicht zweckmäßig wäre, eine zusätzliche Strafe in Form von Verbannung über den Angeklagten zu verhängen. Gemäß den Forderungen der Artikel 323 und 324 der Strafprozeßordnung der Ukrainischen SSR entspricht, fällt das Bezirksgericht das folgende Urteil:

Tschekalin, A. N., wird nach § 62 Abs. I des Strafgesetzes der Ukrainischen SSR für schuldig befunden und zu 5 (fünf) Jahren Freiheitsentzug ohne Verbannung verurteilt. Die Strafe hat er in einer Arbeits- und Umerziehungskolonie mit verschärftem Strafvollzug zu verbüßen. Die Zeit der Untersuchungshaft vom 27. Mai 1971 wird *Tschekalin, A. N.*, auf die Strafzeit angerechnet. Die derzeitigen Sicherungsvorkehrungen sind unverändert beizubehalten – der Verurteilte bleibt in Haft. Als Prozeßkosten werden von *Tschekalin* zugunsten der Staatskasse 11 Rubel 88 Kopeken eingezogen. Die Beweisstücke, die Stimmzettel, bleiben bei der Akte. Gegen das Urteil kann beim Obersten Gericht der UdSSR im Laufe von 7 Tagen nach der Verkündigung Berufung eingelegt werden; von Seiten des Verurteilten in der nämlichen Frist, gerechnet vom Zeitpunkt der Aushändigung einer Kopie des Urteils an denselben.

Der Vorsitzende (Unterschrift)
Die Volksbeisitzenden (Unterschrift)

Tschekalin saß dann zusammen mit mir in Wladimir und wurde im Mai 1976 nach Ablauf seiner Strafzeit entlassen. Während seiner Haft war er fast gänzlich taub geworden, da er ein schweres, sich beständig verschlimmerndes Ohrenleiden hatte, das selbstverständlich nicht behandelt wurde.

Vollends grotesk war der Fall W. Bogdanows, mit dem ich im Lager von Perm zusammentraf. Er war unweit von Moskau in der Stadt Elektrostal als Arbeiter in einem geheimen Betrieb zur Anreicherung von Uranerzen beschäftigt gewesen. Einige Jahre lang hatte er zusammen mit seiner Mutter und seiner Frau in einer

Kammer gehaust, da er, obwohl er alle Behörden abgeklappert und sie mit Gesuchen überhäuft hatte, nie eine eigene Wohnung zugewiesen bekam. In seiner Wut darüber stahl er schließlich am Arbeitsplatz ein geheimes radioaktives Einzelteil – nach der Beschreibung zu urteilen, irgendeinen Plutoniumstab zur Uranbehandlung. Er rechnete damit, daß es zu einem Skandal kommen würde und daß er sich dann im Austausch gegen den Stab eine Wohnung ergattern könnte. Doch niemand zeigte die mindeste Reaktion – es war, als würde überhaupt nichts vermißt. Drei Monate lang lag dieser Stab zu Hause unter seinem Bett. Dann, als er sich einmal zusammen mit einigen Freunden einen angetrunken hatte, beschloß er, den Stab direkt zum Minister für Mittleren Maschinenbau zu bringen.

Den Stab unter dem Mantel versteckt, fuhr er mit seinen Freunden durch ganz Moskau. Unterwegs tranken sie weiter und trafen in höchst ausgelassener Stimmung im Ministerium ein. Die Wache ließ sie aber nicht hinein, und mochten sie noch so sehr randalieren, kein Beamter des Ministeriums war bereit, sie zu empfangen. Völlig durcheinandergeraten, gingen sie in einen Laden und tranken weiter. Mehrmals verloren sie den Plutoniumstab, mal am Kiosk, mal im Schnapsladen. Endlich beschlossen sie, das Ding an einen Ausländer zu verkaufen, immerhin war es doch geheim. In den Augen der Sowjetmenschen ist jeder Ausländer von vornherein ein Spion und nur darauf aus, sowjetische Geheimnisse auszukundschaften. Lange suchten sie im Zentrum nach einem passenden Ausländer, bis sie schließlich irgendwo beim Hotel Metropol auf einen Amerikaner stießen. Wie sie sich diesem Amerikaner verständlich machten, daran konnte sich Bogdanow schon nicht mehr erinnern, er war zu betrunken gewesen. Er erinnerte sich lediglich, daß der Amerikaner furchtbar erschrak und davonlief und daß sie ihn lange verfolgten, bis sie ihn schließlich im Gewühl verloren. Schon ganz verzweifelt, versuchten sie daraufhin den geheimen Stab irgendeinem Polen anzudrehen. Sie verlangten nicht viel, lediglich eine Flasche Schnaps, aber auch der Pole wollte ihn nicht nehmen. Nach dem fehlgeschlagenen Versuch mit dem Polen tranken sie Bier und waren bald gänzlich betrunken. Der Preis für den Stab sank auf den für ein Glas Bier. Was dann geschah, daran konnte sich Bogdanow überhaupt nicht mehr erinnern – wie sie nach Elektrostal hinausfuhren, wie sie zu Hause anlangten und vor allem, wo dieser verfluchte Stab geblieben war – seine Erinnerung versagte vollkommen.

Seine Freunde aber, kaum waren sie am nächsten Morgen wach, liefen sofort zum KGB. Mit größter Mühe, erst während der Untersuchungshaft im Lefortowo-Gefängnis, gelang es ihm sich zu erinnern, wo er den verfluchten Stab versteckt hatte, und er gestand es dem Untersuchungsrichter. 1968 erhielt Bogdanow zehn Jahre für Landesverrat. Und so sitzt er vermutlich bis zum heutigen Tage.

Zu den »zufälligen« Fällen muß man wohl auch das Schicksal von Nikolaj Alexandrowitsch Budulak-Scharygin rechnen. Zu Beginn des Krieges wurde er als Fünfzehnjähriger aus der Ukraine nach Deutschland verschleppt. Dort erhielt er eine Ausbildung, arbeitete, und geriet dann, als Deutschland von den Alliierten besetzt wurde, in die englische Zone. Von dort aus fuhr er nach England, wo er seine Ausbildung abschloß, heiratete und zwanzig Jahre lebte. Zum Schluß war er leitender Angestellter bei einer großen Londoner Firma für elektronische Anlagen. Von dieser Firma wurde er nach Moskau geschickt, um Handelsabschlüsse zu tätigen. Er verhandelte mit dem Komitee beim Ministerrat der UdSSR für Wissenschaft und Technik sowie mit dem Ministerium für Elektronische Industrie. Doch unvermittelt, auf dem Höhepunkt der Verhandlungen, wurde er verhaftet. Im KGB hegte man lange die Hoffnung, einen Spion aus ihm zu machen, man bedrohte ihn oder versprach ihm goldene Berge, doch Nikolaj Alexandrowitsch blieb fest. Die Angelegenheit nahm eine peinliche Wendung – wie konnte man ihn jetzt wieder freilassen? In der englischen Presse waren bereits Meldungen über diese merkwürdige Verhaftung erschienen. Es gab indessen nichts, weshalb man ihn hätte verurteilen können. Die Frage wurde, so berichtete Budulak-Scharygin selbst, in seiner Gegenwart von Andropow persönlich entschieden. Dieser sah sich den Paß und die übrigen Dokumente eingehend an:

»Was behauptet ihr immer, er sei Engländer, Engländer . . . er ist doch bei uns geboren, in der UdSSR«, sagte Andropow zu seinem Assistenten und deutete mit dem Finger auf Scharygins Paß. »Macht nichts, die englische Königin wird uns seinetwegen nicht den Krieg erklären.«

Im gleichen Jahr 1968 wurde Scharygin nochmals zu zehn Jahren verurteilt, ebenfalls für Landesverrat, in Anbetracht dessen, daß er nach dem Kriege nicht nach Hause zurückgekehrt war. Das Urteil wurde ihm natürlich nicht ausgehändigt, es war »geheim«.

Auf einen noch phantastischeren Fall stießen wir 1974 im Gefängnis von Wladimir. Man brachte uns einen richtigen Chinesen namens Ma-Chun. Verschüchtert und in Angst vor jedermann, kaum Russisch sprechend, war er doch fix und umsichtig. In einem fremden Land, an einem neuen Ort, im Gefängnis, brachte er es bereits am ersten Tage fertig, sich einen zweiten Matratzenbezug zu beschaffen. Und so erschien er bei uns mit zwei Matratzenbezügen. Nach und nach gewöhnte er sich ein wenig an uns und taute auf. Wir fragten ihn:

»Nun, wie ist es, Ma-Chun – gefällt es dir hier?«

»Gut«, sagte er, »sehl gut.«

»Was ist denn da gut? Gefängnis, Hunger?«

»Wieso Hungel?« wunderte sich Ma-Chun und zeigte mit dem Finger auf die Fliegen, die in der Zelle herumschwirrten. Er meinte, wenn es sich um richtigen Hunger handelte, gäbe es dieses Wild schon lange nicht mehr. Uns schauderte – was mochten diese armen Leute bei sich zu Hause in China unter Hunger verstehen?

Mit der Zeit berichtete Ma-Chun vom chinesischen Hunger, wie sie das ganze Laub von den Bäumen aßen, das ganze Gras von der Wiese. Hunderte von Kilometern konnte man laufen, ohne auch nur auf einen lebendigen Mistkäfer zu stoßen.

Sein richtiger Name war nicht Ma-Chun, sondern Jih Schi-lin. Er wurde 1941 in der

Provinz An-Hui als Sohn eines Beamten geboren. Nach einigen Jahren, beim Vormarsch der Kommunistischen Armee, floh sein Vater nach Taiwan. Die Familie blieb mittellos zurück, und mehr noch, sie wurde ständig wegen ihrer unproletarischen Herkunft verfolgt. Je mehr er über China erzählte, um so mehr erinnerten wir uns der zwanziger und dreißiger Jahre, des sogenannten Stalinismus, nur daß es in China wohl noch schlimmer war. Noch größere Grausamkeiten, noch mehr Zynismus, mehr Heuchelei. Dort wurde man erst gar nicht auf die Solowezkij-Inseln verschickt; die Unbrauchbaren wurden ganz einfach umgebracht. Beispielsweise wurden die chinesischen Freiwilligen, die im Korea-Krieg in Gefangenschaft geraten und dann von den Amerikanern ausgeliefert worden waren, samt und sonders umgebracht. Aber nicht nur sie: Auch die »Klassenfremden«, die »Schädlinge« und die »Opportunisten«. In erster Linie natürlich die Intelligenz. Die Übriggebliebenen trieb man in die Staatsgüter und Kommunen zur Umerziehung durch Arbeit.

Zur Armee wurde er aufgrund seiner Herkunft nicht eingezogen. Wer aber nicht in der Armee gedient hatte, konnte, so stellte sich heraus, in China weder seine Ausbildung fortsetzen noch eine erträgliche Arbeit bekommen. Sogar Traktorist konnte man nur werden, wenn man zuvor in der Armee gedient hatte. Auf dem militärischen Staatsgut unweit der sowjetischen Grenze, wohin man ihn zur Arbeit verschickt hatte, war er als Hirte tätig. Als seine Mutter starb, ließ man ihn nicht einmal zur Beerdigung fahren – ohne Sondererlaubnis ist es in China verboten, zu reisen. Er hatte noch einen jüngeren Bruder, von dem er aber nicht wußte, wo er geblieben war.

Auf dem Höhepunkt der Kulturrevolution gab es eine Zeitspanne, während der viele – solche wie er – glaubten, daß es nun möglich sein würde, die Rechnung mit den Herrschenden zu begleichen. Doch es dauerte nicht lange, bis die Armee eingriff. Um dem sicheren Tod zu entgehen, floh er 1968 über die Grenze in die Sowjetunion. Seinen einzigen Besitz – ein Rundfunkgerät – brachte er mit. In China war das ein beträchtlicher Wertgegenstand. Hier, in der Sowjetunion, wurde er gleich verhaftet, und man wollte ihn wegen illegaler Grenzüberschreitung vor Gericht stellen. Doch das war nur ein Vorwand; tatsächlich drohte man ihm, ihn den chinesischen Behörden auszuliefern, falls er nicht bereit sei, als sowjetischer Spion zu arbeiten. Derartige Fälle hatte es viele gegeben, und es war bekannt, daß die chinesischen Grenztruppen die Flüchtlinge sofort nach der Auslieferung an Ort und Stelle erschossen. Er hatte keine Wahl. Nahm er das Angebot an, würde er zum Spionieren nach China geschickt werden. Nahm er es nicht an, würde man ihn ausliefern. So oder so bedeutete es den Tod. Er lehnte ab.

Nachdem man ihn nicht zum Spion hatte machen können, gab man ihm noch eine letzte Chance – er sollte in die geheime Organisation der China-Flüchtlinge eintreten. Offenbar sah das KGB in ihr die Keimzelle einer zukünftigen chinesischen »Volksbefreiungsarmee«. So wurde er zu Ma-Chun, denn man zwang ihn, seinen Namen zu ändern.

Er erhielt einen Personalausweis und eine Anstellung als Schlosser in einer Fabrik. Als Staatenloser durfte er nicht im Lande herumreisen, doch das sowjetische Leben erschien ihm auch ohne das wie ein Paradies: Für seine Arbeit erhielt er Geld, mit dem er sich Lebensmittel und Kleidung kaufen konnte, und das alles ohne Beschränkung – nicht wie in China: 9 Meter Stoff pro Person im Jahr. An Heuchelei war er gewöhnt. Verglichen mit der chinesischen erschien ihm die sowjetische Heuchelei als ein Kinderspiel.

Irgendwann in seiner Kindheit hatte er Geige spielen gelernt, und sein Leben lang erinnerte er sich an diese Zeit wie an ein Märchen. Eine Geige war für ihn das Symbol des Wohlstands. Kein Wunder also, daß er sich jetzt eine kaufte. An den Abenden geigte er manchmal, doch meistens lauschte er seinem Radio. Er hörte Japan, Taiwan und sogar Australien.

Einmal hörte er in einer Sendung aus Australien eine Bekanntmachung. Es wurde mitgeteilt, daß es eine Vermittlungsstelle gebe, die Chinesen behilflich sei, ihre verschollenen Verwandten zu finden. Ma-Chun schrieb hin und bat darum, man möge seinen Vater in Taiwan ausfindig machen. Daraufhin wurde er verhaftet.

Die Untersuchungshaft dauerte fast zwei Jahre. Ma-Chun wurde der Spionage beschuldigt. Es wurde behauptet, er sei mit diesem Ziel im Auftrage des chinesischen Spionagedienstes in die UdSSR gekommen. Mehrfach wurde sein Rundfunkgerät einer genauen Prüfung unterzogen – war es nicht möglich, daß es im Inneren einen Sender enthielt? Man nahm es bis auf die letzte Schraube auseinander – und fand nichts. Dann kam die Geige an die Reihe. Wozu benötigte ein Chinese eine Geige? Verdächtig. Sie wurde zu Kleinholz zerstückelt – doch auch hier fand man nichts. Daraufhin nahm man sich Ma-Chun selbst vor.

»Wenn du gestehst, bekommst du fünf Jahre. Gestehst du nicht – zehn.«

Solche, die »gestanden« hatten, gab es im Untersuchungsgefängnis von Alma-Ata viele. Einige hatten für Spionage lediglich zwei bis drei Jahre bekommen und arbeiteten im Versorgungsbetrieb des Gefängnisses. Aus ihrer Mitte besorgten sich die Untersuchungsrichter auch die Belastungszeugen gegen Ma-Chun. Diese Zeugen sagten aus, daß sie Ma-Chun in chinesischen Spionageschulen gesehen hatten und daß er dort ein großer Chef gewesen sei. Am 30. November 1973 verurteilte ihn das Militärgericht des Mittelasiatischen Wehrbezirks zu fünfzehn Jahren (je fünf Jahre Gefängnis, Lager, Verbannung) bei Konfiszierung des Vermögens – wegen »versuchter Spionage«. Ein Geständnis hatte er nicht abgelegt.

Wir alle fühlten uns Ma-Chun sehr verbunden, halfen ihm, Russisch zu lernen und fragten ihn über China aus. Das ganze Gefängnis kannte ihn, und sogar die Kriminellen, die auf dem Weg zum Spaziergang an unserer Tür vorbeikamen, blickten durch das Guckloch.

»Na, wo ist euer Chinese?«

Zusammen mit uns nahm er an den Hungerstreiks teil und bezog herabgesetzte Rationen. Zu Neujahr bastelten wir gemeinsam mit ihm aus den grünen Deckeln von

Schulheften einen Weihnachtsbaum, mit einer Nähnadel ritzten wir die Tannenzweige aus. Und er fertigte dazu noch eine kleine chinesische Laterne an – aus unserem Strauchbesen flocht er das Gerippe und beklebte es mit Papier. Nur daß man in China, wie sich herausstellte, eine solche Laterne nicht eine »chinesische« nennt.

Ma-Chun erzählte, daß sich die Einwohner einer jeden chinesischen Provinz durch irgendwelche besonderen Charakterzüge auszeichnen. In der einen Provinz wären alle Schläger und Raufbolde, in der anderen Händler, in der dritten derartige Schurken, daß niemand mit ihnen etwas zu tun haben will.

»Und deine Provinz, wodurch zeichnet sie sich aus?« fragten wir ihn.

Lange suchte er Ausflüchte, drückte sich um eine Antwort, genierte sich, bis er schließlich doch zugab:

»Durch Starrköpfigkeit.«

Im KGB wußte man offenbar von solchen Feinheiten nichts, sonst hätten sie sich nicht mit ihm eingelassen. Und darum stand er uns wohl auch so nah, waren wir doch alle ein wenig aus der Provinz An-Hui.

Unser bester Spezialist für Beschwerden, Michail Janowitsch Makarenko, verfaßte für ihn einen Protest gegen sein Urteil und Ma-Chun schrieb ihn vom frühen Morgen bis zum späten Abend ab, anstelle seiner russischen Sprachübungen. Mehr als ein halbes Jahr lang verschickte er ihn im ganzen Lande, an alle Behörden. Gleichzeitig drohten wir den KGB-Leuten, den Fall Ma-Chun, sollte das Urteil nicht aufgehoben werden, publik zu machen.

Schließlich war es soweit – Ma-Chun wurde zur Überprüfung seines Falles fortgebracht. Die chinesischen Zeugen gaben zu, ihre Aussagen unter dem Druck des KGB gemacht zu haben. Doch frei kam er erst nach einem Jahr, am 9. August 1976. Jemanden einzusperren ist leicht, ihn freizulassen – schwierig.

Im Laufe der Jahre habe ich nicht wenige »Zufällige« getroffen! Im Grunde genommen ist jeder Fall ein »zufälliger« – ein Spiel des Zufalls. »Nicht-Zufällige« waren lediglich die sogenannten »Polizisten«, die Kriegsverbrecher, die mit den Nazis zusammengearbeitet hatten. Sie waren eingeplant.

Die für Kriegsverbrecher zuständige Abteilung war irgendwann nach dem Kriege die fast wichtigste Abteilung des KGB. Bald jeder zweite galt damals als Kriegsverbrecher: Jeder, der in Kriegsgefangenschaft war oder in den besetzten Gebieten gelebt hatte, manchmal waren es ganze Völker.

Doch inzwischen waren dreißig Jahre vergangen. Fast alle, die je einen lebendigen deutschen Soldaten aus der Nähe gesehen hatten, waren in den Lagern verschwunden, und so stand die Abteilung am Rande ihres Untergangs – jeden Augenblick konnte sie wegen mangelnden Bedarfs aufgelöst werden. Jetzt waren die Kollaborateure nicht mit Gold aufzuwiegen. Man beeilte sich nicht mehr sie einzusperren, sondern registrierte sie lediglich – sollten sie leben, bis ihre Zeit dran war. Gelegentlich wurde der eine oder andere ins KGB bestellt, man unterhielt sich mit ihm und ließ ihn dann gehen. Er war noch nicht an der Reihe.

Schauprozesse gegen Kriegsverbrecher werden regelmäßig, etwa einmal im Jahr veranstaltet. In den Zeitungen wird viel darüber geschrieben, die Einzelheiten werden ausgekostet, und dann werden einer oder auch zwei zum Tode verurteilt, die übrigen bekommen fünfzehn Jahre. Jedesmal wird natürlich der Anschein erweckt, als habe man die Schuldigen erst jetzt, dank unwahrscheinlicher Anstrengungen, ergreifen können.

Diese Methode stellt auch die Parteiführung zufrieden, dienen doch derartige Prozesse der militärisch-patriotischen Propaganda. Die Kriegsverbrecher selbst warten ohne zu murren ab, bis sie an der Reihe sind, arbeiten, übererfüllen die Pläne und beteiligen sich am sozialistischen Wettbewerb. Im Grunde genommen sind es ganz gewöhnliche Sowjetmenschen, gewöhnt, sich zu ducken, wenn man sie tritt. Viele von ihnen dienten während des Krieges mal Stalin, mal Hitler und verdienten sich auf beiden Seiten Orden und Dienstränge; für die meisten endete der Krieg mit der Einnahme Berlins. Nach dem Kriege wurden sie Betriebsleiter oder Vorsitzende von Kolchosen. Der eine oder andere wurde sogar Abgeordneter auf kommunaler Ebene.

In den Lagern erhielten sie alle wie durch Zauberei wieder irgendwelche Posten: Als Brigadiere, Aktivisten, »Mitglieder des Kollektiv-Sowjet«, sie trugen Armbinden – mit einem Wort, sie hatten »den Weg der Besserung betreten« und waren im Lager Hoffnung und Stütze der KGB-Offiziere. Manchmal hatte man seinen Mund noch nicht geöffnet, und schon lief so einer zur Wache, um Meldung zu erstatten. Kaum, daß so ein alter Teufel noch japsen kann, aber er hat noch nicht genug, es sind immer noch einige übrig, die er nicht verraten hat.

Interessant ist es aber zuzuhören, wenn sich an Sommerabenden einige dieser Veteranen des Zweiten Weltkrieges zusammensetzen, um zu schwatzen, um sich der Jugendjahre zu erinnern.

»Also wir sind auf der einen Seite des Flusses, hinter der Brücke. Sie aber – nichts wie weggerannt, denn sie hatten nicht mit uns gerechnet. Da gaben wir ihnen aber Saures . . .!«

»Und du, Väterchen, bei wem warst du damals«, fragt man unvermutet, »bei den Roten oder bei den Deutschen?«

»Bei den Deutschen . . . nein, bei den sowjetischen. Halt, vielleicht doch bei den Deutschen . . . Ach, du kannst mich, stör nicht, laß mich zu Ende erzählen.«

Ich war nicht lange im Lager, etwas weniger als ein Jahr. Von den ersten Tagen an machten sie Jagd auf mich – warum stehst du nicht auf, wenn der Lagerleiter kommt? Warum nimmst du nicht deine Mütze ab? Warum stehst du nicht dort, sitzt nicht hier, gehst nicht dahin? Neben dir steht ein anderer – ihm passiert nichts. Du aber wirst bestraft, darfst keine zusätzlichen Lebensmittel kaufen, darfst keinen Besuch empfangen, kommst in den Isolator usw.

Bevor ich aus Wladimir ins Lager kam, brachte man mich im Frühjahr 1973 wieder nach Moskau, ins Lefortowo-Gefängnis. Offiziell, um mich als Zeugen im Jakir-Prozeß zu befragen, tatsächlich aber, um mich zu einem Reuebekenntnis zu überreden. Immerhin hatte mein Prozeß, wie überhaupt alle Enthüllungen des Mißbrauchs der Psychiatrie, ein bedeutendes, weltweites Echo gefunden. Leider nicht bedeutend genug, um den psychiatrischen Übergriffen ein Ende setzen zu können und die Behörden zu zwingen, mich freizulassen (der Weltkongreß für Psychiatrie in Mexiko drückte sich feige um eine Erörterung unserer Dokumentation), aber doch bedeutend genug, um die Behörden zu veranlassen, nach einem Ausweg zu suchen. Wie immer, so rechneten sie auch diesmal damit, sich auf unsere Kosten aus der Affäre ziehen zu können. In ihren Gesprächen mit mir gaben die KGB-Leute jetzt zu, daß sie mir zu Unrecht den Prozeß gemacht hatten – das sei nicht richtig gewesen. Jetzt aber seien sie bereit, ihren Fehler wieder gutzumachen, also mich freizulassen. Ich aber, sehen Sie, müßte ihnen dabei helfen, müßte schriftlich bereuen, müßte um Begnadigung bitten. Es ergab sich eine absurde Situation. Wir sind schuld, du aber entschuldige dich!

Nachdem sie sich davon überzeugt hatten, daß dieser Ausweg für mich nicht akzeptabel war, setzten sie ihre Forderungen noch weiter herab. Sie sagten, es würde genügen, wenn ich in Zukunft auf jede öffentliche Betätigung verzichte und kein Wort über das Gewesene oder über meine Ansichten verlauten ließe – dann würde mir das Lager erspart bleiben.

»Nun, wenn Ihnen das Wort begnadigen nicht gefällt, dann schreiben Sie: Ich bitte um Entlassung.«

Und dabei gaben sie auch zu verstehen, daß sie meiner Ausreise ins Ausland keine Hindernisse in den Weg legen würden. Dort aber könne ich tun, was ich wolle.

Auch das lehnte ich ab. Diese Frage hatte ich für meine Person ein für allemal im Jahre 1970 entschieden und war nicht mehr bereit, darauf zurückzukommen.

Nun allerdings verloren sie die Geduld.

»Was wollen Sie eigentlich? Ist es so angenehm, im Gefängnis zu sitzen?«

Ich erklärte ihnen, daß die entstandene Situation mich völlig zufriedenstelle. Ich säße da, lese, sie aber würden währenddessen mit Protesten, Demonstrationen und Resolutionen überschüttet, und ich hätte ehrlich gesagt starke Zweifel, ob ich ihnen, wenn ich frei wäre, so viel Ärger bereiten könnte, wie allein durch die Tatsache meines Aufenthalts im Gefängnis.

»Nehmen Sie zur Kenntnis, daß nicht ich um diese Unterredung gebeten habe. Sie selbst haben mich hergebracht. Also sind Sie mehr daran interessiert, mich freizulassen als ich, freigelassen zu werden. Im übrigen bin ich bereit, Ihre Vorschläge anzunehmen, also sowohl auf eine Betätigung zu verzichten wie auch auszureisen. Doch zuvor müssen sie jegliche psychiatrische Verfolgung Andersdenkender aufgeben, müssen diese Methode öffentlich verurteilen, müssen alle Betroffenen aus den psychiatrischen Anstalten entlassen und die Schuldigen bestrafen. Im Grunde genommen bestand meine ganze sogenannte Betätigung in erster Linie im Kampf gegen den Mißbrauch der Psychiatrie. Und wenn Sie jetzt darauf verzichten, bleibt mir in der Tat nichts weiter zu tun übrig. Und es bedarf auch keiner Begnadigung. Fechten Sie mein Urteil einfach an, so wie das Gesetz es vorsieht.«

Diese Erklärung empörte sie aufs Äußerste.

»Was fällt Ihnen ein, wollen Sie uns Vorschriften machen? Wollen Sie mit uns von einer Position der Stärke verhandeln? Daraus wird nichts! Passen Sie auf – Sie werden noch selbst darum bitten. Der Weg der Begnadigung steht Ihnen immer offen. Denken Sie nach, überlegen Sie es sich. Wir aber werden Ihnen behilflich sein, unseren Vorschlag nicht zu vergessen.«

Mit diesem Geleitwort fuhr ich ins Lager zurück. Der letzte Satz klang reichlich unheilvoll, versprach wenig Erfreuliches.

Im Lager war die Situation ohnehin recht gespannt. Die tatsächlichen Herren waren die Offiziere des KGB, die Verwaltung tat, was sie wollten. Die Isolierung war vollständig, es gab keinerlei Kanäle nach draußen, das Klima war hart, dem nördlichen Ural entsprechend. Wenn man dazu noch die brutale Willkür und das Fehlen einer wirklichen medizinischen Betreuung in Betracht zieht, dann wird klar, was dieses »Experiment von Perm« für mich bedeutete.

Unter den aus Mordwinien herangeschafften alten Leuten waren viele schwerkrank, hatten ihr Leben eigentlich bereits hinter sich. Und auch die, die jünger waren, erfreuten sich nicht gerade einer glänzenden Gesundheit. Kurz und gut, man hatte die Hartnäckigsten hier zusammengezogen, um ohne viel Lärm mit ihnen Schluß zu machen.

Bald nach meiner Ankunft wurden fast alle Häftlinge von einer »ärztlichen« Sonderkommission aus der Stadt Perm begutachtet und samt und sonders als gesund und arbeitsfähig eingestuft. Selbst diejenigen, die von Geburt an als Invaliden galten, verloren jetzt diese Einstufung: Sogar der bucklige Wassilij Pidgorodezkij und zwei Einbeinige wurden für arbeitsfähig erklärt, gar nicht zu reden von denen, die an Magengeschwüren, Herzfehlern oder an Tuberkulose litten.

Die Folgen ließen nicht auf sich warten und bereits im August starb der Häftling Kurkis, fünfundzwanzig Jahre alt, an Magendurchbruch. Nachdem man ihm seine Einstufung als Invalider aberkannt und ihn zu schwerer Arbeit geschickt hatte, war er schon nach wenigen Wochen erledigt. Vierundzwanzig Stunden lag er in der kleinen Krankenstation neben dem Lager und verlor Blut. In diesem Krankenhaus gab es weder Blutkonserven noch die nötige medizinische Ausrüstung, noch einen Chirurgen. Durch reinen Zufall gelang es uns, diese Nachricht auf geheimen Wegen aus dem Lager zu schmuggeln, so daß unsere Freunde in Moskau bereits nach drei Tagen von dem Vorfall erfuhren. Gleichzeitig starteten wir eine Protestkampagne – Eile war geboten. Von unserer Geschicklichkeit hing es ab, wie viele Menschen einem ähnlichen Schicksal entgehen konnten. Doch das war erst der Anfang.

Das Jahr 1973 war in gewissem Sinne entscheidend für die ganze Bewegung.

Nachdem die Behörden im Falle von Jakir und Krassin einen gewissen Erfolg errungen hatten, versuchten sie, unsere Bewegung lahmzulegen.

Dutzende von Menschen wurden ganz offen erpreßt. Für den Fall, daß sie ihren Einsatz für die Menschenrechte nicht aufgeben würden, drohte man mit Verhaftungen – allerdings sollten nicht sie selbst verhaftet werden, sondern ihre Freunde und Angehörigen. Die »Chronik der laufenden Ereignisse« stellte ihr Erscheinen ein – das KGB hatte für jede neue Nummer weitere Verhaftungen angekündigt. Das System der Geiselnahme funktionierte. Gleichzeitig entfesselte man eine wütende Hetzkampagne gegen Solschenizyn und Sacharow, und zwar nach dem schon bekannten Rezept: Akademiemitglieder wurden ebenso einbezogen wie Rentierhirten und Melkerinnen.

So pflegt es immer zu sein – es muß bloß einer schwach werden, und sofort verstärkt sich der Druck auf alle. Zehn Menschen, die sich der Erpressung beugen, können unter Zehntausenden eine Panik hervorrufen. Das Lagerleben ist wie ein Barometer: In solchen Zeiten gerät die Lagerleitung außer Rand und Band; was im Verlauf vieler Jahre durch Hungerstreiks erkämpft wurde, geht verloren, und alle stehen plötzlich am Rande der Vernichtung. Es bedarf dann unmenschlicher Anstrengungen, um Leben und Rechte zu verteidigen.

Wir schlugen als erste zurück, und gegen Ende des Jahres brach die medizinische Betreuung des Lagers zusammen. Fast jeden Tag kamen Kommissionen angereist, und durch das Lager eilten hochgestellte Generäle mit ihren Suiten, emsige Obersten und irgendwelche Zivilpersonen, vor denen sich die gesamte Lagerleitung zu einem Fragezeichen zusammenkrümmte. Auf besondere Anweisung von Moskau wurde für die Leitung unserer Krankenstation ein Chirurg aus Perm abkommandiert. Die Invaliditätsstufen wurden wieder eingeführt, die Kranken wurden wieder behandelt, und ein Schwerkranker wurde sogar aus dem PKT in die Krankenstation verlegt – was bisher noch niemals geschehen war.

Draußen kam der Umschwung später – mit der Ausweisung Solschenizyns. Dieses Ereignis fuhr allen in die Glieder und verlieh jedem, wie das oft in Augenblicken wirklicher Not geschieht, Entschlossenheit und Standhaftigkeit. Die »Chronik« begann wieder zu erscheinen, doch die Behörden wagten es nicht, ihr System der Geiselnahme anzuwenden – die angekündigten Verhaftungen blieben aus. Sobald man nicht mehr bereit war, sich der Erpressung zu beugen, fand diese ihr Ende. Uns aber stand noch ein langer und schwerer Kampf bevor, um all das zurückzugewinnen, was uns während dieser Zeit genommen worden war.

Natürlich war den Behörden meine Beteiligung am Aufbrechen der »Blockade von Perm« nicht verborgen geblieben, und sie hielten die Zeit für gekommen, ihr Versprechen einzulösen, das heißt, mich an das Gespräch über eine Begnadigung zu erinnern, das damals im Lefortowo-Gefängnis stattgefunden hatte.

Der Lagerleiter, Major Pimenow, machte kein Geheimnis daraus, daß diese Anweisung ohne sein Zutun von oben gekommen war. Er liebte das KGB nicht, denn dieses verwandelte seine Macht in eine Fiktion, und so versuchte er bei jeder sich bietenden Gelegenheit, sich mit kleinen Gehässigkeiten zu revanchieren. Er wollte der eigentliche »Herr« sein, der einzige Machthaber in seiner kleinen Welt, und wenn er schon den Anweisungen des KGB nachkommen mußte, dann tat er es stets so, daß der Widersinn dieser Anordnungen möglichst deutlich wurde.

Der Befehl lautete auf fünfzehn Tage Arrest. Man ließ mich dafür sitzen, daß ich mich angeblich am 3. Februar von meinem Arbeitsplatz entfernt hatte, obwohl es ein Sonntag gewesen war, an dem überhaupt niemand gearbeitet hatte.

»Anschließend drei Monate PKT, und dann – du weißt schon«, sagte er mir zum Abschied. Er meinte das Wladimir-Gefängnis.

Ich verweigerte sofort die Arbeit. Das hatte gerade noch gefehlt, im Arrest für ein Stück Brot arbeiten. Auch waren die Normen ganz bewußt unerreichbar hoch angesetzt: Man sollte täglich von Hand in hundertzwanzig riesigen Bolzen das Gewinde einschneiden, obwohl die Kräfte nicht einmal für einen Bolzen reichten.

Befehl des MWD der UdSSR Nr. 0225 vom 25. April 1972.

Vereinbart mit der Generalstaatsanwaltschaft der UdSSR und dem Ministerrat der UdSSR.

Verurteilte, die ohne Verpflichtung zur Arbeit im Strafisolator (SchISO) einsitzen, oder bei Verpflichtung zur Arbeit böswillig die Arbeit verweigern oder absichtlich die Arbeitsnormen nicht erfüllen, werden nach Satz 9 B verpflegt und erhalten nur jeden zweiten Tag warmes Essen. Am Tage des Entzuges von warmem Essen erhalten sie 450 g Brot, Salz und heißes Wasser.

Tages-Verpflegungssatz 9B

Roggenbrot	450 g	Kartoffeln	250 g
Fisch	60 g	Gemüse	200 g
Mehl	10 g	Grütze (Weizen, Hafer)	50 g
Fett	6 g	Salz	20 g

Man kann also arbeiten oder nicht arbeiten, wenn man die Norm nicht schafft, erhält man in jedem Fall nur jeden zweiten Tag warmes Essen.

Drei Monate und fünfzehn Tage lang wurde ich auf diese Weise verpflegt. Außerdem kam ich immer wieder in den Arrest – wegen Arbeitsverweigerung. Dabei kann auch ein Gesunder eingehen, bei mir brach zudem noch mein Magengeschwür auf. Kurz und gut, sie hatten alles einkalkuliert. Und wenn ich damals tatsächlich nicht vor die Hunde ging, dann ausschließlich dank meines Eigensinns. Ich konnte ihnen doch nicht ein solches Vergnügen bereiten!

»Also, heute ist der Tag ohne warmes Essen«, verkündet fröhlich der Wärter und legt die Brotportion auf die Futterklappe. »Nimmst du das heiße Wasser?«

Wie denn nicht! Das heiße Wasser ist doch die einzige Hoffnung. Es ersetzt die Bouillon.

»Gib das Salz! Mir stehen zwanzig Gramm zu!«

Wozu ist es schon gut, dieses Salz, essen darf man es sowieso nicht. Aber verlangen muß man es, der Ordnung halber. Es steht mir zu, also her damit.

Vierhundertfünfzig Gramm Brot, ist das viel oder wenig? Wenn du willst, iß es mit einem Mal auf. Dann ist es viel. Wenn du willst, teile es in drei Teile: Frühstück, Mittag, Abendessen. Dann ist es wenig. Und wenn du willst, iß es überhaupt nicht, um dich nicht zu foltern. Man erzählt, daß Menschen sich quälen und nicht wissen, wie sie abnehmen sollen. Sie erfinden Diätvorschriften und laufen zehn Kilometer am Tag. Dieses Problem wenigstens hatte ich nicht.

Nach einigen Wochen muß man sich beim Aufstehen schon vorsehen – es schwindelt einem. Nach einem Monat beginnt sich die Haut an Händen und Füßen leicht zu lösen. Nach zwei Monaten ist das Lesen unmöglich, man begreift nichts mehr, und wenn man sich noch so sehr anstrengt.

Natürlich, die Behörden hatten mich nicht vergessen. Es kamen irgendwelche wichtige Beamten angereist, um nachzusehen, um vorzufühlen.

»Warum stehen Sie nicht auf, wenn ein Natschalnik eintritt?«

»Ich spare meine Kräfte.«

Sieben Tage Arrest!

»Warum wollen Sie nicht arbeiten?«

»Bei vierhundertfünfzig Gramm Brot schafft man nicht viel.«

»Haben Sie eine Ahnung! Im Kriege, während der Blockade, bekamen die Leningrader zweihundert Gramm und arbeiteten doch!«

Sie stellten sich selbst auf eine Stufe mit den Faschisten.

Im April tauten die Schneewehen weg, und plötzlich öffneten sich eine Menge Mauselöcher. Den ganzen Winter über hatten die Mäuse unter dem Schnee ein herrliches Leben geführt. Jetzt mußten sie erst lange Ausschau halten, bevor sie von einem Loch ins andere zu springen wagten. Die Sonne wärmte schon so stark, daß man sich am Fenster direkt bräunen konnte.

»Heute ist der Tag ohne warmes Essen«, sagte der Aufseher frühlingsmunter. »Nehmen Sie Ihr Brot.«

Ende April kam mein Rechtsanwalt Schwejskij. Er hatte sich kaum verändert und machte wie früher seine nervöse Kopfbewegung, so als beenge eine unsichtbare Schlinge seinen Hals. Vielsagend auf die Wand schielend, meinte er:

»Glauben Sie mir, ich spreche in niemandes Auftrag, keiner hat mich darum gebeten, aber man muß doch irgendeinen Kompromiß finden. So darf es nicht weitergehen. Ich habe irgendwie den Eindruck, daß, wenn Sie sich jetzt mit einem Gnadengesuch . . .«

Mich hatte auch niemand darum gebeten, niemand hatte mir einen Auftrag erteilt, aber ich wußte, daß, wenn einer schwach wird, es dann allen anderen um vieles schlechter gehen würde. Und schließlich hatten die Leningrader während der Blockade auch nur zweihundert Gramm bekommen.

Natürlich versuchten die anderen zu tun, was sie konnten, und in Moskau war man längst über meine Lage unterrichtet. Zu diesem Zeitpunkt funktionierte die Verbindung nach draußen bereits so gut, daß Briefe, Erklärungen, Abschriften von Urteilen und Gedichtsammlungen hinausgelangten. Wir begannen sogar, unsere eigene Chronik, die »Chronik des Archipel GULag« zu verschicken. Im Mai führten wir einen dreitägigen Hungerstreik durch, als Warnung. Die Führung erkannte, daß ernste Ereignisse bevorstanden. Auch in der Außenwelt breitete sich die Kampagne zu unserer Unterstützung aus, ihre Ausmaße sollte ich allerdings erst später erfahren. Nun konnte man mich nicht mehr im PKT halten. Am Morgen des 9. Mai erschien Pimenow. Listig blinzelnd betrachtete er meine Zelle und sagte:

»Nun ja, der PKT ist nicht richtig ausgestattet, entspricht nicht den Vorschriften. Wir müssen einiges abreißen und ausbessern.«

Zur Bekräftigung ließ er einige Häftlinge aus der Baubrigade kommen, und diese brachen die Pritschen auseinander. So wurde ich elf Tage vor Ablauf der Zeit amnestiert, obwohl eine vorzeitige Entlassung aus dem PKT an sich nicht vorgesehen ist.

Doch jene Kraft, die mich allen Vorschriften zum Trotz aus dem PKT gerissen hatte, trug uns alle nun unaufhaltsam weiter – nun waren wir an der Reihe zuzuschlagen. Die Schraube, die man mehrere Monate lang eifrig angezogen hatte, brach schließlich, und alle begriffen: Wenn wir der Willkür nicht jetzt Einhalt gebieten und das Verlorene zurückgewinnen, würde es uns nie mehr gelingen.

Drei Tage später traten vierzig Mann in den Hungerstreik, und diejenigen, die nicht imstande waren zu hungern, verweigerten die Arbeit. Die Garnison wurde in Alarmzustand versetzt, die Mannschaften auf den Wachtürmen wurden verstärkt. Die Lagerleitung bemühte sich, uns zu überreden, einzuschüchtern, zu erpressen – aber nichts half.

Man ließ die Ukrainer kommen:

»Wozu habt Ihr euch mit diesen Juden und Moskowitern verbrüdert?«

Man ließ die Juden kommen:

»Wozu habt Ihr euch mit diesen Antisemiten verbrüdert? Ihr wollt doch nach Israel auswandern?«

Der Hungerstreik dauerte einen Monat. Diejenigen, die nicht durchhielten und nach einem Herzanfall oder nach der Verschlimmerung einer anderen Krankheit das Bewußtsein verloren, wurden in die Krankenstation geschafft. Kaum erholt, schlossen sie sich wieder dem Hungerstreik an. Sogar die Alten, die fünfundzwanzig Jahre abzusitzen hatten, beteiligten sich – einige an der Arbeitsverweigerung, andere traten für einen Tag in Hungerstreik.

»Es beginnt eine interessante Zeit«, sagte mir einer von ihnen, ein Ukrainer, »es tut einem direkt leid, jetzt entlassen zu werden.«

Er hatte nur noch wenige Monate zu sitzen. Bald darauf streikte auch das Nachbarlager Nr. 36. Die Forderung war überall die gleiche – Schluß mit der Willkür.

Die Führung wußte nicht, was sie tun sollte. Man begann die Hungerstreikenden in die Arrestzellen zu sperren, darauf weigerten wir uns, zum Morgenappell anzutreten. Der graugewordene, wütende Pimenow eilte herbei.

»Wißt ihr, was das bedeutet? Seid ihr euch darüber im klaren? Sofort alle 'raus zum Appell!«

Keiner rührte sich. Die am Streik nicht beteiligten Häftlinge warteten schweigend auf der Lagerstraße.

»Nicht wegtreten lassen!« befahl Pimenow. »Dann sollen die eben auf euch warten!«

Doch es begann zu regnen, und alle, sogar die Spitzel, verschwanden in den Baracken. Die Lagerdisziplin war zusammengebrochen.

Immer mehr Häftlinge schlossen sich uns an. Die einen für einen Tag, andere für eine Woche, je nach ihrem Gesundheitszustand. Wieder andere schickten einfach Protestbriefe ab.

Die Führung war völlig ratlos und durcheinander. Der stellvertretende Politoffizier brüllte, er werde Truppen einmarschieren lassen. Der »Kum« drohte, alle wegen Desorganisation der Lagerarbeit vor Gericht zu stellen. Gleichzeitig ließ er jeden einzelnen zu sich kommen und versprach ihm, falls er den Hungerstreik aufgäbe, ein Päckchen von zuhause und sogar eine zusätzliche Besuchserlaubnis. Aber nichts half. Im Arrest war kein Platz mehr, alles voll, es gab keinen Ort, wo man jemanden einsperren könnte.

Im Eilverfahren wurde der aus den »Polizei's« bestehende sogenannte »Kollektiv-Rat« zusammengetrommelt. Doch selbst der weigerte sich, uns zu verurteilen. Das war nun der letzte Tropfen. Alle westlichen Rundfunksender, die in die Sowjetunion ausstrahlten, berichteten von unserer »Chronik des Hungerstreiks«, von der »Chronik des Archipel GULag«. Und unsere Aufseher, alle miteinander ausgewählte Leute, und, um die Geheimhaltung sicherzustellen, sofort mit den Schulterstücken eines Fähnrichs versehen, erzählten uns flüsternd Einzelheiten aus diesen Rundfunksendungen. Dabei hoben sie ratlos die Hände:

»Woher wissen die dort bloß alles?«

Das Experiment von Perm war zusammengebrochen.

Ich erlebte das Ende dieses Dramas nicht mehr, denn am 27. Mai, am fünfzehnten Tag des Hungerstreiks, brachte man mich in das Gefängnis von Wladimir. So gelang es mir in diesem Frühjahr kein einziges Mal, mich sattzuessen – zuerst der PKT, dann der Hungerstreik, dann ein Monat herabgesetzte Rationen in Wladimir. Der Teufel soll sie holen! Hauptsache, man hat noch seine Knochen, das Fleisch wächst nach.

Und so zogen sich auch die Tage in Wladimir hin, ein endloser Kampf gegen die Gefängnisordnung, Hungerstreiks, Arrest – diese ewigen Gramme, Grade und Zentimeter, in denen sich ein Außenstehender nie zurechtfinden wird. Dieses monotone, gleichförmige Absinken, vor dem man sich nur durch tägliche, angespannte Lektüre retten kann.

Von draußen erreichten uns unerfreuliche Nachrichten. Was die Machthaber durch Verhaftungen, Erpressung, Geiselnahme und sogar mit psychiatrischen Gefängnissen nicht erreichen konnten, bewirkte die Emigration. Für immer verschwanden, wie in ein Grab, Menschen, mit denen mein ganzes Leben verbunden war. Einige fuhren freiwillig ab, nachdem sie die Geduld verloren hatten, andere wurden ausgewiesen, doch das Ergebnis war das gleiche. In Moskau wurde es leer.

Stück für Stück schleppten sie mein Leben in den Westen, auch meine Erinnerungen, und bald fiel es mir selbst schwer zu sagen, wo ich mich befand.

Hauptmann Dojnikow kam, absolvierte sein endloses Geschwätz, doch immer häufiger, immer nachdrücklicher brachte er das Gespräch auf die Emigration. Es war ihm peinlich, diese Rolle spielen zu müssen, denn mit mir in der Zelle saßen Leute, die er in ganz anderem Geiste »umerziehen« mußte – er sollte ihnen beweisen, wie schön das Leben in der Sowjetunion sei. Verstört trat er auf der Stelle, widersprach sich selbst und verhaspelte sich gelegentlich sogar bis zu eindeutig antisowjetischen Behauptungen. Meine Zellengenossen staunten Bauklötze.

Nein, ich wollte nicht ausreisen. Die Juden fahren nach Israel, die Deutschen nach Deutschland. Das ist ihr Recht, wie es das Recht eines jeden Menschen ist, dahin zu fahren, wo es ihm gefällt. Wohin aber sollten wir, die Russen, flüchten? Ein anderes Rußland gibt es doch nicht. Und schließlich, warum mußten eigentlich wir wegziehen? Sollte doch Breschnew mit seinem Anhang emigrieren.

So war denn, obwohl ich nur noch kurze Zeit sitzen mußte – etwas mehr als ein Jahr, wenn man die Verbannung nicht in Rechnung stellt – mein ganzer Lebensablauf im voraus festgelegt. Zweimal würde ich es noch schaffen, entlassen zu werden, sterben würde ich aber doch im Gefängnis.

Ich merkte nicht, wie die Nacht verstrich. Meine Nachbarn schliefen, den Mantel zusätzlich über der Decke. In der Zelle war es blau vom Dunst, ich hatte die ganze Nacht ohne Unterbrechung geraucht. Aber worüber regte ich mich eigentlich auf, ich Esel? Es war doch nichts passiert, man hatte mich nach Lefortowo gebracht und mir einen Anzug gegeben. Na und? Jetzt würden wahrscheinlich die Verhöre beginnen, und ich Idiot hatte die Nacht über nicht geschlafen. Vielleicht schaffte ich es noch, wenigstens ein Stündchen zu erwischen? Doch als hätte er mich belauscht, öffnete der Aufseher die Essenklappe:

»Auf – stehen!«

Im Winter kann man nicht unterscheiden, ob es bereits Morgen ist, oder noch Nacht. Draußen ist alles schwarz. Während wir uns wuschen und frühstückten, wurde es etwas heller.

»Fertigmachen zum Spaziergang!«

Reichlich früh wird man hier zum »Spaziergang« geführt. Das hatte es früher nie gegeben. Meine Nachbarn gähnen. Sie haben nicht ausgeschlafen.

»Wenn du willst, geh«, sagen sie, »wir gehn nicht. Wir schlafen lieber noch etwas.«

Auch ich hätte nichts dagegen gehabt, noch etwas liegen zu bleiben, wer weiß, was kommt. Doch die Tür öffnete sich schon.

»Fertig? Raustreten!«

»Kann ich irgendeinen Mantel haben«, frage ich. »Man hat mir meine Wattejacke abgenommen. In diesem Anzug erfriere ich beim Spaziergang.«

»Sofort, sofort«, versichert eilfertig der Blockaufseher, »kommen Sie mit mir, Sie kriegen einen Mantel.«

Und er führte mich durch das Bad zu den Wartezellen.

»Da haben Sie Ihren Mantel.«

Auf dem Tisch der Wartezelle lag ein neuer Mantel, ein Hut und noch etwas, was ich nicht erkennen konnte. Der Blockaufseher lief scharwenzelnd mit süßlicher Visage hin und her. Warum behandelt er mich eigentlich so zuvorkommend?

Kaum hatte ich den Mantel angezogen, ich konnte ihn noch nicht einmal zuknöpfen – da macht es klick! Auch das noch, Handschellen! Zudem hatte er sie nicht vorn, sondern auf meinem Rücken zuschnappen lassen. Ob sie mich jetzt prügeln werden? Ich zuckte instinktiv zusammen und sprang zurück, damit er mich nicht schlagen konnte. So machten es die Aufseher immer, wenn sie einen prügelten: Sie legten einem amerikanische Handschellen an, die sich bei der geringsten Bewegung der Hände zusammenzogen, und traten dann kräftig mit dem Fuß dagegen, so daß sich die Fesseln bis zum Äußersten verengten. Diesen Schmerz hältst du nicht aus – du schreist einfach los. Wehren kannst du dich nicht – sie aber können mit dir machen, was sie wollen.

»Ruhig, ruhig . . . Es passiert nichts, garnichts, das muß so sein . . .«

Eine ungewöhnlich widerliche Fratze! Er aber, schmeichlerisch lächelnd, stülpt mir den Hut auf, bindet mir eine Krawatte um und knöpft mir den Mantel zu.

»Ruhig, ruhig . . . das muß so sein, ja, so ist's gut, so ist's prima.«

Wären da nicht die Handschellen gewesen, nie hätte ich mir alle diese Scheußlichkeiten umhängen lassen, im Leben habe ich so etwas nicht getragen.

Draußen vor der Treppe stand der Kleinbus von gestern. Die Fenster waren verhängt. Ein wenig abseits – der Wagen der Miliz. Dieselben Tschekisten, die schon gestern da waren, nahmen rund um mich Platz. Wir fuhren ziemlich lange, etwa anderthalb Stunden. Der Wagen der Miliz fuhr wieder mit Blaulicht vor uns her und machte den Weg frei. Jetzt konnte ich mir überhaupt nicht mehr vorstellen, wohin es ging, vor allem, nachdem wir die Stadtgrenze von Moskau hinter uns gelassen hatten.

»Drücken die Handschellen?« fragte von Zeit zu Zeit einer der Tschekisten. »Wenn sie sich zu sehr zusammenziehen, sagen Sie es.«

Es ist höchst unbequem, mit den Händen auf dem Rücken zu sitzen.

Schließlich schienen wir am Ziel zu sein. Draußen war es ganz hell, wahrscheinlich schon neun Uhr. Die Tschekisten stiegen mal aus dem Wagen aus, mal kamen sie wieder zurück, um sich aufzuwärmen. Sie warteten auf irgend jemanden. Autos kamen und fuhren wieder ab. Man hörte Stimmen, das Geräusch von Motoren. War hier ein Flugplatz?

»So. Jetzt werden wir Sie in ein Flugzeug setzen. Zusammen mit Ihnen werden Ihre Mutter, Ihre Schwester und Ihr Neffe fliegen.«

Und merkwürdig: Diese Nachricht berührte mich überhaupt nicht. So als hätte ich in der Tiefe meiner Seele schon längst gewußt, daß es so kommen würde. Gewußt und vor mir selbst verheimlicht – um nicht enttäuscht zu werden. Und im Grunde genommen, womit hätte es auch enden sollen – war es denn nicht das, was sie die ganze Zeit zu erreichen versucht hatten? Merkwürdig war nur, daß sie mir keinerlei Papiere vorlegten oder Erlasse verlasen. Immerhin war ich Häftling und hatte noch fast sechs Jahre vor mir.

Nach einem Gefängnisaufenthalt ist man es nicht mehr gewohnt, um sich zu blicken, sich umzuschauen und etwas Neues zu sehen. Es prägt sich einem auch nichts ein, die Augen sind entwöhnt. Mit Mühe kroch ich die Gangway zum Flugzeug hinauf. Mit den Händen auf dem Rücken war das wirklich sehr unbequem. Ich sah mich um – irgendwelche Autos, ein kleines Wäldchen, ein verschneites Feld. Den Flugplatz kannte ich nicht, es war ganz gewiß nicht Scheremetjewo (erst später stellte sich heraus, daß es ein Militärflughafen war).

Das Flugzeug war leer – niemand außer mir und den Tschekisten. Und wieder war es wie ein Gefängnis, nur mit Tragflächen.

»Die Handschellen. Können Sie sie jetzt nicht abnehmen?«

»Noch ist es nicht gestattet.«

Ihr oberster Chef ähnelte irgendwie einem Windhund. Seine braunen Augen traten etwas hervor. Er rauchte eine Zigarette nach der anderen.

»Nun, dann schließen Sie sie wenigstens vorübergehend auf. Ich muß rauchen.«

»Gebt ihm was zu rauchen.«

Einer der Tschekisten steckte mir eine Zigarette zwischen die Zähne und zog sie dann gelegentlich heraus, um die Asche abzustreifen.

»Jetzt werden wir Sie auf die Gangway hinausführen, um Ihrer Mutter zu zeigen, daß Sie schon drin sind. Sonst weigert sie sich, ins Flugzeug zu steigen.

Wieder blitzte für einen Augenblick das Wäldchen auf, die Gruppe der Autos, irgendwelche Leute – unter ihnen meine Mutter. Und wieder zurück. Dann trug man Mischka auf einer Bahre herein[66]. Ich erkannte ihn nur mit Mühe, immerhin hatte ich ihn sechs Jahre nicht gesehen. Der Junge war groß geworden.

Wie unbequem war es doch, so zu sitzen, mit den Händen auf dem Rücken. Die Handschellen hatten sich zusammengezogen und drückten. Wenn sie wenigstens vorn wären, das wäre schon leichter. Mein Bewacher zur Rechten vertreibt mir die Zeit mit Reden, er erzählt von Flugzeugen. Er berichtet, wieviel Unfälle es im Jahr gibt und auf welchen Reiserouten. Fürsorglich zieht er meinen Sicherheitsgurt zu. Ich aber blicke über die Schulter eines anderen, der schweigsam ist wie eine Sphinx, aus dem Fenster. Vielleicht sehe ich dieses Land zum letzten Mal in meinem Leben. Soll ich froh sein oder traurig?

Hier, in diesem Land, hat man seit meiner frühesten Kindheit versucht, mich umzumodeln, mich zu verändern, so als hätte der Staat keine anderen Sorgen. Wo hat man mich nicht überall eingesperrt, wie sehr hat man mich geschunden! Doch merkwürdig, jetzt, wo ich der ewigen Verfolgung entkommen sollte, empfand ich weder Bitterkeit noch Haß.

Wohin es mich auch verschlagen würde, wo ich später auch leben würde – meine Erinnerungen werden zwangsläufig mit diesem Land verbunden bleiben; und so ist das Gedächtnis nun mal beschaffen, daß es das Böse nicht festhält, daß nur die angenehmen Bilder haften bleiben. Also was denn, sollte ich nun traurig sein? Doch wie sehr ich auch auf das sich entfernende, schneebedeckte Land starrte, ich konnte mich nicht zwingen, Trauer zu empfinden.

Gewiß, ich würde mich nach den Freunden sehnen, die hier zurückblieben, und wahrscheinlich auch nach den kleinen Gassen am Arbat, nach dem gewohnten Klang der russischen Sprache. Doch genauso sehnte ich mich doch auch nach den Freunden, die ausgereist waren. Und hatte ich mir nicht mein ganzes Leben lang gewünscht, einmal in London zu sein? Nein, dies alles verband sich in meiner Vorstellung nicht mit dem Begriff LAND.

Aber sollte ich dann nicht wenigstens Freude empfinden? Siegesfreude. Wie man es auch dreht und wendet, wir hatten verzweifelt gegen die Herrschaft des Abschaums gekämpft. Wir sind eine Handvoll unbewaffneter Menschen gewesen, die einem mächtigen Staat gegenüberstanden, der über die ungeheuerlichste Unterdrückungsmaschinerie der Welt verfügte. Und wir hatten gesiegt. Die Macht hatte nachgeben müssen. Sogar in den Gefängnissen hatten wir uns für sie als zu gefährlich erwiesen.

Also, sollte ich nicht doch Freude über die Befreiung empfinden?

Ich schäme mich fast, es einzugestehen, aber auch diese Freude empfand ich nicht – nur eine unglaubliche Müdigkeit. So war es stets vor einer Entlassung. Ich wünschte mir nichts als Ruhe und Einsamkeit. Doch gerade dies hatte es nie gegeben, und das wird es auch jetzt nicht geben.

Meine Mutter schlug bei den Tschekisten Krach, sie verlangte, zu mir gebracht zu werden. Irgendwie hatte sie erfahren, daß ich Handschellen trug.

Wieder erschien der oberste Chef mit den Windhundaugen und erteilte äußerst widerwillig seine Erlaubnis.

Meine Mutter war rasend vor Wut.

»Ihr seid Verbrecher, ihr seid einfach Lumpen«, schrie sie. »Sogar hier im Flugzeug treibt Ihr Schindluder mit ihm! Die Jahre, die Ihr ihn geschunden habt, genügen Euch wohl nicht!«

»Nina Iwanowna, beruhigen Sie sich doch«, murrte unzufrieden der Natschalnik.

Alle diese Jahre hatte meine Mutter einen verzweifelten Kampf gegen die Behörden geführt. Hatte sie mit Protesten überschüttet. Hatte offene Briefe in den Westen geschickt. Mit einem Wort, sie hatte ihnen keine Atempause gegönnt. Zum Schluß hatte sie praktisch all das gemacht, was ich zuvor getan hatte, und ich konnte ruhig im Gefängnis sitzen.

Erst jetzt, von ihr, erfuhr ich, daß ich ausgetauscht werden sollte. Ein seltsames, nie dagewesenes Geschäft! Die Geschichte kennt Beispiele, daß zwei feindliche Länder ergriffene Spione oder Kriegsgefangene austauschen. Daß man aber seine eigenen Staatsbürger ausgetauscht hätte – daran kann ich mich nicht erinnern.

Aber wenn schon, jetzt gab es auf der Welt zwei politische Häftlinge weniger. Amüsant, daß das sowjetische Regime nun in den Augen der Welt mit dem Pinochet-Regime gleichgesetzt wurde. Darin lag ein Symbol unserer Zeit.

Was die Handschellen betrifft – mit Geschrei wird man sie nicht los, ebenso wie man die Freiheit nicht mit Gewalt erringen kann. Soviel man auch an den Handschellen zerren mag, sie ziehen sich nur noch fester zusammen.

Aber sind es denn überhaupt sie, diese feigen Beamten, die uns die Handschellen anlegen? Wir haben es einfach noch nicht gelernt, ohne sie zu leben. Wir haben nicht begriffen, daß es schon seit langem überhaupt keine Handschellen mehr gibt.

Ich schaue diesem Natschalnik unverwandt in die hündischen Augen und er weicht meinem Blick sofort aus. Hunde und Tschekisten vertragen es nicht, wenn man sie direkt ansieht, das habe ich viele Male erprobt. Was fürchten sie denn am meisten auf der Welt? Ihren ranghöheren Vorgesetzten.

»Warum transportieren Sie mich eigentlich in Handschellen?«

»Nun gut, ich sage es Ihnen«, windet er sich und blickt zur Seite. »Sie sind immer noch Gefangener.«

»Aha, das ist es also! Aber was werden Sie tun, wenn wir die sowjetische Grenze überflogen haben? Das müßte in zwanzig Minuten der Fall sein. Bin ich beispielsweise über Österreich auch noch Gefangener?«

Er weiß nicht, was er antworten soll. Ihn beunruhigt nicht die Wahrheit, nicht das Völkerrecht, sondern ein möglicher Verweis seines Vorgesetzten. Deshalb geht er in seine Kabine, um sich mit Moskau in Verbindung zu setzen, um Instruktionen einzuholen.

»Nehmen Sie ihm die Handschellen ab«, sagt er, als er wiederkommt. Und zu mir: »Bloß, bitte, benehmen Sie sich, wie es sich gehört.«

Was will er damit sagen? Daß ich nicht versuchen soll, aus dem Flugzeug zu springen?

Endlich kann ich mir die Hände massieren, richtig rauchen. So geht es mir schon besser. Der Tschekist aber, der mir die Handschellen abnahm, bemerkt belehrend:

»Die Handschellen sind übrigens aus Amerika.« Und er zeigt mir die Firmenmarke.

So als ob ich nicht auch ohne ihn gewußt hätte, daß der Westen uns fast vom ersten

Tage dieses Regimes an mit Handschellen versorgt hat – im direkten und im übertragenen Sinn. Glaubt er vielleicht, mich damit zu desillusionieren?

Ich habe in bezug auf den Westen nie Illusionen gehegt. Hunderte von verzweifelten Petitionen, adressiert beispielsweise an die UNO, wurden nie beantwortet. Ist nicht das allein schon bezeichnend? Sogar von den sowjetischen Behörden kommt eine Antwort, und sei es eine sinnlose, doch sie kommt. Dort aber – wie in den Brunnen geworfen.

Und die sogenannte »Entspannungspolitik«, die Beschlüsse von Helsinki? Wir in Wladimir bekamen es sofort am eigenen Leibe zu spüren, wer davon profitiert.

Nicht zum erstenmal werden »freundschaftliche Beziehungen« mit der Sowjetunion auf unseren Knochen aufgebaut. Das Unerträgliche daran ist, daß der Westen immer versucht hat, sich mit verschiedenen spitzfindigen Theorien und Doktrinen zu rechtfertigen. Ebenso wie sich der sowjetische Mensch eine Vielzahl von Rechtfertigungen schuf, um sich seine Beteiligung an der totalen Vergewaltigung leichter zu machen, so beruhigt auch der Westen sein Gewissen. Und die Rechtfertigungen sind manchmal die gleichen. Doch die Gewalt rächt sich immer erbarmungslos an denen, die sie unterstützen. Und diejenigen, die glauben, daß die Grenze zwischen Freiheit und Unfreiheit mit der Staatsgrenze der UdSSR zusammenfällt, irren sich gründlich.

Wieder erschien der Natschalnik:

»Wir haben die sowjetische Grenze überflogen, und ich muß Ihnen offiziell erklären, daß Sie aus der Sowjetunion ausgewiesen sind.«

»Haben Sie irgendeinen Erlaß, eine Verfügung?«

»Nein, garnichts.«

»Und was ist mit meinem Urteil? Ist es aufgehoben?«

»Nein, es bleibt in Kraft.«

»Was bin ich also nun, so etwas wie ein Gefangener auf Urlaub?«

»So ähnlich.« Er lächelte sauer. »Sie erhalten einen auf fünf Jahre befristeten sowjetischen Paß. Die Staatsbürgerschaft verlieren Sie nicht.«

Eine seltsame Entscheidung, allen sowjetischen Gesetzen zuwiderlaufend. Und dann verlangen sie noch, daß man ihre Gesetze ernst nimmt. Weder beim Einsperren, noch beim Entlassen können sie sich an ihre Gesetze halten. Ein lustiger Staat, in dem man sich nie langweilt.

Das Flugzeug setzte zur Landung an, und die Tschekisten blickten neugierig auf die Schweiz hinunter.

»Wälder gibt es weniger als bei uns«.

»Aber sieh mal, wieviele Grundstücke! Das sind doch alles Privatbesitzer.«

»Bei ihnen hat jeder sein Haus, sein Grundstück.«

Gut, daß es auf der Welt ein Ausland gibt und daß man, wenn man von einer Dienstreise heimkehrt, der Frau ein ausländisches Fähnchen mitbringen kann. Ist das nicht das höchste Glück?

Und je näher wir diesem Ausland kamen, um so merklicher veränderten sie sich. Es schmolz die tschekistische Undurchdringlichkeit, ihre rätselhafte Schweigsamkeit. Übrig blieb der sowjetische Mensch. Mich betrachteten sie jetzt schon mit einem gewissen Neid; in ihren Augen hatte ich mich in einen Ausländer verwandelt.

Wir rollten auf das Flughafengebäude zu. Plötzlich tauchten auf der Rollbahn Mannschaftspanzerwagen auf, und Soldaten sprangen heraus. Sie umstellten das Flugzeug.

»Na ja . . .« murmelte der Tschekist betrübt. »Das wär's also. Nicht mal ins Flughafengebäude kommt man.«

Jetzt waren sie es, die im Gefängnis saßen, die unter Bewachung standen.

Ein Sanitätswagen fuhr heran – man brachte Mischka ins Krankenhaus. Dann konnten meine Mutter und ich das Flugzeug verlassen. Man setzte uns in einen Wagen der sowjetischen Botschaft. Darauf kam der Wagen des amerikanischen Botschafters Davis und wir stiegen um. Das war die ganze Austauschzeremonie. Wie Corvalan das Flugzeug bestieg, sahen wir nicht.

Kein Filzen, keine Überprüfung der Papiere. Welch ein Wunder! Mein ganzer Plunder, alle meine wertlosen Gefängnisreichtümer lagen da, immer noch in dem Matratzenbezug, so wie ich sie in der Zelle zusammengerafft hatte. Bücher, Hefte, versteckte Messerchen und Klingen, Kugelschreiber, Minen . . . Viele Wochen Leben für irgend jemanden. Nun hatte dies alles überhaupt keinen Wert mehr – in einem Augenblick hatten sich die vertrauten Kostbarkeiten verändert.

Und während wir zum Flughafengebäude fuhren, konnte ich mich von einem merkwürdigen Gefühl nicht freimachen, mir schien, als führte ich dank eines Fehlers der Tschekisten etwas sehr Kostbares, Verbotenes mit mir, etwas, das nie aus dem Lande hätte herausgelassen werden dürfen. Doch das hätte kein Filzen zutage fördern können.

Anmerkungen

1 »Rote Schulterstücke«, »blaue Kragenspiegel« – Anspielung auf die Offiziere des MWD bzw. KGB

2 Gunars Rode – lettischer Bürgerrechtler, der insgesamt 15 Jahre Haft in der UdSSR verbüßte; reiste 1978 nach Schweden aus

3 Das Interview mit Sucharew erschien in der »Literaturnaja Gaseta« vom 27. 10. 1976

4 Viktor Chaustow – Arbeiter und Bürgerrechtler, zur Zeit in sibirischer Verbannung

5 Gabriel Superfin – Literaturkritiker und Bürgerrechtler, verbüßt derzeit eine fünfjährige Haftstrafe

6 Pjotr Jakir – vormals bekannter Bürgerrechtler, 1973 zu 6 Jahren Freiheitsentzug verurteilt, zwei Monate später zusammen mit Viktor Krassin nach öffentlicher Selbstkritik und Widerruf seiner Anschauungen begnadigt

7 Wladimir Ossipow – Publizist und Bürgerrechtler; verbüßt derzeit seine zweite – achtjährige – Lagerstrafe

8 Wassilij Schukowskij (1783–1852) – Dichter der russischen Romantik; Hauslehrer Alexanders I., Freund Puschkins

9 Nikolaj Nekrassow (1821–1878) – Dichter; war seit 1847 Redakteur der bekannten russischen Literaturzeitschrift »Sowremennik« (Der Zeitgenosse)

10 »Schädlingsgruppe der Ärzte« – 1953 im Rahmen der antijüdischen Kampagne gegen Ende der Stalinära der Verschwörung und der Spionage angeklagte jüdische Ärzte, von denen mindestens zwei allem Anschein nach in der Untersuchungshaft umkamen. Nach Stalins Tod wurde die Anklage fallengelassen.

11 Aus dem »Poem über Stalin« von Alexander Galitsch

12 Danko – revolutionäre Sagengestalt aus der Erzählung Maxim Gorkis: »Starucha i Sergil« (Die Alte und Sergil). Opferte sich für sein Volk, indem er sich das Herz aus der Brust riß, das als flammendes Symbol der Menschenliebe Finsternis und Gefahren bannte, bis es von einem Furchtsamen ausgetreten wurde und erlosch.

13 Gedicht von A. Petrow; erschienen im Samisdat-Almanach »Phönix«

14 Jekaterina Furzewa (1910–1974) – unter Chruschtschow sowjetischer Kulturminister; Protegé Chruschtschows; einziges weibliches Politbüromitglied in der Geschichte der KPdSU

15 Ossip Mandelstam (1819–1938) – Dichter, starb im Lager bei Wladiwostok, gehörte wie Nikolaj Gumiljow und Anna Achmatowa zum literarischen Kreis der »Akmeisten«

16 Bulat Okudschawa (geb. 1924) – Schriftsteller und Liedermacher

17 Alexander Galitsch, bürgerl. Ginsburg (1919–1977) – Dramatiker und Lyriker, bekannt geworden vor allem durch die von ihm selbst vertonten und gesungenen Lieder; starb im Pariser Exil

18 Alexander Ginsburg (geb. 1936) – Mitglied der Moskauer »Helsinki-Gruppe« und Verwalter des Solschenizyn-Hilfsfonds; 1978 erneut zu 8 Jahren Lagerhaft verurteilt

19 »Grüne Kolonnen« – Anspielung auf die grünen Kragenspiegel der Grenztruppen, die dem KGB bzw. MWD unterstehen

20 Gedicht von N. Nor im Samisdat-Almanach »Phönix«
21 Jurij Galanskow (1939–1972) – Dichter und bedeutender Vertreter der Bürgerrechtsbewegung; 1968 zu 7 Jahren Lagerhaft verurteilt, die er nicht überlebte
22 Eduard (»Edik«) Kusnetzow (geb. 1939) – Bürgerrechtler und Wortführer der jüdischen Ausreisebewegung. Wegen einer geplanten Kaperung eines Flugzeugs, mit dem jüdische Sowjetbürger zu entkommen hofften, 1970 zusammen mit Mark Dymschitz in erster Instanz zum Tode verurteilt, danach zu 15 Jahren Lagerhaft »begnadigt«
23 Kleine Lubjanka – Moskauer Straße; das Haus Nr. 7 ist der Sitz der Moskauer KGB-Abteilung.
24 Alexander Jessenin-Wolpin – Sohn des Lyrikers Sergej Jessenin, Logiker und einer der ersten Wortführer der Bürgerrechtsbewegung. 1972 in die USA emigriert
25 Majakowka – gemeint sind die Versammlungen auf dem Majakowski-Platz
26 Nikolaj Jeschow – 1935–1938 Volkskommissar für innere Angelegenheiten und Chef der Geheimpolizei.
27 7. November – Jahrestag der Machtübernahme der Bolschewiki
28 8. März – Tag der Frau
29 Gemeint ist hier die Todesstrafe
30 Der Fall Jakir – gemeint ist Jakirs Voruntersuchung und Prozess 1973
31 Tschitschikow – Romanfigur aus Gogols »Toten Seelen«
32 Erhebungen, vornehmlich von Arbeitern, die 1962 blutig niedergeschlagen wurden
33 Anspielung auf Gogols Schauspiel »Der Revisor«
34 »Karaul« – Hilferuf bei Überfällen usw.
35 Andrej Sneschnewskij – Leiter des Forschungsinstituts für Psychiatrie an der Akademie der Medizinischen Wissenschaften der UdSSR, zu deren Mitgliedern er zählt
36 Michail Nariza (geb. 1909) – Schriftsteller und Bildhauer, im Westen vor allem durch den Roman »Das ungesungene Lied« bekannt, der in der UdSSR nur im Samisdat zirkuliert; verbrachte seit 1935 insgesamt 16 Jahre in Lagern, psychiatrischen Kliniken und in der Verbannung
37 Alexander Scheljepin (geb. 1918) – 1958–1961 Chef des KGB, 1967–1975 Vorsitzender der sowjetischen Gewerkschaften
38 »Zum Stehen gekommen ...« – Anspielung auf das Attentat, dem 1881 Alexander II. zum Opfer fiel
39 Wladimir Semitschastnyj (geb. 1924) – 1961–1967 Chef des KGB, später zum 1. Stellvertretenden Ministerpräsidenten der Ukraine degradiert
40 »Palata Nr. 7« (Krankensaal Nr. 7) – Erzählung von Valerij Tarsis (dtsch. »Botschaft aus dem Irrenhaus«); Anspielung auf Tschechows Novelle »Palata Nr. 6«, die ebenfalls in einer Nervenheilanstalt spielt
41 Michail Scholochow (geb. 1905) – parteikonformer sowjetischer Schriftsteller. Seine Autorschaft an dem Roman »Der Stille Don«, für den er 1965 den Nobelpreis erhielt, ist umstritten. Scholochow hat sich in der Agitation gegen »Andersdenkende« besonders hervorgetan.
42 5. Dezember – 1936–1976 »Tag der Verfassung«, 1965–1976 zugleich Gedenktag, an dem sich auf dem Moskauer Puschkin-Platz Bürgerrechtler in schweigender Demonstration versammelten. Seit Annahme der neuen Verfasung im Oktober 1977 findet die Demonstration am 10. Dezember, dem Tag der Menschenrechte statt.
43 Konstantin Stanislawskij (1863–1938) – Schauspieler und Regiseur, Mitbegründer und Leiter des »Moskauer Künstlertheaters«
44 Julia Wischnewskaja – nach mehreren Zwangsinternierungen in psychiatrischen Kliniken 1972 in den Westen ausgereist
45 Bekannte Straflager der Stalinära

46 Daniil Luntz – bis zu seinem Tod im März 1977 Leiter der politischen Abteilung des gerichtspsychiatrischen Serbskij-Instituts, verantwortlich für die Zwangseinweisung Hunderter Regimekritiker in psychiatrische Kliniken

47 Die antijüdische Welle der Stalinzeit im Zusammenhang mit der »Kampagne gegen Kosmopolitismus« fand 1953 in der sog. »Ärzteverschwörung« ihren Höhepunkt (vgl. Anm. 10).

48 Deutsch unter dem Titel »Weißbuch in Sachen Sinjawski/Daniel«, erschienen im Possev-Verlag, Frankfurt a. M. 1966/67

49 Vadim Delaunay – Dichter und Bürgerrechtler; nach wiederholten Lagerstrafen 1975 in den Westen ausgereist, lebt heute in Paris

50 Ilja Gabaj – Lehrer, Dichter und Bürgerrechtler, nahm sich nach mehrjähriger Lagerhaft im Oktober 1973 das Leben

51 Nadeschda Krupskaja (1869–1939) – Frau Lenins

52 Gemeint ist das Weißbuch des Physikers Litwinow über die Demonstration vom Januar 1967. Litwinow, Enkel des ehem. sowjetischen Außenministers gleichen Namens, emigrierte 1974 in den Westen

53 Rasnotschinjez – im 19 Jh. Bezeichnung für nichtadeligen Intellektuellen

54 Nikolaj Dobroljubow (1836–1861) – radikaler Literatur- und Gesellschaftskritiker

55 Dmitrij Pissarew (1841–1868) – einer der einflußreichsten radikalen Publizisten Rußlands. Wie Dobroljubow Materialist, wurde er von liberaler Seite den Nihilisten zugerechnet, obgleich er sich selbst eher als Realist bezeichnete.

56 Anspielung auf die Demonstration auf dem Roten Platz am 25. 8. 1968, als sieben sowjetische Bürgerrechtler gegen die Besetzung der ČSSR protestierten

57 Am 11. Januar 1968 richteten Larissa Bogoras (damals die Frau des 1966 verurteilten Dichters Julij Daniel) und Pawel Litwinow einen Appell an die Weltöffentlichkeit, in dem sie über den Prozeß gegen Alexander Ginsburg, Jurij Galanskow und Wera Laschkowa berichteten.

58 Mescheten (Meschketen) – turkisiertes kaukasisches Bergvolk; 1944 nach Zentralasien deportiert, erhielt bis heute trotz eines entsprechenden Dekrets des Obersten Sowjets der UdSSR wie viele andere »umgesiedelte« Minderheiten nicht das Recht zur Rückkehr

59 Vgl. Anm. 22

60 Vgl. »Prawda« vom 17. 12. 1970

61 Jurij Andropow (geb. 1914) – seit 1967 Chef des KGB und seit 1973 Mitglied des Politbüros

62 Ruben Nadscharow – Stellvertretender Leiter des Forschungsinstituts für Psychiatrie an der Akademie der Medizinischen Wissenschaften der UdSSR

63 Pjotr Tschaadajew (1793–1856) – religions- und geschichtsphilosophischer Denker. Trat vor allem in seinen »Lettres philosophiques« und in der »Apologie d'un fou« für eine kulturelle Anlehnung Rußlands an Westeuropa, insbesondere aber für die Wiedervereinigung der orthodoxen mit der römischen Kirche ein. Nikolaij I. ließ Tschaadajew für verrückt erklären und unter Hausarrest stellen. T. wurde jedoch niemals in eine Anstalt eingewiesen; er unterhielt vielmehr einen politischen »Salon« in Petersburg, in dem sich berühmte Zeitgenossen trafen.

64 Salawar Julajew – baschkirischer Freiheitskämpfer, der sich in den Kosakenaufständen des 18. Jhs. Pugatschow anschloß und wie dieser hingerichtet wurde

65 Am 30. 12. 1970 lief die Berufungsverhandlung gegen Kusnetzow und Dymschitz, die im »Flugzeugprozess« (vgl. Anm. 22) zum Tode verurteilt worden waren.

66 »Mischka auf einer Bahre« - Gemeint ist Bukowskis Neffe, der, schwerkrank, direkt aus dem Krankenhaus ins Flugzeug gebracht wurde

Abkürzungen und seltene Begriffe

APN = *Agenstwo Petschati Nowosti* – staatliche sowjetische Presseagentur, die im Unterschied zu TASS speziell für das Ausland arbeitet

BUR = *barak usilennenego reschima*; die nur im Lager übliche Bezeichnung für den Arrest

Butyrka oder Butyrki – Untersuchungsgefängnis für kriminelle Straftäter

»Chronik der laufenden Ereignisse« – die seit 1968, mit zeitweiliger Unterbrechung von 18 Monaten, zweimonatlich im Untergrund (Samidat) erscheinende Zeitschrift der Bürgerrechtsbewegung, in der vornehmlich über Fälle von Repressalien berichtet wird

GUGB-NKWD = *Glawnoje Uprawlenie Gosbesopassnosti* (Hauptverwaltung für Staatssicherheit) – *Narodnyj Komissariat Wnutrennych Del* (Volkskommissariat für Innere Angelegenheiten). Das GUGB existierte von 1934–1938

KGB = *Komitet Gossudarstwennoj Besopassnosti* (Komitee für Staatssicherheit)

Kum – russ. Gevatter; hier die in der Häftlingssprache übliche Bezeichnung für den *natschalnik operatiwnogo tschasti* (Strafvollzugsbevollmächtigter), d. h. den KGB-Bevollmächtigten

Isolator – Isolierzelle

Lefortowo – Untersuchungsgefängnis des KGB in Moskau

Lubjanka – Straße in Moskau und Sitz der KGB-Zentrale, in deren Kellergefängnis früher Hinrichtungen vorgenommen wurden

MGB = *Ministerstwo Gossudarstwennoj Besopassnosti* (Ministerium für Staatssicherheit), existierte von 1945-1953 in Zusammenschluß mit dem Innenministerium und erfüllte damals die Aufgabe des heutigen KGB

MWD = *Ministerstwo Wnutrennych Del* (Innenministerium), mit eigenen Truppeneinheiten zur Wahrung der inneren Sicherheit

PKT = *pomeschtschenie kamernogo tipa*, heutige Bezeichnung für BUR (s. dort)

SCHISO = *schtrafnoj isolator* – unterscheidet sich vom PKT bzw. BUR durch die zeitlich begrenzte Aufenthaltsdauer und die Ernährung und Kleidung. Im SCHISO ist nur leichte bzw. fast gar keine Bekleidung zugelassen, man erhält nur jeden zweiten Tag eine warme Suppe bzw. heißes Wasser. Die Aufenthaltsdauer darf jeweils 15 Tage und Nächte nicht überschreiten, während sie im PKT bzw. BUR auf 6 Monate ausgedehnt werden kann. Entspricht dem Arrest im Gefängnis.

»Schwarzer Rabe« (*tschornyj woron*) – *schwarzer Wagen, mit dem Verhaftungen vorgenommen und Häftlinge transportiert werden*

Sek – im Lagerjargon Bezeichnung für den Lagerhäftling

Serbskij-Institut – das durch seine »Gutachten« über »Dissidenten« berüchtigte Gerichtspsychiatrische Institut in Moskau

SMU = Stroitelno Montaschnoje Uprawlenie (Montagebau-Verwaltung)

Sulfasin, Aminasin, Haloperidol – Starke Neuroleptica

TSCHON = *Tschastj Ossobogo Nasnatschenija*, 1919 für die Zeit des »Kriegskommunismus« gebildete Sonderabteilung, der u. a. die Requirierung von Lebensmitteln oblag

Verlag Ullstein GmbH, Berlin · Frankfurt/M · Wien

Aus dem Russischen von Bernd Nielsen-Stokkeby

Satz: Süddeutsche Verlagsanstalt Ludwigsburg
Druck und Buchbinder: May & Co. Darmstadt
ISBN 3 550 07382 8